Eigentum an beweglichen Sachen

Salzburger Studien zum Europäischen Privatrecht

Herausgegeben von Prof. DDr. J. Michael Rainer

Band 7

PETER LANG
Frankfurt am Main · Berlin · Bern · Bruxelles · New York · Wien

Erich Jeroscheg

Eigentum an beweglichen Sachen

Französisches Recht und Rechtsvergleich

PETER LANG
Europäischer Verlag der Wissenschaften

Die Deutsche Bibliothek - CIP-Einheitsaufnahme

Jeroscheg, Erich:

Eigentum an beweglichen Sachen : französisches Recht und Rechtsvergleich / Erich Jeroscheg. - Frankfurt am Main ; Berlin ; Bern ; Bruxelles ; New York ; Wien : Lang, 2000
(Salzburger Studien zum Europäischen Privatrecht ; Bd. 7)
Zugl.: Salzburg, Univ., Diss., 1998
ISBN 3-631-35129-1

ISSN 1435-6090
ISBN 3-631-35129-1

INHALTSVERZEICHNIS

ABKÜRZUNGSVERZEICHNIS

aA	*anderer Ansicht*
ABGB	*Allgemeines bürgerliches Gesetzbuch vom 1. 6. 1811 JGS 946 idgF*
Abs.	*Absatz*
al.	*alinéa [Absatz]*
AO	*Ausgleichsordnung vom 10. 9. 1934, BGBl II 1934/221*
art.	*article [Artikel]*
Art	*Artikel*
BGB	*(deutsches) Bürgerliches Gesetzbuch*
BGBl	*Bundesgesetzblatt*
Bull. civ.	*Bulletin des arrêts des chambres civiles de la Cour de cassation (partie, n^{o} et/ou page)*
Bull. crim.	*Bulletin des arrêts des chambres criminelles de la Cour de cassation (partie, n^{o} et/ou page)*
BVG	*Bundesverfassungsgesetz*
bzw.	*beziehungsweise*
C. aviat. civ.	*Code de l'aviation civile*
C. civ.	*Code civil*
C. com.	*Code de commerce*
C. pén.	*Code pénal*
C. pr. civ.	*Code de procédure civile*
CISG	*Convention on Contracts for the International Sale of Goods*
Civ.	*Arrêt de la Cour de cassation, chambre civile*
Com.	*Arrêt de la Cour de cassation, chambre commerciale*
Crim.	*Arrêt de la de la Cour de cassation, chambre criminelle*
D.	*Recueil Dalloz Jurisprudence (année, page)*
D. chr.	*Recueil Dalloz Jurisprudence Chronique (année, page)*
D.P.	*Recueil Dalloz Jurisprudence Périodique (année, partie [1re, Cour de cassation; 2e, Cours d'appel et tribunaux; 3e, Con-seil d'État et Tribunal des conflits; 4e, Législation], page)*
D.H.	*Recueil Dalloz Jurisprudence Hebdomadaire (année, page)*
D. Somm.	*Recueil Dalloz Sommaires (année, page)*
décr.	*décret(s) [Verordnung(en)]*
décr.-L.	*décret-Loi [gesetzesähnliche Verordnung]*

EFTA	*European Free Trade Association (Europäische Freihandelsgemeinschaft)*
etc.	*et cetera(e)*
EO	*Gesetz vom 27. Mai 1896 über das Exekutions- und Sicherungsverfahren (Exekutionsordnung), RGBl 1896/79*
EVHGB	*Vierte Verordnung zur Einführung handelsrechtlicher Vorschriften im Lande Österreich vom 24. Dezember 1938*
f	*und der (die) folgende*
ff	*und die folgenden*
FN	*Fußnote(n)*
Gaz. Pal.	*Gazette du Palais (année, partie et/ou page)*
Gaz. Pal. Doctrine	*Gazette du Palais Doctrine (année, page)*
HGB	*Handelsgesetzbuch vom 10. Mai 1897 (ohne Seehandel)*
hL	*herrschende Lehre*
idF	*in der Fassung*
idgF	*in der geltenden Fassung*
IPR	*Internationales Privatrecht*
IPRG	*Bundesgesetz vom 15. 6. 1978 über das internationale Privatrecht (IPR-Gesetz), BGBl 1978/304*
I.R.	*Recueil Dalloz Informations Rapides (année, page)*
iVm	*in Verbindung mit*
JAP	*Juristische Ausbildung und Praxisvorbereitung (Jahr, Seite)*
JBl	*Juristische Blätter (Jahr, Seite)*
J.C.P.	*Juris-classeur périodique / Semaine juridique (année, partie, page ou n°)*
JGS	*Justizgesetzsammlung*
Jh.	*Jahrhundert*
J.O.	*Journal officiel [Amtsblatt der französischen Regierung]*
KO	*Konkursordnung vom 10. 12. 1914, RGBl 1914/337*
KSchG	*Bundesgesetz vom 8. 3. 1979 mit dem Bestimmungen zum Schutz der Verbraucher getroffen werden (Konsumentenschutzgesetz - KSchG), BGBl 1979/140*
L.	*loi [Gesetz]*
leg. cit.	*legis citatae*
lit.	*littera, litterae*
Liv.	*Livre [Buch (als Einteilungskriterium etwa innerhalb des Code civil)]*

MRK	*Konvention zum Schutze der Menschenrechte und Grundfreiheiten, BGBl 1958/210*
n°	*numéro(s) [Nummer(n)]*
n. Chr.	*nach Christus*
Nr.	*Nummer*
NZwG	*Gesetz vom 25. Juli 1871 betreffend das Erfordernis der notariellen Errichtung einiger Rechtsgeschäfte, RGBl 1871/76*
ÖJZ	*Österreichische Juristen-Zeitung (Jahr, Seite)*
OGH	*Oberster Gerichtshof*
OR	*Bundesgesetz vom 30. März 1911 betreffend die Ergänzung des Schweizerischen Zivilgesetzbuches (Fünfter Teil: Obli-gationenrecht)*
p.	*page(s) [Seite(n)]*
RdW	*Österreichisches Recht der Wirtschaft (Jahr, Seite)*
Req.	*Arrêt de la Cour de cassation, chambre des requêtes*
Rev. lég.	*Revue de législation (année, tome, page)*
Rev. trim. dr. civ.	*Revue trimestrielle de droit civil (année, page)*
Rev. trim. dr. com.	*Revue trimestrielle de droit commercial (année, page)*
RGBl	*Reichsgesetzblatt (Jahr, Nummer)*
R.I.D.C.	*Revue Internationale de Droit Comparé (année, page)*
RJDA	*Revue de jurisprudence de droit des affaires (année, n°)*
Rz	*Randzahl*
S.	*Recueil Sirey Jurisprudence (année, partie, page)*
s.	*suivant(s), suivante(s) [der (die) folgende, die folgenden]*
sect.	*section [Abschnitt]*
SGA	*Sales of Goods Act*
sog.	*sogenannte(r)*
StGG	*Staatsgrundgesetz vom 21. Dezember 1867 über die allgemeinen Rechte der Staatsbürger, RGBl 1867/142*
SZ	*Zeitschrift der Savigny-Stiftung für Rechtsgeschichte, Romanistische Abteilung, Weimar, 1880 ff*
Tit.	*Titre [Hauptabschnitt]*
UN	*Vereinte Nationen*
UNCITRAL	*United Nations Commission on International Trade Law (Kommission der Vereinten Nationen für das Recht des internationalen Handels)*

UNK	*UN-Kaufrecht (United Nations Convention on Contracts for the International Sale of Goods [CISG], Convention des Nations Unies sur les contrats de vente internationale de marchandise, Übereinkommen der Vereinten Nationen über Verträge über den Internationalen Warenkauf, BGBl 1988/96)*
v.a.	*vor allem*
v. Chr.	*vor Christus*
VfGH	*Verfassungsgerichtshof*
vgl.	*vergleiche*
WBl	*Wirtschaftsrechtliche Blätter (Jahr, Seite)*
Z	*Ziffer*
ZfRV	*Zeitschrift für Rechtsvergleichung (Jahr, Seite)*
ZGB	*Schweizerisches Zivilgesetzbuch vom 10. Dezember 1907*
ZPMRK	*Zusatzprotokoll zur Konvention zum Schutze der Menschenrechte und Grundfreiheiten, BGBl 1958/210*
ZPO	*Gesetz vom 1. August 1895 über das gerichtliche Verfahren in bürgerlichen Rechtsstreitigkeiten, RGBl 1895/113*

La propriété est la mesure de la liberté comme la liberté est la mesure de la propriété.

Mercier de la Rivière

1. EINLEITUNG

Die nachfolgende Dissertation soll einen aktuellen Überblick über das französische Eigentumsrecht, insbesondere über das Eigentumsrecht beweglicher körperlicher Sachen vor dem Hintergrund des Kaufvertrages, geben. Dabei sind die ersten Kapitel dem auch für das französische Recht wichtigen römischen Recht mit dem Ziel gewidmet, in einer überblicksartigen Zusammenfassung - vor allem des römischen Eigentumsrechts aus der Sicht französischer Autoren - zu zeigen, daß das Privatrechtssystem, das in Mittel- und Westeuropa seit den Tagen der Rezeption gegolten hat (*ius commune*), die Grundlage für das Entstehen einer im wesentlichen einheitlich geprägten, europäischen Rechtskultur war.[1]

Es gibt unbestritten mehrere Arten eines systematischen Aufbaus, mir ist es angesichts der Hervorhebung des roten Fadens der Arbeit mit dem Oberbegriff "Eigentum" opportun erschienen, die Kapitel über das römische Recht in eine zeitliche Abfolge zu bringen und dahinter die eigentumsrechtlich relevanten Umstände in chronologischer Reihenfolge für jede Epoche gesondert darzustellen. Nach einem kurzen Abriß des altrömischen Rechts bereits unter Nennung der Subbegriffe *traditio ex iusta causa*, *mancipatio* und *in iure cessio* folgt die geschichtlich wie rechtlich interessanteste Zeit des römischen Imperiums, nämlich die vorklassische und klassische Periode. In diesem zweiten Kapitel über das römische Recht finden neben einer Darstellung des Eigentumsrechts ganz allgemein die einzelnen bereits genannten - sowie mit dem Kauf und der Schenkung zwei weitere - Erwerbsarten Erwähnung. Daran anschließend folgen namentlich der Eigentumsschutz, der Besitz und dessen Schutz sowie die Ersitzung und der gutgläubige Eigentumserwerb im klassischen Rom. Eine summarische Beschreibung des nachklassischen Rechts mit dem Schwerpunkt auf Justinian und dem Hauptaugenmerk auf den Kauf rundet die Kapitel über die Jahrhunderte um die Zeitenwende ab. Spätestens hier wird jedem klar: *Macht schafft Recht.*

Als Kapitel 5 findet ein geschichtlicher Abriß des Eigentumsrechts der *Grande Nation* von den Anfängen bis zur Gegenwart Platz. Hier wird vor dem Hintergrund der Genesis des *Code civil* (*Code Napoléon*) aus

---

[1] ***Zimmermann***, in: JBl 1998, 273

1804 versucht, eine systematische Aufbereitung der rechtsgeschichtlichen Entwicklung in Frankreich zu liefern, um dem Leser im Hinblick auf später folgende aktuelle, rechtstheoretische Überlegungen eine solide Basis zur Verfügung zu stellen. In Entsprechung der nachfolgenden Abschnitte ist dieses Kapitel daher in die Hauptgebiete Besitz, Eigentum und Ersitzung unterteilt, den Abschluß bildet dann eine vergleichende Darstellung des (verfassungsrechtlich) garantierten Eigentumsschutzes. Rasch wird klar, daß auch in diesem Bereich die Theorie grau ist, obwohl gerade in Frankreich die Anstrengungen der Revolutionäre des Jahres 1789 auf die Betonung der Freiheit und des Eigentums ausgerichtet waren.

Zumindest die Einschränkung auf bewegliche körperliche Sachen im Titel der Arbeit macht es erforderlich, einige Bemerkungen zur Einteilung der angesprochenen Sachen im französischen Zivilrecht zu machen. Einer ersten Definition der Sachen allgemein, hier sind auch unbewegliche mitumfaßt, folgt eine immer weiter detaillierte und in spezifische Betrachtungen gehende Begriffsbestimmung und -abgrenzung.

Ist einmal eine gemeinsame Grundlage geschaffen, so kann ohne Umschweife *in medias res* gegangen werden. Im Eigentumsrecht insgesamt und insbesondere im Eigentumsrecht beweglicher Sachen spielt der Besitz in Frankreich eine große Rolle. Das sich mit diesem Rechtsinstitut befassende Kapitel 7 präsentiert zunächst die *essentialia* des Besitzes sowie dessen Erwerb respektive Verlust. Danach folgen die rechtlichen Wirkungen des Besitzes, naturgemäß mit dem Schwerpunkt auf dem Eigentum. Der Definition der Begriffspaare gutgläubiger und fehlerfreier Besitz ist abschließend eine Darstellung des Besitzschutzes mit der Besonderheit angeschlossen, daß in Frankreich possessorische Klagen nur hinsichtlich unbeweglicher Sachen denkbar sind. Mobilien sind davon ausgenommen.

Will man das Eigentum beschreiben, so ist es zwingend erforderlich, zu den Anfängen bei Adam und Eva zurückzugehen. Hier zeigt sich, daß eine Gesellschaft nur mit geregelten eigentumsrechtlichen Normen existieren kann, ohne in Agonie zu verfallen. Die verschiedenen Theorien, mögen sie inhaltlich auch in der einen oder anderen Weise voneinander abweichen, weisen zumindest eine Gemeinsamkeit auf. Das Eigentum ist eng mit der (persönlichen) Freiheit der Menschen verbunden, ohne die die Menschheit - wie politisch extreme Modelle bereits gezeigt haben - langfristig nicht friedvoll leben kann. Der Einführung in das Eigentumsrecht schließt sich dessen Definition an, um die Beschreibung der besonderen Merkmale des Eigentums folgen zu lassen. Wie in anderen Rechtsordnungen westlicher Prägung hat sich auch das Eigentum in Frankreich zu einem absoluten Recht entwickelt. Wie ein solches absolutes Recht übertragen wird, ist Gegenstand der weiteren Ausführungen des Kapitels über das Eigentum. Nach einer generellen Erläuterung der sehr komplexen

Begriffswelt in diesem Bereich ist das Hauptaugenmerk auf den Eigentumserwerb beweglicher Sachen durch Besitz sowie auf den Eigentumserwerb durch Konsens gerichtet. Der aus den art. 2279 bzw. 2280 Code civil erfließende Eigentumsschutz respektive dessen Versagung in vielen Fällen im Hinblick auf bewegliche körperliche Sachen läßt die Unterschiede der in dieser Arbeit präsentierten ausgesuchten Rechtssysteme deutlich werden.

Das Kapitel 9 ist ausschließlich der Bestimmung in art. 2279 Code civil und deren Kongruenz bzw. Konkurrenz mit art. 1138 Code civil gewidmet. Zunächst werden die spezifische geschichtliche Entwicklung der erstgenannten Norm, ihre rechtliche Begründung sowie ihre Interpretation dargestellt. Nach der Definition der strikten Anwendungsbedingungen - bewegliche körperliche Sachen einschließlich der Inhaberwertpapiere sowie reeller, fehlerfreier und gutgläubiger Besitz - folgt die Schilderung der beiden Funktionen des art. 2279 Code civil. Ermöglicht die Norm über den Besitz unter Erfüllung der angesprochenen Bedingungen einen sofortigen Eigentumserwerb *a non domino* (Erwerbsfunktion), so läßt sie für den Fall des Erwerbs vom tatsächlich Berechtigten einen für die Übertragung von Eigentum geeigneten Titel vermuten (Beweisfunktion). Schließlich wird hier noch speziell auf die Frage eingegangen, ob und wenn wie eine Besitzverschaffung für die absolute Wirkung eines Eigentumserwerbs durch Konsens gemäß der allgemeinen Regel in art. 1138 Code civil (iVm art. 1141 Code civil) erforderlich ist.

Unter Verweis auf das Thema der Arbeit erscheint es logisch, nach Erörterung genereller Bestimmungen den Kauf als Paradebeispiel eines Rechtsgrundes für den konsensualen Eigentumsübergang in einem eigenen Kapitel genauer zu beleuchten. Dabei sind den spezifischen Kaufvertragsbestimmungen - nämlich den Vertragspflichten, dem Eigentumsübergang und der Gefahrentragung - die geschichtliche Entwicklung sowie Überlegungen zu allgemeinen Vertragsbestimmungen mit einem gewissen Einfluß auf den Kauf vorangestellt. Nach der Erläuterung der Doppelveräußerung beweglicher Sachen unter Bezugnahme auf art. 1141 Code civil als Sonderbestimmung erfolgt mit der Einleitung über die speziellen Kaufverträge die Hinwendung zum Eigentumsvorbehalt. Der Eigentumsvorbehalt ist deshalb von besonderer Bedeutung, weil die Frage seiner Konkursfestigkeit eine in Frankreich lange Zeit sehr umstrittene war. Nach mehreren gesetzlichen Änderungen ist nunmehr eindeutig klargestellt, daß der Eigentumsvorbehalt unter gewissen Bedingungen konkursfest ist. Ein kurzer internationaler Vergleich beschließt dieses Kapitel.

Der Beschreibung des letzten Abschnitts der Arbeit möchte ich folgendes Zitat[2] voranstellen: "Der Rechtshistoriker hat seine Geschichte bis zu dem Punkt zu erzählen, an dem der Rechtsvergleicher ansetzen kann", wobei klar sein muß, "wo die Rechtsgeschichte endet und die Rechtsvergleichung beginnt". Mit dieser Aussage im Hinterkopf habe ich den Rechtsvergleich einiger ausgewählter Länder an das Ende meiner Überlegungen gestellt. Neben den Gedanken über die Interpretation französischer Zivilrechtsnormen generell findet sich am Beginn dieses Kapitels auch ein Vergleich einzelner spezifischer Rechtswirkungen. Der Ländervergleich im Anschluß daran umfaßt die Schweiz, Deutschland und Österreich, abgerundet durch einen Exkurs in das angloamerikanische Recht. Innerhalb der Länderanalyse werden dann noch die Abschnitte Kaufvertrag, Eigentumserwerb an Mobilien, gutgläubiger Mobilienerwerb und Eigentumsvorbehalt unterschieden. Der Vergleichsmaßstab war dabei das französische Recht. Die Darstellung des internationalen Kaufrechts (Haager Übereinkommen und UN-Kaufrecht) bildet das inhaltliche Ende der vorliegenden Arbeit.

---

[2] ***Zimmermann***, in: JBl 1998, 273

La nature a voulu la communauté, l'usurpation de l'homme a créé la propriété individuelle.

Saint Ambroise

2. ALTRÖMISCHES RECHT

2.1. DIE ENTWICKLUNG DES EIGENTUMS

Die römischen Quellen enthalten keine Definition des Eigentums, die Ansichten der römischen Juristen lassen sich nur in den Formulierungen der modernen Privatrechtskodifikationen wiederfinden.[1] Grundsätzlich habe ich aber dennoch zwei mögliche Erklärungen der lateinischen Begriffsbildung für "Eigentum im rechtlichen Sinne" gefunden. Der französische Autor *Michel* meint, daß der Begriff *mancipium* (*manu captum*) ursprünglich wohl alles das bezeichnet hatte, was als Kriegsbeute mitgebracht wurde und so den Eroberern in der Heimat mehr oder weniger zur freien Verfügung stand. *Dominium* war gleichbedeutend mit dem Eigentum der Familie, also dem Eigentum des Hauses (*domus*), repräsentiert durch den *paterfamilias*. Unter dem zeitlich späteren Begriff *proprietas* wurde bereits jenes Eigentum verstanden, das den einzelnen Individuen zugeordnet werden konnte.[2]

Anderer Ansicht ist hier *Kaser*, der meint, daß *dominium* die Machtstellung des Herrn beschreibt, während *proprietas* die Zugehörigkeit der Sache zu ihrem Träger ausdrückt. *Dominium* leitet sich von *dominus*, *dominus* von *domare* ab. Entsprechende Fundstellen gibt es bei Cicero und Seneca, bei den Juristen erwähnen Labeo und Julian *dominium*, das prätorische Edikt wiederholt wohl *dominus*, nicht aber *dominium*. *Proprietas* im rechtlichen Sinne bezeichnet das Eigentum erst um Christi Geburt. Obwohl das Eigenschaftswort *proprius* schon früh die Zugehörigkeit von Sachen zum Vermögen bestimmter Personen bezeichnet - hier herrscht eine offensichtliche Übereinstimmung mit *Michel* -, findet sich der Begriff *proprietas* in der *laudatio Murdiae* als Inschrift aus der Zeit

---

1 ***Hausmaninger – Selb,*** Römisches Privatrecht[7] (1994) 202

§ 354 ABGB: Als ein Recht betrachtet, ist Eigentum das Befugnis, mit der Substanz und den Nutzungen einer Sache nach Willkür zu schalten, und jeden andern davon auszuschließen.

§ 903 BGB: Der Eigentümer einer Sache kann, soweit nicht das Gesetz oder Rechte Dritter entgegenstehen, mit der Sache nach Belieben verfahren und andere von jeder Einwirkung ausschließen.

2 ***Michel,*** Histoire de la propriété (1884) 134

Augustus erstmalig wieder. Beide Begriffe, nämlich *proprius* und *proprietas*, werden allerdings generell in der Gesetzessprache vermieden.[3] Tatsächlich läßt erst die spätrepublikanische Rechtswissenschaft die Begriffe *dominium* und *proprietas* nebeneinander bestehen, beide bezeichnen das absolute Eigentum als Vollherrschaft.[4] Einige Autoren ergänzen die Aufzählung der Machtbegriffe, indem sie der bereits genannten sachenrechtlichen Gewalt (*dominium*) noch die eherechtliche (*manus*) und die hausherrliche (*patria potestas*) an die Seite stellen.[5]

Die XII-Tafel-Gesetze als wesentlichste Rechtsquelle dieser Zeit sind von altgriechischen Strömungen inspiriert. In der römischen Rechtsaufzeichnung wiederholt sich dabei offenbar die griechische Aisymnetie, die Gesetzesstiftung durch eine außerordentliche Schiedsgewalt, die zur Schlichtung sozialen und politischen Haders gerufen wird. Der Überlieferung gemäß hat im Jahre 455 vor Christus die revolutionäre *plebs* die Aufrichtung eines sicheren und gemeinen Rechts gefordert, dem fortan die patrizischen Konsuln zu Nutz und Schutz der *plebs* nachzuachten hätten. Im Jahre 453 vor Christus hat man endlich einen patrizischen Zehnmännerrat (*decemviri legibus scribundis*) mit konsularischem *imperium* eingesetzt. In den folgenden Jahren bis 450 vor Christus sind dann zehn Tafeln hergestellt worden, denen eine nunmehr gemischt patrizisch-plebejische Kommission ein Jahr später zwei weitere hinzugefügt hat.[6]

Die wirklich hochentwickelte sprachliche und gedankliche Ausdruckskraft der Zwölf Tafeln hat zu Zweifeln an ihrer frühen Entstehung geführt. Die Zweifel der Authentizität konnten allerdings allesamt zerstreut werden, da die Zwölf Tafeln eindeutige Datierungsindizien enthalten. Die Zwölf Tafeln bestechen durch eine bemerkenswert knappe und klare Formulierung von hohem Abstraktionsniveau, dabei werden Tatbestand und Rechtsfolge in Form eines hypothetischen Urteils verknüpft.

---

3 ***Kaser,*** Eigentum und Besitz im älteren römischen Recht[2] (1956) 307 ff

4 ***Hausmaninger – Selb,*** Römisches Privatrecht[7] (1994) 202; ***Kaser,*** Der römische Eigentumsbegriff, in: Deutsche Landesreferate zum VI. Internationalen Kongreß für Rechtsvergleichung in Hainburg (1962) 30; ***Kaser,*** Eigentum und Besitz im älteren römischen Recht[2] (1956) 307 ff; ***Mayer-Maly,*** Römisches Privatrecht (1991) 38: Erst zur Zeit Augustus sind die Begriffe *dominium* und *proprietas* als verbale Umschreibungen des Eigentumsrechts nachzuweisen.; ***Wieacker,*** Vom römischen Recht[2] (1961) 191

5 ***Hausmaninger – Selb,*** Römisches Privatrecht[7] (1994) 202; ***Wieacker,*** Vom römischen Recht[2] (1961) 211

6 ***Hausmaninger – Selb,*** Römisches Privatrecht[7] (1994) 46 f, 49 f: Die Darstellung dieser beiden Autoren weicht ein wenig von jener Wieackers ab. Sie meinen, daß die Forderung nach Aufzeichnung eines sicheren und gleichen Rechts bereits 462 v. Chr. von der *plebs* durch den Tribun C. *Terentilius Arsa* erhoben worden sei. Allerdings sei die Beauftragung des Zehnmännerkollegiums erst 451 v. Chr. erfolgt.; ***Wieacker,*** Vom römischen Recht[2] (1961) 7, 46 f

Wahrscheinlich sind die Zwölf Tafeln von latinischen Rechtsvorstellungen geprägt, auch wenn sie sich sprachlich an griechischen Rechtsaufzeichnungen orientieren und den Gedanken der Rechtsgleichheit (Isonomie) aus der griechischen Staatslehre rezipieren. Auch wenn das Regelwerk nicht systematisch aufgebaut ist, so gilt es doch als belegt, daß es kein Verfassungsrecht, sondern ausschließlich die Regelung von Privatrechtsmaterien zum Inhalt hatte. Formell wurden die Zwölf Tafeln nie wirklich außer Kraft gesetzt.[7]

Das individuelle Eigentum war in Rom bereits seit der Zwölf-Tafel-Gesetzgebung bekannt[8] und galt für bewegliche und unbewegliche Sachen gleichermaßen.[9] Die Römer waren dabei der Meinung, daß es ein imaginäres Band gibt, durch welches die Person des Eigentümers mit der Sache selbst verbunden ist[10]. Als Indiz dafür dient das Kernstück des Manzipations- und Vindikationsformulares, nämlich die eindeutige Behauptung *meum esse*. Diese Behauptung sollte wahrscheinlich allerdings bloß die Zugehörigkeit irgendeines Objektes zu irgendeinem Rechtsträger bezeichnen.[11]

Die Einteilung der Sachen erfolgt zunächst in verkehrsfähige und nicht verkehrsfähige Sachen (*res extra commercium*). Die letzteren werden wiederum in *res divini iuris* (Sachen göttlichen Rechts) und weiter in *res sacrae*, *res sanctae* und *res religiosae* respektive in *res publicae* (öffentliche Sachen) und weiter in *res communes omnium* (Gemeingut) unter-

---

[7] ***Hausmaninger – Selb***, Römisches Privatrecht[7] (1994) 47 ff: Nach einer zum Teil sehr unsicheren Zuweisung ergibt sich folgende Stoffanordnung: Zivilprozeß (I-III), Familien- und Erbrecht (IV-V), Vermögensrecht (VI-VII), Strafrecht (VIII-IX), Sakralrecht (X) und Ergänzungen (XI-XII).; ***Kaser***, Das römische Privatrecht I[2] (1971) 30: Die XII-Tafel-Gesetze repräsentieren ein Normengesetz mit den Hauptrichtungen Privatrecht und Zivilprozeßrecht.; ***Villey***, Le droit romain[8] (1987) 9: Die XII-Tafel-Gesetze enthalten kaum mehr als hundert kurze und sehr spezifische Texte.

[8] ***Coste-Floret***, La nature juridique du droit de propriété d'après le Code civil et depuis le Code civil, Thèse, 1935, 13; ***Hausmaninger – Selb***, Römisches Privatrecht[7] (1994) 39: Die monumentale Rechtsaufzeichnung der Zwölf Tafeln ist eine der politischen Errungenschaften der *plebs*, einer städtischen Unterschicht mit kleinbäuerlichem Zustrom.; ***Jansse***, La propriété, le régime des biens dans les civilisations occidentales (1958) 36 f; ***Kaser***, Das römische Privatrecht I[2] (1971) 21, 30: Die XII-Tafel-Gesetze weisen einen relativ starken griechischen Einfluß auf.; ***Villey***, Le droit romain[8] (1987) 13; ***Wieacker***, Vom römischen Recht[2] (1961) 46

[9] ***Coste-Floret***, La nature juridique du droit de propriété d'après le Code civil et depuis le Code civil, Thèse, 1935, 13

[10] ***Abdel-Baki***, Du rôle de la possession en matière mobilière, Thèse (1943) 21

[11] ***Hausmaninger – Selb***, Römisches Privatrecht[7] (1994) 51, 203: Es obsiegt derjenige, der gegenüber seinem Prozeßgegner das bessere Recht an der Sache hat.; ***Kaser***, Eigentum und Besitz im älteren römischen Recht[2] (1956) 6; ***Mayer-Maly***, Römisches Privatrecht (1991) 38; ***Villey***, Le droit romain[8] (1987) 12, 16

gliedert.[12] Private Sachen (*res privatae*) unterliegen der Sacheinteilung nach *res mancipi* und *res nec mancipi*. Erstere sind nur die italischen Grundstücke, die Sklaven, das Großvieh (Rinder, Pferde, Esel und Maulesel) sowie die Feldservituten (*iter*, *actus*, *via* und *aquae ductus*) als *res incorporales*. Im wesentlichen entsprechen diese Sachen jenen, die für die Landwirtschaft benötigt wurden, und die daher für den ersten Reichtum verantwortlich waren. Alle anderen Sachen sind *res nec mancipi*.[13] Die Unterscheidung zwischen beweglichen und unbeweglichen Sachen ist im römischen Recht von nachrangiger Bedeutung.[14]

Bevor nun die in Abhängigkeit der erörterten Einteilung der Sachen stehenden Erwerbsarten im einzelnen dargestellt werden, soll der - für die weitere Arbeit - bedeutenden Frage nachgegangen werden, ob denn Eigentum und Besitz im altrömischen Recht einander gleichgestellt waren. *Kaser* verneint diese Frage nach einer intensiven Auseinandersetzung mit diesem Thema. Er übersieht dabei aber nicht, daß die *vindicatio* einen verläßlichen Anhaltspunkt für die ursprüngliche Einheit dieser beiden Rechtsformen bietet, da sie in alter Zeit weder eine Klage auf das Eigentum ist noch ein bestimmtes Recht an der Sache zum Ziel hat, sondern einfach einen Streit um die Sache als solche darstellt. Prinzipiell ist also das Eigentum das Recht zum Besitz, das gegebenenfalls im Rechtsstreit geltend gemacht werden kann.[15]

2.2. DIE EINZELNEN ERWERBSARTEN

2.2.1. TRADITIO EX IUSTA CAUSA

Das Wort *traditio* bezeichnet zunächst nur die körperliche Übergabe einer Sache.[16] Der formlose Sacherwerb im altrömischen Recht ist nur schwer zu belegen, man ist bei seiner Rekonstruktion auf die Beurteilung späterer Erscheinungen angewiesen. Im altrömischen Recht muß man zwei Arten des formlosen Sacherwerbs unterscheiden. Zum einen die, bei der

---

[12] ***Hausmaninger – Selb***, Römisches Privatrecht[7] (1994) 180; ***Mayer-Maly***, Römisches Privatrecht (1991) 30

[13] ***Dumont***, Manuel de droit romain I (1947) 141 f; ***Girard***, Manuel élémentaire de droit romain (1896) 239; ***Hausmaninger – Selb***, Römisches Privatrecht[7] (1994) 181; ***Jansse***, La propriété, le régime des biens dans les civilisations occidentales (1958) 38; ***Kaser***, Das römische Privatrecht I[2] (1971) 123, 381 f; ***Lepointe***, Droit romain et ancien droit français, Droit des biens (1958) 7; ***Mayer-Maly***, Römisches Privatrecht (1991) 29; ***Villey***, Le droit romain[8] (1987) 76

[14] ***Hausmaninger – Selb***, Römisches Privatrecht[7] (1994) 181

[15] ***Kaser***, Eigentum und Besitz im älteren römischen Recht[2] (1956) 10 f

[16] ***Hausmaninger – Selb***, Römisches Privatrecht[7] (1994) 216

sofort das absolute Eigentum erworben wird, und zum anderen jene, welche nur zum Erwerb des relativen Eigentums führt. Erstere Erwerbsart galt für Sachen, die entweder noch in niemandes oder nur in einem vom römischen Recht nicht anerkannten Eigentum gestanden waren.[17] Im Vindikationsprozeß hatte der Erwerber eine gegenüber jedermann gesicherte Stellung, der Beweis des Erwerbsvorganges genügte. Der Erwerb bloß relativen Eigentums war nur bei Sachen möglich, die selbständig bestanden und sich entweder im Eigentum eines Römers oder eines von Rom anerkannten Ausländers befanden. In einem Vindikationsstreit mußte der Erwerber auch das Eigentum seiner Vormänner nachweisen. Erst mit dem Ablauf der Usukapionsfrist konnte sich sein relatives Eigentum in ein absolutes verwandeln.[18] Beim Erwerb einer *res nec mancipi* darf bereits früh absolutes Eigentum vermutet werden, sofern mit dem Erwerb verbunden kein Delikt begangen wurde.[19] Die formlose und endgültige Hingabe einer *res nec mancipi* als Geschenk oder Darlehen etwa stellt das Urbild der *traditio ex iusta causa* dar, bei der es sich zunächst aber um einen rein faktischen Vorgang handelt.[20]

Der Handel mit Ausländern, denen die *mancipatio* mangels des *commercium* unzugänglich war, lebte auch von der formlosen Übergabe der *res mancipi*. Dabei war der Abschluß einer *stipulatio duplae* nach dem Vorbild der manzipatorischen Auktoritätshaftung üblich. Der Verkäufer verpflichtete sich im Falle eines Vindikationsprozesses Gewährschaftshilfe bei sonstiger Zahlung des doppelten Kaufpreises zu leisten.[21]

Die *traditio* steht schließlich für den formlosen Güteraustausch durch Übergabe von Hand zu Hand. Wegen der rasanten wirtschaftlichen Entwicklung und des vorhersehbaren Schicksals der getauschten Güter, nämlich einem raschen Verbrauch zu dienen, konnte auf umständliche Formen und Publizität verzichtet werden. Der bloße Besitzwechsel sollte genügen. Für den Erwerber galt es, im Streitfalle den Beweis des rechtmäßigen Besitzes durch Nennung des Erwerbsgrundes anzutreten. Da naturgemäß fast jeder Versuch, sein volles Recht durch Nachweis der Erwerbsvorgänge aller Vormänner darzulegen, fehlschlagen mußte, wird hier wohl die Ge-

---

[17] ***Kaser,*** Das römische Privatrecht I (1955) 120; ***Kaser,*** Der römische Eigentumsbegriff, in: Deutsche Landesreferate zum VI. Internationalen Kongreß für Rechtsvergleichung in Hainburg (1962) 22 ff

[18] ***Kaser,*** Das römische Privatrecht I (1955) 120 f; ***Kaser,*** Eigentum und Besitz im älteren römischen Recht[2] (1956) 196 f

[19] ***Girard,*** Manuel élémentaire de droit romain (1896) 279; ***Kaser,*** Das römische Privatrecht I (1955) 121

[20] ***Kaser,*** Das römische Privatrecht I (1955) 121

[21] ***Girard,*** Manuel élémentaire de droit romain (1896) 539; ***Kaser,*** Das römische Privatrecht I (1955) 122

burtsstunde des Beweises des besseren Rechts anzusetzen sein. Hier bediente man sich dann primitiver Beweisregeln. Konnte der Kläger nicht dartun, daß die Streitsache gestohlen war, der Besitzer jedoch nachweisen, daß er die Sache rechtmäßig von seinem Veräußerer erworben hatte, dann galt das bessere Recht des Besitzers als geklärt. Daneben stand es dem Erwerber offen, den Nachweis zu erbringen, daß er oder einer seiner Vormänner die Sache durch Jahresfrist besessen hatte und so Eigentümer geworden war.[22] Die Prüfung der Erwerbsvorgänge war Sache der Richter. Sie mußten über das bessere Recht entscheiden. Die Rechtsstellung des Erwerbers hing dabei stark vom konkreten Rechtsgrund ab. Es war also das Grundgeschäft (*causa*) wie etwa Kauf oder Schenkung, das tatsächlich Eigentum verschaffte, und nicht die Übergabe als solche.[23]

2.2.2. MANCIPATIO

Die *mancipatio* ist latinischen Ursprungs[24] und bleibt als Akt des Eigentumserwerbs immer auf *res mancipi* beschränkt.[25] Sie entwickelt sich vom rituellen einseitigen Ergreifungsakt des Erwerbers verbunden mit einer Geldzahlung an den Veräußerer über den Barkauf hin zu einem allgemeinen Übereignungsgeschäft.[26] Die *mancipatio* verkörpert formal einen Libralakt, also ein Geschäft durch Kupfer und Waage (*negotium per aes et libram*).[27] Der Erwerber erhält so die *mancipium*-Gewalt, die ein relatives Eigentum am Veräußerungsgegenstand bedeutet.[28] Mit der *mancipatio* ist regelmäßig die Gewährschaftssicherung verbunden, mit der der Veräußerer als *auctor* zur Prozeßbeistandschaft in einem Vindikationsprozeß veranlaßt oder bei Verweigerung respektive allfälliger Erfolglosigkeit der Beistandschaft zur Zahlung des doppelten Kaufpreises gezwungen werden kann.[29]

---

[22] ***Kaser,*** Eigentum und Besitz im älteren römischen Recht[2] (1956) 195 ff

[23] ***Kaser,*** Eigentum und Besitz im älteren römischen Recht[2] (1956) 8, 196 f

[24] ***Kaser,*** Eigentum und Besitz im älteren römischen Recht[2] (1956) 107

[25] ***Girard,*** Manuel élémentaire de droit romain (1896) 280; ***Hausmaninger – Selb,*** Römisches Privatrecht[7] (1994) 181; ***Kaser,*** Das römische Privatrecht I (1955) 115; ***Kaser,*** Eigentum und Besitz im älteren römischen Recht[2] (1956) 163; ***Mayer-Maly,*** Römisches Privatrecht (1991) 49; ***Villey,*** Le droit romain[8] (1987) 77; ***Watson,*** The Law of Property in the Later Roman Republic (1968) 16

[26] ***Kaser,*** Das römische Privatrecht I (1955) 115 f; ***Kaser,*** Eigentum und Besitz im älteren römischen Recht[2] (1956) 107

[27] ***Kaser,*** Das römische Privatrecht I[2] (1971) 41, 43

[28] ***Kaser,*** Das römische Privatrecht I (1955) 116; ***Villey,*** Le droit romain[8] (1987) 77: Die *mancipium*-Gewalt stand ehemals für die tatsächliche Herrschaft über eine Sache.

[29] ***Dumont,*** Manuel de droit romain I (1947) 155; ***Girard,*** Manuel élémentaire de droit romain (1896) 277, 539; ***Hausmaninger – Selb,*** Römisches Privatrecht[7] (1994) 215:

Die *mancipatio* hat als Barkauf große Bedeutung im altrömischen Recht. Dabei ist sicher, daß im Rahmen des Formalaktes tatsächlich eine bestimmte Geldsumme bezahlt worden ist: Austausch von Ware und Preis als Wesenselemente des Kaufes.[30] Damit entwickelte die *mancipatio* sowohl eine sachenrechtliche Wirkung - Eigentumsübergang, wenn der Rechtsvorgänger Eigentümer des Kaufgegenstandes war - als auch eine schuldrechtliche - Gewährschaftshaftung der *actio auctoritas* gebunden an die Preiszahlung.[31] Die Frage, ob zur Zeit des XII-Tafelrechts auch der Eigentumsübergang an die Preiszahlung gebunden war, wird in der Literatur nicht eindeutig beantwortet. Während *Kaser* der Ansicht ist, daß ein XII-Tafelsatz, der nur die Auktoritätshaftung an die Preisregelung bindet, wahrscheinlich ist[32], glauben *Ourliac - de Malafosse*, daß es eine Regel der XII-Tafel-Gesetze gibt, wonach das Eigentum an einer verkauften Sache tatsächlich erst nach erfolgter Preiszahlung übergeht und damit von dieser abhängt.[33]

In weiterer Folge entwickelt sich die *mancipatio* bis sie schließlich *nummo uno*, also tatsächlich ohne Leistung eines effektiven Kaufpreises, vollzogen wird. Ihr Anwendungsgebiet wird dadurch ungleich größer, wo-

---

Voraussetzung ist die rechtzeitige Streitverkündung (*laudare auctorem*), um die Möglichkeit zu haben, die Sache wirksam zu verteidigen.; ***Kaser,*** Das römische Privatrecht I (1955) 116: Diese Haftung ist zunächst aus einer Deliktshaftung entstanden. Sie hat sich zu einer - der deliktischen Haftung nachgestalteten - Empfangshaftung entwickelt.; ***Lepointe,*** Droit romain et ancien droit français, Droit des biens (1958) 20; ***Watson,*** The Law of Property in the Later Roman Republic (1968) 16

[30] vgl. § 1053 ABGB, § 433 BGB und art. 184 OR als Beispiel moderner Rechtsordnungen

Girard, Manuel élémentaire de droit romain (1896) 276: Zur Zeit der XII-Tafel-Gesetze gab der Staat Geld in Umlauf, wodurch das tatsächliche Abwiegen des Metalles nicht mehr notwendig war.; ***Hausmaninger – Selb,*** Römisches Privatrecht[7] (1994) 214: Geld wird in Rom ursprünglich gewogen, die Geldeinheit ist das As, ein Kupferbarren von einem Pfund (etwa 273 Gramm) zu 12 Unzen.; ***Kaser,*** Eigentum und Besitz im älteren römischen Recht[2] (1956) 108

[31] ***Girard,*** Manuel élémentaire de droit romain (1896) 277, 539; ***Kaser,*** Eigentum und Besitz im älteren römischen Recht[2] (1956) 109 ff, 115

[32] ***Kaser,*** Eigentum und Besitz im älteren römischen Recht[2] (1956) 110 f, 113 ff: Würde man den Eigentumsübergang an die Bezahlung des Kaufpreises gebunden haben, dann wäre dieser Umstand der Emanzipation der *tradito* von der *iusta causa* wohl hemmend im Wege gestanden. Im übrigen waren *mancipatio* und *in iure cessio* schon damals abstrakte Erwerbsakte, das Eingehen auf die ihnen zugrunde liegenden Rechtsgeschäfte hätte dem widersprochen.

[33] vgl. auch ***Lange,*** Das kausale Element im Tatbestand der klassischen Eigentumstradition (1930) 12; ***Ourliac – de Malafosse,*** Histoire du droit privé, Les biens (1961) 263;

bei hier nur Kreditkauf und Schenkung erwähnt seien. Für den Erwerb des immer noch relativen Eigentums ist die Gültigkeit der der *mancipatio* zugrundeliegenden Zweckabrede ohne Belang, da die *mancipatio* ein abstraktes Rechtsgeschäft ist. Die Auktoritätshaftung ist mit der *mancipatio nummo uno* allerdings nur dann verbunden, wenn ihr ein Kauf zugrunde liegt. Die Auktoritätshaftung setzt weiters zwingend einen effektiven und nicht bloß imaginären Kaufpreis voraus.[34]

2.2.3. IN IURE CESSIO

Diese Erwerbsart vermittelt wie die *mancipatio nummo uno* nur relatives Eigentum. Für ihre Gültigkeit wird die Erfüllung der Trias bestehend aus dem einseitigen förmlichen Ergreifungsakt des Erwerbers vor dem Prätor, der Duldung des Veräußerers und der prätorischen *addictio* verlangt.[35] Die *in iure cessio* ist etwas jünger und fortschrittlicher als die *mancipatio*. Sie ist nicht auf *res mancipi* beschränkt, allerdings kann mit ihr auch niemals eine Auktoritätshaftung einhergehen.[36] Der Erwerber mußte sich daher für den Gewährbruchsfall durch Stipulation absichern. Für den Kaufvertrag hat sich dabei die *stipulatio duplae* etabliert und bewährt.[37] Die *in iure cessio* steht wegen des Mangels eines tatsächlichen oder doch wenigstens symbolischen Zahlungsvorganges jedem zulässigen Zueignungszweck offen und ist als abstraktes Verfügungsgeschäft wie die *mancipatio* auch in ihrer Gültigkeit von diesem völlig unabhängig.[38]

---

[34] ***Hausmaninger – Selb,*** Römisches Privatrecht[7] (1994) 214; ***Kaser,*** Das römische Privatrecht I (1955) 116

[35] ***Girard,*** Manuel élémentaire de droit romain (1896) 282; ***Hausmaninger – Selb,*** Römisches Privatrecht[7] (1994) 215 f; ***Kaser,*** Das römische Privatrecht I (1955) 117; ***Kaser,*** Eigentum und Besitz im älteren römischen Recht[2] (1956) 199; ***Mayer-Maly,*** Römisches Privatrecht (1991) 50 f; ***Watson,*** The Law of Property in the Later Roman Republic (1968) 20

[36] ***Dumont,*** Manuel de droit romain I (1947) 157; ***Girard,*** Manuel élémentaire de droit romain (1896) 281 f: Vielleicht bestand die *in iure cessio* zur Zeit der XII-Tafel-Gesetze noch nicht.; ***Hausmaninger – Selb,*** Römisches Privatrecht[7] (1994) 216; ***Kaser,*** Das römische Privatrecht I (1955) 117; ***Kaser,*** Eigentum und Besitz im älteren römischen Recht[2] (1956) 200 ff; ***Lepointe,*** Droit romain et ancien droit français, Droit des biens (1958) 21; ***Mayer-Maly,*** Römisches Privatrecht (1991) 50 f; ***Watson,*** The Law of Property in the Later Roman Republic (1968) 21

[37] ***Kaser,*** Eigentum und Besitz im älteren römischen Recht[2] (1956) 202

[38] ***Girard,*** Manuel élémentaire de droit romain (1896) 282; ***Hausmaninger – Selb,*** Römisches Privatrecht[7] (1994) 216; ***Kaser,*** Das römische Privatrecht I (1955) 117; ***Kaser,*** Eigentum und Besitz im älteren römischen Recht[2] (1956) 202

Rien ne se perd, rien ne se créé, tout se transforme.

Inconnu

3. VORKLASSISCHES UND KLASSISCHES RECHT

3.1. DAS EIGENTUMSRECHT

3.1.1. WESEN UND ERSCHEINUNGSFORMEN

Das Eigentum ist in dieser Periode ein fest umrissenes Recht, das sich sowohl gegenüber dem Besitz als faktischer Gewalt als auch gegenüber den begrenzten Sachenrechten eindeutig abhebt. Es bezeichnet die privatrechtliche Vollherrschaft: *plena in re potestas.*[1] Das Eigentum als solches ist geprägt von einer großen Elastizität. Der Eigentümer kann daher anderen Personen dingliche oder obligatorische Rechte an seinem Eigentum gewähren und wieder entziehen, wodurch - bildlich gesprochen - sein Eigentum schrumpfen oder wieder zur Vollherrschaft anwachsen kann.[2]

Das traditionelle römische Eigentum ist ein Vorrecht des Bürgerstatus, *ius civile*, und somit Personen, die keine römischen Bürger sind, unzugänglich. Es heißt *dominium ex iure Quiritum.*[3] Als quiritischer Eigentümer wird nur derjenige anerkannt, dessen *rei vindicatio* einen

---

1 ***Ehrhardt,*** Iusta causa traditionis. Eine Untersuchung über den Erwerb des Eigentums nach römischem Recht (1930) 13; ***Hausmaninger – Selb,*** Römisches Privatrecht[7] (1994) 202 f; ***Kaser,*** Das römische Privatrecht I[2] (1971) 400; ***Kaser,*** Der römische Eigentumsbegriff, in: Deutsche Landesreferate zum VI. Internationalen Kongreß für Rechtsvergleichung in Hainburg (1962) 31; ***Michel,*** Histoire de la propriété, Thèse (1884) 84; ***Ourliac – de Malafosse,*** Histoire du droit privé, Les biens (1961) 77; ***Sohm,*** Institutionen, Geschichte und System des römischen Privat-rechtes[17] (1949) 268; ***Wieacker,*** Vom römischen Recht[2] (1961) 191; ***Wolff,*** SZ 81, 1964, 333 ff: In einer Buchbesprechung äußert sich der Autor kritisch zu der von ***Kränzlein,*** Eigentum und Besitz im griechischen Recht des 5. und 4. Jahrhunderts vor Christus (1963), vertretenen Ansicht, daß Eigentum und Besitz im griechischen Recht bereits von den Juristen materiell und prozessual bewußt unterschiedene Kategorien waren.

2 ***Hausmaninger – Selb,*** Römisches Privatrecht[7] (1994) 203, 205

3 ***Dumont,*** Manuel de droit romain I (1947) 146; ***Hausmaninger – Selb,*** Römisches Privatrecht[7] (1994) 43, 90, 203: Caracalla verleiht 212 n. Chr. das römische Bürgerrecht an alle freien Einwohner des Reiches (*constitutio Antoniniana*).; ***Jansse,*** La propriété, le régime des biens dans les civilisations occidentales (1958) 19 und 55; ***Kaser,*** Das römische Privatrecht I[2] (1971) 402; ***Kaser,*** Der römische Eigentumsbegriff, in: Deutsche Landesreferate zum VI. Internationalen Kongreß für Rechtsvergleichung in Hainburg (1962) 32; ***Michel,*** Histoire de la propriété, Thèse (1884) 98

rechtlichen Durchgriff gegen jedermann ermöglicht. Diese Entwicklung zu einem absoluten Recht bringt auch eine Umgestaltung der Eigentumsverfolgung mit sich. Die *legis actio sacramento in rem*, die zur bloßen Feststellung führt, wer Eigentümer ist, und für die eine Behauptung des Eigentums von beiden Seiten charakteristisch ist, wird in der Klassik in die Vindikationsverfahren *per sponsionem* und *per formulam petitoriam* umgeformt. Ziel dieser Verfahren ist die Eigentumsfeststellung gekoppelt mit der sofortigen Herausgabe der Sache, wobei nur der Kläger zur Erbringung eines Eigentumsbeweises - allerdings ursprünglich einschließlich des Beweises des Eigentums seiner Vormänner - verpflichtet ist. Dem Vindikationsprozeß wird das Verfahren der Besitzinterdikte vorangeschaltet.[4]

Das Eigentum nach prätorischem Recht, das in der späten Republik neben das Eigentum nach *ius civile* tritt, wird durch den Erwerb einer *res mancipi* vom quiritischen Eigentümer erlangt, wobei die dafür typischen Übertragungsarten *mancipatio* und *in iure cessio* durch die *traditio* vertreten werden. Der Prätor, dessen einzige Intention der "Schutz der materiellen Ordnung"[5] ist, begnügt sich also auch bei *res mancipi* mit dem formfreien Erwerb. Für den Fall, daß der noch quiritische Eigentümer die Herausgabe der Sache mit der *rei vindicatio* verlangt, gewährt der Prätor dem Erwerber die *exceptio rei venditae et traditae* oder auch die allgemeine *exceptio doli*. Damit ist die rechtliche Stellung des formfreien Erwerbers jedenfalls stärker als jene des quiritischen Eigentümers. Der Erwerber hat die Sache tatsächlich im Vermögen, *in bonis*, weswegen Gaius in diesem Fall von einem bonitarischen Eigentümer spricht.

Das Recht des bonitarischen Eigentümers ist durch eine prätorische Klage, die *actio Publiciana*, geschützt. Nach einer Frist von 1 bzw. 2 Jahren kann das bonitarische Eigentum durch Ersitzung sogar zum quiritischen Eigentum werden. Die *actio Publiciana* steht sowohl dem Ersitzungsbesitzer (usukapierbare Sache, *bona fide*, *ex iusta causa*) vor Vollendung der Ersitzungsfrist offen, als auch demjenigen, der eine Sache von einem Nichteigentümer erwirbt, der später Eigentümer wird (Konvaleszenz). Ein weiterer Fall, der in den Schutzbereich der *actio*

---

[4] ***Hausmaninger – Selb,*** Römisches Privatrecht[7] (1994) 203, 231: Die *legis actio sacramento in rem* ist ein Prätendentenstreit. Kläger und Beklagter behaupten jeweils ein *meum esse* an der Sache und setzen für ihre Behauptung eine beträchtliche Geldsumme als *sacramentum* ein. Der Richter entscheidet *cuius sacramentum iustum sit* und trifft damit indirekt die Feststellung, wer das bessere Recht an der Sache hat.; ***Jansse,*** La propriété, le régime des biens dans les civilisations occidentales (1958) 56; ***Kaser,*** Das römische Privatrecht I (1955) 401; ***Kaser,*** Der römische Eigentumsbegriff, in: Deutsche Landesreferate zum VI. Internationalen Kongreß für Rechtsvergleichung in Hainburg (1962) 30 f

[5] ***Jansse,*** La propriété, le régime des biens dans les civilisations occidentales (1958) 56

Publiciana fällt, ist die Ergreifung (*occupatio*) einer vom Eigentümer derelinquierten Sache.[6] Das Nebeneinander zweier Eigentumsformen, nämlich des quiritischen und bonitarischen Eigentums, zieht sich wie ein roter Faden durch die Geschichte der gesamten klassischen Periode Roms.[7]

Die allgemeine Übersicht über die möglichen Erscheinungsformen des Eigentumsrechts in Rom zu dieser Zeit möchte ich mit dem Hinweis beenden, daß für den Handel mit Ausländern entweder die *mancipatio* oder die *traditio* strapaziert wurde. Die *mancipatio* konnte aber nur dann als Übertragungsart gewählt werden, wenn es sich bei den ausländischen Geschäftspartnern um Mitglieder jener Gruppe von Ausländern handelte, die mit den Römern das *commercium* hatte.[8]

3.1.2. CHARAKTERISTIKA

Einige, vor allem französische Autoren charakterisieren das klassische Eigentumsrecht *dominium ex iure Quiritium* an Hand von typischen Eigenschaften. Das Eigentumsrecht war demnach an eine Sache gebunden (*droit réel*), absolut (*droit absolu*), ausschließlich (*droit exclusif*) und schließlich auch fortdauernd (*droit perpétuel*).[9] *Dumont* meint außerdem, daß das klassische Eigentumsrecht neben den bereits genannten Eigenschaften noch partikularistisch war, da es nicht allen Personen hinsichtlich aller Sachen zugestanden wurde.[10] *Ourliac - de Malafosse* ergänzen die Aufzählung noch mit dem Hinweis auf die Gesetzlichkeit. Folgt man dieser Ansicht, so bewirkt das Eigentum, daß aus einem faktischen Zustand ein gesetzlich (rechtlich) abgesicherter wird.[11] *Wieacker* schließlich definiert das Eigentum als die "absolute, totale, ausschließliche und unteilbare rechtliche Herrschaft des einzelnen über die Sache". Seine Definition

---

[6] ***Coste-Floret,*** La nature juridique, Thèse (1935) 15; ***Hausmaninger – Selb,*** Römisches Privatrecht[7] (1994) 204; ***Kaser,*** Das römische Privatrecht I[2] (1971) 403 f; ***Kaser,*** Der römische Eigentumsbegriff, in: Deutsche Landesreferate zum VI. Internationalen Kongreß für Rechtsvergleichung in Hainburg (1962) 32 f; ***Lepointe,*** Droit romain et ancien droit français, Droit des biens (1958) 49; ***Ourliac – de Malafosse,*** Histoire du droit privé, Les biens (1961) 81

[7] ***Coste-Floret,*** La nature juridique, Thèse (1935) 15; ***Ourliac – de Malafosse,*** Histoire du droit privé, Les biens (1961) 81

[8] ***Kaser,*** Das römische Privatrecht I[2] (1971) 402

[9] ***Coste-Floret,*** La nature juridique du droit de propriété d'après le Code civil et depuis le Code civil, Thèse (1935) 16 f; ***Michel,*** Histoire de la propriété, Thèse (1884) 85; ***Ourliac – de Malafosse,*** Histoire du droit privé, Les biens (1961) 76

[10] ***Dumont,*** Manuel de droit romain I (1947) 148

[11] ***Ourliac – de Malafosse,*** Histoire du droit privé, Les biens (1961) 76

kann im Sinne der Mengenlehre als der äußerste Kreis, der alle anderen umgibt, bezeichnet werden.[12]

Die Bindung des Eigentumsrechts an eine Sache bedeutet, daß das Recht an einer Sache ein direktes rechtliches Band zwischen dem berechtigten Eigentümer und der Sache selbst schafft.[13] Das absolute Recht ist nur eine logische Folge des rechtlichen Bandes zwischen Berechtigtem und Sache. Der Eigentümer wird zu einem "Souverän", der das Gebrauchsrecht (*ius utendi*), das Genußrecht (*ius fruendi*) und das Verfügungsrecht (*ius abutendi*) über die Sache nach Belieben ausüben kann. Der Eigentümer kann alle anderen Personen vom Gebrauch der Sache ausschließen, wobei ihm die Grenzen dafür nur durch Gesetze und den Grundsatz, daß das Allgemeinwohl dem Einzelinteresse gegenüber Vorrang hat, vorgegeben sind.[14] Das Eigentum ist somit zu jener Zeit die gegen jedermann durchsetzbare Rechtsbeziehung zu einem körperlichen Gegenstand.[15] Das Eigentumsrecht als solches ist außerdem absolut nach Raum und Zeit.[16] Aus dem bisher gesagten folgt, daß das römische Recht die Ausschließlichkeit des Eigentumsrechts zur Grundlage hatte. Bei Miteigentum ist daher das Recht jedes einzelnen Miteigentümers durch das der übrigen beschränkt.[17] Schließlich ist das Eigentumsrecht auch fortdauernd. Es ist übertragbar und besteht bei Veräußerung der Sache weiter. Das Eigentumsrecht teilt also das Schicksal der Sache bis zu deren Untergang.[18]

Das absolute Eigentumsrecht hatte in der klassischen Periode kaum Einschränkungen zu akzeptieren. Jene Normen der Rechtsordnung, die zum Schutz sozialer Interessen erlassen wurden, wurden zunehmend gelockert. Der Individualismus in der Herrschaft über die Vermögensgüter kann sich somit fast ungehemmt entfalten. Eine Enteignung im engeren Sinne war

---

[12] ***Wieacker,*** Vom römischen Recht^2 (1961) 191

[13] ***Coste-Floret,*** La nature juridique du droit de propriété d'après le Code civil et depuis le Code civil, Thèse (1935) 17; ***Michel,*** Histoire de la propriété, Thèse (1884) 85

[14] ***Coste-Floret,*** La nature juridique du droit de propriété d'après le Code civil et depuis le Code civil, Thèse (1935) 17; ***Jansse,*** La propriété, le régime des biens dans les civilisations occidentales (1958) 55; ***Lepointe,*** Droit romain et ancien droit français, Droit des biens (1958) 47; ***Michel,*** Histoire de la propriété, Thèse (1884) 82 f und 91 f; ***Ourliac – de Malafosse,*** Histoire du droit privé, Les biens (1961) 77 f: Der Vorrang des Gemeininteresses vor dem jeweiligen Einzelinteresse sowie der Rechtsmißbrauch durch den Eigentümer werden bei beweglichen Sachen selten vorgekommen sein.; ***Wieacker,*** Vom römischen Recht^2 (1961) 191

[15] ***Wieacker,*** Vom römischen Recht^2 (1961) 191

[16] ***Dumont,*** Manuel de droit romain I (1947) 147

[17] ***Michel,*** Histoire de la propriété, Thèse (1884) 90 f

[18] ***Michel,*** Histoire de la propriété, Thèse (1884) 85; ***Ourliac – de Malafosse,*** Histoire du droit privé, Les biens (1961) 76, 78

ebenso unbekannt wie eine verfassungsmäßige Garantie des Eigentums, jedoch waren staatlich angeordnete Beschränkungen (sakralrechtliche Eingriffe in das Privatgut, bau- und sanitätspolizeiliche Verbote) durchaus möglich. Privatrechtliche Beschränkungen konnten naturgemäß in mehreren Varianten vorkommen. Denkbar waren beispielsweise Beschränkungen nach Raum (an einem begrenzten Gegenstand) und auch nach Zeit (prinzipiell zwar unbegrenzt, ausnahmsweise aber Bedingung oder Befristung). Des weiteren gab es privatrechtliche Veräußerungs- und Erwerbsverbote sowie privatrechtliche Beschränkungen im Nachbarrecht.[19]

EXKURS: DAS MITEIGENTUM

Das im altrömischen Recht bekannte gemeinschaftliche Eigentum, bei dem die rechtliche Verfügung nur über die ganze Sache möglich war und keine juristisch selbständigen Anteile vorlagen, verschwindet im frühklassischen Recht. Es entsteht das Miteigentum nach Bruchteilen (*communio pro indiviso, condominium*). Jeder Miteigentümer (*socius*) kann daher unabhängig von den anderen *socii* über seinen Anteil verfügen. Der rechnerisch auf eine bloße Quote beschränkte Anteil eines Miteigentümers heißt *pars pro indiviso*. Gebrauch und Nutzen an der Sache stehen den Miteigentümern im Verhältnis ihrer Anteile zu. Jeder Gemeinschafter kann jederzeit die Aufhebung der Gemeinschaft mit der Teilungsklage (*actio communi dividundo*) begehren, dabei soll sachenrechtlich das Miteigentum aufgehoben und Alleineigentum zugewiesen werden. Der Richter bedient sich dafür in seinem Gestaltungsurteil der der Klagsformel angehörenden *adiudicatio*. Schuldrechtlich kommt es im Rahmen des Teilungsverfahrens zu einer Abrechnung der einzelnen Forderungen durch Liquidation, wobei Naturalteilung, Zuweisung von Alleineigentum an einen Miteigentümer verbunden mit der Verpflichtung der Geldabfindung der übrigen oder ein Verkauf an Dritte - meist durch Versteigerung und anschließende Erlösteilung (Zivilteilung) - als Varianten denkbar sind.[20]

3.2. DER DERIVATIVE EIGENTUMSERWERB

Unter dem Begriff des derivativen (abgeleiteten) Eigentumserwerbs werden alle Fälle zusammengefaßt, in denen jemand Eigentum durch Ab-

---

[19] ***Hausmaninger – Selb***, Römisches Privatrecht[7] (1994) 205 ff; ***Kaser***, Das römische Privatrecht I[2] (1971) 404 ff

[20] ***Hausmaninger – Selb***, Römisches Privatrecht[7] (1994) 204 f; ***Kaser***, Das römische Privatrecht I[2] (1971) 410 ff; ***Mayer-Maly***, Römisches Privatrecht (1991) 42 f

tretung vom vorigen Eigentümer erwirbt. Obwohl das Recht bei jedem Erwerber neu entsteht, kann Eigentum nur in jenem Ausmaß erworben werden, in dem der Vormann ein Recht gleichen Inhalts verliert. Vor diesem Hintergrund läßt sich auch das Bild der Übertragung (*dominium transferre*) oder des Überganges (*dominium transire*) leicht erklären. Niemand konnte daher mehr Rechte übertragen, als er selbst hatte, und der Erwerber konnte demgemäß nur jenes Recht erhalten, das tatsächlich beim Veräußerer bestanden hatte. Der lateinische Grundsatz lautet: *Nemo plus iuris ad alium transferre potest quam ipse habet.*[21] Dem derivativen Erwerb liegen meist Rechtsgeschäfte wie Kauf oder Schenkung zugrunde. Da diese jedoch für sich alleine noch keinen Eigentumsübergang bewirken, bedarf es noch besonderer Übertragungsakte, deren Darstellung Inhalt der nächsten Kapitel ist.

3.3. DIE EINZELNEN ERWERBSARTEN

3.3.1. TRADITIO EX IUSTA CAUSA

Die *traditio* etabliert sich als formfreie Übergabe von Sachen aller Art durch den Eigentümer zum Übereignungszweck. Sie ist das Alltagsgeschäft zur Übereignung von *res nec mancipi* und das einzige Übereignungsgeschäft im Verkehr mit Fremden (Peregrinen).[22] Römische Bürger erwerben in beiden Fällen quiritisches Eigentum, während sie im Falle der Übereignung von *res mancipi* nur bonitarisches Eigentum erwerben können.[23] Die körperliche Übergabe als solche dient nur der

---

[21] ***Hausmaninger – Selb,*** Römisches Privatrecht[7] (1994) 213, 216; ***Kaser,*** Das römische Privatrecht I[2] (1971) 412 f; ***Lepointe,*** Droit romain et ancien droit français, Droit des biens (1958) 16; ***Sohm,*** Institutionen, Geschichte und System des römischen Privatrechtes[17] (1949) 285

[22] ***Dumont,*** Manuel de droit romain I (1947) 431; ***Girard,*** Manuel élémentaire de droit romain (1896) 282; ***Hausmaninger – Selb,*** Römisches Privatrecht[7] (1994) 216: Peregrine erwerben durch die *traditio* Eigentum kraft *ius gentium.*; ***Kaser,*** Das römische Privatrecht I (1955) 351; ***Kaser,*** Das römische Privatrecht I[2] (1971) 416; ***Lange,*** Das kausale Element im Tatbestand der klassischen Eigentumstradition (1930) 21: Der Autor meint, in der vom Grundgeschäft losgelösten Tradition selbst einen auf die Eigentumsübertragung gerichteten Vertrag zu sehen.; ***Lepointe,*** Droit romain et ancien droit français, Droit des biens (1958) 21; ***Mayer-Maly,*** Römisches Privatrecht (1991) 51; ***Ourliac – de Malafosse,*** Histoire du droit privé, Les biens (1961) 267; ***Watson,*** The Law of Property in the Later Roman Republic (1968) 61

[23] ***Dumont,*** Manuel de droit romain I (1947) 156; ***Girard,*** Manuel élémentaire de droit romain (1896) 283; ***Hausmaninger – Selb,*** Römisches Privatrecht[7] (1994) 216; ***Kaser,*** Das römische Privatrecht I (1955) 351; ***Kaser,*** Das römische Privatrecht I[2] (1971) 416;

Besitzverschaffung und ist daher ein bloßes Faktum. Zur tatsächlichen Eigentumsübertragung muß daher noch die relativ umstrittene *iusta causa traditionis*[24] hinzukommen, deren aufrechter Bestand im Sinne eines Kausalverhältnisses anfangs unbedingt erforderlich war. Denn sie löst in Wirklichkeit den Eigentumswechsel aus, die Übergabe repräsentiert nur den realen Vollzug.[25]

Später wird die *iusta causa* inhaltlich so ausgehöhlt, daß bereits im Willen, Eigentum zu übertragen und zu erwerben, die Erfüllung des Erfordernis einer Kausalbeziehung gesehen werden konnte.[26] Ein bloßer Putativtitel, also der Glaube des Erwerbers an eine vermeintlich gültige *causa*, kann zu dieser Zeit nicht mit Sicherheit belegt werden.[27] Die Abstrahierung der klassischen traditio stößt nicht bei allen Autoren auf restlose Zustimmung. *Hazewinkel-Suringa* etwa fordert die "kausale dingliche Einigung", also Einigung über den Umstand, daß das Eigentum aus einer konkreten causa übergehen soll.[28]

Einen Sonderfall bildet die bekannte Antinomie zwischen Julian und Ulpian: Wenn jemand Geld schenken will und der Empfänger irrtümlich meint, ein Darlehen zu empfangen, kommt mangels Willenseinigung weder eine Schenkung noch ein Darlehen zustande. Ulpian verneint deshalb den

---

Lepointe, Droit romain et ancien droit français, Droit des biens (1958) 92; ***Mayer-Maly,*** Römisches Privatrecht (1991) 51; ***Michel,*** Histoire de la propriété (1884) 125 f

[24] ***Ehrhardt,*** Iusta causa traditionis. Eine Untersuchung über den Erwerb des Eigentums nach römischem Recht (1930) 153: Der Ausdruck *iusta causa traditionis* ist der Terminologie des prätorischen Edikts entnommen.

[25] ***Dumont,*** Manuel de droit romain I (1947) 431; ***Ehrhardt,*** Iusta causa traditionis. Eine Untersuchung über den Erwerb des Eigentums nach römischem Recht (1930) 14 f; ***Hausmaninger – Selb,*** Römisches Privatrecht[7] (1994) 216 f; ***Kaser,*** Das römische Privatrecht I (1955) 351; ***Ourliac – de Malafosse,*** Histoire du droit privé, Les biens (1961) 218, 261, 267

[26] ***Kaser,*** Das römische Privatrecht I (1955) 351; ***Lange,*** Das kausale Element im Tatbestand der klassischen Eigentumstradition (1930) 98; ***Lepointe,*** Droit romain et ancien droit français, Droit des biens (1958) 92; ***Ourliac – de Malafosse,*** Histoire du droit privé, Les biens (1961) 268 f

[27] ***Ehrhardt,*** Iusta causa traditionis. Eine Untersuchung über den Erwerb des Eigentums nach römischem Recht (1930) 26 ff; ***Kaser,*** Das römische Privatrecht I[2] (1971) 417; ***Lange,*** Das kausale Element im Tatbestand der klassischen Eigentumstradition (1930) 75 ff; ***Mayer-Maly,*** Römisches Privatrecht (1991) 52: Es gibt keine Quellenzeugnisse darüber, daß ein bloßer Putativtitel für einen Eigentumsübergang genügen soll. Die Idee als solche wird dem Juristen Julian zugedacht.

[28] ***Hazewinkel-Suringa,*** Mancipatio en traditio. Bijdrage tot de kennis van de eigendomsoverdracht in het Romeinsche recht (1931) 157 ff; ***Kaser,*** Das römische Privatrecht I (1955) 352 FN 23

Eigentumserwerb des Empfängers. Julian läßt ihn trotz *dissensus in causa* zu, vielleicht weil man annehmen konnte, daß jemand, der schenken will, auch mit einer Darlehensgewährung einverstanden ist.[29] Hier zeigen sich die Unterschiede zwischen der deutschen Pandektistik mit dem Prinzip der abstrakten Tradition[30], die auf eine *iusta causa* verzichtet, und dem österreichischen Recht, das nach wie vor am kausalen Eigentumserwerb festhält.[31]

Im klassischen Rom waren auch Institute bekannt, die klar werden lassen, daß die tatsächliche körperliche Übergabe nicht unbedingt notwendig war. Es genügte bereits ein bloßer Wechsel des juristischen Besitzes, also eine Tradition ohne Inhaberwechsel. Das *constitutum possessorium* ist die Besitzübertragung durch bloße Vereinbarung eines Rechtsverhältnisses. Der Tradent soll zwar weiterhin der Inhaber der Sachen bleiben, er soll diese jedoch nicht mehr in der Eigenschaft als Eigentümer, sondern im Rahmen des jeweiligen Verpflichtungsgeschäftes ausüben. Der bisherige Eigentümer wird also beispielsweise Mieter. Das diametral entgegengesetzte Institut ist die *traditio brevi manu*. Hiebei findet die Tradition durch bloße Einigung darüber statt, daß der bereits Besitzende nunmehr als Eigentümer handeln könne, er also Eigenbesitzer sei. Ein Mieter wird auf diese Art ganz einfach Eigentümer. Beiden Fällen ist gemein, daß es keinen Wechsel des unmittelbaren Besitzes gibt: der *corpus* bleibt bestehen, nur der *animus* wechselt. Dabei tritt das Willenselement - durch eine einvernehmliche Änderung des Besitzwillens - so stark in den Vordergrund, daß dadurch der unscharfe Eindruck eines Besitzerwerbs *solo animo* entsteht.[32]

---

[29] ***Ehrhardt,*** Iusta causa traditionis. Eine Untersuchung über den Erwerb des Eigentums nach römischem Recht (1930) 13; ***Hausmaninger – Selb,*** Römisches Privatrecht[7] (1994) 217; ***Lange,*** Das kausale Element im Tatbestand der klassischen Eigentumstradition (1930) 64 ff

[30] ***Hausmaninger – Selb,*** Römisches Privatrecht[7] (1994) 217 mit Verweis auf § 929 BGB; ***Lange,*** Das kausale Element im Tatbestand der klassischen Eigentumstradition (1930) 99

[31] ***Hausmaninger – Selb,*** Römisches Privatrecht[7] (1994) 217 mit Verweis auf § 380 ABGB

[32] ***Dumont,*** Manuel de droit romain I (1947) 418, 431; ***Ehrhardt,*** Iusta causa traditionis. Eine Untersuchung über den Erwerb des Eigentums nach römischem Recht (1930) 147 ff; ***Girard,*** Manuel élémentaire de droit romain (1896) 286; ***Hausmaninger – Selb,*** Römisches Privatrecht[7] (1994) 192 f; ***Lepointe,*** Droit romain et ancien droit français, Droit des biens (1958) 94; ***Mayer-Maly,*** Römisches Privatrecht (1991) 34; ***Ourliac – de Malafosse,*** Histoire du droit privé, Les biens (1961) 207 ff; ***Sohm,*** Institutionen, Geschichte und System des römischen Privatrechtes[17] (1949) 286 f; aA***Watson,*** The Law of Property in the Later Roman Republic (1968) 62: "*... we have no evidence for its existence or nonexistence ...*"

Liegt der traditio ein Kauf zugrunde, so stellt sich die elementare Frage, ob in diesem Fall der Eigentumsübergang auch von der Preiszahlung abhängt. Die Vermutung liegt nahe, daß in der vorklassischen Zeit, solange der Eigentumserwerb vom vollen Nachweis der gültigen *causa* abhängig war, im Kauffall der Preis bezahlt sein mußte, damit Eigentum übertragen werden konnte. In der Klassik finden wir die weitgehende Loslösung der *traditio* von der *causa.* Als Zwischenstufe kann der Umstand angesehen werden, daß die Kreditierung regelmäßig der tatsächlichen Preiszahlung gleichgehalten wird. Später wird das Zahlungsserfordernis für den Eigentumserwerb beim Kauf vollkommen preisgegeben.[33]

3.3.2. MANCIPATIO

In der Klassik behält die *mancipatio* als Formalakt die Gestalt eines denaturierten Kaufgeschäftes, bei dem die Preiszahlung zu einer symbolischen Andeutung geschrumpft ist. Der Vorgang, daß der Erwerber (*emptor*) den Gegenstand vor den fünf Zeugen und dem Waagehalter (*libripiens*) ergreift (*manu capere*) und dabei die überkommene Formel spricht, daß er nun mit dem Erz und der ehernen Waage die Sache nach quiritischem Recht "gekauft" habe, während der Veräußerer zu dieser Behauptung schweigt, ist zu dieser Zeit bereits vollkommen erstarrt und des Sinngehaltes beraubt.[34] Die *mancipatio* bleibt weiterhin auf *res mancipi* beschränkt und steht noch immer nur römischen Bürgern und Ausländern mit *commercium* zu. Sie verschafft quiritisches Eigentum, wenn

---

[33] ***Dumont,*** Manuel de droit romain I (1947) 431; ***Kaser,*** Das römische Privatrecht I (1955) 352 f, 460; ***Kaser,*** Das römische Privatrecht I² (1971) 418; ***Kränzlein,*** Eigentum und Besitz im griechischen Recht des 5. und 4. Jahrhunderts vor Christus (1963), 77 f: Der Autor erklärt für das griechische Recht die Abhängigkeit des kaufweisen Eigentumsübergangs von der Preiszahlung mit dem Gedanken der "Zweckverfügung": Die Erlangung des Entgelts sei der Zweck, zu dem der Veräußerer verfügt habe.; ***Mayer-Maly,*** Römisches Privatrecht (1991) 53; ***Ourliac - de Malafosse,*** Histoire du droit privé, Les biens (1961) 263

[34] ***Dumont,*** Manuel de droit romain I (1947) 153 f; ***Girard,*** Manuel élémentaire de droit romain (1896) 275; ***Hausmaninger - Selb,*** Römisches Privatrecht⁷ (1994) 213 f: Bei Erwerb eines Sklaven etwa spricht der Erwerber folgende Formel: *"Hunc ego hominem ex iure Quiritium meum esse aio isque mihi emptus esto hoc aere aenaeaque libra."* (Ich behaupte, daß dieser Sklave nach dem Recht römischer Bürger mir gehört, und er soll für mich gekauft sein durch dieses Kupfer und diese kupferne Waage.); ***Kaser,*** Das römische Privatrecht I² (1971) 414; ***Michel,*** Histoire de la propriété (1884) 130; ***Ourliac - de Malafosse,*** Histoire du droit privé, Les biens (1961) 262

der Veräußerer tatsächlich Eigentümer war und der Erwerber römischer Bürger ist.[35]

Liegt der *mancipatio* ein Kauf zugrunde, so ist die Eigentumsverschaffung vom Grundgeschäft unabhängig und daher abstrakt. Die formlos abgeschlossene *emptio venditio* als Verpflichtungsgeschäft wird von der *mancipatio* als Verfügungsgeschäft streng getrennt. Letztere kann dem Kaufabschluß nachfolgen, der effektive Kaufpreis davor oder danach bezahlt werden. Die *mancipatio* ist daher als abstraktes Verfügungsgeschäft auch dann gültig, wenn die ihr zugrundeliegende *causa* aus irgendeinem Grund unwirksam ist.[36] *Kaser* begründet die Unabhängigkeit des Eigentumsüberganges von der Kaufpreiszahlung bei der *mancipatio* mit dem Umstand, daß die Manzipationsformel stets ein sofortiges, uneingeschränktes *meum esse* behauptet. Die Preiszahlung im Falle eines Kaufes konnte daher nur für die Auktoritätshaftung Bedeutung haben.[37]

Mit der *mancipatio* kann in der vorklassischen und klassischen Periode Roms auch die Treuabrede, das *pactum fiduciae*, verbunden werden. Diese formlose Vereinbarung verpflichtet den Erwerber, den manzipierten Gegenstand unter gewissen Umständen dem Veräußerer wieder zu übertragen oder mit der Sache in vereinbarter Weise zu verfahren.[38]

3.3.3. IN IURE CESSIO

Sie steht nur römischen Bürgern offen, allerdings auch an *res nec mancipi*. Die *in iure cessio* ist zu dieser Zeit bereits inhaltlos und starr geworden. Deswegen wird sie zur Eigentumsübertragung nur noch selten herangezogen. Sie verlangt nach wie vor die ihr eigene Trias an förmlichen Handlungen: Behauptung des Eigentums mit der Formel der alten *legis*

---

[35] ***Dumont,*** Manuel de droit romain I (1947) 155; ***Girard,*** Manuel élémentaire de droit romain (1896) 277, 280; ***Hausmaninger – Selb,*** Römisches Privatrecht^7 (1994) 215; ***Jansse,*** La propriété, le régime des biens dans les civilisations occidentales (1958) 54; ***Kaser,*** Das römische Privatrecht I^2 (1971) 414; ***Michel,*** Histoire de la propriété (1884) 127; ***Ourliac – de Malafosse,*** Histoire du droit privé, Les biens (1961) 262

[36] ***Hausmaninger – Selb,*** Römisches Privatrecht^7 (1994) 214; ***Kaser,*** Das römische Privatrecht I (1955) 349; ***Ourliac – de Malafosse,*** Histoire du droit privé, Les biens (1961) 261, 264

[37] ***Kaser,*** Das römische Privatrecht I (1955) 350 FN 10; anderer Ansicht ***Girard,*** Manuel élémentaire de droit romain (1896) 278 f: Auch bei der *mancipatio* gibt es keinen Eigentumsübergang ohne Kaufpreiszahlung.

[38] ***Kaser,*** Das römische Privatrecht I (1955) 350; ***Kaser,*** Das römische Privatrecht I^2 (1971) 414

actio sacramento in rem durch den Erwerber, Unterlassung der Gegenbehauptung durch den Veräußerer und *addictio* durch den Prätor.[39] Auch die *in iure cessio* ist von der Gültigkeit des Grundgeschäfts unabhängig und somit abstrakt. Mit ihr können Stipulationen und das *pactum fiduciae* als Treuabrede verbunden werden.[40]

3.3.4. KAUF

Der Kauf, Austauch von Ware gegen Preis, ist in seinen Anfängen einfach Barkauf. Dabei fallen der Abschluß und Vollzug der beiderseitigen Leistungen zeitlich zusammen.[41] Das trifft auch auf den formfreien Kauf von *res nec mancipi* unter römischen Bürgern oder für den fremdenrechtlichen Kauf von Sachen aller Art im Verkehr mit Peregrinen zu.[42] Aus dem faktischen Vorgang des Güteraustausches entwickelt sich eine rechtliche Beziehung, der Erwerber wird nicht mehr des Diebstahls bezichtigt. In weiterer Folge festigt sich dieser Umstand und wird zu einem rechtmäßigen Erwerbsgrund (*causa*). Der Erwerber erhält mit der *traditio* Eigentum übertragen.[43] Der Kauf (*emptio venditio*), bei dem es zwingend notwendig ist, daß eine Sache gegen eine bestimmte Summe Geldes getauscht wird, ist streng vom Tausch (*permutatio*) zu unterscheiden, der wiederum unbedingt voraussetzt, daß eine Sache gegen eine andere Sache getauscht wird.[44]

---

[39] ***Dumont,*** Manuel de droit romain I (1947) 157 f; ***Girard,*** Manuel élémentaire de droit romain (1896) 282; ***Hausmaninger – Selb,*** Römisches Privatrecht[7] (1994) 215 f; ***Kaser,*** Das römische Privatrecht I (1955) 350; ***Kaser,*** Das römische Privatrecht I[2] (1971) 415; ***Lepointe,*** Droit romain et ancien droit français, Droit des biens (1958) 20; ***Michel,*** Histoire de la propriété (1884) 130; ***Ourliac – de Malafosse,*** Histoire du droit privé, Les biens (1961) 266

[40] ***Hausmaninger – Selb,*** Römisches Privatrecht[7] (1994) 216; ***Kaser,*** Das römische Privatrecht I (1955) 351; ***Kaser,*** Das römische Privatrecht I[2] (1971) 415; ***Ourliac – de Malafosse,*** Histoire du droit privé, Les biens (1961) 261, 266

[41] ***Ehrhardt,*** Iusta causa traditionis. Eine Untersuchung über den Erwerb des Eigentums nach römischem Recht (1930) 129; ***Giffard,*** Droit romain et ancien droit français, Les obligations[4] (1976) 48; ***Girard,*** Manuel élémentaire de droit romain (1896) 518; ***Hausmaninger – Selb,*** Römisches Privatrecht[7] (1994) 299 f; ***Kaser,*** Das römische Privatrecht I (1955) 455 f

[42] ***Kaser,*** Das römische Privatrecht I (1955) 456

[43] ***Kaser,*** Das römische Privatrecht I (1955) 456; ***Giffard,*** Droit romain et ancien droit français, Les obligations[4] (1976) 48; ***Hausmaninger – Selb,*** Römisches Privatrecht[7] (1994) 299 f

[44] ***Hausmaninger – Selb,*** Römisches Privatrecht[7] (1994) 302; ***Mayer-Maly,*** Römisches Privatrecht (1991) 108

Der nächste Schritt in der Entwicklung des Kaufes bringt erste Veränderungen in der Behandlung des Barkaufs durch die Gewährung von Preisstundungen und Sicherungen mittels Haftungsgeschäft. Dadurch wird der Kaufabschluß als solcher von der Leistung der Kaufsache getrennt und damit zum Verpflichtungsgrund. Der Weg bis zu dieser Trennung ist allerdings nur schwer nachzuvollziehen. Jedenfalls kannte man schon im 2. Jahrhundert die obligatorisch wirkende formlose Kaufvereinbarung. Es entwickelte sich unter der Herrschaft der alles bestimmenden *bona fides* (Treu und Glauben) ein einziges Kaufgeschäft ohne Unterscheidung nach Sachen oder Personen, nämlich die *emptio venditio*.[45] Der Austauschgedanke des Kaufes - also Ware gegen Preis - bedingte zunächst, daß der Eigentumsübergang erst mit erfolgter Leistung des Kaufpreises wirksam werden konnte.[46]

Früh schon wurden die Vorteile eines Kaufes durch den bloßen Austausch von Versprechen ohne Förmlichkeiten - ohne sofortige Lieferung der Kaufsache und Leistung der Kaufsumme - erkannt. Der Kaufvertrag wurde demzufolge zweistufig gestaltet. Zum einen bestanden die gegenseitigen Verpflichtungen zu liefern und zu zahlen (Verpflichtungsgeschäft), zum anderen erfolgte die Erfüllung des Kaufvertrages durch Eigentumsübertragung (Verfügungsgeschäft). Bevor der Kauf zum synallagmatischen Konsensualvertrag wurde, stand der Kaufvertrag als Realkontrakt, bei dem die Hingabe der Kaufsache die Preiszahlungsverpflichtung auslöste. Parallel dazu bildeten sich zwei diametral entgegengesetzte Verbalkontrakte heraus. Die *emptio* bewirkte dabei, daß der Käufer zum Gläubiger der Sache wurde, während die *venditio* zur Folge hatte, daß der Verkäufer zum Gläubiger des Kaufpreises wurde. Daher bedurfte es für einen Kauf also mindestens einer Sache (*res*), eines Preises (*pretium*) und einer Einigung (*consensus*) zwischen Verkäufer (*venditor*) und Käufer (*emptor*).[47] Wesentlich war auch, daß der Kaufpreis reell feststand und Geldwert hatte. Der Kauf *nummo uno* ist nur eine "getarnte Schenkung".[48] Die Willensübereinstimmung zwischen den Parteien begründete die Verpflichtungen auf der Basis des Grundsatzes von Treu und Glauben. Oft

---

[45] ***Hausmaninger – Selb,*** Römisches Privatrecht[7] (1994) 298 ff; ***Kaser,*** Das römische Privatrecht I (1955) 456 f

[46] ***Dumont,*** Manuel de droit romain I (1947) 156; ***Giffard,*** Droit romain et ancien droit français, Les obligations[4] (1976) 59; ***Kaser,*** Das römische Privatrecht I (1955) 460

[47] ***Giffard,*** Droit romain et ancien droit français, Les obligations[4] (1976) 49 ff; ***Girard,*** Manuel élémentaire de droit romain (1896) 517, 532; ***Hausmaninger – Selb,*** Römisches Privatrecht[7] (1994) 303 ff: Der Preis mußte ernstgemeint (*pretium verum*) und bestimmt (*pretium certum*) oder zumindest bestimmbar sein.

[48] ***Giffard,*** Droit romain et ancien droit français, Les obligations[4] (1976) 52 f

wurden Anzahlungen als Beweis des Bindungswillens geleistet. Später entwickelten sich die Anzahlungen zu Abstandszahlungen ("Bußgeldcharakter").[49] Zur Rechtsdurchsetzung stand dem Käufer die *actio empti* (oder *actio ex empto*) zur Verfügung, dem Verkäufer die *actio venditi* (oder *actio ex vendito*).[50]

Die Hauptverpflichtung des Verkäufers schien in der Eigentumsübertragung zu liegen, tatsächlich aber lag sie in der Verschaffung ungestörten Besitzes, um im Possessorium obsiegen zu können. Da in Rom verschiedene Eigentumsarten parallel nebeneinander bestanden, war es zweckmäßig, mit dem Kauf nur Besitz statt Eigentum zu übertragen. Somit wich der wirtschaftliche Zweck, nämlich Eigentumsübertragung gegen Kaufpreiszahlung, von der rechtlichen Verpflichtung, nämlich der Verschaffung ungestörten Besitzes, ab.[51] Die Hauptverpflichtung des Verkäufers lag in der Preiszahlung (*dare pretium*) im Austausch für die Sache. Die Zahlung wurde bei Lieferung der Sache oder zum vereinbarten Termin fällig.[52]

Die Frage, welche der beiden Vertragsparteien eine Vermögensminderung hinnehmen muß, wenn die Kaufsache (zufällig) untergeht, wird durch die Regeln der Gefahrentragung beantwortet. Der einfache Grundsatz beim Gefahrenübergang im Rahmen eines Kaufes lautet: *perfecta emptione periculum ad emptorem respicit.* Demnach ist klargestellt, daß der Verkäufer die Preisgefahr jedenfalls bis zur Perfektion des Kaufes trägt, danach geht sie auf den Käufer über. Welcher Zeitpunkt ist aber nun mit Perfektion gemeint? Die Perfektion des Kaufes liegt regelmäßig im Vertragsabschluß selbst, also in der Einigung der beteiligten Vertragsparteien über Ware und Preis, nur ausnahmsweise - nämlich bei Bedingung, Befristung oder Individualisierung von Gattungssachen - erfolgt sie zeitlich versetzt.[53] Die Leistungsgefahr trägt der Verkäufer für *dolus* und *culpa*, der Käufer hat für den zufälligen Untergang der Sache einzustehen.[54]

---

[49] ***Giffard,*** Droit romain et ancien droit français, Les obligations[4] (1976) 54 f

[50] ***Giffard,*** Droit romain et ancien droit français, Les obligations[4] (1976) 55; ***Girard,*** Manuel élémentaire de droit romain (1896) 532

[51] ***Ehrhardt,*** Iusta causa traditionis. Eine Untersuchung über den Erwerb des Eigentums nach römischem Recht (1930) 130; ***Giffard,*** Droit romain et ancien droit français, Les obligations[4] (1976) 56 ff; ***Girard,*** Manuel élémentaire de droit romain (1896) 534; ***Hausmaninger – Selb,*** Römisches Privatrecht[7] (1994) 310

[52] ***Giffard,*** Droit romain et ancien droit français, Les obligations[4] (1976) 60

[53] ***Giffard,*** Droit romain et ancien droit français, Les obligations[4] (1976) 60 ff; ***Hausmaninger – Selb,*** Römisches Privatrecht[7] (1994) 191, 312 f; ***Kaser,*** Das römische Privatrecht I (1955) 460 f; ***Mayer-Maly,*** Römisches Privatrecht (1991) 114: Der Käufer trägt die Gefahr (*periculum est emptoris*) als Maxime der Gefahrentragung.

[54] ***Hausmaninger – Selb,*** Römisches Privatrecht[7] (1994) 311

Zum Abschluß der Betrachtungen über den Kauf bzw. den Kaufvertrag und die aus ihm fließenden Rechte möchte ich noch ein weitere Stichworte in die Diskussion einbringen. Zunächst den Begriff Kreditierung und in weiterer Folge und damit verbunden den Begriff Vorbehalt ganz allgemein bzw. Eigentumsvorbehalt im speziellen. Als weitere Facette einer möglichen Eigentumübertragung im Rahmen des Kaufgeschäftes sind nämlich bereits in Rom Ansätze eines in der modernen Jurisprudenz nicht wegzudenkenden Elements des Kaufs zu erkennen. Damit ist der Eigentumsvorbehalt gemeint. Der Kauf wird, soweit die Parteien des Kaufvertrages einen sofortigen Eigentumsübergang nicht wollen, nur bedingt abgeschlossen. Daneben wird ein neues kausales Rechtsverhältnis geschaffen, das dem Käufer einstweilen die tatsächliche Gewalt über die bedingt verkaufte Sache verschafft. Der Erwerber erhält dabei die Sache entweder auf jederzeitigen Widerruf (*precario*) tradiert oder sie wird ihm mietweise überlassen.[55] Auch *Kaser* meint, daß in der Klassik der Eigentumsvorbehalt wohl jenen Vereinbarungen zu entnehmen gewesen sein wird, die die Vermietung der Kaufsache an den Käufer bis zur vollständigen Preiszahlung vorgesehen haben.[56] Im modernen französischen Recht wird für diese Rechtskonstruktion der Ausdruck *location-vente* verwendet.

3.3.5. SCHENKUNG

Die Schenkung ist in der Klassik weder ein Kontrakt noch ein *pactum* im engeren Sinn, sondern einfach eine *causa*, also eine Rechtsgrundlage, die es ermöglicht, daß ein Beschenkter an einer geschenkten Sache Eigentum erwirbt oder die geschenkte Sache unter gewissen Voraussetzungen ersitzt. Die Schenkung ist zumindest durch das Fehlen einer Gegenleistung und durch die Schenkungsabsicht (*animus donandi*) des Schenkenden gekennzeichnet.[57]

3.4. DER EIGENTUMSSCHUTZ

3.4.1. SCHUTZ DES QUIRITISCHEN EIGENTUMS

Die *rei vindicatio* dieser Zeit ist die Klage des nichtbesitzenden quiritischen Eigentümers gegen den besitzenden Nichteigentümer gerichtet

---

[55] ***Ehrhardt,*** Iusta causa traditionis. Eine Untersuchung über den Erwerb des Eigentums nach römischem Recht (1930) 150 f

[56] ***Kaser,*** Das römische Privatrecht I^2 (1971) 418 FN 45

[57] ***Mayer-Maly,*** Römisches Privatrecht (1991) 134

auf die Feststellung des Eigentums des Klägers und die Herausgabe der Sache oder die Verurteilung des Beklagten in eine bestimmte Geldsumme. Der Kläger muß sein Eigentum beweisen (*actori incumbit probatio*), und zwar zurück bis zu jenem Vormann, der das Eigentum entweder durch Ersitzung oder durch eine andere originäre Erwerbsart erhalten hat. Diese Situation ist der Ausfluß des Fehlens des gutgläubigen Erwerbs vom Nichteigentümer. Kann der Kläger allerdings nachweisen, daß entweder er oder einer seiner Vormänner originär erworben oder insbesondere die Voraussetzungen einer *usucapio* erfüllt hat, so dringt er damit im Verfahren durch, auch wenn er nur derivativ erworben hat. Die *rei vindicatio* ist, wie jede *actio in rem*, ein Verfahren zum Zugriff auf die Sache selbst. Zur Durchführung stehen die Verfahren *per sponsionem* und *per formulam petitoriam* zur Wahl. Bei ersterem wird über die Eigentumsfrage als Vorfrage eines Stipulationsprozesses entschieden, im elastischeren zweiten Verfahren wird sowohl über das Eigentum des Klägers als auch über die Restitution der Sache in einem Prozeß entschieden. Neben der Inanspruchnahme der *rei vindicatio* steht dem Kläger natürlich noch der Weg der *actio Publiciana* offen. Sie konnte auch dem quiritischen Eigentümer helfen, sofern er die allgemeinen Voraussetzungen des Ersitzungsbesitzers erfüllte, weil sie in einer fiktizischen Formel die Usukapionsfrist als abgelaufen fingierte.[58]

3.4.2. SCHUTZ DES BONITARISCHEN EIGENTUMS

Die *actio Publiciana* gewährt dem bonitarischen Eigentümer Schutz. Sie ist eine prätorische Klage und wurde wahrscheinlich im letzten Jahrhundert vor Christus geschaffen. Nur ganz bestimmte qualifizierte Besitzer, nämlich Ersitzungsbesitzer und außerdem Besitzer im Rahmen einer Konvaleszenz, können sich ihrer bedienen. Der Kläger muß erst einmal eine ersitzungsfähige Sache *ex iusta causa* und *bona fide* erworben haben. Des weiteren darf ihm zum Eigentumserwerb durch *usucapio* bloß noch die Vollendung der Ersitzungsfrist fehlen. Schließlich genießt er die Vorteile einer *actio Publiciana* auch nur dann, wenn er den Besitz verloren hat. Zur Gruppe der potentiellen Kläger gehören daher vor allem der bonitarische Eigentümer (also jemand, der eine *res mancipi* vom Eigentümer nur tradiert erhalten hat) und derjenige, der eine ersitzbare Sache *bona fide* und *ex iusta causa* vom Nichteigentümer erworben hat. Die *actio*

---

[58] ***Hausmaninger – Selb,*** Römisches Privatrecht^7 (1994) 231 f; ***Jansse,*** La propriété, le régime des biens dans les civilisations occidentales (1958) 56; ***Kaser,*** Das römische Privatrecht I^2 (1971) 432 ff

Publiciana gewährt somit dem besser berechtigten Besitzer gegenüber dem schlechter berechtigten Besitzer einen relativen Schutz. Wird der bonitarische Eigentümer vom Veräußerer mit der *rei vindicatio* belangt, so ist er im Falle eines Kaufgeschäftes durch die *exceptio rei venditae et traditae* geschützt. In allen anderen Fällen kommt wohl die *exceptio doli* zur Anwendung. Beide Einreden machen das bonitarische Eigentum stärker als das *nudum ius Quiritium* des Klägers.[59]

3.5. DER BESITZ

3.5.1. ALLGEMEINES

Ursprünglich war der Besitz ein bloßes Faktum, ohne eine wirklich rechtliche Dimension zu haben.[60] Der für eine solche Tatsache verwendete lateinische Begriff *possessio* hätte daher ohne weiteres durch die Begriffe *habere* oder *usus* ersetzt werden können.[61] Zu Beginn der Klassik identifiziert sich der Rechtsbegriff Besitz noch ausschließlich mit dem eigentlichen Besitzobjekt.[62] Im klassischen Rom hingegen gewährte der Besitz bereits die Möglichkeit, Eigentum entstehen zu lassen, obwohl der Besitz selbst zwar kein Recht, aber doch ein Rechtsgut von materiellem Wert war, das geeignet erschien, vermietet, verpachtet oder verkauft zu werden.[63] Zu dieser Zeit stehen sich die *possessio naturalis* als der bloß natürliche Besitz oder die bloße Innehabung, die *possessio civilis* als der wahre juristische Besitz, der geeignet ist, auf der Basis eines anerkannten Erwerbsgrundes (*iusta causa traditionis*) zum Eigentumserwerb durch Ersitzung zu führen, und schließlich die *possessio iusta* als der fehlerfreie und vom Interdiktenschutz umfaßte Besitz begrifflich gegenüber.[64] Die

---

[59] ***Coste-Floret,*** La nature juridique, Thèse (1935) 15; ***Kaser,*** Das römische Privatrecht I² (1971) 403 f, 438 f; ***Lepointe,*** Droit romain et ancien droit français, Droit des biens (1958) 49; ***Ourliac – de Malafosse,*** Histoire du droit privé, Les biens (1961) 81

[60] ***Hausmaninger – Selb,*** Römisches Privatrecht⁷ (1994) 185; ***Ourliac – de Malafosse,*** Histoire du droit privé, Les biens (1961) 201

[61] ***Ourliac – de Malafosse,*** Histoire du droit privé, Les biens (1961) 201

[62] ***Ourliac – de Malafosse,*** Histoire du droit privé, Les biens (1961) 217: Das äußere Zeichen dafür ist der Umstand, daß sich *corpus* gegen *animus* durchsetzt.

[63] ***Sohm,*** Institutionen, Geschichte und System des römischen Privatrechtes¹⁷ (1949) 269

[64] ***Hausmaninger – Selb,*** Römisches Privatrecht⁷ (1994) 186 ff: Die Autoren bezeichnen den fehlerfreien Besitz allerdings als *possessio ad interdicta* (*iusta possessio*). Die entsprechenden Normen im ABGB finden sich in den §§ 316 und 345.; ***Kaser,*** Der römische Eigentumsbegriff, in: Deutsche Landesreferate zum VI. Internationalen Kongreß für Rechtsvergleichung in Hainburg (1962) 31 f; ***Mayer-Maly,*** Römisches

possessio civilis bildet die Grundlage des Eigentumserwerbs durch Ersitzung, die ja auch dann als Erwerbsart in Erscheinung tritt, wenn eine Sache von einem Nichteigentümer erworben wurde oder wenn eine *res mancipi* nur formlos tradiert wurde. Der Erwerber der *possessio ex iusta causa* wird durch Ersitzung ziviler Eigentümer. Wenn hingegen der Eigentümer die *possessio* an einer *res nec mancipi* überträgt, so verschafft die *traditio ex iusta causa* dem Erwerber unmittelbar ziviles Eigentum.[65]

Zusammenfassend ist daher zu sagen, daß der Besitz in Rom große Bedeutung und außerdem mindestens drei Funktionen hatte. Zum einen stützt er die Eigentumsvermutung (Beweisfunktion), zum anderen kann er Eigentum durch Ersitzung verschaffen (Erwerbsfunktion) und schließlich schützt er auch noch vor Angriffen Dritter durch die Gewährung verschiedenster Besitzinterdikte (Schutzfunktion). Ein fehlerfreier Besitz ist allerdings die für die Entstehung dieser positiven Folgen unbedingt notwendige Voraussetzung.[66]

3.5.2. BESITZERWERB

Zum Erwerb des Besitzes bedarf es grundsätzlich zweier Elemente: *corpus* und *animus*. *Corpus* steht für die physische Herrschaft über die Sache, in eigener Person oder durch Stellvertreter. *Animus* bezeichnet den inneren Willen, die Sache als die seine zu behalten und jeden anderen von ihrem Besitz auszuschließen. Der Besitzwille wird meist nicht ausdrücklich erklärt, sondern tritt in der Herstellung des körperlichen Naheverhältnisses konkludent in Erscheinung.[67] Der Besitz muß weiters fehlerfrei

---

Privatrecht (1991) 31 f: Die *possessio civilis* ist als rechtmäßiger Besitz im Sinne des § 316 ABGB zu verstehen, die *possessio iusta* findet ihre Entsprechung als echter Besitz in § 345 ABGB.; ***Ourliac – de Malafosse,*** Histoire du droit privé, Les biens (1961) 84; ***Wieacker,*** Vom römischen Recht[2] (1961) 203

[65] ***Hausmaninger – Selb,*** Römisches Privatrecht[7] (1994) 186, 189

[66] ***Hausmaninger – Selb,*** Römisches Privatrecht[7] (1994) 189; ***Mayer-Maly,*** Römisches Privatrecht (1991) 32; ***Ourliac – de Malafosse,*** Histoire du droit privé, Les biens (1961) 210: "*... effet probatoire, créateur et protecteur*".

[67] ***Dumont,*** Manuel de droit romain I (1947) 417 f; ***Hausmaninger – Selb,*** Römisches Privatrecht[7] (1994) 189 ff: Am Beispiel schwer beweglicher Sachen wurde das Prinzip formuliert, daß man den Besitz nicht nur *corpore et tactu*, sondern auch *oculis et affectu* ergreifen könne. Es genügt, wenn sich Veräußerer und Erwerber in Gegenwart der Sache über den Besitzübergang einigen (Einigung in Sachpräsenz als körperlicher Aspekt des Besitzerwerbs). Der Besitzwille kommt nicht durch den Kaufabschluß zum Ausdruck, denn dieser besagt nichts über den Zeitpunkt, zu dem der Käufer Besitz erlangen will.; ***Mayer-Maly,*** Römisches Privatrecht (1991) 34; ***Ourliac – de Malafosse,***

sein (*possessio non vitiosa* oder *possessio iusta*). Fehlerhaft ist der Besitz dann, wenn er im Widerspruch zur besonderen Friedensordnung des Besitzes - also *vi, clam* oder *precario* - erworben wurde. *Vi* bedeutet, daß die Sache mit Gewalt und gegen den Widerstand eines anderen in den Besitz gelangte, *clam* ist als zweiter Fall der unerlaubten Eigenmacht die heimliche Ergreifung der Sache ohne Wissen und Wollen des Besitzers, und *precario* schließlich bezeichnet die Verweigerung der Herausgabe einer auf jederzeitigen Widerruf überlassenen Sache (Bittleihe).[68]

3.6. DER BESITZSCHUTZ

3.6.1. ALLGEMEINES

Der fehlerfreie Besitz - und nur dieser - fällt unter eine besondere Friedensordnung, die von niemandem eigenmächtig gestört werden darf. Das äußert sich sehr deutlich in der strengen Trennung von *possessorium* (Besitzschutzverfahren) und *petitorium* (Eigentumsverfahren). Im *possessorium*, das dem *petitiorium* regelmäßig vorgeschaltet ist und ausschließlich der vorläufigen Feststellung des Besitzes gilt, dürfen petitorische Einwendungen, also solche aus dem Recht auf den Besitz, nicht vorgebracht werden. Der Sieger des possessorischen Verfahrens ist im Falle eines nachfolgenden petitorischen Verfahrens, eingeleitet durch eine *rei vindicatio* als Eigentumsklage, in der Rolle des Beklagten und genießt daher deren Rechtsvorteile. Er ist als Beklagter von der Beweislast, die ausschließlich beim Kläger liegt, entbunden und befindet sich außerdem während des Eigentumsprozesses im Besitz der Streitsache.[69]

Histoire du droit privé, Les biens (1961) 201 f, 204 f: In der Theorie behält man den Besitz einer körperlichen Sache nur so lange, als man die Sache wirklich zur materiellen Verfügung hat. Tatsächlich aber bleibt der Besitz trotz des Verlustes des *corpus* so lange bestehen, als kein Dritter die Sache ergreift.; ***Sohm,*** Institutionen, Geschichte und System des römischen Privatrechtes[17] (1949) 272; ***Watson,*** The Law of Property in the Later Roman Republic (1968) 81

[68] ***Hausmaninger - Selb,*** Römisches Privatrecht[7] (1994) 186; ***Kaser,*** Der römische Eigentumsbegriff, in: Deutsche Landesreferate zum VI. Internationalen Kongreß für Rechtsvergleichung in Hainburg (1962) 29; ***Mayer-Maly,*** Römisches Privatrecht (1991) 32; ***Ourliac – de Malafosse,*** Histoire du droit privé, Les biens (1961) 85; ***Sohm,*** Institutionen, Geschichte und System des römischen Privatrechtes[17] (1949) 272

[69] ***Ourliac – de Malafosse,*** Histoire du droit privé, Les biens (1961) 212; ***Sohm,*** Institutionen, Geschichte und System des römischen Privatrechtes[17] (1949) 268 f

3.6.2. EINZELNE BESITZINTERDIKTE

Der Besitz ist ein Rechtsgut, dessen Schutz durch Besitzinterdikte im possessorischen Verfahren garantiert wird. Die *interdicta* sind Gebote oder Verbote des Prätors zur Bewahrung der Friedensordnung und zur Beschränkung privater Eigenmacht im öffentlichen Interesse.[70] Interdiktenschutz genießen daher alle Eigenbesitzer (*suo nomine*) und bestimmte Fremdbesitzer (*alieno nomine*), deren Interessen dem Prätor so schutzwürdig erscheinen, daß er ihnen Interdiktenschutz gewährt. Zur Gruppe der Fremdbesitzer zählen der Erbpächter, der Prekarist, der Pfandgläubiger und der Sequester.[71]

Die *interdicta possessoria* werden in jene zur Erlangung, zur Erhaltung und zur Wiedergewinnung des Besitzes eingeteilt. Nur die letzten beiden Kategorien der Interdikte, also die prohibitorischen und die restitutorischen, dienen dem Besitzschutz.[72] Das *interdictum utrubi* fungiert für bewegliche Sachen nicht nur als prohibitorisches Interdikt, sondern dient auch der Vorbereitung eines Prozesses um das Eigentum beweglicher Sachen durch die Erhebung einer *rei vindicatio*. Das *interdictum utrubi* - mit der Bedeutung "welcher von beiden" - soll den im Vergleich zur jeweils gegnerischen Partei längeren fehlerfreien Besitz im letzten Jahr feststellen und schützen. Interdiktenschutz für unbewegliche Güter gewährt das *interdictum uti possidetis*, das im Gegensatz zum Besitzschutzverfahren bei beweglichen Sachen den letzten fehlerfreien Besitzer schützt.[73]

3.7. DIE ERSITZUNG

Die Ersitzung (*usucapio*) nach *ius civile* verkörpert einen Tatbestand des originären Eigentumserwerbs durch qualifizierten Besitz usukupier-

---

70 ***Hausmaninger – Selb,*** Römisches Privatrecht[7] (1994) 198; ***Ourliac – de Malafosse,*** Histoire du droit privé, Les biens (1961) 213 f; ***Watson,*** The Law of Property in the Later Roman Republic (1968) 81

71 ***Hausmaninger – Selb,*** Römisches Privatrecht[7] (1994) 187 f

72 ***Ourliac – de Malafosse,*** Histoire du droit privé, Les biens (1961) 213 f; ***Watson,*** The Law of Property in the Later Roman Republic (1968) 81

73 ***Hausmaninger – Selb,*** Römisches Privatrecht[7] (1994) 198 f; ***Kaser,*** Der römische Eigentumsbegriff, in: Deutsche Landesreferate zum VI. Internationalen Kongreß für Rechtsvergleichung in Hainburg (1962) 29, 32; ***Ortlieb,*** De la collatio en droit romain / Des effets de la possession des meubles dans le droit français, ancien et moderne, Thèse (1871) p. 61 et s.; ***Ourliac – de Malafosse,*** Histoire du droit privé, Les biens (1961) 214; ***Watson,*** The Law of Property in the Later Roman Republic (1968) 86 f

barer Sachen (*res habilis*).[74] Ersitzungsfähige Sachen sind alle körperlichen Sachen außer *res sacrae*, *res religiosae* und *rei furtivae*.[75] Außer der Eignung der Sachen bedarf es weiters der *possessio civilis*, die als Eigenbesitz, mit dem Willen des Besitzers, die Sache als die seine zu haben und zu behalten, definiert wird. Der Wille muß sich außerdem auf einen gültigen Erwerbsgrund, *iusta causa*, stützen. Die Ersitzungstitel sind dabei im wesentlichen ident mit den Eigentumstiteln, sie müssen zumindest als Rechtsgrund geeignet sein, einen Rechtserwerb durch Ersitzung herbeizuführen.[76] Zu Beginn der Entwicklung mußte der Besitzer die Gültigkeit des von ihm angeführten Kausalverhältnisses beweisen, später hat man dieses Erfordernis gelockert und sich mit dem bloßen Glauben des Erwerbers an eine gültige *causa* - also mit dem Putativtitel, der eine unvollkommene *causa* darstellt - begnügt.[77] Weiters bedurfte es der *bona fides*, dem Vertrauen des redlichen Erwerbers auf die Rechtmäßigkeit seines Erwerbsaktes. Der Ersitzende mußte dabei glauben, daß der Veräußerer tatsächlich

---

[74] ***Abdel-Baki,*** Du rôle de la possession en matière mobilière, Thèse (1943) 27; ***Hausmaninger – Selb,*** Römisches Privatrecht[7] (1994) 218; ***Kaser,*** Das römische Privatrecht I[2] (1971) 419; ***Mayer-Maly,*** Römisches Privatrecht (1991) 53; ***Ourliac – de Malafosse,*** Histoire du droit privé, Les biens (1961) 83; ***Watson,*** The Law of Property in the Later Roman Republic (1968) 21

[75] ***Abdel-Baki,*** Du rôle de la possession en matière mobilière, Thèse (1943) 31 ff: Der Besitz gestohlener oder gewaltsam in Besitz gebrachter Sachen ist nicht mangelfrei. Es handelt sich um *rei furtivae*. *Furtum* in Rom ist gleichbedeutend mit jeder Besitzverschaffung durch Dritte, also auch mit einfachem Vertrauensmißbrauch, wenn Unredlichkeit im Zeitpunkt der Besitzübertragung gegeben ist; ***Hausmaninger – Selb,*** Römisches Privatrecht[7] (1994) 219: Das wichtigste objektive Ersitzungsverbot betrifft gestohlene Sachen. Die *lex Atinia* (etwa 3./2. Jh v Chr) erweitert ein diesbezügliches Verbot der Zwölf Tafeln vom Dieb auf jeden Dritterwerber. Durch den weiten römischen *furtum*-Begriff wird die Ersitzung beweglicher Sachen meist von vornherein ausgeschlossen.; ***Kaser,*** Das römische Privatrecht I[2] (1971) 419 f; ***Lepointe,*** Droit romain et ancien droit français, Droit des biens (1958) 21; ***Mayer-Maly,*** Römisches Privatrecht (1991) 53 f; ***Watson,*** The Law of Property in the Later Roman Republic (1968) 21

[76] ***Abdel-Baki,*** Du rôle de la possession en matière mobilière, Thèse (1943) 27; ***Hausmaninger – Selb,*** Römisches Privatrecht[7] (1994) 219 f; ***Kaser,*** Das römische Privatrecht I[2] (1971) 420 f; ***Mayer-Maly,*** Römisches Privatrecht (1991) 53, 55; ***Ourliac – de Malafosse,*** Histoire du droit privé, Les biens (1961) 84 f

[77] ***Abdel-Baki,*** Du rôle de la possession en matière mobilière, Thèse (1943) 28, 30; ***Hausmaninger – Selb,*** Römisches Privatrecht[7] (1994) 220: Es ist zwar kein gültiger Titel zustande gekommen, der Erwerber glaubt jedoch, daß ein solcher vorliegt. Seine *bona fides* führt dazu, daß Juristen wie *Proculus*, *Neraz* und *Pomponius* anstelle der fehlerhaften oder nicht existenten *causa* einen Ersatztitel *pro suo* heranziehen. Andere Juristen wie *Julian* und *Africanus* halten diese Konstruktion für entbehrlich und gestatten dem gutgläubigen Erwerber die *usucapio*, als ob der angestrebte Titel gültig wäre.; ***Kaser,*** Das römische Privatrecht I[2] (1971) 421

der Eigentümer der Sache oder zumindest deren Verfügungsberechtigter war. Da Redlichkeit vermutet wurde, oblag es dem Gegner, das Fehlen derselben zu beweisen. Der Rechtsirrtum war dabei ausgeschlossen.[78] Die Redlichkeit mußte jedenfalls im Zeitpunkt des Erwerbs des Eigenbesitzes gegeben sein[79]. Nach Ablauf der Ersitzungsfrist als letzte Voraussetzung war die Ersitzung perfekt. Die Frist betrug dem XII-Tafelrecht folgend 2 Jahre bei Grundstücken und 1 Jahr bei allen anderen Gütern.[80] Die *usucapio* konnte durch die *usurpatio* (Besitzentzug durch den Eigentümer) unterbrochen werden.[81]

In den Provinzen entwickelte sich die *longi temporis praescriptio*, um eine mit einem dauerhaften Besitz verbundene Stellung rechtlich zu schützen. Ursprünglich war sie nur als Mittel zur Abwehr der Vindikation des Eigentümers tauglich. Sie bestand an Provinzialgrundstücken und Mobilien und war sowohl römischen Bürgern als auch Peregrinen zugänglich. Bei Erfüllung der Bedingungen - *iusta causa* und *bona fides* - und nach Ablauf einer Frist von 10 bzw. 20 Jahren konnte eine nach römischer Auffassung eigentumsähnliche Rechtsposition erworben werden.[82]

Die Ersitzung hat generell die Aufgabe, ein dauerhaftes Auseinanderfallen von Besitz und Eigentum und die daraus erwachsende Rechtsun-

---

[78] ***Abdel-Baki,*** Du rôle de la possession en matière mobilière, Thèse (1943) 27 f; ***Hausmaninger – Selb,*** Römisches Privatrecht[7] (1994) 221; ***Kaser,*** Das römische Privatrecht I[2] (1971) 422 f; ***Mayer-Maly,*** Römisches Privatrecht (1991) 53, 57

[79] ***Abdel-Baki,*** Du rôle de la possession en matière mobilière, Thèse (1943) 29: Ausnahmen von dieser Regel bilden die *usucapio pro donato*, wo während der gesamten Ersitzungsfrist Redlichkeit notwendig ist, und die *usucapio pro emptore*, bei der Redlichkeit auch im Moment des Kaufvertragsabschlusses verlangt wird; ***Ehrhardt,*** Iusta causa traditionis. Eine Untersuchung über den Erwerb des Eigentums nach römischem Recht (1930) 29; ***Hausmaninger – Selb,*** Römisches Privatrecht[7] (1994) 218: Spätere Kenntnis des Erwerbsmangels beeinträchtigt die Ersitzung nicht (*mala fides superveniens non nocet*; erst das kanonische Recht des Mittelalters verlangt Gutgläubigkeit während der gesamten Ersitzungszeit).; ***Kaser,*** Das römische Privatrecht I[2] (1971) 423; ***Mayer-Maly,*** Römisches Privatrecht (1991) 57

[80] ***Abdel-Baki,*** Du rôle de la possession en matière mobilière, Thèse (1943) 27, 33; ***Girard,*** Manuel élémentaire de droit romain (1896) 287; ***Hausmaninger – Selb,*** Römisches Privatrecht[7] (1994) 218 f: Ausgangspunkt der Entwicklung ist der Zwölf-Tafel-Satz VI, 3: *usus auctoritas fundi biennium, ceterarum rerum annus (esto).*; ***Kaser,*** Das römische Privatrecht I[2] (1971) 418 f; ***Mayer-Maly,*** Römisches Privatrecht (1991) 53; ***Michel,*** Histoire de la propriété, Thèse (1884) 131

[81] ***Hausmaninger – Selb,*** Römisches Privatrecht[7] (1994) 219; ***Watson,*** The Law of Property in the Later Roman Republic (1968) 60

[82] ***Hausmaninger – Selb,*** Römisches Privatrecht[7] (1994) 222; ***Kaser,*** Das römische Privatrecht I[2] (1971) 424 f; ***Michel,*** Histoire de la propriété, Thèse (1884) 133: Michel geht noch etwas weiter, indem er meint, daß durch die *longi temporis praescriptio* bonitarisches Eigentum erworben werden konnte.

sicherheit zu verhindern.[83] Die Ersitzung soll die offenbar unvollkommene Position eines schutzwürdigen Erwerbers in Eigentum umwandeln. Die verschiedenen schutzwürdigen Sachbesitzer, die das wichtigste Element der *usucapio*, nämlich den Besitz während der gesetzlich bestimmten Frist, erfüllen, werden nach Fristablauf Eigentümer. Unter den Sachbesitzern sind unter diesem Gesichtspunkt vor allem zwei Gruppen erwähnenswert, nämlich bonitarische Eigentümer und solche Personen, die vom Nichteigentümer erworben haben. Beide sind nach Verstreichen der Ersitzungsfrist offenbar besser zum Eigentum berufen als jene, die ihr Recht während der Usukapionsfrist nicht ausgeübt haben. Die Ersitzung verschafft quiritisches Eigentum, sie ist auf römische Bürger beschränkt.[84]

3.8. DER GUTGLÄUBIGE EIGENTUMSERWERB

Dem römischen Recht dient allgemein der Grundsatz *Nemo plus iuris ad alium transferre potest quam ipse habet* als Basis. Daher nimmt es auch nicht Wunder, daß der gutgläubige Sacherwerber, derjenige also, der den Veräußerer für den Eigentümer hält, nicht sofort Eigentümer wird, sondern nur redlicher Besitzer mit Aussicht auf Eigentumserwerb durch Ersitzung in relativ kurzer Frist bei Erfüllung der weiteren Voraussetzungen des Ersitzungstatbestandes.[85] Die Mehrzahl der modernen Rechtsordnungen läßt hingegen den gutgläubigen Erwerb vom Nichtberechtigten auch ohne Ersitzung zu.

---

[83] ***Hausmaninger – Selb,*** Römisches Privatrecht[7] (1994) 218: Die Autoren meinen, daß die Ersitzung dem allgemeinen Bedürfnis des Verkehrsschutzes ebenso diene wie dem rechtlichen Schutz des Vertrauens auf den äußeren Schein. Im modernen Recht hat die Möglichkeit des sofortigen redlichen Erwerbs beweglicher Sachen von bestimmten Nichtberechtigten (vgl. § 367 ABGB) die Funktion der Ersitzung weitgehend übernommen und ihre Bedeutung eingeschränkt.

[84] ***Girard,*** Manuel élémentaire de droit romain (1896) 287; ***Hausmaninger – Selb,*** Römisches Privatrecht[7] (1994) 218; ***Kaser,*** Das römische Privatrecht I (1955) 353; ***Lepointe,*** Droit romain et ancien droit français, Droit des biens (1958) 49 f; ***Mayer-Maly,*** Römisches Privatrecht (1991) 51; ***Michel,*** Histoire de la propriété, Thèse (1884) 131 f

[85] ***Abdel-Baki,*** Du rôle de la possession en matière mobilière, Thèse (1943) 27, 34; ***Kaser,*** Das römische Privatrecht I (1955) 348; ***Kaser,*** Das römische Privatrecht I[2] (1971) 413; ***Kränzlein,*** Eigentum und Besitz im griechischen Recht des 5. und 4. Jahrhunderts vor Christus (1963), 115 ff: In Athen gab es keinen Erwerb vom Nichtberechtigten.; ***Lepointe,*** Droit romain et ancien droit français, Droit des biens (1958) 21

Ce que cache la propriété, c'est la peur de la mort.

Attali

4. NACHKLASSISCHE ENTWICKLUNGEN

4.1. DIE ENTWICKLUNGEN DES VULGARRECHTS

Das Vulgarrecht ist primär römisches Gewohnheitsrecht, das aus der lokalen Rechtspraxis der Provinzen entsteht und quasi von unten Institutionen und Ausdrucksformen des klassischen Rechts verändert.[1] Die Vulgarisierung hebt die doch scharfen Differenzierungen der klassischen Begriffsbildung auf und läßt die Begriffe Eigentum und Besitz ineinanderfließen: Eigentum ist nur qualifizierte *possessio*.[2] Das Vulgarrecht kennt auch nur *ein* Eigentum.[3] Außerdem ist die vulgarrechtliche Entwicklung gekennzeichnet durch die Preisgabe der Unterscheidung zwischen obligatorischem Verpflichtungsgeschäft und dinglichem Verfügungsakt. Der Kauf etwa mutiert vom Rechtsgrund zum selbständigen sachenrechtlichen Übertragungsakt als Bargeschäft. Das Eigentum geht bereits direkt mit dem Kaufabschluß über.[4] Um dennoch eine gewisse Publizität aufrecht zu erhalten, bedarf es der Erfüllung neuer Formgebote: Nachbarzeugnis oder Beurkundung.[5] Die körperliche *traditio* wird allgemein in den Hintergrund gedrängt, die fiktive oder symbolische Tradition ist allerdings im römischen Recht zu keiner Zeit ausreichend.[6] Auch der Eigentumsschutz wird

---

[1] ***Hausmaninger – Selb,*** Römisches Privatrecht[7] (1994) 91

[2] ***Hausmaninger – Selb,*** Römisches Privatrecht[7] (1994) 90, 204; ***Kaser,*** Das römische Privatrecht II (1959) 172; ***Kaser,*** Der römische Eigentumsbegriff, in: Deutsche Landesreferate zum VI. Internationalen Kongreß für Rechtsvergleichung in Hainburg (1962) 36: Man spricht einerseits von *possidere*, wo Eigentum gemeint ist, andererseits von *dominium*, *proprietas* oder einfach *ius*, wo die Klassiker nur Besitz als qualifizierte Sachherrschaft angenommen hatten.; ***Levy,*** West Roman Vulgar Law, The Law of Property (1951) 61 f

[3] ***Hausmaninger – Selb,*** Römisches Privatrecht[7] (1994) 91, 204; ***Kaser,*** Das römische Privatrecht II (1959) 173

[4] ***Hausmaninger – Selb,*** Römisches Privatrecht[7] (1994) 91; ***Kaser,*** Das römische Privatrecht II (1959) 172 f, 197 f; ***Lepointe,*** Droit romain et ancien droit français, Droit des biens (1958) 87; ***Levy,*** West Roman Vulgar Law, The Law of Property (1951) 127

[5] ***Kaser,*** Das römische Privatrecht II (1959) 198; ***Levy,*** West Roman Vulgar Law, The Law of Property (1951) 128; ***Ourliac – de Malafosse,*** Histoire du droit privé, Les biens (1961) 270

[6] ***Hausmaninger – Selb,*** Römisches Privatrecht[7] (1994) 190: Die Autoren nennen hier *traditio ficta*, *traditio symbolica* und *traditio per cartam.*; ***Kaser,*** Das römische Privatrecht II (1959) 198

durch die Vulgarisierung vereinheitlicht, dingliche und persönliche Ansprüche werden somit nicht mehr unterschieden.[7]

Mit dem Vulgarrecht geht allerdings nicht nur ein Verlust der wissenschaftlichen Abstraktion, sondern auch ein Gewinn an Volksnähe sowie Anschaulichkeit der Rechtsordnung einher. Überholte Strukturen wie der Formularprozeß werden überwunden, obsolete Rechtsinstitute wie *mancipatio* oder *in iure cessio* werden ausgeschieden. Daneben sind die Erweiterung der Vertragsfreiheit und die Ausbildung einer direkten Stellvertretung als fortschrittlich zu bezeichnen.[8] Die Freiheit des Eigentums allgemein muß weichen. Die Enteignung wird in der nachklassischen Zeit zur feststehenden Einrichtung, der einzelne muß sich Eingriffe in den privaten Güterbereich im öffenlichen Interesse gefallen lassen. Daneben treten auch sittliche Bindungen des Eigentums immer stärker hervor. Die Interessen der Sicherheit des Rechtsverkehrs werden dabei ebensowenig beachtet wie der Schutz des Vertrauens auf den Anschein des Rechts anerkannt wird. Der gutgläubige Eigentumserwerb vom Nichteigentümer bleibt konsequenterweise weiterhin unbekannt.[9]

4.2. DAS RECHT UNTER KAISER JUSTINIAN

Der oströmische Kaiser Justinian (527-565) steht für die Reform der Rechtsordnung im Geiste christlicher Humanität und sozialer Gerechtigkeit sowie für die Kodifikation des Rechts im Interesse von Rechtssicherheit und Erneuerung der klassischen römischen Rechtskultur.[10] Die ab der Gesamtausgabe des französischen Humanisten *Dionysius Gothofredus* zusammenfassend als *Corpus iuris civilis* bezeichnete justinianische Kompilation aus dem Jahr 1583 setzt sich aus Institutionen, Digesten und dem Codex zusammen.[11] Das Anwendungsgebiet der Digesten als Fragmente klassischer Schriften blieb im wesentlichen auf die akademische Juristenausbildung beschränkt, die ebenfalls 533 in Kraft gesetzten Institutionen

---

7 ***Kaser,*** Das römische Privatrecht II (1959) 173

8 ***Hausmaninger – Selb,*** Römisches Privatrecht[7] (1994) 91

9 ***Kaser,*** Das römische Privatrecht II (1959) 174

10 ***Hausmaninger – Selb,*** Römisches Privatrecht[7] (1994) 97

11 ***Hausmaninger – Selb,*** Römisches Privatrecht[7] (1994) 101; ***Wieacker,*** Vom römischen Recht[2] (1961) 242, 244; aA ***Imbert,*** Histoire du droit privé[7] (1992) p. 17: Der Autor meint, daß der Fund der so wesentlichen Schriften Justinians auf eine Initiative des Papstes Gregor VII. zurückgeht, der die lange verschollen geglaubten Bücher in Bibliotheken suchen ließ. Ein Professor aus Bologna soll sich um die Schriften ganz besonders verdient gemacht haben, seinem Engagement in der Lehre sei die Renaissance des römischen Rechts zu verdanken.

lehnten sich eng an die Institutionen des Gaius an und dienten vornehmlich als autorisiertes Lehrbuch für Studienanfänger. Der *Codex Iustinianus* wurde 534 in Kraft gesetzt. Er besteht als Sammlung von Kaiserkonstitutionen aus 12 Büchern.[12]

Mit Kaiser Justinian verbindet man die Renaissance der Grundsätze der klassischen Rechtswissenschaft. Sachenrechtliche Geschäfte werden wieder von den obligatorischen getrennt,[13] Eigentum begrifflich gegenüber Besitz und beschränkten Sachenrechten abgegrenzt. Die an bestimmte Erwerbstatbestände gebundene rechtliche Vollherrschaft wird wieder mit *dominium* oder *proprietas* bezeichnet.[14] Die klassischen Unterscheidungen der Sachen (*res nec mancipi* und *res mancipi*)[15] und letztendlich auch der Personen werden von Justinian aufgehoben, indem er das *ius civile* und das *ius praetorium* vereinheitlicht.[16] Er schafft die *mancipatio* und die *in iure cessio* endgültig ab[17], alle Sachen bedürfen daher zum Eigentumsübergang nur mehr der *traditio*.[18] Justinian belebt auch die *usucapio*, indem er sie und die *praescriptio longi temporis* zu einem einzigen Instrument zusammenfügt. So ist es möglich, Eigentum an beweglichen Sachen innerhalb von 3 Jahren und an unbeweglichen innerhalb von 10 bzw. 20 Jahren zu erlangen.[19] Der Eigentumserwerb vom Nichtberechtigten bleibt dem nach-

---

[12] ***Hausmaninger – Selb,*** Römisches Privatrecht[7] (1994) 100 f

[13] ***Kaser,*** Das römische Privatrecht II (1959) 173

[14] ***Kaser,*** Der römische Eigentumsbegriff, in: Deutsche Landesreferate zum VI. Internationalen Kongreß für Rechtsvergleichung in Hainburg (1962) 38

[15] ***Coste-Floret,*** La nature juridique, Thèse (1935) 16; ***Hausmaninger – Selb,*** Römisches Privatrecht[7] (1994) 204; ***Kaser,*** Das römische Privatrecht II (1959) 173; ***Kaser,*** Das römische Privatrecht II[2] (1975) 245; ***Lepointe,*** Droit romain et ancien droit français, Droit des biens (1958) 7, 52, 97; ***Michel,*** Histoire de la propriété, Thèse (1884) 133; ***Ourliac – de Malafosse,*** Histoire du droit privé, Les biens (1961) 92; ***Villey,*** Le droit romain[8] (1987) 77

[16] ***Coste-Floret,*** La nature juridique, Thèse (1935) 16; ***Hausmaninger – Selb,*** Römisches Privatrecht[7] (1994) 204; ***Kaser,*** Das römische Privatrecht II (1959) 173; ***Lepointe,*** Droit romain et ancien droit français, Droit des biens (1958) 52, 97

[17] ***Hausmaninger – Selb,*** Römisches Privatrecht[7] (1994) 215 f; ***Kaser,*** Das römische Privatrecht II (1959) 174; ***Kaser,*** Das römische Privatrecht II[2] (1975) 245; ***Lepointe,*** Droit romain et ancien droit français, Droit des biens (1958) 88, 91; ***Michel,*** Histoire de la propriété, Thèse (1884) 130

[18] ***Girard,*** Manuel élémentaire de droit romain (1896) 283; ***Hausmaninger – Selb,*** Römisches Privatrecht[7] (1994) 215 f; ***Kaser,*** Das römische Privatrecht II (1959) 173; ***Lepointe,*** Droit romain et ancien droit français, Droit des biens (1958) 92, 97

[19] ***Abdel-Baki,*** Du rôle de la possession en matière mobilière, Thèse (1943) 33; ***Hausmaninger – Selb,*** Römisches Privatrecht[7] (1994) 222; ***Kaser,*** Das römische Privatrecht II (1959) 174; ***Mayer-Maly,*** Römisches Privatrecht (1991) 58; ***Michel,*** Histoire de la propriété, Thèse (1884) 133; ***Ortlieb,*** De la collatio en droit romain / Des effets de la possession des meubles dans le droit français, ancien et moderne, Thèse (1871) p. 58

klassischen Recht auch unter Justinian unbekannt. Damit übernimmt Justinian die klassische Regel, daß niemand mehr Recht übertragen könne, als er selbst hat.[20]

Die wesentliche Frage, ob der Eigentumserwerb auch unter Justinian vom Bestand eines gültigen Kausalverhältnisses abhängig war, kann wegen der unvollkommenen Ausdrucksweise der Kompilatoren leider nur sehr widersprüchlich beantwortet werden. Die klassische Kasuistik sah vom Prinzip der kausalen Übereignung bereits ab, die Schuljurisprudenz der klassischen Zeit hielt jedoch eisern am Prinzip der Abhängigkeit fest.[21] Mit großer Wahrscheinlichkeit gab Justinian der abstrakten Übereignung den Vorzug.[22] Das Erfordernis der körperlichen Übergabe wird durch diese Art der Übereignung zwar gelockert, eine symbolische Übergabe etwa durch Urkunde sowie eine Übergabe durch bloßen Übereignungskonsens können für diese Zeit noch nicht angenommen werden.[23] Beim Kaufgeschäft bleibt es entgegen der klassischen Anschauung beim Grundsatz, daß Eigentum ausschließlich mit Bezahlung des Kaufpreises übergeht. Anzumerken dabei ist, daß die Kreditierung des Preises - unter Justinian - der tatsächlichen Preiszahlung in den Rechtsfolgen absolut gleichgesetzt wird.[24]

4.3. DER DERIVATIVE EIGENTUMSERWERB

4.3.1. KAUF

Durch den rasanten Niedergang der Wirtschaft wächst das allgemeine Mißtrauen in der Bevölkerung. Seinen rechtlichen Niederschlag findet

---

[20] ***Kaser,*** Das römische Privatrecht II (1959) 198

[21] ***Kaser,*** Das römische Privatrecht II (1959) 202

[22] ***Kaser,*** Das römische Privatrecht II (1959) 203; ***Lepointe,*** Droit romain et ancien droit français, Droit des biens (1958) 95; ***Ourliac – de Malafosse,*** Histoire du droit privé, Les biens (1961) 272

[23] ***Jansse,*** La propriété, le régime des biens dans les civilisations occidentales (1958) 72: Das römische Eigentum bleibt materiell verbunden mit der physischen Substanz der Sache, weshalb Eigentum niemals durch bloße Willensübereinstimmung übergehen kann. Es wird zumindest symbolische Übergabe verlangt.; ***Kaser,*** Das römische Privatrecht II (1959) 203; ***Lepointe,*** Droit romain et ancien droit français, Droit des biens (1958) 99: "*... traditionibus et usucapionibus, dominia rerum non nudis pactis transferuntur.*"; ***Michel,*** Histoire de la propriété, Thèse (1884) 124: Die Römer erklärten Vereinbarungen alleine für ungeeignet, um Eigentum zu übertragen.; ***Villey,*** Le droit romain[8] (1987) 77

[24] ***Kaser,*** Das römische Privatrecht II (1959) 204; ***Lepointe,*** Droit romain et ancien droit français, Droit des biens (1958) 92; ***Levy,*** West Roman Vulgar Law, The Law of Property (1951) 150

dieses mangelnde Vertrauen in den Regeln des nachklassischen Kaufrechts. Deshalb kommt es zur Rückbildung des Kaufgeschäfts auf die einfache Stufe des Barkaufs. Dabei wachsen der Kauf, die Übereignung der Ware und die Bezahlung des Preises wieder wie in der Frühzeit zu einem einheitlichen Akt zusammen.[25] Bei allen wichtigen Geschäften verlangt der kritische Käufer eine starke Sicherheit in Form einer Beurkundung des Kaufabschlusses nach hellenistischem Vorbild.[26] Dadurch tritt die Bedeutung der Übergabe der Kaufsache hinter den formgerechten Vertragsabschluß und die Preiszahlung zurück. Der Käufer kann die Übergabe der Kaufsache vom Verkäufer wie von jedem Dritten verlangen, da er ja mit der Preiszahlung Eigentümer geworden ist.[27] Nur beim nicht beurkundeten Kauf beweglicher Sachen von geringem Wert wird das Eigentum wohl erst übergegangen sein, wenn die Sache übergeben und außerdem der Preis bezahlt worden ist. Im Falle der Stundung der Preiszahlung als Ausnahmefall wird die Verpflichtung in den selbständig klagbaren Schuldschein gekleidet, in den sich die *stipulatio* inzwischen verwandelt hat.[28]

Justinian bietet für den Kauf eine Mittellösung an, indem er den Konsensualkauf aus den klassischen Quellen übernimmt und den Parteien parallel dazu den schriftlichen Kauf zur freien Wahl stellt. Wählen die Parteien allerdings den schriftlichen Kauf, dann wird der Vertrag erst mit Vollzug der entsprechenden Form rechtsverbindlich.[29] Der Kauf wirkt dabei wieder nur verpflichtend und erzeugt die aus der Klassik bereits bekannten *actio empti* und *actio venditi* auf Erfüllung des Kaufvertrages. Der Eigentumsübergang, der der *traditio* und der Preiszahlung oder zumindest der *traditio* und der Kreditierung bedarf, ist vom Kaufvertrag wieder vollständig getrennt.[30] Der Grundsatz des Gefahrenüberganges zum Zeitpunkt der Perfektion des Kaufes bleibt hingegen weiter bestehen. Justinian verlangt auch wieder einen tatsächlich in Geld bestehenden Kaufpreis und trennt somit die Rechtsgeschäfte Kauf und Tausch nach außen hin deutlich.[31] Justinian führt schließlich die *laesio enormis* ein, die zur

---

[25] ***Kaser,*** Das römische Privatrecht II (1959) 199, 281

[26] ***Kaser,*** Das römische Privatrecht II (1959) 199: Diokletian unterstreicht noch den römischen Grundsatz, daß es nur auf die Übergabe und nicht auf die Beurkundung ankommt., 281; ***Levy,*** West Roman Vulgar Law, The Law of Property (1951) 131

[27] ***Kaser,*** Das römische Privatrecht II (1959) 200, 281 f; ***Lepointe,*** Droit romain et ancien droit français, Droit des biens (1958) 92; ***Levy,*** West Roman Vulgar Law, The Law of Property (1951) 134

[28] ***Kaser,*** Das römische Privatrecht II (1959) 199 f, 282

[29] ***Kaser,*** Das römische Privatrecht II (1959) 282

[30] ***Kaser,*** Das römische Privatrecht II (1959) 282; ***Levy,*** West Roman Vulgar Law, The Law of Property (1951) 148 ff

[31] ***Kaser,*** Das römische Privatrecht II (1959) 283

damaligen Zeit als Kompromißlösung zwischen einem gerechten Preis und einer Risikoprämie für die Währungsunsicherheit zu verstehen ist.[32]

4.3.2. SCHENKUNG

Die Schenkung als Rechtsgeschäft entwickelt sich in der Nachklassik zum Bargeschäft eigener Art mit Übereignungseigenschaft. Während Konstantin für eine korrekte Schenkung noch die Beurkundung, eine *corporalis traditio* und auch die behördliche Registrierung verlangt, so neigt die spätere Praxis eher zu Lockerungen und läßt deshalb für die Schenkung beweglicher Sachen die Übergabe alleine genügen.[33]

4.4. DIE REZEPTION

Als Überleitung zu den nun folgenden Kapiteln über die Entwicklung des französischen Zivilrechts, über dessen moderne Ausgestaltung und über einen aktuellen Rechtsvergleich ist es sinnvoll, das Instrument der Rezeption[34] näher auszuleuchten, um so die späteren europäischen Rechtsentwicklungen auf der Basis des römischen Rechts besser nachvollziehen zu können, zumal gerade das österreichische und das französische Privatrecht sehr viel aus dem römischen Rechtskreis übernommen haben. Beide Rechtsordnungen haben bedeutende und andere Rechtsordnungen beeinflussende Kodifikationen hervorgebracht, beiden ist es auch gemein, daß ihre Gesetzeswerke Naturrechtskodifikationen unter dem Einfluß des rationalistischen Naturrechts der Aufklärung sind.

Das österreichische ABGB wurde vom Wiener Professor Franz von Zeiller im Jahr 1811 fertiggestellt und zeichnet sich durch seine Kürze und klare Sprache aus. Das ABGB folgt einem naturrechtlich modifizierten Institutionensystem. Es besteht aus drei Teilen: Personenrecht, Sachenrecht und gemeinsame Bestimmungen der Personen- und Sachenrechte.[35] Die Errungenschaften der deutschen Pandektenwissenschaft des 19. Jh.

---

[32] ***Giffard,*** Droit romain et ancien droit français, Les obligations[4] (1976) 53; ***Kaser,*** Das römische Privatrecht II (1959) 283

[33] ***Kaser,*** Das römische Privatrecht II (1959) 201

[34] Die Rezeption ist die Übernahme und Assimilierung fremden Gedankengutes, die Rezeption des römischen Rechts ist ein gesamteuropäischer Vorgang.

[35] Die Institutionen von Gaius (erst 1816 entdeckt, indirekt aber bereits durch die Institutionen von Justinian vermittelt) weisen folgende Einteilung auf: *personae*, *res* und *actiones*.

haben durch die drei Teilnovellen (1914-1916)[36] auch ihren Niederschlag im ABGB gefunden.[37] Der französische Code civil von 1804 ist von der Revolution des Jahres 1789 und - neben der römischrechtlichen Tradition - auch vom starken Einfluß des mittelalterlichen Gewohnheitsrechts geprägt. Der Code civil besticht weiters durch seine präzise Sprache und seinen klaren Aufbau. Dabei orientiert er sich an der Dreiteilung der Institutionen von Gaius. Die Kodifikation beeinflußt die romanischen Länder sowie die ehemaligen Kolonialländer und die europäischen Nachbarstaaten Frankreichs.[38]

---

[36] Kaiserliche Verordnung über eine Teilnovelle zum allgemeinen bürgerlichen Gesetzbuche vom 12. Oktober 1914, RGBl 1914/276; Kaiserliche Verordnung über die Erneuerung und Berichtigung der Grenzen (zweite Teilnovelle zum allgemeinen bürgerlichen Gesetzbuche) vom 22. Juli 1915, RGBl 1915/208; Kaiserliche Verordnung über die dritte Teilnovelle zum allgemeinen bürgerlichen Gesetzbuch vom 19. März 1916, RGBl 1916/69

[37] Das deutsche BGB von 1896, das 1900 in Kraft getreten ist, folgt dem sogenannten Pandektensystem, in dessen Mittelpunkt die Digesten oder Pandekten Justinians stehen. So ist es eher ein Buch für den Fachmann als für das Volk. Das schweizerische ZGB von 1907 ist zwar ebenfalls ein Produkt der Pandektenwissenschaft, jedoch mit einem größeren Bezug zur gewachsenen Sozialordnung und zu einheimischen Rechtstraditionen.

[38] ***Hausmaninger – Selb***, Römisches Privatrecht[7] (1994) 109 ff

Ma vraie gloire n'est pas d'avoir gagné quarante batailles; Waterloo effacera le souvenir de tant de victoires; ce que rien n'effacera, ce qui vivra éternellement, c'est mon Code civil.

Napoléon in der Verbannung auf St. Helena

5. FRANZÖSISCHE RECHTSGESCHICHTE

5.1. DIE ENTWICKLUNG DES BESITZES

Alles hat mit drei Worten begonnen: *Haec mea res*. Diese Sache ist mein oder diese Sache gehört mir.[1] Der Mensch hat offenbar einen Besitzinstinkt, anders wären die frühen Aneignungsgesten von Kleinkindern durch "Handzeichen" wohl kaum erklärbar. Mit der steigenden Zahl der faktischen Handlungen und der immer größer werdenden Komplexität des Wirtschaftslebens wird die simple Ergreifungsgeste durch Symbole (etwa Verträge) oder Vermutungen (*la possession vaut titre*) ersetzt. Die Aufgabe des Besitzrechts besteht seither darin, den inneren Wunsch der Menschen nach Besitz zu disziplinieren und zu reglementieren.[2] Dabei gibt es im gesamten Rechtssystem nur eine beschränkte Anzahl möglicher Rechtsbeziehungen, nämlich einerseits zwischen den Menschen untereinander und andererseits zwischen den Menschen und den Sachen. Die Beziehungen sind ihrem Inhalt, ihrer Dichte und ihrer Intensität nach abhängig von der Situation und dem zeitlichen Hintergrund.[3]

In Abwesenheit eines rechtlichen Systems ist die materielle Innehabung einer Sache die einzige Beziehung zwischen Menschen und Sachen.[4] Die Folge ist die Schaffung von Einrichtungen, die dem Besitz eine andere Basis als die bloße physische Herrschaft verschaffen. Unter diesen Bedingungen kann ein neues Recht, eine abstrakte Beziehung zwischen Menschen und Sachen entstehen: das Eigentumsrecht.[5] Den Besitz zu haben (*avoir la possession*) heißt im allgemeinen, über einen

---

[1] ***de Lanversin,*** La propriété. Une nouvelle règle du jeu? (1975) p. 9

[2] ***Challaye,*** Histoire de la propriété[6] (1967) p. 123; ***de Lanversin,*** La propriété. Une nouvelle règle du jeu? (1975) p. 9 et s.

[3] ***Nory,*** Le droit de propriété et l'intérêt général, Thèse (1923) p. 10; ***Ripert,*** Les forces créatrices du droit (1955) p. 191

[4] ***Abdel-Baki,*** Du rôle de la possession en matière mobilière, Thèse (1943) p. 3; ***de Lanversin,*** La propriété. Une nouvelle règle du jeu? (1975) p. 15; ***Larroumet,*** Droit civil[2], Tome II (1988) p. 101; ***Multzer,*** La propriété sans le vol (1945) p. 67

[5] ***de Lanversin,*** La propriété. Une nouvelle règle du jeu? (1975) p. 15

extremen tatsächlichen Machteinfluß auf die Sache zu verfügen. Das Eigentum zu haben (*avoir la propriété*) hingegen heißt, über einen - gemäß den von der jeweiligen Gemeinschaft aufgestellten Regeln - anerkannten Besitz rechtmäßig zu verfügen und die Sache demnach nach persönlichem Gutdünken verwenden zu können.[6] Nach *Multzer* bedeutet haben (*avoir*) für Besitzer und Eigentümer zunächst auch besitzen (*posséder*). Es ist seiner Meinung nach kein Platz für zwei Begriffe, weil kein Platz für zwei unterschiedliche Konzepte besteht. In primitiven Gesellschaften kommt es daher zu einer natürlichen Identifikation von Besitz und Eigentum.[7] In einer ähnlichen Weise argumentiert *Beudant*, wenn er meint, daß das lateinische *posse* einmal besitzen (*posséder*) und einmal können bzw. vermögen (*pouvoir*) bedeutet.[8] *Ripert* schließlich meint, daß hinter dem französischen Begriff *possession* heute wesentlich mehr steckt als früher. Die tatsächliche Frage ist heute nämlich, welchen Vorteil, welchen Nutzen hat man als Berechtigter aus oder von der Sache. Sein Vorschlag zur Anpassung des Rechts an gesellschaftliche Realitäten lautet daher, den Begriff *possession* durch *exploitation* (Ausbeutung, Ertragserzielung) zu ersetzen oder doch zumindest gedanklich zu ergänzen.[9]

Im französischen Recht ist die Demarkationslinie zwischen den Begriffen Eigentum und Besitz - bei den Römern sind diese Begriffe über weite Strecken klar getrennt (*Nihil commune habet proprietas cum possessione.*)[10] - speziell durch die Bestimmung des art. 2279 C. civ. stark verwischt und nicht mehr eindeutig zu ziehen. Der Besitz scheint in Frankreich das Eigentum regelrecht anzuziehen, zumindest bildet er aber bei beweglichen Sachen in aller Regel die Basis für das Eigentumsrecht. Das Eigentum ruht auf dem Besitz.[11]

Der Besitzer kann der Träger jenes dinglichen Rechts sein, das er in seiner Stellung als Besitzer faktisch ausübt, der Eigentümer kann daher

---

[6] ***Abdel-Baki,*** Du rôle de la possession en matière mobilière, Thèse (1943) p. 3; ***Attali,*** Au propre et au figuré. Une histoire de la propriété (1988) p. 14

[7] ***Multzer,*** La propriété sans le vol (1945) p. 65 et s., 97 et s.: *Avoir, c'est d'abord posséder.*

[8] ***Beudant,*** Cours de droit civil², Tome IV (1938) p. 721

[9] ***Ripert,*** Les forces créatrices du droit (1955) p. 211

[10] ***Ortlieb,*** De la collatio en droit romain / Des effets de la possession des meubles dans le droit français, ancien et moderne, Thèse (1871) p. 57

[11] ***Abdel-Baki,*** Du rôle de la possession en matière mobilière, Thèse (1943) p. 5; ***Jansse,*** La propriété, Le régime des biens dans les civilisations occidentales (1958) p. 17; ***de Lanversin,*** La propriété. Une nouvelle règle du jeu? (1975) p. 9; ***Multzer,*** La propriété sans le vol (1945) p. 67, 97 et s.: *Dominium a possessione coepit.*; ***Toutain,*** Droit romain - De l'interdit utrubi / Droit français - De la possession des meubles, Thèse (1888) p. 113, 194

offensichtlich der Besitzer sein. Nachdem diese Konstellation auch sehr oft der Realität entspricht, verknüpft der Code civil einige Rechtsfolgen mit dem Besitz. So erfüllt der Besitz eine Erwerbs- und Beweisfunktion bei beweglichen Sachen, bei Immobilien unterstützt er zumindest noch die Eigentumsvermutung.[12] Es muß aber auch klar sein, daß Dritte ein Recht darauf haben zu erfahren, wer mit welchem Recht über welche Sache disponieren kann, weil ein Recht an einer Sache eben nicht nur ein Band zwischen dem Berechtigten und der Sache darstellt, sondern auch Außenwirkungen zeitigt. Für die entsprechende Publizität Sorge zu tragen, ist im Interesse jedes Staates selbst gelegen.[13]

5.2. DIE ENTWICKLUNG DES EIGENTUMS

5.2.1. ALLGEMEINES

Die in Frankreich durchgängige Verbindung und gegenseitige Abhängigkeit von Besitz und Eigentum - vor allem im Bereich der beweglichen Sachen - führt dazu, daß die Präsentation ihrer geschichtlichen Entwicklung erschwert wird. Es ist daher der Versuch zu unternehmen, die einzelnen Gebiete getrennt - und doch in Grundsätzen verbindend - darzustellen.[14] Wo und wann wurde das Eigentum erfunden? Wahrscheinlich werden wir es niemals genau und abschließend wissen. Wenn wir mit Eigentum jenes Eigentum meinen, das durch Gesetze wie den Code civil entsprechend definiert ist, dann werden wir sehr rasch feststellen, daß es sich dabei um ein relativ junges Recht handelt. Verstehen wir unter Eigentum aber einfach die Unterscheidung in "Mein" und "Dein", dann werden wir schnell begreifen, daß es sich hier um eine Institution handelt, die so alt ist und noch so lange bestehen wird, wie die Welt und die Menschen selbst.[15] Das private Eigentum ist also von niemandem erfunden worden, es stellt als Institution bloß das Produkt eines langen Prozesses säkularer Entwicklung dar. Die Menschen haben gelernt, gegen die natürliche Rarheit durch entsprechende kulturelle, ökonomische und juristische Mittel und Maßnahmen erfolgreich anzukämpfen, und so die Probleme des Lebens

---

[12] ***Jansse,*** La propriété, Le régime des biens dans les civilisations occidentales (1958) p. 17

[13] ***Batiffol,*** La propriété privée, Fascicule I (1967/68) p. 30

[14] Die Darstellung der historischen Entwicklung von art. 2279 C. civ. findet sich aus Übersichtlichkeitsgründen im Kapitel 9 wieder.

[15] ***Beudant,*** Cours de droit civil², Tome IV (1938) p. 274; ***Bouglé – Moysset,*** Oeuvres complètes de P.-J. Proudhon (1938) p. 428; ***Ewald,*** Naissance du Code civil, La raison du législateur (1989) p. 272; ***Lepage,*** Pourquoi la propriété (1985) p. 40

und des Überlebens zu lösen.[16] Dabei ist klar, daß selbst in primitiven Gesellschaften sowie in solchen, in denen Privateigentum prinzipiell verpönt und verboten ist, zumindest das private Eigentum an Verbrauchsgütern besteht.[17] Insgesamt leben wir heute in einer Gesellschaft, in der es - ausgehend vom Norden und Westen und sich ausbreitend nach Süden und Osten - nahezu selbstverständlich ist, das private Eigentum als die beste der möglichen Organisationsformen einer Gemeinschaft zu bezeichnen, weil es die Freiheiten und die Menschenrechte im größtmöglichen Ausmaß gewährleistet und unterstützt.[18]

Die Entwicklung des französischen Eigentumsrechts in den verschiedenen Etappen auf der Basis römischer Vorbilder[19] ist unter den Juristen verhältnismäßig unbestritten und klar.[20] Das ursprünglich sicher kollektive Eigentum an Grund und Boden entwickelte sich zu einem quasikollektiven Eigentum der Familie[21], das wiederum vom individuellen Eigentum abgelöst wurde.[22] An beweglichen Sachen konnte wohl schon frühzeitig individuelles Eigentum begründet werden.[23] Diese Entwicklung

---

16 ***Lepage,*** Pourquoi la propriété (1985) p. 115 et s.

17 ***Desqueyrat,*** La propriété. Ce qu'elle est, ce qu'elle doit être (1939) p. 19; ***Ewald,*** Naissance du Code civil, La raison du législateur (1989) p. 272 et s.; ***Mazeaud,*** Leçons de droit civil[7], Tome II, 2e vol., Biens: Droit de propriété et ses démembrements (1989) p. 11; ***Multzer,*** La propriété sans le vol (1945) p. 62, 84: Der Autor zitiert *Portalis* mit einer möglichen Erklärung für die Entstehung von Eigentum. Bereits in primitiven Gesellschaften habe demnach ein persönliches Recht auf Nahrung und Kleidung bestanden, dieses Recht sei daher der Ursprung des Eigentums.

18 ***Attali,*** Au propre et au figuré. Une histoire de la propriété (1988) p. 9; ***Ripert,*** Les forces créatrices du droit (1955) p. 191

19 ***Jansse,*** La propriété, Le régime des biens dans les civilisations occidentales (1958) p. 18; ***Lepage,*** Pourquoi la propriété (1985) p. 13; aA ***Multzer,*** La propriété sans le vol (1945) p. 27 et s.

20 ***Carbonnier,*** Droit civil[13], Tome 3, Les Biens (1990) p. 127: Die geschichtliche Aufarbeitung des Eigentumsrechts ist vor dem Hintergrund des Grundeigentums erfolgt. Das bewegliche Eigentum bleibt dabei leider nahezu außer Betracht.

21 ***Larroumet,*** Droit civil[2], Tome II (1988) p. 101; ***Mazeaud,*** Leçons de droit civil[7], Tome II, 2e vol., Biens: Droit de propriété et ses démembrements (1989) p. 11; ***Multzer,*** La propriété sans le vol (1945) p. 30 et s.: Auch beim Tod des Familienoberhauptes herrschte eigentumsrechtliche Kontinuität: *morte parentis continuatur dominium.*

22 ***Beudant,*** Cours de droit civil[2], Tome IV (1938) p. 274 et s.; ***Gonnard,*** La propriété dans la doctrine et dans l'histoire (1943) p. 19; ***Lambert,*** Cours de droit civil, Droit du patrimoine (1971) p. 99; ***de Lanversin,*** La propriété. Une nouvelle règle du jeu? (1975) p. 16; ***Larroumet,*** Droit civil[2], Tome II (1988) p. 101 et s.; ***Mazeaud,*** Leçons de droit civil[7], Tome II, 2e vol., Biens: Droit de propriété et ses démembrements (1989) p. 11; ***Nory,*** Le droit de propriété et l'intérêt général, Thèse (1923) p. 8

23 ***Bergel,*** Le droit des biens[2] (1990) p. 29; ***Ewald,*** Naissance du Code civil, La raison du législateur (1989) p. 273; ***Fenet,*** Recueil complet des travaux préparatoires du Code

ist ja auch im römischen Recht - von den Ursprüngen über die XII-Tafelgesetzgebung bis hin zu Justinian - nachzuvollziehen und darf an dieser Stelle mit dem Hinweis auf die ersten Kapitel dieser Arbeit entfallen.

Für *Multzer* ist die Bemerkung wesentlich, daß sich das Recht der Antike und jenes der modernen Zeit dadurch unterscheiden, daß ersteres zunächst kein Zivilrecht, sondern ein religiös und politisch motiviertes Recht darstellt. Das moderne zivile Recht anerkennt den Status des Menschen mit den Stichworten Einheit und Gleichheit. In der Antike hingegen gab es gleichzeitig immer mehrere verschiedene Personengruppen, jede von ihnen mit einem anderen Status in der Gesellschaft. Die Basis dafür war die Sklaverei. Dabei entsprang der unterschiedliche Status in der Gesellschaft im wesentlichen tradierten Überzeugungen und Voruteilen, die in primitiven Gemeinschaften zu Beginn einen mystischen und politischen Ursprung hatten.[24]

Ein Blick nach Griechenland zur Zeit der Vorklassik zeigt, daß das Eigentumsrecht dort eine grundsätzlich andere Entwicklung als im römischen Imperium genommen hat. Die zu rasche Hinwendung zum individuellen Eigentum hat dazu geführt, daß die Rückkehr zum kollektiven Eigentum und die damit verbundene Einmischung des Staates erleichtert wurde. Das erst wachsende individuelle Eigentum hatte nicht die Widerstandskraft des kollektiven Eigentums der Familie. Der Staat zeigte daher ausgesprochen wenig Respekt vor dem Individualeigentum, die Folgen waren Enteignungen im großen Stil und massive steuerliche Eingriffe.[25]

Trotz des natürlich vorherrschenden individuellen Eigentums in Frankreich sollte nicht übersehen werden, daß wiederum eine gegenläufige Entwicklung - nämlich hin zum kollektiven Eigentum - verstärkt wahrzunehmen ist.[26] In diesem Zusammenhang ist etwa die Präambel der Verfassung der französischen Republik vom 27. Oktober 1946 zu zitieren, die durch die Übernahme in die Präambel der Verfassung vom 4. Oktober 1958 geltendes Recht ist:[27] Jeder Besitz, jedes Unternehmen, dessen Betrieb den

---

civil, Tome 11 (1836) p. 113; ***Lambert,*** Cours de droit civil, Droit du patrimoine (1971) p. 99; ***Mazeaud,*** Leçons de droit civil[7], Tome II, 2e vol., Biens: Droit de propriété et ses démembrements (1989) p. 11

[24] ***Multzer,*** La propriété sans le vol (1945) p. 27 et s.

[25] ***Gonnard,*** La propriété dans la doctrine et dans l'histoire (1943) p. 19

[26] ***Jansse,*** La propriété, Le régime des biens dans les civilisations occidentales (1958) p. 193

[27] ***de Lanversin,*** La propriété. Une nouvelle règle du jeu? (1975) p. 51

Charakter eines nationalen öffentlichen Dienstes oder eines natürlichen Monopols erlangt, muß Gemeinschaftseigentum werden.[28]

Interessant ist jedenfalls der Umstand, daß das Eigentum, auch als *dominium* bezeichnet, bereits im 4. Jahrhundert alle Merkmale aufweist, die es auch - wie ich später zeigen werde - im modernen Frankreich von heute besitzt: *ius utendi*, *ius fruendi* und *ius abutendi*.[29] Bereits damals brachte das *ius abutendi* allerdings lediglich die fast uneingeschränkte Verfügungsmacht des Berechtigten zum Ausdruck, nicht aber das Recht, die im Eigentum stehende Sache nach Belieben zu "mißbrauchen". Die Juristen und Philosophen des 19. Jahrhunderts präsentieren das durch diese Trias an Rechten definierte Eigentumsrecht als ein absolutes.[30]

5.2.2. VON DEN ANFÄNGEN BIS ZUM 10. JAHRHUNDERT

Durch ein Edikt im Jahre 212 verlieh der römische Kaiser Caracalla allen Bewohnern des Reiches die römischen Staatsbürgerrechte[31], womit gleich erklärt ist, warum das Privatrecht Galliens in den ersten Jahrhunderten der neuen Zeitrechnung jenes des römischen Kaiserreiches war.[32] Als die Barbaren - Westgoten, Burgunder und später Franken - im 5. Jahrhundert Frankreich eroberten und sich dort festsetzten, war es keineswegs ihre Intention, den besiegten Völkern ihr "mitgebrachtes" Recht aufzuzwingen.[33] Es galt der Grundsatz *Juger entre les Romains par*

---

[28] vgl. § 9 du Préambule de la Constitution du 27 octobre 1946
Bergel, Le droit des biens[2] (1990) p. 10: *Le droit des biens est désormais au carrefour du droit civil et du droit public.*; ***Mazeaud,*** Leçons de droit civil[7], Tome II, 2e vol., Biens: Droit de propriété et ses démembrements (1989) p. 11; ***Morin,*** Le droit privé français au milieu du XXe siècle II, Etudes offertes à Georges Ripert, Le sens de l'évolution contemporaine du droit de propriété (1950) p. 12

[29] ***Gonnard,*** La propriété dans la doctrine et dans l'histoire (1943) p. 20; ***Imbert,*** Histoire du droit privé[7] (1992) p. 7; ***Lepage,*** Pourquoi la propriété (1985) p. 16 et s.

[30] ***Carbonnier,*** Droit civil[13], Tome 3, Les Biens (1990) p. 122; ***Gonnard,*** La propriété dans la doctrine et dans l'histoire (1943) p. 20; ***Imbert,*** Histoire du droit privé[7] (1992) p. 7; ***de Lanversin,*** La propriété. Une nouvelle règle du jeu? (1975) p. 18, 31; ***Lepage,*** Pourquoi la propriété (1985) p. 14 et s.

[31] ***Imbert,*** Histoire du droit privé[7] (1992) p. 5

[32] ***Imbert,*** Histoire du droit privé[7] (1992) p. 5; ***de Lanversin,*** La propriété. Une nouvelle règle du jeu? (1975) p. 22

[33] ***Imbert,*** Histoire du droit privé[7] (1992) p. 8 et s.; ***Patault,*** Introduction historique au droit des biens (1989) p. 280; ***Raynaud,*** De l'usucapion des meubles en droit romain et de la règle "En fait de meubles possession vaut titre" en droit français, Thèse (1873) p. 101

des lois romaines.[34] Das auf den ersten Blick sehr simpel scheinende Axiom wurde im Laufe der Zeit unpraktikabel, da sich die verschiedenen Völker und Rassen auch territorial vermischten und eine nach Völkern getrennte Rechtsprechung und -anwendung nicht mehr möglich war.[35]

Ab dem späten 8. Jahrhundert kann man bereits Tendenzen einer Art Osmose zwischen den unterschiedlichen Rechten feststellen. Das persönliche Recht wird so durch das territoriale Gewohnheitsrecht, also durch regional als Recht akzeptierte Gewohnheiten, abgelöst. Diese Gewohnheiten sind je nach Lage der Region von römischem (im Süden des französischen Territoriums) oder germanischem Recht (in den übrigen Landesteilen) geprägt und finden in einem jeweils abgegrenzten Gebiet volle Anwendung auch auf jene Personen, die sich bloß als "Fremde" in diesem Gebiet aufhalten.[36] Zu einer Zeit schließlich, als "der Geist des römischen Rechts unter dem barbarischen Staub gestorben ist"[37], haben die barbarischen Könige die schriftliche Aufzeichnung ihrer traditionellen germanischen Gewohnheiten in lateinischer Sprache in Auftrag gegeben. Die wesentlichsten davon überlieferten Texte sind das "Gesetz Gombette" der Burgunder, das "Westgotische Gesetz" sowie zahlreiche fränkische Schriften.[38] Daneben sind noch jene Werke erwähnenswert, die germanische Rechtssätze in Reinkultur vermitteln: das "Gesetz Salique", das "Gesetz der Lombarden" - erhalten durch das "Edikt Rotharis" aus dem 7. Jahrhundert - sowie das "Liber Papiensis" aus dem frühen 11. Jahrhundert. Die beiden Erstgenannten enthalten zu einem wesentlichen Teil Bestimmungen zum Schutz des beweglichen Eigentums, Dispositionen für Immobilien werden nahezu keine getroffen.[39]

---

[34] ***Imbert,*** Histoire du droit privé[7] (1992) p. 9

[35] ***Batiffol,*** La propriété privée, Fascicule I (1967/68) p. 21; ***Imbert,*** Histoire du droit privé[7] (1992) p. 9; ***Raynaud,*** De l'usucapion des meubles en droit romain et de la règle "En fait de meubles possession vaut titre" en droit français, Thèse (1873) p. 101 et s.

[36] ***Imbert,*** Histoire du droit privé[7] (1992) p. 9; ***Massé – Vergé,*** Le droit civil français par K.-S. Zachariae, Tome I (1854) p. XVIII; ***Raynaud,*** De l'usucapion des meubles en droit romain et de la règle "En fait de meubles possession vaut titre" en droit français, Thèse (1873) p. 101 et s.; ***Toutain,*** Droit romain - De l'interdit utrubi / Droit français - De la possession des meubles, Thèse (1888) p. 117: Diese beiden Quellen des modernen französischen Rechts haben sich ununterbrochen vermischt, vereinigt und auch bekämpft.

[37] ***Imbert,*** Histoire du droit privé[7] (1992) p. 10

[38] ***Imbert,*** Histoire du droit privé[7] (1992) p. 10 et s.; ***Jansse,*** La propriété, Le régime des biens dans les civilisations occidentales (1958) p. 243; ***Toutain,*** Droit romain - De l'interdit utrubi / Droit français - De la possession des meubles, Thèse (1888) p. 119

[39] ***Toutain,*** Droit romain - De l'interdit utrubi / Droit français - De la possession des meubles, Thèse (1888) p. 119

5.2.3. FEUDALGESELLSCHAFT (10. BIS 16. JAHRHUNDERT)

In Frankreich haben sich die einzelnen Landesteile nicht nur strukturell unterschiedlich entwickelt, sondern sie haben auch rechtlich voneinander nahezu unabhängige Wege eingeschlagen. Die später noch näher zu erläuternden Stichworte sind dabei das Gewohnheitsrecht (*Lex non scripta, diuturni mores consensu utentium comprobati.*)[40] und die gewohnheitsrechtlich dominierten Länder (*pays de coutume*) respektive die durch das geschriebene Recht beeinflußten Landesteile (*pays de droit écrit*).[41] Fast zeitgleich mit dem Zerfall der Frankenherrschaft Ende des 9. Jahrhunderts gehen die bis dahin dominierenden barbarischen und römischen Rechtsgrundsätze unter, womit die Voraussetzungen für eine regional differenzierte rechtliche Entwicklung Frankreichs gegeben waren. Die Regionalisierung schlägt sich während der nächsten zwei Jahrhunderte in der Entstehung territorialen Gewohnheitsrechts nieder.[42]

Etwa im 11. Jahrhundert kommt es zu einer ersten Renaissance des römischen Rechts in Teilen Frankreichs. Dieses Recht wird als geschriebenes Recht (*loi écrite* oder auch *ius scriptum*) bezeichnet und erlebt einen neuen Aufschwung in genau jenen Landesteilen, in denen sich das Gewohnheitsrecht nicht wirklich durchsetzen konnte, schon alleine deswegen nicht durchsetzen konnte, weil diese Regionen bereits vor dieser Zeit das römische Recht als Grundlage hatten. So wurde also das römische Recht als positives Recht vor allem in Zentralfrankreich (*Midi*) voll rezipiert, während hingegen im Norden des Landes das territoriale Gewohnheitsrecht ständig weiterentwickelt wurde. Die Konsequenz war eine rechtliche Zweiteilung Frankreichs.[43]

Das Gewohnheitsrecht hatte seine Hochblüte im Mittelalter. Die Wiederholung öffentlicher Akte über einen gewissen Zeitraum hinweg bewirkte deren obligatorische Anerkennung. Das Gewohnheitsrecht, das gerade in Frankreich eine wesentliche Rolle in der sich entwickelnden

---

[40] ***Siffrein,*** Oeuvres de Pothier, Tome 15 (1821) p. 1: *On appelle coutumes, des lois que l'usage a établies, et qui se sont conservées sans écrit par une longue tradition.*

[41] ***Cornu,*** Droit civil, Introduction-Les personnes-Les biens^2 (1985) p. 118; ***Massé – Vergé,*** Le droit civil français par K.-S. Zachariae, Tome 1 (1854) p. XIX; ***Raynaud,*** De l'usucapion des meubles en droit romain et de la règle "En fait de meubles possession vaut titre" en droit français, Thèse (1873) p. 102; ***Siffrein,*** Oeuvres de Pothier, Tome 15 (1821) p. 1 et s.

[42] ***Siffrein,*** Oeuvres de Pothier, Tome 15 (1821) p. 2: Drei unterschiedliche Statute bzw. Rechte sind innerhalb des Gewohnheitsrechts zu beachten: *les statuts personnels, les statuts réels et les statuts concernant la forme extérieure des actes.*

[43] ***Cornu,*** Droit civil, Introduction-Les personnes-Les biens^2 (1985) p. 118; ***Massé – Vergé,*** Le droit civil français par K.-S. Zachariae, Tome 1 (1854) p. XVIII et s.

Rechtswissenschaft einnimmt, ist leichter an die Bedürfnisse und die Sitten der Bevölkerung anzupassen, als schriftlich erlassenes Recht. Indem das Volk sein Recht ständig modifiziert, bleibt das Recht stets in Harmonie mit den realen rechtlichen Schutzbedürfnissen. Neben räumlich etwas ausgedehnteren Gebieten, in denen bestimmte Gewohnheitsrechte im mittelalterlichen Frankreich Gültigkeit besaßen, gab es vereinzelt auch tatsächlich bloß lokale Gewohnheiten, die ihre territoriale Begrenzung bereits in einer Stadt oder gar in einem etwas größeren Dorf fanden.[44]

Die Lehnsherrschaft als wesentlichstes rechtliches Regime begann sich im 8. und 9. Jahrhundert auszubreiten, in einer Zeit also, in der die öffentliche Macht alleine die Sicherheit der Bevölkerung nicht mehr in ausreichendem Maße garantieren konnte.[45] Der einfachste Weg, um vor Übergriffen macht- und geldgieriger Herrscher sicher zu sein, war, sich einem dieser mächtigen Herren anzuschließen und den Lehnseid als Eid der Lehnstreue zu leisten. Im Austausch für die so garantierte Sicherheit stand die persönliche Hilfeleistung des Beschützten im Kriegsfall auf Seiten des jeweiligen Herrschers respektive Lehnsherrn. Da Grund und Boden den Reichtum bestimmten, war es nahezu selbstverständlich, daß der Lehnsherr seinen Untertanen (Vasallen) im Austausch für ihre persönliche Hilfeleistung Lehen (*feodum*)[46] gewährte.

Somit gab es im feudalen Mittelalter durch das Lehen - Besitztum, das ein Lehnsherr einem Vasallen im Austausch für Gegenleistungen verlieh - einen Zusammenhang zwischen der Macht zu befehlen und der Macht zu besitzen. Das Eigentumsrecht mußte als akzessorisch zur Macht angesehen werden. Wegen dieser Abhängigkeit repräsentierte es vorerst bloß eine widerrufliche Befugnis, also kein wirkliches Recht.[47] Die Lehen hatten den Charakter einer Pacht in der Art einer Wohltat (*beneficium*) mit dem Lehnseid als Gegenpol. Sie bildeten nach ihrer Generalisierung und einer immer entwickelteren wechelseitigen Abhängigkeit die Basis für die

---

[44] ***Batiffol,*** La propriété privée, Fascicule I (1967/68) p. 21; ***Imbert,*** Histoire du droit privé[7] (1992) p. 21 et s.

[45] ***Raynaud,*** De l'usucapion des meubles en droit romain et de la règle "En fait de meubles possession vaut titre" en droit français, Thèse (1873) p. 102; ***Saint Germès,*** De l'influence de la valeur des meubles sur le Code civil français, les lois qui l'ont complété et la jurisprudence, Thèse (1926) p. VII

[46] ***Larroumet,*** Droit civil[2], Tome II (1988) p. 104; ***Saint Germès,*** De l'influence de la valeur des meubles sur le Code civil français, les lois qui l'ont complété et la jurisprudence, Thèse (1926) p. VII: Da das Lehen an Grund und Boden "haftete", wurde es immer schon als unbeweglich angesehen.

[47] ***de Lanversin,*** La propriété. Une nouvelle règle du jeu? (1975) p. 28; ***Larroumet,*** Droit civil[2], Tome II (1988) p. 104

Jahrhunderte bestimmende Feudalherrschaft.[48] Die logische Folge der aufkeimenden Feudalherrschaft war der Verlust des aus der römischen Theorie abgeleiteten Dogmas des absoluten Eigentums.[49]

5.2.4. VEREINHEITLICHUNG DES PRIVATRECHTS (16. BIS 18. JAHRHUNDERT)

5.2.4.1. ALLGEMEINE WEGBEREITUNG

Neben der intensiven juristischen Auseinandersetzung einzelner Autoren trugen auch das Kirchenrecht, die königlichen Erlässe (*les ordonnances royales*) sowie Lehre und Rechtsprechung ihren Teil zur Entstehung eines einheitlichen und kodifizierten Privatrechts bei.[50] Zunächst bestimmte im 17. Jahrhundert *Colbert* sehr wesentlich die Entstehung königlicher Erlässe: *l'Ordonnance sur la procédure civile* (1667) - der 1806 erlassene *Code de procédure civile* weist große Parallelen auf -, *l'Ordonnance criminelle* (1670), *l'Ordonnance sur le commerce* (1673) und schließlich *l'Ordonnance sur la marine* (1681).[51] Im 18. Jahrhundert machte sich dann der Kanzler *d'Aguesseau* unter Ludwig XV. mit seinen königlichen Erlässen sehr verdient um die Vereinheitlichung des Privatrechts in Frankreich.[52] Da er die starke Opposition des Nordens und des Südens in rechtlichen Belangen erkannte und richtig einschätzte, sahen die königlichen Erlässe in vielen Bereichen daran angepaßte unterschiedliche Systeme für die einzelnen Landesteile vor. Durch die Zweigleisigkeit des Rechts unterdrückte er gleichzeitig eine Vielzahl lokaler Gewohnheiten und trug damit wesentlich zur langsam entstehenden Vereinheit-

---

[48] ***Imbert,*** Histoire du droit privé[7] (1992) p. 14 et s., 36 et s.: Die Feudalgesellschaft war hierarchisch aufsteigend organisiert: Knappe, Ritter, Baron, Graf und König.; ***Jansse,*** La propriété, Le régime des biens dans les civilisations occidentales (1958) p. 17; ***Lambert,*** Cours de droit civil, Droit du patrimoine (1971) p. 100; ***Larroumet,*** Droit civil[2], Tome II (1988) p. 103 et s.; ***Saint Germès,*** De l'influence de la valeur des meubles sur le Code civil français, les lois qui l'ont complété et la jurisprudence, Thèse (1926) p. VII

[49] ***Gonnard,*** La propriété dans la doctrine et dans l'histoire (1943) p. 20

[50] ***Cornu,*** Droit civil, Introduction-Les personnes-Les biens[2] (1985) p. 119; ***Imbert,*** Histoire du droit privé[7] (1992) p. 65; ***Massé – Vergé,*** Le droit civil français par K.-S. Zachariae, Tome 1 (1854) p. 18

[51] ***Cornu,*** Droit civil, Introduction-Les personnes-Les biens[2] (1985) p. 119

[52] ***Cornu,*** Droit civil, Introduction-Les personnes-Les biens[2] (1985) p. 119; ***Imbert,*** Histoire du droit privé[7] (1992) p. 62; ***Jansse,*** La propriété, Le régime des biens dans les civilisations occidentales (1958) p. 247

lichung des Privatrechts bei.[53] Ihm werden die folgenden königlichen Erlässe zugerechnet: *l'Ordonnance sur les donations* (1731), *l'Ordonnance sur les testaments* (1735) und *l'Ordonnance sur les substitutions* (1747).[54]

Unter den rechtswissenschaftlichen Autoren, die sich mit der Zusammenführung unterschiedlicher Rechtsansichten und -philosophien auseinandersetzten, ist einer chronologischen Reihenfolge folgend etwa der Pariser Rechtsanwalt *Du Moulin*[55] hervorzuheben. In seinem Werk, redigiert sehr wahrscheinlich zwischen 1544 und 1548, versuchte er, die regional zerstreuten Gewohnheiten in einer Gesamtübersicht darzustellen. Der Hauptmangel seiner Betrachtungen über die einheitliche Kodifikation des Privatrechts ist allerdings in der Außerachtlassung jener Landesteile zu sehen, in denen bereits das geschriebene Recht dominierte. Bei einer Realisierung seiner Vorschläge und Ideen wäre es zu einem auf längere Zeit rechtlich zweigeteilten Frankreich mit unzähligen provinziellen Partikularismen gekommen.[56]

Eine wesentliche Zäsur für die Einleitung einer selbständigen rechtlichen Evolution Frankreichs stellt die Einrichtung von Professuren für französisches Recht an den juridischen Fakultäten der Universitäten im Jahr 1679 dar. Bis zu diesem Zeitpunkt wurden nämlich an den französischen Universitäten ausschließlich das römische Recht sowie das kanonische Recht gelehrt. Die nunmehr französisches Recht vortragenden und durch den König ausgewählten Professoren - Praktiker wie Richter und Anwälte - widmeten ihre Vorlesungen nicht nur den königlichen Erlässen, sondern wurden auch angehalten und ermutigt, andere Quellen des Rechts zu erforschen. Je nachdem, an welcher Universität die Professur für dieses neue französiche Recht eingerichtet wurde, orientierte sich der Lehrbetrieb am schriftlich festgehaltenen und von römischen Grundsätzen beeinflußten Recht oder aber am strukturell gewachsenen Gewohnheitsrecht.[57]

Im 17. Jahrhundert ist es schließlich *Domat*[58], der unter den Juristen als typischer Vertreter der klassischen Ideen hervorzuheben ist. Von philosophischen und religiösen Prinzipien leitet der Rechtsanwalt aus Clermont-Ferrand streng logische Konsequenzen ab. Sein Hauptwerk *Les lois civiles dans leur ordre naturel* enthüllt das Ziel, das zu erreichen er stets versuchte. Gott hat für die Gemeinschaft der Menschen naturrechtliche

---

[53] ***Imbert,*** Histoire du droit privé[7] (1992) p. 62

[54] ***Cornu,*** Droit civil, Introduction-Les personnes-Les biens[2] (1985) p. 119; ***Massé – Vergé,*** Le droit civil français par K.-S. Zachariae, Tome 1 (1854) p. 11

[55] Charles Du Moulin, *1515 und =1566

[56] ***Halpérin,*** L'impossible Code civil (1992) p. 31

[57] ***Halpérin,*** L'impossible Code civil (1992) p. 32 et s.

[58] Jean Domat, *1625 und =1696

Grundlagen einer Ordnung geschaffen. Daher gilt es, nach diesen Grundsätzen zu forschen und zu zeigen, wie sie in einer praktischen Anwendung umsetzbar sind. Nach eingehenden Analysen erkennt *Domat*, daß das römische Recht die beste Umsetzung naturrechtlicher Prinzipien gewährleistet. So gelangt *Domat* - wenn auch über den Umweg philosophischer Betrachtungen - zum Ergebnis, daß das römische Recht (vor allem Codex und Digesten) als das ideale und auf alle anwendbare Recht anzusehen ist.[59]

Einer der berühmtesten seiner Zunft und Professor für französisches Recht an der juridischen Fakultät der Universität Orléans, *Pothier*[60], tut sich im 18. Jahrhundert mit seinem methodischen Werk *Les Pandectes justiniennes dans un nouvel ordre* als Autor rechtswissenschaftlicher Betrachtungen hervor. Auch wenn er von denselben Prinzipien wie *Domat* ausgegangen war, so blieb seinem Werk der große Erfolg vorerst versagt, wiewohl der Code civil 1804 später doch Anleihen im Werk von *Pothier* nimmt.[61] Daneben verfaßte *Pothier* viele kleinere Schriften, jede einzelne nur auf einen Teilbereich des Rechts bezugnehmend.[62] In dieser Schriftenreihe vergleicht er für jede der Rechtsmaterien die unterschiedlichen Gewohnheiten, hebt bereits bestehende Gemeinsamkeiten hervor und zeigt mögliche Wege auf, noch divergierende Ansichten zu vereinheitlichen. Diese Werke zeichnen sich - negativ formuliert - nicht nur durch fehlende Originalität, sondern insbesondere durch juristische Präzision und Klarheit im Ausdruck aus. Auch wenn ihm dabei vorgeworfen werden kann, eigentlich nur Anleihen aus Büchern seiner juristischen Vorgängergeneration genommen zu haben, so hat er sich doch durch die klare Sprache und die erste gesamthafte Darstellung um die Vereinheitlichung des französischen Rechts verdient gemacht.[63] Seine Schriftenreihe wird heute zu Recht als der vorweggenommene Kommentar des Code civil bezeichnet, und kein Jurist sollte sich davor scheuen, in schwierigen semantischen oder inhaltlichen Fragen bei *Pothier* Zuflucht zu suchen.[64]

---

[59] ***Cornu,*** Droit civil, Introduction-Les personnes-Les biens[2] (1985) p. 119 et s.; ***Imbert,*** Histoire du droit privé[7] (1992) p. 66 et s.

[60] Pothier, *1699 und =1772

[61] ***Cornu,*** Droit civil, Introduction-Les personnes-Les biens[2] (1985) p. 120; ***Hausmaninger – Selb,*** Römisches Privatrecht[7] (1994) 114; ***Imbert,*** Histoire du droit privé[7] (1992) p. 67 et s.

[62] etwa: Ehe, Ehegemeinschaft, Kauf oder Miete

[63] ***Imbert,*** Histoire du droit privé[7] (1992) p. 67 et s.

[64] ***Cornu,*** Droit civil, Introduction-Les personnes-Les biens[2] (1985) p. 120; ***Imbert,*** Histoire du droit privé[7] (1992) p. 67 et s.

Trotz aller Anstrengungen ist es zunächst dennoch nicht gelungen, das Vorhaben eines einheitlichen und kodifizierten Rechts in Frankreich tatsächlich umzusetzen. Das juristische Grundgebäude ist dabei seit Ende des Mittelalters nahezu unverändert geblieben, während die religiösen, philosophischen, sozialen, wirtschaftlichen und auch politischen Dimensionen der Gesellschaft einer relativ radikalen Wandlung unterworfen waren. Die Gründe für diese Stagnation des Rechts liegen in der realen Machtlosigkeit des Königshauses, der starken Opposition der Parlamente und schließlich auch in den überkommenen Traditionen einzelner Landesteile.[65]

Die französische Revolution von 1789 brachte dann den Umschwung. Wenn es keine königliche Macht oder Parlamente mehr gab, auf welcher Basis sollte dann ein neues Recht entstehen? Beim Versuch der Beantwortung dieser Frage stießen die meisten revolutionären Gesetzgeber auf die Ansichten der Philosophen[66], wo sie sich Anleihen für die praktische Umsetzung holten. Deswegen orientierte sich das neue Recht eher an metaphysischen Gedanken, denn an den Erfahrungen der vergangenen Jahrhunderte.[67] Der Vorrang des Individuums und die Unabhängigkeit des Staates wurden proklamiert. Der Mensch hat nach der Naturrechtslehre bereits mit seiner Geburt gewisse Rechte: Freiheit (*liberté*), Eigentum (*propriété*) und Gleichheit (*égalité*). Sein Eintritt in eine Gesellschaft dient bloß dem besseren Schutz seiner natürlichen Rechte, jeder Staat ist verhalten, diesen Schutz bestmöglich zu garantieren.[68] Dabei ist es aber nicht ausreichend, den naturrechtlichen Charakter des Eigentums bloß formal zu bestätigen. Wesentlich ist vielmehr, alle Anstrengungen darauf zu richten, die Ausbreitung des Eigentums in allen Schichten ohne jede Bevorzugung zu gewährleisten.[69]

Die proklamierte Gleicheit mußte sich zuerst in den Eigentumsverhältnissen an Grund und Boden zeigen.[70] Die Feudalgesellschaft, die im wesentlichen auf dem juristischen System der Pacht beruhte, hatte sich im Wandel der Zeiten verändert. Hatte der Pächter zu Beginn ein bloßes Nutzungsrecht an einer fremden Sache, so wurden ihm langsam Rechte

---

[65] ***Cornu,*** Droit civil, Introduction-Les personnes-Les biens[2] (1985) p. 120; ***Imbert,*** Histoire du droit privé[7] (1992) p. 68

[66] v.a. Diderot, Voltaire und Rousseau

[67] ***Imbert,*** Histoire du droit privé[7] (1992) p. 70: *L'esprit philosophique a vaincu la tradition juridique.* (Der philosophische Geist hat die juristische Tradition besiegt.)

[68] ***Bergel,*** Le droit des biens[2] (1990) p. 28; ***Carbonnier,*** Droit civil[13], Tome 3, Les Biens (1990) p. 128; ***Imbert,*** Histoire du droit privé[7] (1992) p. 70

[69] ***Salleron,*** Diffuser la propriété (1964) p. 10

[70] ***Imbert,*** Histoire du droit privé[7] (1992) p. 74

zuerkannt, die jenen eines Eigentümers immer näher kamen. Der Pächter konnte die Sache nach seinem Belieben nutzen und verändern sowie etwa durch Verkauf rechtlich darüber verfügen.[71] Damit bestanden aber quasi an einer Sache zwei sich überlagernde Eigentumsrechte verschiedener Natur: das eine wurde ausgeübt, das andere war mehr oder weniger ein reines Formalrecht. Das direkte Recht (*dominium directum*) gehörte dabei dem Lehnsherrn, das abgeleitete oder gewährte Recht (*dominium utile*) stand dem Pächter zu.[72] Der Fortgang der Geschichte zeigt, daß etwa ab der zweiten Hälfte des 17. Jahrhunderts der Pächter als der einzige wahre Eigentümer gesehen wurde, während die Zahlungen an den Lehnsherrn (Zins) mehr oder weniger als Belastung des Eigentums eines anderen qualifiziert wurden.[73] Das direkte Recht des Lehnsherrn und die daraus entspringenden Lehnszahlungen wurden schließlich - wenn auch rechtlich nicht ganz korrekt - in der Praxis als belastendes Servitut angesehen.[74] Die Revolution von 1789 ließ die traditionsreiche Feudalgesellschaft[75] ebenso der Vergangenheit angehören wie die Opposition der Besitzenden und

---

[71] ***Lepage,*** Pourquoi la propriété (1985) p. 74; ***Weill – Terré – Simler,*** Droit civil, Les biens[3] (1985) p. 75 et s.

[72] Das gültige schottische Immobilienrecht, das im wesentlichen nach wie vor auf dem Prinzip der Feudalität beruht und bei dem die Könign von England die oberste Lehnsherrin ist, führt für den Käufer einer Immobilie auch heute noch bloß zum Status eines Vasallen.

Ewald, Naissance du Code civil, La raison du législateur (1989) p. 279 et s.; ***Mazeaud,*** Leçons de droit civil[7], Tome II, 2e vol., Biens: Droit de propriété et ses démembrements (1989) p. 1, 12; ***Multzer,*** La propriété sans le vol (1945) p. 47: *Dominium directum* (domaine éminent) und *dominium utile* (domaine utile); ***Nory,*** Le droit de propriété et l'intérêt général, Thèse (1923) p. 12; ***Weill – Terré – Simler,*** Droit civil, Les biens[3] (1985) p. 75

[73] ***Lepage,*** Pourquoi la propriété (1985) p. 74; ***Mazeaud,*** Leçons de droit civil[7], Tome II, 2e vol., Biens: Droit de propriété et ses démembrements (1989) p. 12; ***Weill – Terré – Simler,*** Droit civil, Les biens[3] (1985) p. 75

[74] ***Lepage,*** Pourquoi la propriété (1985) p. 74

[75] ***Beudant,*** Cours de droit civil[2], Tome IV (1938) p. 276 et s.; ***Carbonnier,*** Droit civil[13], Tome 3, Les Biens (1990) p. 128; ***Imbert,*** Histoire du droit privé[7] (1992) p. 37 et s.; ***de Lanversin,*** La propriété. Une nouvelle règle du jeu? (1975) p. 29 et s.; ***Mazeaud,*** Leçons de droit civil[7], Tome II, 2e vol., Biens: Droit de propriété et ses démembrements (1989) p. 12; ***Saint Germès,*** De l'influence de la valeur des meubles sur le Code civil français, les lois qui l'ont complété et la jurisprudence, Thèse (1926) p. IX

Besitzlosen.[76] Weiters schaffte sie "den Eigentümer als kleinen absoluten Monarchen inmitten seines ausschließlichen Territoriums".[77]

Offiziell beseitigte der Beschluß der Volksversammlung vom 4. August 1789 die Begriffe des unveräußerlichen Gutes sowie der persönlichen Knechtschaft und gewährte jedem Bürger die freie Ausübung jeder Funktion.[78] Der Beschluß vom 15. März 1790 hob alle aus dem Lehnsverhältnis resultierenden Machtunterschiede - wie etwa den Lehnseid - auf. Mit 17. Juli 1793 wurde dann sogar die Aufhebung der Feudalrechte ohne Entschädigungsleistung proklamiert, Grund und Boden waren wieder frei.[79] Im Jahr 1793 gab es auch ein erstes Projekt zur Schaffung eines Zivilrechtskodex, bei dem die Regeln über die Okkupation, den Zuwachs, den Fruchtgenuß und den Besitz aus dem römischen Recht unter Verwendung der Ansichten von *Pothier* rezipiert werden sollten. Ebenso war vorgesehen, den Eigentumserwerb über kurze Ersitzungsfristen ohne die Forderungen nach Gutgläubigkeit und gültigem Titel zu ermöglichen: Mobilien 2 Jahre[80] und Immobilien 20 Jahre. Ganz dem Revolutionsgedanken folgend und quasi bereits im Kern die Ansichten der Gesetzgeber von 1804 vorwegnehmend, stellte der projektierte Kodex aus 1793 den individuellen Willen der Menschen in den Vordergrund aller Betrachtungen. Somit ist dann auch der Wortlaut in art. 2 leicht zu erklären: *Les*

---

[76] ***Patault,*** Introduction historique au droit des biens (1989) p. 285: Dabei darf aber trotz des offensichtlich größeren Interesses an Immobilien nicht übersehen werden, daß die zukünftige rechtlichen Behandlung der beweglichen Sachen eine aktive Rolle - als Ferment der Revolution -gespielt hat.; ***Salleron,*** Diffuser la propriété (1964) p. 13

[77] ***Carbonnier,*** Droit civil[13], Tome 3, Les Biens (1990) p. 124, ***Frébault,*** Un droit inviolable et sacré, La propriété (1991) p. 15: *Le propriétaire est un petit monarque absolu.*; ***Jansse,*** La propriété, Le régime des biens dans les civilisations occidentales (1958) p. 158; ***Lambert,*** Cours de droit civil, Droit du patrimoine (1971) p. 103: *Chaque citoyen est un monarque absolu dans sa maison, et tout français devient Louis XIV.*; ***Ourliac - de Malafosse,*** Histoire du droit privé, Tome II, Les biens (1961) p. 172; ***Romieu,*** La propriété, Ses rapports avec l'État, la société et l'individu, Thèse (1923) p. 19: *Il est Seigneur souverain sur sa terre.*

[78] ***Colin - Capitant,*** Traité de droit civil, Tome 1 (1953) p. 851; ***Cornu,*** Droit civil, Introduction-Les personnes-Les biens[2] (1985) p. 120; ***Imbert,*** Histoire du droit privé[7] (1992) p. 74; ***Jansse,*** La propriété, Le régime des biens dans les civilisations occidentales (1958) p. 157; ***Lambert,*** Cours de droit civil, Droit du patrimoine (1971) p. 100; ***Saint Germès,*** De l'influence de la valeur des meubles sur le Code civil français, les lois qui l'ont complété et la jurisprudence, Thèse (1926) p. IX

[79] ***Imbert,*** Histoire du droit privé[7] (1992) p. 74; ***Jansse,*** La propriété, Le régime des biens dans les civilisations occidentales (1958) p. 157; ***Lepage,*** Pourquoi la propriété (1985) p. 75 et s.; ***Saint Germès,*** De l'influence de la valeur des meubles sur le Code civil français, les lois qui l'ont complété et la jurisprudence, Thèse (1926) p. IX

[80] ***Patault,*** Introduction historique au droit des biens (1989) p. 301

droits civils sont la faculté de contracter, d'acquérir, d'aliéner et de disposer de ses biens par tous les actes que la loi autorise. Gleichzeitig wären in diesem Vorschlag die Verträge für sich selbst genommen nicht ausreichend gewesen, um Eigentum übergehen zu lassen. Es hätte dazu zwingend eines ergänzenden materiellen Aktes oder einer entsprechenden Geste bedurft.[81] Weitere Versuche zur landesweiten Vereinheitlichung des Rechts wurden noch, mehr oder weniger erfolglos, in den Jahren 1794 und 1796 von einem Juristen namens *Cambacérès* gestartet.[82] Das post-revolutionäre Recht zwischen 1789 und 1804 wird in Frankreich als *droit intermédiaire* bezeichnet.[83]

5.2.4.2. NAPOLÉON UND DER CODE CIVIL

Neben anderen Faktoren bedurfte es offenbar auch des Willens eines Mannes, um die Idee eines einheitlichen Zivilrechts in Frankreich in die Realität umzusetzen: Napoléon Bonaparte.[84] Napoléon betrachtete die Kodifikation des Privatrechts in einem einzigen *Code civil* als durchaus vorrangig in seiner Zeit als Konsul. Das Gesetz, das die Grundlage der provisorischen Regierung war, sah auch die Vorbereitung dieser Frage durch die gesetzgebenden Kommissionen vor. Mit Beschluß vom 12. August 1800 (*24 thermidor an VIII*) wurde eine vierköpfige Kommission mit der Sichtung der vorgeleisteten Arbeiten und mit der Abfassung neuer Texte beauftragt.[85] Mit der durch Napoléon eingetretenen nationalen Stabilität nach innen und nach außen - mag man in der Retrospektive zu den geschichtlichen Ereignissen stehen, wie man will - wurde erstmals jenes Umfeld geschaffen, das für eine so schwierige Aufgabe wie die Erstellung eines zu dieser Zeit einzigartigen Kodex unbedingt notwendig war.[86] Der Konsul unterwarf die Arbeit dieser Kommission der Beurteilung

---

[81] ***Halpérin,*** L'impossible Code civil (1992) p. 129 et s.

[82] ***Cornu,*** Droit civil, Introduction-Les personnes-Les biens² (1985) p. 121; ***Ewald,*** Naissance du Code civil, La raison du législateur (1989) p. 11; ***Ghestin – Goubeaux,*** Traité de droit civil, Introduction générale (1982) p. 93; ***Halpérin,*** L'impossible Code civil (1992) p. 234, 263; ***Patault,*** Introduction historique au droit des biens (1989) p. 301

[83] ***Cornu,*** Droit civil, Introduction-Les personnes-Les biens² (1985) p. 118

[84] ***Cornu,*** Droit civil, Introduction-Les personnes-Les biens² (1985) p. 121; ***Hausmaninger – Selb,*** Römisches Privatrecht⁷ (1994) 114

[85] ***Challaye,*** Histoire de la propriété⁶ (1967) p. 81; ***Cornu,*** Droit civil, Introduction-Les personnes-Les biens² (1985) p. 122; ***Ghestin – Goubeaux,*** Traité de droit civil, Introduction générale (1982) p. 92; ***Imbert,*** Histoire du droit privé⁷ (1992) p. 77

[86] ***Halpérin,*** L'impossible Code civil (1992) p. 263

des obersten Gerichtshofes und aller Berufungsgerichte. Die Projekte der Kommission und die Stellungnahmen der Gerichte wurden durch den Staatsrat begutachtet und umgearbeitet. Napoléons Ziel dabei war, eine möglichst breite Konsensbasis für sein ehrgeiziges Vorhaben zu finden.

So wurden insgesamt 36 Gesetze beschlossen, sukzessive verlautbart und schließlich am 21. März 1804 (*30 ventôse an XII*) zu einem einzigen Text unter dem Namen *Code civil des français* mit durchlaufend numerierten 2281 Artikeln zusammengefügt.[87] Diese Bezeichnung trug der Kodex nur bis 1807, ab da wurde er *Code Napoléon* genannt. Zur Zeit der Restauration wurde er zum *Code civil*, um dann 1852 wieder *Code Napoléon* genannt zu werden. Die französische Republik hat den Kodex zwar nicht noch einmal umgetauft, die heute offizielle Bezeichnung lautet aber dennoch *Code civil*.[88] Von den nunmehr 2283 Artikeln - unter Beachtung aller durch Subbezeichnungen hinzugekommenen Artikel sind es heute tatsächlich deutlich mehr - beschäftigen sich bloß 515 mit anderen rechtlichen Beziehungen als dem Eigentum, somit bleiben also 1768 Artikel, deren Inhalt in irgendeiner Form mit dem Eigentum und den daraus entstehenden Rechtsbeziehungen in einem mehr oder weniger engen Konnex stehen.[89]

Der Code civil galt sehr lange als Meisterarbeit zivilrechtlicher Kodifikation, als Evangelium des Rechts, jedenfalls aber als das "berühmteste und ausstrahlungskräftigste Naturrechtsgesetzbuch".[90] Der Code civil war aber nicht nur Garant für eine juristisch einwandfreie Ordnung, er war auch ein Werk mit philosophischer Bedeutung: Philosophie in

---

[87] ***Carbonnier,*** Droit civil[13], Tome 3, Les Biens (1990) p. 193: Die Artikel 2282 und 2283 Code civil (*"De la protection possessoire"*) wurden erst 1975 durch loi n°75-596 du 9 juillet 1975 hinzugefügt.; ***Challaye,*** Histoire de la propriété[6] (1967) p. 81; ***Cornu,*** Droit civil, Introduction-Les personnes-Les biens[2] (1985) p. 122 et s.; ***Ewald,*** Naissance du Code civil, La raison du législateur (1989) p. 11; ***Ghestin – Goubeaux,*** Traité de droit civil, Introduction générale (1982) p. 92 et s.; ***Imbert,*** Histoire du droit privé[7] (1992) p. 77; ***Massé – Vergé,*** Le droit civil français par K.-S. Zachariae, Tome 1 (1854) p. 10

Auf den Code civil folgten: *Code de procédure* (1806), *Code de commerce* (1807), *Code d'instruction criminelle* und schließlich *Code pénal* (1810). Alle Gesetzeswerke sind auch noch nach zahlreichen Novellen in Kraft, lediglich der *Code d'instruction criminelle* wurde 1958 durch den *Code procédure pénale* und der *Code de procédure civile* 1976 durch ein gleichlautendes Gesetz ersetzt.

[88] ***Cornu,*** Droit civil, Introduction-Les personnes-Les biens[2] (1985) p. 128

[89] ***Larroumet,*** Droit civil[2], Tome II (1988) p. 108

[90] ***Zimmermann,*** in: JBl 1998, 273: Im 19. Jahrhundert galt der Code civil etwa auch in der Rheinprovinz und in Elsaß-Lothringen. Das Großherzogtum Baden hatte zwar das Badische Landrecht, allerdings beruhte auch das auf einer Übersetzung des Code civil.

der Sprache des Rechts, geprägt von Genies.[91] Bei aller Euphorie darf aber nicht übersehen werden, daß ein für das gesamte Staatsgebiet einheitlicher Kodex einen Bruch alter Traditionen darstellte. Die bisher nebeneinander bestehenden und regionale Unterschiede, Sitten und Gebräuche respektierenden Rechte wurden mit einem Mal in eine einzige, allgemein gültige Form gegossen. Diese Vereinheitlichung kann daher durchaus als Bruch in der französischen Rechtsgeschichte bezeichnet werden, zumal art. 7 des Gesetzes aus 1804 selbst eine ausdrückliche Außerkraftsetzung und Aufhebung aller bis dahin geltenden Gesetze vornimmt.[92]

Auch wenn der Konsul bereits mit seinem Namen und der damit verbundenen realen Macht sehr wesentlich zur raschen Kodifikation beitrug, so sollten doch auch die vier Mitglieder der operativ tätigen Kommission nicht unerwähnt bleiben, zumal sie von Napoléon selbst ausgesucht wurden. Der Konsul war bei seiner Auswahl vom Gedanken geleitet, die verschieden, territorial bedingten juristischen Strömungen Frankreichs zu einigen. Die Mitglieder der Kommission waren durchwegs erfahrene Juristen mit großer Reputation: aus dem Norden und damit aus den Gebieten mit der Dominanz des Gewohnheitsrechts *Tronchet*[93] und *Bigot-Préameneu*[94] sowie aus den südlichen Landesteilen *Portalis*[95] und *Maleville*[96] als Vertreter von Territorien mit vorherrschend positiviertem Recht. Ihre Aufgabe war, ein praxisorientiertes Gesetzbuch ohne wissenschaftliche Schnörksel zu erstellen, eine Aufgabe, die sie meisterlich

---

[91] ***Ghestin – Goubeaux,*** Traité de droit civil, Introduction générale (1982) p. 92; ***Halpérin,*** L'impossible Code civil (1992) p. 263; ***Multzer,*** La propriété sans le vol (1945) p. 52 et s.

[92] art. 7 du loi du 30 ventôse an XII, contenant la réunion des lois civiles en un seul corps de lois, sous le titre Code civil des Français: *A compter du jour où ces lois sont exécutoires, les lois romaines, les ordonnances, les coutumes générales ou locales, les statuts, les règlements, cessent d'avoir force de loi générale ou particulière dans les matières qui sont l'objet desdites lois composant le présent code.*

Ghestin – Goubeaux, Traité de droit civil, Introduction générale (1982) p. 94; ***Halpérin,*** L'impossible Code civil (1992) p. 30

[93] Tronchet, *1726 und = 1806, Präsident des Kassationsgerichtshofes

[94] Bigot-Préameneu, *1747 und =1825, Abgeordneter der legislativen Versammlung und Regierungskommissär im Kassationsgerichtshof

Ghestin – Goubeaux, Traité de droit civil, Introduction générale (1982) p. 92; ***Ledieu,*** De la règle en fait de meubles possession vaut titre, Thèse (1897) p. 39: *Bigot-Préameneu* ist vor allem durch die redaktionellen Vorbereitungsarbeiten bei der Textierung und Begründung von art. 2279 C. civ. berühmt geworden.; ***Raynaud,*** De l'usucapion des meubles en droit romain et de la règle "En fait de meubles possession vaut titre" en droit français, Thèse (1873) p. 159

[95] Portalis, *1746 und = 1807, Regierungskommissär im Prisengericht

[96] Maleville, Richter am Kassationsgerichtshof

lösten. Das neue Recht sollte ein Kompromiß zwischen dem römischen Recht der Landesteile, in denen ein schriftlich festgehaltenes Recht dominierte, und dem Gewohnheitsrecht der zumindest territorial bedeutsameren Gebiete wie etwa Paris sein, alles jedoch unter Berücksichtigung der positiven revolutionären Ideen.[97] Auch Kommentare zum Gewohnheitsrecht - wie etwa jener Pothiers - fanden Berücksichtigung.[98]

Der napoleonische Gesetzgeber hat bei der rechtlichen Qualifikation der Sachen die gängige Unterscheidung des römischen Rechts nach körperlichen und unkörperlichen sowie nach beweglichen und unbeweglichen Sachen übernommen.[99] Die relevanten Bestimmungen des Sachenrechts finden sich im *Livre II* des Code civil. Insgesamt gibt es nur drei Teile, wobei der letzte nicht das vermeintliche Durcheinander von Normen ist - wie es manchmal scheinen mag -, sondern durchaus auch einen logischen Aufbau in sich birgt.[100] Allerdings hat der historische Gesetzgeber seine Aufmerksamkeit - noch ganz dem Grundsatz *Res mobilis, res vilis* entsprechend - vermehrt den unbeweglichen Gütern geschenkt, eine zum damaligen Zeitpunkt vom sozialen Wert dieser Sachen verständliche Entscheidung.[101] Heute haben sich die Prioritäten ein wenig verschoben, bedenkt man doch etwa nur die wirtschaftliche Entwicklung unkörperlicher beweglicher Sachen und deren rasant wachsende Bedeutung vor allem im

---

[97] ***Ghestin – Goubeaux,*** Traité de droit civil, Introduction générale (1982) p. 93; ***Halpérin,*** L'impossible Code civil (1992) p. 267 et s., 296; ***Hausmaninger – Selb,*** Römisches Privatrecht[7] (1994) 114; ***Imbert,*** Histoire du droit privé[7] (1992) p. 77 et s.

[98] ***Imbert,*** Histoire du droit privé[7] (1992) p. 77 et s.

[99] ***Lambert,*** Cours de droit civil, Droit du patrimoine (1971) p. 65 et s.; ***Mazeaud,*** Leçons de droit civil[7], Tome II, 2e vol., Biens: Droit de propriété et ses démembrements (1989) p. 6

[100] Code civil, Livre Deuxième, art. 516-710: *"Des biens, et des différentes modifications de la propriété"*

[101] ***Bergel,*** Le droit des biens[2] (1990) p. 5; ***Carbonnier,*** Droit civil[13], Tome 3, Les Biens (1990) p. 86; ***Colin – Capitant,*** Traité de droit civil, Tome 1 (1953) p. 851; ***Jansse,*** La propriété, Le régime des biens dans les civilisations occidentales (1958) p. 166; ***Lambert,*** Cours de droit civil, Droit du patrimoine (1971) p. 66; ***Larroumet,*** Droit civil[2], Tome II (1988) p. 105; ***Lepointe,*** Droit romain et ancien droit français, Droit des biens, Thèse (1958) p. 294; ***Mazeaud,*** Leçons de droit civil[7], Tome II, 2e vol., Biens: Droit de propriété et ses démembrements (1989) p. 2; aA***Raynaud,*** De l'usucapion des meubles en droit romain et de la règle "En fait de meubles possession vaut titre" en droit français, Thèse (1873) p. 175 et s.: Für den Autor hatte der Spruch *Res mobilis, res vilis* niemals eine Bedeutung für das Recht in Frankreich und konnte somit nicht als Grundlage einer einheitlichen Kodifikation dienen.; ***Renaud,*** dans: Rev. lég., 1845. 1. 371: Die Geringschätzung beweglicher Sachen hat ihren Ursprung im germanischen Recht, das unter anderem von den französischen Landesteilen mit überwiegender Anwendung gewohnheitsrechtlicher Prinzipien rezipiert wurde.

20. Jahrhundert.[102] Auf diese Entwicklung mußte ja letztlich auch der französische Gesetzgeber mit entsprechenden Bestimmungen reagieren.[103] Für die beweglichen Sachen sollte es zur Zeit Napoléons jedenfalls legistisch genügen, durch das Prinzip des absoluten Eigentums und durch die Gewährung des Eigentumsüberganges bei bloßer Besitzübertragung den freien und raschen wirtschaftlichen Verkehr dieser Sachen zu unterstützen.[104] Ein detaillierter Regelungsbedarf wurde damals zumindest für bewegliche Sachen a priori nicht erkannt, der Grund für die knappe legistische Würdigung kann wohl ausschließlich in der Natur der Sachen selbst gesehen werden.[105] Für das unbewegliche Eigentum hingegen war es unbedingt erforderlich, noch weitere Vorsorgen zu treffen, um zu gewährleisten, daß Grund und Boden nicht mehr wie in der Vergangenheit durch Abgabenforderungen anderer belastet werden.[106]

Auch wenn jene Normen des Code civil, die das Eigentum als solches betreffen, für die Zeit ihrer Entstehung durchaus fortschrittlich waren, so darf nicht übersehen werden, daß diese Regeln das Individuum und das unbewegliche Vermögen in den Vordergrund der Betrachtungen stellten. Dieser Zugang korrespondiert aber nicht mehr mit der rechtlichen Realität von heute, wo dem kollektiven Eigentum und vor allem den beweglichen

---

[102] ***Batiffol,*** La propriété privée, Fascicule I (1967/68) p. 23; ***Bergel,*** Le droit des biens[2] (1990) p. 8; ***Challaye,*** Histoire de la propriété[6] (1967) p. 60 et s., 117; ***Mazeaud,*** Leçons de droit civil[7], Tome II, 2e vol., Biens: Droit de propriété et ses démembrements (1989) p. 2

[103] vgl. als Beispiel loi n° 57-298 du 11 mars 1957 (Propriété littéraire et artistique) oder die Entscheidung Com. 25 février 1975, J.C.P. 1975, II., n° 18133 bis: Die Inhaberpapiere werden den körperlichen beweglichen Sachen in der rechtlichen Behandlung gleichgestellt.

Bergel, Le droit des biens[2] (1990) p. 29 et s.; ***Carbonnier,*** Flexible droit[6] (1988) p. 247; ***Challaye,*** Histoire de la propriété[6] (1967) p. 117 et s.; ***de Lanversin,*** La propriété. Une nouvelle règle du jeu? (1975) p. 63 et s.

[104] ***Batiffol,*** La propriété privée, Fascicule I (1967/68) p. 21 et s.: Die Maxime *mobilia sequuntur personam* war vorherrschend, bewegliche Sachen waren unzertrennlich mit der Person verbunden. Außerdem wurden bewegliche Sachen, die zu Immobilien gehörten, nicht als bewegliche Sachen gesehen. Sie waren juristisch betrachtet aufgrund ihrer Bestimmung unbeweglich und damit einem anderen Regime unterworfen.; ***Bergel,*** Le droit des biens[2] (1990) p. 5 et s.; ***Carbonnier,*** Droit civil[13], Tome 3, Les Biens (1990) p. 85 et s.; ***Colin – Capitant,*** Traité de droit civil, Tome 1 (1953) p. 851

[105] ***Saint Germès,*** De l'influence de la valeur des meubles sur le Code civil français, les lois qui l'ont complété et la jurisprudence, Thèse (1926) p. 40

[106] ***Mazeaud,*** Leçons de droit civil[7], Tome II, 2e vol., Biens: Droit de propriété et ses démembrements (1989) p. 1 et s.

Sachen eine weitaus größere Bedeutung zukommt.[107] Seit der Revolution ist das Konzept des Eigentums, wie es der Gesetzgeber damals verstand, einer doch bemerkenswerten und in den letzten Jahrzehnten rasanten Evolution unterworfen. So ist der Eigentümer von heute etwa nicht mehr vollkommen frei in seinen Entscheidungen, er hat sich zum Teil verstärkt am Allgemeininteresse zu orientieren.[108]

Bei aller Wertschätzung, die Juristen der französischen Revolution und dem folgenden Code civil hinsichtlich des Eigentums entgegenbringen, darf nicht übersehen werden, daß die eigentliche Innovation, die der Code civil mit sich brachte, die Neugestaltung der obligatorischen Rechte war. Die liberale Konzeption der Verträge basiert auf der freien Willensbildung der Parteien und ist ein Meilenstein in der Evolution der juristischen Beziehungen zwischen Menschen. Sie gewährleistet ein Maximum an Flexibilität und Mobilität. Ohne diese Entwicklung wäre der wirtschaftliche und soziale Aufschwung der letzten beiden Jahrhunderte trotz eines liberalen Eigentumsrechts in dieser Form undenkbar gewesen.[109]

Der Code civil 1804 ist der authentische Kodex, *der* Kodex schlechthin.[110] Er stellt das Modell des Rechts überhaupt dar, er ist die Seele jeder Gesetzgebung.[111] Dennoch hat das französiche Zivilrecht und namentlich der Code civil im Laufe der Jahre naturgemäß einige Änderungen erfahren. Bemerkenswert erscheint hier jedenfalls, daß mehr als 150 Jahre nach seinem Inkrafttreten noch drei Viertel des ursprünglichen Regelbestandes unverändert geblieben sind. Die wesentlichen Novellierungen lassen sich in drei Perioden einteilen: 1804 bis 1884 mit nur wenigen Änderungen,

---

[107] ***Challaye,*** Histoire de la propriété[6] (1967) p. 68 et s.; ***Saint Germès,*** De l'influence de la valeur des meubles sur le Code civil français, les lois qui l'ont complété et la jurisprudence, Thèse (1926) p. X: Die beweglichen Sachen waren wohl schon zur Zeit der Schaffung des Code civil nicht ganz so unbedeutend, wie es der legistischen Würdigung zufolge scheinen muß. Die Redakteure haben diesen Sachen bloß a priori keine wirklich positivrechtliche Bedeutung zugemessen.; ***Salleron,*** Diffuser la propriété (1964) p. 15

[108] ***Carbonnier,*** Droit civil[13], Tome 3, Les Biens (1990) p. 129; ***Nory,*** Le droit de propriété et l'intérêt général, Thèse (1923) p. 5, 8

[109] ***Halpérin,*** L'impossible Code civil (1992) p. 276: Zum Großteil war der Inhalt des Code civil nämlich "bloß" eine perfekte Kompilation.; ***Lepage,*** Pourquoi la propriété (1985) p. 115; ***Ripert,*** Les forces créatrices du droit (1955) p. 63

[110] ***Fenet,*** Recueil complet des travaux préparatoires du Code civil, Tome 2 (1836) p. 413: Der Abschluß des Projekts zur einheitlichen Kodifizierung des französischen Zivilrechts hält dies bereits indirekt fest: *A compter du jour de la publication du présent Code, les lois romaines, les ordonnances, les coutumes générales ou locales, les statuts, les réglemens, cesseront d'avoir force de loi génerale ou particulière dans les matières qui sont l'objet du présent Code.*

[111] ***Ewald,*** Naissance du Code civil, La raison du législateur (1989) p. 9, 263

1884 bis 1937 mit der für die Dritte Republik notwendigen Revision einiger noch revolutionärer Grundgedanken und die Periode ab 1938, wobei ab diesem Zeitpunkt nicht mehr alle Neuerungen direkt in das Regelwerk eingebettet wurden. Damit ist auch klar, daß sich sehr wesentliche neue Bestimmungen außerhalb des Code civil wiederfinden.[112]

5.2.4.3. VORBEREITENDE ARBEITEN FÜR DEN CODE CIVIL IM DETAIL

Die vorbereitenden Arbeiten zum Code civil sind durch zwei parallel geführte Sammlungen der Unterlagen und Gesprächsberichte der verschiedenen Gremien verhältnismäßig vollständig und übersichtlich dokumentiert. Zum einen ist das die Sammlung *La législation civile, commerciale et criminelle de la France* - verfaßt von Baron *Jean-Guillaume Locré* -, und zum anderen ist das die sicherlich noch bekanntere Sammlung *Le Recueil Fenet* oder auch *Recueil complet des travaux préparatoires du Code civil.*[113] Das von den Franzosen fast liebevoll auch *Le Fenet* genannte Werk gibt jedem die Möglichkeit, in 15 Bänden und auf rund 7000 Seiten die Geburt des Code civil gedanklich nachzuvollziehen und sich dabei in die authentische Situation der (Ausschuß-)Verhandlungen zu versetzen.[114]

Im *Le Fenet* finden sich die im folgenden dargestellten Hinweise für die Entstehung einzelner Normen des Code civil.[115] Das Regierungsprojekt zur Kodifikation des Zivilrechts - begonnen und vorweg präsentiert am 12. August 1800 (*24 thermidor an VIII*) - zeigte im Kapitel über das Eigentum den zukünftigen Weg vor. Unter *De la pleine propriété* ist art. 1er mit den ersten beiden Absätzen textlich nahezu deckungsgleich mit den art. 544 bzw. 545 C. civ.[116] Am auffälligsten ist dabei der Beginn. *La propriété est le droit* ... steht in art. 544 C. civ., *La pleine propriété donne le droit* ... ist der Beginn von art. 1er. Es ist schon mehr als ein bloß

---

[112] ***Cornu,*** Droit civil, Introduction-Les personnes-Les biens² (1985) p. 128 et s.; ***Ewald,*** Naissance du Code civil, La raison du législateur (1989) p. 9 et s.: Mit zwei Versuchen einer umfassenden Reform zunächst zur Zeit des Übergangs zum 20. Jahrhundert (100 Jahre Code civil) und später zur Zeit der *Libération.*

[113] ***Cornu,*** Droit civil, Introduction-Les personnes-Les biens² (1985) p. 122; ***Ewald,*** Naissance du Code civil, La raison du législateur (1989) p. 11

[114] ***Ewald,*** Naissance du Code civil, La raison du législateur (1989) p. 11

[115] Die legislativen Projekte haben die Normen nicht durchnumeriert, sondern bei jedem Kapitel wieder mit art. 1er begonnen, was die Lesbarkeit und die präzise Bezugnahme auf einzelne Bestimmungen des Code civil nicht gerade erleichtert.

[116] ***Fenet,*** Recueil complet des travaux préparatoires du Code civil, Tome 2 (1836) p. 101

begrifflicher Unterschied zwischen den Formulierungen, daß das Eigentum das Recht ist oder nur das Recht, etwas zu tun, verleiht. Die Identifikation des Eigentums mit dem Recht ist heute überall in der zivilisierten Welt üblich, mag sie auch damals revolutionär gewesen und daher zunächst anders formuliert worden sein.

Unter *De l'obligation de donner* ist art. 37 für die Praxis wirklich interessant. Sein Wortlaut ist mit der Bestimmung in art. 1138 C. civ. ident.[117] Damit scheint klargestellt zu sein, daß die Festlegung auf die große Bedeutung und Freiheit des Parteiwillens schon in den Ursprüngen der Überlegungen zu suchen und wohl auch zu finden ist. In unmittelbarer Nähe zu art. 37 befindet sich art. 39, heute als art. 1141 C. civ. - neben art. 2279 C. civ. - der wohl umstrittenste Artikel.[118] Wenn auch von den Begriffen her im Vergleich zur aktuellen Version ein wenig unterschiedlich, so ist in art. 39 doch schon die Grundtendenz des Gesetzgebers klar zu erkennen. Es soll bei der Doppelveräußerung beweglicher Sachen auf die Gutgläubigkeit des Erwerbers sowie auf den tatsächlichen Besitz ankommen. Wer ihn hat, soll im Recht gegenüber einem anderen bevorzugt werden, auch wenn er nur über einen zeitlich späteren Titel verfügt.[119]

Die Überschrift *De la vente* leitet zunächst ein Kapitel mit dem Titel *De la nature et de la forme de la vente* ein.[120] Ist art. 1er im ersten Absatz vollkommen wortgleich mit dem heutigen art. 1582 C. civ., so weicht die in der Praxis wohl eindeutig wesentlichere Norm in ihrer Textierung doch beträchtlich von der aktuellen Fassung ab. Art. 1er sieht nämlich in Absatz 2 eine Bestimmung vor, die zwar - sieht man von der späteren Einschränkung auf die Parteien einmal ab - der in art. 1583 C. civ. auf den ersten Blick sehr ähnelt, allerdings mit einer bedeutenden Divergenz. Nirgendwo ist vom Eigentumsübergang die Rede, die Bestimmung erwähnt nur den Kaufvertrag mit Bestimmung des Preises und der Kaufsache als notwendige Elemente. Der in der Diskussion um den Eigentumserwerb und -übergang so wesentliche Teil des aktuellen art. 1583 C. civ. ... *et la propriété est acquise de droit à l'acheteur à l'égard du vendeur* ... fehlt vollständig.

---

[117] ***Bufnoir,*** Propriété et contrat (1900) p. 42 (mit einem Verweis auf *Pothier* und art. 278 Coutume d'Orléans), 59 et s.; ***Fenet,*** Recueil complet des travaux préparatoires du Code civil, Tome 2 (1836) p. 164

[118] ***Bufnoir,*** Propriété et contrat (1900) p. 60; ***Fenet,*** Recueil complet des travaux préparatoires du Code civil, Tome 2 (1836) p. 165

[119] ***Bufnoir,*** Propriété et contrat (1900) p. 60

[120] ***Fenet,*** Recueil complet des travaux préparatoires du Code civil, Tome 2 (1836) p. 334

Schließlich sind für meine spezifische Betrachtung natürlich noch jene Artikel des legistischen Projekts zur Schaffung eines Code civil für ganz Frankreich interessant, die sich schon damals am Ende der Kodifikation befanden. Die art. 60 und 61, die mit einer einzigen Ausnahme vollkommen ident mit den später tatsächlich beschlossenen art. 2279 und 2280 C. civ. sind, waren die beiden letzten Bestimmungen dieses Projekts.[121] Die einzige textliche Abweichung betrifft nur eine von geringer redaktioneller Bedeutung. Das Wort *cependant* wurde nämlich durch das Wort *néanmoins* ersetzt. Die Texte der art. 60 und 61 wurden ebenso wie alle übrigen zunächst den Berufungsgerichten und später dem obersten Revisionsgericht zur Begutachtung zugeleitet, verwertbare Kommentare dazu gab es nur in wenigen Fällen[122], die meisten Gerichte haben sich mit der Feststellung begnügt, daß sie das Projekt eines landesweit einheitlichen Zivilrechts sehr begrüßen und unterstützen. Als wirkliche Hilfe in Interpretationsfragen und zur Klärung der tatsächlichen Beweggründe der heute verwirklichten Formulierungen können daher im wesentlichen nur die Diskussionen im *Conseil d'État* (Staatsrat), im *Tribunat*[123] und im *Corps législatif* (gesetzgebende Körperschaft)[124] dienen.[125] Zur Interpretationsabrundung werden im folgenden - zumindest beispielhaft - allerdings auch die Stellungnahmen und Bemerkungen der Gerichte in Lyon und Nîmes berücksichtigt.

Das Berufungsgericht in Lyon kritisierte zunächst, daß art. 1er im Kapitel *De la pleine propriété* die Freiheit von Grund und Boden unerwähnt läßt, wo sie doch schon das Gesetz vom 28. September 1791 feierlich proklamiert hatte. Im übrigen *verleiht* das Eigentum nicht besondere Rechte, sondern das Eigentum als solches *ist bzw. repräsentiert* bereits das volle Recht, über die Sache mehr oder weniger nach Belieben zu verfügen

---

121 ***Fenet,*** Recueil complet des travaux préparatoires du Code civil, Tome 2 (1836) p. 412

122 Die Gerichtshöfe von Montpellier, Lyon, Nîmes und Paris haben sich inhaltlich geäußert.

123 Diese Institution bestand aus 100 Mitgliedern, die bloß eine annehmende oder ablehnende Haltung einnehemen konnten, ohne allerdings über eine textliche Änderungskompetenz zu verfügen.

124 Diese Körperschaft hatte 300 Mitglieder, die, ohne eine wirkliche Beratungskompetenz zu besitzen, die jeweiligen Projekte für Teile des Code civil nur befürworten oder ablehnen konnten. Daher kommt auch ihr Spitzname: *Corps des muets.*

125 ***Ghestin – Goubeaux,*** Traité de droit civil, Introduction générale (1982) p. 94; ***Raynaud,*** De l'usucapion des meubles en droit romain et de la règle "En fait de meubles possession vaut titre" en droit français, Thèse (1873) p. 158 et s.

(*de jouir et de disposer de sa chose*).[126] Schließlich empfanden einige Richter dieses Gerichts die 3-jährige Frist für den aufrechten Herausgabeanspruch gegen den Besitzer einer gestohlenen oder verlorenen Sache als zu lange. Sie schlugen nur 6 Monate, höchstens aber 1 Jahr vor, da sie sonst bei längeren Zeiträumen eine Flut von Prozessen mit hohen Kosten vermuteten.[127] In eine ähnliche Richtung geht auch das Berufungsgericht in Nîmes, wenn es ebenfalls der einjährigen Frist für den Herausgabeanspruch in den zitierten Fällen das Wort redet. Außerdem forderte das Gericht die textliche Ergänzung, aber inhaltliche Einschränkung der Formel in art. 60: *En fait de meubles, la possession vaut titre, quand le prêt n'est pas prouvé.*[128]

Den in 10 Sitzungen stattgefundenen Diskussionen im Staatsrat hat *Fenet* breiten Raum eingeräumt, bei Betrachtung der unterschiedlichen und zum Teil emotional und heftig artikulierten Ansichten der Mitglieder des Staatsrats durchaus zu Recht. *Treilhard* stellt als Berichterstatter für das Eigentumsrecht den Text des Kapitels *De la propriété* am 13. Oktober 1803 (*20 vendémiaire an XII*) vor. Dabei sind die art. 537 und 538 mit den art. 544 und 545 C. civ. vollkommen wortident.[129] Nach Diskussion über die Notwendigkeit der verwaltungsbehördlichen Beschränkungen des Eigentums wird art. 537 angenommen. *Regnaud* schlägt eine Definition der Begriffsgruppe *utilité publique* im Kodex selbst vor, *Cambacérès* antwortet, daß das Gesetz nur allgemeine Regelungen treffen kann und Definitionen daher zu vermeiden sind. Auch art. 538 wird in der vorgelegten Fassung angenommen.[130] Die am 8. November 1803 (*16 brumaire an XII*) vom *Tribunat* gemachten Änderungsvorschläge werden gänzlich verworfen.[131] Ein Zitat scheint daher entbehrlich.

Die definitive Redaktion des Gesetzestextes im Rahmen des genannten Kapitels erfolgt durch *Treilhard* am 5. Jänner 1804 (*14 nivose an XII*).[132] Schließlich wird *Portalis* nominiert, um den durch den Staatsrat

---

[126] ***Fenet,*** Recueil complet des travaux préparatoires du Code civil, Tome 4 (1836) p. 95 et s.

[127] ***Fenet,*** Recueil complet des travaux préparatoires du Code civil, Tome 4 (1836) p. 348

[128] ***Fenet,*** Recueil complet des travaux préparatoires du Code civil, Tome 5 (1836) p. 28

[129] ***Fenet,*** Recueil complet des travaux préparatoires du Code civil, Tome 11 (1836) p. 77

[130] ***Fenet,*** Recueil complet des travaux préparatoires du Code civil, Tome 11 (1836) p. 83 et s.

[131] ***Fenet,*** Recueil complet des travaux préparatoires du Code civil, Tome 11 (1836) p. 98 et s., 102 et s.

[132] ***Fenet,*** Recueil complet des travaux préparatoires du Code civil, Tome 11 (1836) p. 105

angenommenen Text am 17. Jänner 1804 (*26 nivose an XII*) der gesetzgebenden Körperschaft zu präsentieren und die Motive für die Textierung darzulegen. Das Eigentumsrecht ist demnach ein Naturrecht des Menschen. Es ist in uns, es ist keinesfalls das Ergebnis einer gesellschaftlichen Konvention oder postivierter Gesetze. Das Eigentum ist die Basis für die heutigen Gesellschaften, in denen die wirkliche Freiheit nur durch das Opfer der gänzlichen Unabhängigkeit in den Handlungen erlangt werden kann. Jeder hat dennoch Anspruch auf ein von außen relativ ungestörtes Eigentum.[133] Abschließend wird der Gesetzesvorschlag noch dem *Tribunat* übermittelt und noch einmal im Rahmen der gesetzgebenden Körperschaft diskutiert; das Ergebnis ist in den art. 544 und 545 C. civ. nachzulesen.[134]

Bigot-Préameneu stellt als Berichterstatter für die allgemeinen Normen des Vertragsrechts (*Des contrats ou des obligations conventionnelles en général*) am 3. November 1803 (*11 brumaire an XII*) auch den Text des Kapitels *De l'effet des obligations* vor.[135] Art. 36 weicht textlich nur geringfügig von der späteren Norm in art. 1138 C. civ. ab. Die Forderung, daß bei Rechtsgeschäften unter Kaufleuten die bloße Übergabe nicht immer für den Eigentumsübergang und damit für die Ausschaltung des Herausgabeanspruchs genügen soll, wird deshalb nicht als Zusatz in den Text aufgenommen, weil *Bigot-Préameneu* zur Regelung dieses Vorganges die Normierung im *Code de commerce* empfiehlt. Somit wird art. 36 nach kurzer Diskussion angenommen. Der für diese Arbeit außerdem aktuelle art. 38 wird ohne Fragen angenommen, er entspricht im wesentlichen art. 1141 C. civ. als Norm zur Regelung der Doppelveräußerung beweglicher Sachen. Beide Normen fordern den tatsächlichen und gutgläubigen Besitz der Sache und stellen in der Wahl des bevorzugten Besitzers nicht auf das frühere Recht, sondern auf den tatsächlichen Besitz ab. Textliche Abweichungen zu art. 1141 C. civ. betreffen nur den Beginn der Normen. Spricht art. 38 von *chose aliénée*, so heißt das in art. 1141 C. civ. *chose qu'on s'est obligé de donner ou de livrer.*[136]

Die in der Begutachtung geforderten Änderungen haben vor allem die Normen vor den zitierten Regelungen betroffen, art. 36 wird sohin zu art.

---

[133] ***Fenet,*** Recueil complet des travaux préparatoires du Code civil, Tome 11 (1836) p. 111 et s.

[134] ***Fenet,*** Recueil complet des travaux préparatoires du Code civil, Tome 11 (1836) p. 135 et s., 153 et s. mit Erwähnung der Namen *Faure*, *Grenier* und *Leroy* als Protagonisten

[135] ***Fenet,*** Recueil complet des travaux préparatoires du Code civil, Tome 13 (1836) p. 3 et s.

[136] ***Fenet,*** Recueil complet des travaux préparatoires du Code civil, Tome 13 (1836) p. 9, 55

39 - schon vollkommen ident mit art. 1138 C. civ. - und art. 38 zu art. 42 des vorgeschlagenen Textes, der bis auf den Schluß - *possesseur* statt *possession* - bereits wortgleich mit art. 1141 C. civ. ist. Durch die Änderung der nunmehr als art. 42 bezeichneten Norm wird deren Anwendung auf alle vertragliche Verpflichtungen ausgedehnt, die erste Fassung des Textes sei nämlich geeignet gewesen, die Normanwendung durch das Begriffspaar *chose aliénée* bloß auf Kaufverträge zu beschränken.[137]

Die definitive Redaktion des Gesetzestextes im Rahmen des genannten Kapitels erfolgt durch *Bigot-Préameneu* am 26. Jänner 1804 (*5 pluviose an XII*). Demnach entspricht art. 38 dem späteren art. 1138 C. civ. und art. 41 gleicht nunmehr art. 1141 C. civ., die textliche Änderung am Ende auf *possession* ist bereits erfolgt.[138] Schließlich wird auch *Bigot-Préameneu* nominiert, um den durch den Staatsrat angenommenen Text am 28. Jänner 1804 (*7 pluviose an XII*) der gesetzgebenden Körperschaft zu präsentieren und die Motive für die Textierung darzulegen.[139] Dabei erklärt er die scheinbar sehr innovative Textierung mit folgenden Worten: *C'est le consentement des contractants qui rend parfaite l'obligation de livrer la chose, il n'est donc pas besoin de tradition réelle pour que le créancier doive être considéré comme propriétaire, aussitôt que l'instant où la livraison doit se faire est arrivé.*[140]

Es ist also der Konsens der Parteien, der die Verpflichtung zur Lieferung der Sache perfekt macht. Eine reelle Übergabe ist nicht erforderlich, damit der Gläubiger Eigentümer wird. Er ist es bereits in dem Moment, in dem die Lieferung der Sache erfolgen hätte sollen. Der Gläubiger hat demnach nicht nur ein bloß einfaches Recht auf die Sache, er hat das Eigentumsrecht (*ius in re*). Bei zufälligem Untergang der Sache nach der vereinbarten Lieferungszeit gilt *res perit domino*. Liegt die Schuld der verzögerten Lieferung allerdings nachweislich beim Schuldner, so trifft ihn die Gefahr eines zufälligen Untergangs der Sache.[141] Diesbezüglich äußert sich *Bigot-Préameneu* wie folgt: *Si donc la chose périt par force majeure ou par cas fortuit depuis l'époque où elle a dû être livrée, la perte est pour*

---

[137] ***Fenet,*** Recueil complet des travaux préparatoires du Code civil, Tome 13 (1836) p. 124 et s., 146

[138] ***Fenet,*** Recueil complet des travaux préparatoires du Code civil, Tome 13 (1836) p. 170, 176

[139] ***Fenet,*** Recueil complet des travaux préparatoires du Code civil, Tome 13 (1836) p. 215

[140] ***Laurent,*** Principes de droit civil français[3], Tome 16 (1878) p. 419 et s.

[141] ***Fenet,*** Recueil complet des travaux préparatoires du Code civil, Tome 13 (1836) p. 230 et s.

le créancier suivant la règle "res perit domino".[142] Abschließend wird auch dieses Kapitel des Gesetzesvorschlags noch dem *Tribunat* übermittelt und noch einmal im Rahmen der gesetzgebenden Körperschaft diskutiert. Änderungen in den für die Arbeit relevanten Passagen unterbleiben, wodurch dieser Teil wie dargestellt am 17. Februar 1804 (*27 pluviose an XII*) veröffentlicht wird.[143]

Galli stellt als Berichterstatter am 22. Dezember 1803 (*30 frimaire an XII*) den Text des Kapitels *De la vente* vor.[144] Dabei weicht art. 2 des Projekts, der - ohne Diskussionen auszulösen - angenommen wird, nur in Nuancen von der späteren Norm in art. 1583 C. civ. ab. Die Abweichungen betreffen ausschließlich die Wortwahl, nicht aber den Inhalt.[145] Die definitive Redaktion des genannten Kapitels erfolgt durch *Galli* am 23. Februar 1804 (*3 ventôse an XII*), wobei art. 2 mit dem späteren art. 1583 C. civ bereits zu diesem Zeitpunkt wortgleich ist.[146] Schließlich wird *Portalis* nominiert, um den durch den Staatsrat angenommenen Text am 27. Februar 1804 (*7 ventôse an XII*) der gesetzgebenden Körperschaft zu präsentieren und die Motive für die Textierung des Kapitels *De la vente* darzulegen. Forderten das römische und auch das frühe französische Recht noch die körperliche Übergabe für den Eigentumserwerb aus einem Rechtsgeschäft (*Traditionibus et non pactis dominia rerum transferuntur*), so begnügt sich das vorgelegte Konzept im Sinne einer Vereinfachung des Kaufs und gestützt auf die Geschäftsmoral der Menschen mit dem übereinstimmenden Willen der beiden Vertragspartner, um den Eigentumsübergang zu bewirken.[147]

Abschließend wird auch dieses Kapitel des Gesetzesvorschlags noch dem *Tribunat* übermittelt und noch einmal im Rahmen der gesetzgebenden Körperschaft diskutiert. *Faure* berichtet als Mitglied des *Tribunat* zum geplanten und auch unverändert angenommenen Text von art. 1583 C. civ. über die interpretative Sichtweise des *Tribunat*. Wesentlich für einen Kauf

---

[142] ***Laurent,*** Principes de droit civil français[3], Tome 16 (1878) p. 268 et s.

[143] ***Fenet,*** Recueil complet des travaux préparatoires du Code civil, Tome 13 (1836) p. 449

[144] ***Fenet,*** Recueil complet des travaux préparatoires du Code civil, Tome 14 (1836) p. 3 et s.

[145] ***Fenet,*** Recueil complet des travaux préparatoires du Code civil, Tome 14 (1836) p. 4, 20

[146] ***Fenet,*** Recueil complet des travaux préparatoires du Code civil, Tome 14 (1836) p. 91

[147] ***Fenet,*** Recueil complet des travaux préparatoires du Code civil, Tome 14 (1836) p. 108 et s.: *Ainsi la volonté de l'homme, aidée de toute la puissance de la loi, franchit toutes les distances, surmonte tous les obstacles, et devient présente partout comme la loi même.*

sind demnach drei Elemente: die Kaufsache, der Preis und der Konsens. Allerdings wird mit der Willensübereinstimmung das Eigentum nur parteienintern übertragen: *de droit à l'acheteur à l'égard du vendeur.* Vereinbarungen können schon einer allgemeinen Regel folgend unmittelbare Wirkungen nur zwischen jenen zeitigen, welche sie abgeschlossen haben. Keine der vertraglichen Verpflichtungen kann daher Dritte, das sind jedenfalls andere als die Vertragsparteien selbst, berühren.[148] Am 16. März 1804 (*25 ventôse an XII*) wird dieses Kapitel und somit auch der Text, wie er noch heute in art. 1583 C. civ. nachzulesen ist, veröffentlicht, ohne allerdings Einschränkungen in seinen Wirkungen, wie sie oben als Interpretationsvariante des *Tribunat* dargestellt wurden, festzuschreiben.[149]

Vor der weiteren Darstellung der geschichtlichen Entwicklung sei bemerkt, daß die Auswertung der vorbereitenden Arbeiten für eine detaillierte Prüfung des Fragenkomplexes um die Bestimmungen art. 2279 und 2280 C. civ. zunächst scheinbar nicht wirklich neue und aufschlußreiche Aussagen zuläßt. Die fehlenden, gedanklich fundierten Auseinandersetzungen mit diesen Artikeln sind retrospektiv nur mit der Stellung der Bestimmungen innerhalb des Gesamttextes des Code civil zu begründen. Unter dem Titel *De la Prescription*[150] "versteckt" wurden sie in ihrer Bedeutung wohl unterschätzt und daher nur wenig beachtet und kommentiert.[151] *Portalis* stellt als Berichterstatter am 28. Jänner 1804 (*7 pluviose an XII*) den Text des Kapitels *De la prescription* vor.[152] Dabei entsprechen die art. 59 und 60 den Nachfolgebestimmungen art. 2279 und 2280 C. civ. auf Punkt und Beistrich. Die Geringschätzung dieser Bestimmungen zur Zeit ihrer Erlassung drückt sich bereits darin aus, daß sie trotz ihrer geschichtlich nachweisbaren rechtlichen Bedeutung ohne Dis-

---

[148] ***Fenet,*** Recueil complet des travaux préparatoires du Code civil, Tome 14 (1836) p. 152

[149] ***Fenet,*** Recueil complet des travaux préparatoires du Code civil, Tome 14 (1836) p. 206

[150] ***Ortscheidt,*** La possession en droit civil français et allemand, Thèse (1977) p. 35: Erst das Gesetz aus 1975 (loi n° 75-596 du 9 juillet 1975), das sich vornehmlich mit den Fragen der possessorischen Klagen auseinandergesetzt hat, hat die Überschrift in *De la Prescription et de la Possession* geändert.

[151] ***Raynaud,*** De l'usucapion des meubles en droit romain et de la règle "En fait de meubles possession vaut titre" en droit français, Thèse (1873) p. 159: *Troplong* wird in seinem Vorwort zum *Traité de la Prescription* wie folgt zitiert: *On dirait que le législateur, succombant sous le poids de son oeuvre immense, soupire après l'instant d'arriver au port.*

[152] ***Fenet,*** Recueil complet des travaux préparatoires du Code civil, Tome 15 (1836) p. 549

kussion der Inhalte sofort angenommen wurden.[153] Die definitive Redaktion des genannten Kapitels erfolgt durch *Portalis* am 3. März 1804 (*12 ventôse an XII*), der Wortlaut der zitierten Bestimmungen bleibt unverändert.[154]

Schließlich wird *Bigot-Préameneu* nominiert, um den durch den Staatsrat angenommenen Text am 8. März 1804 (*17 ventôse an XII*) der gesetzgebenden Körperschaft zu präsentieren und die Motive für die Textierung des Kapitels *De la prescription* darzulegen. Gerade für einen Juristen ist der Beginn der Darstellung von *Bigot-Préameneu* sehr reizvoll, weil er bereits recht deutlich die Marschrichtung der französischen Gesetzgebung für die rechtliche Behandlung beweglicher Sachen vorgibt. *Bigot-Préameneu* beginnt wie folgt: *La prescription est un moyen d'acquérir ou de se libérer.* Und weiter: *La propriété ne consista d'abord que dans la possession.* Während in Rom mit dem *interdictum utrubi* eine selbständige possessorische Klage für bewegliche Sachen zugelassen wurde, hat es in Frankreich für diese Art der Sachen keine von der Eigentumsklage verschiedene Besitzklage gegeben. Man hat sogar das bloße Faktum des Besitzes als Titel gesehen, andere hat es für bewegliche Sachen gar nicht gegeben.

Vor diesem Hintergrund und im Wissen, daß sich die rechtliche Verfolgung dieser Sachen schon wegen ihrer Natur in der Praxis zumeist sehr schwierig gestaltet, ist die Formel *En fait de meubles, la possession vaut titre* gerechtfertigt und sinnvoll. Somit werden bewegliche Sachen durch die bloße Übergabe (*tradition*) übertragen. Die Beschränkung des Herausgabeanspruchs des Eigentümers auf die 3-Jahrefrist bei verlorenen oder gestohlenen Sachen gründet sich zum einen auf die auch in Rom durch Justinian angewendete Frist gleicher Dauer und zum anderen auf den Umstand, daß diese Frist die in Frankreich am häufigsten geforderte ist. Für die speziellen Fälle der verstärkten Gutgläubigkeit und des daraus resultierenden Ersatzanspruchs des Besitzers wird ausgeführt, daß eine ersatzlose Wegnahme der Sache gegen die Interessen des Handels und des in ihn gesetzten Vertrauens ist.[155] Am 25. März 1804 (*4 germinal an XII*) wird dieses Kapitel in der noch heute geltenden Fassung veröffentlicht.[156]

---

[153] ***Fenet,*** Recueil complet des travaux préparatoires du Code civil, Tome 15 (1836) p. 556 et s., 560

[154] ***Fenet,*** Recueil complet des travaux préparatoires du Code civil, Tome 14 (1836) p. 564, 572

[155] ***Fenet,*** Recueil complet des travaux préparatoires du Code civil, Tome 15 (1836) p. 572 et s., 600 et s., 609

[156] ***Fenet,*** Recueil complet des travaux préparatoires du Code civil, Tome 15 (1836) p. 611

Der wirklich relevante Sinn von art. 2279 C. civ. ist nach *Raynaud* nur im Zusammenhang mit der Interpretation von art. 1141 C. civ., der den Fall der Doppelveräußerung beweglicher Sachen regelt, möglich. Die Aussage von art. 1141 C. civ. ist simpel: *C'est que les meubles n'ont pas de suite*. Diese Ansicht wurde vom Tribun *Favart* vertreten und findet sich auch in den Aussagen von *Bigot-Préameneu* wieder. Im Ergebnis bedeutet das für *Raynaud*, daß art. 1141 C. civ. nur eine Anwendung von art. 2279 C. civ. darstellt. Die spezielle Regel in art. 2279 C. civ. erklärt den Besitzer einer Mobilie in bestimmten Fällen zum Eigentümer.[157]

5.3. DIE ENTWICKLUNG DER ERSITZUNG[158]

Das alte französische Recht kannte keinen Erwerb durch Ersitzung, bis der Einfluß des römischen Rechts auch in diesem Bereich voll durchgeschlagen hatte. Es herrschte in Frankreich nicht sofort Einigkeit über die Anwendung der Fristen. Das läßt sich auch am Beispiel einiger *ordonnances royales* aus den Jahren 1510, 1539, 1629, 1673 und 1681 zeigen, die Fristen zwischen sechs Monaten und einem, drei bzw. fünf Jahren proklamierten.[159] Später haben sich die Diskussionen über die Dauer der Ersitzungsfristen unter dem Einfluß des römischen Rechts, der Rechtsprechung und nicht zuletzt des kanonischen Rechts nur mehr auf zwei Fristen konzentriert: 3 oder 30 Jahre.[160] Die 3-Jahresfrist schien dem immer schnellebigeren und ansteigenden Wirtschaftsverkehr besser gerecht zu werden. Dieser Argumentation konnten sich auch die Theoretiker anschließen.[161] Wahrscheinlich um Mißbräuchen bereits sehr frühzeitig zu

---

[157] ***Raynaud,*** De l'usucapion des meubles en droit romain et de la règle "En fait de meubles possession vaut titre" en droit français, Thèse (1873) p. 160 et s.

[158] Die französische Sprache kennt für die deutschen Begriffe Verjährung und Ersitzung eigentlich nur das sprachliche Pendant *prescription*. Um dem interessierten Leser den Einstieg in eine vertiefte Auseinandersetzung im Originaltext zu erleichtern, möchte ich auf folgende sprachliche Feinheiten hinweisen: *prescription civile* (Verjährung), *prescription acquisitive* bzw. *usucapion* (Ersitzung) und *prescription extinctive* (Verjährung durch Nichtgebrauch). *Pothier* unterscheidet etwa auch zwischen *prescription à l'effet d'acquérir* und *prescription à l'effet de libérer*.

[159] ***Baudry-Lacantinerie – Tissier,*** Traité théorique et pratique de droit civil^3 (1905) p. 11

[160] ***Baudry-Lacantinerie – Tissier,*** Traité théorique et pratique de droit civil^3 (1905) p. 15, 646 et s; ***Siffrein,*** Oeuvres de Pothier, Tome 16 (1822) p. 191

[161] ***Baudry-Lacantinerie – Tissier,*** Traité théorique et pratique de droit civil^3 (1905) p. 11 et s.; ***Dumont,*** Manuel de droit romain, Tome I (1947) p. 429; ***Toutain,*** Droit romain - De l'interdit utrubi / Droit français - De la possession des meubles, Thèse (1888) p. 142 et s., 178

begegnen, wurde für den Erwerbstatbestand der Ersitzung ein gültiger Titel verlangt.[162] Das alles jedoch zu einer Zeit, als der Kauf beweglicher Sachen kaum schriftlich festgehalten und dokumentiert wurde. Erst im 18. Jahrhundert gewährte die Lehre - auch in Übereinstimmung mit *Pothier* - durch die Zulassung der Eigentumsvermutung eine Beweiser-leichterung für den Besitzer. Schließlich fand sowohl die Ansicht der Rechtsprechung als auch jene der Lehre ihre Entsprechung in der Meinung von *Bourjon*, der den Leitsatz *En fait de meubles, la possession vaut titre de propriété* tatsächlich prägte.[163]

In dieser Form wurde der für bewegliche Güter so wesentliche Leitsatz auch in art. 2279 C. civ. festgeschrieben und bis heute nicht verändert. Durch die Forderung nach Besitz und gutem Glauben entzieht er der Ersitzung beweglicher Sachen die praktische Anwendungsgrundlage, da in einem solchen Fall ja bereits Eigentum erworben worden wäre. Für die Inanspruchnahme der Ersitzung bleibt daher nur der schlechtgläubige Besitz als solcher oder der gutgläubige Besitz einer gestohlenen oder verlorenen Sache über. Im ersten Fall erwirbt der Besitzer nach 30 Jahren Eigentum, im zweiten Fall ist festzuhalten, daß der Rückforderungsanspruch gegen einen gutgläubigen Besitzer nur innerhalb von drei Jahren möglich ist, nach Ablauf dieser Zeitspanne wird der Besitzer Eigentümer.[164]

5.4. DIE EIGENTUMSGARANTIE DAMALS UND HEUTE

Das als Naturrecht betrachtete Eigentum war eines der großen Ziele der Kämpfe des 18. Jahrhunderts. Alle Anstrengungen der Revolution auf dem Gebiet des Zivilrechts waren vom Willen geprägt, die Freiheit der Personen und des Eigentums zu garantieren und zu institutionalisieren.[165]

---

[162] ***Siffrein,*** Oeuvres de Pothier, Tome 16 (1822) p. 191

[163] ***Baudry-Lacantinerie – Tissier,*** Traité théorique et pratique de droit civil[3] (1905) p. 15; ***Dumont,*** Manuel de droit romain, Tome I (1947) p. 429; ***Toutain,*** Droit romain - De l'interdit utrubi / Droit français - De la possession des meubles, Thèse (1888) p. 173 et s.

[164] ***Baudry-Lacantinerie – Tissier,*** Traité théorique et pratique de droit civil[3] (1905) p. 433: In Übereinstimmung mit art. 2262 C. civ. ist festzuhalten, daß es - anders als früher - keine längere Ersitzungsfrist als 30 Jahre mehr gibt. Früher hatte es auch Fristen über 40 und 100 Jahre gegeben.; ***Dumont,*** Manuel de droit romain, Tome I (1947) p. 430; ***Siffrein,*** Oeuvres de Pothier, Tome 16 (1822) p. 192

[165] ***Bergel,*** Le droit des biens[2] (1990) p. 6, 28; ***Beudant,*** Cours de droit civil français[2], Tome IV, Les biens (1938) p. 276; ***Coste-Floret,*** La nature juridique de droit de propriété d'après le Code civil et depuis le Code civil, Thèse (1935) p. 35, 39, 42: Die freie Ausübung des Rechts zu garantieren ist oberstes Gebot.; ***Frébault,*** Un droit inviolable et sacré, La propriété (1991) p. 99 et s.: Wesentlich scheint die Unterscheidung

Das römische Vorbild war das quiritische Eigentum mit den bekannten Elementen *usus*, *fructus* und *abusus*.[166] *Salleron* nennt die französische Revolution sogar eine *révolution propriétiste*, eine Revolution für das Eigentum[167], *Koubi* sieht in der Erklärung der Menschenrechte vom 26. August 1789 die beiden so unterschiedlichen und geschichtlich einander gegenübergestellten Begriffe Eigentum und Revolution erstmalig in einer Referenz vereint.[168] Die starke Akzentuierung des Eigentums als absolutes Recht und damit als fundamentale Basis einer funktionierenden Gesellschaft hat dazu geführt, daß der Gesetzgeber das Eigentum vor jeder möglichen Attacke zu schützen suchte, um soziale Unruhen bereits im Ansatz zu vermeiden. Die freie Verfügung des Einzelnen über die ihm gehörenden Sachen wurde proklamiert.[169] Es gab kein schützenswerteres, kein unantastbareres Recht als das Eigentumsrecht. Es konnte keine generellen Restriktionen einer staatlichen Autorität tolerieren.[170] Die Gesetze im engeren Sinn entwickelten sich zur hauptsächlichen, ja exklusiven Quelle jedes zukünftigen Rechts.[171]

Dabei ist die moderne französische Rechtswissenschaft durch zwei rechtliche Monumente gekennzeichnet, nämlich die Erklärung der Menschenrechte einerseits und den Code civil andererseits. Das erste schafft die erforderlichen Voraussetzungen für ein Umdenken nach der

---

nach dem Recht auf Eigentum (*droit à la propriété*) und dem Eigentumsrecht (*droit de propriété*) zu sein. Das Recht auf Eigentum ist ebenso wie die Freiheit verfassungsrechtlich als natürliches Recht jedes Menschen geschützt. Das Eigentumsrecht kann dabei bloß als Objekt des Rechts auf Eigentum betrachtet werden.; ***Imbert,*** Histoire du droit privé[7] (1992) p. 70 et s., 87; ***Larroumet,*** Droit civil[2], Tome II (1988) p. 106; ***Massé – Vergé,*** Le droit civil français par K.-S. Zachariae, Tome 1 (1854) p. 19, 28 et s.; ***Mazeaud,*** Leçons de droit civil[7], Tome II, 2e vol., Biens: Droit de propriété et ses démembrements (1989) p. 12 et s.; ***Nory,*** Le droit de propriété et l'intérêt général, Thèse (1923) p. 6; ***Toullier,*** Le droit civil français suivant l'ordre du Code[5], Tome 1 (1839) p. 226 et s.

166 ***Nory,*** Le droit de propriété et l'intérêt général, Thèse (1923) p. 6

167 ***Salleron,*** Diffuser la propriété (1964) p. 13

168 ***Koubi,*** Propriété & Révolution (1990) p. 7

169 ***Ewald,*** Naissance du Code civil, La raison du législateur (1989) p. 267 mit Zitat von *Treilhard*; ***Ghestin – Goubeaux,*** Traité de droit civil, Introduction générale (1982) p. 96: *Le triomphe de l'individualisme libéral.*; ***Mazeaud,*** Leçons de droit civil[7], Tome II, 2e vol., Biens: Droit de propriété et ses démembrements (1989) p. 1 et s.; ***Multzer,*** La propriété sans le vol (1945) p. 12

170 ***Ewald,*** Naissance du Code civil, La raison du législateur (1989) p. 263; ***Larroumet,*** Droit civil[2], Tome II (1988) p. 106; ***Martin,*** dans: Rev. trim. dr. civ., 1975, p. 52; ***Nory,*** Le droit de propriété et l'intérêt général, Thèse (1923) p. 5 et s.

171 ***Halpérin,*** L'impossible Code civil (1992) p. 77

Revolution 1789 und das zweite finalisiert die Bemühungen bereits 1804. Somit ist auch die besondere Stellung dieser Werke und ihrer Inhalte erklärbar, sie gelten als die einzig wahre und abschließende Formulierung des Rechts insgesamt, wobei es dabei weniger um die praktische Formulierung tatsächlich durchsetzbarer rechtlicher Verpflichtungen geht, als vielmehr um die Festlegung einer politischen Moral für die Zukunft.[172]

Die Erklärung der Menschenrechte aus 1789, die geprägt ist von der Philosophie des 18. Jahrhunderts und der Schule des modernen Naturrechts, proklamiert dabei nicht nur das Eigentumsrecht als solches (*le droit de propriété*), sondern vor allem auch das Recht auf Eigentum (*le droit à propriété*).[173] Dabei basiert Artikel 2 dieser Erklärung auf den Ansichten von *Locke* und stellt das Recht auf Eigentum gleichwertig neben das Recht auf Freiheit. Das Recht auf Eigentum ist als Naturrecht qualifiziert und daher ein absolutes Menschenrecht.[174] Die Textierung von Artikel 17 hingegen läßt darauf schließen, daß den theoretischen Ansichten von *Rousseau* gefolgt wurde. Dieser Artikel bewahrt das Eigentumsrecht als ein Recht, das die Güter der in einer Gesellschaft lebenden Menschen schützen soll. Der Artikel 17 proklamiert daher ein Bürgerrecht.[175] Neben dem Respekt vor dem privaten Eigentum formuliert die Erklärung der Menschenrechte 1789 auch noch zwei weitere Prinzipien im Bereich des Zivilrechts. Zum einen ist das die Gleichheit vor dem Gesetz als freie Bürger (*l'égalité civile*) und zum anderen ist das die Proklamation der individuellen Freiheit jedes einzelnen (*la liberté individuelle*).[176]

Diese Gedanken sind in einigen Passagen französischer und internationaler (Verfassungs-)Texte eindeutig festgehalten.[177] Die folgende Auswahl der Texte soll nur einen Überblick verschaffen, ohne jeden Anspruch auf Vollständigkeit. Gezeigt werden soll jedenfalls, daß das Recht auf Eigentum ein natürliches und unveräußerliches Grundrecht ist, dessen Entzug nur ausnahmsweise bei öffentlicher und rechtmäßig anerkannter Not-

---

[172] ***Ewald,*** Naissance du Code civil, La raison du législateur (1989) p. 9

[173] ***Halpérin,*** L'impossible Code civil (1992) p. 77; ***Koubi,*** Propriété & Révolution (1990) p. 31; ***Larroumet,*** Droit civil², Tome II (1988) p. 105 et s.; ***Weill – Terré – Simler,*** Droit civil, Les biens³ (1985) p. 76

[174] ***Halpérin,*** L'impossible Code civil (1992) p. 77; ***Koubi,*** Propriété & Révolution (1990) p. 86 et s.; ***Weill – Terré – Simler,*** Droit civil, Les biens³ (1985) p. 76

[175] ***Koubi,*** Propriété & Révolution (1990) p. 86 et s.

[176] ***Cornu,*** Droit civil, Introduction-Les personnes-Les biens² (1985) p. 120

[177] ***Ardant,*** Les textes sur les droits de l'homme (1990) p. 44 et s.; ***Beudant,*** Cours de droit civil français², Tome IV, Les biens (1938) p. 276 et s.; ***Challaye,*** Histoire de la propriété⁶ (1967) p. 81; ***Duhamel,*** La Constitution française (1992) p. 7 et s.; ***Morin,*** Le droit privé français au milieu du XXe siècle II, Etudes offertes à Georges Ripert, Le sens de l'évolution contemporaine du droit de propriété (1950) p. 3

wendigkeit unter der Bedingung einer gerechten und vorhergehenden Entschädigung möglich ist.[178] Dahinter steht natürlich auch die generelle Konzeption eines wirtschaftlichen Eigentumsrechts, das sich in immer zunehmenderem Maße auch an sozialen Gegebenheiten orientieren muß.[179]

Déclaration des Droits de l'Homme et du Citoyen (26 août 1789): ***Art. 2:*** *Le but de toute association politique est la conservation des droits naturels et imprescriptibles de l'homme. Ces droits sont la liberté, la propriété, la sûreté, et la résistance à l'oppression.* ***Art. 17:*** *Les propriétés étant un droit inviolable et sacré, nul ne peut être privé, si ce n'est lorsque la nécessité publique, légalement constatée, l'exige évidemment, et sous la condition d'une juste et préalable indemnité.*[180]

---

[178] ***Bergel,*** Le droit des biens² (1990) p. 28; ***Bouglé – Moysset,*** Oeuvres complètes de P.-J. Proudhon (1938) p. 100: Für *Proudhon* ist das Eigentum unverletzlich (*inviolable*), dennoch braucht es aber eine gewisse Disziplinierung.; ***Challaye,*** Histoire de la propriété⁶ (1967) p. 81; ***Cornu,*** Droit civil, Introduction-Les personnes-Les biens² (1985) p. 121; ***Duhamel,*** La Constitution française (1992) p. 7 et 13; ***Ewald,*** Naissance du Code civil, La raison du législateur (1989) p. 267; ***Frébault,*** Un droit inviolable et sacré, La propriété (1991) p. 101; ***Imbert,*** Histoire du droit privé⁷ (1992) p. 87; ***Jansse,*** La propriété, Le régime des biens dans les civilisations occidentales (1958) p. 180; ***de Lanversin,*** La propriété. Une nouvelle règle du jeu? (1975) p. 128 et s.; ***Larroumet,*** Droit civil², Tome II (1988) p. 107; ***Mazeaud,*** Leçons de droit civil⁷, Tome II, 2ᵉ vol., Biens: Droit de propriété et ses démembrements (1989) p. 13

[179] ***Beudant,*** Cours de droit civil², Tome IV (1938) p. 278; ***Carbonnier,*** Droit civil¹³, Tome 3, Les Biens (1990) p. 128: Auch wenn die Revolution von 1789 keine soziale, sondern eine politische war.; ***Frébault,*** Un droit inviolable et sacré, La propriété (1991) p. 4; ***Jansse,*** La propriété, Le régime des biens dans les civilisations occidentales (1958) p. 13; ***de Lanversin,*** La propriété. Une nouvelle règle du jeu? (1975) p. 44 et s.; ***Nory,*** Le droit de propriété et l'intérêt général, Thèse (1923) p. 11; ***Ripert,*** Les forces créatrices du droit (1955) p. 62

[180] ***Frébault,*** Un droit inviolable et sacré, La propriété (1991) p. 11: Dieser eigenartige Plural (*les propriétés étant un droit*) erklärt sich aus den historisch parallel bestehenden Rechten auf demselben Grund und Boden: *domaine éminent* und *domaine utile.*; ***Koubi,*** Propriété & Révolution (1990) p. 17, 25, 28: Der Artikel 17 wurde von der Delegiertenversammlung mehrheitlich angenommen, die Modifikation des Wortes *propriété* erfolgte 1791 als freiwillige grammatikalische Korrektur.; ***Lepage,*** Pourquoi la propriété (1985) p. 14; ***Mestre,*** dans: D. chr. 1984. 1 mit einem Textvergleich wie Romieu; ***Romieu,*** La propriété, Ses rapports avec l'État, la société et l'individu, Thèse (1923) p. 125 et s., 157: Vergleicht man diesen Text mit art. 545 C. civ. als seinem privatrechtlichen Zwilling, so sind zwei Unterschiede bemerkenswert: Zum einen wird *nécessité* durch *utilité* substituiert, zum anderen wird aber auch die im öffentlich-rechtlichen Text geforderte ausdrückliche gesetzliche Feststellung der öffentlichen Notwendigkeit bzw. des öffentlichen Nutzens einer Enteignung nicht mehr erwähnt.; ***Sudre,*** dans: D. chr. 1988. 71: Das Eigentumsrecht steht gleichrangig neben Werten wie Sicherheit und Freiheit. Damit wollte man in Frankreich die Bedeutung des Eigentumsrechts für alle sichtbar dokumentieren.

Constitution du 3 septembre 1791: ***Titre Premier:*** *La Constitution garantit l'inviolabilité des propriétés, ou la juste et préalable indemnité des celles dont la nécessité publique, légalement constatée, exigerait le sacrifice.*

Constitution du 24 juin 1793: ***Article Premier:*** *Le but de la société est le bonheur commun. Le gouvernement est institué pour garantir à l'homme la jouissance de ses droits naturels et imprescriptibles.* ***Art. 2:*** *Ces droits sont l'égalité, la liberté, la sûreté, la propriété.* ***Art. 16:*** *Le droit de propriété est celui qui appartient à tout citoyen de jouir et de disposer à son gré de ses biens, de ses revenus, du fruit de son travail et de son industrie.* ***Art. 19:*** *Nul ne peut être privé de la moindre portion de sa propriété sans son consentement, si ce n'est lorsque la nécessité publique légalement constatée l'exige, et sous la condition d'une juste et préalable indemnité.*[181]

Acte additionnel aux Constitutions de l'Empire du 22 avril 1815: ***Art. 63:*** *Toutes les propriétés possédées ou acquises en vertu des lois et toutes les créances sur l'Etat sont inviolables.*

Déclaration universelle des Droits de l'Homme des Nations Unies (durch die Generalversammlung am 10. Dezember 1948 angenommen): ***Art 17:*** *Toute personne, aussi bien seule qu'en collectivité, a droit à la propriété. Nul ne peut être arbitrairement privé de sa propriété.*

Convention européenne de sauvegarde des Droits de l'homme et des libertés fondamentales (angenommen in Rom am 4. November 1950) - Protocole additionnel à la Convention N° 1 (1952, ratifiziert durch Frankreich am 3. Mai 1974): ***Article Premier:*** *Toute personne physique ou morale a droit au respect de ses biens. Nul ne peut être privé de sa propriété que pour cause d'utilité publique et dans les conditions prévues par la loi et les principes généraux du droit international.*[182]

---

[181] ***Frébault,*** Un droit inviolable et sacré, La propriété (1991) p. 12: Durch die Einführung einer neuen Konzeption, inspiriert durch den englischen Begriff *property* wie er bei Locke vorkommt - mehr philosophisch als juristisch -, wird auch die Wandlung vom Plural zum Singular (*le droit de propriété*) vollzogen.; ***Romieu,*** La propriété, Ses rapports avec l'État, la société et l'individu, Thèse (1923) p. 125 et s.

[182] In Österreich steht die Konvention zum Schutze der Menschenrechte und Grundfreiheiten (BGBl 1958/210) zufolge Art II Z 7 des BVG BGBl 1964/59 vom Tage des Inkrafttretens für Österreich an (3. September 1958) im Verfassungsrang.

Romieu, La propriété, Ses rapports avec l'État, la société et l'individu, Thèse (1923) p. 134: Die Enteignungsbedingungen haben seit der Revolution 1789 eine wesentliche Änderung erfahren. Es wird nämlich nicht mehr eine öffentliche Notwendigkeit (*nécessité publique*) für eine rechtmäßige Enteigung gefordert, sondern bloß ein öffentlicher Nutzen (*utilité publique*).; ***Sermet,*** La convention européenne des Droits de l'homme et le droit de propriété (1990) p. 1: Das 1. Zusatzprotokoll zur MRK bringt

Mit diesen Bestimmungen, die nur einen Ausschnitt der repräsentativen Texte darstellen, ist die geschichtliche Evolution der Eigentumsgarantie in Frankreich natürlich nicht abgeschlossen. Das Eigentumsrecht entwickelt sich, wie jede andere Sparte des Rechts auch. Wenn es verstaubt ist, muß es "entstaubt" werden. Die rasante Entwicklung der Geschichte insgesamt schlägt auch im Recht durch. Konnte das Recht bisher trotz aller Schwierigkeiten immer damit leben, der Realität hinterher zu laufen und damit auch strukturell im Nachteil zu sein, so ist es nunmehr, um die Geschwindigkeit der sozialen Evolution zu kompensieren, unbedingt erforderlich, zukünftige Veränderungen - zumindest nach vernünftiger Abschätzung ihrer Eintrittswahrscheinlichkeit - zu antizipieren. Der Jurist von heute kann sich daher ganz einfach nicht mehr an der Vergangenheit orientieren. Sein Blick muß in die Zukunft gerichtet sein, auch wenn eine Veränderung nicht immer mit einem Fortschritt gleichzusetzen ist.[183] Eine "Revolution des Rechts" muß kreativ sowie vor allem gewaltlos sein und darf sich keinesfalls in einem bloßen Wechsel der Machtbefugten erschöpfen.[184]

Sollten in der Aufzählung der Texte die französischen Verfassungen von 1946 und 1958 vermißt werden, so sei darauf hingewiesen, daß sich beide hinsichtlich des Eigentums und dessen Konsequenzen immer auf die art. 2 und 17 der Erklärung der Menschenrechte aus 1789 beziehen.[185] Der einzige innovative Artikel seit dieser Zeit ist art. 2 der Verfassung 1958: *La France est une République ... sociale.*[186] Die Folge dieser heterogenen

---

erstmalig den Gebrauch des Eigentums (*l'usage de la propriété*) zur Sprache. Der Gebrauch kann als Macht definiert werden, von der Sache gemäß ihrer Bestimmung zu profitieren.; ***Sudre,*** dans: D. chr. 1988. 71: Erst das 1. Zusatzprotokoll zur MRK hat dem Eigentumsrecht jenen Platz eingeräumt, den es von seiner Bedeutung her schon wesentlich früher verdient hätte.

[183] ***Beudant,*** Cours de droit civil², Tome IV (1938) p. 278 et s.; ***Ripert,*** Les forces créatrices du droit (1955) p. 60 et s.; ***Zenati,*** Le droit des biens dans l'oeuvre du Doyen Savatier, dans: L'évolution contemporaine du droit des biens, Troisièmes Journées Renée Savatier, Poitiers, 4 et 5 octobre 1990 (1991) p. 13 et s.

[184] ***Ripert,*** Les forces créatrices du droit (1955) p. 60

[185] ***Morin,*** Le droit privé français au milieu du XXe siècle II, Etudes offertes à Georges Ripert, Le sens de l'évolution contemporaine du droit de propriété (1950) p. 3: Die französische Verfassung vom 19. April 1946, die bei der Abstimmung am 5. Mai 1946 verworfen wurde, enthielt in art. 35 noch eine Definition des Eigentums: *La propriété est le droit inviolable d'user, de jouir et de disposer des biens garantis à chacun par la loi.* Dieser Artikel fand allerdings keine Aufnahme in die Verfassung vom 27. Oktober 1946.

[186] ***Fromont,*** Le droit de propriété et la constitution en Allemagne et en France, dans: L'interventionnisme économique de la puissance publique, Tome I, Études en l'honneur

Verfassungsentwicklung - 1789, 1848, 1852, 1946 und 1958 - ist naturgemäß eine Synopsis verschiedener, zum Teil zeitlich abhängiger Prinzipien. Die deutsche Verfassung aus 1949 ist demgegenüber wesentlich homogener.[187] In Deutschland bestehen für das Eigentum zwei verfassungsrechtliche Garantien. Die Institutsgarantie sichert das Privateigentum als Rechtsinstitut ab, die Bestandsgarantie schützt vor einer Enteignung und garantiert, für den Fall ihrer ausnahmsweisen Zulässigkeit jedenfalls den Wertausgleich für das Eigentum sicherzustellen (Eigentumswertgarantie).

Die Situation in Österreich ist klar und in kurzen Worten darstellbar. Das Recht auf Eigentum ist in Österreich durch Art 5 StGG und Art 1 des 1. ZPMRK verfassungsrechtlich geschützt. Gemäß Art 1 Abs 1 Satz 1 des 1. ZPMRK hat jede natürliche oder juristische Person ein Recht auf Achtung ihres Eigentums, des weiteren ist nach Art 5 Satz 1 StGG das Eigentum unverletzlich. Der Begriff des Eigentums in Art 5 StGG orientiert sich nach Rechtsprechung des VfGH und Lehre am Eigentumsbegriff des ABGB, der Eigentumsschutz umfaßt dabei alle vermögenswerten Privatrechte. Ähnlich wie in Frankreich gibt es die sogenannte Sozialbindung des Eigentums, die auch aus § 364 ABGB abgeleitet wird, als Teil des verfassungsrechtlichen Eigentumsbegriffs. Parallel dazu erkannte der österreichische VfGH das Recht zum Abschluß privatrechtlicher Verträge ("Privatautonomie") als ein vermögenswertes Privatrecht im Sinne des verfassungsrechtlichen Eigentumsbegriffs.[188]

---

du Doyen Georges Péquignot (1984) p. 268 et s.; ***Mestre,*** dans: D. chr. 1984. 1; ***Sudre,*** dans: D. chr. 1988. 71; ***Weill – Terré – Simler,*** Droit civil, Les biens[3] (1985) p. 83

[187] ***Fromont,*** Le droit de propriété et la constitution en Allemagne et en France, dans: L'interventionnisme économique de la puissance publique, Tome I, Études en l'honneur du Doyen Georges Péquignot (1984) p. 268 et s.; ***Mazeaud,*** Leçons de droit civil[7], Tome II, 2e vol., Biens: Droit de propriété et ses démembrements (1989) p. 18

[188] ***Adamovich – Funk,*** Allgemeines Verwaltungsrecht[3] (1987) 153 f; ***Adamovich – Funk,*** Österreichisches Verfassungsrecht[3] (1985) 376, 420 ff; ***Walter – Mayer,*** Grundriß des österreichischen Bundesverfassungsrechts[6] (1988) Rz 1368 ff; ***Weber,*** in: JBl 1994, 792

Celui qui n'ouvre pas les yeux doit ouvrir la bourse.

Inconnu

6. SACHEN

Da der vordergründig sehr allgemeine Begriff "Sachen" nicht in allen Rechtsordnungen gleich verstanden wird, ist es hier erforderlich, zunächst eine Begriffsbestimmung vorzunehmen, um in weiterer Folge die für die Arbeit unabdingbare Einteilung der Sachen zu ermöglichen. Nur so ist nämlich sichergestellt, daß die Inhalte des französischen Sachenrechts und dessen Gliederung für Außenstehende entsprechend transparent werden.

6.1. DIE BEGRIFFSBESTIMMUNG

Die französische Sprache unterscheidet als *termini technici* die Begriffe *chose* und *bien*. Eine Sache (*chose*) wird durch den Akt der Aneignung - weil sie nämlich dem Menschen dient, indem sie für ihn einen Wert darstellt oder zur Befriedigung seiner Bedürfnisse verwendet wird[1] - rechtlich als *bien* qualifiziert[2], *le droit des biens* ist demnach das Sachenrecht, das in seiner Gesamtheit einerseits die Beziehungen zwischen Personen und Sachen und andererseits auch jene der Sachen untereinander regelt und zum Inhalt hat. Sachenrechtliche Normen sind eindeutig Zuordnungsnormen.[3] Auch wenn in art. 544 C. civ. von *choses* ganz allgemein die Rede ist, so darf doch nicht übersehen werden, daß nicht alle Sachen a priori einer Aneignung zugänglich sind.[4] Im Sinne der symbolischen Mengenlehre ist *chose* quasi als Überbegriff der äußere Kreis, während *bien* als spezieller Begriff innerhalb dieses Kreises bloß eine Teilmenge repräsentiert.

---

[1] ***Beudant,*** Cours de droit civil², Tome IV (1938) p. 2

[2] ***Bergel,*** Le droit des biens² (1990) p. 3; ***Beudant,*** Cours de droit civil², Tome IV (1938) p. 2; ***Sermet,*** La convention européenne des Droits de l'homme et le droit de propriété (1990) p. 4, 27 et 37: Der Begriff *bien* nach dem 1. Zusatzprotokoll zur MRK deckt bewegliche und unbewegliche Sachen gleichermaßen ab, auch wenn das Königreich England bis zur Entscheidung des Europäischen Gerichtshofes für Menschenrechte (7456/76, Wiggins versus Königreich England, 8. Februar 1978) anderer Ansicht war.

[3] ***Bergel,*** Le droit des biens² (1990) p. 3 et s., 23; ***Berthu – Lepage,*** La propriété c'est l'envol ... vers la prospérité (1986) p. 13

[4] ***Koubi,*** Propriété & Révolution (1990) p. 78: *res communae*; ***Multzer,*** La propriété sans le vol (1945) p. 82: Art. 544 C. civ. ist in seiner absoluten Verallgemeinerung zu großzügig.

6.2. DIE EINTEILUNG DER SACHEN

6.2.1. PRIMÄRE EINTEILUNG

Sachen im rechtlichen Sinn werden primär in körperliche (*choses corporelles*) und unkörperliche oder immaterielle Sachen (*choses incorporelles*), die bloß kraft des Rechts existieren, eingeteilt.[5] Die vorliegende Arbeit wird sich mit Ausnahme der Inhaberwertpapiere (*titre au porteur*), die sich in ihrer rechtlichen Behandlung zumindest in den Fragen des Besitzes und des Eigentums den körperlichen Sachen weitestgehend annähern, auf die körperlichen Sachen beschränken. Die grundlegendste Differenzierung der Sachen ist jene nach beweglichen und unbeweglichen[6], wobei das physische Kriterium einer möglichen Ortsveränderung der Sachen ohne materiellen Schaden für die Einteilung ausschlaggebend ist.[7] Alles, was nicht Immobilie ist, ist - alle zweifelhaften Fälle umfassend - zwingend eine bewegliche Sache.[8] Die Sachen werden nur ihrer Natur nach unterschieden, niemals hat der Wertbegriff zur Abgrenzung beweglicher und unbeweglicher Sachen gedient.[9] Allerdings hat die unterschiedliche

---

[5] ***Bergel,*** Le droit des biens[2] (1990) p. 3, 8; ***Beudant,*** Cours de droit civil[2], Tome IV (1938) p. 3: Bereits die Institutionen von Justinian unterscheiden zwischen *quae tangi possunt* und *quae tangi non possunt, quae in iure consistunt.*; ***Carbonnier,*** Droit civil[13], Tome 3, Les Biens (1990) p. 84; ***Larroumet,*** Droit civil[2], Tome II (1988) p. 586 et s.; ***Lepointe,*** Droit romain et ancien droit français, Droit des biens, Thèse (1958) p. 295: Die Grundlage für diese Unterscheidung ist im römischen Recht zu suchen.

[6] Art. 516 C. civ.: Tous les biens sont meubles ou immeubles.
Atias, Droit civil, Les biens[2] (1991) p. 18; ***Beudant,*** Cours de droit civil[2], Tome IV (1938) p. 2; ***Carbonnier,*** Droit civil[13], Tome 3, Les Biens (1990) p. 86: Erwähnenswert erscheint, wenn auch prinzipiell logisch, die Einschränkung beim Diebstahl im strafrechtlichen Sinn (vgl. art. 379 C. pén.) auf bewegliche Sachen.; ***Lepointe,*** Droit romain et ancien droit français, Droit des biens, Thèse (1958) p. 295; ***Saint Germès,*** De l'influence de la valeur des meubles sur le Code civil français, les lois qui l'ont complété et la jurisprudence, Thèse (1926) p. II; ***Terré – Simler,*** Droit civil, Les biens[4] (1992) p. 24 et s.; ***Toutain,*** Droit romain - De l'interdit utrubi / Droit français - De la possession des meubles, Thèse (1888) p. 200

[7] ***Atias,*** Droit civil, Les biens[2] (1991) p. 18; ***Carbonnier,*** Droit civil[13], Tome 3, Les Biens (1990) p. 84 et s.; ***Bergel,*** Le droit des biens[2] (1990) p. 12; ***Challaye,*** Histoire de la propriété[6] (1967) p. 7; ***Lambert,*** Cours de droit civil, Droit du patrimoine (1971) p. 66; ***Ripert,*** Les forces créatrices du droit (1955) p. 211; ***Saint Germès,*** De l'influence de la valeur des meubles sur le Code civil français, les lois qui l'ont complété et la jurisprudence, Thèse (1926) p. II

[8] ***Beudant,*** Cours de droit civil[2], Tome IV (1938) p. 142; ***Carbonnier,*** Droit civil[13], Tome 3, Les Biens (1990) p. 85; ***Toutain,*** Droit romain - De l'interdit utrubi / Droit français - De la possession des meubles, Thèse (1888) p. 200

[9] ***Saint Germès,*** De l'influence de la valeur des meubles sur le Code civil français, les lois qui l'ont complété et la jurisprudence, Thèse (1926) p. III

Wertschätzung der Sachen zunächst auch ganz unterschiedliche Entwicklungen nach sich gezogen. Dabei läßt sich die so stark differierende rechtliche Würdigung der beweglichen Sachen im Verhältnis zu den unbeweglichen sehr leicht unter Verweis auf das überkommene Sprichwort *Res mobilis, res vilis* zurückführen.[10] Dieses Sprichwort wird uns während der ganzen Arbeit begleiten und immer wieder begegnen.

In Österreich regelt § 293 ABGB die Einteilung der Sachen nach ihrer Beschaffenheit. So sind "Sachen, welche ohne Verletzung ihrer Substanz von einer Stelle zur andern versetzt werden können, beweglich; im entgegengesetzten Falle sind sie unbeweglich". In Deutschland allerdings gibt das BGB keine Definition beweglicher und unbeweglicher Sachen, vielmehr war es Lehre und Rechtsprechung überlassen, eine entsprechende Abgrenzung vorzunehmen. Demnach sind unbewegliche Sachen alle Grundstücke, ein Grundstück wiederum ist ein räumlich abgegrenzter Teil der Erdoberfläche, der im Bestandsverzeichnis eines besonderen Grundbuchblattes eingetragen ist. Bewegliche Sachen sind - negativ formuliert - alle Sachen, die nicht Grundstück oder Bestandteil eines Grundstückes sind.[11] Unter Berücksichtigung dieser Definition sei auf eine weitere verwiesen, deren Wurzeln in der Philosophie zu finden sind. Eine Immobilie ist demzufolge nichts anderes, als ein Konglomerat von Mobilien. Was uns unbeweglich erscheint, erscheint uns bloß unbeweglich, ist aber in Wirklichkeit nur eine geballte "Ansammlung von (mobilen) Atomteilchen".[12]

Die Mobilität der beweglichen Sachen bewirkt nicht nur ihre rasche und unkomplizierte Zirkulation im Wirtschaftsverkehr. Sie bringt auch - ganz im Gegensatz zu den publizitätspflichtigen Rechtsgeschäften über unbewegliche Sachen - die Nachteile der rechtlichen Unsicherheit und Instabilität mangels entsprechender Identifizierbarkeit mit sich.[13] Die wesentlichste Folge daraus ist, daß die rechtliche Zugehörigkeit einer beweglichen Sache nach dem äußeren Anschein - der Besitz läßt ja Eigentum vermuten - beurteilt wird. Der historische Gesetzgeber hat diesem Umstand mit art. 2279 C. civ., nach dem das Eigentum bereits mit Besitz-

---

[10] ***Ripert,*** Les forces créatrices du droit (1955) p. 210 et s.; ***Saint Germès,*** De l'influence de la valeur des meubles sur le Code civil français, les lois qui l'ont complété et la jurisprudence, Thèse (1926) p. 2 et s.

[11] ***Wörlen,*** Grundzüge des Privatrechts, Band I³ (1993) 62

[12] ***Zenati,*** Le droit des biens dans l'oeuvre du Doyen Savatier, dans: L'évolution contemporaine du droit des biens, Troisièmes Journées Renée Savatier, Poitiers, 4 et 5 octobre 1990 (1991) p. 17

[13] Beide Argumente gelten nicht für jene beweglichen Sachen, die als Gegenstände von Rechtsgeschäften ausnahmsweise einer Publizität durch Eintragung in Register unterliegen: Fluß-, See- und Luftschiffe.

wechsel übergehen kann, voll Rechnung getragen.[14] Die vorliegende Arbeit beschränkt sich hier darauf, die Beurteilung des rechtlichen Regimes nur bezogen auf bewegliche Sachen - gerade, weil es im Vergleich zum römischen und geltenden österreichischen Recht stark differiert - vorzunehmen. Unbewegliche Sachen werden daher nur soweit einer rechtlichen Prüfung unterzogen, als es für die Beurteilung der beweglichen Sachen unbedingt erfoderlich und sinnvoll erscheint.

Die beweglichen Sachen werden in Frankreich in solche der Natur nach oder kraft Gesetzesbestimmung eingeteilt.[15] Die wegen ihrer Natur als bewegliche Sachen zu bezeichnenden körperlichen Sachen sind zum einen jene, die wie Tiere selbst in der Lage sind, eine Ortsveränderung herbeizuführen, zum anderen jene, die wie jede Art von leblosen Sachen durch eine äußere Kraft einer solchen unterzogen werden können.[16] Das Schlagwort heißt also Mobilität.[17] Die zweite Kategorie der beweglichen Güter kraft Gesetzesbestimmung umfaßt jene, die weder unter die genannte erste Einteilung noch unter die Definition der unbeweglichen Sachen zu subsumieren sind.[18] Darunter fallen daher unkörperliche Rechte, die sich auf bewegliche Sachen der Natur nach beziehen - wie etwa Fruchtgenußrechte - oder immaterielle Eigentumsrechte.[19]

---

[14] ***Carbonnier,*** Droit civil[13], Tome 3, Les Biens (1990) p. 85 et s.: Der Autor verweist in diesem Zusammenhang auch auf art. 1141 C. civ., wo deutlich wird, daß die Publizität bei beweglichen Sachen ausschließlich im Besitzwechsel liegt.; ***Bergel,*** Le droit des biens[2] (1990) p. 12 et s.

[15] Art. 527 C. civ.: Les biens sont meubles par leur nature, ou par la détermination de la loi.

Atias, Droit civil, Les biens[2] (1991) p. 18 et s.; ***Bergel,*** Le droit des biens[2] (1990) p. 16; ***Beudant,*** Cours de droit civil[2], Tome IV (1938) p. 2, 142 et s.; ***Carbonnier,*** Droit civil[13], Tome 3, Les Biens (1990) p. 88; ***Terré – Simler,*** Droit civil, Les biens[4] (1992) p. 24; ***Weill – Terré – Simler,*** Droit civil, Les biens[3] (1985) p. 32

[16] vgl. art. 528 C. civ.

Beudant, Cours de droit civil[2], Tome IV (1938) p. 142 et s.; ***Carbonnier,*** Droit civil[13], Tome 3, Les Biens (1990) p. 89; ***Terré – Simler,*** Droit civil, Les biens[4] (1992) p. 24; ***Weill – Terré – Simler,*** Droit civil, Les biens[3] (1985) p. 32

[17] ***Beudant,*** Cours de droit civil[2], Tome IV (1938) p. 143; ***Carbonnier,*** Droit civil[13], Tome 3, Les Biens (1990) p. 89: Negativ formuliert auch die fehlende Adhäsion (*le défaut d'adhérence à la terre*).; ***Lambert,*** Cours de droit civil, Droit du patrimoine (1971) p. 80

[18] ***Bergel,*** Le droit des biens[2] (1990) p. 16: Der Autor nennt diese Gruppe von Sachen *catégorie fourre-tout.*; ***Weill – Terré – Simler,*** Droit civil, Les biens[3] (1985) p. 32 et s.

[19] vgl. art. 529 C. civ.

Bergel, Le droit des biens[2] (1990) p. 16; ***Beudant,*** Cours de droit civil[2], Tome IV (1938) p. 143 et s.; ***Carbonnier,*** Droit civil[13], Tome 3, Les Biens (1990) p. 88; ***Terré – Simler,*** Droit civil, Les biens[4] (1992) p. 25 et s.; ***Weill – Terré – Simler,*** Droit civil, Les biens[3] (1985) p. 32 et s.

Die Sachen sind unbewegliche Sachen entweder aufgrund ihrer Natur, ihrer Bestimmung oder wegen der Objekte, auf die sie sich beziehen.[20] Die ihrer Natur nach unbeweglichen Sachen zeichnen sich durch den Umstand aus, daß sie nicht verstellt oder verschoben werden können. Dabei handelt es sich in erster Linie um Grund und Boden sowie um alles, das damit fest verbunden ist.[21] Unbewegliche Sachen aufgrund ihrer Bestimmung sind in art. 524 C. civ. geregelt, Sachen, die wegen ihres Bezuges zu Immobilien unbeweglich sind, werden in art. 526 C. civ. genannt (etwa Fruchtgenußrechte an Immobilien oder Grundservitute).[22]

6.2.2. SEKUNDÄRE EINTEILUNG

Weitere sekundäre Unterscheidungen der Sachen sind möglich. Verbrauchbare Sachen werden durch ihren einmaligen Gebrauch konsumiert, unverbrauchbare Sachen zeichnen sich dadurch aus, daß ihr Gebrauch regelmäßig ohne substantielle Vernichtung möglich ist.[23] Gattungssachen sind Güter ohne eigene Individualität, sie sind beliebig austauschbar, weil es mehrere derselben Art gibt. Sie können nach Gewicht, Zahl oder Maß bestimmt werden. Eine Speziessache hingegen ist in ihrer spezifischen Art einmalig und daher nicht durch andere Sachen zu ersetzen.[24] Ob eine Sache eine Gattungssache oder eine ausreichend individualiserte Speziessache ist, hängt zum Teil auch vom Willen der daran Interessierten ab. Ein Buch kann als Gattungssache bloßer Teil einer Bibliothek sein, für einen Buchliebhaber aber eine Sache mit ausreichender Individualität und damit eine

---

[20] Art. 517 C. civ.: Les biens sont immeubles, ou par leur nature, ou par leur destination, ou par l'objet auquel ils s'appliquent.

Carbonnier, Droit civil[13], Tome 3, Les Biens (1990) p. 88; ***Weill – Terré – Simler,*** Droit civil, Les biens[3] (1985) p. 32

[21] vgl. art. 518, 519, 523 und 525 C. civ.

Carbonnier, Droit civil[13], Tome 3, Les Biens (1990) p. 88 et s.; ***Lambert,*** Cours de droit civil, Droit du patrimoine (1971) p. 83

[22] ***Atias,*** Droit civil, Les biens[2] (1991) p. 19; ***Carbonnier,*** Droit civil[13], Tome 3, Les Biens (1990) p. 88

[23] Art. 1874 C. civ.: Il y a deux sortes de prêt: Celui des choses dont on peut user sans les détruire; Et celui des choses qui se consomment par l'usage qu'on en fait.

Bergel, Le droit des biens[2] (1990) p. 19; ***Duranton,*** Cours de droit français suivant le Code civil[4], Tome 6 (1844) p. 278; ***Lambert,*** Cours de droit civil, Droit du patrimoine (1971) p. 73

[24] ***Bergel,*** Le droit des biens[2] (1990) p. 20; ***Lambert,*** Cours de droit civil, Droit du patrimoine (1971) p. 72; ***Robine,*** La clause de réserve de propriété depuis la loi du 12 mai 1980 (1990) p. 15 et s.

Speziessache.[25] Die Beurteilung dieser Frage kann nicht unwesentliche finanzielle Auswirkungen zeitigen. Für eine gelungene Kompensation etwa ist die Vertretbarkeit (Austauschbarkeit innerhalb der Gattung) der Sache, die Gegenstand der Forderungen ist, unbedingte Voraussetzung.[26] Auch ist die Frage der Vertretbarkeit für den Eigentumsübergang und die Gefahrentragung beim Kauf wesentlich, da der Kauf eine ausreichend individualisierte Sache als Kaufobjekt verlangt.[27] Schließlich ist auch noch die Einteilung in öffentliche Sachen im Eigentum des Staates und in private Sachen im Eigentum von Privatpersonen möglich.[28]

---

[25] ***Bergel,*** Le droit des biens² (1990) p. 20; ***Lambert,*** Cours de droit civil, Droit du patrimoine (1971) p. 72

[26] ***Lambert,*** Cours de droit civil, Droit du patrimoine (1971) p. 73

[27] ***Bergel,*** Le droit des biens² (1990) p. 20

[28] vgl. art. 537 et s. C. civ. (Beispiele für öffentliche Sachen) bzw. für Österreich §§ 286 ff ABGB ("Einteilung der Sachen nach Verschiedenheit des Subjektes, dem sie gehören")

Bergel, Le droit des biens² (1990) p. 21 et s.; ***Jestaz,*** dans: D. chr. 1984. 27: Seit dem *Édit de Moulins* aus dem Jahr 1566 sind öffentliche Sachen von einer Aneignung durch Private, selbst durch Ersitzung, ausgeschlossen.; ***Lepointe,*** Droit romain et ancien droit français, Droit des biens, Thèse (1958) p. 295

Un amant est possesseur, un mari est propriétaire.

Proudhon

7. BESITZ

7.1. DIE BESITZELEMENTE CORPUS UND ANIMUS

Der Code civil beschäftigt sich mit dem Besitz explizit nur im Zusammenhang mit der Ersitzung (*prescription acquisitive*).[1] Daraus allerdings den Schluß zu ziehen, daß der Besitz bloß eine einzige Funktion im französischen Recht zu erfüllen hat, ist falsch, wie die folgenden Ausführungen - auch mit Belegen aus dem Code civil unterstützt - zeigen werden. Die Legaldefinition des Besitzes in art. 2228 C. civ. fordert das Vorhandensein zweier Elemente: *animus*[2] als psychologisches und *corpus* als materielles Element.[3] Mit *corpus* ist jene Einflußnahme auf die Sache gemeint, die eine faktische Machtausübung erlaubt.[4] In dieser Hinsicht

---

[1] Liv. Troisième, Tit. XX., De la prescription et de la possession, Chapitre II., De la possession, art. 2228-2235 C. civ.

[2] ***Carbonnier,*** Droit civil[13], Tome 3, Les Biens (1990) p. 207: Ist es nicht interessant, daß die Römer eine so mystische Begriffsbestimmung gewählt haben: *possidere animo* - besitzen durch die Seele?

[3] art. 2228 C. civ.: La possession est la détention ou la jouissance d'une chose ou d'un droit que nous tenons ou que nous exerçons par nous-mêmes, ou par un autre qui la tient ou qui l'exerce en notre nom.

§ 309 ABGB: Wer eine Sache in seiner Macht oder Gewahrsame hat, heißt ihr Inhaber. Hat der Inhaber einer Sache den Willen, sie als die seinige zu behalten, so ist er ihr Besitzer. (Die Übergabsarten werden in den §§ 426 ff ABGB beim Eigentum geregelt.)

vgl. Civ. 1re, 4 janvier 1972, Bull. civ. I., p. 4

Abdel-Baki, Du rôle de la possession en matière mobilière, Thèse (1943) p. 204; ***Atias,*** Droit civil, Les biens[2] (1991) p. 185; ***Bergel,*** Le droit des biens[2] (1990) p. 100; ***Beudant,*** Cours de droit civil[2], Tome IV (1938) p. 724 et s.; ***Carbonnier,*** Droit civil[13], Tome 3, Les Biens (1990) p. 195 et s.; ***Duranton,*** Cours de droit français suivant le Code civil[4], Tome 21 (1844) p. 280; ***Laurent,*** Principes de droit civil français[3], Tome 6 (1878) p. 104; ***Massé – Vergé,*** Le droit civil français par K.-S. Zachariae, Tome 2 (1855) p. 81 et s.; ***Mazeaud,*** Leçons de droit civil[7], Tome II, 2e vol., Biens: Droit de propriété et ses démembrements (1989) p. 175 et s.; ***Ortscheidt,*** La possession en droit civil français et allemand, Thèse (1977) p. 227

[4] ***Abdel-Baki,*** Du rôle de la possession en matière mobilière, Thèse (1943) p. 204; ***Bergel,*** Le droit des biens[2] (1990) p. 99 et s.; ***Beudant,*** Cours de droit civil[2], Tome IV (1938) p. 725; ***Lambert,*** Cours de droit civil, Droit du patrimoine (1971) p. 127 et s.; ***Mazeaud,*** Leçons de droit civil[7], Tome II, 2e vol., Biens: Droit de propriété et ses

unterscheidet sich daher der Inhaber nicht vom Besitzer.[5] Die faktische Macht über eine körperliche Sache manifestiert sich in Handlungen im Rahmen der Innehabung im engeren Sinn und in Handlungen vor dem Hintergrund einer wirtschaftlichen Nutzung, wobei die Art und Weise zum einen von der physischen Natur der Sache (eine Viehherde wird anders zu behandeln sein als etwa ein Haus) und zum anderen von der Funktion des vom Besitzer behaupteten Rechts (Eigentum oder sonstiges dingliches Recht) abhängig sein wird.[6] Für die Detention genügt die bloße Ergreifung der Sache und die Möglichkeit, jederzeit über die Sache disponieren zu können. Eine fortgesetzte Machtausübung durch ständige Gesten wird nicht gefordert, ein virtueller Machteinfluß - wie es *Carbonnier* nennt - ist ausreichend.[7] Für die wirtschaftliche Nutzung einer Sache ist ein unmittelbarer physischer Kontakt nicht erforderlich, das bloße Kassieren der Mieten etwa ist jedenfalls als ausreichend anzusehen, zumal ja bereits art. 2228 C. civ. selbst die Möglichkeit vorsieht, durch den *corpus* einer anderen Person (*corpore alieno*) besitzen zu können.[8]

Der zum *corpus* hinzutretende *animus* läßt den Besitz erst entstehen und die saubere begriffliche Abgrenzung zur Detention zu.[9] Der *animus* - der hL folgend ist damit der *animus domini* gemeint - ist der Wille des Besitzers, die Sache als die seinige zu behalten und sich als Träger des je-

---

démembrements (1989) p. 168; ***Ortscheidt,*** La possession en droit civil français et allemand, Thèse (1977) p. 227

5 ***Alt-Maes,*** dans: Rev. trim. dr. civ., 1987, p. 21; ***Carbonnier,*** Droit civil[13], Tome 3, Les Biens (1990) p. 194; ***Lambert,*** Cours de droit civil, Droit du patrimoine (1971) p. 128

6 ***Beudant,*** Cours de droit civil[2], Tome IV (1938) p. 62; ***Carbonnier,*** Droit civil[13], Tome 3, Les Biens (1990) p. 195; ***Lambert,*** Cours de droit civil, Droit du patrimoine (1971) p. 128

7 ***Alt-Maes,*** dans: Rev. trim. dr. civ., 1987, p. 21; ***Beudant,*** Cours de droit civil[2], Tome IV (1938) p. 725; ***Carbonnier,*** Droit civil[13], Tome 3, Les Biens (1990) p. 195; ***Lambert,*** Cours de droit civil, Droit du patrimoine (1971) p. 128

8 vgl. Civ. 3e, 24 janvier 1990, Bull. civ. III., n° 30

Beudant, Cours de droit civil[2], Tome IV (1938) p. 725; ***Bufnoir,*** Propriété et contrat (1900) p. 41; ***Carbonnier,*** Droit civil[13], Tome 3, Les Biens (1990) p. 195 et s.; ***Lambert,*** Cours de droit civil, Droit du patrimoine (1971) p. 128; ***Larroumet,*** Droit civil[2], Tome II (1988) p. 123; ***Mazeaud,*** Leçons de droit civil[7], Tome II, 2e vol., Biens: Droit de propriété et ses démembrements (1989) p. 168; ***Ortscheidt,*** La possession en droit civil français et allemand, Thèse (1977) p. 245; ***Piédelièvre,*** Droit des biens (1977) p. 98

9 ***Beudant,*** Cours de droit civil[2], Tome IV (1938) p. 62, 721 et s.; ***Lambert,*** Cours de droit civil, Droit du patrimoine (1971) p. 128

weiligen dinglichen Rechts zu gerieren.[10] Treten *corpus* und *animus* gemeinsam auf, so liegt Besitz im engeren Sinn (*la possession*) vor. Die Prüfung der Legitimität der in der Person des Besitzers gelegenen Intention (*animus*) hat jedenfalls außer Betracht zu bleiben, es zählt für die Beurteilung des Vorliegens eines *animus* ausschließlich der persönliche Wille. Während für den *corpus* bereits art. 2228 C. civ. die Möglichkeit, für einen anderen zu besitzen, festhält, ist der Besitz *animo alieno* nur in Ausnahmefällen, nämlich bei Minderjährigen und Schwachsinnigen, möglich. Dabei soll nur die Vertretung dieser beiden Gruppen die Ausnahme vom Prinzip bilden, daß der *animus* beim Besitzer selbst zwingend erforderlich ist.[11]

Der *animus domini* fehlt dem bloßen Inhaber. Die Innehabung (*la détention précaire*) entspringt immer einem Recht basierend auf einem Titel wie etwa Leihe oder Verwahrung und anerkennt eo ipso das Eigentum eines anderen. Der Inhaber muß die Sache wieder zurückgeben und kann sie außerdem nicht ersitzen.[12] Eine allfällige (Schutz-)Behauptung, ein dingliches Recht an der Sache auszuüben, muß ins Leere gehen. Dabei steht der Besitz oft im Widerspruch zum eigentlichen Recht - so zum Beispiel beim Diebstahl oder beim Erwerb vom Nichteigentümer - verbunden mit der Weigerung, die Sache wieder freiwillig herauszugeben.[13] Nach außen hin unterscheidet sich der Inhaber nicht vom Besitzer. Während der Besitz immer nach art. 2230 C. civ. vermutet wird, ist das bei der Inne-

---

10 ***Abdel-Baki,*** Du rôle de la possession en matière mobilière, Thèse (1943) p. 204: *animus rem sibi habendi.*; ***Atias,*** Droit civil, Les biens[2] (1991) p. 186; ***Bergel,*** Le droit des biens[2] (1990) p. 100; ***Beudant,*** Cours de droit civil[2], Tome IV (1938) p. 721 et s.; ***Carbonnier,*** Droit civil[13], Tome 3, Les Biens (1990) p. 196; ***Foignet,*** Manuel élémentaire de droit civil, Tome I, dix-huitième édition par Émile Dupont (1943) p. 573; ***Lambert,*** Cours de droit civil, Droit du patrimoine (1971) p. 127 et s.; ***Larroumet,*** Droit civil[2], Tome II (1988) p. 603; ***Mazeaud,*** Leçons de droit civil[7], Tome II, 2e vol., Biens: Droit de propriété et ses démembrements (1989) p. 168; ***Ortscheidt,*** La possession en droit civil français et allemand, Thèse (1977) p. 229; ***Piédelièvre,*** Droit des biens (1977) p. 98 et s.

11 ***Mazeaud,*** Leçons de droit civil[7], Tome II, 2e vol., Biens: Droit de propriété et ses démembrements (1989) p. 168; ***Ortscheidt,*** La possession en droit civil français et allemand, Thèse (1977) p. 246; ***Piédelièvre,*** Droit des biens (1977) p. 98 et s.

12 vgl. Civ. 1re, 10 juin 1986, Bull. civ. I., n° 159, p. 159 = D. Somm. 1988. 14
Atias, Droit civil, Les biens[2] (1991) p. 186; ***Bergel,*** Le droit des biens[2] (1990) p. 100; ***Beudant,*** Cours de droit civil[2], Tome IV (1938) p. 62; ***Carbonnier,*** Droit civil[13], Tome 3, Les Biens (1990) p. 196; ***Lambert,*** Cours de droit civil, Droit du patrimoine (1971) p. 128; ***Larroumet,*** Droit civil[2], Tome II (1988) p. 603; ***Ledieu,*** De la règle en fait de meubles possession vaut titre, Thèse (1897) p. 78

13 ***Atias,*** Droit civil, Les biens[2] (1991) p. 186; ***Carbonnier,*** Droit civil[13], Tome 3, Les Biens (1990) p. 196

habung nicht der Fall. Hat man einmal begonnen, für jemanden anderen zu besitzen, dann wird gemäß art. 2231 C. civ. bis zum Beweis des Gegenteils - dessen Erbringung durch die Aufzählung in art. 2238 bzw. 2239 C. civ. beschränkt ist - vermutet, daß man auch weiterhin aufgrund eines widerruflichen Titels besitzt. Eine einseitige Änderung der Grundlage durch den bloßen Wechsel des Willens ist schon nach art. 2240 C. civ. explizit ausgeschlossen, ein Statuswechsel vom Inhaber zum Besitzer bedarf also jedenfalls einer Umwandlung des Titels (*interversion de titre*).

Um Verunsicherungen durch die unterschiedliche Begriffswelt im Besitzrecht der Länder Frankreich und Österreich vorzubeugen, soll zu art. 2228 C. civ. auf die folgende Differenzierung zur eindeutigen Klarstellung hingewiesen werden. Mit *détention d'une chose que nous tenons* ist der Besitz nach klassischem römischen Recht gemeint, ein Besitz, der wegen der materiellen Komponente nur an körperlichen Sachen möglich ist. Im Vergleich dazu wird unter der Begriffsgruppe *jouissance d'un droit que nous exerçons* die römischrechtliche *quasi-possessio* sonstiger dinglicher Rechte wie etwa an Servituten gemäß art. 690 C. civ. verstanden. Beide Definitionen zusammen bilden den art. 2228 C. civ. als Auftakt der Besitzregeln im Code civil.[14]

EXKURS: DIE THEORIEN ZUM BESITZ

Keine Abhandlung des Besitzes kann den Anspruch einer einigermaßen fundierten Auseinandersetzung mit dieser Thematik erheben, ohne die Theorien von Savigny und Ihering zumindest unter Berücksichtigung des wesentlichsten Unterscheidungsmerkmals im Ansatz zu erwähnen. Die Theorien der beiden zum Besitz - bestimmt durch *animus* und *corpus* (c) - unterscheiden sich bloß in der Auslegung des *animus*. Savigny fordert für den Besitzer (B) den *animus domini* (a1) und für den Inhaber (I) den *animus detinendi* (a2). Bei Ihering wird für beide ein *animus* (a) gefordert, jener des Inhabers unterscheidet sich aber durch ein hinzutretendes negatives Element, das die Ersitzung verhindert und ihn zur Zurückstellung der Sache verpflichtet: *causa detentionis* (n) als Titel der Detention.[15] Die end-

---

[14] ***Beudant,*** Cours de droit civil², Tome IV (1938) p. 721 et s.; ***Laurent,*** Principes de droit civil français³, Tome 32 (1878) p. 269; ***Massé – Vergé,*** Le droit civil français par K.-S. Zachariae, Tome 2 (1855) p. 82; ***Mazeaud,*** Leçons de droit civil⁷, Tome II, 2ᵉ vol., Biens: Droit de propriété et ses démembrements (1989) p. 167 et s.; ***Ortscheidt,*** La possession en droit civil français et allemand, Thèse (1977) p. 48; ***Troplong,*** Le droit civil expliqué suivant l'ordre des articles du Code⁵, Tome 1 (1856) p. 375

[15] ***Carbonnier,*** Droit civil¹³, Tome 3, Les Biens (1990) p. 211 mit folgender "mathematischer" Formel: SAVIGNY: B = a1 + c und I = a2 + c bzw. IHERING: B = a + c und

gültige Wertung dieser beiden Theorien zum Besitzrecht soll anderen überlassen bleiben. Meiner persönlichen Ansicht nach wäre eine Wertung nach den Kriterien "besser oder schlechter" ohnehin mit keinem Argument schlüssig zu rechtfertigen.

7.2. DER BESITZERWERB UND -VERLUST

Nunmehr hinreichend dargelegt, was unter *corpus* und *animus* - aus der Tradition des römischen Rechts heraus - im französischen Code civil zu verstehen ist, erscheint es logisch, daß für einen gültigen und vor dem Recht Bestand habenden Besitz die Vereinigung dieser beiden Elemente unbedingt erforderlich ist.[16] Ist das nämlich nicht der Fall - etwa durch Verlust der tatsächlich respektive theoretisch vorhandenen Machtausübung (*corpus*) auf die Sache oder durch Verlust des *animus* in Form der Anerkennung des Rechts eines anderen auf die Sache -, so liegt kein Besitz mehr vor.[17] Der Besitz geht prinzipiell in dem Moment verloren, wo eines der beiden zwingend erforderlichen Elemente verschwindet.[18]

Der *corpus* kann durch einseitige Ergreifung realisiert werden und so zum originären Besitz führen. Zum derivativen Besitz kommt es hingegen durch eine Übergabe der Sache im weiteren Sinn mit Zustimmung des vorherigen Besitzers. Der *animus* kann zum einen aus genau den Akten, die auch den *corpus* bilden und durch ihre Art den inneren Willen erkennen lassen, resultieren, oder aber zum anderen aus einem rechtlichen Akt per se entstehen. Die Fälle der *traditio brevi manu* und des Besitzkonstituts sind

---

I = a + c - n; ***Mazeaud,*** Leçons de droit civil[7], Tome II, 2e vol., Biens: Droit de propriété et ses démembrements (1989) p. 168, 176 et s.; ***Piédelièvre,*** Droit des biens (1977) p. 99; ***Weill – Terré – Simler,*** Droit civil, Les biens[3] (1985) p. 143 et s.

[16] ***Massé – Vergé,*** Le droit civil français par K.-S. Zachariae, Tome 2 (1855) p. 82; ***Ortscheidt,*** La possession en droit civil français et allemand, Thèse (1977) p. 227 et s.

[17] ***Atias,*** Droit civil, Les biens[2] (1991) p. 186; ***Carbonnier,*** Droit civil[13], Tome 3, Les Biens (1990) p. 196 et s.: Bei beweglichen Sachen geschieht dies etwa durch Dereliktion.; ***Lambert,*** Cours de droit civil, Droit du patrimoine (1971) p. 129; ***Malaurie – Aynès,*** Cours de droit civil, Les biens - La publicité foncière (1992) p. 131; ***Ortscheidt,*** La possession en droit civil français et allemand, Thèse (1977) p. 251: Ein eindeutiger Besitzverlust liegt etwa auch schon bei Verkauf der Sache vor.; ***Vouin,*** La bonne foi, Thèse (1939) p. 307 et s.

[18] ***Carbonnier,*** Droit civil[13], Tome 3, Les Biens (1990) p. 197; ***Mazeaud,*** Leçons de droit civil[7], Tome II, 2e vol., Biens: Droit de propriété et ses démembrements (1989) p. 210

Beispiele für die zweite Hypothese.[19] In beiden Fällen ändert sich nämlich die Qualität des Status - Inhaber wird Eigentümer bzw. *mutatis mutandis* Eigentümer wird Inhaber -, allerdings ohne durch einen nach außen erkennbaren Akt. Für die weiteren Betrachtungen ist daher in diesem Zusammenhang die Erkenntnis wichtig, daß ein Besitzkonstitut mit dem Besitz *corpore alieno* im Kauffall auf Seiten des Verkäufers für die Zeit zwischen dem Kaufvertrag und der Lieferung der Sache vorliegt.[20]

Neben der bereits erwähnten und sowohl wichtigsten als auch unumstrittensten Form des Besitzverlusts durch das gleichzeitige Fehlen oder die synchrone Aufgabe der Elemente *animus* und *corpus*, gibt es noch die Varianten, nur mehr über jeweils eines dieser Elemente zu verfügen.[21] Dabei ist zu klären, ob selbst dann noch Besitz vorliegt oder bereits der Mangel eines Elementes jedenfalls genügt, um zum Besitzverlust insgesamt zu führen. Verliert ein Besitzer den *animus rem sibi habendi* bei fortwährender tatsächlicher Sachherrschaft (*la maîtrise matérielle*), dann geht auch der Besitz insgesamt verloren. Wie bereits erwähnt trifft diese Konstellation etwa auf das Besitzkonstitut zu. In der diametral entgegengesetzten Fallkonstruktion der bloßen Beibehaltung des inneren Willens, die Sache als die Seine zu betrachten, ohne über die tatsächliche Sachherrschaft zu verfügen, kann der Besitz zumindest bei unbeweglichen Sachen auch *solo animo* aufrecht erhalten werden.[22] Diese zunächst dem Wortlaut der Bestimmungen des Code civil scheinbar widersprechende Ansicht wird allerdings durch die Judikatur und die Lehre bestätigt und hat außerdem

---

[19] ***Malaurie – Aynès,*** Cours de droit civil, Les biens - La publicité foncière (1992) p. 131; ***Mazeaud,*** Leçons de droit civil[7], Tome II, 2e vol., Biens: Droit de propriété et ses démembrements (1989) p. 210; ***Ortscheidt,*** La possession en droit civil français et allemand, Thèse (1977) p. 229

[20] ***Bufnoir,*** Propriété et contrat (1900) p. 41; ***Malaurie – Aynès,*** Cours de droit civil, Les biens - La publicité foncière (1992) p. 131; ***Ortscheidt,*** La possession en droit civil français et allemand, Thèse (1977) p. 245

[21] Durch die Aufgabe beider Elemente verliert etwa der Verkäufer, der die Sache tatsächlich übergeben hat, oder auch derjenige, der seine Sache endgültig aufgegeben hat, den Besitz.

[22] vgl. Civ. 3e, 9 juillet 1970, J.C.P. 1971, II., n° 16579, note G. Goubeaux = D. 1971. 111: La possession se conservant *solo animo*.

Alt-Maes, dans: Rev. trim. dr. civ., 1987, p. 21; ***Beudant,*** Cours de droit civil[2], Tome IV (1938) p. 725 et s.; ***Malaurie – Aynès,*** Cours de droit civil, Les biens - La publicité foncière (1992) p. 131; ***Massé – Vergé,*** Le droit civil français par K.-S. Zachariae, Tome 2 (1855) p. 82; ***Mazeaud,*** Leçons de droit civil[7], Tome II, 2e vol., Biens: Droit de propriété et ses démembrements (1989) p. 210 et s.; ***Ortscheidt,*** La possession en droit civil français et allemand, Thèse (1977) p. 229, 251: Bei beweglichen Sachen geht der Besitz jedenfalls damit verloren, die Aufrechterhaltung *solo animo* ist bei diesen Sachen nicht möglich.

die römische Tradition (*Licet possessio nudo animo adquirendi non potest, tamen solo animo retineri potest.*) auf ihrer Seite, wenigstens solange der ehemalige Besitzer gegen den vermeintlichen Besitz eines Dritten nicht innerhalb einer Jahresfrist protestiert.[23]

7.3. DIE RECHTLICHEN WIRKUNGEN DES BESITZES

7.3.1. ALLGEMEINES

Der Besitz als solcher - ohne vorweg näher auf seine Qualität einzugehen - produziert einige, zum Teil recht unterschiedliche, rechtliche Effekte. Er wird regelmäßig durch spezielle Klagen (Besitzschutzklagen oder auch possessorische Klagen) geschützt und sichert im Verfahren auf Herausgabe der Sache dem Besitzer die Rolle des Verteidigers mit allen damit verbundenen rechtlichen Vorteilen: *Actore non probante, reus absolvitur.* Er dient als Basis mehrerer Eigentumserwerbsarten (etwa Okkupation oder Ersitzung), weiters bewirkt er eine Vermutung des Rechts - bis zum Nachweis des Gegenteils - zugunsten des Besitzers und dient bei beweglichen Sachen nach art. 2279 C. civ. sogar als Eigentumstitel (*En fait de meubles, la possession vaut titre*). Er läßt außerdem einerseits den gutgläubigen Besitzer die Früchte erwerben und gewährt andererseits dem gutgläubigen Besitzer die Ersitzung mit verkürzten Fristen (*usucapion abrégée*).[24] Schließlich ist der Besitz auch die Voraussetzung für die 30-jährige Ersitzung, bei welcher nämlich außer dem Besitz als solchem weder ein Titel

---

[23] ***Malaurie – Aynès,*** Cours de droit civil, Les biens - La publicité foncière (1992) p. 131; ***Mazeaud,*** Leçons de droit civil[7], Tome II, 2e vol., Biens: Droit de propriété et ses démembrements (1989) p. 211; ***Ortscheidt,*** La possession en droit civil français et allemand, Thèse (1977) p. 251 et s.

[24] vgl. § 328 ABGB (Vermutung der Redlichkeit des Besitzes), § 1006 BGB (Eigentumsvermutung für Besitzer) sowie art. 641 bzw. 930 ZGB(Vermutung des Eigentums aus dem Besitz)

vgl. Req., 27 mars 1889, D. 1890. 413

Beudant, Cours de droit civil[2], Tome IV (1938) p. 727 et s.; ***Cornu,*** Droit civil, Introduction-Les personnes-Les biens[2] (1985) p. 432 et s.; ***Duranton,*** Cours de droit français suivant le Code civil[4], Tome 21 (1844) p. 281 et s.; ***Foignet,*** Manuel élémentaire de droit civil, Tome I, dix-huitième édition par Émile Dupont (1943) p. 581 et s.; ***Guigue,*** Droit civil, Les biens (1977) p. 65 et s.; ***Laurent,*** Principes de droit civil français[3], Tome 6 (1878) p. 105 et s.; ***Mazeaud,*** Leçons de droit civil[7], Tome II, 2e vol., Biens: Droit de propriété et ses démembrements (1989) p. 171 et s., 192 et s.; ***Siffrein,*** Oeuvres de Pothier, Tome 15 (1821) p. 57; ***Terré – Simler,*** Droit civil, Les biens[4] (1992) p. 46 et s.

noch Gutgläubigkeit gefordert wird.[25] Insgesamt erweist sich der Besitz somit im positiven französischen Recht als Erbe des römischen Rechts, da der Besitzer mit der Begründung geschützt ist, daß seine tatsächliche Situation sein Recht wahrscheinlich erscheinen läßt (*sa situation de fait rend son droit probable*).

7.3.2. BESITZ UND EIGENTUM

Ist es - im Bewußtsein der bereits erwähnten notwendigen Einheit von *corpus* und *animus* - demnach denkbar, daß der Besitz als bloßer Ausdruck einer faktischen Macht das Eigentum als Recht tangieren kann?[26] Die nur scheinbar rhetorische Frage ist mit der Einschränkung zu bejahen, daß dabei Besitz und Eigentum auseinanderfallen müssen. Sollten nämlich, wie in den meisten Fällen, Eigentum und Besitz in einer Person vereint sein (Besitzer ist auch Eigentümer und umgekehrt), so entsteht das Problem schon a priori nicht, auch wenn im Hintergrund natürlich der Besitz vom Eigentum rational zu unterscheiden ist.[27] Das Problem wird allerdings immer dann virulent, wenn der Besitz vom Eigentum getrennt ist, wie das etwa beim Diebstahl oder beim Erwerb vom Nichteigentümer (*a non domino*) gegeben ist. Der Dieb, der die gestohlene Sache behält, ist zwar Besitzer, aber nicht Eigentümer; der Bestohlene bleibt hingegen Eigentümer, er ist aber nicht mehr Besitzer.[28]

Der Besitz läßt als äußere Erscheinungsform eines Rechts das Eigentum, jedenfalls bis zum Gegenbeweis, beim Besitzer vermuten.[29] Mit dieser

---

[25] ***Laurent,*** Principes de droit civil français[3], Tome 32 (1878) p. 275

[26] ***Jestaz,*** dans: D. chr. 1984. 27

[27] ***Bergel,*** Le droit des biens[2] (1990) p. 99: Der Besitz als faktische Machtausübung muß nicht immer mit einem Recht zusammenfallen.; ***Beudant,*** Cours de droit civil[2], Tome IV (1938) p. 722; ***Carbonnier,*** Droit civil[13], Tome 3, Les Biens (1990) p. 193 et s.; ***Lambert,*** Cours de droit civil, Droit du patrimoine (1971) p. 129; ***Laurent,*** Principes de droit civil français[3], Tome 32 (1878) p. 268 et s.; ***Toullier,*** Le droit civil français suivant l'ordre du Code[5], Tome 3 (1839) p. 46 et s.

[28] ***Beudant,*** Cours de droit civil[2], Tome IV (1938) p. 722; ***Carbonnier,*** Droit civil[13], Tome 3, Les Biens (1990) p. 194; ***Lambert,*** Cours de droit civil, Droit du patrimoine (1971) p. 129

[29] vgl. Civ. 1re, 15 avril 1863, D. 1863. 396; Civ. 1re, 8 décembre 1987, D. Somm. 1989. 29, note A. Robert

Carbonnier, Droit civil[13], Tome 3, Les Biens (1990) p. 202; ***Cornu,*** Droit civil, Introduction-Les personnes-Les biens[2] (1985) p. 432; ***Lambert,*** Cours de droit civil, Droit du patrimoine (1971) p. 129; ***Mazeaud,*** Leçons de droit civil[7], Tome II, 2e vol., Biens: Droit de propriété et ses démembrements (1989) p. 208 et s.; ***Vouin,*** La bonne foi, Thèse (1939) p. 309

rechtlichen Vermutung ist auch - vom Gesetzgeber gewollt[30] - das prozessuale Verhältnis der Parteien in einem möglichen Vindikationsprozeß festgelegt. Der Besitzer genießt alle Vorteile, die der Stellung eines Beklagten immanent sind. Somit trifft denjenigen die Beweislast, der nicht besitzt, und die in Streit stehende Sache verbleibt bis zum Gegenbeweis oder bei allfälligen Zweifeln des angetretenen Beweises beim Besitzer, also beim Beklagten.[31]

Im Zusammenhang mit dem Eigentum gibt es zumindest zwei wesentliche Funktionen des Besitzes: die Erwerbs- und die Beweisfunktion. Die Veränderung des rechtlichen Status eines Eigentümers durch den Einfluß der bloß tatsächlichen Gewalt eines Besitzers kann im Extremfall zum Übergang des dinglichen Eigentumsrechts zum Nachteil des Eigentümers und zum Vorteil des Besitzers führen. Das ist im Fall des Erwerbs *a non domino* möglich und stellt die Erwerbsfunktion des Besitzes dar.[32] Das Gesetz läßt dabei durch Transformation des faktischen Besitzes in einen rechtlichen Status den Besitzer Eigentum an der besessenen Sache erwerben.[33] Im Verhältnis zwischen dem Titelträger des Eigentumsrechts selbst, also dem berechtigten Eigentümer, und dem Besitzer übernimmt der Besitz nicht mehr die Erwerbsfunktion, sondern bloß allgemeinen Rechtsgrundsätzen folgend eine Beweisfunktion. Der Besitz läßt beim Besitzer Eigentum aufgrund eines zum Eigentumsübergang geeigneten Titels jedenfalls bis zum Gegenbeweis vermuten.[34] Da sich ein solcher Eigentumsübergang auf eine rechtliche Beziehung der Beteiligten in der Form eines Titels (etwa eines Schenkungsvertrages oder eines Kaufvertrages) stützt,

---

[30] ***Carbonnier,*** Droit civil[13], Tome 3, Les Biens (1990) p. 202: Diese Vermutung findet keine ausdrückliche gesetzliche Deckung, obgleich die Gerichte bei beweglichen Sachen immer wieder art. 2279 C. civ. strapazieren. Sie ist aber im Prinzip logisch: Der Besitzende hat keinen Grund zu fordern bzw. zu klagen und kann daher in der Defensive bleiben.

[31] vgl. Civ. 1re, 15 avril 1863, D. 1863. 396

Carbonnier, Droit civil[13], Tome 3, Les Biens (1990) p. 202: *in pari causa melior causa possidentis.*; ***Cornu,*** Droit civil, Introduction-Les personnes-Les biens[2] (1985) p. 432; ***Guigue,*** Droit civil, Les biens (1977) p. 65; ***Lambert,*** Cours de droit civil, Droit du patrimoine (1971) p. 129 et s.; ***Mazeaud,*** Leçons de droit civil[7], Tome II, 2e vol., Biens: Droit de propriété et ses démembrements (1989) p. 208 et s.; ***Vouin,*** La bonne foi, Thèse (1939) p. 309

[32] ***Abdel-Baki,*** Du rôle de la possession en matière mobilière, Thèse (1943) p. 156; ***Lambert,*** Cours de droit civil, Droit du patrimoine (1971) p. 130

[33] ***Bergel,*** Le droit des biens[2] (1990) p. 100; ***Carbonnier,*** Droit civil[13], Tome 3, Les Biens (1990) p. 203

[34] vgl. Civ. 1re, 15 avril 1863, D. 1863. 396; Civ. 1re, 8 décembre 1987, D. Somm. 1989. 29, note A. Robert

Abdel-Baki, Du rôle de la possession en matière mobilière, Thèse (1943) p. 156 et s.

hat der Eigentümer für einen erfolgreichen Gegenbeweis das Fehlen eines solchen Titels schlüssig nachzuweisen.[35]

7.3.3. BESITZ UND ERSITZUNG

Schon aus der Definition der Ersitzung heraus ist klar, daß die Ersitzung ein Angriff auf die scheinbare Ewigkeit des Eigentums ist. Es kommt entweder zur Ersitzung, weil der Berechtigte sein Recht nicht ausübt (*prescription extinctive*), oder aber, weil ein anderer sich an seinen Platz setzt und gewisse Bedingungen erfüllt (*prescription acquisitive*). Das Eigentum erhebt zwar den Anspruch auf eine ewige Dauer, in Wahrheit verhält es sich aber anders.[36] Damit der Besitz zur Ersitzung des Eigentumsrechts führen kann, müssen mehrere Bedingungen erfüllt sein. Hier seien nur einige Stichworte genannt: Ablauf einer Ersitzungsfrist zwischen 10 bzw. 20 und 30 Jahren[37], fehlerfreier Besitz im Sinne der Definition durch art. 2229 C. civ.[38], gültiger und zur Eigentumsübertragung geeigneter Titel sowie unbedingte Gutgläubigkeit im Falle der verkürzten 10- bzw. 20-jährigen Ersitzung. Selbst derjenige, dem jede Gutgläubigkeit fehlt, kann zumindest nach Verstreichen einer Frist von 30 Jahren rechtsgültig ersitzen. Das gilt für Besitzer beweglicher und unbeweglicher Sachen gleichermaßen.[39]

7.3.4. BESITZ UND SONSTIGE DINGLICHE RECHTE

Der Besitz sonstiger dinglicher Rechte wird im französischen Recht *quasi-possession* genannt. Zur Begriffsbestimmung bedarf dieser Besitz im Vergleich zu jenem vor dem Hintergrund des Eigentumsrechts einiger juristischer Adaptierungen. Der *corpus* muß sich in der Setzung materieller Akte zur Nutzung des Rechts, wie etwa durch das Einbringen der Ernte oder das Kassieren der Mieten, verwirklichen. Der *animus* muß sich hingegen nicht im Willen, sich als Eigentümer zu gerieren, sondern im Willen, ein sonstiges dingliches Recht an einer Sache eines anderen recht-

---

[35] ***Abdel-Baki,*** Du rôle de la possession en matière mobilière, Thèse (1943) p. 156; ***Lambert,*** Cours de droit civil, Droit du patrimoine (1971) p. 130

[36] ***Jestaz,*** dans: D. chr. 1984. 27

[37] vgl. art. 2265 und 2281 C. civ.

[38] vgl. Kapitel 7.4.

[39] ***Guigue,*** Droit civil, Les biens (1977) p. 79; ***Mazeaud,*** Leçons de droit civil[7], Tome II, 2e vol., Biens: Droit de propriété et ses démembrements (1989) p. 192; ***Ortscheidt,*** La possession en droit civil français et allemand, Thèse (1977) p. 184, 504

mäßig auszuüben, manifestieren. Davon ist eine "bloß tolerierte Wohltat" zu unterscheiden.[40] Eine besondere Stellung nimmt der Fruchtgenußberechtigte ein, der die ihm zur Verfügung gestellte Sache vom Eigentümer erhalten haben muß, dem gegenüber er zur Herausgabe der Sache nach art. 2236 al. 2 C. civ. verpflichtet ist. Trotzdem ist er aber Besitzer eines sonstigen dinglichen Rechts.[41]

7.4. DER FEHLERFREIE BESITZ

Der fehlerfreie Besitz (*la possession utile*) wird dem fehlerhaften Besitz (*la possession vicieuse*) gegenübergestellt. Der fehlerfreie Besitz wird durch art. 2229 C. civ. definiert, der gleichzeitig auch die Basis für eine rechtmäßige Ersitzung und für die Berechtigung zur Einbringung von possessorischen Klagen bildet.[42] Damit der Besitz qualifziert ist, als Grundlage für einen Eigentumserwerb zu dienen, muß er demgemäß folgenden Kriterien - formuliert als Gegensätze von Mängeln, die seine mögliche Fehlerhaftigkeit begründen können - entsprechen. Der Besitz muß fortwährend und nicht unterbrochen (absolute Mängel), rechtmäßig erlangt und äußerlich erkennbar (relative Mängel), sowie einwandfrei sein. Er muß sich weiters auf einen Titel stützen, der zur Eigentumsübertragung geeignet ist.[43] Der fehlerfreie Besitz fordert per se keine Gutgläubigkeit.[44]

---

[40] ***Ortscheidt,*** La possession en droit civil français et allemand, Thèse (1977) p. 34; ***Troplong,*** Le droit civil expliqué suivant l'ordre des articles du Code[5], Tome 1 (1856) p. 375

[41] ***Carbonnier,*** Droit civil[13], Tome 3, Les Biens (1990) p. 200 et s.; ***Foignet,*** Manuel élémentaire de droit civil, Tome I, dix-huitième édition par Émile Dupont (1943) p. 573

[42] Vgl. für Österreich die Frage des echten und unechten Besitzes in den §§ 345 ff ABGB und für Deutschland die §§ 858 ff BGB (Fehlerhaftigkeit des Besitzes).

art. 2229 C. civ.: Il faut une possession continue et non interrompue, paisible, publique, non équivoque, et à titre de propriétaire.

Carbonnier, Droit civil[13], Tome 3, Les Biens (1990) p. 197: *utile ad usucapionem.*; ***Cornu,*** Droit civil, Introduction-Les personnes-Les biens[2] (1985) p. 433; ***Malaurie – Aynès,*** Cours de droit civil, Les biens - La publicité foncière (1992) p. 131; ***Mazeaud,*** Leçons de droit civil[7], Tome II, 2e vol., Biens: Droit de propriété et ses démembrements (1989) p. 186

[43] ***Atias,*** Droit civil, Les biens[2] (1991) p. 187; ***Bergel,*** Le droit des biens[2] (1990) p. 101; ***Carbonnier,*** Droit civil[13], Tome 3, Les Biens (1990) p. 197 et s.; ***Colin – Capitant,*** Traité de droit civil, Tome 1 (1953) p. 1076; ***Dupont Delestraint,*** Droit civil, Les biens[9] (1987) p. 52 et s.; ***Lambert,*** Cours de droit civil, Droit du patrimoine (1971) p. 131 et s.; ***Malaurie – Aynès,*** Cours de droit civil, Les biens - La publicité foncière (1992) p. 131; ***Mazeaud,*** Leçons de droit civil[7], Tome II, 2e vol., Biens: Droit de propriété et ses

Die möglichen Mängel unterscheiden sich nach ihrer Reichweite. Dabei kann ein absoluter Mangel von jedem geltend gemacht werden, der an seiner Feststellung ein Interesse hat, während ein relativer Mangel nur von jenem geltend gemacht werden kann, der wirklich unmittelbar davon betroffen ist.

Bevor auf die Qualitätsmerkmale im einzelnen eingegangen wird, muß vorausgeschickt werden, daß die Kriterien zwei (*non interrompue*)[45] und sechs (*à titre de propriétaire*) offensichtlich nur durch einen Fehler in art. 2229 C. civ. gerutscht sein können. Im ersten Fall ist der Besitz nämlich nicht fehlerhaft, sondern verloren, es liegt überhaupt kein Besitz mehr vor. Im zweiten Fall existiert zwar eine tatsächliche Sachherrschaft über die Sache, bei Fehlen des notwendigen subjektiven Elements in Form des *animus domini* handelt es sich allerdings nicht um einen bloß fehlerhaften Besitz, sondern nur um Innehabung (*détention précaire*) mit einem Willen, der für den Besitz jedenfalls nicht ausreichend ist.[46]

Der Besitz muß fortwährend sein, er darf sich also nicht in zeitlich beschränkten Handlungen erschöpfen, wobei der Maßstab der Nähe zur Sache vom Umfang des Gebrauchs der Sache abhängt. Der Besitz muß zu jeder Zeit und bei allen Anlässen ausgeübt werden, wo er ausgeübt werden sollte.[47] Rechtmäßig erlangt ist ein Besitz nur dann, wenn er nicht durch verbotene Eigenmacht (direkte Gewalt oder Gewaltandrohung) erlangt wurde, äußerlich erkennbar ist er weiters, wenn er sich auch für jeden Außenstehenden deutlich manifestiert[48], was im Falle beweglicher Sachen naturgemäß schwieriger ist als bei unbeweglichen. Schließlich tritt noch die Bewertung des Besitzverhältnisses hinzu. Das Besitzverhältnis muß demnach einwandfrei und klar sein. Der Besitzer darf keine Zweifel darüber aufkommen lassen, daß er die Handlungen im Bezug auf die Besitzsache mit dem Willen eines Besitzers - gestützt auf den Titel Besitz - setzt. Er darf andere keinesfalls glauben lassen, daß sich seine Handlungen auf

---

démembrements (1989) p. 186 et s.; ***Ortscheidt,*** La possession en droit civil français et allemand, Thèse (1977) p. 182; ***Zenati,*** Les biens (1988) p. 317 et s.

44 ***Dupont Delestraint,*** Droit civil, Les biens[9] (1987) p. 53

45 vgl. art. 2243 C. civ.

46 ***Carbonnier,*** Droit civil[13], Tome 3, Les Biens (1990) p. 197 et s.; ***Ortscheidt,*** La possession en droit civil français et allemand, Thèse (1977) p. 182 et s.

47 ***Atias,*** Droit civil, Les biens[2] (1991) p. 187: *une activité régulière*; ***Bergel,*** Le droit des biens[2] (1990) p. 101; ***Carbonnier,*** Droit civil[13], Tome 3, Les Biens (1990) p. 198; ***Dupont Delestraint,*** Droit civil, Les biens[9] (1987) p. 52

48 Damit ist der Besitz auch geeignet, als Grundlage für eine Ersitzung zu dienen.

einen anderen Titel stützen.[49] Ein Besitz, der nicht über alle vorgenannten Qualitäten verfügt, ist fehlerhaft und daher ungeeignet, in der Folge zum Eigentumserwerb zu führen.[50]

7.5. DER GUTGLÄUBIGE BESITZ

Bei der Beurteilung der Gutgläubigkeit des Besitzes in Rom zeigt sich eine erste Abkehr vom sonst so strikten Formalismus. Der gute Glaube (*bona fides*) wird bald als eine objektivierte Regel anerkannt und gepflegt, als simple juristische Übersetzung wirtschaftlicher und sozialer Notwendigkeiten des Handelsverkehrs.[51] Im alten französischen Recht hatte der gute Glaube (*bonne foi*) nur die Bedeutung von Redlichkeit (*loyauté*) bei gleichzeitigem Fehlen von List und Betrug (*dol et fraude*). Seine Stellung war daher dementsprechend schwach, bis sich die Gutgläubigkeit als objektive Schranke der vertraglichen Freiheit der Parteien und der Autonomie der Willenserklärungen etablieren konnte.[52]

Der gutgläubige Besitz (*possession de bonne foi*) wird vom Besitz wider Treu und Glauben (*possession de mauvaise foi*) durch einen Vergleich der art. 549 und 550 bzw. 2265 C. civ. deutlich unterschieden.[53] Der Besitzer ist dann gutgläubig, wenn er zu Unrecht glaubt, Eigentümer geworden zu sein, weil er die Mängel des Übertragungsaktes (*un titre d'acquisition* oder präziser *un acte juridique translatif de propriété*) - zumeist das fehlende Recht des Veräußerers - nicht kannte, er also glauben konnte, mit dem wirklichen Eigentümer zu kontrahieren. Umgekehrt ist er bösgläubig, wenn er weiß, daß er wegen der ihm bekannten Fehler des Besitzes nicht Eigentümer geworden ist.[54] Der gutgläubige Besitzer darf

---

[49] ***Atias,*** Droit civil, Les biens[2] (1991) p. 187; ***Bergel,*** Le droit des biens[2] (1990) p. 101; ***Carbonnier,*** Droit civil[13], Tome 3, Les Biens (1990) p. 198; ***Dupont Delestraint,*** Droit civil, Les biens[9] (1987) p. 53; ***Zenati,*** Les biens (1988) p. 317 et s.

[50] ***Atias,*** Droit civil, Les biens[2] (1991) p. 187; ***Bergel,*** Le droit des biens[2] (1990) p. 101; ***Mazeaud,*** Leçons de droit civil[7], Tome II, 2e vol., Biens: Droit de propriété et ses démembrements (1989) p. 191

[51] ***Vouin,*** La bonne foi, Thèse (1939) p. 30

[52] ***Vouin,*** La bonne foi, Thèse (1939) p. 30: "Guter Glaube" bedeutet in der deutschen Rechtsordnung bloß die entschuldbare Unkenntnis etwa im Anwendungsbereich der Ersitzung, während "Treu und Glauben" als Ausdruck der Redlichkeit und des reziproken Vertrauens schon eher dem französischen *bonne foi* entspricht.

[53] vgl. auch § 326 ABGB (Definition des redlichen und unredlichen Besitzers)

[54] vgl. Req., 3 mars 1896, D. 1897. 495; Paris, 17 mars 1954, J.C.P. 1954, IV., p. 92 ***Abdel-Baki,*** Du rôle de la possession en matière mobilière, Thèse (1943) p. 240 et s.; ***Beudant,*** Cours de droit civil[2], Tome IV (1938) p. 751 et s.; ***Carbonnier,*** Droit civil[13], Tome 3, Les Biens (1990) p. 199 et s., 361; ***Foignet,*** Manuel élémentaire de droit civil,

die einmal gezogenen Früchte behalten.[55] Manchmal schafft die Jurisprudenz aber Grauzonen, wodurch die sehr pragmatische Abgrenzung der Gutgläubigkeit Schattierungen erhält. Der Erwerber ist demgemäß bei beweglichen Sachen trotz seiner prinzipiellen Gutgläubigkeit nicht vor Herausgabeansprüchen des Eigentümers geschützt, wenn er es angesichts der Natur oder des Wertes der Sache bzw. der Umstände des Geschäfts verabsäumt hat, Informationen über die Identität des Veräußerers und Erkundigungen über den Ursprung des behaupteten Eigentums einzuholen.[56] Die fehlende Mängelkenntnis darf keinesfalls auf grobe Fahrlässigkeit zurückzuführen sein.[57]

Beim Besitz zeigt die Gutgläubigkeit ihre volle Wirkung. Aus dem bloß tatsächlichen Zustand des Besitzes kann die Gutgläubigkeit des Besitzers den konkreten Rechtszustand des Eigentums entstehen lassen: Der Besitz als materieller Ausdruck des Eigentumsrechts.[58] Der gutgläubige Besitz spielt eine zentrale Rolle beim Eigentumserwerb. Er führt zum unmittelbaren Eigentumserwerb bei beweglichen Sachen, die dem Regime von art. 2279 C. civ. unterliegen, bei unbeweglichen Sachen verkürzt er die notwendige Ersitzungsfrist auf 10 bzw. 20 Jahre. Jeder andere Besitz, das heißt auch der bösgläubige, führt über die Ersitzung zum Eigentums-

---

Tome I, dix-huitième édition par Émile Dupont (1943) p. 582; ***Guigue,*** Droit civil, Les biens (1977) p. 65 et s.; ***Malaurie – Aynès,*** Cours de droit civil, Les biens - La publicité foncière (1992) p. 157: Die Gutgläubigkeit ist mit dem Begriff des Zweifels inkompatibel.; ***Mazeaud,*** Leçons de droit civil[7], Tome II, 2e vol., Biens: Droit de propriété et ses démembrements (1989) p. 191 et s.; ***Ortscheidt,*** La possession en droit civil français et allemand, Thèse (1977) p. 461 et s.

[55] ***Bugnet,*** Oeuvres de Pothier, Tome 3 (1861) p. 135; ***Beudant,*** Cours de droit civil[2], Tome IV (1938) p. 751; ***Foignet,*** Manuel élémentaire de droit civil, Tome I, dixhuitième édition par Émile Dupont (1943) p. 582: Diese Regel war bereits in Rom bekannt.

[56] vgl. Req., 3 mars 1896, D. 1897. 495; Civ. 1re, 22 mai 1906, D.P. 1906. 1. 351; Civ. 1re, 13 janvier 1965, Bull. civ. I., n° 35, p. 26; Civ. 1re, 2 février 1965, Bull. civ. I., n° 92, p. 69; Civ. 1re, 16 juin 1971, D. 1971. 556 = Rev. trim. dr. civ., 1972, p. 153

Abdel-Baki, Du rôle de la possession en matière mobilière, Thèse (1943) p. 242; ***Carbonnier,*** Droit civil[13], Tome 3, Les Biens (1990) p. 361; ***Margellos,*** La protection du vendeur à crédit d'objets mobiliers corporels à travers la clause de réserve de propriété (1989) p. 209 et s.

[57] ***Abdel-Baki,*** Du rôle de la possession en matière mobilière, Thèse (1943) p. 245; ***Koziol – Welser,*** Grundriß des bürgerlichen Rechts[10], Band II (1996) 23: Gemäß § 326 ABGB genügt in Österreich einer umstrittenen Meinung zufolge bereits leichte Fahrlässigkeit zum Ausschluß der Redlichkeit. Es gibt aber auch Meinungen, die die Redlichkeit erst bei grober Fahrlässigkeit oder gar erst bei subjektivem Wissen ausschließen.

[58] ***Carbonnier,*** Droit civil[13], Tome 3, Les Biens (1990) p. 194; ***Vouin,*** La bonne foi, Thèse (1939) p. 303 et s.

erwerb nach 30 Jahren (vgl. art. 2262 C. civ.). Daneben ist die Gutgläubigkeit auch bei der Beurteilung, welche Aufwendungen für die Sache der Eigentümer dem Besitzer vergüten muß, von Bedeutung.[59]

7.6. DER BESITZSCHUTZ

7.6.1. ALLGEMEINES

Auch wenn der Besitzer in Wirklichkeit nicht der Träger jenes dinglichen Rechts ist, das er rechtmäßig auszuüben vorgibt, und sich daher dem tatsächlich Berechtigten widersetzt, so ist er dennoch im Sinne der Aufrechterhaltung der öffentlichen Ordnung und im Sinne der bestmöglichen wirtschaftlichen Nutzung des Gutes als primär schutzwürdig einzustufen.[60] Der Besitzer ist daher vor Selbstjustiz zu schützen, wobei selbst eine mögliche kurzfristige Ungerechtigkeit dem Chaos vorzuziehen ist.[61] Beides ist auch für *Savigny* Grund genug, possessorische Klagen zuzulassen, während *Ihering* die Begründung in der sichtbaren Außenwirkung des Besitzes sieht.[62] *Abdel-Baki* schließt sich dieser Meinung an: Hinter der äußeren Erscheinungsform des Besitzes verbirgt sich in der Regel ein Recht, nämlich das Eigentum, das tatsächlich schützenswert ist.[63]

---

[59] ***Beudant,*** Cours de droit civil², Tome IV (1938) p. 749 et s.; ***Carbonnier,*** Droit civil¹³, Tome 3, Les Biens (1990) p. 202 et s.; ***Cornu,*** Droit civil, Introduction-Les personnes-Les biens² (1985) p. 433 et s.; ***Guigue,*** Droit civil, Les biens (1977) p. 65, 79; ***Vouin,*** La bonne foi, Thèse (1939) p. 304

[60] ***Carbonnier,*** Droit civil¹³, Tome 3, Les Biens (1990) p. 201; ***Mazeaud,*** Leçons de droit civil⁷, Tome II, 2ᵉ vol., Biens: Droit de propriété et ses démembrements (1989) p. 167, 171 et s.; ***Terré – Simler,*** Droit civil, Les biens⁴ (1992) p. 47

[61] Das deutsche Zivilrecht kennt allerdings in § 859 BGB die Selbsthilfe des Besitzers. Demnach "darf sich der Besitzer verbotener Eigenmacht (im Sinne von § 858 BGB) mit Gewalt erwehren". Außerdem darf der Besitzer die Sache "dem auf frischer Tat betroffenen oder verfolgten Täter mit Gewalt wieder abnehmen". Eine weniger drastische Regelung der Selbsthilfe kennt auch das österreichische Recht in § 344 ABGB (iVm § 19 leg. cit.). Dabei ist die (angemessene) offensive Selbsthilfe restriktiv zu interpretieren.

Bergel, Le droit des biens² (1990) p. 99; ***Bufnoir,*** Propriété et contrat (1900) p. 377; ***Carbonnier,*** Droit civil¹³, Tome 3, Les Biens (1990) p. 201; ***Terré – Simler,*** Droit civil, Les biens⁴ (1992) p. 47

[62] ***Abdel-Baki,*** Du rôle de la possession en matière mobilière, Thèse (1943) p. 3; ***Carbonnier,*** Droit civil¹³, Tome 3, Les Biens (1990) p. 211; ***Mazeaud,*** Leçons de droit civil⁷, Tome II, 2ᵉ vol., Biens: Droit de propriété et ses démembrements (1989) p. 167; ***Terré – Simler,*** Droit civil, Les biens⁴ (1992) p. 47

[63] ***Abdel-Baki,*** Du rôle de la possession en matière mobilière, Thèse (1943) p. 3: *La visibilité de la propriété.*

Dazu ein Beispiel der französischen Rechtsprechung zum Thema Selbstjustiz. Der Verkäufer eines Autos, das noch nicht zur Gänze bezahlt ist, nimmt das Auto während einer Abwesenheit des Käufers wieder an sich und verkauft es sofort an einen gutgläubigen Dritten. Das Gericht hat die (petitorische) Klage auf Herausgabe der Sache des ersten Erwerbers gegen den zweiten gemäß art. 2279 al. 2 C. civ. mit der Begründung abgewiesen, daß der behauptete Diebstahl durch den ursprünglichen Eigentümer mangels des Nachweises der betrügerischen bzw. arglistigen Intentionen nicht als erfolgt anzusehen ist. Er konnte sich nämlich im Recht glauben, das Auto wegen des Ausbleibens der restlichen Zahlung wieder an sich nehmen zu dürfen, nachdem er einen Großteil der bereits erhaltenen Zahlungen wieder zurückgegeben hatte.[64]

Der französische Gesetzgeber hat sich also folgerichtig entschlossen, den faktischen Zustand des Besitzes zu akzeptieren und ihm vorerst - jedenfalls aber bis zum Gegenbeweis - den Vorrang gegenüber einer Wiederherstellung des rechtlich korrekten Verhältnisses durch Rückgabe der Sache an den Eigentümer einzuräumen.[65] Die positivrechtlichen Bestimmungen finden sich - in Ergänzung zu art. 2228 C. civ. - in den erst 1975 dem Code civil angefügten Artikeln 2282 und 2283 unter der Überschrift *De la protection possessoire.*[66] Dabei sind die possessorischen Klagen für den Besitz, was die petitorischen für das Eigentum sind.[67]

7.6.2. POSSESSORISCHE KLAGEN

Die traditionell bekannte Unterscheidung possessorischer und petitorischer Klagen findet sich im französischen Zivilrecht der Gegenwart nur eingeschränkt wieder, da possessorische Klagen nur hinsichtlich unbeweglicher Sachen möglich sind.[68] Der Leitsatz für bewegliche Sachen (*En fait*

---

[64] vgl. Civ. 1re, 27 février 1980, I.R. 1980. 419 = Bull. civ. I., n° 70, p. 57

[65] ***Bergel,*** Le droit des biens[2] (1990) p. 99; ***Carbonnier,*** Droit civil[13], Tome 3, Les Biens (1990) p. 202; ***Lambert,*** Cours de droit civil, Droit du patrimoine (1971) p. 131; ***Vouin,*** La bonne foi, Thèse (1939) p. 305 et s.: Der Besitzschutz hängt ex lege nicht von der Gutgläubigkeit des Besitzers ab.

[66] ***Carbonnier,*** Droit civil[13], Tome 3, Les Biens (1990) p. 193: Loi n°75-596 du 9 juillet 1975.

[67] ***Beudant,*** Cours de droit civil[2], Tome IV (1938) p. 62

[68] ***Adam,*** De l'influence de la maxime "Res mobilis, res vilis" sur le Code civil, Thèse (1901) p. 191; ***Bergel,*** Le droit des biens[2] (1990) p. 118; ***Beudant,*** Cours de droit civil[2], Tome IV (1938) p. 754 et s.; ***Carbonnier,*** Droit civil[13], Tome 3, Les Biens (1990) p. 203; ***Foignet,*** Manuel élémentaire de droit civil, Tome I, dix-huitième édition par Émile Dupont (1943) p. 595; ***Mazeaud,*** Leçons de droit civil[7], Tome II, 2e vol., Biens: Droit

de meubles, la possession vaut titre) bewirkt für einen Großteil dieser Güter eine gewisse Identifikation von Besitz und Eigentum und verhindert selbständige possessorische Klagen.[69] Im Gegensatz dazu war es in Rom selbstverständlich, auch in Bezug auf bewegliche Sachen possessorische und petitorischen Klagen zuzulassen. Das Eigentum war vom Besitz getrennt, das Herausgabeverlangen auch gegenüber einem gutgläubigen Besitzer möglich.[70] Die Besitzschutzklagen in Frankreich sind in ihrer Ausgestaltung den römischen Interdikten zumindest ähnlich.[71] Die possessorischen und petitorischen Begehren können in Frankreich niemals in

---

de propriété et ses démembrements (1989) p. 171 et s.; ***Ortlieb,*** De la collatio en droit romain / Des effets de la possession des meubles dans le droit français, ancien et moderne, Thèse (1871) p. 117, 164; ***Raynaud,*** De l'usucapion des meubles en droit romain et de la règle "En fait de meubles possession vaut titre" en droit français, Thèse (1873) p. 246 et s.; ***Toutain,*** Droit romain - De l'interdit utrubi / Droit français - De la possession des meubles, Thèse (1888) p. 114, 193

[69] ***Bergel,*** Le droit des biens[2] (1990) p. 118; ***Beudant,*** Cours de droit civil[2], Tome IV (1938) p. 754: Bei beweglichen Sachen werden die possessorischen von den petitorischen Klagen absorbiert.; ***Bufnoir,*** Propriété et contrat (1900) p. 411; ***Foignet,*** Manuel élémentaire de droit civil, Tome I, dix-huitième édition par Émile Dupont (1943) p. 595; ***Fournier,*** De la possession des meubles en droit romain et de la règle "En fait de meubles possession vaut titre" en droit français, Thèse (1876) p. 256; ***Ortlieb,*** De la collatio en droit romain / Des effets de la possession des meubles dans le droit français, ancien et moderne, Thèse (1871) p. 117; ***Raynaud,*** De l'usucapion des meubles en droit romain et de la règle "En fait de meubles possession vaut titre" en droit français, Thèse (1873) p. 120: Im älteren französischen Recht wurde auch für bewegliche Sachen die *réintegrande* zugelassen. Weil diese Klage allerdings zunehmend als Ableger der *action en complainte* gesehen wurde, wurde die Zulassung selbständiger possessorischer Klagen für bewegliche Sachen schließlich gänzlich verweigert.; aA***Renaud,*** dans: Rev. lég., 1845. 1. 371 unter Verweis auf die ursprünglich vermeintlich gewährten Klagen *réintegrande* und *complainte*; ***Saint Germès,*** De l'influence de la valeur des meubles sur le Code civil français, les lois qui l'ont complété et la jurisprudence, Thèse (1926) p. 56; ***Vouin,*** La bonne foi, Thèse (1939) p. 306 et s.

[70] ***Adam,*** De l'influence de la maxime "Res mobilis, res vilis" sur le Code civil, Thèse (1901) p. 191; ***Mazeaud,*** Leçons de droit civil[7], Tome II, 2e vol., Biens: Droit de propriété et ses démembrements (1989) p. 199; ***Ortlieb,*** De la collatio en droit romain / Des effets de la possession des meubles dans le droit français, ancien et moderne, Thèse (1871) p. 58 et s.; ***Renaud,*** dans: Rev. lég., 1845. 1. 371; ***Saint Germès,*** De l'influence de la valeur des meubles sur le Code civil français, les lois qui l'ont complété et la jurisprudence, Thèse (1926) p. 56; ***Toutain,*** Droit romain - De l'interdit utrubi / Droit français - De la possession des meubles, Thèse (1888) p. 113

[71] vgl. für den Besitzschutz §§ 339-343 ABGB (iVm §§ 454 ff ZPO), §§ 858 ff BGB sowie auch art. 929 ZGB

Mazeaud, Leçons de droit civil[7], Tome II, 2e vol., Biens: Droit de propriété et ses démembrements (1989) p. 171 et s.; ***Toutain,*** Droit romain - De l'interdit utrubi / Droit français - De la possession des meubles, Thèse (1888) p. 113 et s.

einer Klage gemeinsan formuliert und vorgebracht werden.[72] Dazu kommt noch der unterschiedliche Status des Besitzers. Im possessorischen Verfahren ist der Besitzer nämlich Kläger, im petitorischen Verfahren hingegen Beklagter.[73] Außerdem gibt es für beide Verfahren unterschiedliche Gerichtszuständigkeiten. In Frankreich ist für das possessorische Verfahren das *tribunal d'instance*, für das petitorische Verfahren hingegen das *tribunal de grande instance* zuständig.[74]

Für die possessorischen Klagen[75] *complainte* (eine Besitzstörung wird bereits ausgeübt) und *dénonciation de nouvel oeuvre* (nach Fertigstellung einer in Arbeit befindlichen Einrichtung ist ein massiver Eingriff in den ruhigen Besitzstand zu erwarten) ist es bloß erforderlich, daß der Kläger die Sache seit mindestens einem Jahr besitzt. Die dritte possessorische Klage, nämlich die *réintégrande*, ist jenen Besitzern vorbehalten, die ihren Besitzstatus dadurch verloren haben, daß ihnen die Sache durch eine Tätlichkeit - gewaltsam oder nicht - weggenommen wurde. Dabei ist es unerheblich, wie lange der Besitzer die Sache bereits besessen hat.[76] Die drei genannten possessorischen Klagen sind aber nur Spielarten des allgemein in den art. 2282 und 2283 C. civ. geregelten Besitzschutzes.[77] Die einjährige Frist für die Einbringung einer possessorischen Klage beginnt mit dem Tag zu laufen, an dem der Besitz gestört wurde.[78]

---

[72] art. 1264 nouv. C. proc. civ.: La protection possessoire et le fonds du droit ne sont jamais cumulés.

Mazeaud, Leçons de droit civil[7], Tome II, 2e vol., Biens: Droit de propriété et ses démembrements (1989) p. 202 et s.

[73] ***Bergel,*** Le droit des biens[2] (1990) p. 119; ***Ortscheidt,*** La possession en droit civil français et allemand, Thèse (1977) p. 380

[74] ***Bergel,*** Le droit des biens[2] (1990) p. 119; ***Mazeaud,*** Leçons de droit civil[7], Tome II, 2e vol., Biens: Droit de propriété et ses démembrements (1989) p. 202

[75] ***Cornu,*** Droit civil, Introduction-Les personnes-Les biens[2] (1985) p. 433: *Possessio ad interdicta.*

[76] ***Bergel,*** Le droit des biens[2] (1990) p. 121 et s.; ***Duranton,*** Cours de droit français suivant le Code civil[4], Tome 21 (1844) p. 282; ***Foignet,*** Manuel élémentaire de droit civil, Tome I, dix-huitième édition par Émile Dupont (1943) p. 595; ***Laurent,*** Principes de droit civil français[3], Tome 32 (1878) p. 274; ***Mazeaud,*** Leçons de droit civil[7], Tome II, 2e vol., Biens: Droit de propriété et ses démembrements (1989) p. 204 et s.; ***Terré – Simler,*** Droit civil, Les biens[4] (1992) p. 47; ***Vouin,*** La bonne foi, Thèse (1939) p. 309

[77] ***Cornu,*** Droit civil, Introduction-Les personnes-Les biens[2] (1985) p. 433

[78] vgl. Civ. 3e, 29 avril 1986, J.C.P. 1986, IV., p. 187

[33]Mit großer Macht gaben die Apostel Zeugnis von der Auferstehung des Herrn Jesus [Christus], und große Gnade ruhte auf ihnen allen. [34]Denn kein Notleidender war unter ihnen. Alle nämlich, die Grundstücke oder Häuser besaßen, verkauften sie und brachten den Erlös vom Verkauften [35]und legten ihn zu den Füßen der Apostel, und es wurde einem jeden zugeteilt, je nachdem einer bedürftig war.

Apg 4, 33-35

8. EIGENTUM

8.1. DAS EIGENTUM ALS RECHT

Das Eigentumsrecht ist der Ausfluß des Phänomens Rarheit. Es ist unvermeidbar, daß um den Zugang zu und die Verwendung von begrenzten Ressourcen ein wirtschaftlicher Wettbewerb stattfindet. Die Aufgabe des Rechts - und insbesondere der Eigentumsregeln - ist es, die Bedingungen dieses Wettbewerbs zu definieren und für eine möglichst friedvolle Abwicklung Sorge zu tragen. Es kann keine menschliche Gesellschaft ohne festgelegte Eigentumsregeln, die das Verhältnis der Menschen zu den Sachen organisieren, relativ friktionsfrei existieren.[1] Für die Herstellung einer authentischen sozialen Ordnung sind die Garantien der Freiheit der Person und des privaten Eigentums unerläßliche Elemente.[2] Das Eigentum muß für alle gleich sein, es darf keine Unterschiede nach Stand, Alter, Reichtum oder persönlicher Stärke machen. Nicht einmal juristische bzw. natürliche Personen werden beim Eigentum technisch ungleich behandelt.[3]

---

1 ***Atias,*** Le droit civil[2] (1985) p. 90; ***Berthu - Lepage,*** La propriété c'est l'envol ... vers la prospérité (1986) p. 13, 117; ***Bouglé - Moysset,*** Oeuvres complètes de P.-J. Proudhon (1938) p. 131; ***Challaye,*** Histoire de la propriété[6] (1967) p. 90 unter Bezugnahme auf Gottlieb Fichte (*1762 und =1814, Schüler von Kant): Der Staat ist der Beschützer der Freiheit und damit des Eigentums, wozu ein Vertrag zwischen den Menschen notwendig ist.; ***Ewald,*** Naissance du Code civil, La raison du législateur (1989) p. 276

2 ***Attali,*** Au propre et au figuré. Une histoire de la propriété (1988) p. 9; ***Ewald,*** Naissance du Code civil, La raison du législateur (1989) p. 276: Die wirkliche Freiheit erwirbt man nur, wenn man die Unabhängigkeit opfert.; ***Salleron,*** Diffuser la propriété (1964) p. 10

3 ***Atias,*** Droit civil, Les biens[2] (1991) p. 74

Beim Eigentumsrecht ist es wesentlich, daß seine Regelungsdichte so gewählt wird, daß sie ein totalitäres, alles regelndes und Freiheitsrechte auf ein Minimum einschränkendes Regime nicht zuläßt. Das Eigentumsrecht muß gerade soviel regeln als notwendig ist, um Interferenzen verschiedenartiger Zugriffswillen hintanzuhalten und die Zahl möglicher Konflikte zu reduzieren.[4] Dabei sollte der Gesetzgeber nicht als Besserwisser auftreten, sondern seine Interventionen auf die Tätigkeiten gleich jenen eines Schiedsrichters zur Aufrechterhaltung des allgemein Besten beschränken.[5] Das Eigentum prosperiert nur in einer stabilen Ordnung. Es fordert daher unbedingten Schutz gegenüber Passionen wie Neid, die es in Gefahr bringen könnten.[6]

Berthu–Lepage treten der weitverbreiteten und ihrer Meinung nach vollkommen falschen These entgegen, daß sich Eigentum in seiner ursprünglichsten Form auf Diebstahl gründete und dort seine tatsächlichen Wurzeln liegen würden. Derartige Überlegungen setzten nämlich voraus, daß es sich um eine ressourcenmäßig erschöpfte Welt - wie sie *Rousseau*[7] beschreibt - handelt. Das, was sich die einen aneignen, wird notwendigerweise den anderen entrissen. Richtig ist hingegen, daß die Summe der Güter ständig steigt, und die materielle Welt als solche einer steten Expansion unterliegt.[8] Für *Attali* steht fest, daß es das private Eigentum deswegen immer geben wird, weil es den Menschen ermöglicht, ihrem größten Traum - nämlich ewig zu leben - ein wenig näher zu kommen. Um "anzudauern" eignen sie sich die Sachen anderer an, um diesen so ihre Kräfte und damit ihr Leben zu nehmen, in der Hoffnung, dadurch selbst länger bestehen zu können. Die Menschen leben dabei nach dem Motto: Man ist,

---

[4] ***Berthu – Lepage,*** La propriété c'est l'envol ... vers la prospérité (1986) p. 117; ***Challaye,*** Histoire de la propriété[6] (1967) p. 90; ***Coste-Floret,*** La nature juridique de droit de propriété d'après le Code civil et depuis le Code civil, Thèse (1935) p. 218

[5] ***Ewald,*** Naissance du Code civil, La raison du législateur (1989) p. 279

[6] ***Martin,*** dans: Rev. trim. dr. civ., 1975, p. 52; ***Vachet,*** L'idéologie libérale, L'individu et sa propriété (1970) p. 246

[7] Jean-Jacques Rousseau, *1712 und =1778

[8] ***Berthu – Lepage,*** La propriété c'est l'envol ... vers la prospérité (1986) p. 113; ***Bouglé – Moysset,*** Oeuvres complètes de P.-J. Proudhon (1938) p. 110, 126, 200: Auch *Leroux* hat die Ansicht vertreten, daß es zwei Arten von Eigentum gibt. Das gute Eigentum behält dabei den Namen *propriété*, während das schlechte Eigentum *vol* genannt wird. *Proudhon* selbst setzt diese Meinung weiter um: *La possession est un bien, mais la propriété est un vol! La propriété, c'est le vol.* Für diese strikten Ansichten war *Proudhon* bekannt und angefeindet.; ***Challaye,*** Histoire de la propriété[6] (1967) p. 92 et s.: vgl. Salleron; ***Jansse,*** La propriété, Le régime des biens dans les civilisations occidentales (1958) p. 13: Der Autor nennt *Brissot* und vor allem *Pierre-Joseph Proudhon* (*1809 und =1865) als Vertreter der "Diebstahlstheorie".; ***Salleron,*** Diffuser la propriété (1964) p. 212

was man hat.[9] Ein Indiz für die Richtigkeit dieser Ansicht ist darin zu sehen, daß die Realisierung individuellen Eigentums zunächst an persönlichen Dingen wie Waffen, Schmuck oder Kleidung möglich war. Diese Sachen wurden dann nach dem Tod des Berechtigten diesem teilweise als Grabbeigaben mitgegeben. Der Tod konnte somit das unmittelbare Verhältnis zu den "eigenen" Sachen nicht endgültig brechen.[10] Für *Vachet* ist das Eigentum der Stamm eines Baumes, dessen Äste die verschiedenen Kulturen sowie die politischen und sozialen Institutionen sind. Das Eigentum scheint daher für die menschliche Entwicklung unerläßlich.[11] Schließlich sieht *Proudhon* in der Verbindung zwischen den Menschen und den Sachen eine solche Nähe, daß er sie mit folgenden Worten beschreibt: *Celui qui exploite mon champ est comme celui qui me ferait travailler moi-même; donc il me doit récompense.*[12]

8.2. DIE THEORIEN ZUM EIGENTUM

Die Theorien zum Eigentum sind eigentlich Theorien zur Freiheit. Dabei lassen sich im wesentlichen zwei politische Philosophien unterscheiden, nämlich die liberale (jene des klassischen Liberalismus) und die sogenannte nicht-liberale oder positivistische (jene des Sozialismus, der Sozialdemokratie oder auch nahezu jeder Mischform des heutigen Liberalismus in entwickelten Staaten).[13] Neben diesen Theorien werden aber auch andere - von *Thomas von Aquin* über *Rousseau* bis *Romieu* - in dieser Arbeit Erwähnung finden. Dabei scheint ein gemeinsamer Ansatz bei allen Theorien zum Eigentum (Eigentumsrecht) erkennbar zu sein. Die Gleichheit der Menschen in Bezug auf das Recht wird getrübt durch die tatsächlich sich ergebende Ungleicheit, weil alle Menschen nicht über dieselben physischen und intellektuellen Fähigkeiten verfügen. Es gibt daher natürliche Unterschiede. In der Art allerdings, wie diese Differenzen erklärt werden, unterscheiden sich die im folgenden erläuterten Theorien wieder.[14]

---

[9] ***Attali,*** Au propre et au figuré. Une histoire de la propriété (1988) p. 12 et s.
[10] ***Patault,*** Introduction historique au droit des biens (1989) p. 279
[11] ***Vachet,*** L'idéologie libérale, L'individu et sa propriété (1970) p. 500
[12] ***Bouglé – Moysset,*** Oeuvres complètes de P.-J. Proudhon (1938) p. 80
[13] ***Lepage,*** Pourquoi la propriété (1985) p. 414
[14] ***Ewald,*** Naissance du Code civil, La raison du législateur (1989) p. 275: Der Ausgleich natürlicher Ungleichheiten erfolgt über Tugenden wie Menschlichkeit oder Mitleid.; ***Fenet,*** Recueil complet des travaux préparatoires du Code civil, Tome 11 (1836) p. 157; ***Vachet,*** L'idéologie libérale, L'individu et sa propriété (1970) p. 328 et s., 332

8.2.1. THEORIE VON THOMAS VON AQUIN

Die These von *Thomas von Aquin*[15] basiert auf der Unterscheidung zwischen Naturrecht und positivem Recht. Das Eigentumsrecht selbst ist Ausfluß des Naturrechts.[16] Dabei hat für ihn und die meisten anderen katholischen Theologen einzig Gott - als Erschaffer aller Güter - das wahre Eigentum. Das private Eigentum ist bloß die Macht, die Gott den Menschen gelassen hat, um die Güter nützen zu können. Das private Eigentum hat in dieser Konzeption bloß den Charakter eines Fruchtgenusses. Da jeder mit seinen eigenen Gütern sorgsamer umgeht als mit denen anderer Personen, präsentiert sich dieses System des privaten Eigentums als optimale Lösung zur größtmöglichen Nutzung der Güter im allgemeinen und zur Aufrechterhaltung des Friedens unter den Menschen.[17] Der Reiche ist verpflichtet, andere an seinem Vermögen teilhaben zu lassen, der Austausch von Hilfeleistungen ist dabei die Basis eines sozialorientierten Gebäudes und rechtfertigt die ungleiche Vermögensverteilung unter den Menschen.[18]

8.2.2. LIBERALE THEORIE

Die Freiheit ist primär ein individuelles Konzept, von ihr sind alle anderen Menschenrechte abzuleiten.[19] Frei zu sein bedeutet in Opposition zur Versklavung vollkommene Selbstbestimmung (*s'autodéterminer*) und damit Herr (*maître* bzw. *propriétaire*) über sich selbst zu sein: Freiheit als Naturrecht des Menschen, so wie es auch die französische Verfassung der

---

[15] Thomas von Aquin, *1226 und =1274
Carbonnier, Droit civil[13], Tome 3, Les Biens (1990) p. 129; ***Coste-Floret***, La nature juridique de droit de propriété d'après le Code civil et depuis le Code civil, Thèse (1935) p. 210 et s.: Die Thesen von Aquin haben Eingang in die Enzyklika *Rerum novarum* (1891) von Papst Leo XIII. und in die Enzyklika *Quadragesimo Anno* von Papst Pius XI. gefunden.

[16] ***Coste-Floret***, La nature juridique de droit de propriété d'après le Code civil et depuis le Code civil, Thèse (1935) p. 210 et s.; ***Martin***, dans: Rev. trim. dr. civ., 1975, p. 52; ***Toullier***, Le droit civil français suivant l'ordre du Code[5], Tome 1 (1839) p. 226 et s.

[17] ***Challaye***, Histoire de la propriété[6] (1967) p. 55 et s.; ***Coste-Floret***, La nature juridique de droit de propriété d'après le Code civil et depuis le Code civil, Thèse (1935) p. 213 et s., 217; ***Vachet***, L'idéologie libérale, L'individu et sa propriété (1970) p. 231

[18] ***Challaye***, Histoire de la propriété[6] (1967) p. 55 et s.; ***Coste-Floret***, La nature juridique de droit de propriété d'après le Code civil et depuis le Code civil, Thèse (1935) p. 257: Der Eigentümer muß von seinem Vermögen einen sozialen Gebrauch machen.

[19] ***Koubi***, Propriété & Révolution (1990) p. 66

fünften Republik vorsieht.[20] Die politische Definition von Freiheit, wonach eine Person nur dann wirklich frei ist, wenn die anderen ihre Rechte gewissenhaft respektieren, impliziert unweigerlich die Anerkennung von individuellem Eigentum im engeren Sinn.[21] Niemand hat das Recht, uns zu einem aktiven Tun zu zwingen oder von einer Handlung abzuhalten.[22]

Vier einander gleichgestellte und auch gleichwertige Kategorien von Freiheiten können nach dieser Konzeption unterschieden werden. Persönliche Freiheiten - wie etwa das Recht auf privates Eigentum -, rechtliche Freiheiten, wirtschaftliche Freiheiten und schließlich noch politische Freiheiten, die die individuellen Freiheiten gegen das Monopol staatlichen Zwangs schützen sollen.[23] Vor diesem Hintergrund sind die Begriffe Freiheit und Eigentum für einen liberalen Theoretiker Zwillinge. Beide bedingen einander in ihrer Existenz, frei zu sein und Eigentümer zu sein sind also Synonyme.[24] Der allgemein als Begründer der liberalen Philosophie des Eigentums anerkannte *John Locke*[25] hat seine Ideen am Ende des 17. Jahrhunderts entwickelt.[26] In einem Zustand der natürlichen Freiheit, die expressis verbis keine Anarchie repräsentiert, sind die Menschen frei und einander gleichgestellt. Dennoch respektieren sie einen natürlichen moralischen Kodex auf der Basis ihrer Vernunft. Dieser als *The Law of Nature* bezeichnete Kodex verpflichtet jeden.[27] So stellt *Locke* das Recht

---

[20] ***Berthu – Lepage,*** La propriété c'est l'envol ... vers la prospérité (1986) p. 66 et s.;

[21] ***Lepage,*** Pourquoi la propriété (1985) p. 50, 414 et s.: Am Ende des 13. und am Beginn des 14. Jahrhunderts tritt erstmals jene Vision von Eigentum nach außen in Erscheinung, die dem Code civil als Grundlage dient: *droit individualiste* und *droit naturel*.; ***Multzer,*** La propriété sans le vol (1945) p. 49 et s.

[22] ***Berthu – Lepage,*** La propriété c'est l'envol ... vers la prospérité (1986) p. 66 et s.; ***Jansse,*** La propriété, Le régime des biens dans les civilisations occidentales (1958) p. 159

[23] ***Berthu – Lepage,*** La propriété c'est l'envol ... vers la prospérité (1986) p. 67; ***Lepage,*** Pourquoi la propriété (1985) p. 415 et s. mit einem Zitat von Gottfried Dietze: "Die Freiheit im engeren Sinn kann mit einem Baum verglichen werden, die vier genannten Freiheiten mit dessen Ästen. Schneidet man zuviele Äste ab, so wird der Stamm bald faulen. Schneidet man den Stamm um, so werden die Äste sterben."

[24] ***Berthu – Lepage,*** La propriété c'est l'envol ... vers la prospérité (1986) p. 68; ***Jansse,*** La propriété, Le régime des biens dans les civilisations occidentales (1958) p. 145; ***de Lanversin,*** La propriété. Une nouvelle règle du jeu? (1975) p. 134; ***Lepage,*** Pourquoi la propriété (1985) p. 24, 76, 417; ***Vachet,*** L'idéologie libérale, L'individu et sa propriété (1970) p. 311, 314

[25] John Locke, *1632 und =1704

[26] ***Attali,*** Au propre et au figuré. Une histoire de la propriété (1988) p. 9, 275 et s.: Spätestens seit *Locke* wissen wir, daß Eigentum und Demokratie zwei voneinander nicht zu trennende Konzepte darstellen.; ***Lepage,*** Pourquoi la propriété (1985) p. 66: *John Locke - Second Traité sur le gouvernement civil (1690)*

[27] ***Vachet,*** L'idéologie libérale, L'individu et sa propriété (1970) p. 203

auf Eigentum auf eine Stufe mit dem Recht auf Leben an sich und dem Recht auf Freiheit. Er geht davon aus, daß am Beginn der Welt Gott den Menschen einen "allgemeinen Fruchtgenuß" an allen Sachen gegeben hat. Wie erklärt er dann allerdings in der Folge die Transformation von kollektivem Eigentum in privates Eigentum unter Ausschluß der anderen, das heißt der Nichtberechtigten? Die Antwort darauf ist, daß es zumindest eine Form des Eigentums gibt, deren Legitimität niemand bestreiten könnte, nämlich das Eigentum eines jeden an seiner - Körper, Handlungen, Gedanken und Glauben umfassenden - Person (*self-property*). Diesen Ansatz, der bereits von *Grotius*[28] und anderen Autoren der Renaissance[29] hinreichend dargestellt wurde, führt *Locke* weiter aus.

Aus dem Eigentum an seiner Person entspringt das Konzept, daß jedermann Eigentümer seiner Arbeit und damit Eigentümer der Ergebnisse und Früchte seiner Arbeit sowie in der Folge Eigentümer von allem ist, was mit Arbeit im weiteren Sinn zu tun hat. Durch die Arbeit hat jeder Mensch das Recht, Sachen aus dem bislang kollektiven Eigentum für sich persönlich zu reklamieren. Die Arbeit determiniert das Recht auf privates Eigentum. Der Mensch ist Eigentümer, weil er Arbeiter ist, er ist Arbeiter, um Eigentümer zu sein. Die menschliche Arbeitskraft schafft und limitiert zugleich das Eigentum.[30] Damit die Eigentumsrechte wirkungsvoll geschützt sind, haben die Menschen ein Interesse daran, durch Vertrag einen Staat zu gründen, dessen einzige Aufgabe in der Aufrechterhaltung des Naturrechts besteht. Dieses Recht gilt für Normunterworfene und Normgebende in gleichem Maße als oberstes zu beachtendes Gebot. *Locke* nennt in diesem Zusammenhang die Demokratie als eine geeignete Staatsform,

---

[28] *Grotius* und *Puffendorf* - unter dem Einfluß des rationalistischen Naturrechts der Aufklärung des 18. Jahrhunderts - werden als die Protagonisten des Eigentumsüberganges *solo consensu* bezeichnet. Das Eigentum als Recht bedarf keines materiellen Aktes.

Bufnoir, Propriété et contrat (1900) p. 40; ***Ghestin,*** Les obligations, Le contrat (1980) p. 28 et s.; ***Laurent,*** Principes de droit civil français[3], Tome 16 (1878) p. 417 et s.; ***Marcadé,*** Explication théorique et pratique du Code Napoléon[5], Tome 3 (1852) p. 3 et s.; ***Troplong,*** Le droit civil expliqué suivant l'ordre des articles du Code[5], Tome 1 (1856) p. 48; ***Waelbroeck,*** Le transfert de la propriété dans la vente d'objets mobiliers corporels en droit comparé (1961) p. 168

[29] ***Multzer,*** La propriété sans le vol (1945) p. 50: Die Renaissance ist die Zeit der Entdeckung des Menschen als Person und der Wiederbesinnung auf humanistische Bildungsgrundsätze.

[30] ***Attali,*** Au propre et au figuré. Une histoire de la propriété (1988) p. 275 et s.; ***Challaye,*** Histoire de la propriété[6] (1967) p. 73, 90 et s.; ***Koubi,*** Propriété & Révolution (1990) p. 29, 74 et s.; ***Lepage,*** Pourquoi la propriété (1985) p. 67 et s.; ***Vachet,*** L'idéologie libérale, L'individu et sa propriété (1970) p. 294 et s., 476 et s.

weil sie allen Beteiligten über einen sozialen Vertrag ermöglicht, an den Entscheidungen gleichberechtigt mitzuwirken.[31]

8.2.3. THEORIE VON ROUSSEAU

Rousseau nimmt mit seinem Werk *Contrat social* eine Position ein, die meiner Meinung nach die klassisch liberale Eigentumstheorie mit der strikt positivistischen verbindet. *Koubi* nennt diese Position *conception volontariste*, also eine auf Freiwilligkeit beruhende Konzeption des Eigentums.[32] Demnach existiert das Eigentum nicht schon in der Natur selbst, es ist vielmehr das Resultat einer sozialen Vereinbarung (*convention sociale*) und daher auf eine freiwillige Basis gestellt. *Rousseau* geht mit *Locke* konform, indem auch er den Menschen zuerkennt, daß sie durch Arbeit eine gewisse Einflußnahme auf die Produkte der Natur und des Bodens gewinnen können. Dabei kommt der Gemeinschaft die Aufgabe zu, durch Gesetz für die ordnungsgemäße Organisation Sorge zu tragen und dem privaten Eigentum zugunsten des sozialen Eigentums Grenzen zu setzen. In einem Staat mit ziviler Ordnung werden alle Rechte durch Gesetze bestimmt.[33]

8.2.4. POSITIVISTISCHE THEORIE

Die nicht-liberale oder auch positivistische Theorie sieht die Grundlage jedes Rechts der Menschen in Gesetzen. Menschen haben nicht von Natur aus Rechte, ihre Rechte sind ausschließlich gesetzliche Kreationen, das positive Recht regelt alles. In diesem Sinn sind Menschen nur insoweit frei, als sie keine den Gesetzen widersprechenden Handlungen setzen. Der Status der Freiheit wird nur erlangt, wenn kein wie immer geartetes Gesetz verletzt wird. Die Wesenselemente dieser Theorie sind somit der Respekt bestehender Gesetze und die absolute Gesetzmäßigkeit menschlichen

---

[31] ***Attali,*** Au propre et au figuré. Une histoire de la propriété (1988) p. 279; ***Koubi,*** Propriété & Révolution (1990) p. 29

[32] ***Koubi,*** Propriété & Révolution (1990) p. 30

[33] ***Koubi,*** Propriété & Révolution (1990) p. 30; ***Laurent,*** Principes de droit civil français[3], Tome 6 (1878) p. 122; ***Martin,*** dans: Rev. trim. dr. civ., 1975, p. 52; ***Vachet,*** L'idéologie libérale, L'individu et sa propriété (1970) p. 231 et s.: *La propriété ne peut être fondée que sur un titre positif. Il est nécessaire que la propriété privée soit limitée au profit de la propriété sociale.*

Handelns.[34] Vertreter dieser philosophischen Gedanken waren etwa der Engländer *Bentham* oder der Franzose *Robespierre*.[35]

In Ergänzung der Freiheiten im Sinne der liberalen Theorie rundet die positivistische Theorie ihre Kategorieneinteilung mit Einführung der sozialen Rechte als fünfte Kategorie ab.[36] Soziale Rechte oder wohl gegenwärtig besser als Leistungsrechte bezeichnete Rechte sind solche, die einer notwendigen umverteilenden Intervention des Staates zwischen jenen, die zahlen können, und jenen, die empfangen, entspringen. Daneben erscheinen Eigentumsrechte und wirtschaftliche Freiheiten mehr und mehr sekundär zu werden. Die positivistische Theorie läßt Eigentum zur bloßen Funktion werden, Eigentum als Recht in der Form eines individuellen Attributs jedes Menschen hört auf zu bestehen.[37] Der Eigentümer ist nach *Nory* oder *Duguit* bloßer Funktionär bzw. Inhaber, von der Gemeinschaft beauftragt, einen Teil des gemeinsamen Reichtums (*richesse commune*) zu verwalten, und verpflichtet, diesen Teil in der für alle profitabelsten Form zu nutzen.[38] Jedes Mitglied der Gesellschaft erfüllt daher eine seinem Platz entsprechende soziale Funktion. Im Gegenzug dafür gewährt die Gesellschaft jenen, die ihre Aufgabe zufriedenstellend erfüllen, ihren Schutz.[39]

Gegen diese apodiktischen Aussagen setzen sich einige zur Wehr. Das Eigentum ist keine soziale Funktion, das Eigentum hat bloß eine soziale Funktion.[40] Die wahre Freiheit ist allerdings die Demokratie.[41] Vor

---

[34] ***Berthu – Lepage,*** La propriété c'est l'envol ... vers la prospérité (1986) p. 69; ***Challaye,*** Histoire de la propriété[6] (1967) p. 76; ***Lepage,*** Pourquoi la propriété (1985) p. 417 et s.

[35] Jeremy Bentham, *1748 und =1832 ("Das Übel bekämpfen und die allgemeine Wohlfahrt fördern.") bzw. Maximilien Robespierre, *1758 und =1794

Halpérin, L'impossible Code civil (1992) p. 128; ***Ourliac – de Malafosse,*** Histoire du droit privé, Tome II, Les biens (1961) p. 172

[36] ***Challaye,*** Histoire de la propriété[6] (1967) p. 106; ***Lepage,*** Pourquoi la propriété (1985) p. 436: Die Theorie vom Eigentum als Recht mit sozialen Funktionen entwickelt sich in Frankreich Mitte des 19. Jahrhunderts.; ***Nory,*** Le droit de propriété et l'intérêt général, Thèse (1923) p. 11

[37] ***Berthu – Lepage,*** La propriété c'est l'envol ... vers la prospérité (1986) p. 70 et s.; ***Lepage,*** Pourquoi la propriété (1985) p. 419 et s.

[38] ***Coste-Floret,*** La nature juridique de droit de propriété d'après le Code civil et depuis le Code civil, Thèse (1935) p. 66; ***Duguit,*** Les transformations générales du droit privé depuis le Code Napoléon[2] (1920) p. 158: *Auguste Comte* hat diese Idee im 19. Jahrhundert entwickelt und in seinem Buch *Système de politique positive* festgehalten.; ***Nory,*** Le droit de propriété et l'intérêt général, Thèse (1923) p. 11

[39] ***Coste-Floret,*** La nature juridique de droit de propriété d'après le Code civil et depuis le Code civil, Thèse (1935) p. 67

[40] aA***Atias,*** Droit civil, Les biens[2] (1991) p. 59: Selbst die Einräumung einer abgeschwächten sozialen Funktion des Eigentums stünde im Widerspruch zur rechtlichen Definition des Eigentums.; ***Challaye,*** Histoire de la propriété[6] (1967) p. 106; ***Coste-***

diesem Hintergrund erscheint auch der berühmte Leviathan von *Hobbes* als souveräne Institution mit der Macht, Rechte einzuschränken, also über das Monopol der Definition des privaten Eigentumsrechts zu verfügen, etwas verständlicher. Der soziale Friede einer durch Anspruchskämpfe geteilten Gesellschaft mit beschränkten Ressourcen ist nur dann wiederherzustellen, wenn es eine über allen stehende Macht gibt.[42]

8.2.5. THEORIE VON ROMIEU

Das private Eigentum ist nach dieser Theorie keineswegs der menschlichen Natur immanent, es ist also kein Naturrecht wie etwa die Freiheit. Das Eigentum ist vielmehr von den Menschen geschaffen, also ein mehr oder weniger künstliches Gebilde. Wie die Religion, so entsteht das Eigentum bei zivilisierten Völkern eines bestimmten Entwicklungsgrades ganz von selbst. Das Eigentum ist eine wirtschaftliche Tatsache (*fait économique*). Einmal eingeführt, ist das Eigentum nicht mehr aus der menschlichen Gesellschaft wegzudenken, ebensowenig wie die Luft oder das Licht. Eine Niederschlagung des Eigentums hätte bloß den Effekt, daß es quasi im nächsten Moment - vielleicht unter geänderten Zugriffsberechtigten und -möglichkeiten - wieder neu entstehen würde.[43]

8.3. DIE DEFINITION DES EIGENTUMSRECHTS

8.3.1. ALLGEMEINES

Als Einstieg sollen jene Bestimmungen des *Code civil* zitiert werden, die eine Legaldefinition des Eigentums enthalten:

art. 537 al. 1er C. civ.: *Les particuliers ont la libre disposition des biens qui leur appartiennent, sous les modifications établies par les lois.*

Floret, La nature juridique de droit de propriété d'après le Code civil et depuis le Code civil, Thèse (1935) p. 71; ***Larroumet,*** Droit civil[2], Tome II (1988) p. 99 et s.; ***Mazeaud,*** Leçons de droit civil[7], Tome II, 2e vol., Biens: Droit de propriété et ses démembrements (1989) p. 15 et s.

[41] ***Lepage,*** Pourquoi la propriété (1985) p. 419

[42] ***Attali,*** Au propre et au figuré. Une histoire de la propriété (1988) p. 273 et s.; ***Lepage,*** Pourquoi la propriété (1985) p. 424; ***Vachet,*** L'idéologie libérale, L'individu et sa propriété (1970) p. 228

[43] ***Romieu,*** La propriété, Ses rapports avec l'État, la société et l'individu, Thèse (1923) p. 4 et s., 12: Im Rahmen seiner Dissertation versucht er, eine weitere Theorie der Entwicklungsgeschichte des Eigentums darzustellen.

art. 544 C. civ.: *La propriété est le droit de jouir et disposer des choses de la manière la plus absolue, pourvu qu'on n'en fasse pas un usage prohibé par les lois ou par les règlements.*[44]

art. 545 C. civ.: *Nul ne peut être contraint de céder sa propriété, si ce n'est pour cause d'utilité publique, et moyennant une juste et préalable indemnité.*[45]

Durch diese Normen definiert erscheint das Eigentum als das kompletteste dingliche Recht - absolut gegenüber jedermann und direkt auf eine Sache bezogen -, das seinem Inhaber als individueller Person alle Gewalt über die Sache als Rechtsobjekt einräumt.[46] An dieser Stelle

---

[44] ***Atias,*** Le droit civil[2] (1985) p. 91 et s.: Das Eigentumsrecht ist nicht - wie etwa in der Feudalherrschaft - relativ zu einem anderen Recht. So läßt sich der Superlativ sinnvoll erklären.; ***Carbonnier,*** Droit civil[13], Tome 3, Les Biens (1990) p. 122: Es gibt zwei textliche Abschnitte mit der Zäsur bei *pourvu que.* Eine Erweiterung um die Begriffe *exclusif* und *perpétuel* wäre wünschenswert gewesen, *disposer* wurde gewählt, um *abuser* - schon 1804 negativ besetzt - zu vermeiden.; ***Chauffardet,*** Le problème de la perpétuité de la propriété, Etude de sociologie juridique et de droit positif, Thèse (1933) p. 119: Der Text widerspricht sich selbst, indem der Definition eines absoluten Rechts die Wendung *pourvu que* nachgestellt wird.; ***Coste-Floret,*** La nature juridique de droit de propriété d'après le Code civil et depuis le Code civil, Thèse (1935) p. 49; ***Desqueyrat,*** La propriété. Ce qu'elle est, ce qu'elle doit être (1939) p. 36: Die Wortfolge *des choses* gehörte durch *de son patrimoine* ersetzt.; ***Foignet,*** Manuel élémentaire de droit civil, Tome I, dix-huitième édition par Émile Dupont (1943) p. 549 et s.; ***Frébault,*** Un droit inviolable et sacré, La propriété (1991) p. 13: Ist der Superlativ *la plus absolue* wirklich zielführend?; ***Jansse,*** La propriété, Le régime des biens dans les civilisations occidentales (1958) p. 161: *Un exclusivisme empêchant le retour des divisions médiévales des droits sur les choses.*; ***Lambert,*** Cours de droit civil, Droit du patrimoine (1971) p. 102: Der Superlativ soll die Absolutheit des Eigentums noch besser illustrieren.; ***de Lanversin,*** La propriété. Une nouvelle règle du jeu? (1975) p. 37: Der Pleonasmus läßt sich mit dem unbedingten Willen des Gesetzgebers erklären, den Eigentumsschutz möglichst perfekt erscheinen zu lassen.; ***Multzer,*** La propriété sans le vol (1945) p. 11: Das absolut scheinende Eigentum wird relativiert und der Willkür des Gesetzgebers unterworfen.; ***Nory,*** Le droit de propriété et l'intérêt général, Thèse (1923) p. 14: Der Artikel beinhaltet mit *pourvu que* ein notwendiges Element der Relativität.; ***Romieu,*** La propriété, Ses rapports avec l'État, la société et l'individu, Thèse (1923) p. 131: Eigentum als Naturrecht - dieses Dogma wurde durch die Textierung des art. 544 C. civ. positivrechtlich perfekt umgesetzt.; ***Vareilles-Sommières,*** dans: Rev. trim. dr. civ., 1905, p. 443: *La propriété est un pouvoir absolu qui n'est point absolu.*

[45] ***Frébault,*** Un droit inviolable et sacré, La propriété (1991) p. 102: Aus der Begriffsgruppe *nécessité publique* ist im Laufe der Zeit *utilité publique* geworden.; ***Nory,*** Le droit de propriété et l'intérêt général, Thèse (1923) p. 30 et s. mit einem Vergleich von *nécessité* und *utilité*

[46] ***Atias,*** Droit civil, Les biens[2] (1991) p. 60 et s.; ***Carbonnier,*** Droit civil[13], Tome 3, Les Biens (1990) p. 121, 124; ***Challaye,*** Histoire de la propriété[6] (1967) p. 82; ***Demolombe,*** Cours de Code Napoléon[5], Tome IX (1876) p. 462; ***Imbert,*** Histoire du

scheint es daher der unmittelbaren Vergleichbarkeit wegen geboten, die entsprechenden Bestimmungen in den Rechtsordnungen der Schweiz, Deutschlands und Österreichs zu zitieren:

art. 641 ZGB:(1) *Wer Eigentümer einer Sache ist, kann in den Schranken der Rechtsordnung über sie nach seinem Belieben verfügen.* (2) *Er hat das Recht, sie von jedem, der sie ihm vorenthält, herauszuverlangen und jede ungerechtfertigte Einwirkung abzuwehren.*

§ 903 BGB: *Der Eigentümer kann, soweit nicht das Gesetz oder Rechte Dritter entgegenstehen, mit der Sache nach Belieben verfahren und andere von jeder Einwirkung ausschließen.*

§ 354 ABGB: *Als ein Recht betrachtet, ist Eigentum das Befugnis, mit der Substanz und den Nutzungen einer Sache nach Willkür zu schalten, und jeden andern davon auszuschließen.*

§ 362 ABGB: *Kraft des Rechtes, frei über sein Eigentum zu verfügen, kann der vollständige Eigentümer in der Regel seine Sache nach Willkür benützen oder unbenützt lassen; er kann sie vertilgen, ganz oder zum Teile auf andere übertragen, oder unbedingt sich derselben begeben, das ist, sie verlassen.*

§ 363 Abs. 1 ABGB: *Überhaupt findet die Ausübung des Eigentumsrechtes nur insofern statt, als dadurch weder in die Rechte eines Dritten ein Eingriff geschieht, noch die in den Gesetzen zur Erhaltung und Beförderung des allgemeinen Wohles vorgeschriebenen Einschränkungen übertreten werden.*

Nach der Zitierung der französischen Eigentumsdefinition im Vergleich mit einigen ausgewählten anderer Länder erscheint es für die wietere Arbeit wichtig zu sein, die sprachliche Entwicklung des Eigentumsbegriffes in Frankreich kurz darzustellen. In der Entwicklung des römisch-byzantinischen Rechts ist - in Nachfolge der Begriffe *dominium* bzw. *dominus* (abgeleitet von *domus*) - der lateinische Ausdruck *proprietas*

---

droit privé[7] (1992) p. 87; ***Jansse,*** La propriété, Le régime des biens dans les civilisations occidentales (1958) p. 13: Der *Dictionnaire de l'Académie Française* definiert das Eigentum wie folgt: *La propriété est le droit, le titre en vertu duquel une chose appartient en propre à quelqu'un.*; ***Lambert,*** Cours de droit civil, Droit du patrimoine (1971) p. 99, 102; ***Massé – Vergé,*** Le droit civil français par K.-S. Zachariae, Tome 2 (1855) p. 50 et s.; ***Mazeaud,*** Leçons de droit civil[7], Tome II, 2e vol., Biens: Droit de propriété et ses démembrements (1989) p. 9 et 13; ***Morin,*** Le droit privé français au milieu du XXe siècle II, Etudes offertes à Georges Ripert, Le sens de l'évolution contemporaine du droit de propriété (1950) p. 5; ***Morin,*** La révolte des faits contre le Code (1920) p. VII; ***Multzer,*** La propriété sans le vol (1945) p. 91: *Le droit de l'article 544 est un droit de l'individu et de l'individu seul.;* ***Sacco,*** dans: Rivista di diritto civile, 1979 - n°4, p. 442

entstanden. Das davon abstammende französische Eigenschaftswort *propre* für den individuellen Besitz drückt das Gegenteil von gemeinsam (*communio* oder französisch *commun*) im Sinne eines kollektiven Eigentums aus und suggeriert damit zum einen die hinter dem Eigentum stehende Idee einer persönlichen Zugehörigkeit einer Sache und zum anderen den Exklusivitätscharakter unter Ausschluß aller anderen Personen.[47] In der französischen Literatur hat es selbst Untersuchungen gegeben, wonach das Eigentumsrecht als solches das einzige dingliche Recht sei, alle im traditionellen Sinn als beschränkt dingliche Nutzungsrechte an fremden Sachen bezeichneten Rechte hingegen nur obligatorische Rechte darstellen würden.[48] Durch den zweiten Halbsatz in art. 544 C. civ. ist jedoch bei aller auch noch gegenwärtig gerechtfertigter Absolutheit des Eigentums genügend Flexibilität gegeben, damit sich das Eigentumsrecht ohne eine Änderung de lege lata den geänderten sozialen und wirtschaftlichen Rahmenbedingungen anpassen kann.[49]

8.3.2. BESCHRÄNKUNGEN

Für die Verfasser des Code civil galt es, die persönliche Freiheit zu garantieren. Vor diesem Hintergrund ist auch die ausgeprägte Souveränität des Eigentums sowie das Prinzip der umfassenden Vertragsfreiheit im französischen Zivilrecht zu sehen.[50] Bei ihren Bemühungen um die ge-

---

[47] ***Beudant***, Cours de droit civil², Tome IV (1938) p. 273; ***Bouglé – Moysset***, Oeuvres complètes de P.-J. Proudhon (1938) p. 84; ***Carbonnier***, Droit civil¹³, Tome 3, Les Biens (1990) p. 122; ***Duguit***, Les transformations générales du droit privé depuis le Code Napoléon² (1920) p. 152; ***Lepage***, Pourquoi la propriété (1985) p. 13 et s.; ***Mazeaud***, Leçons de droit civil⁷, Tome II, 2ᵉ vol., Biens: Droit de propriété et ses démembrements (1989) p. 9; ***Vareilles-Sommières***, dans: Rev. trim. dr. civ., 1905, p. 443; ***Zenati***, Les biens (1988) p. 106

[48] ***Dabin***, dans: Rev. trim. dr. civ., 1962, p. 20 et s.; ***Ginossar***, Droit réel, propriété et créance. Elaboration d'un système rationnel des droits patrimoniaux (1960) p. 3 et s., 70 et s., 114 et s.: Der Begriff des dinglichen Rechts hat sich im Lauf der Zeit gewandelt. War für die Klassiker und deren Definition des dinglichen Rechts noch entscheidend, daß es gegenüber einer Sache (lateinisch *res* und daher abgeleitet französisch *droit réel*) ausgeübt wurde, so ist es nunmehr durch den Umstand gekennzeichnet, daß es als absolutes Recht gegenüber jedermann gilt.

[49] ***Larroumet***, Droit civil², Tome II (1988) p. 108; ***Martin***, dans: Rev. trim. dr. civ., 1975, p. 52

[50] So ist es auch zu verstehen, daß die drei Bücher des Code civil wie folgt beannt sind: Livre Premier - *Des personnes*, Livre Deuxième - *Des biens et des différentes modifications de la propriété*, Livre Troisième - *Des différentes manières dont on acquiert la propriété*.

nannten Prinzipien entging den Verfassern dieses revolutionären Gesetzbuches jedoch nicht, auch für das absolute Recht nach art. 544 C. civ. einige Beschränkungen, gerechtfertigt durch öffentliche Interessen, gesetzlich vorzusehen. Die Nutzung des Eigentumsrechts mußte im gesetzlich vorgegebenen Rahmen bleiben, die Gewährung von Dienstbarkeiten unter Berücksichtigung der Nachbarrechte auf der einen Seite sowie etwa Enteignungen im Interesse des Gemeinwohls auf der anderen Seite waren - bei positivrechtlicher Verankerung - zulässig.[51] Die Nachbarrechte als Eigentumsbeschränkungen sind aber tatsächlich nur für unbewegliche Sachen von Relevanz.[52] Hier hat man sich wohl an den Meinungen von *Robespierre* orientiert, der das Limit des Rechts, das jedem Einzelnen zugestanden wurde, zumindest dort gesehen hat, wo andere in ihren Rechten eingeschränkt würden.[53] In diesem Sinn äußert sich auch ein Erkenntnis des *Cour de cassation* aus 1978.[54] Neben diesen traditionellen Formen der Beschränkungen des Eigentumsrechts entwicklen sich aber immer wieder neue Spielarten. Der Angriff auf die so hochgerühmte Souveränität des Grundrechts Eigentum ist dabei nicht mehr zu übersehen, denkt man in diesem Zusammenhang nur an Verstaatlichungen oder an den für Frankreich relativ neuen Rechtsbegiff des Vorkaufsrechts.[55] In einigen Be-

---

Ewald, Naissance du Code civil, La raison du législateur (1989) p. 267 et s.; ***Lepointe,*** Droit romain et ancien droit français, Droit des biens, Thèse (1958) p. 295; ***Ourliac – de Malafosse,*** Histoire du droit privé, Tome II, Les biens (1961) p. 172

[51] vgl. § 364 ABGB

Bergel, Le droit des biens[2] (1990) p. 28 et s., 38; ***Carbonnier,*** Droit civil[13], Tome 3, Les Biens (1990) p. 125; ***Demolombe,*** Cours de Code Napoléon[5], Tome IX (1876) p. 470 et s.; ***Ewald,*** Naissance du Code civil, La raison du législateur (1989) p. 267 et s.; ***Imbert,*** Histoire du droit privé[7] (1992) p. 87; ***Lepage,*** Pourquoi la propriété (1985) p. 29; ***Lepointe,*** Droit romain et ancien droit français, Droit des biens, Thèse (1958) p. 295; ***Marcadé,*** Explication théorique et pratique du Code Napoléon[5], Tome 2 (1852) p. 395; ***Mazeaud,*** Leçons de droit civil[7], Tome II, 2e vol., Biens: Droit de propriété et ses démembrements (1989) p. 13; ***Sermet,*** La convention européenne des Droits de l'homme et le droit de propriété (1990) p. 25; ***Vareilles-Sommières,*** dans: Rev. trim. dr. civ., 1905, p. 443; ***Zenati,*** Les biens (1988) p. 106 et s.

[52] vgl. u.a. art. 641, 671, 675 et s., 681 et s. C. civ.

Bergel, Le droit des biens[2] (1990) p. 40 et s.

[53] ***Challaye,*** Histoire de la propriété[6] (1967) p. 79 et s.; ***Nory,*** Le droit de propriété et l'intérêt général, Thèse (1923) p. 14, 26

[54] Civ. 3e, 20 mars 1978, Bull. civ. III., n° 128, p. 101

[55] Mit décr.-L. du 17 juin 1938 wurden erste Versuche zur Verstaatlichung der Elektrizitätswirtschaft unternommen, mit L. du 8 avril 1946 schließlich wurde die bekannte *Electricité de France* geschaffen. Als Beispiele für Vorkaufsrechte vergleiche für den Mieter loi n° 75-1351 du 31 décembre 1975, art. 10 bzw. für den Miteigentümer bei einem Anteilsverkauf art. 815-14 C. civ. (loi n° 76-1286 du 31 décembre 1976).

reichen muß man heute sogar von einer sozialen, solidaritätsorientierten Dimension des Eigentums sprechen, selbst wenn dieser Ansicht theoretisch das auf die Absolutheit ausgerichtete Verständnis des Eigentums entgegensteht.[56]

Hier bringt *Multzer* einen interessanten Aspekt in die Diskussion um mögliche Beschränkungen des Eigentumsrechts ein. Der Gesetzgeber stellt Prinzipien der ersten allgemeinen Ordnung auf, die in Wirklichkeit aber nicht von ihm stammen, sondern bereits davor existierten. Es ist also nicht der Gesetzgeber, der den Vertrag, die Gesellschaft oder das Eigentum schafft. Daher erscheint es sehr gefährlich zu sein, daß die Legislative - wie im Code civil ausdrücklich vorgesehen - das Eigentum durch gesetzliche Regeln definiert, denn dafür fehlt ihr nach *Multzer* die Kompetenz. Die legislative Gewalt im Staat würde so nämlich nicht Recht erzeugen - was aber ihre ureigenste Pflicht und Aufgabe wäre -, sondern bloß philosophieren.[57] Es liegt in der Natur des Eigentumsrechts, daß es zu konkurrierenden Rechten privater Eigentümer kommen kann. Hier gilt es für den

---

Atias, Droit civil, Les biens[2] (1991) p. 199; ***Challaye,*** Histoire de la propriété[6] (1967) p. 119 et s.; ***Fromont,*** Le droit de propriété et la constitution en Allemagne et en France, dans: L'interventionnisme économique de la puissance publique, Tome I, Études en l'honneur du Doyen Georges Péquignot (1984) p. 268: Im neunten Absatz der Präambel der französischen Verfassung 1946 heißt es: *Tout bien, toute entreprise, dont l'exploitation a ou acquiert les caractères d'un service public national ou d'un monopole de fait, doit devenir la propriété de la collectivité.*; ***Koubi,*** Propriété & Révolution (1990) p. 27; ***Mazeaud,*** Leçons de droit civil[7], Tome II, 2e vol., Biens: Droit de propriété et ses démembrements (1989) p. 24 et s.; ***Morin,*** La révolte des faits contre le Code (1920) p. IX

56 aA***Atias,*** Droit civil, Les biens[2] (1991) p. 59: Eine soziale Funktion des Eigentums ist durch die rechtliche Definition des Begriffes nicht gedeckt.; ***Berthu – Lepage,*** La propriété c'est l'envol ... vers la prospérité (1986) p. 134 et s.; ***Challaye,*** Histoire de la propriété[6] (1967) p. 5 et s.; ***Chauffardet,*** Le problème de la perpétuité de la propriété, Etude de sociologie juridique et de droit positif, Thèse (1933) p. 4, 120: Das absolute Eigentum ist nur eine Fiktion, der soziale Charakter des Eigentums tritt immer mehr in den Vordergrund.; ***Desqueyrat,*** La propriété. Ce qu'elle est, ce qu'elle doit être (1939) p. 121; ***Duguit,*** Les transformations générales du droit privé depuis le Code Napoléon[2] (1920) p. 96 et s., 152 et s.: Ihering hat mit seinem Werk die Wichtigkeit des sozialen Zwecks im modernen Privatrecht aufgezeigt.; ***Frébault,*** Un droit inviolable et sacré, La propriété (1991) p. 9: Die Absolutheit des Eigentums ist ein Mythos.; ***de Lanversin,*** La propriété. Une nouvelle règle du jeu? (1975) p. 132 et s: Die soziale Dimension des Eigentums hat vor allem für die unbeweglichen Sachen Gültigkeit.; ***Larroumet,*** Droit civil[2], Tome II (1988) p. 99, 111 et s.; ***Martin,*** dans: Rev. trim. dr. civ., 1975, p. 52; ***Morin,*** La révolte des faits contre le Code (1920) p. VII; ***Multzer,*** La propriété sans le vol (1945) p. 12, 109 mit einem Zitat von *Duguit*: *La propriété n'est pas un droit; elle est une fonction sociale.*

57 ***Multzer,*** La propriété sans le vol (1945) p. 23 et s.

Gesetzgeber, sich um einen vernünftigen Ausgleich der unterschiedlichen Interessenslagen zu bemühen. Kommt es durch die bloße Ausübung des Eigentumsrechts zu Belästigungen eines anderen, etwa des Nachbarn, dann sollen die Gerichte im ordentlichen Rechtsweg erst dann einzuschreiten berechtigt sein, wenn die Inanspruchnahme des Eigentumsrechts Störungen in einer das übliche Ausmaß überschreitenden Art verursacht. Jedenfalls sind die Gerichte zur Tätigkeit in einem Fall der Ausübung des Eigentumsrechts zum offenkundigen Zweck der Schädigung eines anderen aufgerufen.

8.3.3. ABGRENZUNGEN

Das Eigentumsrecht als typisches dingliches Recht ist von den anderen Rechten, die sich auf eine Sache beziehen können, streng zu unterscheiden.[58] Wesentlich sind dabei die Unterscheidungen nach Detention, Besitz und beschränkt dinglichen Nutzungsrechten an fremden Sachen. Bloße Detention liegt dann vor, wenn jemand einen gewissen faktischen Einfluß auf die körperliche Sache auszuüben berechtigt ist, sei es in Form von Akten der Verwahrung, der Bewachung oder des Gebrauchs. Nach dieser Definition sind etwa Pächter oder Verwahrer gemeint. Dabei darf sich der bloß Innehabende weder wie der jeweilige Rechtsträger des dinglichen Rechts fühlen noch als solcher handeln. Würde er das nämlich tun, dann läge bereits Besitz im engeren Sinne vor. Der Besitz wird - wie ich bereits ausgeführt habe - durch zwei Elemente eindeutig charakterisiert, nämlich durch *animus rem sibi habendi* und *corpus*. Detention bedeutet *corpus* ohne *animus rem sibi habendi*.[59] Mit *corpus* ist jene Einflußnahme auf die Sache gemeint, die eine faktische Machtausübung erlaubt. Der *animus* ist der Wille des Besitzers, die Sache als die seinige zu behalten und sich als Träger des jeweiligen dinglichen Rechts zu gerieren.

---

58 ***Atias,*** Droit civil, Les biens² (1991) p. 42; ***Beudant,*** Cours de droit civil², Tome IV (1938) p. 721 et s.; ***Dupont Delestraint,*** Droit civil, Les biens⁹ (1987) p. 5; ***Mazeaud,*** Leçons de droit civil⁷, Tome II, 2ᵉ vol., Biens: Droit de propriété et ses démembrements (1989) p. 167 et s.

59 In Österreich wird der *animus rem sibi habendi* in § 309 ABGB definiert. Damit ist die Unterscheidung zwischen Inhaber und Besitzer positivrechtlich normiert.

vgl. Civ. 1ʳᵉ, 10 juin 1986, Bull. civ. I., n° 159, p. 159 = D. Somm. 1988. 14

Dupont Delestraint, Droit civil, Les biens⁹ (1987) p. 52; ***Foignet,*** Manuel élémentaire de droit civil, Tome I, dix-huitième édition par Émile Dupont (1943) p. 573; ***Mazeaud,*** Leçons de droit civil⁷, Tome II, 2ᵉ vol., Biens: Droit de propriété et ses démembrements (1989) p. 167

Schließlich ist das Eigentumsrecht auch noch gegenüber den beschränkt dinglichen Nutzungsrechten an fremden Sachen abzugrenzen, die sich in der demonstrativen Aufzählung der dinglichen Rechte in art. 543 C. civ. wiederfinden. Dort stehen neben dem Eigentumsrecht als solchem noch die Personaldienstbarkeiten wie Fruchtgenuß-, Gebrauchs- und Wohnrecht, die unter dem Überbegriff *un simple droit de jouissance* zusammengefaßt sind, sowie die Grunddienstbarkeiten (Realservitute), die ihrerseits im Gesetzestext als *des services fonciers* bezeichnet werden.[60] Unter den Personaldienstbarkeiten als jene Servitute, die nur dem Berechtigten persönlich zustehen und nach seinem Tod untergehen, sind vor allem der Fruchtgenuß (*ususfructus*) und das Gebrauchsrecht (*usus*) hervorzuheben. Der Servitutsberechtigte hat deswegen nur ein beschränktes Recht, weil sein Recht lediglich eine Teilbefugnis des Vollrechts des Eigentümers darstellt. Dabei verfügt der dinglich Berechtigte nur über jene Eigentumsattribute, über die der Eigentümer infolge Vereinbarung selbst nicht mehr verfügen kann oder will, und auch nur in jenem Ausmaß, das ihm durch den Eigentümer zugestanden wurde.[61] Das Fruchtgenußrecht etwa gewährt seinem Träger *usus* und *fructus*, nicht aber *abusus*, der weiterhin beim Eigentümer verbleibt.[62] Bei der Ausübung des Fruchtgenußrechts kann der Titelträger die Sache wie der Eigentümer behandeln, allerdings mit der Auflage, daß er die Substanz der Sache bewahren muß.[63]

8.3.4. UMFANG

Das Eigentumsrecht erstreckt sich im Prinzip bis zu den Grenzen der Sache, die das Objekt des Rechts ist. Diese Definition macht es leicht, die

---

[60] art. 543 C. civ.: On peut avoir sur les biens, ou un droit de propriété, ou un simple droit de jouissance, ou seulement des services fonciers à prétendre.
Laurent, Principes de droit civil français[3], Tome 6 (1878) p. 104

[61] ***Atias,*** Le droit civil[2] (1985) p. 94 et s.; ***Bergel,*** Le droit des biens[2] (1990) p. 25, 52 et s.; ***Beudant,*** Cours de droit civil[2], Tome IV (1938) p. 56: Da sich die beschränkt dinglichen Nutzungsrechte auf fremde Sachen beziehen, werden sie auch *iura in re aliena* genannt.; ***Foignet,*** Manuel élémentaire de droit civil, Tome I, dix-huitième édition par Émile Dupont (1943) p. 657

[62] ***Bergel,*** Le droit des biens[2] (1990) p. 53, 60: Die französische Rechtsterminologie umschreibt den Status des Eigentümers mit dem lautmalerischen Begriff *nue-propriété.*; ***Demolombe,*** Cours de Code Napoléon[5], Tome IX (1876) p. 463; ***Lambert,*** Cours de droit civil, Droit du patrimoine (1971) p. 52

[63] art. 578 C. civ.: L'usufruit est le droit de jouir des choses dont un autre a la propriété, comme le propriétaire lui-même, mais à la charge d'en conserver la substance.
Atias, Le droit civil[2] (1985) p. 94 et s.; ***Bergel,*** Le droit des biens[2] (1990) p. 53, 58; ***Demolombe,*** Cours de Code Napoléon[5], Tome IX (1876) p. 463

Grenzen des Eigentumsrechts für bewegliche körperliche Sachen festzulegen. Für unbewegliche Sachen seien hier zur allgemeinen Abrundung nur einige Bestimmungen des Code civil demonstrativ genannt: Grenzsteinsetzung (art. 646 C. civ.), Einfriedung (art. 647, 663 C. civ.) und Reichweite des Eigentums in Höhe und Tiefe (art. 552 et s. C. civ.).[64]

8.4. DIE MERKMALE DES EIGENTUMSRECHTS

Das erste wichtige Merkmal des Eigentumsrechts ist die Absolutheit[65], ein Merkmal, das schon zu Beginn des Kapitels erwähnt wurde. Daneben muß allerdings auch den weiteren Elementen, die das Eigentum zu einem juristischen Unikum machen, die gebührende Aufmerksamkeit geschenkt werden, sind sie doch mit dem Begriff Eigentum eng verbunden. Hier handelt es sich einerseits um die Ausschließlichkeit und andererseits um die zeitliche Unbegrenztheit des Eigentumsrechts.[66] Jedes dieser Merk-

---

[64] ***Bergel,*** Le droit des biens[2] (1990) p. 34 et s.; ***Beudant,*** Cours de droit civil[2], Tome IV (1938) p. 283 et s.; ***Coste-Floret,*** La nature juridique de droit de propriété d'après le Code civil et depuis le Code civil, Thèse (1935) p. 51; ***Mazeaud,*** Leçons de droit civil[7], Tome II, 2e vol., Biens: Droit de propriété et ses démembrements (1989) p. 110 et s.

[65] ***Atias,*** Droit civil, Les biens[2] (1991) p. 68; ***Beudant,*** Cours de droit civil[2], Tome IV (1938) p. 282; ***Carbonnier,*** Flexible droit[6] (1988) p. 244; ***Demolombe,*** Cours de Code Napoléon[5], Tome IX (1876) p. 462; ***Dupont Delestraint,*** Droit civil, Les biens[9] (1987) p. 5; ***Imbert,*** Histoire du droit privé[7] (1992) p. 87; ***Jansse,*** La propriété, Le régime des biens dans les civilisations occidentales (1958) p. 169; ***Lambert,*** Cours de droit civil, Droit du patrimoine (1971) p. 102; ***Lepage,*** Pourquoi la propriété (1985) p. 14 et s.; ***Romieu,*** La propriété, Ses rapports avec l'État, la société et l'individu, Thèse (1923) p. 20, 86 et 127; ***Salleron,*** Diffuser la propriété (1964) p. 217; aA ***Sermet,*** La convention européenne des Droits de l'homme et le droit de propriété (1990) p. 9: Durch das 1. ZPMRK kann dem Eigentümer durch eine Entscheidung aufgetragen werden, die Sache in einer bestimmten Art zu nutzen. Das Eigentum kann daher nicht absolut sein.; ***Vareilles-Sommières,*** dans: Rev. trim. dr. civ., 1905, p. 443

[66] ***Atias,*** Droit civil, Les biens[2] (1991) p. 68; ***Bergel,*** Le droit des biens[2] (1990) p. 28, 31 et s.; ***Beudant,*** Cours de droit civil[2], Tome IV (1938) p. 282; ***Carbonnier,*** Flexible droit[6] (1988) p. 244; ***Challaye,*** Histoire de la propriété[6] (1967) p. 36; ***Cornu,*** Droit civil, Introduction-Les personnes-Les biens[2] (1985) p. 389; ***Demolombe,*** Cours de Code Napoléon[5], Tome IX (1876) p. 462 et s.; ***Dupont Delestraint,*** Droit civil, Les biens[9] (1987) p. 5; ***Foignet,*** Manuel élémentaire de droit civil, Tome I, dix-huitième édition par Émile Dupont (1943) p. 549; ***Jansse,*** La propriété, Le régime des biens dans les civilisations occidentales (1958) p. 196 mit einer kritischen Äußerung gegenüber den drei typischen Eigenschaften des Eigentums; ***Lepage,*** Pourquoi la propriété (1985) p. 14 et s.; ***Romieu,*** La propriété, Ses rapports avec l'État, la société et l'individu, Thèse (1923) p. 19, 86; ***Sermet,*** La convention européenne des Droits de l'homme et le droit de propriété (1990) p. 9; ***Vachet,*** L'idéologie libérale, L'individu et sa propriété (1970) p. 288; ***Zenati,*** Les biens (1988) p. 106 et s.

male wird Gegenstand einer ausführlichen Betrachtung in den folgenden Abschnitten sein. Jedes dieser Merkmale ist aber auch unerläßlich, um in Summe jene drei Säulen zu bilden, die das private Eigentum in einer hochentwickelten Gesellschaft als entsprechend solides Fundament abstützen und gegenüber anderen - feudalen oder kommunistischen - Systemen abgrenzen. Das private Eigentum ist in diesem Sinn nur eine Spielart einer sozialen Gesellschaftsstruktur.[67]

8.4.1. EIGENTUM ALS ABSOLUTES RECHT

Die einem Eigentümer gewährten Rechte lassen sich - einer Gliederung des römischen Rechts folgend - in drei Gruppen unterteilen.[68] Das Objekt des Eigentumsrechts ist nämlich nicht die Sache selbst, sondern die Macht, das Gebrauchsrecht (*usus*), das Genußrecht (*fructus*) und das Verfügungsrecht (*abusus*) beinahe uneingeschränkt ausüben zu können.[69] Einschränkungen dürfen nur im öffentlichen Interesse (etwa zur Aufrechterhaltung der Sicherheit oder zur Gesundheitspflege) und auf Basis gesetzlicher Regelungen, deren Interpretation restriktiv zu erfolgen hat, vorgenommen werden.[70] Die Lehre des 19. Jahrhunderts versuchte zwar etwas Gegenteiliges zu proklamieren, nämlich daß dem Eigentum jede Restriktion fremd sei, diese Lehre fand und findet jedoch keine Deckung in der

---

[67] ***Lepage,*** Pourquoi la propriété (1985) p. 21; ***Multzer,*** La propriété sans le vol (1945) p. 110

[68] ***Bergel,*** Le droit des biens[2] (1990) p. 31; ***Carbonnier,*** Droit civil[13], Tome 3, Les Biens (1990) p. 122 et s.; ***Challaye,*** Histoire de la propriété[6] (1967) p. 36; ***Frébault,*** Un droit inviolable et sacré, La propriété (1991) p. 16; ***Gonnard,*** La propriété dans la doctrine et dans l'histoire (1943) p. 20; ***Jansse,*** La propriété, Le régime des biens dans les civilisations occidentales (1958) p. 16, 184; ***de Lanversin,*** La propriété. Une nouvelle règle du jeu? (1975) p. 17; ***Lepage,*** Pourquoi la propriété (1985) p. 16 et s.; ***Marcadé,*** Explication théorique et pratique du Code Napoléon[5], Tome 2 (1852) p. 395 et s: Art. 544 C. civ. spricht nur von *jouir* und *disposer*.; ***Multzer,*** La propriété sans le vol (1945) p. 42; ***Romieu,*** La propriété, Ses rapports avec l'État, la société et l'individu, Thèse (1923) p. 86; ***Salleron,*** Diffuser la propriété (1964) p. 217

[69] ***Bergel,*** Le droit des biens[2] (1990) p. 31; ***Dupont Delestraint,*** Droit civil, Les biens[9] (1987) p. 5; ***Ewald,*** Naissance du Code civil, La raison du législateur (1989) p. 268; ***Lambert,*** Cours de droit civil, Droit du patrimoine (1971) p. 52, 102; ***Lepage,*** Pourquoi la propriété (1985) p. 16

[70] ***Coste-Floret,*** La nature juridique de droit de propriété d'après le Code civil et depuis le Code civil, Thèse (1935) p. 53; ***Demante – Colmet de Santerre,*** Cours analytique de Code civil[3], Tome II (1896) p. 415 et s.; ***de Lanversin,*** La propriété. Une nouvelle règle du jeu? (1975) p. 18; ***Marcadé,*** Explication théorique et pratique du Code Napoléon[5], Tome 2 (1852) p. 395

Definition des Eigentums in Frankreich.[71] Tatsächlich gilt der Grundsatz: Alles, was nicht verboten ist, ist erlaubt. Die Freiheit der Handlungen des Eigentümers bleibt das Prinzip, die Beschränkungen des Eigentumsrechts bleiben bloße Ausnahmen. Das Eigentumsrecht gewährt seinem Träger also eine nahezu grenzenlos diskretionäre Gewalt über das Schicksal seiner Sachen.[72]

8.4.1.1. GEBRAUCHSRECHT

Ein Eigentümer hat das Gebrauchs- und Nutzungsrecht an seiner Sache. Er kann sich ihrer nach Belieben bedienen, grundsätzlich auch mit dem Ergebnis eines persönlichen Schadens oder Nachteils. Gleichzeitig berechtigt das Gebrauchsrecht auch dazu, die Sache ganz einfach überhaupt nicht zu gebrauchen.[73] Der Träger eines Eigentumsrechts kann über seine Sachen auch rechtliche Verfügungen treffen und Verträge schließen. So ist es etwa durchaus üblich, daß ein Eigentümer jemandem ein Fruchtgenußrecht als Personaldienstbarkeit gewährt. Bereits in einem solchen Vorgang wird deutlich, daß die Trennlinie zwischen den einzelnen Rechten eines Eigentümers nicht immer scharf gezogen werden kann. Rechtliche Handlungen als Ausfluß des Gebrauchsrechts können so mit Verfügungs-

---

[71] ***Atias,*** Droit civil, Les biens[2] (1991) p. 68

[72] ***Atias,*** Droit civil, Les biens[2] (1991) p. 73; ***Baudry-Lacantinerie – Chauveau,*** Traité théorique et pratique de droit civil[3] (1905) p. 152; ***Bergel,*** Le droit des biens[2] (1990) p. 33; ***Beudant,*** Cours de droit civil[2], Tome IV (1938) p. 56; ***Carbonnier,*** Droit civil[13], Tome 3, Les Biens (1990) p. 124; ***Cornu,*** Droit civil, Introduction-Les personnes-Les biens[2] (1985) p. 389: *Plena in re potestas, libertas in re.*; ***de Lanversin,*** La propriété. Une nouvelle règle du jeu? (1975) p. 17 et s., 31, 135; ***Marcadé,*** Explication théorique et pratique du Code Napoléon[5], Tome 2 (1852) p. 395; ***Martin,*** dans: Rev. trim. dr. civ., 1975, p. 52; ***Multzer,*** La propriété sans le vol (1945) p. 16; ***Ourliac – de Malafosse,*** Histoire du droit privé, Tome II, Les biens (1961) p. 172; ***Romieu,*** La propriété, Ses rapports avec l'État, la société et l'individu, Thèse (1923) p. 20: *Le propriétaire n'a qu'un seul guide: son caprice; qu'une seule ligne de conduite: son bon plaisir; qu'un seul maître: son égoïsme.*; ***Vachet,*** L'idéologie libérale, L'individu et sa propriété (1970) p. 289; ***Vareilles-Sommières,*** dans: Rev. trim. dr. civ., 1905, p. 443

[73] ***Atias,*** Droit civil, Les biens[2] (1991) p. 63; ***Baudry-Lacantinerie – Chauveau,*** Traité théorique et pratique de droit civil[3] (1905) p. 155; ***Bergel,*** Le droit des biens[2] (1990) p. 31; ***Carbonnier,*** Droit civil[13], Tome 3, Les Biens (1990) p. 123; ***Cornu,*** Droit civil, Introduction-Les personnes-Les biens[2] (1985) p. 388 et s.; ***Demolombe,*** Cours de Code Napoléon[5], Tome IX (1876) p. 464; ***Morin,*** Le droit privé français au milieu du XXe siècle II, Etudes offertes à Georges Ripert, Le sens de l'évolution contemporaine du droit de propriété (1950) p. 5; ***Morin,*** La révolte des faits contre le Code (1920) p. VIII; ***Vareilles-Sommières,*** dans: Rev. trim. dr. civ., 1905, p. 443

manipulationen des Berechtigten als Folge des *abusus* kombiniert zur Anwendung kommen.

8.4.1.2. GENUSSRECHT

Neben dem Gebrauchsrecht hat ein Eigentümer auch die Möglichkeit der Fruchtziehung, was bedeutet, daß er der Sache alle Früchte entziehen kann, die sie zu geben imstande ist.[74] Dabei steht ihm alleine die Entscheidung über die Verwendung der gezogenen Früchte zu, wobei die Früchte traditionellerweise in natürliche, industrielle und zivile eingeteilt werden. Natürliche Früchte wie jene eines Obstbaumes etwa entstehen ohne Zutun des Menschen, sie werden ganz einfach von der Sache selbst produziert. Industrielle Früchte hingegen sind das Ergebnis menschlicher Arbeit. Schließlich gibt es noch die wirtschaftlich bedeutende Gruppe der zivilen Früchte, die der Definition nach periodische Einkünfte sind, die von einem Dritten, dem der Eigentümer das Gebrauchsrecht entgeltlich überlassen hat, geschuldet werden. Hierher gehören etwa die Pacht- und Kapitalzinsen.[75]

Den Früchten allgemein werden die Produkte gegenübergestellt, die sich durch das Fehlen einer Periodizität und den Umstand auszeichnen, die Substanz einer Sache zu verbrauchen. Diese Unterscheidung ist nicht Teil einer bloß akademischen Diskussion, sondern kann für die Frage der Reichweite eines beschränkt dinglichen Nutzungsrechts an fremden Sachen von Bedeutung sein.[76] Das Genußrecht kann auch eingeschränkt sein - etwa im faktisch wohl häufigsten Fall durch die Rechte eines gutgläubigen Besitzers. Der Gesetzgeber räumt dem gutgläubigen Besitzer dabei das Recht ein, die Früchte einer Sache zu erwerben.[77]

---

[74] ***Baudry-Lacantinerie – Chauveau,*** Traité théorique et pratique de droit civil[3] (1905) p. 155; ***Carbonnier,*** Droit civil[13], Tome 3, Les Biens (1990) p. 123: Verwirklicht durch materielle oder juristische Akte.; ***Demante – Colmet de Santerre,*** Cours analytique de Code civil[3], Tome II (1896) p. 415; ***Foignet,*** Manuel élémentaire de droit civil, Tome I, dix-huitième édition par Émile Dupont (1943) p. 550; ***Vareilles-Sommières,*** dans: Rev. trim. dr. civ., 1905, p. 443: *Quidquid nasci et renasci solet.*

[75] ***Bergel,*** Le droit des biens[2] (1990) p. 31 et s.; ***Marcadé,*** Explication théorique et pratique du Code Napoléon[5], Tome 2 (1852) p. 396 et s.

[76] ***Bergel,*** Le droit des biens[2] (1990) p. 32; ***Féréol Rivière,*** dans: Rev. lég., 1851. 3. 310

[77] art. 549 C. civ. (loi n° 60-464 du 17 mai 1960) iVm art. 550 C. civ.

Féréol Rivière, dans: Rev. lég., 1851. 3. 310 mit der Einschränkung auf Früchte und mit ablehnender Haltung gegenüber Produkten; ***Mazeaud,*** Leçons de droit civil[7], Tome II, 2e vol., Biens: Droit de propriété et ses démembrements (1989) p. 284 et s.

8.4.1.3. VERFÜGUNGSRECHT

Das klassische Verfügungsrecht umfaßt zumindest zwei Aspekte. Dabei kann der Berechtigte einerseits nahezu jede faktische und rechtliche Handlung setzen, andererseits kann er jedoch nicht dazu verpflichtet werden. Dem Eigentümer ist es gestattet, die Sache nach seinem Gutdünken zu verwenden, in ihrer Substanz zu verändern oder im Extremfall sogar zu zerstören und untergehen zu lassen.[78] In diesem Punkt unterscheiden sich die beschränkt dinglichen Nutzungsrechte vom Eigentum. Nur der Eigentümer hat das absolute Verfügungsrecht bis hin zur vollständigen Vernichtung der Substanz, der Servitutsberechtigte hingegen ist verhalten, seine mehr oder weniger umfangreichen Rechte unter Schonung der Substanz der Sache auszuüben.[79] Der *abusus* bleibt das alleinige Vorrecht des Eigentümers, der die Sache auch ganz einfach aufgeben kann, wodurch sie zur *res nullius* wird. Selbst hier behält der Eigentümer aber noch das Recht, seine Sache wieder in seine sonstigen Vermögenswerte aufzunehmen, vorausgesetzt, es hat sich die Sache noch kein anderer angeeignet. Ist das allerdings der Fall, so gehört sie dem ersten, der sich ihrer bemächtigt hat.[80]

Neben den bereits genannten rein faktischen Handlungen bietet das Eigentumsrecht auch die Grundlage für die Ausübung juristischer Verfügungsmacht, die geeignet ist, das Eigentumsrecht einzuschränken, zu teilen oder weiterzugeben. Der Eigentumsberechtigte kann Teile seiner Rechte oder das Vollrecht an einer Sache übertragen.[81] Findet die Über-

---

[78] ***Atias,*** Droit civil, Les biens[4] (1991) p. 63; ***Baudry-Lacantinerie – Chauveau,*** Traité théorique et pratique de droit civil[3] (1905) p. 155; ***Bergel,*** Le droit des biens[2] (1990) p. 32; ***Beudant,*** Cours de droit civil[2], Tome IV (1938) p. 353; ***Carbonnier,*** Droit civil[13], Tome 3, Les Biens (1990) p. 123; ***Carbonnier,*** Flexible droit[6] (1988) p. 244; ***Demolombe,*** Cours de Code Napoléon[5], Tome IX (1876) p. 464; ***Laurent,*** Principes de droit civil français[3], Tome 6 (1878) p. 135; ***Lepage,*** Pourquoi la propriété (1985) p. 17; ***Marcadé,*** Explication théorique et pratique du Code Napoléon[5], Tome 2 (1852) p. 397; ***Morin,*** La révolte des faits contre le Code (1920) p. VIII; ***Terré – Simler,*** Droit civil, Les biens[4] (1992) p. 82 et s.; ***Vareilles-Sommières,*** dans: Rev. trim. dr. civ., 1905, p. 443

[79] art. 578 C. civ.: L'usufruit est le droit de jouir des choses dont un autre a la propriété, comme le propriétaire lui-même, mais à la charge d'en conserver la substance.

[80] ***Baudry-Lacantinerie – Chauveau,*** Traité théorique et pratique de droit civil[3] (1905) p. 156; ***Demolombe,*** Cours de Code Napoléon[5], Tome IX (1876) p. 463 et s.; ***Laurent,*** Principes de droit civil français[3], Tome 6 (1878) p. 135; ***Terré – Simler,*** Droit civil, Les biens[4] (1992) p. 82; ***Zenati,*** Les biens (1988) p. 114

[81] ***Baudry-Lacantinerie – Chauveau,*** Traité théorique et pratique de droit civil[3] (1905) p. 155 et s.; ***Bergel,*** Le droit des biens[2] (1990) p. 32; ***Berthu – Lepage,*** La propriété c'est l'envol ... vers la prospérité (1986) p. 15; ***Beudant,*** Cours de droit civil[2], Tome IV

tragung von Rechten etwa nur hinsichtlich eines Fruchtgenußrechts statt, dann hat der Eigentümer damit sein Vollrecht bloß beschränkt. Der Berechtigte aus dem Titel des Genußrechts hat ein beschränkt dingliches Recht erworben. Wird hingegen die Gesamtheit der Rechte an eine andere Person übertragen, so veräußert der Eigentümer die Sache, indem er einen eigentumsübertragenden juristischen Akt setzt. Dieser Akt zielt eigentlich nicht auf die Sache als solche ab, sondern lediglich auf die Übertragung der an ihr haftenden Eigentumsrechte. Der bisherige Eigentümer tritt so seine gesamten Rechte ab.[82] Der Eigentümer kann allerdings - als Konsequenz des ihm gewährten *abusus* - generell nicht gezwungen werden, über die Sache, die in seinem Eigentum steht, zu verfügen.[83] Ein solcher Zwang ist nur in einzelnen Fällen und auf der Basis gesetzlicher Regeln denkbar.[84]

Das Verfügungsrecht kann - der allgemeinen Systematik des Eigentumsrechts folgend - einigen Beschränkungen unterworfen sein. Bei der Unveräußerlichkeit wird der freie wirtschaftliche Verkehr behindert und die Eigentümerstellung an der Sache massiv eingeschränkt. Die Sachen, die innerhalb der Rechtsordnung durch die Unveräußerlichkeit belastet sind, haben diesen Status entweder auf Grund gesetzlicher Regelungen oder durch den Willen Privater erlangt. Die Veräußerungsverbotsklauseln als Ergebnis freier Willensbildung sind dabei in Frankreich nur bei Schenkungen und Vermächtnissen sowie unter den Bedingungen ihrer zeitlichen Beschränkung und ihrer Rechtfertigung durch ein ernsthaftes und legitimes Interesse des Verfügenden, des Empfangenden oder eines Dritten möglich.[85]

(1938) p. 353; ***Carbonnier,*** Droit civil[13], Tome 3, Les Biens (1990) p. 123; ***Foignet,*** Manuel élémentaire de droit civil, Tome I, dix-huitième édition par Émile Dupont (1943) p. 550; ***Imbert,*** Histoire du droit privé[7] (1992) p. 87; ***Laurent,*** Principes de droit civil français[3], Tome 6 (1878) p. 134 et s.; ***Lepage,*** Pourquoi la propriété (1985) p. 105; ***Sermet,*** La convention européenne des Droits de l'homme et le droit de propriété (1990) p. 9; ***Terré – Simler,*** Droit civil, Les biens[4] (1992) p. 82 et s.; ***Toullier,*** Le droit civil français suivant l'ordre du Code[5], Tome 1 (1839) p. 227; ***Vareilles-Sommières,*** dans: Rev. trim. dr. civ., 1905, p. 443; ***Zenati,*** Les biens (1988) p. 114 et s.

[82] ***Baudry-Lacantinerie – Chauveau,*** Traité théorique et pratique de droit civil[3] (1905) p. 155; ***Bergel,*** Le droit des biens[2] (1990) p. 32; ***Beudant,*** Cours de droit civil[2], Tome IV (1938) p. 353; ***Demolombe,*** Cours de Code Napoléon[5], Tome IX (1876) p. 464 et s.

[83] ***Carbonnier,*** Droit civil[13], Tome 3, Les Biens (1990) p. 123

[84] So müßte zum Beispiel der Teil eines Hauses, der auf einem Nachbargrundstück steht, auf Verlangen des geschädigten Eigentümers abgerissen werden. Insofern könnte also der Hauseigentümer zu Handlungen und Verfügungen gezwungen werden.

[85] vgl. art. 900-1 C. civ.: Les clauses d'inaliénabilité ... ne sont valables que si elles sont temporaires et justifiées par un intérêt sérieux et légitime.

Möchte der Gesetzgeber einigen beweglichen Sachen kommerzielle Grenzen setzen, so bedient er sich für diese Sachen ganz einfach des Entzugs ihrer Verkehrsfähigkeit.[86] Aus Gründen der Hygiene und der öffentlichen Gesundheit sind einige Waren - wie etwa Heilmittel, giftige Substanzen und Tiere mit ansteckenden Krankheiten - vom privaten Handel ausgeschlossen. Das Konsumentenschutzgesetz[87] reglementiert in art. 1er Produkte, deren Verwendung unter normalen Umständen eine Gefahr für die Gesundheit oder die Sicherheit der Verbraucher darstellt. Des weiteren unterliegen die Erzeugung, der Handel und der Besitz von bestimmten Waren aus Gründen der Sicherheit, der öffentlichen Hygiene oder wegen ihrer spezifischen Qualität (Sprengstoff, Waffen, wertvolle Metalle oder auch Geld) einer Verwaltungskontrolle durch die Polizei. Die Auflagen, die das Gesetz für Güter mit historischem, künstlerischem oder wissenschaftlichem Wert vorsieht, haben ihren Ursprung im öffentlichen Interesse, diese Güter für Frankreich zu bewahren. Ein etwaiger Verkauf ist daher dem Kulturministerium zu melden.[88] Schließlich ist auch noch die Gewährung eines Vorkaufsrechts geeignet, die scheinbar grenzenlose Macht des aktuellen Eigentümers inhaltlich bedeutend zu schmälern. Es verpflichtet ihn nämlich, das mit einem solchen Recht behaftete Gut vorzugsweise dem Vorkaufsberechtigten zum Erwerb anzubieten.[89]

Baudry-Lacantinerie – Chauveau, Traité théorique et pratique de droit civil[3] (1905) p. 156 et s.; ***Bergel,*** Le droit des biens[2] (1990) p. 38; ***Beudant,*** Cours de droit civil[2], Tome IV (1938) p. 353; ***Lambert,*** Cours de droit civil, Droit du patrimoine (1971) p. 109 et s.; ***Larroumet,*** Droit civil[2], Tome II (1988) p. 214: Bei einer beweglichen und mit einem Veräußerungsverbot belasteten Sache kommt einem gutgläubigen Erwerber die Regel gemäß art. 2279 C. civ. zu Hilfe.; ***Laurent,*** Principes de droit civil français[3], Tome 6 (1878) p. 136 et s.

86 ***Beudant,*** Cours de droit civil[2], Tome XI (1938) p. 61; ***Ferid – Sonnenberger,*** Das französische Zivilrecht, Band 2[2], (1986) 570

87 Loi n° 78-23 du 10 janvier 1978 sur la protection et l'information des consommateurs de produits et de services; vgl. auch décret n° 78-464 du 24 mars 1978 portant application du chapitre IV de la loi n° 78-23 du 10 janvier 1978

88 vgl. loi du 31 décembre 1913, Monuments historiques, art. 14 et s

Bergel, Le droit des biens[2] (1990) p. 46 et s.; ***Ferid – Sonnenberger,*** Das französische Zivilrecht, Band 2[2], (1986) 570 f

89 ***Bergel,*** Le droit des biens[2] (1990) p. 38 et s.

Die Normen, die sich auf die Regelung des Vorkaufsrechts in Österreich beziehen, finden sich in den §§ 1072-1079 ABGB wieder.

8.4.2. EIGENTUM ALS AUSSCHLIESSLICHES RECHT

Die Exklusivität des Eigentumsrechts entspringt seiner Eigenschaft als absolutes Recht. Auch wenn art. 544 C. civ. die Exklusivität des Eigentumsrechts nicht ausdrücklich erwähnt, so ist sie in Wirklichkeit doch in diesem Artikel verankert, da dieses Wesensmerkmal bereits im Wort Eigentum (*propriété*) selbst implizit enthalten ist.[90] Ein absolut Berechtigter muß die Möglichkeit haben, Dritte vom Gebrauch der Sache gänzlich auszuschließen oder zu bestimmen, wer unter welchen Bedingungen ein Zugangsrecht eingeräumt bekommt.[91] Die Rechtsordnung hat für den Vorrang des Eigentumsrechts gegenüber anderen Rechten Sorge zu tragen. So kann gewährleistet werden, daß die Ressourcen optimal genutzt und verwaltet werden. Die Wirtschaft insgesamt ist demnach effizient geführt, das persönliche Interesse einer Person ergänzt sich mit den Interessen der Allgemeinheit.[92] Die Notwendigkeit, das Eigentumsrecht als ausschließliches Recht auszugestalten, hat bereits *Thomas von Aquin* erkannt, wenn er meint, daß jeder mit seinem eigenen Gut sorgsamer umgeht als mit Gütern einer großen Gemeinschaft.[93] Die Ausschließlichkeit des Eigentumsrechts manifestiert sich bei beweglichen Sachen durch den materiellen Besitz. Damit ist die Souveränität des Berechtigten dokumentiert und die Sache dem Zugriff anderer entzogen.[94]

Das Eigentum kann somit als individuelles und gegenüber jedermann durchsetzbares Recht bezeichnet werden. Da die französischen Gesetzgeber des Jahres 1804 kollektives Eigentum aus politischen und wirtschaftlichen Überlegungen für gefährlich hielten, sieht das bürgerliche Gesetz-

---

[90] ***Baudry-Lacantinerie – Chauveau,*** Traité théorique et pratique de droit civil[3] (1905) p. 153; ***Carbonnier,*** Droit civil[13], Tome 3, Les Biens (1990) p. 122; ***Demolombe,*** Cours de Code Napoléon[5], Tome IX (1876) p. 467; ***Foignet,*** Manuel élémentaire de droit civil, Tome I, dix-huitième édition par Émile Dupont (1943) p. 550

[91] ***Bergel,*** Le droit des biens[2] (1990) p. 33; ***Berthu – Lepage,*** La propriété c'est l'envol ... vers la prospérité (1986) p. 15; ***Beudant,*** Cours de droit civil[2], Tome IV (1938) p. 297; ***Demolombe,*** Cours de Code Napoléon[5], Tome IX (1876) p. 467; ***Lepage,*** Pourquoi la propriété (1985) p. 86; ***Multzer,*** La propriété sans le vol (1945) p. 17: *C'est l'exclusivisme qui donne la véritable signification de l'absolu du droit.*; ***Zenati,*** Les biens (1988) p. 106

[92] ***Lepage,*** Pourquoi la propriété (1985) p. 88: Der Autor beschreibt die Vorteile des privaten und exklusiven Eigentums gegenüber dem ausschließlich staatlich verwalteten Eigentum am Beispiel der ehemaligen UdSSR.

[93] ***Challaye,*** Histoire de la propriété[6] (1967) p. 55 et s.; ***Coste-Floret,*** La nature juridique de droit de propriété d'après le Code civil et depuis le Code civil, Thèse (1935) p. 213 et s., 217; ***Vachet,*** L'idéologie libérale, L'individu et sa propriété (1970) p. 231

[94] ***Zenati,*** Les biens (1988) p. 107

buch ausschließlich Alleineigentum vor. Jenes Eigentum, das nicht durch natürliche, sondern durch juristische Personen ausgeübt wird, läßt sich dabei nicht grenzscharf in die Systematik einordnen. Hier wird allerdings argumentiert, daß die juristische Person Trägerin des individuellen Eigentums ist, auch wenn der wirtschaftliche Nutzen aus dem Eigentum eigentlich einer Mehrzahl von dahinter stehenden natürlichen Personen zukommt. Die Interessen der physischen Personen werden durch die juristische Person wahrgenommen.

Neben allenfalls rein faktischen Einschränkungen des Eigentumsrechts etwa durch temporäre Inanspruchnahme eines Grundstücks für Zwecke öffentlicher Arbeiten, ist es durch die Einräumung beschränkt dinglicher Rechte möglich, daß mehrere Personen unterschiedliche Rechte an einer Sache haben. Ein Paradebeispiel sind hier die verschiedenartigen Positionen eines Eigentümers und eines Usufruktuars.[95] Es ist aber auch denkbar, daß mehrere Personen hinsichtlich einer Sache dieselben Rechte haben. Dieser Rechtszustand wird dann Miteigentum genannt. Die Rechte jedes Miteigentümers konkurrieren mit denen der übrigen, das Eigentumsrecht eines anteilig Berechtigten ist jeweils durch die Eigentumsrechte der übrigen anteilig Berechtigten reziprok beschränkt.[96] Jedenfalls durch die Exklusivität des Eigentumsrechts ausgeschlossen ist, daß mehrere Personen ein Vollrecht an einer Sache haben. Entweder sie haben unterschiedliche dingliche Rechte an einer Sache oder mehrere Personen haben an Anteilen einer Sache ein ausschließliches Recht (Eigentum als Vollrecht).[97]

EXKURS: MITEIGENTUM

Zur Zeit der Entstehung des Code civil wurde Miteigentum (*indivision*) als eine - nicht durch gesetzliche Bestimmungen noch zu fördernde - juristische Konstruktion mit Rechtsträgerpluralität angesehen. Wenn sich dennoch vereinzelt Bestimmungen auf gesetzlicher Basis im Rahmen der Erbfolge finden lassen, dann mehr oder weniger nur, um die Weiterverbreitung dieses "kollektivrechtlichen Ungetüms" hintanzu-

---

[95] ***Bergel,*** Le droit des biens[2] (1990) p. 33, 52 et s.; ***Beudant,*** Cours de droit civil[2], Tome IV (1938) p. 297; ***Demolombe,*** Cours de Code Napoléon[5], Tome IX (1876) p. 463 et s.

[96] ***Bergel,*** Le droit des biens[2] (1990) p. 73; ***Demolombe,*** Cours de Code Napoléon[5], Tome IX (1876) p. 468

[97] ***Demolombe,*** Cours de Code Napoléon[5], Tome IX (1876) p. 468: *Duorum in solidum dominium esse non potest.*; ***Foignet,*** Manuel élémentaire de droit civil, Tome I, dixhuitième édition par Émile Dupont (1943) p. 549 et s.

halten.[98] Erst die Gesetze aus den Jahren 1961, 1976 und 1978 haben den Weiterbestand, die Organisation und die tatsächliche und rechtliche Akzeptanz des Miteigentums ermöglicht.[99] Seither kann auch, entgegen der ursprünglichen Maxime des art. 815 al. 1 C. civ. (*Nul ne peut être contraint à demeurer dans l'indivision et le partage peut être toujours provoqué.*), ein Miteigentümer den gerichtlichen Antrag stellen, das Miteigentümerverhältnis unter gewissen Voraussetzungen nicht aufzuheben, sondern zu bewahren.[100] Die Zivilgerichte entscheiden über diesen Antrag.[101] Die Miteigentümer verfügen nur über einen ideellen Anteil an der Sache, das rechtliche Schicksal der Anteile wird vom jeweiligen Miteigentümer - etwa durch Verkauf oder Tausch - bestimmt. Miteigentum besteht bis zur Teilung.[102] Das Miteigentum ist eine Eigentumsform, die in anderen Ländern wie etwa Österreich oder Deutschland große Tradition hat.[103]

Explodierende städtische Agglomerationen sowie der notwendige Wiederaufbau nach den Weltkriegen läßt in Frankreich eine neue Form des Miteigentums entstehen: *copropriété*. Die praktische Bedeutung des Miteigentums bei Wohnungen in Frankreich ist auch heute noch enorm.[104] Zu Beginn wurde das Wohnungsmiteigentum nur im art. 664 C. civ. erwähnt, seine Anwendung blieb vorerst regional beschränkt.[105] Nach Aufhebung

---

[98] ***Lambert,*** Cours de droit civil, Droit du patrimoine (1971) p. 114; ***Morin,*** La révolte des faits contre le Code (1920) p. VIII

[99] vgl. loi n° 61-1378 du 19 décembre 1961, loi n° 76-1286 du 31 décembre 1976 bzw. loi n° 78-627 du 10 juin 1978

Bergel, Le droit des biens[2] (1990) p. 74; ***Mazeaud,*** Leçons de droit civil[7], Tome II, 2e vol., Biens: Droit de propriété et ses démembrements (1989) p. 32 et s.

[100] ***Baudry-Lacantinerie – Chauveau,*** Traité théorique et pratique de droit civil[3] (1905) p. 154 et s.

[101] art. 815 al. 2 C. civ.: A la demande d'un indivisaire, le tribunal peut surseoir au partage pour deux années au plus si sa réalisation immédiate risque de porter atteinte à la valeur des biens indivis.

Bergel, Le droit des biens[2] (1990) p. 76 et s.; ***Lambert,*** Cours de droit civil, Droit du patrimoine (1971) p. 114 et s.; ***Mazeaud,*** Leçons de droit civil[7], Tome II, 2e vol., Biens: Droit de propriété et ses démembrements (1989) p. 34 et s.; ***Morin,*** La révolte des faits contre le Code (1920) p. VIII

[102] ***Bergel,*** Le droit des biens[2] (1990) p. 74 et s.; ***Morin,*** La révolte des faits contre le Code (1920) p. VIII

[103] vgl. § 825 ff ABGB bzw. §§ 1008 ff BGB

[104] ***Bergel,*** Le droit des biens[2] (1990) p. 83 et s.; ***Mazeaud,*** Leçons de droit civil[7], Tome II, 2e vol., Biens: Droit de propriété et ses démembrements (1989) p. 17, 47 et s.

[105] ***Baudry-Lacantinerie – Chauveau,*** Traité théorique et pratique de droit civil[3] (1905) p. 154: In Frankreich war das Etageneigentum bei Häusern durchaus schon vorher üblich.; ***Mazeaud,*** Leçons de droit civil[7], Tome II, 2e vol., Biens: Droit de propriété et ses démembrements (1989) p. 47: Vor der Revolution wurde das Miteigentum nach Etagen

des art. 664 C. civ. durch ein Gesetz aus dem Jahr 1938[106] und nach Inkrafttreten des für das Wohnungsmiteigentum wesentlichsten Gesetzes 1965[107] hat die französische Legislative dieser Rechtskonstruktion den ihr durch die praktische Bedeutung realiter zustehenden Platz eingeräumt. Art. 1er al. 1 des Gesetzes aus 1965 bringt den Grundgedanken des französischen Wohnungsmiteigentums durch eine einfache Definition sehr gut zum Ausdruck. Demnach regelt dieses Gesetz jene Fälle, bei denen das Eigentum an Häusern auf mehrere Personen aufgeteilt ist, wobei jeder Anteil eine individuelle und eine gemeinschaftliche Komponente hat.[108] Art. 2 leg. cit. beschreibt den individuellen Anteil als jene Partien des Hauses, die dem ausschließlichen Gebrauch eines bestimmten Miteigentümers vorbehalten sind. Sie stehen daher auch im ausschließlichen Eigentum des jeweiligen Miteigentümers. Art. 3 leg. cit. hingegen zählt die wesentlichsten gemeinschaftlichen Teile eines solchen Hauses auf[109], die dem Gebrauch aller oder zumindest mehrerer Miteigentümer dienen und an denen es gemäß Art. 4 leg. cit. nur Miteigentum geben kann.[110]

8.4.3. EIGENTUM ALS ZEITLICH UNBEGRENZTES RECHT

Das Eigentumsrecht ist als logische Konsequenz seiner - wenn auch nur theoretischen Absolutheit - einerseits als unbegrenzt dauernd anzusehen, als es keiner zeitlichen Begrenzung unterliegt und erst mit dem Untergang des Objektes, an dem es "haftet", tatsächlich zu existieren aufhört, und andererseits als unbegrenzt in dem Sinne, als seine Existenz von seiner Ausübung vollkommen unabhängig ist, es also durch Nichtge-

---

nur in Grenoble (geographische Lage und Platzmangel) und in Rennes (Großbrand im 18. Jahrhundert und erschwerter Wiederaufbau) genutzt. Art. 664 C. civ. hat hier für den Fall des Fehlens vertraglicher Vereinbarungen die wesentlichsten Bestimmungen für die Errichtung und die Erhaltung eines Hauses vorgesehen.

106 Loi du 28 juin 1938 (auch *Loi du Grenoble* genannt)

107 Loi n° 65-557 du 10 juillet 1965 fixant le statut de la copropriété des immeubles bâtis.

108 art. 1er al. 1 L. 1965: ... comprenant chacun une partie privative et une quote-part de parties communes.

Bergel, Le droit des biens[2] (1990) p. 84; ***Mazeaud***, Leçons de droit civil[7], Tome II, 2e vol., Biens: Droit de propriété et ses démembrements (1989) p. 17, 51 et s.

109 Höfe, Parks, Gärten, Zugangswege, Gänge und Durchgänge

110 ***Bergel***, Le droit des biens[2] (1990) p. 84 et s.; ***Mazeaud***, Leçons de droit civil[7], Tome II, 2e vol., Biens: Droit de propriété et ses démembrements (1989) p. 49 et s. mit Verweis auf loi n° 85-1470 du 31 décembre 1985

brauch nicht untergehen kann.[111] Die Zuerkennung dieser Eigenschaften ist nur konsequent, da aus der Definition des Eigentumsrechts als absolut bereits implizit zu folgern ist, daß die zeitliche Unbegrenztheit bloß den Ausfluß der Absolutheit in der Dimension Zeit darstellt.[112] Die Hinweise auf vertragliche Gestaltungsmöglichkeiten wie etwa Eigentumsvorbehalte (der Verkäufer behält das Eigentum an der Kaufsache bis zur vollständigen Preiszahlung) sowie auflösende oder aufschiebende Bedingungen als Beispiele für ein zeitlich doch begrenztes Eigentumsrecht müssen ins Leere gehen. Das Eigentumsrecht bleibt auch in solchen Fällen ohne dogmatische Änderungen bestehen, die Sache fällt ganz einfach, nachdem sie bereits jemandem gehört hat, bloß (wieder) in den Machtbereich eines anderen.[113]

Somit ist festzustellen, daß das Eigentumsrecht erworben und übertragen werden kann, ohne zu erlöschen wie andere Rechte.[114] Gleichzeitg sind jene Umstände, die dazu führen, daß das Eigentumsrecht doch untergeht, rasch taxativ aufgezählt. Zum einen ist das die materielle Zerstörung, zum anderen die Dereliktion (*déguerpissement*) der Sache durch den Eigentümer. Eine Enteignung im öffentlichen Interesse oder eine Verstaatlichung führen hingegen nicht zum Untergang des Eigentumsrechts als

---

111 vgl. Civ. 3e, 9 juillet 1970, J.C.P. 1971, II., n° 16579, note G. Goubeaux = D. 1971. 111: *Le droit de propriété se conserve sans que le titulaire ait à justifier d'un usage. Il ne se perd pas par le non-usage.*

Atias, Droit civil, Les biens² (1991) p. 63, 76; ***Baudry-Lacantinerie – Chauveau,*** Traité théorique et pratique de droit civil³ (1905) p. 154; ***Bergel,*** Le droit des biens² (1990) p. 33 et s.; ***Beudant,*** Cours de droit civil², Tome IV (1938) p. 303; ***Carbonnier,*** Flexible droit⁶ (1988) p. 244; ***Chauffardet,*** Le problème de la perpétuité de la propriété, Etude de sociologie juridique et de droit positif, Thèse (1933) p. 99, 118 et s.; ***Demolombe,*** Cours de Code Napoléon⁵, Tome IX (1876) p. 465; ***Lambert,*** Cours de droit civil, Droit du patrimoine (1971) p. 102 et s.; ***Lepage,*** Pourquoi la propriété (1985) p. 15; ***Mazeaud,*** Leçons de droit civil⁷, Tome II, 2e vol., Biens: Droit de propriété et ses démembrements (1989) p. 94 et s.; ***Toullier,*** Le droit civil français suivant l'ordre du Code⁵, Tome 3 (1839) p. 46; ***Vareilles-Sommières,*** dans: Rev. trim. dr. civ., 1905, p. 443: *Perpetuum ius.*

112 vgl. Civ. 3e, 9 juillet 1970, J.C.P. 1971, II., n° 16579, note G. Goubeaux = D. 1971. 111: *La perpétuité de la propriété n'est pas autre chose que l'absolutisme du droit apprecié dans le temps.*

Beudant, Cours de droit civil², Tome IV (1938) p. 303

113 ***Carbonnier,*** Flexible droit⁶ (1988) p. 265: Die zeitliche Dimension ist das wesentlichste Element des Eigentumsrechts.; ***Dupont Delestraint,*** Droit civil, Les biens⁹ (1987) p. 30 et s.; ***Lambert,*** Cours de droit civil, Droit du patrimoine (1971) p. 111

114 ***Bergel,*** Le droit des biens² (1990) p. 33; ***Chauffardet,*** Le problème de la perpétuité de la propriété, Etude de sociologie juridique et de droit positif, Thèse (1933) p. 99; ***Foignet,*** Manuel élémentaire de droit civil, Tome I, dix-huitième édition par Émile Dupont (1943) p. 550; ***Vareilles-Sommières,*** dans: Rev. trim. dr. civ., 1905, p. 443

solches, vielmehr verschwindet bloß sein privater Charakter.[115] Das Eigentumsrecht ist zwar nicht der Verjährung zugänglich, allerdings kann jemand, der sich des Besitzes einer Sache über eine gewisse Zeit bemächtigt, Ersitzung geltend machen und so Eigentum erwerben. Dabei ist keineswegs der Nichtgebrauch der Sache durch den ursprünglichen Eigentümer der Grund für das Erlöschen des Rechts, vielmehr ist es der qualifizierte Besitz der Sache durch einen anderen. Der qualifizierte Besitz erlaubt so Eigentum mittels Ersitzung zu erwerben.[116]

Die zeitliche Unbegrenztheit des Eigentums zeigt sich bei Veräußerungen und philosophisch betrachtet in der Erbfolge.[117] Im Falle einer Veräußerung der Sache geht - wie bereits erwähnt - das Eigentumsrecht, das an der Sache haftet, direkt und unmittelbar auf den Erwerber über ohne zwischenzeitig zu erlöschen. Beim Erwerber entsteht dabei kein neues Recht, vielmehr wechselt das bereits existierende Eigentumsrecht den Berechtigten.[118] Dabei ist das Eigentumsrecht, das sich auf die Sache bezieht, vom Veräußerungsrecht, das auf dem Eigentumsrecht beruht, zu unterscheiden. Es bestehen zwei einander überlagernde Rechte, das Fehlen des Veräußerungsrechts ändert allerdings nichts am Charakter des Eigentumsrechts.[119]

Schließlich ist das Eigentumsrecht auch insofern als zeitlich unbegrenzt anzusehen, als es durch die Etablierung von Übertragungsmöglichkeiten nach dem Tod des Titelträgers bestehen bleibt. Ein geordnetes Erbrecht mit der Möglichkeit, individuelles Eigentum durch Übertragung im Todesfall auf nachfolgende Personen weitergeben zu können, ist ein wesentliches Attribut des Eigentumsrechts.[120] Der Wechsel des Titelträgers durch Ebfolge berührt das Eigentumsrecht weder in seiner Existenz noch in seiner Identität.[121] *Carbonnier* geht in seiner Beurteilung sogar noch einen Schritt weiter, wenn er sagt, daß man mit der allgemeinen Aussage,

---

[115] ***Vareilles-Sommières,*** dans: Rev. trim. dr. civ., 1905, p. 443

[116] ***Bergel,*** Le droit des biens^2 (1990) p. 34; ***Carbonnier,*** Flexible droit^6 (1988) p. 244; ***Chauffardet,*** Le problème de la perpétuité de la propriété, Etude de sociologie juridique et de droit positif, Thèse (1933) p. 123; ***Muller,*** dans: Rev. trim. dr. civ., 1989, p. 697; ***Nguyen,*** Droit civil, Les biens (1992) p. 40

[117] ***Atias,*** Droit civil, Les biens^2 (1991) p. 76; ***Carbonnier,*** Flexible droit^6 (1988) p. 244; ***Chauffardet,*** Le problème de la perpétuité de la propriété, Etude de sociologie juridique et de droit positif, Thèse (1933) p. 99: *Il se perpétue en se transmettant.*

[118] ***Bergel,*** Le droit des biens^2 (1990) p. 33; ***Zenati,*** Les biens (1988) p. 137

[119] ***Chauffardet,*** Le problème de la perpétuité de la propriété, Etude de sociologie juridique et de droit positif, Thèse (1933) p. 100 et s.

[120] ***Gonnard,*** La propriété dans la doctrine et dans l'histoire (1943) p. 126

[121] ***Chauffardet,*** Le problème de la perpétuité de la propriété, Etude de sociologie juridique et de droit positif, Thèse (1933) p. 99

das Eigentumsrecht ist ein zeitlich unbegrenztes Recht, eigentlich meint, daß es ein vererbbares Recht ist. Nur so macht es für ihn wirklich Sinn, von *droit perpétuel* zu sprechen.[122]

8.5. DIE ARTEN DES EIGENTUMSERWERBS

Gemäß art. 711 C. civ. wird Eigentum erworben und übertragen durch Erbfolge, Schenkung unter Lebenden oder auf den Todesfall und durch Rechtsgeschäft (Schuldverbindlichkeit).[123] Zusätzlich aber hält noch art. 712 C. civ. fest, daß Eigentum außerdem durch Verbindung, Vermengung, Vermischung und Ersitzung erworben wird.[124] Einige Autoren kritisieren bei der Aufzählung, daß diese Normen die Gesamtrechtsnachfolge und die Einzelrechtsnachfolge, Rechtsgeschäfte unter Lebenden und Toten sowie originäre und derivative Erwerbsarten in kurz gefaßten Textstellen ohne sichtbare Trennung voneinander nennen. Durch diesen "Begriffscocktail" werden die Texte unübersichtlich und damit auch unpraktikabel.[125] *Acollas* ist vor allem die Wortfolge *par l'effet des obligations* zu wenig präzise. Er würde sich folgende Ersatztextierung zur Klarstellung wünschen: ... *le contrat, lorsqu'il porte sur un corps certain, et dans tous les cas où naissent des obligations ayant pour objet une chose*

---

[122] ***Carbonnier,*** Flexible droit[6] (1988) p. 265

[123] art. 711 C. civ.: La propriété des biens s'acquiert et se transmet par succession, par donation entre vifs ou testamentaire, et par l'effet des obligations.

Acollas, Manuel de droit civil[2], Tome 2 (1874) p. 4; ***Ardilouze,*** La mutation en douane dans ses rapports avec les divers systèmes de transmission de la propriété mobilière et immobilière, Thèse (1931) p. 104; ***Carbonnier,*** Flexible droit[6] (1988) p. 247: Der Autor ergänzt die Aufzählung in einer süffisanten Art mit der Möglichkeit, in der staatlichen Lotterie ohne sein Zutun vielfacher Millionär zu werden.; ***Challaye,*** Histoire de la propriété[6] (1967) p. 117; ***Dupont Delestraint,*** Droit civil, Les biens[9] (1987) p. 68 et s.; ***Ferid – Sonnenberger,*** Das französische Zivilrecht, Band 2[2], (1986) 54; ***Malaurie – Aynès,*** Cours de droit civil, Les biens - La publicité foncière (1992) p. 147; ***Mazeaud,*** Leçons de droit civil[7], Tome II, 2e vol., Biens: Droit de propriété et ses démembrements (1989) p. 217; ***Zenati,*** Les biens (1988) p. 136

[124] art. 712 C. civ.: La propriété s'acquiert aussi par accession ou incorporation et par prescription.

Acollas, Manuel de droit civil[2], Tome 2 (1874) p. 6 et s.; ***Bufnoir,*** Propriété et contrat (1900) p. 7; ***Mazeaud,*** Leçons de droit civil[7], Tome II, 2e vol., Biens: Droit de propriété et ses démembrements (1989) p. 217; ***Zenati,*** Les biens (1988) p. 136

[125] ***Bufnoir,*** Propriété et contrat (1900) p. 7 et s.; ***Carbonnier,*** Droit civil[13], Tome 3, Les Biens (1990) p. 178; ***Mazeaud,*** Leçons de droit civil[7], Tome II, 2e vol., Biens: Droit de propriété et ses démembrements (1989) p. 217; ***Terré – Simler,*** Droit civil, Les biens[4] (1992) p. 240; ***Zenati,*** Les biens (1988) p. 144

indéterminée, la tradition ou la détermination de la chose.[126] Wie sich in der weiteren Betrachtung noch zeigen wird, würde diese Formulierung tatsächlich eine gewisse Unschärfe beseitigen und damit zur Erhöhung der Rechtssicherheit in diesem Bereich insgesamt beitragen.

Obwohl die Textierung nur auf das Eigentum als solches abzielt, so ist es doch unbestritten, daß die genannten Vorgänge auch auf den Erwerb und die Übertragung der sonstigen dinglichen Rechte Anwendung finden.[127] Ebenso eindeutig ist - selbst wenn der Gesetzestext dazu schweigt -, daß die Zueignung (Okkupation) und andere gesetzliche Tatbestände ebenfalls zum verfolgten Ziel führen, nämlich den Erwerb von Eigentum zu ermöglichen.[128] Der sofortige Eigentumserwerb beweglicher körperlicher Sachen durch Besitz (art. 2279 C. civ.) ist in Frankreich eine sehr wesentliche Möglichkeit, einen Eigentumstransfer zu bewirken. Umsomehr verwundert es, daß selbst diese Art des Eigentumserwerbs in der bewiesenermaßen unvollständigen Aufzählung der vorgenannten Artikel fehlt, auch wenn *Marcadé* meint, dabei handle es sich bloß um ein Redaktionsversehen von *Toullier*.[129]

Das französische bürgerliche Gesetzbuch enthält einige Tatbestände (etwa Erbrechtsnachfolge oder Ersitzung), an deren Vorhandensein es den Eigentumserwerb oder die Übertragung von Eigentum knüpft. Im Ergebnis bedeutet das einen Eigentumserwerb kraft Gesetzes.[130] Daneben besteht natürlich - bei Betrachtung der faktischen Zustände wohl als Regelfall an-

---

126 ***Acollas,*** Manuel de droit civil[2], Tome 2 (1874) p. 4

127 ***Bergel,*** Le droit des biens[2] (1990) p. 97; ***Marcadé,*** Explication théorique et pratique du Code Napoléon[5], Tome 3 (1852) p. 1; ***Mazeaud,*** Leçons de droit civil[7], Tome II, 2e vol., Biens: Droit de propriété et ses démembrements (1989) p. 217

128 ***Bergel,*** Le droit des biens[2] (1990) p. 97; ***Laurent,*** Principes de droit civil français[3], Tome 8 (1878) p. 520; ***Marcadé,*** Explication théorique et pratique du Code Napoléon[5], Tome 3 (1852) p. 1 et s.; ***Raynaud,*** De l'usucapion des meubles en droit romain et de la règle "En fait de meubles possession vaut titre" en droit français, Thèse (1873) p. 174; ***Toutain,*** Droit romain - De l'interdit utrubi / Droit français - De la possession des meubles, Thèse (1888) p. 216

129 ***Larroumet,*** Droit civil[2], Tome II (1988) p. 207, 595; ***Ledieu,*** De la règle en fait de meubles possession vaut titre, Thèse (1897) p. 56; ***Marcadé,*** Explication théorique et pratique du Code Napoléon[5], Tome 3 (1852) p. 1; ***Raynaud,*** De l'usucapion des meubles en droit romain et de la règle "En fait de meubles possession vaut titre" en droit français, Thèse (1873) p. 174, 242; ***Tournesac,*** Application pratique de la maxime "En fait de meubles possession vaut titre", Thèse (1913) p. 154; ***Toutain,*** Droit romain - De l'interdit utrubi / Droit français - De la possession des meubles, Thèse (1888) p. 216

130 ***Bergel,*** Le droit des biens[2] (1990) p. 98; ***Carbonnier,*** Droit civil[13], Tome 3, Les Biens (1990) p. 178, 183: Diesen Übertragungsarten ist gemein, daß sie Eigentum ohne dezidierte Willensäußerung des aktuellen Eigentümers übergehen lassen.; ***Cornu,*** Droit civil, Introduction-Les personnes-Les biens[2] (1985) p. 400; ***Larroumet,*** Droit civil[2], Tome II (1988) p. 207

zusehen - die Möglichkeit eines Eigentumserwerbs durch übereinstimmenden Parteiwillen (*l'effet des obligations*) im Rahmen des Vollzugs eines Rechtsgeschäfts.[131] Als Resümee der acht Erwerbsarten kann daher folgende Aufzählung dienen: 1) Erbfolge, 2) Schenkung unter Lebenden oder auf den Todesfall, 3) Verbindung, Vermengung und Vermischung, 4) Ersitzung, 5) Gesetz, 6) Okkupation, 7) Übergabe und 8) Rechtsgeschäft.[132]

8.5.1. EIGENTUMSERWERB KRAFT GESETZES

Das Gesetz unterscheidet zwischen originären und derivativen Erwerbsarten. Originär oder ursprünglich ist ein Eigentumsrecht, wenn es beim Erwerber völlig neu entsteht, derivativ oder abgeleitet ist es dann, wenn es vom Recht des Vormannes abhängig ist.[133] In einer kritischen Anmerkung hält *Chauffardet* die seiner Ansicht nach künstliche Unterscheidung in originäre und derivative Erwerbsarten für entbehrlich, wenn etwa durch die Bestimmung des art. 2279 C. civ. die Möglichkeit eingeräumt wird, ein neues Recht durch derivativen Eigentumserwerb zu erlangen.[134]

8.5.1.1. DERIVATIVER EIGENTUMSERWERB

Derivativer Eigentumserwerb liegt unter Verweis auf art. 711 C. civ. immer dann vor, wenn das Eigentumsrecht von einem bereits Berechtigten auf einen Rechtsnachfolger übertragen wird.[135] Dabei kann zwischen der

---

[131] ***Bergel,*** Le droit des biens[2] (1990) p. 98; ***Carbonnier,*** Droit civil[13], Tome 3, Les Biens (1990) p. 178; ***Larroumet,*** Droit civil[2], Tome II (1988) p. 207; ***Marcadé,*** Explication théorique et pratique du Code Napoléon[5], Tome 3 (1852) p. 3: Mit dieser Redewendung sind sowohl *convention* als auch *tradition* umfaßt (*la tradition n'est que le mode d'exécution d'un engagement, elle rentre dans les effets des obligations*).

[132] ***Marcadé,*** Explication théorique et pratique du Code Napoléon[5], Tome 3 (1852) p. 4

[133] ***Bergel,*** Le droit des biens[2] (1990) p. 98; ***Carbonnier,*** Droit civil[13], Tome 3, Les Biens (1990) p. 178, 377; ***Chauffardet,*** Le problème de la perpétuité de la propriété, Etude de sociologie juridique et de droit positif, Thèse (1933) p. 137; ***Larroumet,*** Droit civil[2], Tome II (1988) p. 206; ***Marcadé,*** Explication théorique et pratique du Code Napoléon[5], Tome 3 (1852) p. 4; ***Massé – Vergé,*** Le droit civil français par K.-S. Zachariae, Tome 2 (1855) p. 216: *Modi acquirendi sunt vel originarii vel derivativi.*; ***Zenati,*** Les biens (1988) p. 136 et s.

[134] ***Chauffardet,*** Le problème de la perpétuité de la propriété, Etude de sociologie juridique et de droit positif, Thèse (1933) p. 137

[135] ***Marcadé,*** Explication théorique et pratique du Code Napoléon[5], Tome 3 (1852) p. 4; ***Malaurie – Aynès,*** Cours de droit civil, Les biens - La publicité foncière (1992) p. 147 et s.; ***Mazeaud,*** Leçons de droit civil[7], Tome II, 2e vol., Biens: Droit de propriété et ses

Übertragung des gesamten Vermögens (Gesamtrechtsnachfolge) und der Übertragung einzelner Sachen (Einzelrechtsnachfolge) unterschieden werden. Im französischen Recht gibt es die Gesamtrechtsnachfolge als zeitgleiche Übertragung aller Aktiva und Passiva durch einen einzigen Akt nur im Erbfall. Die Einzelrechtsnachfolge ist hingegen zwischen Lebenden und im Todesfall möglich und außerdem der Entgeltlichkeit eines Rechtsgeschäfts gegenüber neutral. Für die Einzelrechtsnachfolge kommen Verträge aller Art (insbesondere Kauf oder Schenkung), das Vermächtnis oder auch staatliche Eingriffe (etwa Enteignung, Beschlagnahme oder Verstaatlichung) in Betracht.[136] Eine derivative Eigentumserwerbsart, die auch zum Erwerb des Rechts aufgrund des Gesetzes führt, kann hier nur erwähnt werden. Eine tiefergehendere Betrachtung der gesetzlichen Erbfolge (*succession légale* oder *succession ab intestat*)[137] muß an dieser Stelle nämlich unter Hinweis auf das anderslautende Generalthema und die doch bedeutende Komplexität der rechtlichen Zusammenhänge im Gefolge einer Verlassenschaft unterbleiben.

8.5.1.2. ORIGINÄRER EIGENTUMSERWERB

Originärer Eigentumserwerb wird nur jener unmittelbare und sofortige Eigentumserwerb genannt, bei dem der Erwerber seine Rechte nicht von einem Vorgänger ableiten kann. Dies ist insbesondere bei der Zueignung (Okkupation) durch Besitznahme mit dem Willen sich als Eigentümer zu gerieren, beim natürlichen Zuwachs, beim Schatzfund, bei der Eigentumsvermutung aufgrund des Besitzes bei beweglichen Sachen, bei der Ersitzung sowie immer dann der Fall, wenn der Mensch mit Hilfe

---

démembrements (1989) p. 217; ***Terré – Simler,*** Droit civil, Les biens[4] (1992) p. 240; ***Zenati,*** Les biens (1988) p. 136

[136] ***Bugnet,*** Oeuvres de Pothier, Tome 9 (1861) p. 188 et s.; ***Cornu,*** Droit civil, Introduction-Les personnes-Les biens[2] (1985) p. 400; ***Malaurie – Aynès,*** Cours de droit civil, Les biens - La publicité foncière (1992) p. 148; ***Marcadé,*** Explication théorique et pratique du Code Napoléon[5], Tome 3 (1852) p. 4 et s.; ***Massé – Vergé,*** Le droit civil français par K.-S. Zachariae, Tome 2 (1855) p. 216 et s.; ***Mazeaud,*** Leçons de droit civil[7], Tome II, 2e vol., Biens: Droit de propriété et ses démembrements (1989) p. 218; ***Terré – Simler,*** Droit civil, Les biens[4] (1992) p. 240

[137] vgl. Livre Troisième, Des différentes manières dont on acquiert la propriété, Titre I., Des successions, art. 718 et s. Code civil

Cornu, Droit civil, Introduction-Les personnes-Les biens[2] (1985) p. 400; ***Malaurie – Aynès,*** Cours de droit civil, Les biens - La publicité foncière (1992) p. 148; ***Terré – Simler,*** Droit civil, Les biens[4] (1992) p. 240; ***Zenati,*** Les biens (1988) p. 138

seiner kreativen Fähigkeiten durch Arbeit neue Sachen schafft.[138] Eine weitere Kategorie originärer Arten des Eigentumserwerbs umfaßt etwa die Verbindung, die Vermengung und die Vermischung, obwohl vorausgesetzt wird, daß bereits ein Recht bestanden hat. Dabei führt im französischen Recht die Verarbeitung nicht zwingend zum Eigentumserwerb des Verarbeiters, nur wenn der Wert der Arbeit weit höher als der des Materials ist, kann es dazu kommen. Unwesentlich ist dabei, ob das Recht im Einzelfall abgegolten wurde oder nicht.[139] Die Problematik bei diesem Eigentumserwerb wurde durch die eindeutige Bestimmung in art. 2279 C. civ. prinzipiell entschärft und entsteht nur mehr in Einzelfällen, etwa bei beweglichen Sachen, bei denen mangels Gutgläubigkeit des Besitzers die Wohltat nach art. 2279 C. civ. keine Anwendung findet.[140] Originäre Erwerbsarten sind somit zumindest all jene, die in art. 712 C. civ. genannt sind.[141]

Eine originäre Erwerbsart ist weiters die Zueignung, bei der sich jemand einer beweglichen körperlichen Sache bemächtigt, die zuvor noch in niemandes Eigentum gestanden ist.[142] Das trifft etwa auf den Tierfang zu, wo das Wild oder der Fisch - beide haben bis zu ihrem Fang keinen Eigentümer gehabt - als *res nullius* durch Okkupation erworben werden können.[143] Für den Schatzfund als weitere originäre Art des Eigentumserwerbs gilt gemäß art. 716 C. civ. die Sonderregelung, daß der Schatz jenem zukommt, der ihn auf seinem Grundstück findet. Wird er allerdings auf fremdem Grund gefunden, so teilen sich der Finder und der Grund-

---

[138] ***Bergel,*** Le droit des biens[2] (1990) p. 98: Die Okkupation ist in Frankreich auf körperliche bewegliche Sachen beschränkt.; ***Carbonnier,*** Droit civil[13], Tome 3, Les Biens (1990) p. 376 et s.; ***Malaurie – Aynès,*** Cours de droit civil, Les biens - La publicité foncière (1992) p. 147, 171 et s.; ***Nguyen,*** Droit civil, Les biens (1992) p. 57; ***Terré – Simler,*** Droit civil, Les biens[4] (1992) p. 240

[139] vgl. §§ 414 ff ABGB bzw. §§ 946 ff BGB

Beudant, Cours de droit civil[2], Tome IV (1938) p. 380; ***Laurent,*** Principes de droit civil français[3], Tome 6 (1878) p. 401 et s.; ***Spellenberg,*** in: ZfRV 1994, 105

[140] ***Beudant,*** Cours de droit civil[2], Tome IV (1938) p. 378

[141] ***Zenati,*** Les biens (1988) p. 136

[142] vgl. §§ 381 ff ABGB

Atias, Droit civil, Les biens[2] (1991) p. 184; ***Bergel,*** Le droit des biens[2] (1990) p. 98; ***Carbonnier,*** Droit civil[13], Tome 3, Les Biens (1990) p. 377; ***Guigue,*** Droit civil, Les biens (1977) p. 75; ***Lambert,*** Cours de droit civil, Droit du patrimoine (1971) p. 133; ***Larroumet,*** Droit civil[2], Tome II (1988) p. 153; ***Nguyen,*** Droit civil, Les biens (1992) p. 57; ***Terré – Simler,*** Droit civil, Les biens[4] (1992) p. 252 et s.

[143] ***Atias,*** Droit civil, Les biens[2] (1991) p. 184; ***Carbonnier,*** Droit civil[13], Tome 3, Les Biens (1990) p. 377; ***Guigue,*** Droit civil, Les biens (1977) p. 75; ***Larroumet,*** Droit civil[2], Tome II (1988) p. 153; ***Terré – Simler,*** Droit civil, Les biens[4] (1992) p. 252 et s.

stückseigentümer den Schatz je zur Hälfte.[144] Für die Verbindung, Vermengung und Vermischung gilt der Grundsatz, daß die Nebensache der Hauptsache folgt: *accessorium sequitur principale.* Seit einer Novelle aus dem Jahr 1960 ist der Eigentümer der Hauptsache nunmehr jedenfalls verpflichtet, eine Entschädigungszahlung an den Eigentümer der minderwertigen Sache zu leisten.[145] Später wird gezeigt werden, daß dadurch auch ein Eigentumsvorbehaltsverkäufer sein durch eine Klausel scheinbar gesichertes Recht endgültig verliert.

8.5.2. EIGENTUMSERWERB DURCH BESITZ

Für meine Betrachtungen von eminenter Wichtigkeit ist die Klärung der Frage, welche Rolle beim (originären) Eigentumserwerb dem Besitz zukommt. Generell ist zunächst festzustellen, daß der Besitz - jeweils unter Berücksichtigung der entsprechenden qualitativen Rahmenbedingungen - bei beweglichen Sachen zum sofortigen Eigentumserwerb führen kann und bei unbeweglichen Sachen den Eigentumserwerb nach Zeitablauf durch Ersitzung ermöglicht.[146]

---

[144] vgl. §§ 398 ff ABGB

vgl. loi du 27 septembre 1941, portant réglementation des fouilles archéologiques sowie als Entscheidung Lyon, 29 octobre 1970, D. 1971. 522, note Prévault

Atias, Droit civil, Les biens[2] (1991) p. 184; ***Bergel,*** Le droit des biens[2] (1990) p. 98; ***Lambert,*** Cours de droit civil, Droit du patrimoine (1971) p. 134; ***Mazeaud,*** Leçons de droit civil[7], Tome II, 2e vol., Biens: Droit de propriété et ses démembrements (1989) p. 291 et s.; ***Renaud,*** dans: Rev. lég., 1845. 2. 81

[145] vgl. §§ 414 ff ABGB

vgl. art. 546, 552 sowie art. 566 C. civ. (loi n° 60-464 du 17 mai 1960): Le tout appartient au maître de la chose qui forme la partie pricipale.

Bergel, Le droit des biens[2] (1990) p. 98; ***Beudant,*** Cours de droit civil[2], Tome IV (1938) p. 379; ***Larroumet,*** Droit civil[2], Tome II (1988) p. 634 et s.; ***Laurent,*** Principes de droit civil français[3], Tome 6 (1878) p. 401 et s.; ***Margellos,*** La protection du vendeur à crédit d'objets mobiliers corporels à travers la clause de réserve de propriété (1989) p. 154 et s.; ***Mazeaud,*** Leçons de droit civil[7], Tome II, 2e vol., Biens: Droit de propriété et ses démembrements (1989) p. 314 et s.; ***Renaud,*** dans: Rev. lég., 1845. 2. 81

[146] ***Abdel-Baki,*** Du rôle de la possession en matière mobilière, Thèse (1943) p. 103; ***Bergel,*** Le droit des biens[2] (1990) p. 99; ***Bouillard,*** De la preuve de la propriété mobilière, Thèse (1900) p. 43; ***Carbonnier,*** Droit civil[13], Tome 3, Les Biens (1990) p. 202 et s., 357 et s.; ***Colin – Capitant,*** Traité de droit civil, Tome 1 (1953) p. 1070; ***Cornu,*** Droit civil, Introduction-Les personnes-Les biens[2] (1985) p. 401; ***Dupont Delestraint,*** Droit civil, Les biens[9] (1987) p. 53 et s.; ***Lepointe,*** Droit romain et ancien droit français, Droit des biens, Thèse (1958) p. 296; ***Nguyen,*** Droit civil, Les biens (1992) p. 48; ***Toutain,*** Droit romain - De l'interdit utrubi / Droit français - De la possession des meubles, Thèse (1888) p. 197

8.5.2.1. BEWEGLICHE SACHEN

Der Besitz ist im Mobilienrecht das einzige äußere Zeichen des Eigentums im Sinne einer Publizität.[147] Damit der Besitz qualifziert ist, als Grundlage für einen Eigentumserwerb zu dienen, muß er gemäß art. 2229 C. civ. fortwährend, rechtmäßig erlangt, äußerlich erkennbar und einwandfrei sein.[148] Der Besitzer darf keine Zweifel darüber aufkommen lassen, daß er die Handlungen im Bezug auf die Besitzsache mit dem Willen eines Besitzers - gestützt auf den Titel Besitz - setzt. Ein Besitz, der die vorgenannten Qualitäten nicht aufweist, ist fehlerhaft und daher ungeeignet, in der Folge zum Eigentumserwerb zu führen. Der gutgläubige Besitz (*possession de bonne foi*)[149] und als Gegenpol der Besitz wider Treu und Glaube (*possession de mauvaise foi*) führen hinsichtlich des Erwerbs eines dinglichen Rechts zu unterschiedlichen Konsequenzen, je nachdem, ob es sich um bewegliche oder unbewegliche Sachen handelt.[150] Dabei liegt Gutgläubigkeit vor, wenn kein Umstand der Natur nach geeignet ist, Zweifel über die Legitimität des Veräußerers entstehen zu lassen.[151] Der Besitz ist hingegen dann wider Treu und Glaube, wenn der Besitzer von Umständen Kenntnis hat, die zu Zweifeln über die Berechtigung des Vertragspartners beitragen. Diese Zweifel führen in weiterer Folge zu einem fehlerhaften Besitz.[152] Ein solcher Besitz schließt die Anwendung von art. 2279 C. civ. und damit die Inanspruchnahme der dort formulierten Wohltaten aus.[153]

Die wohl wichtigste und zentralste Bestimmung im Verhältnis von Besitz und Eigentum ist art. 2279 C. civ. mit dem Grundsatz *En fait de meubles, la possession vaut titre*. Diese Maxime ist allerdings beschränkt

---

[147] ***Abdel-Baki,*** Du rôle de la possession en matière mobilière, Thèse (1943) p. 4, 185: Der Besitz im Mobilienrecht ersetzt andere reglementierte oder organisierte Publizitätsformen, er stellt die natürlichste Form einer Publizität dar.; ***Tournesac,*** Application pratique de la maxime "En fait de meubles possession vaut titre", Thèse (1913) p. 40

[148] art. 2229 C. civ.: Il faut une possession continue et non interrompue, paisible, publique, non équivoque, et à titre de propriétaire.

[149] vgl. für eine (extensive) Definition des Begriffpaares *bonne foi* etwa Civ. 1re, 3 novembre 1981, Bull. civ. I., n° 324, p. 275

[150] ***Bergel,*** Le droit des biens[2] (1990) p. 101; ***Lambert,*** Cours de droit civil, Droit du patrimoine (1971) p. 131 et s.

[151] vgl. Req., 3 mars 1896, D. 1897. 495; Paris, 17 mars 1954, J.C.P. 1954, IV., p. 92; Paris, 15 février 1961, Gaz. Pal. 1961. 190

[152] ***Vouin,*** La bonne foi, Thèse (1939) p. 29: In Rom hatte *bona fides* außer der zitierten Bedeutung im Umfeld von Besitz und Ersitzung noch eine andere Bedeutung, nämlich als Antithese von List und Betrug (*fides bona contraria est fraudi et dolo*).

[153] vgl. Paris, 1 février 1961, Gaz. Pal. 1961. 190; Civ. 1re, 29 janvier 1962, Bull. civ. I., n° 61, p. 54

auf bewegliche körperliche Sachen, deren Erwerb oder Übertragung keine Publizität erfordert, auf dingliche Rechte, die sich auf solche Sachen beziehen, und auf Inhaberwertpapiere.[154] Je nachdem, von wem die bewegliche Sache erworben wird, ändert art. 2279 C. civ. seine inhaltliche Bedeutung. Derjenige, der eine bewegliche Sache oder ein auf einer solchen Sache basierendes dingliches Nutzungsrecht gutgläubig vom Nichteigentümer (*a non domino*) erwirbt, erwirbt schon alleine durch den Besitz Eigentum. Der Besitz verschafft hier Eigentum, der Besitz gilt hier als Titel.[155] Aus einem Vertrag als Rechtsgeschäft kann der gutgläubige Besitzer kein Eigentum erwerben, da sein Vertragspartner nicht zur Verfügung über die Sache berechtigt ist.[156] Mit dem Zeitpunkt der realen Besitznahme durch den gutgläubigen Erwerber gilt das Eigentum als erworben. Die Vindikation durch den eigentlichen Eigentümer ist in diesem Fall ausgeschlossen.[157]

Erfolgt der Erwerb der beweglichen Sache allerdings direkt vom Eigentümer, so ändert art. 2279 C. civ. seine Bedeutung, denn er verschafft dann nicht mehr unmittelbar Eigentum. Als Ausgleich verfügt die Besitzerstellung jedoch noch über eine gewisse Beweiskraft und läßt zweierlei vermuten. Zum einen Eigentum als solches und zum anderen eine rechtmäßige Übertragung desselben basierend auf einem Titel, der geeignet ist, Eigentum wirksam zu übertragen (*l'existence d'un titre légitime d'acquisition*).[158] Der Besitzer kann sich dabei immer auf den Umstand berufen,

---

154 vgl. Civ. 1re, 15 avril 1863, D. 1863. 396; Civ. 1re, 4 juillet 1876, D. 1877. 33; Req., 27 mars 1889, D. 1890. 413; Civ. 1re, 21 octobre 1929, D. 1931. 56; Com. 3e, 19 janvier 1960, Bull. civ. III., n° 30, p. 25

Bergel, Le droit des biens[2] (1990) p. 101

155 ***Aubry – Rau,*** Droit civil français[7], Tome II (1961) p. 149; ***Colin – Capitant,*** Traité de droit civil, Tome 1 (1953) p. 1070; ***Cornu,*** Droit civil, Introduction-Les personnes-Les biens[2] (1985) p. 624; ***Lambert,*** Cours de droit civil, Droit du patrimoine (1971) p. 136; ***Larroumet,*** Droit civil[2], Tome II (1988) p. 246

156 vgl. Civ. 1re, 1er mars 1988, D. Somm. 1989. 29, note A. Robert

Bergel, Le droit des biens[2] (1990) p. 101; ***Carbonnier,*** Droit civil[13], Tome 3, Les Biens (1990) p. 201; ***Colin – Capitant,*** Traité de droit civil, Tome 1 (1953) p. 1070; ***Cornu,*** Droit civil, Introduction-Les personnes-Les biens[2] (1985) p. 434; ***Lambert,*** Cours de droit civil, Droit du patrimoine (1971) p. 135 et s.; ***Ortscheidt,*** La possession en droit civil français et allemand, Thèse (1977) p. 465; ***Toutain,*** Droit romain - De l'interdit utrubi / Droit français - De la possession des meubles, Thèse (1888) p. 197

157 ***Colin – Capitant,*** Traité de droit civil, Tome 1 (1953) p. 1070; ***Lambert,*** Cours de droit civil, Droit du patrimoine (1971) p. 137 et s.; ***Laurent,*** Principes de droit civil français[3], Tome 6 (1878) p. 97

158 ***Abdel-Baki,*** Du rôle de la possession en matière mobilière, Thèse (1943) p. 475, 560; ***Carbonnier,*** Droit civil[13], Tome 3, Les Biens (1990) p. 366: *Elle présume une acquisition régulière, un titre translatif de propriété dans le seul fait de leur possession.*; ***Colin – Capitant,*** Traité de droit civil, Tome 1 (1953) p. 1070; ***Cornu,*** Droit

rechtmäßig Eigentum erworben zu haben, ohne tatsächlich oder rechtlich gezwungen zu sein, einen schriftlichen Beweis etwa in Vertragsform vorlegen zu müssen. Der Titel des Besitzers wird von der Jurisprudenz - ganz der Bestimmung des art. 2279 C. civ. folgend - vermutet: der Besitz hat Beweisfunktion.[159] Dem Eigentümer bleibt natürlich unbenommen, durch geeignete Nachweise die gesetzliche Vermutung zu widerlegen.[160]

8.5.2.2. UNBEWEGLICHE SACHEN (ERSITZUNG)

Der Besitz - nicht aber die Innehabung - kann bei unbeweglichen Gütern[161] über die Ersitzung zum Erwerb des Eigentums oder anderer dinglicher Rechte führen. Dabei müssen die Immobilien prinzipiell geeignet sein, an ihnen Besitz begründen zu können. Sachen des öffentlichen

---

civil, Introduction-Les personnes-Les biens² (1985) p. 624, 637 et s.; ***Lambert,*** Cours de droit civil, Droit du patrimoine (1971) p. 140; ***Ripert,*** Les forces créatrices du droit (1955) p. 352; ***Zenati,*** Les biens (1988) p. 201

159 vgl. Civ. 1re, 15 avril 1863, D. 1863. 396; ; Civ. 1re, 20 décembre 1955, J.C.P. 1956, II., n° 9455, note Weill; Civ. 2e, 5 avril 1960, Bull. civ. II., n° 252, p. 171; Civ. 1re, 8 décembre 1987, D. Somm. 1989. 29, note A. Robert

Abdel-Baki, Du rôle de la possession en matière mobilière, Thèse (1943) p. 470 et s.; ***Carbonnier,*** Droit civil¹³, Tome 3, Les Biens (1990) p. 365; ***Colin – Capitant,*** Traité de droit civil, Tome 1 (1953) p. 1070; ***Cornu,*** Droit civil, Introduction-Les personnes-Les biens² (1985) p. 639; ***Lambert,*** Cours de droit civil, Droit du patrimoine (1971) p. 140; ***Toutain,*** Droit romain - De l'interdit utrubi / Droit français - De la possession des meubles, Thèse (1888) p. 199; ***Zenati,*** Les biens (1988) p. 201

160 vgl. Civ. 1re, 15 avril 1863, D. 1863. 396; Req., 27 mars 1889, D. 1890. 413; Civ. 1re, 3 janvier 1905, S. 1905. 1. 331; Paris, 17 mars 1954, J.C.P. 1954, IV., p. 92; Civ. 1re, 20 décembre 1955, J.C.P. 1956, II., n° 9455, note Weill; Civ. 1re, 7 février 1962, Bull. civ. I., n° 91, p. 81; Civ. 1re, 13 novembre 1962, Bull. civ. I., n° 478, p. 408; Civ. 1re, 24 novembre 1970, D. Somm. 1971. 54

Abdel-Baki, Du rôle de la possession en matière mobilière, Thèse (1943) p. 471, 494; ***Carbonnier,*** Droit civil¹³, Tome 3, Les Biens (1990) p. 365 et s.; ***Cornu,*** Droit civil, Introduction-Les personnes-Les biens² (1985) p. 639 et s.; ***Lambert,*** Cours de droit civil, Droit du patrimoine (1971) p. 141; ***Toutain,*** Droit romain - De l'interdit utrubi / Droit français - De la possession des meubles, Thèse (1888) p. 199; ***Zenati,*** Les biens (1988) p. 201

161 ***Schwab – Prütting,*** Sachenrecht²⁵ (1994) 193 f: In Deutschland ist die Ersitzung (*possessio, bona fides, tempus*) auch bei beweglichen Sachen möglich, dabei bilden abhanden gekommene Sachen unter Berücksichtigung von § 935 BGB die Mehrheit der Ersitzungsfälle. Die allgemeinen Ersitzungsvorschriften finden sich in den §§ 937 ff BGB wieder.

In Österreich ist die Ersitzung - ähnlich wie in Frankreich - in unmittelbarer Nähe der Verjährung in den §§ 1451 ff ABGB ("Von der Verjährung und Ersitzung") geregelt.

Sektors oder auch solche mit einem gesetzlichen Veräußerungsverbot sind daher in der Regel für den Ersitzungsanspruch ungeeignet. Die Ersitzung ist trotz aller strengen Formerfordernisse ein nicht zu vernachlässigendes Element der französischen Rechtsordnung. Das wesentlichste Kriterium einer Ersitzung ist der Verlauf einer bestimmten Zeitspanne (art.2262 bzw. 2265 C. civ.)[162]: 30 Jahre im Regelfall sowie 10 oder 20 Jahre, wenn sich der Besitzer auf einen gültigen Titel stützt und er zugleich gutgläubig ist.[163] Der Zeitraum der Ersitzung kann unterbrochen werden, die Berechnung erfolgt gemäß art. 2260 C. civ. nach Tagen.[164] Wenn dem Besitzer der Gebrauch und die Nutzung der Sache mehr als ein Jahr entzogen wurde, dann gilt die Ersitzungsfrist als unterbrochen. Dabei ist es unerheblich, ob der Entzug der Sache durch den früheren Eigentümer oder einen Dritten erfolgte.[165]

---

[162] art. 2262 C. civ.: Toutes les actions, tant réelles que personnelles, sont prescrites par trente ans.

art. 2265 C. civ.: Celui qui acquiert de bonne foi et par juste titre un immeuble en prescrit la propriété par dix ans, si le véritable propriétaire habite dans le ressort da la cour royale [la cour d'appel] dans l'étendue de laquelle l'immeuble est situé; et par vingt ans, s'il est domicilié hors dudit ressort.

Carbonnier, Droit civil[13], Tome 3, Les Biens (1990) p. 203 et s.359; ***Cornu,*** Droit civil, Introduction-Les personnes-Les biens[2] (1985) p. 434; ***Jestaz,*** dans: D. chr. 1984. 27; ***Larroumet,*** Droit civil[2], Tome II (1988) p. 81, 124, 154; ***Laurent,*** Principes de droit civil français[3], Tome 32 (1878) p. 444; ***Lepointe,*** Droit romain et ancien droit français, Droit des biens, Thèse (1958) p. 296; ***Mazeaud,*** Leçons de droit civil[7], Tome II, 2e vol., Biens: Droit de propriété et ses démembrements (1989) p. 216; ***Toutain,*** Droit romain - De l'interdit utrubi / Droit français - De la possession des meubles, Thèse (1888) p. 208

[163] Sowohl das österreichische Zivilrecht (vgl. § 1463 ABGB) als auch das deutsche (vgl. § 937 II BGB) behalten die Ersitzung gutgläubigen Besitzern vor.

Atias, Droit civil, Les biens[2] (1991) p. 188; ***Bergel,*** Le droit des biens[2] (1990) p. 102; ***Carbonnier,*** Droit civil[13], Tome 3, Les Biens (1990) p. 203, 359; ***Cornu,*** Droit civil, Introduction-Les personnes-Les biens[2] (1985) p. 434; ***Jestaz,*** dans: D. chr. 1984. 27; ***Larroumet,*** Droit civil[2], Tome II (1988) p. 124, 189; ***Laurent,*** Principes de droit civil français[3], Tome 32 (1878) p. 430; ***Mazeaud,*** Leçons de droit civil[7], Tome II, 2e vol., Biens: Droit de propriété et ses démembrements (1989) p. 220 et s.; ***Vouin,*** La bonne foi, Thèse (1939) p. 309; ***Zenati,*** Les biens (1988) p. 159

[164] art. 2242 C. civ.: La prescription peut être interrompue ou naturellement ou civilement.

Atias, Droit civil, Les biens[2] (1991) p. 189; ***Mazeaud,*** Leçons de droit civil[7], Tome II, 2e vol., Biens: Droit de propriété et ses démembrements (1989) p. 216

[165] art. 2243 C. civ.: Il y a interruption naturelle, lorsque le possesseur est privé pendant plus d'un an, de la jouissance de la chose, soit par l'ancien propriétaire, soit même par un tiers.; vgl. auch art. 2244, 2246, 2248 und 2250 C. civ. als Aufzählungen möglicher Unterbrechungsgründe.

Bergel, Le droit des biens[2] (1990) p. 103; ***Bufnoir,*** Propriété et contrat (1900) p. 411

Für die 30-jährige Ersitzung einer unbeweglichen Sache bedarf es eines gemäß art. 2229 C. civ. definierten fehlerfreien Besitzes, ein gültiger Titel oder Gutgläubigkeit wird hier nicht verlangt. Die Rechtsordnung zieht jenen, der 30 Jahre lang eine unbewegliche Sache erkennbar besessen hat, dem ursprünglichen Eigentümer vor und läßt ihn nach Zeitablauf Eigentümer durch Ersitzung werden.[166] Die verkürzte 10- bzw. 20-jährige Ersitzung ist hingegen jenen vorbehalten, die zwar über einen gültigen Titel verfügen, dieser aber, obwohl er im Prinzip geeignet wäre, den Eigentumsübergang zu bewirken, im konkreten nicht vom berechtigten Eigentümer stammt und dadurch nicht zum direkten Eigentumserwerb führen kann.[167] Neben dem Titel fordert das Gesetz für die verkürzte Ersitzung auch noch Gutgläubigkeit hinsichtlich der Eigentümereigenschaft des Geschäftspartners, wobei - wie im gesamten französischen Zivilrecht - die Gutgläubigkeit gesetzlich bis zum Beweis des Gegenteils vermutet wird.[168] Ob sich die gesetzlich vermutete Unkenntnis der fehlenden Eigentümerstellung auf einen Rechts- oder Tatbestandsirrtum stützt, ist dabei unerheblich.[169] Für die Beurteilung der Gutgläubigkeit ist es gemäß art. 2269 C. civ. jedoch entscheidend, daß sie im Zeitpunkt des Erwerbs vorhanden ist.[170]

---

[166] ***Atias,*** Droit civil, Les biens[2] (1991) p. 188 et s.; ***Bergel,*** Le droit des biens[2] (1990) p. 102; ***Jestaz,*** dans: D. chr. 1984. 27; ***Lambert,*** Cours de droit civil, Droit du patrimoine (1971) p. 131 et s.; ***Malaurie – Aynès,*** Cours de droit civil, Les biens - La publicité foncière (1992) p. 149; ***Vouin,*** La bonne foi, Thèse (1939) p. 309

[167] vgl. Civ. 3e, 6 janvier 1972, Bull. civ. III., n° 12, p. 10; Civ. 3e, 18 janvier 1972, Bull. civ. III., n° 39, p. 28; Civ. 3e, 30 octobre 1972, Bull. civ. III., n° 575, p. 422

Atias, Droit civil, Les biens[2] (1991) p. 189; ***Carbonnier,*** Droit civil[13], Tome 3, Les Biens (1990) p. 359; ***Jestaz,*** dans: D. chr. 1984. 27; ***Laurent,*** Principes de droit civil français[3], Tome 32 (1878) p. 431; ***Mazeaud,*** Leçons de droit civil[7], Tome II, 2e vol., Biens: Droit de propriété et ses démembrements (1989) p. 229 et s.; ***Toutain,*** Droit romain - De l'interdit utrubi / Droit français - De la possession des meubles, Thèse (1888) p. 211; ***Zenati,*** Les biens (1988) p. 159

[168] art. 2268 C. civ.: La bonne foi est toujours présumée, et c'est à celui qui allègue la mauvaise foi à la prouver.

vgl. Civ. 3e, 18 janvier 1972, Bull. civ. III., n° 39, p. 28

Atias, Droit civil, Les biens[2] (1991) p. 189; ***Bergel,*** Le droit des biens[2] (1990) p. 102 et s.; ***Carbonnier,*** Droit civil[13], Tome 3, Les Biens (1990) p. 200; ***Duranton,*** Cours de droit français suivant le Code civil[4], Tome 8 (1844) p. 578; ***Jestaz,*** dans: D. chr. 1984. 27; ***Lambert,*** Cours de droit civil, Droit du patrimoine (1971) p. 131 et s.; ***Mazeaud,*** Leçons de droit civil[7], Tome II, 2e vol., Biens: Droit de propriété et ses démembrements (1989) p. 229 et s.

[169] ***Carbonnier,*** Droit civil[13], Tome 3, Les Biens (1990) p. 200; ***Lambert,*** Cours de droit civil, Droit du patrimoine (1971) p. 136; ***Zenati,*** Les biens (1988) p. 159 et s.

[170] art. 2269 C. civ.: Il suffit que la bonne foi ait existé au moment de l'acquisition.

Wie ist es denn rechtstheoretisch zu begründen, daß jemand, der nachweislich bösgläubig eine Sache besitzt, nach Ablauf einer zugegebenermaßen doch langen Zeit Eigentum an dieser Sache durch Ersitzung erwerben kann? Der Gesetzgeber wollte damit keinesfalls - soviel ist sichergestellt - einen bösgläubigen Besitz oder Bösgläubigkeit ganz allgemein gutheißen, obschon natürlich wahr ist, daß er einen bösgläubigen Besitz nach Verlauf von 30 Jahren sozusagen gesetzlich schützt. Für dieses gesetzliche Einschreiten spricht aber die Notwendigkeit, rechtlich unsichere Besitzverhältnisse nicht ad infinitum zu perpetuieren. Der Mangel der Gutgläubigkeit auf der Seite des Besitzers soll nicht ewig währen, sondern nach 30 Jahren der Inaktivität des Eigentümers kraft Gesetzes quasi gelöscht werden.[171] Die Ersitzung einer beweglichen Sache ist nur denkbar, wenn der Ersitzende bösgläubig ist, da ihm ja sonst die Wohltat gemäß art. 2279 C. civ. zu Hilfe kommt. Ist er tatsächlich bösgläubig, dann muß er auf den Eigentumserwerb durch Zeitablauf 30 Jahre warten. Die zitierten verkürzten Fristen kann er keinesfalls in Anspruch nehmen.[172]

Abschließend erscheint also ein summarischer Vergleich der Bestimmungen für die Ersitzung unbeweglicher und beweglicher Sachen angebracht. Für unbewegliche Sachen regelt art. 2265 C. civ. die Frage der Ersitzung, für Mobilien normiert art. 2279 C. civ. die Frage des Eigentumserwerbs durch Besitz, wobei an dieser Stelle auch schon vorweggenommen werden kann, daß manche Autoren, obschon sie mit ihrer Meinung in der Minderheit geblieben sind, in der historischen Erklärung dieser einmaligen Bestimmung die einzig mögliche in einer sofortigen Ersitzung gesehen haben. Es steht jedenfalls fest, daß art. 2265 C. civ. de lege lata das Verstreichen einer Frist ausdrücklich verlangt, art. 2279 C. civ. jedoch einen sofortigen Transfer der Rechte vorsieht. Der erste Unterschied ist somit der geforderte Fristverlauf. Weiters ist für die Realisierung der Ersitzung nach art. 2265 C. civ. neben der Gutgläubigkeit auch noch ein gültiger Titel Voraussetzung, während für die Wohltat gemäß art. 2279 C. civ. das Vorhandensein der Gutgläubigkeit auf der Seite des

---

Duranton, Cours de droit français suivant le Code civil[4], Tome 21 (1844) p. 612: *Mala fides superveniens non impedit usucapionem.*; ***Laurent***, Principes de droit civil français[3], Tome 32 (1878) p. 443; ***Mazeaud***, Leçons de droit civil[7], Tome II, 2e vol., Biens: Droit de propriété et ses démembrements (1989) p. 232 et s.

[171] ***Laurent***, Principes de droit civil français[3], Tome 32 (1878) p. 442 et s.

[172] ***Bufnoir***, Propriété et contrat (1900) p. 347 et s.; ***Larroumet***, Droit civil[2], Tome II (1988) p. 590

Besitzers genügt. So werden also auch in diesem Bereich ungleiche Bedingungen gefordert.[173]

EXKURS: ERWERB SONSTIGER DINGLICHER RECHTE

Alles, was für die Ersitzung des Eigentums gilt, hat auch - formal entsprechend adaptiert - volle Gültigkeit für die Ersitzung anderer dinglicher Rechte.[174] Außer dem Eigentum gibt es hinsichtlich beweglicher Sachen nur noch zwei weitere dingliche Rechte: das Fruchtgenußrecht (einschließlich dem Gebrauchsrecht) und das akzessorische Pfandrecht.[175] Auch hier gilt natürlich nach art. 2279 C. civ. die gesetzliche Besonderheit, daß etwa das Fruchtgenußrecht an beweglichen Sachen sofort mit dem gutgläubigen Besitz der Sachen besteht.[176] Die Servitute an Grund und Boden werden hingegen über die 30-jährige Ersitzung erworben, für deren Begründung außerdem noch gefordert wird, daß sie fortwährend und für Außenstehende erkennbar ausgeübt werden.[177]

Der Gesetzgeber räumt dem gutgläubigen Besitzer das Recht ein, die Früchte einer Sache zu erwerben. Dabei wird Gutgläubigkeit vermutet, ihr Fehlen muß vom Eigentümer bewiesen werden. Die Gutgläubigkeit wird durch art. 550 C. civ. präzise definiert, allerdings wird sie nicht nur zu Beginn, sondern zu jedem Zeitpunkt der Fruchtziehung gefordert, widrigenfalls der Besitzer bösgläubig ist und daher die gezogenen Früchte nicht mehr für sich beanspruchen kann. Die Gutgläubigkeit muß daher

---

[173] ***Bufnoir,*** Propriété et contrat (1900) p. 191 et s.; ***Larroumet,*** Droit civil², Tome II (1988) p. 600

[174] ***Bergel,*** Le droit des biens² (1990) p. 103 et s.; ***Carbonnier,*** Droit civil¹³, Tome 3, Les Biens (1990) p. 200 et s.; ***Colin – Capitant,*** Traité de droit civil, Tome 1 (1953) p. 1087; ***Jestaz,*** dans: D. chr. 1984. 27; ***Larroumet,*** Droit civil², Tome II (1988) p. 585 et s.; ***Vouin,*** La bonne foi, Thèse (1939) p. 325

[175] ***Larroumet,*** Droit civil², Tome II (1988) p. 586; ***Laurent,*** Principes de droit civil français³, Tome 6 (1878) p. 115: Es gibt insgesamt mit dem Fruchtgenuß-, Gebrauchs- und Wohnrecht nur drei Personaldienstbarkeiten.

[176] ***Abdel-Baki,*** Du rôle de la possession en matière mobilière, Thèse (1943) p. 350 et s.; ***Baudry-Lacantinerie – Tissier,*** Traité théorique et pratique de droit civil³ (1905) p. 698 et s.; ***Bergel,*** Le droit des biens² (1990) p. 103 et s.; ***Carbonnier,*** Droit civil¹³, Tome 3, Les Biens (1990) p. 203; ***Mazeaud,*** Leçons de droit civil⁷, Tome II, 2e vol., Biens: Droit de propriété et ses démembrements (1989) p. 282 et s.; ***Vouin,*** La bonne foi, Thèse (1939) p. 325

[177] art. 690 C. civ.: Les servitudes continues et apparentes s'acquièrent par titre, ou par la possession de trente ans.

Bergel, Le droit des biens² (1990) p. 103 et s.; ***Larombière,*** Théorie et pratique des obligations, Tome 2 (1857) p. 431; ***Lepointe,*** Droit romain et ancien droit français, Droit des biens, Thèse (1958) p. 297

zwingend bei jedem Akt der Fruchtziehung gegeben sein.[178] Das gilt zwar theoretisch für bewegliche und unbewegliche Sachen im gleichen Maße, praktisch sind jedoch nur wenige Fälle denkbar, in denen ein gutgläubiger Besitzer einer Mobilie auf diese Rechtfertigung zurückgreifen muß, da er als gutgläubiger Besitzer nämlich in aller Regel bereits nach der Bestimmung des art. 2279 C. civ. Eigentümer geworden ist und daher das Fruchtgenußrecht in dieser Eigenschaft hat. Als Beispiel für den Fall, daß der gutgläubige Besitzer zwar Eigentum an den gezogenen Früchten, aber nicht an der beweglichen Sache selbst erhält, sei jener erwähnt, in dem es sich um eine gestohlene oder verlorene Sache handelt, und der Eigentümer diese bewegliche Sache innerhalb der 3-Jahresfrist zurückfordert. Der Besitzer muß dann zwar die Sache selbst zurückstellen, die Früchte aber kann er behalten.[179]

8.5.3. EIGENTUMSERWERB DURCH KONSENS[180]

8.5.3.1. ALLGEMEINES ZUM SCHULD- UND SACHENRECHT

Das Sachenrecht mit dinglichen Rechten (*ius in re*) ist vom Obligationenrecht mit bloß persönlichen und daher relativen Rechten (*ius ad rem*) zu unterscheiden und abzugrenzen. Hier scheint es sich um zwei Parallelen zu handeln, die sich niemals - nicht einmal im Unendlichen - schneiden.[181] Das dingliche Recht ist das Recht, das jemand auf eine Sache hat. Es verleiht dem Berechtigten eine unmittelbare Sachherrschaft und bedarf nur zweier Elemente, nämlich der berechtigten Person (Subjekt) und der Sache als Rechtsobjekt.[182] Unmittelbar verbunden mit der Sache folgen

---

[178] vgl. art. 549 C. civ. (loi n° 60-464 du 17 mai 1960) iVm art. 550 C. civ
Abdel-Baki, Du rôle de la possession en matière mobilière, Thèse (1943) p. 351; ***Cornu,*** Droit civil, Introduction-Les personnes-Les biens[2] (1985) p. 434; ***Dupont Delestraint,*** Droit civil, Les biens[9] (1987) p. 54; ***Mazeaud,*** Leçons de droit civil[7], Tome II, 2e vol., Biens: Droit de propriété et ses démembrements (1989) p. 284 et s.; ***Piédelièvre,*** Droit des biens (1977) p. 124; ***Vouin,*** La bonne foi, Thèse (1939) p. 325

[179] aA***Féréol Rivière,*** dans: Rev. lég., 1851. 3. 310 im Bezug auf Produkte; ***Mazeaud,*** Leçons de droit civil[7], Tome II, 2e vol., Biens: Droit de propriété et ses démembrements (1989) p. 285 et s.

[180] *Le principe de la transmission de la propriété par le simple consentement des parties.*

[181] ***Atias,*** Droit civil, Les biens[2] (1991) p. 56; aA***Ginossar,*** dans: Rev. trim. dr. civ., 1962, p. 573: *Il faut reconnaître la nature relative du droit réel et l'aspect absolu du droit relatif.*

[182] ***Atias,*** Droit civil, Les biens[2] (1991) p. 42; ***Bergel,*** Le droit des biens[2] (1990) p. 25; ***Beudant,*** Cours de droit civil[2], Tome IV (1938) p. 46 et s.; ***Ghestin - Desché,*** Traité

dingliche Rechte dem Schicksal der Sache, egal in welcher Hand sie sich gerade befindet.[183] Der Archetypus eines dinglichen Rechts ist das Eigentum als das direkte Recht zwischen Mensch und Sache, daneben bestehen aber noch die beschränkt dinglichen Rechte wie etwa das Fruchtgenußrecht oder das akzessorische Pfandrecht.[184] In art. 543 C. civ. sind die dinglichen Rechte, die der Code civil kennt, demonstrativ aufgezählt.[185]

Das Eigentumsrecht ist also ein absolutes dingliches Recht und als solches gegenüber jedermann durchsetzbar. Es besitzt Gültigkeit *erga omnes* und ist daher von jedermann zu respektieren.[186] Im Insolvenzfall hat der Eigentümer das Recht, vor den anderen Gläubigern befriedigt zu werden (*droit de préférence*), er hat damit ein bevorzugtes Befriedigungsrecht. Daneben hat der Eigentümer auch noch das Verfolgungsrecht (*droit de suite*), das sich in der Möglichkeit der Einbringung einer Klage auf Herausgabe der Sache bei den ordentlichen Gerichten manifestiert.[187] Damit ist

---

des contrats, La vente (1990) p. 593; ***Lambert,*** Cours de droit civil, Droit du patrimoine (1971) p. 51; ***Martin,*** dans: Rev. trim. dr. civ., 1975, p. 52; ***Toullier,*** Le droit civil français suivant l'ordre du Code[5], Tome 3 (1839) p. 55

183 ***Bergel,*** Le droit des biens[2] (1990) p. 26; ***Ginossar,*** Droit réel, propriété et créance. Elaboration d'un système rationnel des droits patrimoniaux (1960) p. 115; ***Lambert,*** Cours de droit civil, Droit du patrimoine (1971) p. 52; ***Toullier,*** Le droit civil français suivant l'ordre du Code[5], Tome 3 (1839) p. 55 et s.

184 ***Bergel,*** Le droit des biens[2] (1990) p. 25; ***Beudant,*** Cours de droit civil[2], Tome IV (1938) p. 46 et s.; ***Bugnet,*** Oeuvres de Pothier, Tome 9 (1861) p. 101; ***Ginossar,*** Droit réel, propriété et créance. Elaboration d'un système rationnel des droits patrimoniaux (1960) p. 114; ***Jansse,*** La propriété, Le régime des biens dans les civilisations occidentales (1958) p. 15; ***Lambert,*** Cours de droit civil, Droit du patrimoine (1971) p. 52; ***Martin,*** dans: Rev. trim. dr. civ., 1975, p. 52

185 ***Beudant,*** Cours de droit civil[2], Tome IV (1938) p. 55 et s.; ***Laurent,*** Principes de droit civil français[3], Tome 6 (1878) p. 104

186 ***Atias,*** Droit civil, Les biens[2] (1991) p. 42: *Le pouvoir direct sur la chose.*; ***Bergel,*** Le droit des biens[2] (1990) p. 26; ***Cornu,*** Droit civil, Introduction-Les personnes-Les biens[2] (1985) p. 371 et s.; ***Demolombe,*** Cours de Code Napoléon[5], Tome IX (1876) p. 469; ***Ghestin – Desché,*** Traité des contrats, La vente (1990) p. 593; ***Ginossar,*** Droit réel, propriété et créance. Elaboration d'un système rationnel des droits patrimoniaux (1960) p. 114 et s.; ***Jansse,*** La propriété, Le régime des biens dans les civilisations occidentales (1958) p. 15; ***Lambert,*** Cours de droit civil, Droit du patrimoine (1971) p. 52 et s.; ***Laurent,*** Principes de droit civil français[3], Tome 6 (1878) p. 92; ***Lepage,*** Pourquoi la propriété (1985) p. 19; ***Soinne,*** dans: Gaz. Pal. Doctrine 1985. 287; ***Toullier,*** Le droit civil français suivant l'ordre du Code[5], Tome 3 (1839) p. 55

187 vgl. § 366 ABGB ("rei vindicatio") bzw. § 44 KO ("Aussonderungsklage")

Baudry-Lacantinerie – Barde, Traité théorique et pratique de droit civil[3], Tome 1 (1906) p. 461 et s.; ***Beudant,*** Cours de droit civil[2], Tome IV (1938) p. 46, 283; ***Bugnet,*** Oeuvres de Pothier, Tome 9 (1861) p. 101; ***Cornu,*** Droit civil, Introduction-Les personnes-Les biens[2] (1985) p. 371 et s.; ***Dupont Delestraint,*** Droit civil, Les biens[9] (1987)

garantiert, daß der Träger des Eigentumsrechts bei entsprechendem Nachweis die Herausgabe der Sache von wem immer gerichtlich fordern kann, bei beweglichen Sachen allerdings vorbehaltlich des Grundsatzes *En fait de meubles, la possession vaut titre* respektive bei Immobilien unter Beachtung einer möglichen Ersitzung durch einen Dritten.[188]

Schuldrechte als relative obligatorische Rechte räumen hingegen bloß gegenüber bestimmten Personen Forderungsrechte ein. Der Forderung eines Gläubigers auf Leistung steht ein Schuldner mit Leistungsverpflichtung gegenüber.[189] Schuldrechte bedürfen dreier Elemente, nämlich eines Gläubigers (passives Subjekt), eines Schuldners (aktives Subjekt) und einer Leistung als Objekt der Forderung. Schuldrechte sind nur relative Rechte, das heißt sie können gegenüber Dritten nicht durchgesetzt werden, da ihre Geltung auf das Verhältnis des Gläubigers mit dem Schuldner beschränkt ist (*vinculum iuris*).[190] Im Konkursfall des Schuldners bleibt dem nicht dinglich besicherten Gläubiger bloß die anteilige Befriedigung seiner Ansprüche aus dem Ergebnis des Konkursverfahrens.[191] Das Schuldrecht weist außerdem bei einer genaueren Analyse zwei Facetten auf. Zum einen ist damit die Schuld im engeren Sinn (*debitum* bzw. *devoir*) gemeint, zum anderen die Haftung daraus (*obligatio* bzw. *contrainte*). Der Schuldner schuldet dem Gläubiger etwas aufgrund einer persönlichen rechtlichen Beziehung. Diese Schuld manifestiert sich aber nicht in einem persönlichen Zugriffsrecht des Gläubigers auf den Schuldner, sondern in der Macht und dem Recht des Gläubigers, auf das Vermögen (*patrimoine*) des Schuldners zugreifen zu können. Die Schuld bewirkt daher eine Haftung, diese ruht auf dem Vermögen des Schuldners und nicht auf dem Schuldner selbst.

---

p. 5; ***Laurent,*** Principes de droit civil français[3], Tome 6 (1878) p. 96 et s.; ***Toullier,*** Le droit civil français suivant l'ordre du Code[5], Tome 3 (1839) p. 55 et s.

188 ***Dupont Delestraint,*** Droit civil, Les biens[9] (1987) p. 5

189 ***Atias,*** Droit civil, Les biens[2] (1991) p. 53; ***Bergel,*** Le droit des biens[2] (1990) p. 25 et s.; ***Beudant,*** Cours de droit civil[2], Tome IV (1938) p. 47; ***Cornu,*** Droit civil, Introduction-Les personnes-Les biens[2] (1985) p. 371 et s.; ***Demolombe,*** Cours de Code Napoléon[5], Tome IX (1876) p. 469; ***Ghestin – Desché,*** Traité des contrats, La vente (1990) p. 593; ***Lambert,*** Cours de droit civil, Droit du patrimoine (1971) p. 53; ***Laurent,*** Principes de droit civil français[3], Tome 6 (1878) p. 92; ***Lepage,*** Pourquoi la propriété (1985) p. 19; ***Toullier,*** Le droit civil français suivant l'ordre du Code[5], Tome 3 (1839) p. 56

190 art. 1165 C. civ.: Les conventions n'ont d'effet qu'entre les parties contractantes.

Atias, Droit civil, Les biens[2] (1991) p. 53; ***Bergel,*** Le droit des biens[2] (1990) p. 26; ***Beudant,*** Cours de droit civil[2], Tome IV (1938) p. 47; ***Bugnet,*** Oeuvres de Pothier, Tome 9 (1861) p. 101; ***Ghestin,*** Les obligations, Le contrat (1980) p. 24; ***Ginossar,*** dans: Rev. trim. dr. civ., 1962, p. 573: Sind auch Schuldrechte Dritter zu beachten?

191 ***Cornu,*** Droit civil, Introduction-Les personnes-Les biens[2] (1985) p. 372

Somit fallen die Schuld und die Haftung daraus auseinander. Es ist der Schuldner, der schuldet, aber es ist das Vermögen des Schuldners, das haftet.[192]

Die rechtliche Konstruktion, die am häufigsten zum Erwerb oder Übergang eines persönlichen oder dinglichen Rechtes führt, ist die Vereinbarung zwischen den Parteien, also allgemein der Vertrag. Besonders zu erwähnen sind hier der Kauf, der Tausch und die Schenkung unter Lebenden als unentgeltliches Geschäft. Die Parteienvereinbarung zeitigt dabei unterschiedliche Auswirkungen, je nachdem, ob sie nur zwischen den Parteien oder auch gegenüber Dritten wirksam werden soll.[193] A priori muß es doch eigenartig anmuten, daß ein auschließlich relativer Akt - nämlich die Willensübereinstimmung zwischen zwei Personen (Konsens) - absolute und damit gegenüber jedermann effektive Wirkungen nach außen zeitigen soll. Wie kann durch einen relativen Akt ein direktes und auch gegenüber jedermann durchsetzbares Recht auf eine Sache übertragen werden?[194] Dazu ist festzuhalten, daß der volle Effekt der Willensübereinstimmung zunächst nur zwischen den Parteien zur Geltung kommt. Weiters werden die Wirkungen nach außen durch die art. 1141 und 2279 C. civ. für bewegliche Sachen sowie durch die Publizitätsbestimmungen für unbewegliche Sachen etwas gemildert.[195]

Schon gemäß art. 711 C. civ. geht Eigentum als Folge einer Schuldverpflichtung über[196], ab art. 1136 C. civ. finden sich dann die präziseren, wenn auch allgemein gehaltenen, positivrechtlichen Bestimmungen dazu.[197] Dabei verbindet art. 1136-1138 C. civ. die Verpflichtung, die Sache für den Gläubiger zu verwahren, sie ihm zu liefern und ihm das an ihr haftende Recht zu übertragen. Art. 1136 C. civ. als allgemeine Regel

---

[192] ***Cornu,*** Droit civil, Introduction-Les personnes-Les biens[2] (1985) p. 370

[193] ***Bergel,*** Le droit des biens[2] (1990) p. 105; ***Carbonnier,*** Droit civil[13], Tome 3, Les Biens (1990) p. 179 et s.; ***Colin – Capitant,*** Traité de droit civil, Tome 1 (1953) p. 1086; ***Foignet,*** Manuel élémentaire de droit civil, Tome I, dix-huitième édition par Émile Dupont (1943) p. 598; ***Zenati,*** Les biens (1988) p. 137, 144 et s.

[194] ***Ghestin – Desché,*** Traité des contrats, La vente (1990) p. 593

[195] ***Colin – Capitant,*** Traité de droit civil, Tome 1 (1953) p. 1086, 1092

[196] vgl. art. 711 C. civ.: ... par l'effet des obligations.

[197] Livre troisième, Titre III. - Des contrats ou des obligations conventionnelles en général, Chapitre III. - De l'effet des obligations, Section II. - De l'obligation de donner (art. 1136 - 1141 C. civ.)
art. 1136 C. civ.: L'obligation de donner emporte celle de livrer la chose et de la conserver jusqu'à la livraison, à peine de dommages et intérêts envers le créancier.

Beudant, Cours de droit civil français, Les contrats et les obligations (1906) p. 185; ***Carbonnier,*** Droit civil[13], Tome 3, Les Biens (1990) p. 179; ***Saunier,*** De l'application de l'article 2279 dans les rapports entre auteur et ayant cause, Thèse (1907) p. 103; ***Spellenberg,*** in: ZfRV 1994, 105

unterteilt *donner* in *livrer* und *conserver jusqu'à la livraison*, in art. 1137 C. civ. ist dann die Verwahrungspflicht und in art. 1138 C. civ. schließlich die Lieferverpflichtung im speziellen geregelt.[198] Das französische Wort *donner* hat hier nicht die Bedeutung von schenken oder geben im Sinne des lateinischen *donare*, sondern ist vielmehr ein Terminus technicus mit der Bedeutung des lateinischen *dare*, also Eigentum zu übertragen. Es ist bereits den Definitionen einiger Verträge (Kauf als Archetypus) immanent, daß sie eine solche Verpflichtung zur Übertragung von Eigentum (*l'obligation de donner*) auslösen, ungeachtet der differierenden Effekte im Innen- bzw. Außenverhältnis.[199] Dazu sieht die allgemeine Vertragslehre gemäß der Definition im Code civil mehrere Möglichkeiten vor, der Verpflichtung aus einer Vereinbarung (*convention*) nachzukommen: 1) Eigentum zu übertragen, 2) etwas tun zu müssen, also zu handeln, oder 3) etwas nicht zu tun, also zu unterlassen.[200] *Laurent* definiert dabei die Begriffe *convention* und *contrat* wie Gattung und Spezies, da sonst - bei Annahme von Synonymen - die Begriffe einander wechselseitg erklären würden; und auch wieder nicht.[201]

8.5.3.2. KONSENSUALVERTRAG UND EIGENTUMSRECHT

Vor einer kritischen Auseinandersetzung mit dieser - gerade in Frankreich etwas spezielleren - Problematik möchte ich einige Anmerkungen zur Unterscheidung von Konsensual- und Realverträgen machen. Kon-

---

[198] ***Demolombe,*** Cours de Code Napoléon[3], Tome XXIV (1873) p. 399; ***Massé – Vergé,*** Le droit civil français par K.-S. Zachariae, Tome 3 (1857) p. 364 et s.

[199] ***Baudry-Lacantinerie – Barde,*** Traité théorique et pratique de droit civil[3], Tome 1 (1906) p. 412; ***Beudant,*** Cours de droit civil français, Les contrats et les obligations (1906) p. 185; ***Bufnoir,*** Propriété et contrat (1900) p. 43; ***Carbonnier,*** Droit civil[13], Tome 3, Les Biens (1990) p. 179; ***Cornu,*** Droit civil, Introduction-Les personnes-Les biens[2] (1985) p. 402; ***Demante – Colmet de Santerre,*** Cours analytique de Code civil[2], Tome V (1883) p. 65 et s.; ***Demolombe,*** Cours de Code Napoléon[3], Tome XXIV (1873) p. 399 et s.; ***Foignet,*** Manuel élémentaire de droit civil, Tome I, dix-huitième édition par Émile Dupont (1943) p. 601; ***Laurent,*** Principes de droit civil français[3], Tome 16 (1878) p. 249; ***Marcadé,*** Explication théorique et pratique du Code Napoléon[5], Tome 4 (1852) p. 386; ***Monateri,*** dans: R.I.D.C., jan.-mars 1984, p. 7; ***Zenati,*** Les biens (1988) p. 137

[200] art. 1101 C. civ.: Le contrat est une convention par laquelle une ou plusieurs personnes s'obligent, envers une ou plusieurs autres, à donner, à faire ou à ne pas faire quelque chose.

Atias, Droit civil, Les biens[2] (1991) p. 55; ***Demante – Colmet de Santerre,*** Cours analytique de Code civil[2], Tome V (1883) p. 85 et s.; ***Laurent,*** Principes de droit civil français[3], Tome 15 (1878) p. 479

[201] ***Laurent,*** Principes de droit civil français[3], Tome 15 (1878) p. 480 et s.

sensualverträge zeichnen sich dadurch aus, daß für ihre Bildung bereits die bloße Willensübereinstimmung der Parteien ausreicht. Beispiele für diese Gattung sind etwa der Kauf, die Miete oder der Auftrag. Daneben gibt es aber auch die sogenannten Realverträge, die außer der Willensübereinstimmung noch die Übergabe jener Sache fordern, die das eigentliche Vertragsobjekt darstellt. Die treffendsten Beispiele für diese Vertragsart sind die Leihe, die Verwahrung oder die Verpfändung. Der Code civil hat diese Unterscheidung positivrechtlich zwar nicht vertieft und konsequent verfolgt, aber alleine aus einem Vergleich der Textierung des Kaufes in art. 1582 C. civ. (*l'un s'oblige à livrer une chose*) und jener der Leihe in art. 1875 C. civ. (*l'une des parties livre une chose*) ist deutlich zu erkennen, daß sich auch die französischen Gesetzgeber mit dieser Thematik auseinandergesetzt haben.[202]

Der Vertrag als Ergebnis einer Willensübereinstimmung zweier Personen war für die Römer alleine nicht geeignet, Eigentum zu übertragen, sondern ließ lediglich schuldrechtliche (persönliche) Verpflichtungen entstehen. Der Verkäufer hatte die bloß vertragliche Verpflichtung, Eigentum an der verkauften Sache zu übertragen, der Erwerber hatte im Gegenzug die ebenfalls bloß vertragliche Verpflichtung, den Kaufpreis zu bezahlen. Der Vertrag schaffte eine Schuldner-Gläubiger-Beziehung. Die Eigentumsübertragung als solche bedurfte noch - in Abhängigkeit der in Frage stehenden Sachen[203] - der Verwirklichung eines weiteren Rechtsaktes, um absolute Wirkung nach außen zu entfalten.[204] Alleine aufgrund der Willlensübereinstimmung konnte also direkt kein Eigentum übertragen werden.[205] Das österreichische Zivilrecht hat das römische Recht in diesem

---

[202] ***Laurent,*** Principes de droit civil français[3], Tome 15 (1878) p. 501 et s.

[203] Sacheinteilung: *res mancipi* und *res nec mancipi.*

[204] Übertragungsarten: *mancipatio, in iure cessio* und *traditio* (als bloße Besitzverschaffung) bzw. später auch ohne reelle Übergabe *traditio brevi manu, traditio longu manu* und *constitutum possessorium.*

Abdel-Baki, Du rôle de la possession en matière mobilière, Thèse (1943) p. 344; ***Beudant,*** Cours de droit civil français, Les contrats et les obligations (1906) p. 190; ***Bugnet,*** Oeuvres de Pothier, Tome 9 (1861) p. 168 et s.; ***Cornu,*** Droit civil, Introduction-Les personnes-Les biens[2] (1985) p. 402; ***Ferradou,*** Du rôle de la possession dans le droit privé français, Thèse (1928) p. 50 et s.; ***Foignet,*** Manuel élémentaire de droit civil, Tome I, dix-huitième édition par Émile Dupont (1943) p. 599; ***Larroumet,*** Droit civil[2], Tome II (1988) p. 223; ***Ortscheidt,*** La possession en droit civil français et allemand, Thèse (1977) p. 576; ***Ourliac – de Malafosse,*** Histoire du droit privé, Tome II, Les biens (1961) p. 261: Die römischen Übertragungsarten waren abstrakt und in ihrer Wirkung von der Existenz eines Vertrages unabhängig.; ***Terré – Simler,*** Droit civil, Les biens[4] (1992) p. 244 et s.

[205] ***Abdel-Baki,*** Du rôle de la possession en matière mobilière, Thèse (1943) p. 344: *Non nudis pactis dominia rerum transferuntur.*; ***Baudry-Lacantinerie – Barde,*** Traité

Bereich vollständig rezipiert. Hierorts wird daher für den Eigentumserwerb die Zweiaktigkeit mit *titulus ad adquirendum* und *modus adquirendi* gefordert. In ähnlicher Weise wird in Deutschland für die Gültigkeit eines Übertragungsgeschäftes hinsichtlich unbeweglicher Sachen die Eintragung ins Grundbuch, bei beweglichen Sachen - von Ausnahmen einmal abgesehen - die reelle Übertragung verlangt.[206]

Wurde im alten französichen Recht zunächst noch die tatsächliche Übergabe der Sache für die Erfüllung der Bedingungen eines gültigen Rechtsgeschäfts gefordert, so änderte sich bereits im Laufe des 13. Jahrhunderts die Situation unter kanonischem Einfluß dahingehend, daß von nun an die bloße Willensübereinstimmung für den Eigentumsübergang genügen sollte.[207] Dabei entwickelte das alte französische Recht die Ideen einer zweiaktigen Eigentumsübertragung weiter, um sie durch Entfall der effektiven Übergabe der Sache deutlich praktikabler zu gestalten. Die Entwicklung hat ihren Grund in der Anerkennung einer Vertragsklausel, in der der Verkäufer erklärte, die Sache nunmehr für den Käufer zu besitzen;[208]

---

théorique et pratique de droit civil[3], Tome 1 (1906) p. 411; ***Beudant,*** Cours de droit civil français, Les contrats et les obligations (1906) p. 189: *Traditionibus et usucapionibus dominia rerum non nudis pactis transferuntur.*; ***Beudant,*** Cours de droit civil[2], Tome IV (1938) p. 708; ***Bufnoir,*** Propriété et contrat (1900) p. 40; ***Bugnet,*** Oeuvres de Pothier, Tome 3 (1861) p. 131 et s.; ***Carbonnier,*** Droit civil[13], Tome 3, Les Biens (1990) p. 180; ***Colin – Capitant,*** Traité de droit civil, Tome 1 (1953) p. 1087 et s.; ***Ferradou,*** Du rôle de la possession dans le droit privé français, Thèse (1928) p. 50; ***Foignet,*** Manuel élémentaire de droit civil, Tome I, dix-huitième édition par Émile Dupont (1943) p. 599; ***Guigue,*** Droit civil, Les biens (1977) p. 99; ***Larroumet,*** Droit civil[2], Tome II (1988) p. 222 et s.; ***Malaurie – Aynès,*** Cours de droit civil, Les biens - La publicité foncière (1992) p. 148; ***Marcadé,*** Explication théorique et pratique du Code Napoléon[5], Tome 3 (1852) p. 3; ***Ortscheidt,*** La possession en droit civil français et allemand, Thèse (1977) p. 576; ***Terré – Simler,*** Droit civil, Les biens[4] (1992) p. 244 et s.; ***Troplong,*** Le droit civil expliqué suivant l'ordre des articles du Code[5], Tome 1 (1856) p. 46 et s.; ***Toullier,*** Le droit civil français suivant l'ordre du Code[5], Tome 10 (1839) p. 586;

206 vgl. §§ 873, 891 ff, 925 und 929 ff BGB

207 ***Ghestin – Desché,*** Traité des contrats, La vente (1990) p. 13; ***Laurent,*** Principes de droit civil français[3], Tome 16 (1878) p. 416 et s.; ***Lepointe,*** Droit romain et ancien droit français, Droit des biens (1958) p. 99; ***Spellenberg,*** in: ZfRV 1994, 105

208 ***Beudant,*** Cours de droit civil français, Les contrats et les obligations (1906) p. 191; ***Féréol Rivière,*** dans: Rev. lég., 1851. 3. 310; ***Ferradou,*** Du rôle de la possession dans le droit privé français, Thèse (1928) p. 51; ***Foignet,*** Manuel élémentaire de droit civil, Tome I, dix-huitième édition par Émile Dupont (1943) p. 599; ***Ghestin – Desché,*** Traité des contrats, La vente (1990) p. 13; ***Guigue,*** Droit civil, Les biens (1977) p. 99; ***Laurent,*** Principes de droit civil français[3], Tome 16 (1878) p. 421; ***Marcadé,*** Explication théorique et pratique du Code Napoléon[5], Tome 4 (1852) p. 390; ***Ourliac –***

man begnügte sich in der Konsequenz daher mit einer fiktiven Übergabe.[209] Der nächste Schritt zur Flexibilisierung des Handelsverkehrs wurde dadurch gesetzt, daß diese Klausel - im Sinne eines Besitzkonstituts (*constitutum possessorium*) - noch weiter perfektioniert wurde. In der neuen Vertragsklausel war es nur mehr erforderlich, daß der Verkäufer erklärte, selbst den Besitz aufzugeben und ihn dem Käufer einzuräumen.[210] Die Übergabe der Sache, obgleich an sich noch ein ideell unverzichtbares Element der Eigentumsübertragung, fand durch den Einfluß des Naturrechts nur mehr durch einen bloß intellektuellen Akt statt, der unbestritten - auch als Willenseinigung bezeichnet - bereits ungeschieden im obligatorischen Vertrag enthalten war. Es war also kein eigener dinglicher Vertrag nötig.[211]

Der Code civil 1804 schließlich stellte das bestgeeignete Medium dar, die bereits in der Praxis erprobten Methoden positivrechtlich zu normieren. Die Vertragsklausel zur Dokumentation des gemeinsamen Willens, Eigentum übertragen und übernehmen zu wollen, wurde so in allgemeiner

---

Gazzaniga, Histoire du droit privé français de l'An mil au Code civil (1985) p. 243; ***Spellenberg,*** in: ZfRV 1994, 105; ***Terré – Simler,*** Droit civil, Les biens[4] (1992) p. 245

[209] ***Beudant,*** Cours de droit civil français, Les contrats et les obligations (1906) p. 191; ***Bufnoir,*** Propriété et contrat (1900) p. 42; ***Féréol Rivière,*** dans: Rev. lég., 1851. 3. 310; ***Ferradou,*** Du rôle de la possession dans le droit privé français, Thèse (1928) p. 51; ***Foignet,*** Manuel élémentaire de droit civil, Tome I, dix-huitième édition par Émile Dupont (1943) p. 600; ***Ghestin – Desché,*** Traité des contrats, La vente (1990) p. 13; ***Guigue,*** Droit civil, Les biens (1977) p. 99; ***Larroumet,*** Droit civil[2], Tome II (1988) p. 224; ***Laurent,*** Principes de droit civil français[3], Tome 16 (1878) p. 421; ***Marcadé,*** Explication théorique et pratique du Code Napoléon[5], Tome 4 (1852) p. 390; ***Ourliac – Gazzaniga,*** Histoire du droit privé français de l'An mil au Code civil (1985) p. 244; ***Terré – Simler,*** Droit civil, Les biens[4] (1992) p. 245

[210] Die Klausel wurde *clause de dessaisine-saisine* oder auch *clause de devest-vest* genannt.

[211] ***Abdel-Baki,*** Du rôle de la possession en matière mobilière, Thèse (1943) p. 344 et s.; ***Baudry-Lacantinerie – Barde,*** Traité théorique et pratique de droit civil[3], Tome 1 (1906) p. 411; ***Beudant,*** Cours de droit civil français, Les contrats et les obligations (1906) p. 191; ***Bufnoir,*** Propriété et contrat (1900) p. 42; ***Colin – Capitant,*** Traité de droit civil, Tome 1 (1953) p. 1088 et s.; ***Demante – Colmet de Santerre,*** Cours analytique de Code civil[2], Tome V (1883) p. 72 et s.; ***Féréol Rivière,*** dans: Rev. lég., 1851. 3. 310; ***Ferradou,*** Du rôle de la possession dans le droit privé français, Thèse (1928) p. 51 et s.; ***Foignet,*** Manuel élémentaire de droit civil, Tome I, dix-huitième édition par Émile Dupont (1943) p. 600; ***Ghestin – Desché,*** Traité des contrats, La vente (1990) p. 13; ***Marcadé,*** Explication théorique et pratique du Code Napoléon[5], Tome 4 (1852) p. 390; ***Ortscheidt,*** La possession en droit civil français et allemand, Thèse (1977) p. 577; ***Ourliac – Gazzaniga,*** Histoire du droit privé français de l'An mil au Code civil (1985) p. 244; ***Spellenberg,*** in: ZfRV 1994, 105

Form in die Textierung von art. 1138 C. civ. übernommen.[212] Zum Übergang des Eigentums bedarf es demnach keiner sonstigen Übertragung mehr, es genügt der Konsens zwischen den Parteien, allenfalls nach außen dokumentiert durch die Unterzeichnung des Vertrages.[213] Der Code civil macht daher den Vertrag als solchen - ganz im Gegensatz zum österreichischen Zivilrecht - zur unmittelbaren Quelle einer Eigentumsübertragung, ohne daß es der Erfüllung eines weiteren formalen oder materiellen Aktes zumindest im Verhältnis der Vertragsparteien untereinander bedarf.[214] Zugleich ist die dingliche Einigung im obligatorischen Vertrag enthalten (Einheitsprinzip), es gilt weder das Traditions- noch das Abstraktionsprinzip, vielmehr handelt es sich um eine Kombination aus Einheits- und reinem Vertragsprinzip, ein besonderer Vollzugsakt ist nicht mehr erforderlich.[215]

---

212 Die konkrete Umsetzung des Eigentumsübergangs durch bloße Willensübereinstimmung der Parteien findet sich etwa auch in folgenden Artikeln wieder:

art. 938 C. civ.: La donation dûment acceptée sera parfaite par le seul consentement des parties; et la propriété des objets donnés sera transférée au donataire, sans qu'il soit besoin d'autre tradition. - *Schenkung* -

art. 1583 C. civ.: Elle (la vente) est parfaite entre les parties, et la propriété est acquise de droit à l'acheteur à l'égard du vendeur, dès qu'on est convenu de la chose et du prix, quoique la chose n'ait pas encore été livrée ni le prix payé. - *Kauf* -

art. 1703 C. civ.: L'échange s'opère par le seul consentement, de la même manière que la vente. - *Tausch* -

213 ***Abdel-Baki,*** Du rôle de la possession en matière mobilière, Thèse (1943) p. 345 et s.; ***Atias,*** Droit civil, Les biens[2] (1991) p. 179; ***Baudry-Lacantinerie – Barde,*** Traité théorique et pratique de droit civil[3], Tome 1 (1906) p. 413; ***Carbonnier,*** Droit civil[13], Tome 3, Les Biens (1990) p. 179 et s.; ***Colin – Capitant,*** Traité de droit civil, Tome 1 (1953) p. 1089: In Rom wurde im Gegensatz dazu noch eine gewisse Publizität gefordert.; ***Lepointe,*** Droit romain et ancien droit français, Droit des biens, Thèse (1958) p. 296; ***Zenati,*** Les biens (1988) p. 137, 145

214 ***Aubry – Rau,*** Cours de droit civil français[6], Tome II (1935) p. 77; ***Beudant,*** Cours de droit civil français, Les contrats et les obligations (1906) p. 188; ***Bufnoir,*** Propriété et contrat (1900) p. 39 et s.; ***Cornu,*** Droit civil, Introduction-Les personnes-Les biens[2] (1985) p. 402; ***Ferid – Sonnenberger,*** Das französische Zivilrecht, Band 2[2], (1986) 54; ***Foignet,*** Manuel élémentaire de droit civil, Tome I, dix-huitième édition par Émile Dupont (1943) p. 600; ***Guigue,*** Droit civil, Les biens (1977) p. 100; ***Marcadé,*** Explication théorique et pratique du Code Napoléon[5], Tome 3 (1852) p. 3; ***Ortscheidt,*** La possession en droit civil français et allemand, Thèse (1977) p. 576 et s.; ***Pérochon,*** La réserve de propriété dans la vente de meubles corporels (1988) p. 5; ***du Pontavice,*** Intérêt et limites de la clause de réserve de propriété depuis la loi du 12 mai 1980 (1982) p. 1; ***Spellenberg,*** in: ZfRV 1994, 105; ***Terré – Simler,*** Droit civil, Les biens[4] (1992) p. 245; ***Waelbroeck,*** Le transfert de la propriété dans la vente d'objets mobiliers corporels en droit comparé (1961) p. 76; ***Zenati,*** Les biens (1988) p. 145

215 ***Ferid – Sonnenberger,*** Das französische Zivilrecht, Band 2[2], (1986) 54; ***Spellenberg,*** in: ZfRV 1994, 105

8.5.3.3. VERHÄLTNIS ZWISCHEN DEN PARTEIEN

Der Formalismus der Eigentumsübertragung hat in der Entwicklung der französichen Rechtsgeschichte immer mehr abgenommen. Dennoch ist natürlich auch dem französischen Zivilrecht der Gegenwart ein gewisser Formalismus nicht gänzlich fremd. So ist ein Schenkungsvertrag unter Androhung der sonstigen Nichtigkeit gemäß art. 931 iVm 1339 C. civ. notariatsaktpflichtig.[216] Zum Vergleich darf hier auch die Formbedürftigkeit von Schenkungen oder Schenkungsversprechen in anderen Nationen angeführt werden. So bedarf eine Schenkung in Österreich, die ohne Übergabe des Schenkungsgegenstandes erfolgt, zu ihrer Gültigkeit eines Notariatsaktes (§ 943 ABGB iVm § 1 Abs 1 lit d NZwG).[217] In Deutschland ist das Schenkungsversprechen gemäß § 518 BGB notariell zu beurkunden, wobei allerdings ein Formmangel durch Bewirkung der versprochenen Leistung geheilt wird.[218]

Trotz der generellen Formfreiheit im französischen Recht allgemein bildet der im Vertragsrecht verankerte art. 1138 C. civ. den absoluten Kulminationspunkt eines fehlenden Formalismus der Eigentumsübertragung.[219]

art. 1138 C. civ.: *L'obligation de livrer*[220] (= die Besitzverschaffung) *la chose*[221] *est parfaite*[222] *par le seul consentement des parties contrac-*

---

[216] art. 931 C. civ.: Tous actes portant donation entre vifs seront passés devant notaires, dans la forme ordinaire des contrats; et il en restera minute, sous peine de nullité.

art. 1339 C. civ.: Le donateur ne peut réparer par aucun acte confirmatif les vices d'une donation entre vifs, nulle en la forme; il faut qu'elle soit refaite en la forme légale.

Bergel, Le droit des biens[2] (1990) p. 105; ***Dupont Delestraint,*** Droit civil, Les biens[9] (1987) p. 69; ***Guigue,*** Droit civil, Les biens (1977) p. 101; ***Larroumet,*** Droit civil[2], Tome II (1988) p. 229; ***Laurent,*** Principes de droit civil français[3], Tome 15 (1878) p. 502; ***Sacco,*** dans: Rivista di diritto civile, 1979 - n°4, p. 442; ***Terré – Simler,*** Droit civil, Les biens[4] (1992) p. 242; ***Zenati,*** Les biens (1988) p. 139

[217] ***Koziol – Welser,*** Grundriß des bürgerlichen Rechts[10], Band I (1995) 349 f

[218] ***Esser – Weyers,*** Schuldrecht, Band II[8] (1998) 12, 120, 124; ***Schlechtriem,*** Schuldrecht, Besonderer Teil[4] (1995) 87; ***Wörlen,*** Grundzüge des Privatrechts, Band I[3] (1993) 161

[219] Die nachfolgenden Klammerausdrücke wurden durch den Autor eingefügt.

[220] ***Beudant,*** Cours de droit civil français, Les contrats et les obligations (1906) p. 186: Hier ist mit *livrer* ein Begriff aus dem Begriffshof des lateinischen *dare* im Sinne von *tradere* gemeint.; ***Bufnoir,*** Propriété et contrat (1900) p. 43; ***Ferradou,*** Du rôle de la possession dans le droit privé français, Thèse (1928) p. 50: Es müßte eigentlich *l'obligation de donner* heißen.

[221] ***Duranton,*** Cours de droit français suivant le Code civil[4], Tome 4 (1844) p. 179: Es wird nicht zwischen beweglichen und unbeweglichen Sachen.unterschieden; ***Toullier,*** Le droit civil français suivant l'ordre du Code[5], Tome 7 (1839) p. 540: Die Ergänzung

tantes. Elle rend le créancier propriétaire et met la chose à ses risques dès l'instant où elle a dû être livrée (= wo die Verpflichtung zur Besitzverschaffung entstanden ist, also bei Vertragsabschluß)[223], *encore que la tradition* (= die reele Besitzverschaffung im Sinne von art. 1606 C. civ.)[224] *n'en ait point été faite* (= obwohl der Erwerber die Sache noch nicht tatsächlich besitzt), *à moins que le débiteur ne soit en demeure de la livrer; auquel cas la chose reste aux risques de ce dernier.*

Bigot-Préameneu hat die innovative Textierung des art. 1138 C. civ. gegenüber der gesetzgebenden Körperschaft wie folgt erklärt: *C'est le consentement des contractants qui rend parfaite l'obligation de livrer la chose, il n'est donc pas besoin de tradition réelle pour que le créancier doive être considéré comme propriétaire, aussitôt que l'instant où la livraison doit se faire est arrivé.*[225]

Zwischen den Parteien der Vereinbarung ganz allgemein gilt entsprechend den Gedanken des Naturrechts der Grundsatz des übereinstimmenden Parteiwillens: Konsensgrundsatz.[226] Art. 1138 C. civ. regelt den Eigen-

---

une chose certaine et déterminée wäre angesichts der Problematik bei Gattungssachen sinnvoll.

[222] ***Baudry-Lacantinerie – Barde,*** Traité théorique et pratique de droit civil[3], Tome 1 (1906) p. 413: Mit *parfaite* ist *consommée* oder *accomplie* gemeint. Beide lassen eine durch eine reelle Übergabe zeitlich versetzte Verwirklichung des Rechts nicht zu.; ***Demolombe,*** Cours de Code Napoléon[3], Tome XXIV (1873) p. 400: Mit *parfaite* ist *accomplie* oder *executée* gemeint.

[223] ***Baudry-Lacantinerie – Barde,*** Traité théorique et pratique de droit civil[3], Tome 1 (1906) p. 414; ***Goré,*** dans: D. chr. 1954. 175; ***Laurent,*** Principes de droit civil français[3], Tome 16 (1878) p. 423: Nur über den Interpretationsweg gelangt man zum Sinn des Gesetzes. Folgende Textierung wäre daher zu bevorzugen gewesen: ... *dès l'instant où la livraison a été due.*

[224] art. 1606 C. civ.: La délivrance des effets mobiliers s'opère: Ou par la tradition réelle, ...

[225] ***Laurent,*** Principes de droit civil français[3], Tome 16 (1878) p. 419 et s.

[226] ***Baudry-Lacantinerie – Barde,*** Traité théorique et pratique de droit civil[3], Tome 1 (1906) p. 411 et s.; ***Bergel,*** Le droit des biens[2] (1990) p. 105; ***Bugnet,*** Oeuvres de Pothier, Tome 3 (1861) p. 2 et s.1; ***Colin – Capitant,*** Traité de droit civil, Tome 1 (1953) p. 1087; ***Cornu,*** Droit civil, Introduction-Les personnes-Les biens[2] (1985) p. 402; ***Dupont Delestraint,*** Droit civil, Les biens[9] (1987) p. 69; ***Féréol Rivière,*** dans: Rev. lég., 1851. 3. 310; ***Ghestin – Desché,*** Traité des contrats, La vente (1990) p. 588; ***Goré,*** dans: D. chr. 1954. 175; ***Larroumet,*** Droit civil[2], Tome II (1988) p. 227; ***Lepointe,*** Droit romain et ancien droit français, Droit des biens, Thèse (1958) p. 296; ***Marcadé,*** Explication théorique et pratique du Code Napoléon[5], Tome 4 (1852) p. 387; ***Malaurie – Aynès,*** Cours de droit civil, Les biens - La publicité foncière (1992) p. 148; ***Ourliac – Gazzaniga,*** Histoire du droit privé français de l'An mil au Code civil (1985) p. 244; ***Spellenberg,*** in: ZfRV 1994, 105; ***Waelbroeck,*** Le transfert de la propriété dans la vente d'objets mobiliers corporels en droit comparé (1961) p. 168

tumsübergang durch Konsensualvertrag und beantwortet gleichzeitig, wenn auch nur teilweise, die Frage der Gefahrentragung. Im Moment der übereinstimmenden Willenserklärungen und mit Wirkung *hic et nunc* wird der Verkäufer bloßer Inhaber, der Gläubiger als Erwerber aber Eigentümer der Sache.[227] Als solcher hat er gemäß art. 1138 C. civ. selbst die Gefahren des zufälligen Untergangs der Sache zu tragen, unabhängig davon, ob die Übergabe der Sache bereits stattgefunden hat oder nicht. Eine Ausnahme normiert art. 1138 C. civ. für den Fall des Verzugs des Schuldners, denn hier geht die Gefahrentragung zu seinen Lasten.[228] Eine weitere Ausnahme der Regel ist in art. 1137 C. civ. normiert, wonach der Erwerber dann Ersatz erhält, wenn er nachweisen kann, daß der Veräußerer, der die Sache bis zur Lieferung verwahren sollte, den Untergang der Sache wegen mangelnder Sorgfalt zu vertreten hat.[229]

Die sich aus art. 1138 C. civ. ergebenden Regeln sind selbst zwischen den Vertragsparteien nicht schrankenlos anwendbar.[230] Zunächst ist es nämlich einmal erforderlich, daß der Veräußerer auch der Titelträger des

---

[227] ***Ardilouze,*** La mutation en douane dans ses rapports avec les divers systèmes de transmission de la propriété mobilière et immobilière, Thèse (1931) p. 104; ***Beudant,*** Cours de droit civil français, Les contrats et les obligations (1906) p. 188; ***Colin – Capitant,*** Traité de droit civil, Tome 1 (1953) p. 1087; ***Demante – Colmet de Santerre,*** Cours analytique de Code civil[2], Tome V (1883) p. 71 et s.; ***Duranton,*** Cours de droit français suivant le Code civil[4], Tome 8 (1844) p. 583; ***Goré,*** dans: Rev. trim. dr. civ., 1947, p. 161; ***Guigue,*** Droit civil, Les biens (1977) p. 100; ***Lambert,*** Cours de droit civil, Droit du patrimoine (1971) p. 130; ***Larroumet,*** Droit civil[2], Tome II (1988) p. 227; ***Planiol – Ripert,*** Traité pratique de droit civil français[2], Tome III (1952) p. 623 et s.; ***Waelbroeck,*** Le transfert de la propriété dans la vente d'objets mobiliers corporels en droit comparé (1961) p. 76 et s.; ***Zenati,*** Les biens (1988) p. 145

[228] ***Bugnet,*** Oeuvres de Pothier, Tome 3 (1861) p. 23; ***Carbonnier,*** Droit civil[13], Tome 3, Les Biens (1990) p. 180; ***Colin – Capitant,*** Traité de droit civil, Tome 1 (1953) p. 1090; ***Cornu,*** Droit civil, Introduction-Les personnes-Les biens[2] (1985) p. 402 et s.; ***Demante – Colmet de Santerre,*** Cours analytique de Code civil[2], Tome V (1883) p. 84; ***Demolombe,*** Cours de Code Napoléon[3], Tome XXIV (1873) p. 406 et s.; ***Ghestin – Desché,*** Traité des contrats, La vente (1990) p. 590; ***Goré,*** dans: Rev. trim. dr. civ., 1947, p. 161; ***Lambert,*** Cours de droit civil, Droit du patrimoine (1971) p. 130; ***Malaurie – Aynès,*** Cours de droit civil, Les biens - La publicité foncière (1992) p. 50

[229] art. 1137 C. civ.: L'obligation de veiller à la conservation de la chose, soit que la convention n'ait pour objet que l'utilité de l'une des parties, soit qu'elle ait pour objet leur utilité commune, soumet celui qui en est chargé à y apporter tous les soins d'un bon père de famille.

Bugnet, Oeuvres de Pothier, Tome 3 (1861) p. 23; ***Laurent,*** Principes de droit civil français[3], Tome 16 (1878) p. 273; ***Zenati,*** Les biens (1988) p. 145

[230] ***Bugnet,*** Oeuvres de Pothier, Tome 3 (1861) p. 110; ***Carbonnier,*** Droit civil[13], Tome 3, Les Biens (1990) p. 181 et s.; ***Colin – Capitant,*** Traité de droit civil, Tome 1 (1953) p. 1089 et s.; ***Toutain,*** Droit romain - De l'interdit utrubi / Droit français - De la possession des meubles, Thèse (1888) p. 229

entsprechenden Rechts ist, widrigenfalls die Übertragung von Eigentum auf dieser Basis ex lege nicht stattfinden kann.[231] Bei zukünftigen Sachen[232] und Gattungssachen stößt der Grundsatz aus dem Vertragsrecht an seine materiellen Grenzen, da das Eigentumsrecht eine bereits existierende und ausreichend individualisierte Sache voraussetzt. Der Eigentumsübergang hängt also von der Schaffung[233] respektive der Individualisierung der Sachen ab.[234] Der späteste Zeitpunkt, in dem der Eigentumsübergang noch erfolgen kann, ist die Lieferung der Sachen an den Erwerber.[235]

Neben den materiellen Grenzen des Grundsatzes darf nicht übersehen werden, daß im eigentlich direkt eigentumsübertragenden Vertrag zeitliche Bedingungen für den Eigentumsübergang vereinbart werden können. Der Eigentumsübergang wird demnach vertragsgemäß aufgeschoben, das Prinzip stößt hier an seine juristischen Grenzen.[236] Für eine solche vertraglich veranlaßte Verzögerung des Eigentumstransfers wäre als Zeitpunkt die

---

[231] art. 1599 C. civ.: La vente de la chose d'autrui est nulle: elle peut donner lieu à des dommages-intérêts lorsque l'acheteur a ignoré que la chose fût à autrui.

Colin – Capitant, Traité de droit civil, Tome 1 (1953) p. 1089; ***Mazeaud,*** Leçons de droit civil[7], Tome II, 2e vol., Biens: Droit de propriété et ses démembrements (1989) p. 155; ***Toutain,*** Droit romain - De l'interdit utrubi / Droit français - De la possession des meubles, Thèse (1888) p. 229

[232] art. 1130 C. civ.: Les choses futures peuvent être l'objet d'une obligation.

[233] vgl. loi n° 67-3 du 3 janvier 1967, loi n° 67-547 du 7 juillet 1967 bzw. art. 1601-2 C. civ.

[234] ***Bergel,*** Le droit des biens[2] (1990) p. 105; ***Beudant,*** Cours de droit civil français, Les contrats et les obligations (1906) p. 194 et s.; ***Carbonnier,*** Droit civil[13], Tome 3, Les Biens (1990) p. 181; ***Colin – Capitant,*** Traité de droit civil, Tome 1 (1953) p. 1090; ***Cornu,*** Droit civil, Introduction-Les personnes-Les biens[2] (1985) p. 405; ***Goré,*** dans: D. chr. 1954. 175; ***Goré,*** dans: Rev. trim. dr. civ., 1947, p. 161; ***Lambert,*** Cours de droit civil, Droit du patrimoine (1971) p. 130; ***Malaurie – Aynès,*** Cours de droit civil, Les biens - La publicité foncière (1992) p. 50; ***Terré – Simler,*** Droit civil, Les biens[4] (1992) p. 246 et s.; ***Zenati,*** Les biens (1988) p. 146

[235] vgl. art. 1604 C. civ.

Carbonnier, Droit civil[13], Tome 3, Les Biens (1990) p. 181; ***Malaurie – Aynès,*** Cours de droit civil, Les biens - La publicité foncière (1992) p. 50

[236] ***Bergel,*** Le droit des biens[2] (1990) p. 105; ***Carbonnier,*** Droit civil[13], Tome 3, Les Biens (1990) p. 181; ***Cornu,*** Droit civil, Introduction-Les personnes-Les biens[2] (1985) p. 403; ***Dupont Delestraint,*** Droit civil, Les biens[9] (1987) p. 30 et s.; ***Goré,*** dans: Rev. trim. dr. civ., 1947, p. 161; ***Guigue,*** Droit civil, Les biens (1977) p. 100; ***Lambert,*** Cours de droit civil, Droit du patrimoine (1971) p. 130; ***Mazeaud,*** Leçons de droit civil[7], Tome II, 2e vol., Biens: Droit de propriété et ses démembrements (1989) p. 156 et s.; ***Ortscheidt,*** La possession en droit civil français et allemand, Thèse (1977) p. 577; ***Terré – Simler,*** Droit civil, Les biens[4] (1992) p. 247; ***Zenati,*** Les biens (1988) p. 147

Lieferung oder die tatsächliche Preiszahlung denkbar.[237] Beide Spielarten einer zeitlichen Bedingung, ob aufschiebend oder auflösend bedingt, wirken in ihrer zeitlichen Dimension zurück. Der aufschiebend bedingte Eigentümer wird so behandelt, als sei er von Anfang an der einzige wirkliche Eigentümer gewesen. Die Rechte, die er Dritten übertragen hat, gelten als definitiv erworben. Der auflösend bedingte Eigentümer wird im Gegensatz dazu so behandelt, als sei er niemals Eigentümer gewesen. Die Konsequenzen daraus sind vielschichtig. Zum einen sind die Früchte, die die Sache während der Zeit der Bedingung hervorgebracht hat, - außer im Falle des gutgläubigen Besitzers - zurückzustellen. Zum anderen werden alle rechtlichen Verfügungen, die während dieser Zeit vorgenommen worden sind, aufgelöst, allerdings ist ein gutgläubiger Erwerber bei beweglichen Sachen durch den Grundsatz in art. 2279 C. civ. geschützt.[238]

Wenn ein Vertrag mit prinzipiell bloß relativen Wirkungen absolute und damit auch nach außen wirkende Effekte hervorbringen soll, dann mutet das umso eigenartiger an, als dem bei erster Betrachtung art. 1165 C. civ. (unter der Kapitelüberschrift *De l'effet des conventions à l'égard des tiers*) offenbar entgegenzustehen scheint.[239] Diese Norm hält grundsätzlich fest, daß Vereinbarungen ihre rechtlichen Wirkungen nur zwischen den Parteien entfalten. Gleichzeitig verweist sie hinsichtlich möglicher Ausnahmen auf art. 1121 C. civ., der allerdings nur Verträge zugunsten Dritter (*stipulation au profit d'un tiers*) umfaßt. Somit stellt art. 1165 C. civ. klar, daß es einerseits untersagt ist, von Dritten die Erbringung einer aus dem Vertrag resultierenden Leistungsverpflichtung zu verlangen, und andererseits es aber auch Dritten untersagt ist, die Vertragserfüllung ihrerseits zu reklamieren.[240] Im Ergebnis bedeutet das daher, daß der Vertrag im wesentlichen von zwei strikt voneinander zu unterscheidenden rechtlichen Wirkungen geprägt ist. Zum einen handelt es sich dabei um die bloß obligatorischen Verpflichtungen der Lieferung der Sache auf der einen und der

---

[237] ***Carbonnier,*** Droit civil[13], Tome 3, Les Biens (1990) p. 181; ***Cornu,*** Droit civil, Introduction-Les personnes-Les biens[2] (1985) p. 403; ***du Pontavice,*** Intérêt et limites de la clause de réserve de propriété depuis la loi du 12 mai 1980 (1982) p. 1; ***Terré – Simler,*** Droit civil, Les biens[4] (1992) p. 247

[238] ***Dupont Delestraint,*** Droit civil, Les biens[9] (1987) p. 31; ***Mazeaud,*** Leçons de droit civil[7], Tome II, 2e vol., Biens: Droit de propriété et ses démembrements (1989) p. 156 et s.

[239] art. 1165 C. civ.: Les conventions n'ont d'effet qu'entre les parties contractantes; elles ne nuisent point au tiers, et elles ne lui profitent que dans le cas prévu par l'article 1121.

[240] ***Ghestin,*** Les obligations, Le contrat (1980) p. 24; ***Ghestin – Desché,*** Traité des contrats, La vente (1990) p. 593 et s.; ***Laurent,*** Principes de droit civil français[3], Tome 16 (1878) p. 436

Kaufpreiszahlung auf der anderen Seite, zum anderen bedeutet es aber jedenfalls auch, daß die aus dem Vertrag resultierende rechtliche Situation - nämlich im konkreten der Eigentumsübergang - von allen respektiert und anerkannt werden muß.[241]

8.5.3.4. VERHÄLTNIS ZU DRITTEN

Der Konsensualvertrag mit seinen unmittelbaren Wirkungen zwischen den Parteien präsentiert für außenstehende Dritte durch sich schnell ändernde Rechtsverhältnisse naturgemäß eine gewisse Gefahr. Da Dritte etwa als Gläubiger ein vitales Eigeninteresse daran haben, raschest über die möglicherweise geänderten Vermögensverhältnisse ihrer Partner bzw. Schuldner Kenntnis zu erlangen, sieht das Gesetz Wirksamkeitsgrenzen vor.[242] Damit daher ein Eigentumserwerb oder -übergang auch Dritten gegenüber rechtlich wirksam werden kann, fordert der Code civil bei Immobilien die Einhaltung bestimmter Formvorschriften bei der Übertragung, obwohl schon bei einer ersten Betrachtung erkennbar ist, daß art. 1138 C. civ. hinsichtlich der Wirkungen nicht zwischen beweglichen und unbeweglichen Sachen unterscheidet.[243] Aus dieser fehlenden Differenzierung ist zu schließen, daß das Eigentum an beweglichen Sachen auch gegenüber Dritten mit Abschluß des erforderlichen Vertrages voll wirksam ist.[244]

Selbst wenn das Eigentum an unbeweglichen Sachen zwischen den Parteien mit übereinstimmender Willenserklärung übergeht, so hat das Gesetz doch Vorsorge getroffen, um Dritte bei diesen zumeist finanziell bedeutenden Geschäften in ihren Rechten effizient zu schützen. Die Übertragung unbeweglicher Sachen kommt Dritten gegenüber demnach nur dann rechtlich wirksam zustande, wenn alle publizitätsrechtlichen Bestim-

---

[241] vgl. Cass. civ. 1re, 6 février 1952, Bull. civ. I., n° 55, p. 44; Cass. civ. 1re, 9 juillet 1956, Bull. civ. I., n° 290, p. 236; Cass. civ. 3e, 21 mars 1972, Bull. civ. III., n° 193, p. 136

Ghestin – Desché, Traité des contrats, La vente (1990) p. 594; ***Laurent,*** Principes de droit civil français[3], Tome 16 (1878) p. 436 et s.

[242] ***Ardilouze,*** La mutation en douane dans ses rapports avec les divers systèmes de transmission de la propriété mobilière et immobilière, Thèse (1931) p. 104; ***Carbonnier,*** Droit civil[13], Tome 3, Les Biens (1990) p. 182

[243] ***Bergel,*** Le droit des biens[2] (1990) p. 105; ***Carbonnier,*** Droit civil[13], Tome 3, Les Biens (1990) p. 182 et s.; ***Foignet,*** Manuel élémentaire de droit civil, Tome I, dixhuitième édition par Émile Dupont (1943) p. 605; ***Lambert,*** Cours de droit civil, Droit du patrimoine (1971) p. 130; ***Laurent,*** Principes de droit civil français[3], Tome 16 (1878) p. 425

[244] ***Laurent,*** Principes de droit civil français[3], Tome 16 (1878) p. 428

mungen[245] hinsichtlich einer offenkundigen Übertragung genau eingehalten wurden.[246] Im Verhältnis zwischen den Parteien behält das Geschäft trotz möglicher fehlender Publizität jedenfalls seine obligatorischen Wirkungen und führt nicht zur Nichtigkeit des Vertrages.[247] Im Falle einer Doppelveräußerung stellt sich für die Wirksamkeit des Geschäfts Dritten gegenüber nicht die Frage nach einer etwa vorhandenen Gutgläubigkeit der beiden Erwerber, wesentlich für die Beurteilung der Eigentümerstellung ist ausschließlich, wer von den beiden die für die Eintragung notwendigen Formalitäten - Veröffentlichung des Kaufs im Hypothekenregisteramt - als erster erfüllt hat.[248] In einigen Fällen der Übertragung unbeweglicher

---

[245] vgl. loi du 23 mars 1855, décret-loi du 30 octobre 1935 bzw. décret n°55-22 du 4 janvier 1955 (réforme de la publicité foncière) v.a. art. 4 und 30

[246] ***Ardilouze,*** La mutation en douane dans ses rapports avec les divers systèmes de transmission de la propriété mobilière et immobilière, Thèse (1931) p. 106; ***Atias,*** Droit civil, Les biens[2] (1991) p. 180, 201; ***Aubry – Rau,*** Droit civil français[7], Tome II (1961) p. 381 et s.; ***Bergel,*** Le droit des biens[2] (1990) p. 106; ***Beudant,*** Cours de droit civil français, Les contrats et les obligations (1906) p. 571; ***Carbonnier,*** Droit civil[13], Tome 3, Les Biens (1990) p. 182; ***Colin – Capitant,*** Traité de droit civil, Tome 1 (1953) p. 1095; ***Cornu,*** Droit civil, Introduction-Les personnes-Les biens[2] (1985) p. 404; ***Dupont Delestraint,*** Droit civil, Les biens[9] (1987) p. 69 et s.; ***Duranton,*** Cours de droit français suivant le Code civil[4], Tome 8 (1844) p. 580 et s.; ***Ghestin – Desché,*** Traité des contrats, La vente (1990) p. 595; ***Larombière,*** Théorie et pratique des obligations, Tome 2 (1857) p. 431; ***Larroumet,*** Droit civil[2], Tome II (1988) p. 201, 214; ***Massé – Vergé,*** Le droit civil français par K.-S. Zachariae, Tome 2 (1855) p. 218; ***Terré – Simler,*** Droit civil, Les biens[4] (1992) p. 242 et s.; ***Zenati,*** Les biens (1988) p. 147

[247] ***Cornu,*** Droit civil, Introduction-Les personnes-Les biens[2] (1985) p. 404; ***Dupont Delestraint,*** Droit civil, Les biens[9] (1987) p. 69; ***Duranton,*** Cours de droit français suivant le Code civil[4], Tome 20 (1844) p. 582 et s.; ***Ghestin – Desché,*** Traité des contrats, La vente (1990) p. 595; ***Larroumet,*** Droit civil[2], Tome II (1988) p. 201, 235; ***Massé – Vergé,*** Le droit civil français par K.-S. Zachariae, Tome 2 (1855) p. 218; ***Terré – Simler,*** Droit civil, Les biens[4] (1992) p. 243

[248] vgl. art. 1140 C. civ., der auf die Kapitel über den Kauf bzw. die Hypotheken verweist.

Abdel-Baki, Du rôle de la possession en matière mobilière, Thèse (1943) p. 248 et s.; ***Ardilouze,*** La mutation en douane dans ses rapports avec les divers systèmes de transmission de la propriété mobilière et immobilière, Thèse (1931) p. 105 et s.; ***Atias,*** Droit civil, Les biens[2] (1991) p. 180, 201: Der Zeitpunkt der Eintragung beim Hypothekenregisteramt (*Bureau des hypothèques*) - vergleichbar mit dem Grundbuchsgericht als Behörde in Österreich - ist ausschlaggebend.; ***Carbonnier,*** Droit civil[13], Tome 3, Les Biens (1990) p. 182; ***Cornu,*** Droit civil, Introduction-Les personnes-Les biens[2] (1985) p. 404: *Prior tempore, potior iure.*; ***Duranton,*** Cours de droit français suivant le Code civil[4], Tome 4 (1844) p. 178; ***Guigue,*** Droit civil, Les biens (1977) p. 102; ***Marcadé,*** Explication théorique et pratique du Code Napoléon[5], Tome 4 (1852) p. 394 et s.; ***Troplong,*** Le droit civil expliqué suivant l'ordre des articles du Code[5], Tome 1 (1856) p. 52; ***Zenati,*** Les biens (1988) p. 199

Sachen bedarf es außer einer öffentlichen Eintragung noch einer Genehmigung durch die Verwaltungsbehörden.[249]

Die alles beherrschende Regel des art. 2279 C. civ. *En fait de meubles, la possession vaut titre* unterstützt die schnelle wirtschaftliche Zirkulierung beweglicher Sachen, da der schwierige Beweis eines gültigen Eigentumsrechts bei diesen Sachen entfallen kann.[250] Im Extremfall kann es dadurch sogar zur Situation kommen, daß der bloße Besitz das Eigentumsrecht auch gegenüber dem tatsächlichen Eigentümer gewährt, wenn der Besitzer die bewegliche Sache gutgläubig vom Nichteigentümer (*a non domino*) übertragen erhalten hat.[251] Bei Mobilien, die dem Regime von art. 2279 C. civ. unterliegen, ist im Falle ihrer Doppelveräußerung gemäß art. 1141 C. civ. zur Wirksamkeit des Eigentumsübergangs auch Dritten gegenüber die gutgläubige reelle Besitzverschaffung erforderlich.[252] Es gibt außerdem Fälle, in denen zur Wirksamkeit des Eigentumsübergangs noch die Einhaltung spezifischer Publizitätsvorschriften vorgeschrieben ist.[253] Auch wenn es bei beweglichen Sachen keine generellen Publizitätserfordernisse wie bei Immobilien gibt, so existieren doch einzelne Gruppen von beweglichen Sachen, die einer besonderen Ordnung unterliegen.[254]

8.6. DER EIGENTUMSSCHUTZ

Das in der Theorie absolute Eigentumsrecht muß in der Praxis geschützt werden. Dabei gilt der Grundsatz, daß die ordentlichen Zivilge-

---

[249] vgl. Verträge über Grundstücksumlegungen und über als historisch eingestufte Gebäude (loi du 14 mars 1919 und loi du 19 juillet 1924)

Colin – Capitant, Traité de droit civil, Tome 1 (1953) p. 1086

[250] ***Ardilouze,*** La mutation en douane dans ses rapports avec les divers systèmes de transmission de la propriété mobilière et immobilière, Thèse (1931) p. 109 et s.; ***Baudry-Lacantinerie – Barde,*** Traité théorique et pratique de droit civil[3], Tome 1 (1906) p. 449; ***Challaye,*** Histoire de la propriété[6] (1967) p. 82; ***Colin – Capitant,*** Traité de droit civil, Tome 1 (1953) p. 1092

[251] ***Ardilouze,*** La mutation en douane dans ses rapports avec les divers systèmes de transmission de la propriété mobilière et immobilière, Thèse (1931) p. 108; ***Carbonnier,*** Droit civil[13], Tome 3, Les Biens (1990) p. 182 et s.

[252] vgl. Req., 3 mars 1896, D. 1897. 495

Bergel, Le droit des biens[2] (1990) p. 106; ***Carbonnier,*** Droit civil[13], Tome 3, Les Biens (1990) p. 182 et s.; ***Zenati,*** Les biens (1988) p. 199

[253] ***Ardilouze,*** La mutation en douane dans ses rapports avec les divers systèmes de transmission de la propriété mobilière et immobilière, Thèse (1931) p. 109 et s.; ***Bergel,*** Le droit des biens[2] (1990) p. 106; ***Colin – Capitant,*** Traité de droit civil, Tome 1 (1953) p. 1092

[254] ***Abdel-Baki,*** Du rôle de la possession en matière mobilière, Thèse (1943) p. 3

richte die Hüter des Eigentums sind.[255] Die Klage auf Herausgabe der Sache, also die Eigentumsklage, ist jedenfalls ausschließlich dem Eigentümer vorbehalten.[256] Man kann sie allgemein als Klage definieren, mit der eine Person ihr behauptetes Eigentumsrecht an einer nicht in ihrem Besitz befindlichen Sache gerichtlich anerkannt erhalten will, um in der Folge den Besitz an dieser Sache wieder rechtmäßig zu erlangen.[257] Wie immer im französischen Zivilrecht muß auch hier deutlich zwischen den Eigentumsklagen, die auf unbewegliche Sachen abzielen, und solchen, die sich auf bewegliche Sachen beziehen, unterschieden werden. Bei den petitorischen Klagen für Immobilien wird zwischen der klassischen Eigentumsklage *action en revendication* sowie der *action confessoire* bzw. der *action négatoire* für dinglich Berechtigte unterschieden. Mit der *action confessoire* behauptet der Kläger den Bestand eines sonstigen dinglichen Rechts, die *action négatoire* dient dem Eigentümer als Eigentumsfreiheitsklage.[258] Die Geltendmachung des Herausgabeanspruches ist bei Immobilien nur möglich, solange das Eigentum noch nicht ersessen wurde.[259]

Mit der aus art. 2279 C. civ. für bewegliche Sachen abgeleiteten Aussage, der Eigentümer habe keinen Herausgabeanspruch gegenüber dem Besitzer, ist nur der gutgläubige Besitzer gemeint. Der bösgläubige Besitzer verdient hingegen keinen derart gestalteten rechtlichen Schutz.[260] Bös-

---

[255] vgl. Civ. 1re, 20 décembre 1955, J.C.P. 1956, II., n° 9455, note Weill

Atias, Droit civil, Les biens² (1991) p. 75: *Les tribunaux judiciaires sont les gardiens de la propriété privée.*; ***Ghestin – Goubeaux,*** Traité de droit civil, Introduction générale (1982) p. 312 et s.: In Frankreich ist die Gerichtsbarkeit in die Gerichte erster Ordnung (*juridictions du premier degré*: a) *juridictions de droit commun* und b) *juridictions d'exception*), die Berufungsgerichte (*cours d'appel*) und den Kassationsgerichtshof (*cour de cassation*) gegliedert.

[256] ***Atias,*** Droit civil, Les biens² (1991) p. 75; ***Larroumet,*** Droit civil², Tome II (1988) p. 599

[257] ***Dupont Delestraint,*** Droit civil, Les biens⁹ (1987) p. 79, 83; ***Foignet,*** Manuel élémentaire de droit civil, Tome I, dix-huitième édition par Émile Dupont (1943) p. 569

[258] ***Bergel,*** Le droit des biens² (1990) p. 122

[259] ***Foignet,*** Manuel élémentaire de droit civil, Tome I, dix-huitième édition par Émile Dupont (1943) p. 569

[260] vgl. Civ. 1re, 18 avril 1956, J.C.P. 1956, IV., p. 78; Civ. 1re, 15 janvier 1962, Bull. civ. I., n° 30, p. 26; Civ. 1re, 13 janvier 1965, Bull. civ. I., n° 35, p. 26; Civ. 1re, 2 février 1965, Bull. civ. I., n° 92, p. 69 = Gaz. Pal. 1965. 27

Abdel-Baki, Du rôle de la possession en matière mobilière, Thèse (1943) p. 224; ***Adam,*** De l'influence de la maxime "Res mobilis, res vilis" sur le Code civil, Thèse (1901) p. 191; ***Colin – Capitant,*** Traité de droit civil, Tome 1 (1953) p. 1080; ***Dupont Delestraint,*** Droit civil, Les biens⁹ (1987) p. 83; ***Larombière,*** Théorie et pratique des obligations, Tome 2 (1857) p. 431; ***Ledieu,*** De la règle en fait de meubles possession vaut titre, Thèse (1897) p. 68; ***Malaurie – Aynès,*** Cours de droit civil, Les biens - La publicité foncière (1992) p. 160 et s.; ***Nguyen,*** Droit civil, Les biens (1992) p. 52 et s.;

gläubig ist der Besitzer dann, wenn er weiß, daß der Übertragende nicht Eigentümer ist respektive nicht über die zur Übertragung notwendige qualifizierte rechtliche Stellung verfügt.[261] Gegen einen unredlichen Besitzer ist die Geltendmachung des Herausgabeanspruchs (und eines Schadenersatzanspruchs gemäß den allgemeinen Regeln)[262] daher innerhalb von 30 Jahren möglich, der Eigentümer ist hier niemandem gegenüber zur finanziellen Schadloshaltung verpflichtet.[263] Gegenüber einem gutgläubigen Besitzer, der die bewegliche Sache vom wirklichen Eigentümer erhalten haben will, ist die Eigentumsklage hingegen prinzipiell ausgeschlossen.[264]

Nur prinzipiell ausgeschlossen ist die Eigentumsklage deshalb, weil selbst der gutgläubige Besitzer nicht gänzlich vor einer petitorischen Klage des Eigentümers geschützt ist. Das Gesetz sieht Ausnahmen vom Prinzip und damit die Zulassung petitorischer Klagen in bestimmten Situationen

---

Ortscheidt, La possession en droit civil français et allemand, Thèse (1977) p. 63 et s.; ***Ourliac – de Malafosse,*** Histoire du droit privé, Tome II, Les biens (1961) p. 340; ***Vouin,*** La bonne foi, Thèse (1939) p. 315

261 vgl. Civ. 1re, 6 juillet 1886, D. 1887. 25; Civ. 1re, 2 février 1965, Bull. civ. I., n° 92, p. 69 = Gaz. Pal. 1965. 27

262 art. 1382 C. civ.: Tout fait quelconque de l'homme, qui cause à autrui un dommage, oblige celui par la faute duquel il est arrivé, à le réparer.

Abdel-Baki, Du rôle de la possession en matière mobilière, Thèse (1943) p. 225; ***Monateri,*** dans: R.I.D.C., jan.-mars 1984, p. 7

263 ***Bergel,*** Le droit des biens[2] (1990) p. 125; ***Carbonnier,*** Droit civil[13], Tome 3, Les Biens (1990) p. 362; ***Colin – Capitant,*** Traité de droit civil, Tome 1 (1953) p. 1080; ***Cornu,*** Droit civil, Introduction-Les personnes-Les biens[2] (1985) p. 433; ***Foignet,*** Manuel élémentaire de droit civil, Tome I, dix-huitième édition par Émile Dupont (1943) p. 592; ***Lambert,*** Cours de droit civil, Droit du patrimoine (1971) p. 139; ***Larombière,*** Théorie et pratique des obligations, Tome 2 (1857) p. 431; ***Larroumet,*** Droit civil[2], Tome II (1988) p. 81, 123 et s., 608; ***Ledieu,*** De la règle en fait de meubles possession vaut titre, Thèse (1897) p. 70; ***Ortlieb,*** De la collatio en droit romain / Des effets de la possession des meubles dans le droit français, ancien et moderne, Thèse (1871) p. 152; ***Ortscheidt,*** La possession en droit civil français et allemand, Thèse (1977) p. 64; ***Vouin,*** La bonne foi, Thèse (1939) p. 309

264 vgl. Req., 3 mars 1896, D. 1897. 495; Civ. 1re, 23 mars 1965, Bull. civ. I., n° 206, p. 151; Civ. 1re, 12 janvier 1966, Rev. trim. dr. civ., 1968, p. 172

Bergel, Le droit des biens[2] (1990) p. 125; ***Carbonnier,*** Droit civil[13], Tome 3, Les Biens (1990) p. 359, 362; ***Colin – Capitant,*** Traité de droit civil, Tome 1 (1953) p. 1080; ***Duranton,*** Cours de droit français suivant le Code civil[4], Tome 13 (1844) p. 436; ***Foignet,*** Manuel élémentaire de droit civil, Tome I, dix-huitième édition par Émile Dupont (1943) p. 569; ***Larroumet,*** Droit civil[2], Tome II (1988) p. 123; ***Ledieu,*** De la règle en fait de meubles possession vaut titre, Thèse (1897) p. 51, 68; ***Malaurie – Aynès,*** Cours de droit civil, Les biens - La publicité foncière (1992) p. 161

vor.[265] Zum einen sind damit die Fälle des Diebstahls und des Verlusts gemeint, zum anderen sind davon jene Kategorien von beweglichen Sachen umfaßt, die vom Eigentümer immer vindiziert werden können.[266] Vom Schutz des art. 2279 C. civ. sind nur bewegliche körperliche Sachen[267] mit Ausnahme jener umfaßt, deren Übertragung ausdrücklichen Publizitätsbestimmungen unterworfen ist: See-, Fluß- und Luftschiffe. Weiters wirkt der Schutz generell nicht für unkörperliche bewegliche Sachen[268], hier allerdings mit der Ausnahme der Inhaberwertpapiere (*titres au porteur*).[269]

Die Regelung in art. 2279 C. civ. für bewegliche Sachen hat prozeßtechnisch zur Folge, daß der Eigentümer bei einer Vindikation sein Recht an der Sache beweisen muß, wenn sein Kontrahent im tatsächlichen, fehlerfreien und gutgläubigen Besitz der Sache ist, wobei Gutgläubigkeit vom Gesetz vermutet wird.[270] Nicht notwendig und außerdem unzureichend ist in jedem Fall die bloße Feststellung, der Prozeßgegner sei nicht Eigentümer.[271] Welche rechtliche Qualität ist dann aber nachzuweisen? Wäre es nicht ungerecht, vom Kläger mehr als vom Beklagten zu verlangen? Als

---

265 ***Larroumet,*** Droit civil², Tome II (1988) p. 123; ***Ledieu,*** De la règle en fait de meubles possession vaut titre, Thèse (1897) p. 51, 68; ***Malaurie – Aynès,*** Cours de droit civil, Les biens - La publicité foncière (1992) p. 161

266 ***Adam,*** De l'influence de la maxime "Res mobilis, res vilis" sur le Code civil, Thèse (1901) p. 191; ***Carbonnier,*** Droit civil¹³, Tome 3, Les Biens (1990) p. 359; ***Larroumet,*** Droit civil², Tome II (1988) p. 154; ***Ledieu,*** De la règle en fait de meubles possession vaut titre, Thèse (1897) p. 109; ***Ourliac – de Malafosse,*** Histoire du droit privé, Tome II, Les biens (1961) p. 340; ***Toutain,*** Droit romain - De l'interdit utrubi / Droit français - De la possession des meubles, Thèse (1888) p. 229

267 vgl. Civ. 1re, 4 juillet 1876, D. 1877. 33; Req., 27 mars 1889, D. 1890. 413; Civ. 1re, 21 octobre 1929, D. 1931. 56; Com. 3e, 19 janvier 1960, Bull. civ. III., n° 30, p. 25

268 vgl. etwa: fonds de commerce, droits de clientèle, titres nominatifs, effets de commerce

269 vgl. Civ. 1re, 15 avril 1863, D. 1863. 396; Civ. 1re, 4 juillet 1876, D. 1877. 33; Req., 27 mars 1889, D. 1890. 413

Adam, De l'influence de la maxime "Res mobilis, res vilis" sur le Code civil, Thèse (1901) p. 193 et s.; ***Bergel,*** Le droit des biens² (1990) p. 124; ***Larroumet,*** Droit civil², Tome II (1988) p. 598; ***Malaurie – Aynès,*** Cours de droit civil, Les biens - La publicité foncière (1992) p. 159 et s.; ***Planiol – Ripert,*** Traité pratique de droit civil français², Tome III (1952) p. 563

270 ***Abdel-Baki,*** Du rôle de la possession en matière mobilière, Thèse (1943) p. 139; ***Cornu,*** Droit civil, Introduction-Les personnes-Les biens² (1985) p. 432; ***Dupont Delestraint,*** Droit civil, Les biens⁹ (1987) p. 79; ***Larroumet,*** Droit civil², Tome II (1988) p. 80; ***Zenati,*** Les biens (1988) p. 196: *Actori incumbit probatio.*

271 ***Atias,*** Droit civil, Les biens² (1991) p. 190; ***Bergel,*** Le droit des biens² (1990) p. 102; ***Carbonnier,*** Droit civil¹³, Tome 3, Les Biens (1990) p. 200 et s.; ***Colin – Capitant,*** Traité de droit civil, Tome 1 (1953) p. 1077 et s.; ***Malaurie – Aynès,*** Cours de droit civil, Les biens - La publicité foncière (1992) p. 161; ***Zenati,*** Les biens (1988) p. 196

Ausfluß des Prinzips in art. 2279 C. civ., wo der Besitz als Nachweis genügt, muß es wohl auch für den Kläger ausreichend sein, wenn er darlegt, daß er im Zeitpunkt des Diebstahls oder des Verlusts im Besitz der Streitsache war. Der Beweis des Eigentums ist ihm jedenfalls zu ersparen.[272] Somit obliegt es der Partei, die den Herausgabeanspruch auf gestohlene oder verlorene Sachen geltend macht, den Beweis ihres Rechtes auf die Sachen zu erbringen.[273]

Nur als Ausnahme und nur für die Fälle des Diebstahls oder des Verlusts sieht art. 2279 al. 2 C. civ. die effektive Anwendung einer Eigentumsklage vor.[274] Nur in diesen Fällen dringt ein Eigentümer mit seinem gerichtlich geltend gemachten Herausgabeanspruch gegen einen gutgläubigen Besitzer einer beweglichen Sache ohne Entschädigungsanspruch innerhalb von 3 Jahren durch.[275] Die Frist von 3 Jahren ist nicht erstreckbar, außerdem kann sie nicht unterbrochen werden. Dadurch hebt sie sich etwa von der bereits genannten Ersitzungsfrist (*délai de prescription*) ab. Wegen ihrer Starrheit wird die sich aus art. 2279 al. 2 C. civ. ergebende

---

[272] ***Ledieu,*** De la règle en fait de meubles possession vaut titre, Thèse (1897) p. 113; ***Renaud,*** dans: Rev. lég., 1845. 1. 371

[273] Civ. 1re, 1re juin 1977, Bull. civ. I., n° 261, p. 206 = Rev. trim. dr. civ., 1978, p. 161

[274] art. 2279 al. 2 C. civ.: Néanmoins celui qui a perdu ou auquel il a été volé une chose peut la revendiquer pendant trois ans, à compter du jour de la perte ou du vol, contre celui dans les mains duquel il la trouve.

[275] ***Abdel-Baki,*** Du rôle de la possession en matière mobilière, Thèse (1943) p. 416; ***Adam,*** De l'influence de la maxime "Res mobilis, res vilis" sur le Code civil, Thèse (1901) p. 191 et s.; ***Aubry – Rau,*** Droit civil français[7], Tome II (1961) p. 159 et s.; ***Bergel,*** Le droit des biens[2] (1990) p. 102, 125; ***Bouillard,*** De la preuve de la propriété mobilière, Thèse (1900) p. 42 et s.; ***Carbonnier,*** Droit civil[13], Tome 3, Les Biens (1990) p. 360 et s., 374: *Spoliatus ante omnia restituatur.*; ***Colin – Capitant,*** Traité de droit civil, Tome 1 (1953) p. 1080; ***Cornu,*** Droit civil, Introduction-Les personnes-Les biens[2] (1985) p. 632 et s.; ***Demante – Colmet de Santerre,*** Cours analytique de Code civil, Tome VIII (1884) p. 565 et s.; ***Dupont Delestraint,*** Droit civil, Les biens[9] (1987) p. 66 et s., 83; ***Duranton,*** Cours de droit français suivant le Code civil[4], Tome 15 (1844) p. 305; ***Fournier,*** De la possession des meubles en droit romain et de la règle "En fait de meubles possession vaut titre" en droit français, Thèse (1876) p. 208 et s.; ***Guigue,*** Droit civil, Les biens (1977) p. 96 et s.; ***Larombière,*** Théorie et pratique des obligations, Tome 3 (1857) p. 80; ***Ledieu,*** De la règle en fait de meubles possession vaut titre, Thèse (1897) p. 109 et s.; ***Malaurie – Aynès,*** Cours de droit civil, Les biens - La publicité foncière (1992) p. 164 et s.; ***Massé – Vergé,*** Le droit civil français par K.-S. Zachariae, Tome 5 (1860) p. 308; ***Nguyen,*** Droit civil, Les biens (1992) p. 54 et s.; ***Renaud,*** dans: Rev. lég., 1845. 1. 371; ***Ripert – Boulanger,*** Traité de droit civil d'après le traité de Planiol, Tome II (1957) p. 985 et s.; ***Saint Germès,*** De l'influence de la valeur des meubles sur le Code civil français, les lois qui l'ont complété et la jurisprudence, Thèse (1926) p. 142; ***Terré – Simler,*** Droit civil, Les biens[4] (1992) p. 269 et s.; ***Vouin,*** La bonne foi, Thèse (1939) p. 322; ***Zenati,*** Les biens (1988) p. 186, 189

Frist im französischen Recht *délai préfix* genannt.[276] Diese Frist berechnet sich ab dem Zeitpunkt des Diebstahls oder des Verlusts der beweglichen Sache, belanglos für ihre Berechnung ist der Zeitpunkt der Besitznahme der Sache durch den Erwerber. Die Beschränkung auf die doch relativ kurze 3-Jahresfrist findet allerdings nur dort Anwendung, wo der Besitzer gutgläubig ist.[277] Andernfalls - etwa für den Dieb oder den Finder selbst - ist eine 30-jährige Frist zu berücksichtigen.[278]

Die 30-jährige normale Verjährungsfrist kommt somit zusammenfassend nur in drei Fällen tatsächlich zur Anwendung: Zum einen gegenüber demjenigen, der die Sache erwirbt, obschon er von der mangelnden Eigentümerstellung seines Kontrahenten Kenntnis haben mußte - also gegenüber dem bösgläubigen Besitzer -, zum anderen gegenüber dem Dieb und schließlich noch gegenüber demjenigen, der eine verlorene Sache findet.[279] Bei der Regelung der Behandlung verlorener Sachen geht das österreichische Recht - sieht man einmal von Verwahrungs- und Meldepflichten ab - ähnlich vor. So erlangt der ehrliche Finder gemäß § 392 ABGB nach einem

---

[276] vgl. Crim., 30 octobre 1969, D. 1970. 115 = Gaz. Pal. 1969. 2. 380 = J.C.P. 1970, II., n° 16333, note Goubeaux

[277] ***Aubry – Rau,*** Cours de droit civil français[6], Tome II (1935) p. 154; ***Fenet,*** Recueil complet des travaux préparatoires du Code civil, Tome 15 (1836) p. 600: Die 3-jährige Frist wird von *Bigot-Préameneu* mit der identen Frist bei Justinian erklärt. Im übrigen ist diese Frist die in Frankreich am häufigsten geforderte.; ***Patault,*** Introduction historique au droit des biens (1989) p. 297: Früher war hier eine Frist von 30 Jahren zu berücksichtigen.; ***Planiol,*** Traité élémentaire de droit civil[6], Tome I (1911) p. 769

[278] vgl. Civ. 1re, 6 juillet 1886, D. 1887. 25; ; Civ. 1re, 15 janvier 1962, Bull. civ. I., n° 30, p. 26

Aubry – Rau, Droit civil français[7], Tome II (1961) p. 159; ***Beudant,*** Cours de droit civil[2], Tome IV (1938) p. 795; ***Bufnoir,*** Propriété et contrat (1900) p. 191; ***Cornu,*** Droit civil, Intro-duction-Les personnes-Les biens[2] (1985) p. 633 et s.; ***Dupont Delestraint,*** Droit civil, Les biens[9] (1987) p. 66; ***Ferradou,*** Du rôle de la possession dans le droit privé français, Thèse (1928) p. 162 et s.; ***Larroumet,*** Droit civil[2], Tome II (1988) p. 247, 608; ***Malaurie – Aynès,*** Cours de droit civil, Les biens - La publicité foncière (1992) p. 164 et s.: Gegen den Dieb besteht auch ein deliktischer Schadenersatzanspruch mit einer Verjährungsfrist von 10 Jahren (art. 2270-1 C. civ., loi n° 85-677 du 5 juillet 1985).; ***Nguyen,*** Droit civil, Les biens (1992) p. 53; ***Ortlieb,*** De la collatio en droit romain / Des effets de la possession des meubles dans le droit français, ancien et moderne, Thèse (1871) p. 152; ***Piédelièvre,*** Droit des biens (1977) p. 117 et s.; ***Ripert – Boulanger,*** Traité de droit civil d'après le traité de Planiol, Tome II (1957) p. 986; ***Saunier,*** De l'application de l'article 2279 dans les rapports entre auteur et ayant cause, Thèse (1907) p. 62

[279] ***Aubry – Rau,*** Droit civil français[7], Tome II (1961) p. 159; ***Demante – Colmet de Santerre,*** Cours analytique de Code civil[2], Tome V (1883) p. 80 et s.; ***Duranton,*** Cours de droit français suivant le Code civil[4], Tome 13 (1844) p. 436; ***Guigue,*** Droit civil, Les biens (1977) p. 96 et s.; ***Weill – Terré – Simler,*** Droit civil, Les biens[3] (1985) p. 417

Jahr das Benutzungsrecht, nach Ablauf der Verjährungszeit das Eigentumsrecht.[280]

Da die meisten Fälle eines gutgläubigen Erwerbs vom Nichteigentümer ihren Ursprung in einem Diebstahl oder Verlust der beweglichen Sache haben, verliert nach Meinung einiger Autoren die so hochgerühmte Maxime in art. 2279 al. 1er C. civ. mit der Verweigerung der Eigentumsklage viel an Effektivität.[281] Für *Bouillard* wiederum bleibt art. 2279 al. 2 C. civ. tatsächlich die Ausnahme einer Regel, auch wenn die beiden Bestimmungen nicht - wie vielleicht vom Gesetzgeber beabsichtigt - komplementär sind, sondern in Kontrast zueinander stehen.[282] Die Zulassung des Rechts auf Herausgabe der Sache muß nach Abwägung der Interessen gewährt werden. Mag der Eigentümer in anderen Fällen auch Fehler begehen, die er zu vertreten hat, so ist ihm in den Fällen des Diebstahls oder Verlusts wohl eher kein Vorwurf einer Nachlässigkeit zu machen. Sein Schutzinteresse ist demnach höher zu bewerten als jenes des Besitzers.[283] In dieser Richtung äußert sich auch die Judikatur, wenn sie meint, daß "im Falle des Diebstahls selbst der gutgläubige Besitzer verlieren kann, was er für sein Eigentum gehalten hat".[284]

Die Ansichten darüber, ob der Tatbestand des Betrugs ebenfalls zur Zulassung des Herausgabeanspruchs führt, sind in Abhängigkeit der zeitlichen Dimension nicht einheitlich.[285] Für *Adam* zu Beginn des 20. Jahrhunderts war die Beantwortung der offenen Frage nocht leicht. Nach eingehenden gerichtlichen und literarischen Auseinandersetzungen sei klargestellt, daß art. 2279 al. 2 C. civ. auch auf die Fälle des Betrugs anzuwenden sei, wodurch die zitierte Maxime eine weitere Einschränkung erführe. Dafür würde allenfalls eine Parallelität zwischen Diebstahl und Betrug sprechen, nämlich der Umstand, daß der Eigentümer in beiden

---

[280] Es wird eine Verschweigung anzunehmen sein. Für bewegliche Sachen gilt dafür nach § 1466 ABGB die allgemeine Frist von 3 Jahren.

[281] ***Adam,*** De l'influence de la maxime "Res mobilis, res vilis" sur le Code civil, Thèse (1901) p. 192; ***Toutain,*** Droit romain - De l'interdit utrubi / Droit français - De la possession des meubles, Thèse (1888) p. 229

[282] ***Bouillard,*** De la preuve de la propriété mobilière, Thèse (1900) p. 42 et s.

[283] ***Foignet,*** Manuel élémentaire de droit civil, Tome I, dix-huitième édition par Émile Dupont (1943) p. 593; ***Larroumet,*** Droit civil[2], Tome II (1988) p. 610 et s.; ***Muller,*** dans: Rev. trim. dr. civ., 1989, p. 697; ***Patault,*** Introduction historique au droit des biens (1989) p. 298; ***Planiol – Ripert,*** Traité pratique de droit civil français[2], Tome III (1952) p. 389 et s.

[284] vgl. Civ. 1re, 21 mai 1951, D. 1951. 507

[285] Zur begrifflichen Klarstellung am Beispiel des Strafrechts: art. 379 C. pén. = le vol (Diebstahl), art. 405 C. pén. = l'escroquerie (Betrug) und art. 408 C. pén. = l'abus de confiance (Vertrauensmißbrauch oder Untreue)

Fällen unfreiwillig von der Sache getrennt wurde.[286] Für andere Juristen dieser Zeit und vor allem der Moderne steht es wiederum außer Zweifel, daß der Betrug von der Anwendung des Herausgabeverlangens nach art. 2279 al. 2 C. civ. ausgeschlossen bleibt, weil die Wendung Diebstahl bloß *stricto sensu* im Sinne des Strafrechts zu verstehen ist.[287]

Nur im Falle des Vertrauensmißbrauchs (Untreue) herrscht Einigkeit unter den Gelehrten: Die Regel in art. 2279 al. 1er C. civ. und damit die Unterdrückung des Herausgabeanspruchs bleibt tatsächlich uneingeschränkt anwendbar, natürlich steht dem Eigentümer aber gegenüber dem Untreuen eine persönliche Klage zu.[288] Der tatsächliche Eigentümer hat entweder sein Vertrauen schlecht plaziert oder zumindest das Risiko eines

---

[286] ***Adam,*** De l'influence de la maxime "Res mobilis, res vilis" sur le Code civil, Thèse (1901) p. 192 et s.: Dem Erwerb liegt in beiden Fällen ein Delikt zugrunde. Das Gesetz umfaßt alle - auch mit Hilfe von Betrug - gestohlenen Sachen. Dazu vgl. arrêt de la Cour de Dijon du 28 novembre 1856 und arrêt de la Cour de Bordeaux du 3 janvier 1859 bzw. Cour de cassation civile du 20 mai 1835 mit ablehnender Haltung.; ***Laurent,*** Principes de droit civil français[3], Tome 32 (1878) p. 610; ***Ledieu,*** De la règle en fait de meubles possession vaut titre, Thèse (1897) p. 111 et s.: Die Begründung liegt in der extensiven Definition des Diebstahls im Sinne des römischen *furtum*.

[287] vgl. Civ., 19 juin 1928, D.H. 1925. 448; Civ. 1re, 13 janvier 1965, Bull. civ. I., n° 35, p. 26; Civ. 1re, 5 octobre 1972, D. 1973. 1 = Gaz. Pal. 1973. 36

Acollas, Manuel de droit civil[2], Tome 3 (1874) p. 905; ***Aubry – Rau,*** Cours de droit civil français[6], Tome II (1935) p. 149; ***Carbonnier,*** Droit civil[13], Tome 3, Les Biens (1990) p. 360 et s.; ***Colin – Capitant,*** Traité de droit civil, Tome 1 (1953) p. 1081; ***Demante – Colmet de Santerre,*** Cours analytique de Code civil, Tome VIII (1884) p. 572; ***Dupont Delestraint,*** Droit civil, Les biens[9] (1987) p. 67; ***Guigue,*** Droit civil, Les biens (1977) p. 95; ***Ledieu,*** De la règle en fait de meubles possession vaut titre, Thèse (1897) p. 110; ***Ripert – Boulanger,*** Traité de droit civil d'après le traité de Planiol, Tome II (1957) p. 985; ***Waelbroeck,*** Le transfert de la propriété dans la vente d'objets mobiliers corporels en droit comparé (1961) p. 82

[288] vgl. Civ. 1re, 6 juillet 1886, D. 1887. 25; Civ., 19 juin 1928, D.H. 1925. 448; Crim., 7 juillet 1944, J.C.P. 1947, II., n° 3410, Civ. 1re, 5 octobre 1972, D. 1973. 1 = Gaz. Pal. 1973. 36

Adam, De l'influence de la maxime "Res mobilis, res vilis" sur le Code civil, Thèse (1901) p. 192 et s.; ***Aubry – Rau,*** Cours de droit civil français[6], Tome II (1935) p. 150, 168 et s.; ***Bouillard,*** De la preuve de la propriété mobilière, Thèse (1900) p. 38 et s.; ***Carbonnier,*** Droit civil[13], Tome 3, Les Biens (1990) p. 360, 363; ***Colin – Capitant,*** Traité de droit civil, Tome 1 (1953) p. 1081; ***Dupont Delestraint,*** Droit civil, Les biens[9] (1987) p. 67; ***Duranton,*** Cours de droit français suivant le Code civil[4], Tome 17 (1844) p. 305 et s.; ***Foignet,*** Manuel élémentaire de droit civil, Tome I, dix-huitième édition par Émile Dupont (1943) p. 593 et s.; ***Guigue,*** Droit civil, Les biens (1977) p. 95; ***Laurent,*** Principes de droit civil français[3], Tome 32 (1878) p. 609; ***Ledieu,*** De la règle en fait de meubles possession vaut titre, Thèse (1897) p. 111; ***Ripert – Boulanger,*** Traité de droit civil d'après le traité de Planiol, Tome II (1957) p. 985; ***Toutain,*** Droit romain - De l'interdit utrubi / Droit français - De la possession des meubles, Thèse (1888) p. 115; ***Vouin,*** La bonne foi, Thèse (1939) p. 324 et s.

Entzugs der Sache in Kauf genommen. Der Erwerber kann sich hingegen auf einen Zustand berufen, dessen Herbeiführung der Eigentümer alleine zu vertreten hat.[289] Dem Eigentümer bleibt nur die persönliche Klage (bis hin zum Anspruch auf Restitution der Sache im Falle eines Verwahrungsvertrages gemäß art. 1932 C. civ.) gegen den Treulosen aus Vertragsverhältnissen wie Leihe oder Verwahrung.[290]

Insgesamt betrachtet wird für *Adam* die Regel damit zur Ausnahme und der Anwendungsbereich der Ausnahmen bedeutender als jener der Regel. Er vermutet daher, daß das Prinzip *En fait de meubles, la possession vaut titre* nur ein Ausfluß der überkommenen Vorstellung *Res mobilis, res vilis* ist. Der reibungslose Ablauf des wirtschaftlichen Lebens und Handelns hängt dabei seiner Ansicht nach keineswegs von der viel zitierten Regel ab, weswegen sie aus dem Rechtsbestand als historischer Überrest auszuscheiden ist. *Adam* tritt deshalb vehement für die Zulassung des Herausgabeanspruchs gegenüber gutgläubigen Besitzern ein. Sie soll nicht die Ausnahme bleiben, sondern die Regel werden.[291]

Ergänzend zu art. 2279 C. civ. muß allerdings auch art. 2280 C. civ. gelesen werden. Wenn der aktuelle Besitzer die bewegliche und gestohlene oder verlorene Sache auf einer Messe, einem Markt, in einer öffentlichen Versteigerung oder bei einem mit ähnlichen Sachen tatsächlich handelnden Geschäftsmann erworben hat, dann ist der Eigentümer gemäß art. 2280 C. civ. bei seinem Herausgabeverlangen verpflichtet, den Erwerber als Besitzer - durch die Zahlung des von ihm beim Erwerb geleisteten Ent-

---

[289] ***Bufnoir,*** Propriété et contrat (1900) p. 351; ***Carbonnier,*** Droit civil[13], Tome 3, Les Biens (1990) p. 360, 373; ***Laurent,*** Principes de droit civil français[3], Tome 32 (1878) p. 609; ***Ledieu,*** De la règle en fait de meubles possession vaut titre, Thèse (1897) p. 111; ***Malaurie – Aynès,*** Cours de droit civil, Les biens - La publicité foncière (1992) p. 165; ***Muller,*** dans: Rev. trim. dr. civ., 1989, p. 697; ***Toutain,*** Droit romain - De l'interdit utrubi / Droit français - De la possession des meubles, Thèse (1888) p. 207: Das enttäuschte Vertrauen des Veräußerers kann einem gutgläubigen Besitzer nicht schaden.; ***Vouin,*** La bonne foi, Thèse (1939) p. 324 et s.: *culpa in eligendo.*; ***Zenati,*** Les biens (1988) p. 188 et s.

[290] ***Aubry – Rau,*** Cours de droit civil français[6], Tome II (1935) p. 168 et s.; ***Carbonnier,*** Droit civil[13], Tome 3, Les Biens (1990) p. 362; ***Negri,*** dans: R.I.D.C., avr.-juin 1983, p. 353; ***Zenati,*** Les biens (1988) p. 189

[291] ***Adam,*** De l'influence de la maxime "Res mobilis, res vilis" sur le Code civil, Thèse (1901) p. 193, 196 et s.; ***Muller,*** dans: Rev. trim. dr. civ., 1989, p. 697 mit einer Statistik: Das Innenministerium hat 1977 1.327.400 und 1987 1.992.625 Diebstähle in Frankreich aufgezeichnet. Veruntreuungen gab es bloß 18.643 bzw. 23.220.; aA***Raynaud,*** De l'usucapion des meubles en droit romain et de la règle "En fait de meubles possession vaut titre" en droit français, Thèse (1873) p. 175 et s.; aA***Vouin,*** La bonne foi, Thèse (1939) p. 315

gelts[292] - schadlos zu halten.[293] Dabei ist im speziellen noch festzuhalten, daß der bloße Glaube, mit einem befugten Händler Geschäfte gemacht zu haben, nicht ausreicht, um in den Genuß eines Ersatzanspruchs zu kommen. Der Verkäufer muß tatsächlich Händler sein und solche Geschäfte mit ähnlichen Sachen regelmäßig und nicht bloß gelegentlich machen.[294] Im Gegensatz zu art. 2279 al. 2 C. civ. ordnet somit art. 2280 al. 1er C. civ. die Herausgabe der Sache dem Ersatz des Preises durch den Eigentümer

---

292 Damit ist aber auch klargestellt, daß ein Beschenkter, gegen den der Herausgabeanspruch gerichtet ist, keinen Ersatzanspruch aus diesem Titel haben kann.

293 art. 2280 C. civ.: Si le possesseur actuel de la chose volée ou perdue l'a achetée dans une foire ou dans un marché, ou dans une vente publique, ou d'un marchand vendant des choses pareilles, le propriétaire originaire ne peut se la faire rendre qu'en remboursant au possesseur le prix qu'elle lui a coûté.

vgl. Civ. 1re, 22 février 1956, D. 1956. 286 = Bull. civ. I., n° 92, p. 75: Der Ersatzanspruch gemäß art. 2280 C. civ. setzt den Besitz der Sache voraus.

Abdel-Baki, Du rôle de la possession en matière mobilière, Thèse (1943) p. 416 et s.; ***Atias,*** Droit civil, Les biens[2] (1991) p. 191; ***Aubry – Rau,*** Cours de droit civil français[6], Tome II (1935) p. 152 et s.; ***Bergel,*** Le droit des biens[2] (1990) p. 125; ***Bouillard,*** De la preuve de la propriété mobilière, Thèse (1900) p. 80; ***Carbonnier,*** Droit civil[13], Tome 3, Les Biens (1990) p. 364; ***Cornu,*** Droit civil, Introduction-Les personnes-Les biens[2] (1985) p. 634: Der Eigentümer muß seine Sache zurückkaufen.; ***Demante – Colmet de Santerre,*** Cours analytique de Code civil, Tome VIII (1884) p. 574; ***Dupont Delestraint,*** Droit civil, Les biens[9] (1987) p. 67, 83; ***Duranton,*** Cours de droit français suivant le Code civil[4], Tome 19 (1844) p. 141; ***Foignet,*** Manuel élémentaire de droit civil, Tome I, dix-huitième édition par Émile Dupont (1943) p. 593; ***Guigue,*** Droit civil, Les biens (1977) p. 96; ***Lambert,*** Cours de droit civil, Droit du patrimoine (1971) p. 138; ***Larroumet,*** Droit civil[2], Tome II (1988) p. 613 et s.; ***Malaurie – Aynès,*** Cours de droit civil, Les biens - La publicité foncière (1992) p. 166; ***Massé – Vergé,*** Le droit civil français par K.-S. Zachariae, Tome 5 (1860) p. 309; ***Muller,*** dans: Rev. trim. dr. civ., 1989, p. 697; ***Nguyen,*** Droit civil, Les biens (1992) p. 56; ***Patault,*** Introduction historique au droit des biens (1989) p. 293; ***Ripert – Boulanger,*** Traité de droit civil d'après le traité de Planiol, Tome II (1957) p. 987 et s.; ***Saint Germès,*** De l'influence de la valeur des meubles sur le Code civil français, les lois qui l'ont complété et la jurisprudence, Thèse (1926) p. 142 et s.; ***Terré – Simler,*** Droit civil, Les biens[4] (1992) p. 270 et s.; ***Vouin,*** La bonne foi, Thèse (1939) p. 322; ***Waelbroeck,*** Le transfert de la propriété dans la vente d'objets mobiliers corporels en droit comparé (1961) p. 81 et s.; ***Zenati,*** Les biens (1988) p. 189

294 vgl. Poitiers, 25 janvier 1938, D.H. 1938. 190; Lyon, 15 mars 1954, D. 1955. 460, note Gervesie = Gaz. Pal. 1954. 1. 309; Civ. 1re, 2 février 1965, Bull. civ. I., n° 92, p. 69 = Gaz. Pal. 1965. 27; Civ. 1re, 22 novembre 1988, Bull. civ. I., n° 331, p. 224

Abdel-Baki, Du rôle de la possession en matière mobilière, Thèse (1943) p. 423 et s.: Der bloße Glaube an die Eigenschaft des Händlers genügt nicht.; ***Aubry – Rau,*** Droit civil français[7], Tome II (1961) p. 161 et s.; ***Cornu,*** Droit civil, Introduction-Les personnes-Les biens[2] (1985) p. 635; ***Nguyen,*** Droit civil, Les biens (1992) p. 56; ***Vouin,*** La bonne foi, Thèse (1939) p. 323

unter.[295] Der Eigentümer kann am "Rückkauf" seiner Sache deshalb ein besonderes Interesse haben, weil die Sache einerseits einen für ihn höheren subjektiven Wert haben kann oder weil andererseits der Ersatzanspruch des Erwerbers - wegen eines bei gestohlenen oder gefundenen Sachen relativ günstigen Kaufpreises ("heiße Ware") - den tatsächlichen Sachwert deutlich unterschreitet.[296]

Der Erwerber verfügt in den Fällen des art. 2280 C. civ. über einen sogenannten "verstärkten" guten Glauben (*bonne foi renforcé*), da die Umfeldbedingungen geeignet sind, die rechtmäßige Herkunft der Sache mit gutem Grund vermuten zu lassen.[297] Der Erwerber muß sich nicht den Vorwurf gefallen lassen, unbedacht gehandelt zu haben, daher wäre es nicht gerecht, ihn mit dem Verlust des Kaufpreises zu belasten, während der nachlässige wirkliche Eigentümer den Verlust oder Diebstahl durch größere Sorgfalt vielleicht hätte verhindern können.[298] Als Ausgleich für die Schadloshaltung des gutgläubigen Besitzers stehen dem Eigentümer persönliche Klagen gegen den Dieb oder den Finder - ganz so wie gegen einen Besitzer wider Treu und Glauben - innerhalb der Verjährungsfrist von 30 Jahren offen.[299] Der Versuch des Eigentümers, sich durch die Klage schadlos zu halten, wird jedoch meist ineffektiv bleiben müssen, da die Beklagten oft zahlungsunfähig sind.[300] Gegen den Händler wiederum ist

---

295 vgl. Amiens, 9 décembre 1942, D. chr. 1944. 30, note Lalou; Civ. 1re, 26 novembre 1956, Gaz. Pal. 1957. 170 = Bull. civ. I., n° 429, p. 342

296 ***Cornu,*** Droit civil, Introduction-Les personnes-Les biens² (1985) p. 635; ***Larroumet,*** Droit civil², Tome II (1988) p. 614; ***Nguyen,*** Droit civil, Les biens (1992) p. 56 et s.

297 ***Abdel-Baki,*** Du rôle de la possession en matière mobilière, Thèse (1943) p. 419; ***Carbonnier,*** Droit civil¹³, Tome 3, Les Biens (1990) p. 364; ***Colin – Capitant,*** Traité de droit civil, Tome 1 (1953) p. 1080 et s.; ***Cornu,*** Droit civil, Introduction-Les personnes-Les biens² (1985) p. 634; ***Lambert,*** Cours de droit civil, Droit du patrimoine (1971) p. 138

298 ***Abdel-Baki,*** Du rôle de la possession en matière mobilière, Thèse (1943) p. 419, 421: Es ist weniger die subjektive Nachlässigkeit des Eigentümers als das objektive Interesse des Handels, das eine Entschädigung des gutgläubigen Besitzers rechtfertigt.; ***Colin – Capitant,*** Traité de droit civil, Tome 1 (1953) p. 1081; ***Demante – Colmet de Santerre,*** Cours analytique de Code civil, Tome VIII (1884) p. 565; ***Foignet,*** Manuel élémentaire de droit civil, Tome I, dix-huit-ième édition par Émile Dupont (1943) p. 593; ***Muller,*** dans: Rev. trim. dr. civ., 1989, p. 697

299 ***Carbonnier,*** Droit civil¹³, Tome 3, Les Biens (1990) p. 362, 364 et s.; ***Cornu,*** Droit civil, Introduction-Les personnes-Les biens² (1985) p. 635 et s.; ***Lambert,*** Cours de droit civil, Droit du patrimoine (1971) p. 139; ***Muller,*** dans: Rev. trim. dr. civ., 1989, p. 697; aA***Planiol,*** Traité élémentaire de droit civil⁶, Tome I (1911) p. 769 ablehnend gegenüber einem Anspruch auf persönliche Klage gegen den Dieb.

300 ***Cornu,*** Droit civil, Introduction-Les personnes-Les biens² (1985) p. 636; ***Lambert,*** Cours de droit civil, Droit du patrimoine (1971) p. 139; ***Malaurie – Aynès,*** Cours de droit civil, Les biens - La publicité foncière (1992) p. 167

eine Schadenersatzklage gemäß art. 1382 C. civ. im allgemeinen und gemäß art. 1383 C. civ. im speziellen denkbar.[301] Auch hier wird die Aussicht auf Erfolg allerdings gering sein, weil art. 1383 C. civ. den Nachweis durch den Eigentümer fordert, daß der Händler die Herkunft der Sache kannte oder zumindest Zweifel an ihrer einwandfreien Herkunft haben mußte. Der Eigentümer muß also die mangelnde Sorgfaltspflicht des Händlers beweisen. Parallel zu den Schadenersatzklagen könnte man meinen, dem Händler gegenüber einen Anspruch wegen ungerechtfertigter Bereicherung gemäß art. 1376 C. civ. (*action fondée sur l'enrichissement sans cause*) in Höhe des Differenzbetrages zwischen Ankaufs- und Verkaufspreis zu haben. Die Judikatur versagt dieser vermeintlichen Anspruchsgrundlage allerdings die Wirkung.[302]

Ein Besitzer in Frankreich kann hinsichtlich einer im Ausland gekauften Sache und eines daraufhin geltend gemachten Herausforderungsanspruchs des ausländischen Klägers diesem die Wohltat von art. 2279 C. civ. entgegenhalten. Dieses Recht entspringt laut französischer Judikatur Ende der 60-er Jahre dem allgemeinen Grundsatz, wonach Verfahren bezüglich eines Rechtserwerbs dem Recht jenes Ortes unterliegen, wo diese Verfahren anhängig gemacht werden. Diese spezielle Betrachtung setzt aber voraus, daß der Besitz, wie er unter art. 2279 C. civ. gefordert wird, als ein einem Rechtserwerb äquivalenter Vorgang angesehen und als solcher subsumiert wird, was allerdings theoretisch nicht ganz unanfechtbar ist.[303] Für Österreich ist mit dem Bundesgesetz über das internationale Privatrecht (IPRG)[304] und mit § 31 IPRG im besonderen eindeutig klargestellt, daß die Inhalte dinglicher Rechte an körperlichen Sachen nach dem Recht jenes Staates zu beurteilen sind, in dem sich die Sachen befinden.[305]

---

301 art. 1383 C. civ.: Chacun est responsable du dommage qu'il a causé non seulement par son fait, mais encore par sa négligence ou par son imprudence.

302 vgl. v.a. Civ. 1re, 11 février 1931, D. 1931. 129, note Savatier

Aubry – Rau, Droit civil français^{7}, Tome II (1961) p. 162 et s.; ***Weill – Terré – Simler,*** Droit civil, Les biens^{3} (1985) p. 373

303 Civ. 1re, 12 janvier 1966, Rev. trim. dr. civ., 1968, p. 172

304 Bundesgesetz vom 15. Juni 1978 (BGBl. Nr. 304/1978) über das internationale Privatrecht (IPR-Gesetz)

305 § 31 (1) IPRG: Der Erwerb und der Verlust dinglicher Rechte an körperlichen Sachen einschließlich des Besitzes sind nach dem Recht des Staates zu beurteilen, in dem sich die Sachen bei Vollendung des dem Erwerb oder Verlust zugrunde liegenden Sachverhalt befinden.

§ 31 (2) IPRG: Die rechtliche Gattung der Sachen und der Inhalt der im Abs. 1 genannten Rechte sind nach dem Recht des Staates zu beurteilen, in dem sich die Sachen befinden.

8.7. DER UNTERGANG DES EIGENTUMSRECHTS

Das Eigentumsrecht kann nicht untergehen. Es besteht solange, als die Sache, auf der es beruht, selbst existiert. Das Eigentumsrecht überlebt das physikalische Verschwinden der Sache also nicht.[306] Das Recht geht prinzipiell auch nicht durch bloßen Nichtgebrauch unter, es steht dem Eigentümer als Berechtigten zu, sich seiner Sache nicht zu bedienen. Außer für das Eigentum bedeutet der Nichtgebrauch einer Sache den Untergang des darauf beruhenden Rechts - also dessen Verjährung - nach 30 Jahren.[307] Nur das Eigentumsrecht ist nicht der Verjährung zugänglich, allerdings kann jemand, der sich des Besitzes einer Sache über eine gewisse Zeit bemächtigt, Ersitzung geltend machen und so Eigentum erwerben.[308] Dabei ist keineswegs der Nichtgebrauch der Sache durch den ursprünglichen Eigentümer der Grund für das Erlöschen des Rechts, sondern der qualifizierte Besitz der Sache durch einen anderen. Der qualifizierte Besitz erlaubt so, Eigentum mittels Ersitzung zu erwerben.[309] Nur im Falle der Ersitzung verliert der Erstberechtigte sein Recht, das Eigentumsrecht als solches besteht aber weiter, bloß der Berechtigte (Titelträger) ändert sich, genau wie bei einem Kaufgeschäft oder beim Ableben des Eigentümers auch.[310] Das Eigentumsrecht bleibt - jedenfalls theoretisch - auch in diesem Fall zeitlich unbegrenzt (*perpétuelle*).[311]

Das Eigentum an einer tatsächlich unbrauchbaren Sache ist etwa vergleichbar mit einem Körper ohne Seele. In aller Regel wird sich daher der Eigentümer dieser Sache entledigen. Die tatsächliche Aufgabe (*l'abandon*) einer beweglichen Sache macht aus dieser Sache rechtlich gesehen eine *res nullius*. Dabei behält der Eigentümer allerdings auch noch nach Aufgabe

---

306 ***Catala,*** Exposé de synthèse, dans: L'évolution contemporaine du droit des biens, Troisièmes Journées Renée Savatier, Poitiers, 4 et 5 octobre 1990 (1991) p. 186

307 vgl. art. 2262 C. civ.: ... toutes les actions, tant réelles que personnelles, sont prescrites par trente ans.

Atias, Droit civil, Les biens^2 (1991) p. 63; ***Bergel,*** Le droit des biens^2 (1990) p. 110 et s., 115; ***Ripert – Boulanger,*** Traité de droit civil d'après le traité de Planiol, Tome II (1957) p. 984

308 ***Bergel,*** Le droit des biens^2 (1990) p. 110 et s.; ***Cornu,*** Droit civil, Introduction-Les personnes-Les biens^2 (1985) p. 433; ***Ferid – Sonnenberger,*** Das französische Zivilrecht, Band 2^2, (1986) 580; ***Muller,*** dans: Rev. trim. dr. civ., 1989, p. 697

309 ***Bergel,*** Le droit des biens^2 (1990) p. 34; ***Cornu,*** Droit civil, Introduction-Les personnes-Les biens^2 (1985) p. 433: *Possessio ad usucapionem.*; ***Jansse,*** La propriété, Le régime des biens dans les civilisations occidentales (1958) p. 17; ***Larroumet,*** Droit civil^2, Tome II (1988) p. 123 et s.

310 ***Bergel,*** Le droit des biens^2 (1990) p. 110 et s.: *Rien ne se perd, rien ne se crée, tout se transforme.*

311 ***Muller,*** dans: Rev. trim. dr. civ., 1989, p. 697

der Sache das Recht, die Sache wieder in sein Vermögen aufzunehmen, jedenfalls solange, als sich die Sache noch niemand - durch Okkupation - angeeignet hat.[312]

[312] ***Bergel,*** Le droit des biens[2] (1990) p. 113; ***Catala,*** Exposé de synthèse, dans: L'évolution contemporaine du droit des biens, Troisièmes Journées Renée Savatier, Poitiers, 4 et 5 octobre 1990 (1991) p. 186; ***Larroumet,*** Droit civil[2], Tome II (1988) p. 153; ***Toullier,*** Le droit civil français suivant l'ordre du Code[5], Tome 3 (1839) p. 46

[23]Da sagte Jesus zu seinen Jüngern: "Wahrlich, ich sage euch: Ein Reicher wird schwer eingehen ins Himmelreich. [24]Abermals sage ich euch: Es ist leichter, daß ein Kamel durch ein Nadelöhr geht als ein Reicher in das Himmelreich." [25]Als die Jünger dies hörten, waren sie sehr betroffen und sprachen: "Wer kann dann gerettet werden?" [26]Jesus blickte sie an und sagte: "Bei Menschen ist das unmöglich, bei Gott aber ist alles möglich."

Mt 19, 23-26

9. ARTICLE 2279 CODE CIVIL

9.1. DIE GESCHICHTLICHE ENTWICKLUNG

Die juristischen Wurzeln von art. 2279 al. 1er C. civ. *En fait de meubles, la possession vaut titre* sind nicht unmittelbar im römischen Recht zu finden. Die Römer haben das Prinzip *Nemo plus iuris ad alium transferre potest quam ipse habet* strikt beachtet. Der Eigentümer konnte die bewegliche oder unbewegliche Sache auch von einem gutgläubigen Besitzer herausverlangen. Nur die Ersitzung - wenn auch mit stark verkürzten Fristen für bewegliche Sachen (1 Jahr während der klassischen Epoche und 3 Jahre unter Justinian) - konnte zum Eigentumserwerb vom Nichteigentümer führen.[1] Sollte die Sache aber gestohlen oder verloren worden sein, so wurde die Ersitzung wegen dieser Mängel unmöglich. Wegen der extensiven Definition des Diebstahls (*sustractio fraudulosa*) in Rom konnte allerdings auch der Vertrauensmißbrauch darunter subsumiert werden.[2]

---

[1] ***Bugnet,*** Oeuvres de Pothier, Tome 9 (1861) p. 386; ***Carbonnier,*** Droit civil[13], Tome 3, Les Biens (1990) p. 368; ***Colin – Capitant,*** Traité de droit civil, Tome 1 (1953) p. 1071; ***Foignet,*** Manuel élémentaire de droit civil, Tome I, dix-huitième édition par Émile Dupont (1943) p. 589; ***Larroumet,*** Droit civil[2], Tome II (1988) p. 593; ***Malaurie – Aynès,*** Cours de droit civil, Les biens - La publicité foncière (1992) p. 158; ***Ortlieb,*** De la collatio en droit romain / Des effets de la possession des meubles dans le droit français, ancien et moderne, Thèse (1871) p. 57 et s.; ***Ourliac – Gazzaniga,*** Histoire du droit privé français de l'An mil au Code civil (1985) p. 240; ***Terré – Simler,*** Droit civil, Les biens[4] (1992) p. 263; ***Toutain,*** Droit romain - De l'interdit utrubi / Droit français - De la possession des meubles, Thèse (1888) p. 209; ***Zenati,*** Les biens (1988) p. 207

[2] ***Bufnoir,*** Propriété et contrat (1900) p. 346; ***Colin – Capitant,*** Traité de droit civil, Tome 1 (1953) p. 1071; ***Ortlieb,*** De la collatio en droit romain / Des effets de la possession des meubles dans le droit français, ancien et moderne, Thèse (1871) p. 59 et s.; ***Ourliac – de Malafosse,*** Histoire du droit privé, Tome II, Les biens (1961) p. 341;

Das römische Recht opferte also - anders als es art. 2279 C. civ. feierlich proklamiert - die Interessen des Besitzers und die Belange des Handels dem Respekt vor dem Eigentumsrecht.[3]

Die Formel *Meubles n'ont pas de suite* (*Mobilia non habet sequelam*) ist im französischen Mobilienrecht fest verankert. Germanischen Ursprungs wurde sie in das Gewohnheitsrecht des 13. Jahrhunderts übernommen und bedeutete in ihrer Hochblüte nur, daß es für den Eigentümer keinen Klagsanspruch auf Herausgabe einer beweglichen Sache gab.[4] Manchen erscheint in diesem Zusammenhang erwähnenswert, daß dieser Grundsatz etwa ab dem 15. Jahrhundert richtigerweise durch die Wendung *par hypothèque* gedanklich zu ergänzen gewesen wäre, da nur im Falle einer Hypothek auf das Gesamtvermögen des Schuldners kein Anspruch auf Rechtsverfolgung im Mobilienbereich bestand. Diese Art der Hypothek verschwand aber wegen mangelnder Effizienz sehr rasch wieder.[5] Schon am Ende des Mittelalters und zu Beginn der Neuzeit wurde auch in Frankreich der Einfluß des römischen Rechts wieder stärker. Die römischen Regeln, wonach der Eigentümer den Herausgabeanspruch gegenüber jeder-

---

Raynaud, De l'usucapion des meubles en droit romain et de la règle "En fait de meubles possession vaut titre" en droit français, Thèse (1873) p. 229: *Furtum est contrectatio rei fraudulosa lucri faciendi gratia.*; ***Terré – Simler,*** Droit civil, Les biens[4] (1992) p. 263 et s.

[3] ***Beudant,*** Cours de droit civil[2], Tome IV (1938) p. 803 et s.; ***Colin – Capitant,*** Traité de droit civil, Tome 1 (1953) p. 1071; ***Toutain,*** Droit romain - De l'interdit utrubi / Droit français - De la possession des meubles, Thèse (1888) p. 194

[4] ***Beudant,*** Cours de droit civil[2], Tome IV (1938) p. 804; ***Foignet,*** Manuel élémentaire de droit civil, Tome I, dix-huitième édition par Émile Dupont (1943) p. 589; ***Larroumet,*** Droit civil[2], Tome II (1988) p. 593 et s.; ***Malaurie – Aynès,*** Cours de droit civil, Les biens - La publicité foncière (1992) p. 159; ***Ortscheidt,*** La possession en droit civil français et allemand, Thèse (1977) p. 427; ***Ourliac – de Malafosse,*** Histoire du droit privé, Tome II, Les biens (1961) p. 342 et s.; ***Patault,*** Introduction historique au droit des biens (1989) p. 294; ***Planiol,*** Traité élémentaire de droit civil[6], Tome I (1911) p. 762 et s.; ***Renaud,*** dans: Rev. lég., 1845. 1. 371; ***Saunier,*** De l'application de l'article 2279 dans les rapports entre auteur et ayant cause, Thèse (1907) p. 9

[5] ***Abdel-Baki,*** Du rôle de la possession en matière mobilière, Thèse (1943) p. 76 et s.; ***Beudant,*** Cours de droit civil[2], Tome IV (1938) p. 804; ***Foignet,*** Manuel élémentaire de droit civil, Tome I, dix-huitième édition par Émile Dupont (1943) p. 589; ***Larroumet,*** Droit civil[2], Tome II (1988) p. 594; ***Lepointe,*** Droit romain et ancien droit français, Droit des biens, Thèse (1958) p. 275; ***Malaurie – Aynès,*** Cours de droit civil, Les biens - La publicité foncière (1992) p. 159; ***Patault,*** Introduction historique au droit des biens (1989) p. 294; ***Planiol,*** Traité élémentaire de droit civil[6], Tome I (1911) p. 763; ***Planiol – Ripert,*** Traité pratique de droit civil français[2], Tome III (1952) p. 365; ***Raynaud,*** De l'usucapion des meubles en droit romain et de la règle "En fait de meubles possession vaut titre" en droit français, Thèse (1873) p. 114, 124 et s.

mann bis zur Ersitzung der Sache behielt, wurden daher in das alte französische Recht übernommen. Ihren positivrechtlichen Niederschlag fanden sie dann im 16. und 17. Jahrhundert endgültig in den Werken *Grand Coutumier* und *Somme Rurale.* Die Fristenläufe für die Ersitzung waren regional bedingt unterschiedlich, von der vollen Anwendung des Herausgabeanspruchs bis zur Ersitzung waren bewegliche und unbewegliche Sachen allerdings gleichermaßen betroffen.[6] Mit der Akzeptanz der diesbezüglichen römischen Regeln verbunden war auch die Übernahme der extensiven Auslegung des Diebstahls einschließlich des Vertrauensmißbrauchs.[7]

Eine erste Änderung der rezipierten römischen Rechtsgrundsätze ist später darin zu sehen, daß der Kläger beim Herausgabeanspruch hinsichtlich beweglicher Sachen seinen Eigentumstitel darlegen mußte, und es nicht mehr genügte, den Beweis darauf zu beschränken, den Besitz ohne sein Zutun verloren zu haben.[8] Den zwingend folgenden Fragen zur Dauer und zu den Bedingungen der Ersitzung sowie zur Behandlung gestohlener und verlorener Sachen folgte eine weitere rechtliche Änderung dahingehend, daß ein gutgläubiger Besitzer, der eine Sache auf einem Markt - im übrigen dem einzigen Handelsplatz im Mittelalter - erworben hatte, bei Herausgabe der Sache einen Entschädigungsanspruch in Höhe des von ihm bezahlten Preises eingeräumt erhielt. Erst ab dem 16. Jahrhundert entwickelten sich Handelsgeschäfte auch außerhalb von Märkten. Die Gewohnheitsregeln forderten dann auch in diesem Bereich die Zulassung des Herausgabeanspruchs des Eigentümers nur unter Abgeltung des vom gutgläubigen Besitzer geleisteten Kaufpreises.[9]

---

[6] ***Abdel-Baki,*** Du rôle de la possession en matière mobilière, Thèse (1943) p. 70 et s.; ***Colin – Capitant,*** Traité de droit civil, Tome 1 (1953) p. 1071 et s.; ***Foignet,*** Manuel élémentaire de droit civil, Tome I, dix-huitième édition par Émile Dupont (1943) p. 589; ***Muller,*** dans: Rev. trim. dr. civ., 1989, p. 697; ***Patault,*** Introduction historique au droit des biens (1989) p. 294; ***Planiol,*** Traité élémentaire de droit civil[6], Tome I (1911) p. 763; ***Planiol – Ripert,*** Traité pratique de droit civil français[2], Tome III (1952) p. 364; ***Raynaud,*** De l'usucapion des meubles en droit romain et de la règle "En fait de meubles possession vaut titre" en droit français, Thèse (1873) p. 121 et s.; ***Toutain,*** Droit romain - De l'interdit utrubi / Droit français - De la possession des meubles, Thèse (1888) p. 137 et s., 209; ***Zenati,*** Les biens (1988) p. 207

[7] ***Abdel-Baki,*** Du rôle de la possession en matière mobilière, Thèse (1943) p. 75; ***Patault,*** Introduction historique au droit des biens (1989) p. 294; ***Raynaud,*** De l'usucapion des meubles en droit romain et de la règle "En fait de meubles possession vaut titre" en droit français, Thèse (1873) p. 96 et s.

[8] ***Terré – Simler,*** Droit civil, Les biens[4] (1992) p. 264; ***Toutain,*** Droit romain - De l'interdit utrubi / Droit français - De la possession des meubles, Thèse (1888) p. 139

[9] ***Bouillard,*** De la preuve de la propriété mobilière, Thèse (1900) p. 39; ***Colin – Capitant,*** Traité de droit civil, Tome 1 (1953) p. 1072; ***Mazeaud,*** Leçons de droit civil[7],

Der nächste Schritt in der Entwicklung des französischen Mobilienrechts ist bereits die in art. 2279 C. civ. festgehaltene Maxime, die nach herrschender Auffassung direkt weder auf römische noch auf germanische Ursprünge zurückzuführen ist.[10] Sie hat außerdem den Grundsatz *Meubles n'ont pas de suite* nicht unmittelbar abgelöst,[11] selbst wenn die Ergebnisse natürlich ident sind. Der besitzlose Eigentümer hat nämlich in beiden Fällen keinen Herausgabeanspruch gegenüber einem dritten Erwerber.[12] In dem einen Fall schon allein begrifflich nicht möglich - das allgemeine Versagen einer rechtlichen Verfolgung einer beweglichen Sache schließt selbstredend jenes eines Herausgabeverlangens mit ein -, ist im anderen Fall dieser dingliche Anspruch indirekt deswegen im Prinzip erfolglos, weil durch die Maxime *En fait de meubles possession vaut titre* in aller Regel Eigentum erworben wird. Ergänzend ist hier noch zu sagen, daß dem besitzlosen Eigentümer natürlich noch der Weg einer persönlichen Klage

---

Tome II, 2e vol., Biens: Droit de propriété et ses démembrements (1989) p. 269; ***Muller,*** dans: Rev. trim. dr. civ., 1989, p. 697; ***Ourliac – de Malafosse,*** Histoire du droit privé, Tome II, Les biens (1961) p. 343 et s.; ***Patault,*** Introduction historique au droit des biens (1989) p. 295; ***Planiol,*** Traité élémentaire de droit civil[6], Tome I (1911) p. 770; ***Planiol – Ripert,*** Traité pratique de droit civil français[2], Tome III (1952) p. 365; ***Ripert – Boulanger,*** Traité de droit civil d'après le traité de Planiol, Tome II (1957) p. 988; ***Toutain,*** Droit romain - De l'interdit utrubi / Droit français - De la possession des meubles, Thèse (1888) p. 135, 143

[10] aA***Foignet,*** Manuel élémentaire de droit civil, Tome I, dix-huitième édition par Émile Dupont (1943) p. 589; aA***Ortlieb,*** De la collatio en droit romain / Des effets de la possession des meubles dans le droit français, ancien et moderne, Thèse (1871) p. 118 et s.; aA***Renaud,*** dans: Rev. lég., 1845. 1. 371

Die Autoren meinen, daß die aktuelle französische Regelung ihre Wurzeln sehr wohl im germanischen Recht hat, wo jemand, der eine Sache freiwillig hergegeben hat (etwa im Falle eines Verwahrungsverhältnisses), dem Dritten gegenüber keinen dinglichen Herausgabeanspruch hatte. Er hatte nur einen obligatorischen Anpruch gegenüber dem Treulosen: "Wo man seinen Glauben gelassen hat, da muß man ihn wieder suchen."

[11] ***Abdel-Baki,*** Du rôle de la possession en matière mobilière, Thèse (1943) p. 95: Die Maxime in art. 2279 C. civ. hatte den Grundsatz *Meubles n'ont pas de suite* (ergänzt um *par hypothèque*) allerdings zum Vorbild.; ***Toutain,*** Droit romain - De l'interdit utrubi / Droit français - De la possession des meubles, Thèse (1888) p. 136

[12] ***Abdel-Baki,*** Du rôle de la possession en matière mobilière, Thèse (1943) p. 105; ***Beudant,*** Cours de droit civil[2], Tome IV (1938) p. 804 et s.; ***Larombière,*** Théorie et pratique des obliga-tions, Tome 2 (1857) p. 431; ***Ortlieb,*** De la collatio en droit romain / Des effets de la possession des meubles dans le droit français, ancien et moderne, Thèse (1871) p. 118 et s.; ***Ortscheidt,*** La possession en droit civil français et allemand, Thèse (1977) p. 427

gegenüber seiner allfällig treulosen Vertrauensperson (also etwa dem Verwahrer) offensteht.[13]

Die Basis für art. 2279 C. civ. liegt einerseits in der Natur der beweglichen Sachen - bereits gewürdigt durch die Rechtsprechung des *Châtelet de Paris* aus dem 18. Jahrhundert mit der legendären Formel *En fait de meubles possession vaut titre* unter Bezugnahme auf einen Autor namens *Bourjon*, der sie 1747 erstmals ausdrücklich erwähnte[14] - und andererseits in der von den Redakteuren des Code civil aus 1804 dokumentierten geringen Wertschätzung dieser Güter.[15] Die damalige Ansicht der Redakteure kann so falsch nicht gewesen sein, denn der Inhalt von art. 2279 iVm 2280 C. civ. wurde - zumindest teilweise - von einigen europäischen Rechtsordnungen rezipiert. Hier seien nur - wenn auch nicht ganz so radikal in der Umsetzung - die Schweiz und Deutschland genannt, während etwa die romanischen Länder Spanien und Portugal die römischen Grundsätze in Abweichung der französischen übernommen haben.[16]

---

[13] ***Abdel-Baki,*** Du rôle de la possession en matière mobilière, Thèse (1943) p. 106 et s.; ***Saunier,*** De l'application de l'article 2279 dans les rapports entre auteur et ayant cause, Thèse (1907) p. 12

[14] ***Ortscheidt,*** La possession en droit civil français et allemand, Thèse (1977) p. 428; aA***Planiol,*** Traité élémentaire de droit civil[6], Tome I (1911) p. 766: Der Autor verwehrt sich gegen die Verehrung von *Bourjon* durch viele seiner Kollegen. Dieser sei nämlich keinesfalls für diese Formel bestimmend gewesen.

[15] ***Abdel-Baki,*** Du rôle de la possession en matière mobilière, Thèse (1943) p. 107 et s., 110; ***Adam,*** De l'influence de la maxime "Res mobilis, res vilis" sur le Code civil, Thèse (1901) p. 190; ***Carbonnier,*** Droit civil[13], Tome 3, Les Biens (1990) p. 86; ***Colin – Capitant,*** Traité de droit civil, Tome 1 (1953) p. 1072; ***Cornu,*** Droit civil, Introduction-Les personnes-Les biens[2] (1985) p. 624 et s.; ***Foignet,*** Manuel élémentaire de droit civil, Tome I, dix-huitième édition par Émile Dupont (1943) p. 590; ***Malaurie – Aynès,*** Cours de droit civil, Les biens - La publicité foncière (1992) p. 159; ***Nguyen,*** Droit civil, Les biens (1992) p. 41; ***Ourliac – de Malafosse,*** Histoire du droit privé, Tome II, Les biens (1961) p. 346 et s.; ***Raynaud,*** De l'usucapion des meubles en droit romain et de la règle "En fait de meubles possession vaut titre" en droit français, Thèse (1873) p. 138 et s., 158; ***Renaud,*** dans: Rev. lég., 1845. 1. 371; ***Saint Germès,*** De l'influence de la valeur des meubles sur le Code civil français, les lois qui l'ont complété et la jurisprudence, Thèse (1926) p. VII; ***Saunier,*** De l'application de l'article 2279 dans les rapports entre auteur et ayant cause, Thèse (1907) p. 8 et s.; ***Terré – Simler,*** Droit civil, Les biens[4] (1992) p. 264; ***Toutain,*** Droit romain - De l'interdit utrubi / Droit français - De la possession des meubles, Thèse (1888) p. 115, 206: Der Gesetzgeber war nicht allein vom Grundsatz *Res mobilis res vilis* beeinflußt.

[16] ***Carbonnier,*** Droit civil[13], Tome 3, Les Biens (1990) p. 371: Spanien und Portugal lassen der römischen Tradition folgend die Klage auf Herausgabe der beweglichen Sache auch ohne die Tatbestände Verlust oder Diebstahl innerhalb von drei Jahren zu.; ***Colin – Capitant,*** Traité de droit civil, Tome 1 (1953) p. 1072; ***Toutain,*** Droit romain - De l'interdit utrubi / Droit français - De la possession des meubles, Thèse (1888) p. 204: Der Autor geht in seiner Dissertation fälschlicherweise davon aus, daß nahezu alle

Die Entwicklung der Maxime in art. 2279 C. civ. ist untrennbar mit dem Namen *Bourjon* verbunden, der sie als ständige Rechtsprechung des *Châtelet de Paris* in seinem Buch *Le droit commun de la France et la Coutume de Paris* als erster Autor zitiert. Sein wörtliches Zitat unterscheidet sich nur geringfügig von der schließlich in art. 2279 C. civ. verwirklichten Textierung: *En matière de meubles, la possession vaut titre de propriété* im Vergleich zu *En fait de meubles, la possession vaut titre.* Die Sicherheit und die Verläßlichkeit des Handels würden diese Formel rechtfertigen, ja sogar fordern. Der Besitz sei ideal um als Anknüpfungspunkt bei beweglichen Sachen zu dienen, da zumeist das Eigentum doch mit dem Besitz zusammenfalle. Nach *Bourjon* gibt es - von einigen Ausnahmen abgesehen - keine rechtliche Verfolgung im Mobilienrecht. Bereits der einfache Besitz erzeuge die volle Wirkung eines perfekten Titels, für eine Ersitzung sei deswegen kein Platz.[17] Unter Bezugnahme auf die von *Bourjon* verlangte Sicherheit des Handels läßt sich wohl ableiten, daß bereits damals die Gutgläubigkeit des Besitzers gefordert wurde. Das Eigentumsrecht sollte offenbar nur dort dem Besitz quasi "geopfert" werden, wo der Handel und das öffentliche Interesse es unbedingt erforderlich machten.[18]

Zusammenfassend läßt sich für *Bourjon* daher sagen, daß dem Eigentümer die Klage auf Herausgabe der beweglichen Sache in der Regel nicht gewährt wurde. Dabei gilt der Besitz als Eigentumstitel, der Besitzer einer beweglichen körperlichen Sache wird so lange als Eigentümer angesehen, bis der Nachweis des Gegenteiles durch Vorlage eines konkreten - nicht abstrakten - Beweises erbracht wird. Das ist auch das in art. 2279 C. civ.

---

modernen Rechtssysteme (außer das bolivianische Zivilrecht und jenes des nordamerikanischen Bundesstaates Louisiana) über Bestimmungen verfügen, die jenen des Code civil (art. 2279 bzw. 2280 C. civ.) entsprechen. Was ist mit Österreich?

[17] ***Abdel-Baki,*** Du rôle de la possession en matière mobilière, Thèse (1943) p. 93; ***Baudry-Lacantinerie – Tissier,*** Traité théorique et pratique de droit civil[3] (1905) p. 650 et s.; ***Beudant,*** Cours de droit civil[2], Tome IV (1938) p. 805 et s.; ***Bouillard,*** De la preuve de la propriété mobilière, Thèse (1900) p. 39, 41 et s.; ***Fournier,*** De la possession des meubles en droit romain et de la règle "En fait de meubles possession vaut titre" en droit français, Thèse (1876) p. 211; ***Larroumet,*** Droit civil[2], Tome II (1988) p. 595; ***Ledieu,*** De la règle en fait de meubles possession vaut titre, Thèse (1897) p. 39 et s.; ***Lepointe,*** Droit romain et ancien droit français, Droit des biens, Thèse (1958) p. 276; ***Saunier,*** De l'application de l'article 2279 dans les rapports entre auteur et ayant cause, Thèse (1907) p. 8; ***Tournesac,*** Application pratique de la maxime "En fait de meubles possession vaut titre", Thèse (1913) p. 38 et s.

[18] ***Abdel-Baki,*** Du rôle de la possession en matière mobilière, Thèse (1943) p. 96 et s.; ***Ourliac – Gazzaniga,*** Histoire du droit privé français de l'An mil au Code civil (1985) p. 240; ***Raynaud,*** De l'usucapion des meubles en droit romain et de la règle "En fait de meubles possession vaut titre" en droit français, Thèse (1873) p. 141 et s., 230

verwirklichte Prinzip.[19] *Bourjon* läßt Ausnahmen von diesem Prinzip nur in speziellen Fällen zu. Der wichtigste Fall ist der Diebstahl im engeren Sinn, der begrifflich sauber vom Vertrauensmißbrauch unterschieden wird. Bei gestohlenen beweglichen Sachen läßt *Bourjon* nämlich den Herausgabeanspruch des Eigentümers auch gegen einen gutgläubigen Erwerber zu. Wurde die gestohlene Sache auf einem Markt gekauft oder bei einem mit ähnlichen Gütern handelnden Geschäftsmann erworben, dann ist mit der Herausgabe der Sache die Schadloshaltung des Erwerbers zwingend verbunden.[20]

Bourjon war aber nicht der einzige, der die Diskussion um die rechtliche Behandlung beweglicher Sachen federführend beeinflußte. Der zweite, im allgemeinen wahrscheinlich sogar der bekanntere Autor, war *Pothier*.[21] In seinen Ansichten war er nicht immer konsequent, einmal näherte er sich den Ansichten der Rechtsprechung des *Châtelet de Paris* und damit der Meinung von *Bourjon* an, ein anderes Mal wieder entwickelte er Thesen, die eine Symbiose aus römischen und gewohnheitsrechtlichen Prinzipien darstellten. Da die letztgenannten tatsächlich Aufnahme in seine späteren Werke gefunden haben, ist davon auszugehen, daß diese Ansichten auch seinen abschließenden Theorien entsprechen.[22]

---

[19] ***Bouillard,*** De la preuve de la propriété mobilière, Thèse (1900) p. 39; ***Ledieu,*** De la règle en fait de meubles possession vaut titre, Thèse (1897) p. 40 et s.; ***Patault,*** Introduction historique au droit des biens (1989) p. 297; ***Raynaud,*** De l'usucapion des meubles en droit romain et de la règle "En fait de meubles possession vaut titre" en droit français, Thèse (1873) p. 139 et s.; ***Renaud,*** dans: Rev. lég., 1845. 1. 371: Die Maxime in art. 2279 C. civ. drückt nur in einer positiven Art das aus, was das germanische Recht negativ formuliert, nämlich daß es bei beweglichen Sachen prinzipiell keinen Herausgabeanspruch gibt.; ***Toutain,*** Droit romain - De l'interdit utrubi / Droit français - De la possession des meubles, Thèse (1888) p. 188 et s.

[20] ***Abdel-Baki,*** Du rôle de la possession en matière mobilière, Thèse (1943) p. 95, 99 et s.; ***Bouillard,*** De la preuve de la propriété mobilière, Thèse (1900) p. 39 et s.; ***Lepointe,*** Droit romain et ancien droit français, Droit des biens, Thèse (1958) p. 277; ***Ortlieb,*** De la collatio en droit romain / Des effets de la possession des meubles dans le droit français, ancien et moderne, Thèse (1871) p. 160; ***Ourliac – de Malafosse,*** Histoire du droit privé, Tome II, Les biens (1961) p. 348; ***Raynaud,*** De l'usucapion des meubles en droit romain et de la règle "En fait de meubles possession vaut titre" en droit français, Thèse (1873) p. 145

[21] ***Baudry-Lacantinerie – Tissier,*** Traité théorique et pratique de droit civil[3] (1905) p. 647 et s.; ***Ledieu,*** De la règle en fait de meubles possession vaut titre, Thèse (1897) p. 38: Die Gesetzgeber des Code civil waren sonst in vielen Belangen den Meinungen von *Pothier* gefolgt. Ein Abgehen von dieser Tradition in einer so wichtigen Frage mag überraschen.; ***Ourliac – de Malafosse,*** Histoire du droit privé, Tome II, Les biens (1961) p. 347

[22] ***Toutain,*** Droit romain - De l'interdit utrubi / Droit français - De la possession des meubles, Thèse (1888) p. 173

Pothier hat die Klage auf Herausgabe der beweglichen Sache ebenso wie bei unbeweglichen zugelassen. Diese Klage konnte gegen jeden Besitzer - ohne irgendeine Unterscheidung oder Abstufung vorzunehmen - eingebracht werden, der die Voraussetzungen für eine Ersitzung noch nicht erfüllt hatte. Die 3-jährige statt der 30-jährigen Ersitzungsfrist wurde nur dann als ausreichend anerkannt, wenn der Besitz gutgläubig war und auf einem gültigen Titel beruhte.[23] Für *Pothier* hatte der Besitz nur die rechtliche Wohltat, daß ein gültiger Titel - nicht allerdings Eigentum - vermutet wurde, bis das Gegenteil (etwa Prekarium) bewiesen wurde. Die Vermutung ist dabei eine einfache und widerlegbare (*iuris tantum*).[24] Für den Erwerb des Eigentums war die Ersitzung unbedingt notwendig, die neben dem gültigen Titel noch die Gutgläubigkeit und das Verstreichen einer 3-Jahresfrist erforderte. Daher hätte die Maxime bei *Pothier* - anders als in art. 2279 C. civ. schließlich positivrechtlich normiert - wie folgt lauten müssen: *Possession vaut présomption d'un juste titre.* Im Gegensatz zu *Bourjon* umfaßte bei *Pothier* der Begriff Diebstahl allerdings auch den Vertrauensmißbrauch, wodurch sich die beiden Theorien noch in einem weiteren Punkt unterschieden.[25]

Schließlich tut sich ein Mann als Mitglied der eingesetzten vierköpfigen Kommission bei den redaktionellen Vorbereitungsarbeiten zur Frage des Eigentumsüberganges bei beweglichen Sachen durch Besitz besonders hervor: *Bigot-Préameneu.* In einem Fragment hinterläßt er uns einige seiner Motive für die Textierung der berühmten Formel:

---

[23] ***Abdel-Baki,*** Du rôle de la possession en matière mobilière, Thèse (1943) p. 92; ***Baudry-Lacantinerie – Tissier,*** Traité théorique et pratique de droit civil[3] (1905) p. 647 et s.; ***Bouillard,*** De la preuve de la propriété mobilière, Thèse (1900) p. 36 et s.; ***Bugnet,*** Oeuvres de Pothier, Tome 9 (1861) p. 386 et s.; ***Ourliac – Gazzaniga,*** Histoire du droit privé français de l'An mil au Code civil (1985) p. 240; ***Ourliac – de Malafosse,*** Histoire du droit privé, Tome II, Les biens (1961) p. 347; ***Terré – Simler,*** Droit civil, Les biens[4] (1992) p. 264; ***Toutain,*** Droit romain - De l'interdit utrubi / Droit français - De la possession des meubles, Thèse (1888) p. 174 et s.

[24] ***Abdel-Baki,*** Du rôle de la possession en matière mobilière, Thèse (1943) p. 92; ***Lepointe,*** Droit romain et ancien droit français, Droit des biens, Thèse (1958) p. 276; ***Ourliac – de Malafosse,*** Histoire du droit privé, Tome II, Les biens (1961) p. 347; ***Patault,*** Introduction historique au droit des biens (1989) p. 297; aA***Raynaud,*** De l'usucapion des meubles en droit romain et de la règle "En fait de meubles possession vaut titre" en droit français, Thèse (1873) p. 135 et s.: Der Autor versucht die Ansichten von *Pothier* im historischen Rückblick so zu interpretieren, daß die Vermutung auch das Eigentum als solches umfaßte.

[25] ***Bouillard,*** De la preuve de la propriété mobilière, Thèse (1900) p. 37 et s.; ***Raynaud,*** De l'usucapion des meubles en droit romain et de la règle "En fait de meubles possession vaut titre" en droit français, Thèse (1873) p. 230; ***Toutain,*** Droit romain - De l'interdit utrubi / Droit français - De la possession des meubles, Thèse (1888) p. 175

Dans le droit français on n'a point admis à l'égard des meubles une action possessoire distincte de celle sur la propriété. On y a même regardé le seul fait de la possession comme un titre: on n'en a pas ordinairement d'autres pour les choses mobilières. Il est d'ailleurs le plus souvent impossible d'en constater l'identité et de les suivre dans leur circulation de main en main. Il faut éviter des procédures qui seraient sans nombre, et qui le plus souvent excèderaient la valeur des objets de la contestation. Ces motifs ont dû faire maintenir la règle générale suivant laquelle en fait de meubles possession vaut titre. [26]

Die Theorie von *Bourjon* basierend auf der Jurisprudenz des *Châtelet de Paris* scheint durch die Aussagen von *Bigot-Préameneu* vollinhaltlich bestätigt zu sein, die zitierte Regel fand somit ohne weitere inhaltliche Diskussionen Eingang in den Code civil von 1804, auch wenn sie keine originäre Erfindung der Redakteure war. Seit *Bourjon* war die Maxime aber zumindest dem Inhalt nach bereits gelebte Praxis.[27] Haben sich die Gesetzgeber des Code civil in vielen und wesentlichen Belangen sonst den Meinungen von *Pothier* angeschlossen, so sind sie hier offenbar den Ansichten von *Bourjon* gefolgt. Die entgegen einer "Tradition" getroffene Entscheidung in einer so wichtigen Frage mag daher überraschen.[28]

9.2. DIE BEGRÜNDUNG

Die alles beherrschende Regel des art. 2279 C. civ. unterstützt die schnelle wirtschaftliche Zirkulierung beweglicher Sachen, da der schwie-

---

[26] ***Abdel-Baki,*** Du rôle de la possession en matière mobilière, Thèse (1943) p. 108; ***Laurent,*** Principes de droit civil français[3], Tome 16 (1878) p. 431 et s.: Das sind fast exakt die Worte, die auch als Rechtfertigung für die Ausgestaltung von art. 1141 C. civ. verwendet wurden.; ***Ledieu,*** De la règle en fait de meubles possession vaut titre, Thèse (1897) p. 39; ***Ortlieb,*** De la collatio en droit romain / Des effets de la possession des meubles dans le droit français, ancien et moderne, Thèse (1871) p. 115; ***Raynaud,*** De l'usucapion des meubles en droit romain et de la règle "En fait de meubles possession vaut titre" en droit français, Thèse (1873) p. 160; ***Saint Germès,*** De l'influence de la valeur des meubles sur le Code civil français, les lois qui l'ont complété et la jurisprudence, Thèse (1926) p. 139

[27] ***Abdel-Baki,*** Du rôle de la possession en matière mobilière, Thèse (1943) p. 108 et s.; ***Laurent,*** Principes de droit civil français[3], Tome 32 (1878) p. 552 et s.; ***Ledieu,*** De la règle en fait de meubles possession vaut titre, Thèse (1897) p. 40; ***Raynaud,*** De l'usucapion des meubles en droit romain et de la règle "En fait de meubles possession vaut titre" en droit français, Thèse (1873) p. 178; ***Saint Germès,*** De l'influence de la valeur des meubles sur le Code civil français, les lois qui l'ont complété et la jurisprudence, Thèse (1926) p. 139

[28] ***Ledieu,*** De la règle en fait de meubles possession vaut titre, Thèse (1897) p. 38

rige Beweis eines gültigen Eigentumsrechts bei diesen Sachen entfallen kann. Würde art. 2279 C. civ. dem gutgläubigen Besitzer nicht einen ausreichenden Schutz vor Klagen des wirklichen Eigentümers (*verus dominus*) bieten, dann würden wohl zwangsläufig die Schnelligkeit und Sicherheit des wirtschaftlichen Verkehrs darunter leiden, weil die Titel des Veräußerers sowie der rechtlichen Voreigentümer in einem aufwendigen Verfahren beizubringen wären.[29] In den meisten Fällen wäre es gar unmöglich, die Identität der beweglichen Sachen festzustellen und sie nach den verschiedenen nicht schriftlich festgehaltenen Übergaben von Hand zu Hand rechtlich effektiv zu verfolgen. Zahllose und teure, oft den Wert der Sachen weit übersteigende Prozesse müssen daher grundsätzlich vermieden werden.[30] Hier stehen also die Interessen des Eigentümers, die Sache nicht ohne Zustimmung aus seinem Machtbereich zu verlieren, und die Interessen des Handels, die fordern, daß sich derjenige, der glaubt mit dem Eigentümer zu verhandeln - selbst wenn sich später etwas anderes herausstellen sollte -, auf den gesetzlichen Schutz verlassen können muß, einander gegenüber. Bei einem solchen Interessenskonflikt können nur die Allgemeininteressen des Handels und der (Kredit-)Wirtschaft als Sieger gegenüber den Partikularinteressen einzelner Personen hervorgehen.[31]

Wie läßt sich art. 2279 C. civ., der das Eigentum an beweglichen Sachen vom bloßen Faktum des Besitzes abhängig macht, aber dann los-

---

[29] ***Abdel-Baki,*** Du rôle de la possession en matière mobilière, Thèse (1943) p. 4; ***Ardilouze,*** La mutation en douane dans ses rapports avec les divers systèmes de transmission de la propriété mobilière et immobilière, Thèse (1931) p. 109, 111; ***Atias,*** Droit civil, Les biens[2] (1991) p. 190; ***Carbonnier,*** Droit civil[13], Tome 3, Les Biens (1990) p. 359; ***Challaye,*** Histoire de la propriété[6] (1967) p. 82; ***Colin – Capitant,*** Traité de droit civil, Tome 1 (1953) p. 1070 et s.; ***Toutain,*** Droit romain - De l'interdit utrubi / Droit français - De la possession des meubles, Thèse (1888) p. 195, 206; ***Vouin,*** La bonne foi, Thèse (1939) p. 315

[30] ***Adam,*** De l'influence de la maxime "Res mobilis, res vilis" sur le Code civil, Thèse (1901) p. 190; ***Colin – Capitant,*** Traité de droit civil, Tome 1 (1953) p. 1070 et s.; ***Dupont Delestraint,*** Droit civil, Les biens[9] (1987) p. 64; ***Mazeaud,*** Leçons de droit civil[7], Tome II, 2e vol., Biens: Droit de propriété et ses démembrements (1989) p. 249; ***Muller,*** dans: Rev. trim. dr. civ., 1989, p. 697; ***Ortlieb,*** De la collatio en droit romain / Des effets de la possession des meubles dans le droit français, ancien et moderne, Thèse (1871) p. 116 et s.; ***Tournesac,*** Application pratique de la maxime "En fait de meubles possession vaut titre", Thèse (1913) p. 39; ***Toutain,*** Droit romain - De l'interdit utrubi / Droit français - De la possession des meubles, Thèse (1888) p. 195, 206

[31] ***Abdel-Baki,*** Du rôle de la possession en matière mobilière, Thèse (1943) p. 4; ***Laurent,*** Principes de droit civil français[3], Tome 32 (1878) p. 554; ***Malaurie – Aynès,*** Cours de droit civil, Les biens - La publicité foncière (1992) p. 158; ***Muller,*** dans: Rev. trim. dr. civ., 1989, p. 697; ***Ripert – Boulanger,*** Traité de droit civil d'après le traité de Planiol, Tome II (1957) p. 982; ***Tournesac,*** Application pratique de la maxime "En fait de meubles possession vaut titre", Thèse (1913) p. 38

gelöst von wirtschaftlichen Aspekten rechtstheoretisch begründen? Mehrere Lösungen sind möglich und vertretbar, die rechtlich relevanten Unterschiede der noch zu zeigenden Lösungsansätze sind tatsächlich nur von geringer praktischer Bedeutung, weil sich jedenfalls eine wesentliche Gemeinsamkeit eindeutig ableiten läßt: Alle führen zwingend zum absoluten Eigentum *erga omnes*.[32] Bei ganzheitlicher Betrachtung der Lösungsansätze und unter Berücksichtigung der geschichtlichen Evolution des Grundsatzes in art. 2279 C. civ. darf es außerdem nicht überraschen, daß diese für das französische Zivilrecht so bedeutende Bestimmung im letzten Teil des Code civil unter dem Kapitel *Prescription* ihren Platz gefunden hat. Zumindest im Inkraftsetzungszeitpunkt war dieses Kapitel das in der Textabfolge tatsächlich letzte Kapitel des Gesetzbuches aus 1804.[33]

Eine erste Theorie kommt dennoch zum Ergebnis, daß art. 2279 C. civ. schon aufgrund seiner Stellung im Code civil unter dem Abschnitt *De quelques prescriptions particulières* dem Besitzer einer beweglichen Sache die sofortige Ersitzung (*prescription instantanée*) gewährt und so zum unmittelbaren Eigentumserwerb führt. Auch eine sofortige Ersitzung sei denkmöglich, da mathematisch betrachtet bereits ein Moment im engeren Sinn als Zeitspanne anzusehen ist. Das Eigentum geht hier exakt im Moment des Besitzerwerbs über.[34] Für den Eigentümer stünde dann jedenfalls

---

[32] ***Colin – Capitant,*** Traité de droit civil, Tome 1 (1953) p. 1074; ***Ledieu,*** De la règle en fait de meubles possession vaut titre, Thèse (1897) p. 38; ***Tournesac,*** Application pratique de la maxime "En fait de meubles possession vaut titre", Thèse (1913) p. 154

[33] ***Abdel-Baki,*** Du rôle de la possession en matière mobilière, Thèse (1943) p. 121; ***Bouillard,*** De la preuve de la propriété mobilière, Thèse (1900) p. 45: Wegen der Ausnahmebestimmung im zweiten Absatz ist die Stellung des gesamten Textes leicht erklärbar.; ***Ortlieb,*** De la collatio en droit romain / Des effets de la possession des meubles dans le droit français, ancien et moderne, Thèse (1871) p. 120: Die Verfasser des Code civil haben sich generell an keine Methodik gehalten.; ***Toutain,*** Droit romain - De l'interdit utrubi / Droit français - De la possession des meubles, Thèse (1888) p. 194

[34] aA***Abdel-Baki,*** Du rôle de la possession en matière mobilière, Thèse (1943) p. 118 et s.; ***Acollas,*** Manuel de droit civil[2], Tome 3 (1874) p. 903; ***Bouillard,*** De la preuve de la propriété mobilière, Thèse (1900) p. 44 et s.; aA***Bufnoir,*** Propriété et contrat (1900) p. 353 et s.; ***Colin – Capitant,*** Traité de droit civil, Tome 1 (1953) p. 1073 et s.; aA***Cornu,*** Droit civil, Introduction-Les personnes-Les biens[2] (1985) p. 627; ***Féréol Rivière,*** dans: Rev. lég., 1851. 3. 310; aA***Foignet,*** Manuel élémentaire de droit civil, Tome I, dix-huitième édition par Émile Dupont (1943) p. 587; ***Ledieu,*** De la règle en fait de meubles possession vaut titre, Thèse (1897) p. 54 et s.; aA***Ortscheidt,*** La possession en droit civil français et allemand, Thèse (1977) p. 435 et s.; aA***Planiol – Ripert,*** Traité pratique de droit civil français[2], Tome III (1952) p. 386 et s.: Die Stellung im Code civil alleine reicht keinesfalls aus, um als Begründung für eine Theorie zu dienen.; ***Saint Germès,*** De l'influence de la valeur des meubles sur le Code civil français, les lois qui l'ont complété et la jurisprudence, Thèse (1926) p. 140; ***Saunier,*** De l'application de l'article 2279 dans les rapports entre auteur et ayant cause, Thèse (1907) p.

die Einbringung einer gerichtlichen Herausgabeklage außer in den Fällen des Diebstahls und des Verlusts nicht zur Disposition.[35] Die Theorie einer sofortigen Ersitzung (vertreten vor allem von *Demolombe*, *Marcadé*, und *Mourlon*) konnte sich weder in der Lehre noch in der Rechtsprechung richtig durchsetzen. Der Hauptgrund dafür ist wohl darin zu sehen, daß es nur eine extreme Interpretation des Zeitbegriffs erlaubt, das für eine Ersitzung notwendige Verstreichen einer gewissen Zeitspanne als im Moment des Besitzerwerbs selbst gelegen zu erkennen, wenn bereits die Legaldefinition in art. 2219 C. civ. über die Notwendigkeit eines Fristenlaufes Auskunft gibt. Dabei liegt der Widerspruch ganz klar im Begriffspaar *prescription* (Zeitverlauf vorausgesetzt) und *instantanée* (implizite Abwesenheit einer zeitlichen Dimension).[36]

Eine weitere historische Erklärung für die Ausgestaltung von art. 2279 C. civ. sehen einige - vor allem *Aubry*, *Planiol* und *Rau* - in einer nicht widerlegbaren gesetzlichen Eigentumsvermutung (*iuris et de iure*) zugunsten des Besitzers. Der Besitz gilt als Beweis des Eigentums (*la possession vaut preuve de la propriété*), das Motto lautet: *Je possède, donc je suis propriétaire.* Dafür bedarf es allerdings zwingend eines fehlerfreien Besitzes. Das Hauptargument für die Richtigkeit der Theorie einer nicht widerlegbaren Vermutung finden ihre Anhänger in einer weiteren Bestim-

---

27 et s.; aA***Tournesac,*** Application pratique de la maxime "En fait de meubles possession vaut titre", Thèse (1913) p. 75 et s., 139 et s.; aA***Toutain,*** Droit romain - De l'interdit utrubi / Droit français - De la possession des meubles, Thèse (1888) p. 208

35 ***Bouillard,*** De la preuve de la propriété mobilière, Thèse (1900) p. 44; ***Féréol Rivière,*** dans: Rev. lég., 1851. 3. 310; ***Foignet,*** Manuel élémentaire de droit civil, Tome I, dix-huitième édition par Émile Dupont (1943) p. 587

36 art. 2219 C. civ.: La prescription est un moyen d'acquérir ou de se libérer par un certain laps de temps, et sous les conditions déterminées par la loi.

Abdel-Baki, Du rôle de la possession en matière mobilière, Thèse (1943) p. 118 et s.; ***Bufnoir,*** Propriété et contrat (1900) p. 353 et s.; ***Cornu,*** Droit civil, Introduction-Les personnes-Les biens² (1985) p. 627; ***Foignet,*** Manuel élémentaire de droit civil, Tome I, dix-huitième édition par Émile Dupont (1943) p. 587; ***Laurent,*** Principes de droit civil français³, Tome 32 (1878) p. 554 et s.; ***Ortlieb,*** De la collatio en droit romain / Des effets de la possession des meubles dans le droit français, ancien et moderne, Thèse (1871) p. 121; ***Ortscheidt,*** La possession en droit civil français et allemand, Thèse (1977) p. 435; aA***Raynaud,*** De l'usucapion des meubles en droit romain et de la règle "En fait de meubles possession vaut titre" en droit français, Thèse (1873) p. 174 et s.; ***Ripert – Boulanger,*** Traité de droit civil d'après le traité de Planiol, Tome II (1957) p. 981 et s.; ***Saunier,*** De l'application de l'article 2279 dans les rapports entre auteur et ayant cause, Thèse (1907) p. 27 et s.; ***Tournesac,*** Application pratique de la maxime "En fait de meubles possession vaut titre", Thèse (1913) p. 139 et s.; ***Toutain,*** Droit romain - De l'interdit utrubi / Droit français - De la possession des meubles, Thèse (1888) p. 208 et s.

mung des Gesetzes selbst. Unter Beachtung von art. 1352 C. civ. muß doch klar sein, daß die durch art. 2279 C. civ. gesetzlich aufgestellte Vermutung nur eine absolute und nicht widerlegbare sein kann. Im übrigen ist eine so weitreichende Konsequenz - Zurückweisung des dinglichen Anspruchs des besitzlosen Eigentümers durch den Besitzer -, wie sie in art. 2279 C. civ. vorgesehen ist, nur dann rechtlich zu begründen, wenn die dahinter stehende Vermutung absolut und damit nicht widerlegbar ist.[37] Diese Theorie fand bei einigen Autoren und der Jurisprudenz, die in der Vermutung bloß eine einfache und daher durch Gegenbeweise widerlegbare (*iuris tantum*) sehen, kein Gehör.[38] *Toutain* verweist expressis verbis auf art. 1350 2° C. civ., wo die gesetzliche Vermutung (*présomption légale*) genau definiert und an das Vorliegen bestimmter Umstände geknüpft ist, die im Falle von art. 2279 C. civ. aber nicht vorliegen.[39] *Abdel-Baki* ergänzt, daß die Annahme, art. 2279 C. civ. sei mit einer gesetzlichen Vermutung des Eigentums gleichzusetzen, niemals Deckung in der gegenwärtigen Textierung finden könnte, die ja sonst *En fait de meubles la possession fait présumer le titre* heißen müßte. Außerdem kann ein

---

[37] art. 1352 C. civ.: La présomption légale dispense de toute preuve celui au profit duquel elle existe. Nulle preuve n'est admise contre la présomption de la loi, lorsque, sur le fondement de cette présomption, elle annule certains actes ou dénie l'action en justice, à moins qu'elle n'ait réservé la preuve contraire et sauf ce qui sera dit sur le serment et l'aveu judiciaires.

Aubry – Rau, Droit civil français[7], Tome II (1961) p. 149; ***Baudry-Lacantinerie – Tissier,*** Traité théorique et pratique de droit civil[3] (1905) p. 663 et s.; ***Carbonnier,*** Droit civil[13], Tome 3, Les Biens (1990) p. 371; ***Colin – Capitant,*** Traité de droit civil, Tome 1 (1953) p. 1073 et s.; ***Foignet,*** Manuel élémentaire de droit civil, Tome I, dix-huitième édition par Émile Dupont (1943) p. 586 et s.; ***Ledieu,*** De la règle en fait de meubles possession vaut titre, Thèse (1897) p. 38; ***Ortlieb,*** De la collatio en droit romain / Des effets de la possession des meubles dans le droit français, ancien et moderne, Thèse (1871) p. 122 et s.; ***Patault,*** Introduction historique au droit des biens (1989) p. 298; ***Planiol,*** Traité élémentaire de droit civil[6], Tome I (1911) p. 773; ***Planiol – Ripert,*** Traité pratique de droit civil français[2], Tome III (1952) p. 387; ***Ripert – Boulanger,*** Traité de droit civil d'après le traité de Planiol, Tome II (1957) p. 982; ***Saint Germès,*** De l'influence de la valeur des meubles sur le Code civil français, les lois qui l'ont complété et la jurisprudence, Thèse (1926) p. 140; ***Tournesac,*** Application pratique de la maxime "En fait de meubles possession vaut titre", Thèse (1913) p. 149 et s.

[38] vgl. Req., 27 mars 1889, D. 1890. 413

Abdel-Baki, Du rôle de la possession en matière mobilière, Thèse (1943) p. 122 et s.; ***Saunier,*** De l'application de l'article 2279 dans les rapports entre auteur et ayant cause, Thèse (1907) p. 35; ***Tournesac,*** Application pratique de la maxime "En fait de meubles possession vaut titre", Thèse (1913) p. 142 et s.; ***Toutain,*** Droit romain - De l'interdit utrubi / Droit français - De la possession des meubles, Thèse (1888) p. 212 et s.

[39] ***Toutain,*** Droit romain - De l'interdit utrubi / Droit français - De la possession des meubles, Thèse (1888) p. 212 et s.

Erwerber *a non domino* aus dem Vertrag heraus nicht Eigentümer werden. Bei ihm daher Eigentum zu vermuten, sei gleichbedeutend mit der Zulassung einer Vermutung gegen eine Augenscheinlichkeit.[40] In der weiteren Darstellung des art. 2279 C. civ. wird sich zeigen, daß beide Arten einer Vermutung (*iuris et de iure* und *iuris tantum*) - in Abhängigkeit der jeweiligen Funktion des art. 2279 C. civ. - Eingang in die Rechtsprechung der Gegenwart gefunden haben.

Schließlich gibt es noch den - auch von den (modernen) Autoren mehrheitlich anerkannten - Ansatz zur Begründung von art. 2279 C. civ., der in dieser Norm eine *ex lege* Erwerbsart des Eigentums sieht. Ein gutgläubiger Besitzer einer beweglichen körperlichen Sache wird sofort kraft Gesetzes deren Eigentümer, selbst wenn sein Rechtsvorgänger nicht über die Eigentümereigenschaft verfügte, weil art. 2279 C. civ. einen Eigentumstitel schafft und das Gesetz dem Besitz eine eigentumübertragende Wirkung gewährt.[41] Die Erklärung für diese Auslegung ist einfach und logisch. Der Besitzer kann aus dem Vertrag mit seinem Partner kein Eigentum erwerben, weil dieser es auch nicht hat (Erwerb *a non domino*). Dennoch verweigert das Gesetz dem wirklichen Eigentümer die Klage auf Herausgabe der beweglichen Sache. Das Scheitern eines solchen Klagsbegehrens läßt sich zwingend nur damit begründen, daß der Besitzer (originärer) Eigentümer geworden ist. Eigentümer kann er aber nur durch seinen Besitz geworden sein, ergo verschafft Besitz in diesem Fall *ex lege* Eigentum.[42] Diese Theorie wird auch von *Bourjon* indirekt vertreten, wenn

---

[40] ***Abdel-Baki,*** Du rôle de la possession en matière mobilière, Thèse (1943) p. 122 et s.

[41] vgl. Civ. 1re, 4 juillet 1876, D. 1877. 33

Bouillard, De la preuve de la propriété mobilière, Thèse (1900) p. 43 et s.; ***Bufnoir,*** Propriété et contrat (1900) p. 358 et s.; ***Carbonnier,*** Droit civil[13], Tome 3, Les Biens (1990) p. 371; ***Colin – Capitant,*** Traité de droit civil, Tome 1 (1953) p. 1073 et s.; ***Ferradou,*** Du rôle de la possession dans le droit privé français, Thèse (1928) p. 160; ***Ledieu,*** De la règle en fait de meubles possession vaut titre, Thèse (1897) p. 38, 56; ***Ortscheidt,*** La possession en droit civil français et allemand, Thèse (1977) p. 436 et s.; ***Patault,*** Introduction historique au droit des biens (1989) p. 298: *Van Bemmelen* war 1887 mit seinem Buch *Le système de la propriété mobilière* ein erster Anhänger dieser Meinung.; ***Planiol – Ripert,*** Traité pratique de droit civil français[2], Tome III (1952) p. 387 et s.; ***Raynaud,*** De l´usucapion des meubles en droit romain et de la règle "En fait de meubles possession vaut titre" en droit français, Thèse (1873) p. 242; ***Saunier,*** De l´application de l´article 2279 dans les rapports entre auteur et ayant cause, Thèse (1907) p. 34 et s., 40 et s.; ***Terré – Simler,*** Droit civil, Les biens[4] (1992) p. 277 et s.

[42] ***Abdel-Baki,*** Du rôle de la possession en matière mobilière, Thèse (1943) p. 124 et s.; aA***Ripert – Boulanger,*** Traité de droit civil d´après le traité de Planiol, Tome II (1957) p. 982: Diese Theorie ist keine Theorie, denn sie begnügt sich mit der bloßen Darstellung des Resultats in der Praxis.; ***Saunier,*** De l´application de l´article 2279 dans les rapports entre auteur et ayant cause, Thèse (1907) p. 41; ***Tournesac,*** Application pra-

er meint, daß der Besitz bereits einen perfekten Titel darstellt. Und was nur kann die Wirkung eines perfekten Titels sein, wenn nicht jene, Eigentum zu übertragen? Bei diesem Erklärungsversuch des art. 2279 C. civ. wird die Klage auf Herausgabe der beweglichen Sache nur dann wirksam zugelassen, wenn der Besitz die qualitativen Voraussetzungen gemäß art. 2228 C. civ. (*corpus*) und 2229 C. civ. (fehlerfreier Besitz) nicht erfüllen kann.[43]

Welche praktischen Auswirkungen haben denn nun die dargestellten Theorien? Welche Funktionen nach außen übernehmen die Inhalte? Es wird sich in der kommenden, ausführlichen Erörterung der verschiedenen Inhalte sehr rasch zeigen, daß art. 2279 C. civ. neben seiner eigentlichen Funktion, nämlich Eigentum zu verschaffen, auch eine weitere sehr wesentliche Wirkung nach außen entfaltet. Sind im Rahmen der Erwerbsfunktion der eigentliche Eigentümer, der gutgläubige Besitzer und ein Dritter als handelnde Personen zu berücksichtigen, so sind im Rahmen der zweiten Funktion des art. 2279 C. civ. die handelnden Personen auch gleichzeitig die obligatorisch verbundenen Vertragsparteien. Im Verhältnis zwischen Rechtsvorgänger und Rechtsnachfolger übernimmt die Norm nämlich eine Beweisfunktion zugunsten des Rechtsnachfolgers. Art. 2279 C. civ. bedeutet somit sofortiger Eigentumserwerb vom Nichteigentümer respektive Übernahme einer Beweisfunktion des Besitzes beim Erwerb vom Berechtigten.[44]

9.3. DIE INTERPRETATION

Der Text als solcher bietet nur wenige Hinweise auf die vom Gesetzgeber beabsichtigte inhaltliche Interpretation des meist zitierten Artikels des Code civil.[45] Aus dem Text selbst ist nur abzuleiten, daß dem Eigentümer die Geltendmachung eines Herausgabeanspruchs gegenüber dem Besitzer prinzipiell versagt bleibt. Die Ausnahmeregelung für die Fälle des

---

tique de la maxime "En fait de meubles possession vaut titre", Thèse (1913) p. 153 et s.: Der Autor verweist auch auf art. 1141 C. civ., wo der Besitz nach dem Gesetz Eigentum verschafft.

[43] ***Bouillard,*** De la preuve de la propriété mobilière, Thèse (1900) p. 44; ***Bufnoir,*** Propriété et contrat (1900) p. 359; ***Ortscheidt,*** La possession en droit civil français et allemand, Thèse (1977) p. 182; ***Saunier,*** De l'application de l'article 2279 dans les rapports entre auteur et ayant cause, Thèse (1907) p. 41

[44] ***Bufnoir,*** Propriété et contrat (1900) p. 359 et s.; ***Ortscheidt,*** La possession en droit civil français et allemand, Thèse (1977) p. 436 et s.

[45] ***Ourliac – de Malafosse,*** Histoire du droit privé, Tome II, Les biens (1961) p. 340

Diebstahls und des Verlusts folgt in Absatz 2 der Bestimmung. Daraus kann eigentlich nur geschlossen werden, daß die Regel eben in der Versagung des Herausgabeanspruchs besteht.[46] Sonst ist der Text mit *En fait de meubles la possession vaut titre* bestens geeignet, Spekulationen über seinen Sinngehalt zu provozieren. Wesentliches Betrachtungselement ist dabei das Wort *titre*. Dieser Terminus technicus hat nämlich drei recht unterschiedliche und zugleich zulässige Bedeutungen. Zum einen kann damit das materielle Zeichen der Vereinbarung (*instrumentum*) wie ein Inhaberwertpapier (*titre au porteur*) gemeint sein, zum anderen ist aber auch denkbar, daß damit der *juste titre* gemeint ist, worunter in Frankreich jener rechtliche Akt verstanden wird, der die Eigentumsübertragung zum Ziel hat. Nach *Bigot-Préameneu* ist unter *juste titre* ein Titel zu verstehen, der seiner Natur nach geeignet ist, Eigentum übertragen zu können: *C'est un titre qui, de sa nature, est translatif du droit de propriété*.[47] Schließlich kann mit *titre* aber auch einfach nur die Erwerbsart selbst - die juristisch einwandfreie Rechtsgrundlage (*causa*) für den Eigentumsübergang - bezeichnet werden [48] *Zenati* verwehrt sich bei *titre* gegen die Beimessung einer allzu großen Bedeutung. Selbst wenn der perfekte Nachweis eines abgeschlossenen Rechtsgeschäftes - vielleicht sogar durch Vorlage schriftlicher Dokumente - gelingen sollte, so beweist das noch lange nicht, daß sie tatsächlich vom berechtigten Eigentümer stammen müssen.[49]

Wird nunmehr *titre* im ersten Fall als Zeichen der Vereinbarung gesehen, dann heißt das in der Konsequenz, daß der Besitz als Beweis des Eigentums dienen würde, als Beweis für den juristischen Akt aufgrund dessen Eigentum übergegangen ist. Der Besitz würde also Eigentum vermuten lassen, eine Vermutung, die durch den Nachweis, daß der juristische Akt, für den der Besitz als Beweis gelten soll, nichtig war oder von einer Person stammte, die nicht die notwendigen rechtlichen Verfügungsqualitäten hatte, zerstört werden könnte.[50] Im Falle der Interpretation vor dem Hintergrund des Begriffes *juste titre* müßte das Ergebnis lauten, daß der Besitzer einer beweglichen Sache vom Nachweis eines eigentumübertragenden Titels bei Inanspruchnahme der verkürzten 3-jährigen Ersitzung

---

[46] ***Abdel-Baki,*** Du rôle de la possession en matière mobilière, Thèse (1943) p. 116

[47] ***Laurent,*** Principes de droit civil français³, Tome 32 (1878) p. 408 et s.

[48] ***Abdel-Baki,*** Du rôle de la possession en matière mobilière, Thèse (1943) p. 114 et s.; ***Aubry – Rau,*** Cours de droit civil français⁶, Tome II (1935) p. 76; ***Ortscheidt,*** La possession en droit civil français et allemand, Thèse (1977) p. 428 et s.

[49] ***Zenati,*** Les biens (1988) p. 202

[50] vgl. Req., 27 mars 1889, D. 1890. 413
Abdel-Baki, Du rôle de la possession en matière mobilière, Thèse (1943) p. 115; ***Malaurie – Aynès,*** Cours de droit civil, Les biens - La publicité foncière (1992) p. 158; ***Ortscheidt,*** La possession en droit civil français et allemand, Thèse (1977) p. 429

befreit ist. Um tatsächlich Eigentum zu erwerben, müßte selbst er allerdings noch die verstrichene Verjährungsfrist und seine Gutgläubigkeit beweisen. Diese Interpretation, im wesentlichen von *Toullier* vertreten, ist schlicht zurückzuweisen. Der Schutz des art. 2279 C. civ., nämlich die Verhinderung des Herausgabeanspruchs des Eigentümers, beginnt unzweifelhaft bereits mit Eintritt in den Besitz, das Verstreichen einer - wenn auch bloß 3-jährigen - Frist würde den Sinngehalt diser Bestimmung konterkarieren und wäre in keinem Fall in Einklang mit den Ansichten von *Bourjon* zu bringen, wo ja der Besitzer mit Besitzeintritt bereits unmittelbar Eigentümer wird (*la simple possession produit tout l'effet d'un titre parfait*).[51] Bleibt schließlich noch jener Fall, der dem Begriff *titre* die Bedeutung einer eigentumübertragenden Erwerbsart zusinnt. Der Besitz läßt Eigentum erwerben und übergehen. Er stellt für sich alleine gesehen bereits einen Modus dar, der Eigentum überträgt.[52]

9.4. DIE ANWENDUNGSBEDINGUNGEN

Die Formel in art. 2279 C. civ. könnte bei strenger Wortinterpretation zur Annahme verleiten, daß jeder Mobilienbesitz dazu geeignet ist, die sich aus dem Text ergebenden rechtlichen Wohltaten in Anspruch zu nehmen. Diese reine Wortinterpretation wäre ein ebenso schwerer Fehler wie der uneingeschränkte Rückgriff auf art. 533 C. civ. als Interpretationshilfe.[53] Damit der Besitz tatsächlich im Sinne von art. 2279 C. civ. qualifiziert und tauglich ist, muß er einige Voraussetzungen erfüllen und in sich

---

[51] ***Abdel-Baki,*** Du rôle de la possession en matière mobilière, Thèse (1943) p. 115 et s.; ***Ortlieb,*** De la collatio en droit romain / Des effets de la possession des meubles dans le droit français, ancien et moderne, Thèse (1871) p. 117; ***Raynaud,*** De l'usucapion des meubles en droit romain et de la règle "En fait de meubles possession vaut titre" en droit français, Thèse (1873) p. 138 et s.; ***Saunier,*** De l'application de l'article 2279 dans les rapports entre auteur et ayant cause, Thèse (1907) p. 20 et s.; ***Tournesac,*** Application pratique de la maxime "En fait de meubles possession vaut titre", Thèse (1913) p. 96 et s., 138 et s.; ***Toutain,*** Droit romain - De l'interdit utrubi / Droit français - De la possession des meubles, Thèse (1888) p. 179, 216

[52] ***Abdel-Baki,*** Du rôle de la possession en matière mobilière, Thèse (1943) p. 115; ***Aubry – Rau,*** Cours de droit civil français[6], Tome II (1935) p. 76

[53] art. 533 C. civ.: Le mot *meuble*, employé seul dans les dispositions de la loi ou de l'homme, sans autre addition ni désignation, ne comprend pas ...; il ne comprend pas aussi ce qui fait l'objet d'un commerce.

Abdel-Baki, Du rôle de la possession en matière mobilière, Thèse (1943) p. 297 et s.: Der Schutzbereich von art. 2279 C. civ. wäre radikal eingeschränkt, ja eigentlich genau jene Sachen, die unter den Schutz von art. 2279 C. civ. fallen sollen, wären von seiner Anwendung ausgenommen.; ***Bufnoir,*** Propriété et contrat (1900) p. 375 et s.

zeitgleich vereinigen. Nur der so definierte Besitz gewährleistet die uneingeschränkte Inanspruchnahme der Vorteile beim Übergang beweglicher Sachen. Der Besitz muß demnach in subjektiver Hinsicht zumindest reell und fehlerfrei sein sowie auf einem zur Eigentumsübertragung geeigneten Titel beruhen. Unter einem objektiven Gesichtspunkt betrachtet muß sich der Besitz weiters auf genau definierte und bestimmte bewegliche körperliche Sachen beziehen. Als Überlegung zum Einstieg in eine vertiefte Betrachtung könnte dabei eine textliche Vervollständigung des geltenden art. 2279 C. civ. hilfreich sein: *En fait de meubles corporels non immatriculés, la possession de bonne foi vaut titre de propriété.*[54]

9.4.1. BESCHAFFENHEIT DER BEWEGLICHEN SACHEN

Die Maxime in art. 2279 C. civ. ist nicht auf alle beweglichen Sachen anwendbar und demnach nicht ohne sachliche Grenzen, auch wenn niemand ernsthaft die in art. 533 C. civ. gegebene und weitaus zu restriktive Deutung des Begriffes Mobilie (*meuble*) als geeignete Grenzziehung ansehen kann.[55] Vielmehr ist diese scheinbar magische Formel in art. 2279 C. civ. in ihrer Anwendung gerade unter Berücksichtigung ihrer Entstehungsgeschichte - Erleichterung des Handels von Sachen mit sich rasch ändernden rechtlichen Verhältnissen - auf bewegliche körperliche Sachen, deren Erwerb oder Übertragung durch Übergabe von Hand zu Hand keine Publizität erfordert[56], auf dingliche Rechte, die sich auf solche Sachen beziehen, sowie auf Inhaberwertpapiere beschränkt. Keine Anwendung findet sie auf unkörperliche Sachen und immaterielle Rechte, auf bewegliche Sachen des öffentlichen Sektors (museale Ausstellungsgegenstände, Bücher in öffentlichen Bibliotheken etc.) sowie auf alle Sachen, deren Übertragung die Einhaltung von Publizitätsvorschriften zwingend verlangt.[57] Für gestohlene

---

[54] ***Cornu,*** Droit civil, Introduction-Les personnes-Les biens[2] (1985) p. 624; ***Saunier,*** De l'application de l'article 2279 dans les rapports entre auteur et ayant cause, Thèse (1907) p. 61 mit einem anderen Textvorschlag: *La possession de bonne foi d'un meuble corporel suffit pour en faire acquérir immédiatement la propriété.*

[55] ***Ortscheidt,*** La possession en droit civil français et allemand, Thèse (1977) p. 431; ***Raynaud,*** De l'usucapion des meubles en droit romain et de la règle "En fait de meubles possession vaut titre" en droit français, Thèse (1873) p. 208 et s.

[56] vgl. Civ. 1re, 4 juillet 1876, D. 1877. 33; Req., 27 mars 1889, D. 1890. 413; Civ. 1re, 21 octobre 1929, D. 1931. 56; Com. 3e, 19 janvier 1960, Bull. civ. III., n° 30, p. 25

vgl. art. 531 C. civ. (im wesentlichen See-, Fluß- und Luftschiffe), art. 1424 C. civ. (loi n°85-1372 du 23 décembre 1985) sowie Kapitel 9.6.3.

[57] vgl. Montpellier, 4 janvier 1853, D. 1854. 2. 171; Civ. 1re, 15 avril 1863, D. 1863. 396; Civ. 1re, 4 juillet 1876, D. 1877. 33; Req., 27 mars 1889, D. 1890. 413

und verlorene Sachen gibt es die Sonderbestimmung in art. 2279 al. 2 C. civ., der Grundsatz, wie er in art. 2279 al. 1er C. civ. aufgestellt wird, findet bei diesen Sachen somit ebenfalls keine Anwendung.[58]

9.4.2. REELLER BESITZ

Es ist unzweifelhaft, daß derjenige, der sich auf die Anwendung von art. 2279 C. civ. stützen will, über den Besitz *corpus* und *animus* tatsächlich verfügen muß: *possession réelle.* Wenn art. 1141 C. civ. nichts anderes als eine spezielle Anwendung von art. 2279 C. civ. darstellt, und art. 1141 C. civ. den reellen Besitz als Einsatzkriterium verlangt, dann gilt dies natürlich auch zwingend für art. 2279 C. civ. und dessen Anwendung. Der reeller Besitz ist somit eine unbedingte Voraussetzung dafür.[59] Der

---

Abdel-Baki, Du rôle de la possession en matière mobilière, Thèse (1943) p. 298 et s.; ***Atias,*** Droit civil, Les biens[2] (1991) p. 190; ***Aubry – Rau,*** Droit civil français[7], Tome II (1961) p. 150 et s.; ***Bergel,*** Le droit des biens[2] (1990) p. 101; ***Beudant,*** Cours de droit civil[2], Tome IV (1938) p. 798 et s.; ***Bouillard,*** De la preuve de la propriété mobilière, Thèse (1900) p. 52 et s.; ***Bufnoir,*** Propriété et contrat (1900) p. 385 et s.; ***Carbonnier,*** Droit civil[13], Tome 3, Les Biens (1990) p. 357; ***Colin – Capitant,*** Traité de droit civil, Tome 1 (1953) p. 1074 et s.; ***Cornu,*** Droit civil, Introduction-Les personnes-Les biens[2] (1985) p. 630; ***Dupont Delestraint,*** Droit civil, Les biens[9] (1987) p. 64 et s.; ***Duranton,*** Cours de droit français suivant le Code civil[4], Tome 1 (1844) p. 410; ***Ferradou,*** Du rôle de la possession dans le droit privé français, Thèse (1928) p. 161; ***Foignet,*** Manuel élémentaire de droit civil, Tome I, dix-huitième édition par Émile Dupont (1943) p. 590 et s.; ***Guigue,*** Droit civil, Les biens (1977) p. 91 et s.; ***Larombière,*** Théorie et pratique des obligations, Tome 2 (1857) p. 432; ***Larroumet,*** Droit civil[2], Tome II (1988) p. 240 et s.; ***Laurent,*** Principes de droit civil français[3], Tome 16 (1878) p. 434; ***Lepointe,*** Droit romain et ancien droit français, Droit des biens, Thèse (1958) p. 296; ***Malaurie – Aynès,*** Cours de droit civil, Les biens - La publicité foncière (1992) p. 159; ***Nguyen,*** Droit civil, Les biens (1992) p. 43 et s.; ***Ortscheidt,*** La possession en droit civil français et allemand, Thèse (1977) p. 431 et s.; ***Piédelièvre,*** Droit des biens (1977) p. 112 et s.; ***Terré – Simler,*** Droit civil, Les biens[4] (1992) p. 265; ***Waelbroeck,*** Le transfert de la propriété dans la vente d'objets mobiliers corporels en droit comparé (1961) p. 79; ***Zenati,*** Les biens (1988) p. 188

[58] vgl. Civ. 2e, 5 avril 1960, Bull. civ. II., n° 252, p. 171

Dupont Delestraint, Droit civil, Les biens[9] (1987) p. 65; ***Mazeaud,*** Leçons de droit civil[7], Tome II, 2e vol., Biens: Droit de propriété et ses démembrements (1989) p. 255 et s.

[59] vgl. Civ. 1re, 21 mai 1951, D. 1951. 507; Paris, 17 mars 1954, J.C.P. 1954, IV., p. 92; Civ. 1re, 20 décembre 1955, J.C.P. 1956, II., n° 9455, note Weill

Abdel-Baki, Du rôle de la possession en matière mobilière, Thèse (1943) p. 154, 194 et s.; ***Aubry – Rau,*** Droit civil français[7], Tome II (1961) p. 153; ***Baudry-Lacantinerie – Tissier,*** Traité théorique et pratique de droit civil[3] (1905) p. 677 et s.; ***Beudant,*** Cours de droit civil[2], Tome IV (1938) p. 800; ***Bouillard,*** De la preuve de la propriété

Grund für die Forderung nach dem reellen Besitz läßt sich auch schon aus dem Text von art. 2279 C. civ. ableiten. Dieser Artikel will nämlich den Besitzer im engeren Sinn schützen, und nicht auch jene, die bloß über Distanzen hinweg Verträge geschlossen haben. Der Besitz beweist sich durch sich selbst, es bedarf daher keiner Vorlage von schriftlichen Vereinbarungen oder Verträgen.[60]

Neben dem *corpus* bedarf es auch des *animus domini*. Ein Inhaber oder gar Prekarist kann sich daher niemals auf diese Regel berufen, er wäre wegen seiner Rückgabeverpflichtung und des daraus resultierenden absoluten Mangels (*vice absolu*) ja zwingend bösgläubig[61], im übrigen wüde ihm der rechtmäßige zur Eigentumsübertragung geeignete Titel fehlen.[62] Ein Fruchtgenußberechtigter kann sich in seiner Argumentation nicht auf art. 2279 C. civ. stützen, wenn er so Eigentum erwerben will, sehr wohl kann er sich aber darauf beziehen, um sein dingliches Recht des Fruchtgenusses gegenüber dem Eigentümer zu behaupten. Zusammenfassend heißt das daher, daß jeder auf einem dinglichen Recht beruhende

---

mobilière, Thèse (1900) p. 53 et s.; ***Colin – Capitant,*** Traité de droit civil, Tome 1 (1953) p. 1075 et s.; ***Cornu,*** Droit civil, Introduction-Les personnes-Les biens[2] (1985) p. 628; ***Dupont Delestraint,*** Droit civil, Les biens[9] (1987) p. 65; ***Duranton,*** Cours de droit français suivant le Code civil[4], Tome 10 (1844) p. 141 et s.; ***Fournier,*** De la possession des meubles en droit romain et de la règle "En fait de meubles possession vaut titre" en droit français, Thèse (1876) p. 199; ***Guigue,*** Droit civil, Les biens (1977) p. 92; ***Larroumet,*** Droit civil[2], Tome II (1988) p. 239, 603; ***Malaurie – Aynès,*** Cours de droit civil, Les biens - La publicité foncière (1992) p. 161 et s.; ***Nguyen,*** Droit civil, Les biens (1992) p. 44, 50; ***Ortscheidt,*** La possession en droit civil français et allemand, Thèse (1977) p. 442; ***Planiol,*** Traité élémentaire de droit civil[6], Tome I (1911) p. 766; ***Raynaud,*** De l´usucapion des meubles en droit romain et de la règle "En fait de meubles possession vaut titre" en droit français, Thèse (1873) p. 179, 190: Der Besitz gemäß art. 2228 C. civ. wird hier gefordert.; ***Ripert – Boulanger,*** Traité de droit civil d´après le traité de Planiol, Tome II (1957) p. 983; ***Terré – Simler,*** Droit civil, Les biens[4] (1992) p. 251, 266; ***Tournesac,*** Application pratique de la maxime "En fait de meubles possession vaut titre", Thèse (1913) p. 70 et s.; ***Toutain,*** Droit romain - De l´interdit utrubi / Droit français - De la possession des meubles, Thèse (1888) p. 198, 220; ***Waelbroeck,*** Le transfert de la propriété dans la vente d´objets mobiliers corporels en droit comparé (1961) p. 80: Der Forderung nach einem Besitz *in corpore* wird aber auch dadurch entsprochen, daß etwa - wie im Handelsverkehr üblich - bloß die Schlüssel reell übergeben wurden.

60 ***Raynaud,*** De l´usucapion des meubles en droit romain et de la règle "En fait de meubles possession vaut titre" en droit français, Thèse (1873) p. 191 et s.

61 vgl. Req., 27 mars 1889, D. 1890. 413; Angers, 22 mars 1973, D. 1974. 362, note Martin

62 vgl. Civ. 1re, 7 février 1962, Bull. civ. I., n° 91, p. 81; Civ. 1re, 13 novembre 1962, Bull. civ. I., n° 478, p. 408; Angers, 22 mars 1973, D. 1974. 362, note Martin

Besitz die Anwendung von art. 2279 C. civ. rechtfertigt, selbst wenn das behauptete dingliche Recht nicht mit dem Eigentumsrecht ident ist. Der *animus domini* wird aber im Rahmen des reellen Besitzes gefordert.[63]

Was ist dann allerdings bei den Besitzsurrogaten mit der Forderung nach dem reellen Besitz? Behält derjenige, der die Sache etwa auf der Basis eines Verwahrungsvertrages bereits besessen hat, die Sache nunmehr als Käufer in seinem Besitz (*traditio brevi manu*), so ist klar, daß er über den geforderten reellen Besitz verfügt. Behält sich der Verkäufer im umgekehrten Fall allerdings etwa das Fruchtgenußrecht an der Sache und damit auch die Sache selbst (Besitzkonstitut), so ist der Käufer definitiv nicht im reellen Besitz der Mobilie. Die Voraussetzung des reellen Besitzes gemäß art. 2279 C. civ. ist somit im zweiten Fall nicht erfüllt.[64]

9.4.3. FEHLERFREIER BESITZ

Damit der Besitz qualifziert ist, als Grundlage für einen Eigentumserwerb zu dienen, muß er in Anlehnung an art. 2229 C. civ. und dessen Definition eines fehlerfreien Besitzes den folgenden Kriterien entsprechen. Der

---

[63] vgl. Civ. 1re, 21 mai 1951, D. 1951. 507; Paris, 17 mars 1954, J.C.P. 1954, IV., p. 92; Civ. 1re, 20 décembre 1955, J.C.P. 1956, II., n° 9455, note Weill; Civ. 1re, 23 octobre 1956, Bull. civ. I., n° 369, p. 296; Com. 3e, 19 janvier 1960, Bull. civ. III., n° 30, p. 25

Abdel-Baki, Du rôle de la possession en matière mobilière, Thèse (1943) p. 154, 203 et s., 216 et s.; ***Bouillard,*** De la preuve de la propriété mobilière, Thèse (1900) p. 53 et s.; ***Bufnoir,*** Propriété et contrat (1900) p. 362 et s., 375 et s.; ***Colin – Capitant,*** Traité de droit civil, Tome 1 (1953) p. 1075 et s.; ***Demante – Colmet de Santerre,*** Cours analytique de Code civil, Tome VIII (1884) p. 568; ***Ferradou,*** Du rôle de la possession dans le droit privé français, Thèse (1928) p. 155; ***Guigue,*** Droit civil, Les biens (1977) p. 92; ***Larroumet,*** Droit civil², Tome II (1988) p. 237, 603; ***Ledieu,*** De la règle en fait de meubles possession vaut titre, Thèse (1897) p. 78; ***Margellos,*** La protection du vendeur à crédit d'objets mobiliers corporels à travers la clause de réserve de propriété (1989) p. 208 et s.; ***Nguyen,*** Droit civil, Les biens (1992) p. 44; ***Ortscheidt,*** La possession en droit civil français et allemand, Thèse (1977) p. 444; ***Ripert – Boulanger,*** Traité de droit civil d'après le traité de Planiol, Tome II (1957) p. 983; ***Terré – Simler,*** Droit civil, Les biens⁴ (1992) p. 265; ***Tournesac,*** Application pratique de la maxime "En fait de meubles possession vaut titre", Thèse (1913) p. 71; ***Toutain,*** Droit romain - De l'interdit utrubi / Droit français - De la possession des meubles, Thèse (1888) p. 198; ***Waelbroeck,*** Le transfert de la propriété dans la vente d'objets mobiliers corporels en droit comparé (1961) p. 79

[64] ***Abdel-Baki,*** Du rôle de la possession en matière mobilière, Thèse (1943) p. 202; ***Fournier,*** De la possession des meubles en droit romain et de la règle "En fait de meubles possession vaut titre" en droit français, Thèse (1876) p. 200; ***Larroumet,*** Droit civil², Tome II (1988) p. 604; ***Tournesac,*** Application pratique de la maxime "En fait de meubles possession vaut titre", Thèse (1913) p. 72

Besitz muß demnach fortwährend, rechtmäßig erlangt - sonst wäre die Besitzverschaffung ja im weitesten Sinne Diebstahl und damit bereits durch art. 2279 al. 2 C. civ. ausdrücklich von der Wohltat in art. 2279 al. 1er C. civ. ausgenommen -, äußerlich erkennbar und einwandfrei sein.[65] Der Besitzer darf im Sinne eines einwandfreien Besitzes keine Zweifel darüber aufkommen lassen, daß er die Handlungen im Bezug auf die Besitzsache mit *animus domini* setzt. Er darf andere keinesfalls glauben lassen, daß sich seine Handlungen auf einen anderen Titel stützen als auf einen, der geeignet ist, Eigentum zu übertragen (*à titre de propriété*).[66] Ein Besitz, der die vorgenannten Qualitäten nicht aufweist, ist - wenn auch in der Entwicklung nicht ganz unumstritten - fehlerhaft und daher ungeeignet, in

---

[65] art. 2229 C. civ.: Il faut une possession continue et non interrompue, paisible, publique, non équivoque, et à titre de propriétaire.

vgl. Civ. 1re, 21 octobre 1929, D. 1931. 56: Der Besitz muß äußerlich erkennbar und einwandfrei sein (*ni clandestine ni équivoque*).; Civ. 1re, 20 décembre 1955, J.C.P. 1956, II., n° 9455, note Weill; Civ. 1re, 2 février 1965, Bull. civ. I., n° 92, p. 69 = Gaz. Pal. 1965. 27

Abdel-Baki, Du rôle de la possession en matière mobilière, Thèse (1943) p. 154, 190: Beim Zitat des art. 2229 C. civ. bedarf es der Korrektur dahingehend, daß jene Qualitätskriterien, die zwingend mit der Ersitzung verbunden sind (*continue et non interrompue*) hier nicht gefordert werden können.; ***Bergel,*** Le droit des biens² (1990) p. 101; ***Beudant,*** Cours de droit civil², Tome IV (1938) p. 801; ***Carbonnier,*** Droit civil¹³, Tome 3, Les Biens (1990) p. 199 et s.; ***Colin – Capitant,*** Traité de droit civil, Tome 1 (1953) p. 1076; ***Cornu,*** Droit civil, Introduction-Les personnes-Les biens² (1985) p. 629; ***Dupont Delestraint,*** Droit civil, Les biens⁹ (1987) p. 65; ***Ferid – Sonnenberger,*** Das französische Zivilrecht, Band 2², (1986) 562: Der Besitz muß friedlich, offenkundig und unzweideutig sein.; ***Ferradou,*** Du rôle de la possession dans le droit privé français, Thèse (1928) p. 155 et s.; ***Malaurie – Aynès,*** Cours de droit civil, Les biens - La publicité foncière (1992) p. 163; ***Ortscheidt,*** La possession en droit civil français et allemand, Thèse (1977) p. 182; ***Planiol – Ripert,*** Traité pratique de droit civil français², Tome III (1952) p. 374 et s.; ***Ripert – Boulanger,*** Traité de droit civil d'après le traité de Planiol, Tome II (1957) p. 983; ***Saint Germès,*** De l'influence de la valeur des meubles sur le Code civil français, les lois qui l'ont complété et la jurisprudence, Thèse (1926) p. 141; ***Terré – Simler,*** Droit civil, Les biens⁴ (1992) p. 267; ***Waelbroeck,*** Le transfert de la propriété dans la vente d'objets mobiliers corporels en droit comparé (1961) p. 79

[66] vgl. Civ. 1re, 21 mai 1951, D. 1951. 507; Civ. 1re, 20 décembre 1955, J.C.P. 1956, II., n° 9455, note Weill; Civ. 1re, 13 juin 1963, Bull. civ. I., n° 317, p. 268

Abdel-Baki, Du rôle de la possession en matière mobilière, Thèse (1943) p. 205; ***Bergel,*** Le droit des biens² (1990) p. 101; ***Guigue,*** Droit civil, Les biens (1977) p. 93; ***Terré – Simler,*** Droit civil, Les biens⁴ (1992) p. 266 et s.; ***Tournesac,*** Application pratique de la maxime "En fait de meubles possession vaut titre", Thèse (1913) p. 74, 77 et s., 87; ***Toutain,*** Droit romain - De l'interdit utrubi / Droit français - De la possession des meubles, Thèse (1888) p. 198

weiterer Folge zum Eigentumserwerb zu führen.[67] Ein zweifelhafter Besitz oder ein unklares Besitzverhältnis (*possession équivoque*) resultiert oft aus Spielarten menschlichen Zusammenlebens - Lebensgemeinschaften, Ehepartner oder Eltern-Kind-Beziehungen -, die eine gewisse Nahebeziehung schon alleine aus Gründen der räumlichen Nähe (gemeinsame Wohnungsnahme) vermuten lassen.[68] Der Nachweis, daß der Besitz nicht fehrlerfrei ist, ist jedenfalls zulässig und führt dazu, daß der Besitzer seinerseits den rechtmäßigen Erwerb beweisen muß.[69]

9.4.4. GUTGLÄUBIGER BESITZ

Der Besitzer, der die Wohltat aus art. 2279 C. civ. in Anspruch nehmen will, muß als conditio sine qua non gutgläubig sein, also sich tatsächlich für den wirklichen Eigentümer halten, auch wenn der Gesetzestext dies nicht ausdrücklich fordert.[70] Wenn im Immobilienrecht die Gutgläubigkeit des Besitzers Voraussetzung für die Inanspruchnahme der verkürzten Ersitzungsfristen ist, dann muß wohl im Bereich der beweglichen Sachen und deren Eigentumsübergang mittels Besitz die Gutgläubigkeit

---

[67] vgl. Civ. 1re, 21 octobre 1929, D. 1931. 56; Civ. 1re, 13 juin 1963, Bull. civ. I., n° 317, p. 268

Abdel-Baki, Du rôle de la possession en matière mobilière, Thèse (1943) p. 190 et s.; ***Atias,*** Droit civil, Les biens² (1991) p. 190; ***Bergel,*** Le droit des biens² (1990) p. 101; ***Beudant,*** Cours de droit civil², Tome IV (1938) p. 801; ***Foignet,*** Manuel élémentaire de droit civil, Tome I, dix-huitième édition par Émile Dupont (1943) p. 591; aA***Larroumet,*** Droit civil², Tome II (1988) p. 604 et s.; ***Margellos,*** La protection du vendeur à crédit d'objets mobiliers corporels à travers la clause de réserve de propriété (1989) p. 208 et s.; ***Nguyen,*** Droit civil, Les biens (1992) p. 44: Der fehlerfreie Besitz wird immer vermutet.; ***Ripert - Boulanger,*** Traité de droit civil d'après le traité de Planiol, Tome II (1957) p. 983

[68] vgl. Civ. 1re, 21 février 1956, Bull. civ. I., n° 86, p. 70 = D. 1956. 287; Colmar, 8 juillet 1960, D. 1961. 299; Civ. 1re, 10 avril 1973, Bull. civ. I., n° 138, p. 124 = D. Somm. 1973. 116

Guigue, Droit civil, Les biens (1977) p. 93

[69] vgl. Civ. 1re, 24 juillet 1912, D.P. 1914. 1. 36; Civ. 1re, 4 décembre 1918, D.P. 1923. 1. 95; Civ. 1re, 26 février 1919, D.P. 1923. 1. 215; Civ. 1re, 21 octobre 1929, D. 1931. 56; Civ., 31 janvier 1950, J.C.P. 1950, IV., p. 50

[70] ***Ledieu,*** De la règle en fait de meubles possession vaut titre, Thèse (1897) p. 64: Jene, die diese Ansicht nicht teilen, stützen sich in ihrer Begründung darauf, daß weder *Bourjon* noch der Code civil dezidiert die Gutgläubigkeit des Besitzers verlangen.; aA***Ortlieb,*** De la collatio en droit romain / Des effets de la possession des meubles dans le droit français, ancien et moderne, Thèse (1871) p. 160: Die Interpretation von art. 2279 C. civ. hat sich ausschließlich an der Norm selbst zu orientieren. Dort wird Gutgläubigkeit aber nicht gefordert.

des Besitzers - auch unter Verweis auf den Wortlaut von art. 1141 C. civ. (*pourvu qu'elle soit de bonne foi*) - erst recht verlangt werden.[71] Dabei ist die Gutgläubigkeit positiv definiert als der Glaube des Besitzers an die tatsächliche Eigentümereigenschaft des Veräußerers und an dessen Recht, die Sache veräußern zu dürfen.[72] Das Vorliegen der Gutgläubigkeit beim Erwerber wird gemäß art. 2268 C. civ. immer vermutet, das Gegenteil ist den allgemeinen Beweisregeln folgend vom Kläger im Herausgabeverfahren zu beweisen.[73] Jenem Erwerber allerdings, der jede Sorgfalt außer acht läßt

---

[71] vgl. Req., 3 mars 1896, D. 1897. 495; Civ. 1re, 13 janvier 1965, Bull. civ. I., n° 35; Com. 3e, 19 janvier 1960, Bull. civ. III., n° 30, p. 25

Atias, Droit civil, Les biens[2] (1991) p. 190; ***Baudry-Lacantinerie – Barde,*** Traité théorique et pratique de droit civil[3], Tome 1 (1906) p. 451; ***Beudant,*** Cours de droit civil français, Les contrats et les obligations (1906) p. 204; ***Colin – Capitant,*** Traité de droit civil, Tome 1 (1953) p. 1076 et s.; ***Dupont Delestraint,*** Droit civil, Les biens[9] (1987) p. 66; ***Ferradou,*** Du rôle de la possession dans le droit privé français, Thèse (1928) p. 156; ***Guigue,*** Droit civil, Les biens (1977) p. 92; ***Larroumet,*** Droit civil[2], Tome II (1988) p. 605 et s.; ***Monateri,*** dans: R.I.D.C., jan.-mars 1984, p. 7; ***Nguyen,*** Droit civil, Les biens (1992) p. 51; ***Ortscheidt,*** La possession en droit civil français et allemand, Thèse (1977) p. 452; ***Piédelièvre,*** Droit des biens (1977) p. 112; ***Planiol,*** Traité élémentaire de droit civil[6], Tome I (1911) p. 766; ***Planiol – Ripert,*** Traité pratique de droit civil français[2], Tome III (1952) p. 380 et s.; ***Ripert – Boulanger,*** Traité de droit civil d'après le traité de Planiol, Tome II (1957) p. 983; ***Saint Germès,*** De l'influence de la valeur des meubles sur le Code civil français, les lois qui l'ont complété et la jurisprudence, Thèse (1926) p. 141; ***Terré – Simler,*** Droit civil, Les biens[4] (1992) p. 262, 267 et s.; ***Vouin,*** La bonne foi, Thèse (1939) p. 314 et s.; ***Zenati,*** Les biens (1988) p. 187 et s.

[72] vgl. Req., 3 mars 1896, D. 1897. 495; Civ. 1re, 23 mars 1965, Bull. civ. I., n° 206, p. 151; Civ. 1re, 12 janvier 1966, Rev. trim. dr. civ., 1968, p. 172; Civ. 1re, 24 novembre 1970, D. Somm. 1971. 54; Crim., 24 novembre 1977, D. 1978. 42, note S. Kherig = Gaz. Pal. 1977. 682

Demante – Colmet de Santerre, Cours analytique de Code civil, Tome VIII (1884) p. 569 et s.; ***Guigue,*** Droit civil, Les biens (1977) p. 93; ***Laurent,*** Principes de droit civil français[3], Tome 32 (1878) p. 431; ***Margellos,*** La protection du vendeur à crédit d'objets mobiliers corporels à travers la clause de réserve de propriété (1989) p. 209

[73] vgl. Req., 27 mars 1889, D. 1890. 413; Req., 21 novembre 1927, D.P. 1927. 1. 172, note Bricout; Paris, 17 mars 1954, J.C.P. 1954, IV., p. 92; Civ. 1re, 23 mars 1965, Bull. civ. I., n° 206, p. 151; Civ. 1re, 12 janvier 1966, Rev. trim. dr. civ., 1968, p. 172; Civ. 1re, 24 novembre 1970, D. Somm. 1971. 54

Atias, Droit civil, Les biens[2] (1991) p. 190; ***Carbonnier,*** Droit civil[13], Tome 3, Les Biens (1990) p. 200, 361; ***Cornu,*** Droit civil, Introduction-Les personnes-Les biens[2] (1985) p. 629; ***Dupont Delestraint,*** Droit civil, Les biens[9] (1987) p. 66; ***Larroumet,*** Droit civil[2], Tome II (1988) p. 606; ***Nguyen,*** Droit civil, Les biens (1992) p. 45, 51; ***Malaurie – Aynès,*** Cours de droit civil, Les biens - La publicité foncière (1992) p. 157; ***Margellos,*** La protection du vendeur à crédit d'objets mobiliers corporels à travers la clause de réserve de propriété (1989) p. 209; ***Ortscheidt,*** La possession en droit civil français et allemand, Thèse (1977) p. 452 et s.; ***Terré – Simler,*** Droit civil, Les biens[4]

oder (berechtigte) Zweifel an der Eigentümerstellung des Veräußerers hat, bleibt der besondere Schutz des art. 2279 C. civ. versagt. Ihm gegenüber verjährt der Herausgabeanspruch gemäß der allgemeinen Regel in art. 2262 C. civ. erst nach 30 Jahren.[74]

Es wird vom Gesetz nicht verlangt, daß sich der Besitz auf einen gültigen Titel stützt, da die Gutgläubigkeit des Besitzers diesen Titel vermuten läßt. Wesentlich dabei ist nur, daß der Besitzer die bewegliche Sache auf Grund eines zur Eigentumsübertragung geeigneten Aktes (Kauf, Schenkung etc.) erhalten hat, dessen Mangel - nämlich die fehlende Eigentümerstellung des Veräußerers - er nicht kannte.[75] Daraus ergeben sich zwei Konsequenzen. Zum einen die Feststellung, daß bereits ein Putativtitel für die Anwendung von art. 2279 C. civ. genügt.[76] Zum anderen die

---

(1992) p. 268; ***Tournesac,*** Application pratique de la maxime "En fait de meubles possession vaut titre", Thèse (1913) p. 90 et s.; ***Vouin,*** La bonne foi, Thèse (1939) p. 314 et s.; ***Waelbroeck,*** Le transfert de la propriété dans la vente d'objets mobiliers corporels en droit comparé (1961) p. 79; ***Zenati,*** Les biens (1988) p. 188

[74] vgl. Civ. 1re, 2 février 1965, Bull. civ. I., n° 92, p. 69 = Gaz. Pal. 1965. 27; Civ. 1re, 23 mars 1965, Bull. civ. I., n° 206, p. 151; Civ. 1re, 12 janvier 1966, Rev. trim. dr. civ., 1968, p. 172; Civ. 1re, 16 juin 1971, D. 1971. 566; Civ. 1re, 27 novembre 1973, J.C.P. 1974., IV., 15 = Bull. civ. I., n° 324, p. 286; Crim., 24 novembre 1977, D. 1978. 42, note S. Kherig = Gaz. Pal. 1977. 682; Civ. 1re, 6 décembre 1989, Bull. civ. I., n° 385, p. 259

Abdel-Baki, Du rôle de la possession en matière mobilière, Thèse (1943) p. 237 et s.; ***Larroumet,*** Droit civil[2], Tome II (1988) p. 606; ***Ortscheidt,*** La possession en droit civil français et allemand, Thèse (1977) p. 453; ***Tournesac,*** Application pratique de la maxime "En fait de meubles possession vaut titre", Thèse (1913) p. 90; ***Waelbroeck,*** Le transfert de la propriété dans la vente d'objets mobiliers corporels en droit comparé (1961) p. 79

[75] ***Abdel-Baki,*** Du rôle de la possession en matière mobilière, Thèse (1943) p. 254; ***Atias,*** Droit civil, Les biens[2] (1991) p. 190; ***Aubry – Rau,*** Droit civil français[7], Tome II (1961) p. 154 et s.; ***Bufnoir,*** Propriété et contrat (1900) p. 366; ***Carbonnier,*** Droit civil[13], Tome 3, Les Biens (1990) p. 199 et s.; ***Colin – Capitant,*** Traité de droit civil, Tome 1 (1953) p. 1077; ***Ferradou,*** Du rôle de la possession dans le droit privé français, Thèse (1928) p. 158; ***Fournier,*** De la possession des meubles en droit romain et de la règle "En fait de meubles possession vaut titre" en droit français, Thèse (1876) p. 210 et s.; ***Guigue,*** Droit civil, Les biens (1977) p. 93; ***Larroumet,*** Droit civil[2], Tome II (1988) p. 607; ***Malaurie – Aynès,*** Cours de droit civil, Les biens - La publicité foncière (1992) p. 164; ***Margellos,*** La protection du vendeur à crédit d'objets mobiliers corporels à travers la clause de réserve de propriété (1989) p. 209; ***Ripert – Boulanger,*** Traité de droit civil d'après le traité de Planiol, Tome II (1957) p. 984; ***Waelbroeck,*** Le transfert de la propriété dans la vente d'objets mobiliers corporels en droit comparé (1961) p. 81

[76] ***Aubry – Rau,*** Droit civil français[7], Tome II (1961) p. 155; ***Colin – Capitant,*** Traité de droit civil, Tome 1 (1953) p. 1077; ***Margellos,*** La protection du vendeur à crédit d'objets mobiliers corporels à travers la clause de réserve de propriété (1989) p. 212;

für den Besitzer in jedem Fall wichtige Aussage, daß er die Existenz eines gültigen Titels niemals beweisen muß. Bei ihm wird nicht nur die Gutgläubigkeit vermutet, sondern auch das Bestehen eines gültigen Titels, unabhängig davon, ob der Titel vielleicht sogar nichtig ist. Der Besitz stellt den Eigentumstitel gegenüber dem besitzlosen Eigentümer dar.[77] Der Besitzer kann sich zunächst damit begnügen, sich auf einen solchen Titel einfach nur zu berufen, der Gegenbeweis ist allerdings zulässig. Zur Rechtfertignung der Wohltat für den Besitzer wird auch hier wieder ausschließlich mit den Schwierigkeiten der Beibringung eines Eigentumsbeweises in der Praxis argumentiert.[78]

Wird die zweifelsfrei geforderte Gutgläubigkeit des Erwerbers erst im Moment des Eintritts in den Besitz oder bereits zum Zeitpunkt des Vertragsabschlusses verlangt? Entgegen der herrschenden Meinung kommt *Ledieu* zum Schluß, daß die Gutgläubigkeit berechtigterweise ausschließlich bei Vertragsabschluß gefordert werden kann, weil es für den Erwerber in diesem Zeitpunkt wesentlich ist, über die rechtliche Stellung des Vertragspartners Bescheid zu wissen.[79] Der herrschenden Meinung unter Bezugnahme auf die Textierung in art. 1141 bzw. 2279 C. civ. folgend ist allerdings davon auszugehen, daß der entscheidende Moment für die Beurteilung der Gutgläubigkeit nur der Eintritt in den Besitz (*au moment de l'entrée en possession, au moment de la mise en possession*) sein kann. In Entsprechung der Bestimmung in art. 1141 C. civ. wird die Gutgläubigkeit daher nur zu Beginn des Besitzes, also mit Besitzeintritt, gefordert, spätere Änderungen bleiben ohne rechtliche Auswirkungen: *Mala fides superveniens non nocet.*[80] Anders als im Zivilrecht galt früher allerdings im

---

Ortscheidt, La possession en droit civil français et allemand, Thèse (1977) p. 63, 461; ***Planiol – Ripert,*** Traité pratique de droit civil français², Tome III (1952) p. 381 et s.; ***Toutain,*** Droit romain - De l'interdit utrubi / Droit français - De la possession des meubles, Thèse (1888) p. 249

77 vgl. Civ. 1re, 21 mai 1951, D. 1951. 507

78 ***Abdel-Baki,*** Du rôle de la possession en matière mobilière, Thèse (1943) p. 154 et s., 254; ***Bufnoir,*** Propriété et contrat (1900) p. 373; ***Colin – Capitant,*** Traité de droit civil, Tome 1 (1953) p. 1077; ***Fournier,*** De la possession des meubles en droit romain et de la règle "En fait de meubles possession vaut titre" en droit français, Thèse (1876) p. 211 et s.; ***Ortscheidt,*** La possession en droit civil français et allemand, Thèse (1977) p. 63; ***Vouin,*** La bonne foi, Thèse (1939) p. 319

79 ***Ledieu,*** De la règle en fait de meubles possession vaut titre, Thèse (1897) p. 68 et s.

80 vgl. Paris, 17 mars 1954, J.C.P. 1954, IV., p. 92; Civ. 1re, 23 octobre 1956, Bull. civ. I., n° 369, p. 296; Civ. 1re, 4 janvier 1972, Bull. civ. I., n° 4, p. 4

Aubry – Rau, Droit civil français⁷, Tome II (1961) p. 154; ***Baudry-Lacantinerie – Tissier,*** Traité théorique et pratique de droit civil³ (1905) p. 697; ***Bufnoir,*** Propriété et contrat (1900) p. 365; ***Demante – Colmet de Santerre,*** Cours analytique de Code civil,

Strafrecht die Formel *Mala fides superveniens nocet.*[81] Sie hat zu teilweise obskuren Ergebnissen geführt, als Beispiel für diese Aussage möchte ich ein Erkenntnis aus 1972[82] - also bevor sich in Frankreich die rechtliche Würdigung geändert hat - kurz darstellen.

Ein Eigentümer übergibt sein Auto sowie die dazugehörigen Dokumente einer Person, die sich um den Verkauf des Autos an einen Dritten bemühen sollte. Diese Person verkauft das Auto auch tatsächlich, allerdings auf eigene Rechnung und zwar nachdem sie sich als Eigentümerin des Autos ausgegeben hat, an einen gewerblichen Garagenbesitzer, dessen Gutgläubigkeit zu diesem Zeitpunkt unzweifelhaft vorliegt. Auf Verlangen des ursprünglichen Eigentümers wird der Käufer des Autos schließlich erhoben und durch die Polizei aufgefordert, ihm das Auto zurückzustellen. Dieser Aufforderung folgt der Garagenbesitzer sofort, da er der Ansicht ist, im Fall eines klassischen Vertrauensmißbrauchs den ihm rechtmäßig zustehenden Ersatz des Kaufpreises durch den Eigentümer zu erhalten. Allerdings war der Garagenbesitzer zum Forderungszeitpunkt kein Besitzer mehr, im Gegenteil, durch die Rückgabe des Autos - zu recht oder zu unrecht - vereinigte der ursprüngliche Eigentümer wieder die Eigenschaften eines Besitzers und eines Eigentümers in einer Person. Der Anspruch des Garagenbesitzers war daher vom Gericht abzulehnen, der im französischen Recht scheinbar so starke Schutz des gutgläubigen Besitzers war hier nichts mehr wert. Der Garagist hat das Auto tatsächlich nur deshalb zurückgestellt, weil ihm sonst ein Strafverfahren wegen Hehlerei gemäß art. 460 C. pén. gedroht hätte. Nur um diesem zu entgehen, hat er sich seines Besitzes begeben, womit er zu diesem Zeitpunkt der Rechtsprechung gut beraten war. Das Strafrecht hatte damals im Gegensatz zum Zivilrecht nämlich noch vorgesehen, daß sich jemand ab dem Moment, wo er den deliktischen Ursprung einer Sache kannte oder kennen mußte, mit dem weiteren Besitz dieser Sache der Hehlerei strafbar macht: *Mala fides superveniens nocet.*

Mit dem Erkenntnis aus 1977[83] wurde schließlich in Frankreich endgültig klargestellt, daß auch im Strafrecht und dort im speziellen für das Delikt der Hehlerei die dem Zivilrecht immer schon bekannte Formel *Mala*

Tome VIII (1884) p. 571; ***Margellos,*** La protection du vendeur à crédit d'objets mobiliers corporels à travers la clause de réserve de propriété (1989) p. 211

[81] vgl. Crim., 18 juin 1936, S. 1937. 1. 193, note Hugueney , Crim., 7 juillet 1944, J.C.P. 1947, II., n° 3410 sowie Crim., 17 juillet 1963, J.C.P. 1963, IV., n° 123

[82] Civ. 1re, 5 octobre 1972, D. 1973. 1 = Gaz. Pal. 1973. 1. 36 = J.C.P. 1973, II., n° 17485, note Bénabent = Rev. trim. dr. civ., 1973, p. 149, note Bredin

[83] Crim., 24 novembre 1977, D. 1978. 42, note Kherig = Gaz. Pal. 1977. 2. 682 = Bull. crim., n° 371

fides superveniens non nocet volle Gültigkeit besitzt. Der Nukleus des Erkenntnisses heißt: Niemand kann der Hehler seiner eigenen Sachen sein. In dem dem Erkenntnis zugrunde liegenden Sachverhalt erwirbt jemand gutgläubig ein Auto, von dem sich dann später herausstellt, daß es der Gegenstand einer Veruntreuung zwischen dem ursprünglichen Eigentümer und einem Dritten war. Der Erwerber ist zivilrechtlich aufgrund seiner Gutgläubigkeit und der Erfüllung der Voraussetzungen gemäß art. 2279 C. civ. als Eigentümer anzusehen. Dazu kommt nun neu, daß er dies auch vor dem Strafrecht ist, er kann sich trotz des Wissens um den Ursprung der Sache der Hehlerei keinesfalls mehr schuldig machen, selbst wenn er weiterhin im Besitz der Sache bleibt. Somit ist eindeutig festgehalten, daß für beide Rechtsbereiche nur mehr auf den Zeitpunkt des Besitzeintritts abgestellt wird, um eine abschließende Beurteilung über das Vorliegen der Gutgläubigkeit vorzunehmen. Steht also zunächst die Gutgläubigkeit des Erwerbers der Verwirklichung des strafrechtlichen Delikts der Hehlerei entgegen, so ist es in weiterer Folge ganz einfach die Stellung als Eigentümer. Damit hat das dargestellte Erkenntnis die Opposition zwischen Zivil- und Strafrecht - zumindest in diesem Bereich - beendet und so wesentlich zur Rechtssicherheit von Übertragungen beweglicher Sachen beigetragen.[84]

9.5. DIE FUNKTIONEN DER NORM

9.5.1. VORBEMERKUNG

Die Textierung des art. 2279 C. civ. entsprang, wie ich zuvor dargelegt habe, im wesentlichen der Rechtsprechung des *Châtelet de Paris* und einer darauf aufbauenden literarischen und theoretischen Auseinandersetzung eines Autors namens *Bourjon*. Für ihn hatte der Besitz zum erstenmal in der Geschichte eine zweifache Funktion.[85] Zunächst sollte art. 2279 C. civ. das rechtliche Schicksal eines gutgläubigen Erwerbs vom Nichteigentümer für die Wirtschaft und den Handelsverkehr zufriedenstellend lösen. Das Ergebnis ist bekannt, art. 2279 C. civ. verschafft hier Eigentum.

---

[84] ***Guigue,*** Droit civil, Les biens (1977) p. 93; ***Margellos,*** La protection du vendeur à crédit d'objets mobiliers corporels à travers la clause de réserve de propriété (1989) p. 213 et s.

[85] ***Raynaud,*** De l'usucapion des meubles en droit romain et de la règle "En fait de meubles possession vaut titre" en droit français, Thèse (1873) p. 144 et s.; ***Tournesac,*** Application pratique de la maxime "En fait de meubles possession vaut titre", Thèse (1913) p. 31: Bereits zur Zeit der Rechtsprechung durch das *Châtelet de Paris* wurde die später in art. 2279 C. civ. positivrechtlich normierte Maxime in ihrer bis heute beibehaltenen Doppeldeutigkeit (Erwerbs- bzw. Beweisfunktion) angewendet.

Im Falle des Erwerbs vom Titelträger ist diese Konstruktion zur Zielerreichung nicht erforderlich, da Eigentum direkt vom berechtigten Eigentümer übertragen wird. Sollte aber art. 2279 C. civ. deswegen jeden Sinngehalt verlieren? Nahezu alle Autoren[86] verneinen dies und messen daher der Formel *En fait de meubles la possession vaut titre* eine andere inhaltliche Bedeutung bei. Das Ergebnis ist, daß art. 2279 C. civ. eine andere Funktion übernimmt, nämlich die eines Beweises eines eigentumübertragenden Titels bis zum Nachweis des Gegenteils. Die Beweisfunktion führt beim Erwerb vom Titelträger somit zu einer Eigentumsvermutung zugunsten des Besitzers. Die Autoren, die argumentative Probleme damit haben, ein und denselben Satz unterschiedlich zu interpretieren, bleiben ganz klar in der Minderheit. Beispielhaft sei hier nur *Abdel-Baki* genannt.

9.5.2. ERWERBSFUNKTION

Die eigentliche Aussage von art. 2279 C. civ. ist, daß ein gutgläubiger Erwerber einer beweglichen Sache unter den bisher genannten Bedingungen ex lege als Eigentümer angesehen wird, weil der fehlerfreie Besitz beim Erwerb *a non domino* unmittelbar Eigentum vermittelt.[87] *Atias* faßt diese Aussage kurz zusammen: *En fait de meubles corporels, la possession utile et de bonne foi vaut titre irréfragable de propriété.*[88] Der Besitz gilt als neuer, abstrakter und vom eigentlichen Erwerbstitel unabhängiger Titel (kurz als Eigentumstitel).[89] Somit genießt zumindest der gutgläubige

---

[86] vgl. Aynès, Beudant, Boulanger, Carbonnier, Colin, Capitant, Lambert, Larroumet, Ledieu, Malaurie, Mazeaud, Nguyen, Ortscheidt, Planiol, Ripert, Simler, Terré, Vouin, Weill

[87] vgl. Crim., 24 novembre 1977, D. 1978. 42, note Kherig = Gaz. Pal. 1977. 2. 682 = Bull. crim., n° 371

[88] ***Atias,*** Droit civil, Les biens[2] (1991) p. 189 et s.

[89] vgl. Bordeaux, 20 mars 1978, D. 1979. 390, note Diener; Civ. 1re, 21 juin 1978, I.R. 1978. 426; Civ. 1re, 20 octobre 1982, I.R. 1983. 32 = Bull. civ. I., n° 298, p. 254 = Rev. trim. dr. civ., 1983, p. 559, note Giverdon; Civ. 1re, 19 octobre 1983, Bull. civ. I., n° 241, p. 215; Civ. 1re, 28 avril 1986, Bull. civ. I., n° 106, p. 108

Adam, De l'influence de la maxime "Res mobilis, res vilis" sur le Code civil, Thèse (1901) p. 190; ***Aubry – Rau,*** Droit civil français[7], Tome II (1961) p. 147; ***Baudry-Lacantinerie – Barde,*** Traité théorique et pratique de droit civil[3], Tome 1 (1906) p. 451; ***Beudant,*** Cours de droit civil[2], Tome IV (1938) p. 727, 807 et s.; ***Bergel,*** Le droit des biens[2] (1990) p. 99; ***Bufnoir,*** Propriété et contrat (1900) p. 343 et s.; ***Carbonnier,*** Droit civil[13], Tome 3, Les Biens (1990) p. 203, 358 et s.; ***Cornu,*** Droit civil, Introduction-Les personnes-Les biens[2] (1985) p. 625; ***Demante – Colmet de Santerre,*** Cours analytique de Code civil, Tome VIII (1884) p. 566; ***Dupont Delestraint,*** Droit civil, Les biens[9] (1987) p. 66; ***Larroumet,*** Droit civil[2], Tome II (1988) p. 592; ***Ledieu,*** De la règle en fait de meubles possession vaut titre, Thèse (1897) p. 49; ***Malaurie –***

Besitz bei beweglichen Sachen im französischen Zivilrecht prinzipiell Vorrang gegenüber dem Eigentum. Der Besitzer wird dem vielleicht nachlässigen Eigentümer in der rechtlichen Stellung vorgezogen, weil sich ersterer in der Regel keinen Fehler vorhalten lassen muß. Der Besitzer durfte der Erfahrung nach davon ausgehen, daß der beiderseitige Wille vorhanden war, ihm durch Verschaffung eines reellen Besitzes Eigentum an der beweglichen Sache zu übertragen.[90] Die Klage auf Herausgabe der beweglichen Sache bleibt dem Eigentümer gegenüber dem gutgläubigen Besitzer verwehrt, er hat die Sache quasi in Umlauf gebracht und so implizit die Risken - nämlich auch den endgültigen rechtlichen Verlust - akzeptiert oder doch zumindest in Kauf genommen.[91] Dadurch kommt es zur Situation, daß der bloße Besitz das Eigentumsrecht auch gegenüber dem

---

Aynès, Cours de droit civil, Les biens - La publicité foncière (1992) p. 159; ***Massé – Vergé,*** Le droit civil français par K.-S. Zachariae, Tome 5 (1860) p. 306; ***Nguyen,*** Droit civil, Les biens (1992) p. 49 et s.; ***Piédelièvre,*** Droit des biens (1977) p. 112, 119 et s.; ***Planiol – Ripert,*** Traité pratique de droit civil français[2], Tome III (1952) p. 370; ***Saint Germès,*** De l'influence de la valeur des meubles sur le Code civil français, les lois qui l'ont complété et la jurisprudence, Thèse (1926) p. 139; ***Saunier,*** De l'application de l'article 2279 dans les rapports entre auteur et ayant cause, Thèse (1907) p. 66; ***Terré – Simler,*** Droit civil, Les biens[4] (1992) p. 262; ***Waelbroeck,*** Le transfert de la propriété dans la vente d'objets mobiliers corporels en droit comparé (1961) p. 81; ***Zenati,*** Les biens (1988) p. 159

90 ***Abdel-Baki,*** Du rôle de la possession en matière mobilière, Thèse (1943) p. 186; ***Atias,*** Droit civil, Les biens[2] (1991) p. 189; ***Carbonnier,*** Droit civil[13], Tome 3, Les Biens (1990) p. 87; ***Colin – Capitant,*** Traité de droit civil, Tome 1 (1953) p. 1071: Das Blatt wendet sich zugunsten des Eigentümers nur in den Fällen des Diebstahls und des Verlusts, wenn auch eingeschränkt durch die Verpflichtung zur Schadloshaltung in einigen Fällen.; ***Demante – Colmet de Santerre,*** Cours analytique de Code civil, Tome VIII (1884) p. 565; ***Lambert,*** Cours de droit civil, Droit du patrimoine (1971) p. 135; ***Ledieu,*** De la règle en fait de meubles possession vaut titre, Thèse (1897) p. 63; ***Raynaud,*** De l'usucapion des meubles en droit romain et de la règle "En fait de meubles possession vaut titre" en droit français, Thèse (1873) p. 255 et s.: Durch § 367 ABGB sieht der Autor die Maxime *En fait de meubles la possession vaut titre* im österreichischen Zivilrecht, wenn auch beschränkt auf spezielle Fälle, verwirklicht.; ***Tournesac,*** Application pratique de la maxime "En fait de meubles possession vaut titre", Thèse (1913) p. 36 et s., 47; ***Toutain,*** Droit romain - De l'interdit utrubi / Droit français - De la possession des meubles, Thèse (1888) p. 205 et s.; ***Vouin,*** La bonne foi, Thèse (1939) p. 315

91 ***Abdel-Baki,*** Du rôle de la possession en matière mobilière, Thèse (1943) p. 186; ***Cornu,*** Droit civil, Introduction-Les personnes-Les biens[2] (1985) p. 631 et s.; ***Larroumet,*** Droit civil[2], Tome II (1988) p. 592 et s.; ***Ledieu,*** De la règle en fait de meubles possession vaut titre, Thèse (1897) p. 49, 57; ***Nguyen,*** Droit civil, Les biens (1992) p. 53; ***Toutain,*** Droit romain - De l'interdit utrubi / Droit français - De la possession des meubles, Thèse (1888) p. 205 et s.

tatsächlichen Eigentümer gewährt, wenn der Besitzer die bewegliche Sache gutgläubig vom Nichteigentümer übertragen erhalten hat, da dieser Besitzer dieselben Rechte hat wie einer, der die Sache vom berechtigten Eigentümer erworben hat.[92] Die Eigentumsklage des besitzlosen Eigentümers gegen den gutgläubigen Besitzer, der die Mobilie vom Nichteigentümer erworben hat, ist somit abgesehen von Diebstahl und Verlust definitiv ausgeschlossen.[93] Das Erbringen eines Gegenbeweises ist nicht zulässig, weil art. 2279 C. civ. von einer unwiderleglichen Vermutung *iuris* und *de iure* (*présomption irréfragable*) ausgeht.[94]

Am Beispiel eines Falles aus der Praxis möchte ich diese Darstellung verdeutlichen. Eine Person will eine Mobilie erwerben und wendet sich an den vermeintlichen Eigentümer. Allem Anschein nach kontrahiert sie hier tatsächlich mit dem Eigentümer. Später stellt sich allerdings heraus, daß der Verkäufer gar nicht der Eigentümer, sondern bloß der Inhaber (etwa Verwahrer) der beweglichen Sache war. Der Kaufvertrag per se ist demgemäß ungeeignet, den Eigentumsübergang zu bewerkstelligen, da der Verkäufer nicht übertragen kann, worüber er selbst nicht verfügt. Auf Verlangen des wirklichen Eigentümers müßte daher der Besitzer die Sache wieder herausgeben. Hier kommt der Gesetzgeber dem gutgläubigen Besitzer aber zu Hilfe und erklärt ihn zum Eigentümer. Der Gesetzgeber gibt

---

[92] ***Ardilouze,*** La mutation en douane dans ses rapports avec les divers systèmes de transmission de la propriété mobilière et immobilière, Thèse (1931) p. 108; ***Carbonnier,*** Droit civil[13], Tome 3, Les Biens (1990) p. 358, 362; ***Colin – Capitant,*** Traité de droit civil, Tome 1 (1953) p. 1070; ***Cornu,*** Droit civil, Introduction-Les personnes-Les biens[2] (1985) p. 625, 631; ***Demante – Colmet de Santerre,*** Cours analytique de Code civil, Tome VIII (1884) p. 565; ***Nguyen,*** Droit civil, Les biens (1992) p. 41; ***Tournesac,*** Application pratique de la maxime "En fait de meubles possession vaut titre", Thèse (1913) p. 47; ***Zenati,*** Les biens (1988) p. 187

[93] ***Atias,*** Droit civil, Les biens[2] (1991) p. 190; ***Carbonnier,*** Droit civil[13], Tome 3, Les Biens (1990) p. 358, 362; ***Cornu,*** Droit civil, Introduction-Les personnes-Les biens[2] (1985) p. 625; ***Demante – Colmet de Santerre,*** Cours analytique de Code civil, Tome VIII (1884) p. 565; ***Larroumet,*** Droit civil[2], Tome II (1988) p. 592; ***Laurent,*** Principes de droit civil français[3], Tome 17 (1878) p. 495; ***Tournesac,*** Application pratique de la maxime "En fait de meubles possession vaut titre", Thèse (1913) p. 47 et s.

[94] ***Aubry – Rau,*** Cours de droit civil français[6], Tome II (1935) p. 147; ***Carbonnier,*** Droit civil[13], Tome 3, Les Biens (1990) p. 362; ***Foignet,*** Manuel élémentaire de droit civil, Tome I, dix-huitième édition par Émile Dupont (1943) p. 587; ***Ghestin – Desché,*** Traité des contrats, La vente (1990) p. 604; ***Larroumet,*** Droit civil[2], Tome II (1988) p. 57, 592; ***Ledieu,*** De la règle en fait de meubles possession vaut titre, Thèse (1897) p. 50; ***Nguyen,*** Droit civil, Les biens (1992) p. 53; ***Ortlieb,*** De la collatio en droit romain / Des effets de la possession des meubles dans le droit français, ancien et moderne, Thèse (1871) p. 163, 170; ***Ortscheidt,*** La possession en droit civil français et allemand, Thèse (1977) p. 497; ***Piédelièvre,*** Droit des biens (1977) p. 119; ***Saunier,*** De l'application de l'article 2279 dans les rapports entre auteur et ayant cause, Thèse (1907) p. 67, 70

dem Besitz in diesem Fall eine aktive, eigentumverschaffende Rolle. Dem Besitzer wird alleine aufgrund des Besitzes Eigentum zuerkannt, der Besitz schafft somit, was der Vertrag nicht realisieren konnte.[95]

Die für das österreichische Rechtsempfinden radikale Regelung des Eigentumserwerbs beweglicher Sachen über art. 2279 C. civ - in Österreich ist man an den generell erforderlichen zweiaktigen Eigentumserwerb über *titulus ad adquirendum* und *modus adquirendi* gewöhnt - kann ihre Rechtfertigung nur in der wirtschaftlichen Notwendigkeit finden, die Verfügung über bewegliche Sachen rechtlich weitestgehend unkompliziert, effektiv und rasch zu gestalten. Der Erwerber ist von einer präzisen Erhebung der Rechte seines Vorgängers zu entbinden.[96] Aus dem Vertrag heraus ist ein Eigentumsübergang im Fall des Erwerbs *a non domino* schon wegen des auch in Frankreich gültigen Grundsatzes *Nemo plus iuris ad alium transferre potest quam ipse habet* nicht möglich, der französische Gesetzgeber wollte daher mit art. 2279. C. civ. und seiner eigentumverschaffenden Wirkung beim Erwerb vom Nichteigentümer die wirtschaftlich unbefriedigende Lösung der notwendigen Rückgabe der beweglichen Sache an den wirklichen Eigentümer vermeiden. Die Rückgabe wäre sonst zwingend notwendig, würde der gutgläubige Besitz gemäß art. 2279 C. civ. nicht den Effekt haben, Eigentum *a non domino* zu übertragen.[97] Dabei ist der Eigentumsübergang über art. 2279 C. civ. ergänzend auch damit zu begründen, daß der Besitz den Anschein auf seiner Seite hat. Der Besitzer ist allem Anschein nach auch der Eigentümer, Dritten gegenüber vermischt sich daher der Besitz allem Anschein nach mit dem Eigentum.[98]

---

[95] vgl. Civ. 1re, 1er mars 1988, D. Somm. 1989. 29, note A. Robert

[96] ***Abdel-Baki,*** Du rôle de la possession en matière mobilière, Thèse (1943) p. 140 et s.; ***Atias,*** Droit civil, Les biens[2] (1991) p. 179; ***Bergel,*** Le droit des biens[2] (1990) p. 101; ***Colin – Capitant,*** Traité de droit civil, Tome 1 (1953) p. 1077; ***Waelbroeck,*** Le transfert de la propriété dans la vente d'objets mobiliers corporels en droit comparé (1961) p. 76

[97] vgl. Civ. 1re, 1er mars 1988, D. Somm. 1989. 29, note A. Robert

Abdel-Baki, Du rôle de la possession en matière mobilière, Thèse (1943) p. 140, 170; ***Larroumet,*** Droit civil[2], Tome II (1988) p. 186 et s.; ***Nguyen,*** Droit civil, Les biens (1992) p. 41; ***Ripert – Boulanger,*** Traité de droit civil d'après le traité de Planiol, Tome II (1957) p. 981; ***Tournesac,*** Application pratique de la maxime "En fait de meubles possession vaut titre", Thèse (1913) p. 47; ***Waelbroeck,*** Le transfert de la propriété dans la vente d'objets mobiliers corporels en droit comparé (1961) p. 76

[98] ***Abdel-Baki,*** Du rôle de la possession en matière mobilière, Thèse (1943) p. 185; ***Ripert – Boulanger,*** Traité de droit civil d'après le traité de Planiol, Tome II (1957) p. 981, 996

9.5.3. BEWEISFUNKTION

Wenn art. 2279 C. civ. seine volle Wirkung, nämlich Eigentum durch Besitz zu verschaffen, nur beim gutgläubigen Erwerb vom Nichteigentümer entfaltet, wie ist dann vorzugehen, wenn der gutgläubige Besitzer die Anwendung von art. 2279 C. civ. gegenüber dem berechtigten Titelträger reklamiert, von dem er das Recht erhalten hat? Die Besitzverhältnisse sind ja in der geschilderten Situation klar, aber was ist mit dem Titel? Wurde in der frühen Vergangenheit des Code civil neben einer persönlichen Klage auch noch der dingliche Herausgabeanspruch des ehemaligen Eigentümers als rechtens anerkannt, so gewährt die Rechtsprechung dem Besitzer nunmehr die aus art. 2279 C. civ. erfließende Wohltat. Dabei muß der Erwerb der beweglichen Sache allerdings direkt vom Eigentümer erfolgen.[99] In diesem Fall ändert art. 2279 C. civ. seine Bedeutung, denn er verschafft dann nicht mehr unmittelbar Eigentum. Als Ausgleich verfügt die Besitzstellung - fehlerfreier Besitz mit *animus domini*[100] - jedoch über eine gewisse Beweiskraft, die zum einen Eigentum als solches und zum anderen dessen rechtmäßige Übertragung basierend auf einem Titel, der geeignet ist, Eigentum wirksam zu übertragen, vermuten läßt. Der Titel des Besitzers, eigentlich die Existenz eines entsprechenden Titels, wird der Bestimmung des art. 2279 C. civ. folgend vermutet. Der Besitz hat somit eine Beweisfunktion (*la possession vaut présomption de titre*). Die praxisrelevanten Hauptanwendungsfälle sind die (Hand-)Schenkung und der mündliche Kaufvertrag.[101] Die Beweisfunktion des Besitzes hatte bereits

---

[99] ***Abdel-Baki,*** Du rôle de la possession en matière mobilière, Thèse (1943) p. 287; ***Colin – Capitant,*** Traité de droit civil, Tome 1 (1953) p. 1077 et s.; ***Larroumet,*** Droit civil[2], Tome II (1988) p. 596; ***Saunier,*** De l'application de l'article 2279 dans les rapports entre auteur et ayant cause, Thèse (1907) p. 53, 72 et s.; ***Tournesac,*** Application pratique de la maxime "En fait de meubles possession vaut titre", Thèse (1913) p. 53, 67 et s.

[100] ***Colin – Capitant,*** Traité de droit civil, Tome 1 (1953) p. 1077 et s.; ***Dupont Delestraint,*** Droit civil, Les biens[9] (1987) p. 67; ***Planiol – Ripert,*** Traité pratique de droit civil français[2], Tome III (1952) p. 372 et s.; ***Saunier,*** De l'application de l'article 2279 dans les rapports entre auteur et ayant cause, Thèse (1907) p. 108

[101] vgl. Civ. 1re, 15 avril 1863, D. 1863. 396; Civ. 1re, 20 décembre 1955, J.C.P. 1956, II., n° 9455, note Weill; Civ. 2e, 5 avril 1960, Bull. civ. II., n° 252, p. 171; Civ. 1re, 8 décembre 1987, D. Somm. 1989. 29, note A. Robert

Abdel-Baki, Du rôle de la possession en matière mobilière, Thèse (1943) p. 5, 136 et s., 142; ***Beudant,*** Cours de droit civil[2], Tome IV (1938) p. 823 et s.; ***Carbonnier,*** Droit civil[13], Tome 3, Les Biens (1990) p. 202, 358; ***Colin – Capitant,*** Traité de droit civil, Tome 1 (1953) p. 1077; ***Dupont Delestraint,*** Droit civil, Les biens[9] (1987) p. 67; ***Lambert,*** Cours de droit civil, Droit du patrimoine (1971) p. 140; ***Larroumet,*** Droit civil[2], Tome II (1988) p. 79 et s., 596, 615 et s.; ***Ledieu,*** De la règle en fait de meubles

Bourjon erkannt, wenn er meinte, daß es für den Beweis eines Kaufgeschäfts über bewegliche Sachen genüge, die Sachen zu besitzen. Es sei nicht notwendig einen Titel in irgendeiner Form nachzuweisen, denn *la possession vaut titre.*[102]

Wie beim Besitz allgemein der Fall, kommt es im Verfahren auf der Basis von art. 2279 C. civ. zu einer Art Beweislastumkehr. Hier ist der Eigentümer als Kläger verhalten, durch entsprechende Beweise die gesetzliche Vermutung zu widerlegen. Dabei sind alle Nachweise zulässig, die belegen, daß der Besitzer bloßer Prekarist oder der Besitz als solcher fehlerhaft ist bzw. der eigentumübertragende Titel entweder nie existiert oder wegen Nichtigkeit zu existieren aufgehört hat.[103] Im Falle des Pre-

---

possession vaut titre, Thèse (1897) p. 49 et s.; ***Malaurie – Aynès,*** Cours de droit civil, Les biens - La publicité foncière (1992) p. 168; ***Nguyen,*** Droit civil, Les biens (1992) p. 42 et s.; ***Ortscheidt,*** La possession en droit civil français et allemand, Thèse (1977) p. 380, 487 et s.; ***Planiol – Ripert,*** Traité pratique de droit civil français², Tome III (1952) p. 370; ***Raynaud,*** De l'usucapion des meubles en droit romain et de la règle "En fait de meubles possession vaut titre" en droit français, Thèse (1873) p. 242 et s.; ***Ripert – Boulanger,*** Traité de droit civil d'après le traité de Planiol, Tome II (1957) p. 980, 992 et s.; ***Saunier,*** De l'application de l'article 2279 dans les rapports entre auteur et ayant cause, Thèse (1907) p. 34 et s., 54 et s., 109; ***Terré – Simler,*** Droit civil, Les biens⁴ (1992) p. 263, 273 et s.; ***Tournesac,*** Application pratique de la maxime "En fait de meubles possession vaut titre", Thèse (1913) p. 29, 53 et s., 77 et s., 114 et s.; ***Vouin,*** La bonne foi, Thèse (1939) p. 319 et s.; ***Zenati,*** Les biens (1988) p. 188, 319

102 ***Abdel-Baki,*** Du rôle de la possession en matière mobilière, Thèse (1943) p. 152, 287; ***Larroumet,*** Droit civil², Tome II (1988) p. 596; ***Terré – Simler,*** Droit civil, Les biens⁴ (1992) p. 263 mit der Ergänzung: *La possession vaut titre d'acquisition.*

103 vgl. Civ. 1re, 15 avril 1863, D. 1863. 396; Req., 27 mars 1889, D. 1890. 413; Civ. 1re, 3 janvier 1905, S. 1905. 1. 331; Civ., 31 janvier 1950, J.C.P. 1950, IV., p. 50; Paris, 17 mars 1954, J.C.P. 1954, IV., p. 92; Civ. 1re, 20 décembre 1955, J.C.P. 1956, II., n° 9455, note Weill; Civ. 1re, 23 octobre 1956, Bull. civ. I., n° 369, p. 296; Civ. 1re, 29 décembre 1959, J.C.P. 1960, IV., p. 21; Civ. 1re, 7 février 1962, Bull. civ. I., n° 91, p. 81; Civ. 1re, 13 novembre 1962, Bull. civ. I., n° 478, p. 408; Civ. 1re, 24 novembre 1970, D. Somm. 1971. 54

Abdel-Baki, Du rôle de la possession en matière mobilière, Thèse (1943) p. 5, 216 et s.; ***Atias,*** Droit civil, Les biens² (1991) p. 190; ***Aubry – Rau,*** Droit civil français⁷, Tome II (1961) p. 171 et s.; ***Colin – Capitant,*** Traité de droit civil, Tome 1 (1953) p. 1077 et s.; ***Dupont Delestraint,*** Droit civil, Les biens⁹ (1987) p. 67; ***Guigue,*** Droit civil, Les biens (1977) p. 94; ***Lambert,*** Cours de droit civil, Droit du patrimoine (1971) p. 141; ***Larombière,*** Théorie et pratique des obligations, Tome 5 (1857) p. 730; ***Larroumet,*** Droit civil², Tome II (1988) p. 596; ***Malaurie – Aynès,*** Cours de droit civil, Les biens - La publicité foncière (1992) p. 168; ***Nguyen,*** Droit civil, Les biens (1992) p. 43, 46 et s.; ***Ortscheidt,*** La possession en droit civil français et allemand, Thèse (1977) p. 380, 497 et s.; ***Raynaud,*** De l'usucapion des meubles en droit romain et de la règle "En fait de meubles possession vaut titre" en droit français, Thèse (1873) p. 242 et s.; ***Ripert – Boulanger,*** Traité de droit civil d'après le traité de Planiol, Tome II (1957) p. 991 et s.;

kariums führt der einfachste Weg über die Vorlage der *causa detentionis* in Vertragsform, für die Beurteilung des Kriteriums eines fehlerfreien Besitzes ist auf die in art. 2229 C. civ. genannten Voraussetzungen zurückzugreifen und deren Entsprechung Punkt für Punkt zu überprüfen. Die Vermutung ist somit nicht unwiderleglich, auch wenn diese Frage in ihrer rechtsgeschichtlichen Entwicklung heftig umstritten war. Die heute vorherrschende Meinung sieht in der Vermutung des Eigentums eine bloß relative und damit eine einem Gegenbeweis zugängliche Vermutung *iuris tantum* (*présomption simple*).[104] Sollte der wirkliche Eigentümer die erforderlichen Nachweise tatsächlich erbringen können, so ist der Realisierung des Eigentumserwerbs über art. 2279 C. civ. die Grundlage entzogen. Dem wirklichen Eigentümer steht dann nicht nur eine persönliche, sondern auch eine dingliche Klage zu, weil der Herausgabeanspruch des Eigentümers gegen den Besitzer, der behauptet, sein Recht vom Erstgenannten erworben zu haben, anerkannt und als zulässig betrachtet wird.[105]

Saunier, De l'application de l'article 2279 dans les rapports entre auteur et ayant cause, Thèse (1907) p. 62, 108; ***Terré – Simler,*** Droit civil, Les biens[4] (1992) p. 263; ***Tournesac,*** Application pratique de la maxime "En fait de meubles possession vaut titre", Thèse (1913) p. 54 et s.; ***Toutain,*** Droit romain - De l'interdit utrubi / Droit français - De la possession des meubles, Thèse (1888) p. 230; ***Vouin,*** La bonne foi, Thèse (1939) p. 317, 319 et s.; ***Zenati,*** Les biens (1988) p. 188

104 vgl. Req., 27 mars 1889, D. 1890. 413

Abdel-Baki, Du rôle de la possession en matière mobilière, Thèse (1943) p. 293; ***Aubry – Rau,*** Droit civil français[7], Tome II (1961) p. 171; ***Bouillard,*** De la preuve de la propriété mobilière, Thèse (1900) p. 46; ***Carbonnier,*** Droit civil[13], Tome 3, Les Biens (1990) p. 367 et s.; ***Cornu,*** Droit civil, Introduction-Les personnes-Les biens[2] (1985) p. 627, 639 et s.; ***Dupont Delestraint,*** Droit civil, Les biens[9] (1987) p. 67; ***Guigue,*** Droit civil, Les biens (1977) p. 94; ***Larroumet,*** Droit civil[2], Tome II (1988) p. 57, 80, 596, 615; ***Ledieu,*** De la règle en fait de meubles possession vaut titre, Thèse (1897) p. 53; ***Nguyen,*** Droit civil, Les biens (1992) p. 45 et s.; ***Ortscheidt,*** La possession en droit civil français et allemand, Thèse (1977) p. 497; ***Saint Germès,*** De l'influence de la valeur des meubles sur le Code civil français, les lois qui l'ont complété et la jurisprudence, Thèse (1926) p. 141; ***Saunier,*** De l'application de l'article 2279 dans les rapports entre auteur et ayant cause, Thèse (1907) p. 34, 68; ***Tournesac,*** Application pratique de la maxime "En fait de meubles possession vaut titre", Thèse (1913) p. 54, 68 et s., 78, 114 et s.; ***Zenati,*** Les biens (1988) p. 187, 318 et s.

105 vgl. Civ. 1re, 7 février 1962, Bull. civ. I., n° 91, p. 81; Civ. 1re, 13 novembre 1962, Bull. civ. I., n° 478, p. 408

Abdel-Baki, Du rôle de la possession en matière mobilière, Thèse (1943) p. 216 et s.; ***Carbonnier,*** Droit civil[13], Tome 3, Les Biens (1990) p. 358; ***Colin – Capitant,*** Traité de droit civil, Tome 1 (1953) p. 1078 et s.; ***Dupont Delestraint,*** Droit civil, Les biens[9] (1987) p. 67; ***Saunier,*** De l'application de l'article 2279 dans les rapports entre auteur et ayant cause, Thèse (1907) p. 109; ***Tournesac,*** Application pratique de la maxime "En

EXKURS: EIGENTUMSVERMUTUNG IN DER SCHWEIZ

In der Schweiz gibt es in art. 930 ZGB eine ähnlich gestaltete Eigentumsvermutung mit gleichartigen Wirkungen.[106] Es handelt sich um eine Wahrscheinlichkeitsfolgerung, die der Praktikabilität des Rechts dient. Aus dem Besitz an einer beweglichen Sache wird unmittelbar auf das Bestehen des Eigentums zur Zeit des Besitzes geschlossen. Die Entstehung des Eigentums und die Frage nach dem ihm zugrundeliegenden Erwerbstatbestand oder dem Zeitpunkt sind nicht Gegenstand der Eigentumsvermutung.[107] Die Rechtsvermutungen aus dem Besitz mit dem Zweck des Rechtsschutz des besitzenden Eigentümers führen so wie im französischen Recht zur Beweislastumkehr, dem Prozeßgegener steht aber der Gegenbeweis offen. Gemäß art. 930 ZGB wird das Eigentumsrecht des Besitzers, der notwendigerweise selbständiger Besitzer ist, vermutet. Die größte praktische Bedeutung hat die Eigentumsvermutung - und die Beweislastumkehr in ihrem Schlepptau - bei der Vindikation gemäß art. 641 ZGB.[108] Die Vermutung beschränkt dinglicher und obligatorischer Rechte normiert art. 931 ZGB (Vermutung bei unselbständigem Besitz) und rundet so das Bild für bewegliche Sachen ab. Für Grundstücke besteht eine Rechtsvermutung nach art. 937 ZGB.

9.6. DER EIGENTUMSERWERB DURCH KONSENS

In Frankreich sind für die Frage des Eigentumserwerbs beweglicher Sachen durch Konsens die art. 711, 1138 und natürlich auch 2279 C. civ. von besonderer Bedeutung. Gemäß art. 711 C. civ. wird das Eigentum, wie die beschränkt dinglichen Nutzungsrechte, auch durch bloße Willensübereinstimmung und damit durch die Wirkung von Verträgen erworben und übertragen. Die präzisen Ausgestaltungen der sehr allgemein gehaltenen Aussage in art 711 C. civ. liefern art. 1138 C. civ. sowie die Detailbestimmungen des Code civil zum Kauf, Tausch sowie zur Schenkung. Derogiert art. 2279 C. civ. als lex specialis der allgemeinen Norm, wonach das Eigentum an beweglichen Sachen durch die bloße Willensübereinstim-

---

fait de meubles possession vaut titre", Thèse (1913) p. 55 et s., 118 et s.; ***Vouin,*** La bonne foi, Thèse (1939) p. 317

[106] art. 930 ZGB: *(1)* Vom Besitzer einer beweglichen Sache wird vermutet, dass er ihr Eigentümer sei. *(2)* Für jeden früheren Besitzer besteht die Vermutung, dass er in der Zeit seines Besitzes Eigentümer der Sache gewesen ist.

[107] ***Winkler,*** Die Rechtsvermutungen aus dem Besitz, Dissertation (1969) 25 f

[108] ***Winkler,*** Die Rechtsvermutungen aus dem Besitz, Dissertation (1969) 42 f

mung übergeht? Wird zur Wirksamkeit der Eigentumsübertragung außer dem Konsens etwa auch noch eine materielle Übergabe der Sache (*traditio*) verlangt? Wird eine materielle Übergabe zumindest zur Wirksamkeit der Übertragung gegenüber Dritten unbedingt gefordert? Die Beantwortung dieser Fragen wird Gegenstand der nachfolgenden Erörterungen sein.

9.6.1. VERHÄLTNIS ZWISCHEN DEN PARTEIEN

Zwischen den Parteien der Vereinbarung ganz allgemein gilt gemäß art. 1138 C. civ. der Grundsatz des übereinstimmenden Parteiwillens, in Frankreich kurz *consensualisme* genannt.[109] In diesem Moment wird der Gläubiger jedenfalls Eigentümer, Ausnahmen gibt es nur auf der Basis der Willensautonomie gemäß art. 1134 C. civ., wodurch der Eigentumsübergang zeitlich verschoben oder von der Preiszahlung abhängig gemacht werden kann. Das gleiche gilt im Falle der Vereinbarung eines Eigentumsvorbehalts. Dahinter steht natürlich immer die Notwendigkeit, daß es sich um eine ausreichend individualisierte und bereits bestehende Sache handeln muß. Nicht bedarf es allerdings - wie für die bisher dargestellten Anwendungsfälle des art. 2279 C. civ. - der Existenz der Gutgläubigkeit.[110]

Stellen wir uns dazu folgenden Fall zur Verdeutlichung dieser apodiktischen Aussage vor. Primus verkauft als Verwahrer der Sache diese an den gutgläubigen Secundus. Secundus seinerseits verkauft diese Sache wieder an Tertius, der allerdings vom mißbräuchlichen Verkauf der Sache durch Primus wußte. Konnte Tertius aus der gezeigten rechtlichen Konstruktion heraus Eigentümer werden oder fehlte ihm dazu die erforderliche Gutgläubigkeit? Ja und nein: Ja, er erwarb Eigentum, nein, die offensichtlich fehlende Gutgläubigkeit schadete ihm nicht. Tertius kaufte die Sache von Secundus, der, weil er die Sache zuvor von Primus *a non domino* gutgläubig erstanden hatte, bereits durch den Besitz der Sache gemäß art. 2279 C. civ. Eigentum erworben hatte. Tertius erwirbt die Sache

---

[109] ***Ardilouze,*** La mutation en douane dans ses rapports avec les divers systèmes de transmission de la propriété mobilière et immobilière, Thèse (1931) p. 104; ***Bergel,*** Le droit des biens² (1990) p. 105; ***Beudant,*** Cours de droit civil français, Les contrats et les obligations (1906) p. 198 et s.; ***Dupont Delestraint,*** Droit civil, Les biens⁹ (1987) p. 69 et s.; ***Foignet,*** Manuel élémentaire de droit civil, Tome I, dix-huitième édition par Émile Dupont (1943) p. 601; ***Lambert,*** Cours de droit civil, Droit du patrimoine (1971) p. 130; ***Ourliac – de Malafosse,*** Histoire du droit privé, Tome II, Les biens (1961) p. 261; ***Zenati,*** Les biens (1988) p. 145

[110] ***Abdel-Baki,*** Du rôle de la possession en matière mobilière, Thèse (1943) p. 247; ***Dupont Delestraint,*** Droit civil, Les biens⁹ (1987) p. 70

daher vom Eigentümer, die Inanspruchnahme von art. 2279 C. civ. entfällt, damit entfällt natürlich auch die Frage der Gutgläubigkeit, denn für den Eigentumserwerb durch Konsens wird der gute Glaube niemals gefordert. Diese "Kaufkette" ist aber nicht mit der Doppelveräußerung im Sinne von art. 1141 C. civ. zu verwechseln, die Bedingungen und damit auch die rechtlichen Ergebnisse sind vollkommen unterschiedlich.

9.6.2. VERHÄLTNIS ZU DRITTEN

Der Konsensualvertrag mit seinen unmittelbaren Wirkungen zwischen den Parteien präsentiert für außenstehende Dritte durch sich schnell ändernde Rechtsverhältnisse naturgemäß eine gewisse Gefahr. Für Dritte ist es daher wesentlich zu wissen, wann wer über die Eigentümerstellung verfügt. Von einigen Ausnahmen im Immobilienrecht einmal abgesehen, differenziert der Code civil hinsichtlich der aus einer eigentumübertragenden Vereinbarung entstehenden Wirkungen - jedenfalls für Mobilien - in keiner Weise zwischen den Parteien und Dritten.[111] Das wäre auch angesichts des Umstandes, daß das Eigentum bereits per definitionem ein absolutes und ein damit von jedermann anzuerkennendes Recht ist, undenkbar. Es scheint daher im wesentlichen so zu sein, daß zwar das Eigentum an beweglichen Sachen im Verhältnis zu Dritten auch durch bloße Willensübereinstimmung übergeht, daß aber angesichts des Wunsches, gutgläubigen Erwerb zu schützen und die Gleichheit der Gläubiger in jedem Fall zu wahren, das positive Recht in einigen Fällen noch die materielle Innehabung zu einer weiteren Determinante erklärt.[112]

Es besteht daher Einigkeit darüber, daß der Eigentumstransfer, der durch bloße Willensübereinstimmung verwirklicht wird, jedenfalls bösgläubigen Dritten rechtswirksam entgegenzuhalten ist. In diesem Fall ist es vollkommen unerheblich, ob Besitz übergegangen ist oder nicht. Der zweite Erwerber wird deshalb nicht Eigentümer, weil er beim Erwerb bösgläubig war. Damit ist aber auch eindeutig festgestellt, daß jene Regeln, die den konsensualen Eigentumsübergang und dessen unmittelbare Effekte verhindern, hinsichtlich der eingeschränkten Wirkungen *erga omnes* nur

---

[111] ***Aubry - Rau,*** Cours de droit civil français[6], Tome II (1935) p. 77; ***Beudant,*** Cours de droit civil français, Les contrats et les obligations (1906) p. 198 et s.; ***Bufnoir,*** Propriété et contrat (1900) p. 57 et s.; ***Laurent,*** Principes de droit civil français[3], Tome 16 (1878) p. 428

[112] ***Waelbroeck,*** Le transfert de la propriété dans la vente d'objets mobiliers corporels en droit comparé (1961) p. 27: Ein Indiz für diese Aussage bietet das Strafrecht, das durch eine zweimalige Veräußerung derselben Sache das Delikt der Unterschlagung verwirklicht sieht.

Ausnahmen des allgemeinen Prinzips darstellen und deswegen gerechtfertigt sind, weil die Sicherheit des Handels und das Vertrauen in seinen reibungslosen Ablauf ihre Existenz fordern.[113]

9.6.3. ABSOLUTE WIRKUNG DURCH REELLE BESITZVERSCHAFFUNG

Es gibt Autoren, die meinen, daß bei beweglichen Sachen, die dem Regime von art. 2279 C. civ. unterliegen, zur Wirksamkeit des Eigentumsübergangs Dritten gegenüber prinzipiell noch die gutgläubige reelle Besitzverschaffung, wie sie art. 1141 C. civ. im Falle der Doppelveräußerung verlangt, erforderlich ist.[114] Der Besitz hat hier eine Publizitätsfunktion, Dritte können in der Regel denjenigen für den Eigentümer halten, der über den tatsächlichen Besitz verfügt.[115] Ein konsensuales Rechtsgeschäft über Mobilien kann daher alleine nicht unmittelbar nach außen gegenüber Dritten wirken.[116] Das sei die Aussage des Code civil, der

---

[113] ***Waelbroeck,*** Le transfert de la propriété dans la vente d'objets mobiliers corporels en droit comparé (1961) p. 28, 46

[114] ***Abdel-Baki,*** Du rôle de la possession en matière mobilière, Thèse (1943) p. 194; aA***Ardilouze,*** La mutation en douane dans ses rapports avec les divers systèmes de transmission de la propriété mobilière et immobilière, Thèse (1931) p. 108 et s.: Die Übertragung beweglicher Sachen ist auch Dritten gegenüber bereits mit Vertragsabschluß perfekt. Es bedarf keines weiteren Aktes mehr.; aA***Baudry-Lacantinerie – Barde,*** Traité théorique et pratique de droit civil[3], Tome 1 (1906) p. 452; ***Bergel,*** Le droit des biens[2] (1990) p. 106; aA***Bufnoir,*** Propriété et contrat (1900) p. 63 et s.; ***Carbonnier,*** Droit civil[13], Tome 3, Les Biens (1990) p. 182 et s.; ***Cornu,*** Droit civil, Introduction-Les personnes-Les biens[2] (1985) p. 641; aA***Demante – Colmet de Santerre,*** Cours analytique de Code civil[2], Tome V (1883) p. 78 et s.; ***Foignet,*** Manuel élémentaire de droit civil, Tome I, dix-huitième édition par Émile Dupont (1943) p. 603; aA***Marcadé,*** Explication théorique et pratique du Code Napoléon[5], Tome 3 (1852) p. 4; aA***Ripert – Boulanger,*** Traité de droit civil d'après le traité de Planiol, Tome II (1957) p. 995; aA***Saunier,*** De l'application de l'article 2279 dans les rapports entre auteur et ayant cause, Thèse (1907) p. 103 et s.: Die Ansicht ist unhaltbar.; ***Toutain,*** Droit romain - De l'interdit utrubi / Droit français - De la possession des meubles, Thèse (1888) p. 220, 229;

[115] ***Cornu,*** Droit civil, Introduction-Les personnes-Les biens[2] (1985) p. 641; ***Féréol Rivière,*** dans: Rev. lég., 1851. 3. 310; ***Patault,*** Introduction historique au droit des biens (1989) p. 290; ***Tournesac,*** Application pratique de la maxime "En fait de meubles possession vaut titre", Thèse (1913) p. 39 et s.; ***Zenati,*** Les biens (1988) p. 146

[116] ***Abdel-Baki,*** Du rôle de la possession en matière mobilière, Thèse (1943) p. 345: Extreme Anhänger der "Traditionstheorie" verlangen selbst im Verhältnis *inter partes* die Übergabe.; ***Cornu,*** Droit civil, Introduction-Les personnes-Les biens[2] (1985) p. 641; ***Demante – Colmet de Santerre,*** Cours analytique de Code civil[2], Tome VII (1887) p. 6 et s.; ***Foignet,*** Manuel élémentaire de droit civil, Tome I, dix-huitième édition par

auf die römischen Grundsätze der Eigentumsübertragung durch Rechtsgeschäfte zurückgreife. Dem rechtsgeschäftlichen Erwerber stünde demgemäß nur ein persönliches Recht auf Eigentumsübertragung zu.[117] Im übrigen deckt sich diese Ansicht mit den Forderungen des Naturrechts, das als einzige derivative Möglichkeit, Eigentum zu transferieren, nur die *traditio* zuläßt. Durch diese wird nämlich der Sachbesitz einer anderen Person mit dem Willen verschafft, dieser Eigentum zu übertragen.[118]

Jene Juristen[119], die die reelle Übergabe beweglicher Sachen für die Wirksamkeit des Rechtsgeschäfts Dritten gegenüber fordern, stützen sich in ihrer Argumentation im wesentlichen auf eine spezielle Interpretation des art. 1141 C. civ. als Bestimmung zur Lösung von Fällen der Doppelveräußerung bei beweglichen Sachen. Ihrer Meinung nach läßt sich der Wortlaut des art. 1141 C. civ. nur dann sinnvoll erklären, wenn die Übergabe beweglicher Sachen notwendig ist, um die Eigentumsübertragung Dritten gegenüber wirksam werden zu lassen. Es muß doch augenfällig sein, daß im Falle einer Doppelveräußerung derjenige bevorzugt wird, der im tatsächlichen Besitz der beweglichen Sache ist, auch wenn er nur über einen zeitlich späteren Titel verfügt. Der übereinstimmende Wille der Parteien des ersten Vertragsabschlusses kann daher nicht genügt haben, schon alleine aus dem Rechtsgeschäft Eigentum wirksam zu übertragen. Zur effektiven Übertragung Dritten gegenüber fordert das Gesetz in art. 1141 C. civ. unzweifelhaft die reelle Besitzverschaffung als notwendiges Element.[120] Die Konsequenz daraus ist dann natürlich, daß die Frage nach

---

Émile Dupont (1943) p. 603; aA***Patault,*** Introduction historique au droit des biens (1989) p. 291; ***Renaud,*** dans: Rev. lég., 1845. 2. 81; ***Toutain,*** Droit romain - De l'interdit utrubi / Droit français - De la possession des meubles, Thèse (1888) p. 221, 229

117 ***Abdel-Baki,*** Du rôle de la possession en matière mobilière, Thèse (1943) p. 344: *Traditionibus et usucapionibus dominia rerum non nudis pactis transferentur.*; ***Demante – Colmet de Santerre,*** Cours analytique de Code civil[2], Tome VII (1887) p. 2 et s.; ***Toullier,*** Le droit civil français suivant l'ordre du Code[5], Tome 4 (1839) p. 53 bzw. Tome 10 p. 586 et s.; aA***Larroumet,*** Droit civil[2], Tome II (1988) p. 237

118 ***Toullier,*** Le droit civil français suivant l'ordre du Code[5], Tome 4 (1839) p. 52 et s.

119 vgl. etwa Marty – Raynaud, Ripert – Boulanger, Toullier, Troplong

120 ***Abdel-Baki,*** Du rôle de la possession en matière mobilière, Thèse (1943) p. 194 et s., 346 et s.; aA***Ardilouze,*** La mutation en douane dans ses rapports avec les divers systèmes de transmission de la propriété mobilière et immobilière, Thèse (1931) p. 105 et s.: Folgt man dieser Ansicht, so bedeutet das im Ergebnis, daß art. 1141 C. civ. dem art. 1138 C. civ. derogiert.; ***Bergel,*** Le droit des biens[2] (1990) p. 106; ***Carbonnier,*** Droit civil[13], Tome 3, Les Biens (1990) p. 182 et s.; ***Foignet,*** Manuel élémentaire de droit civil, Tome I, dix-huitième édition par Émile Dupont (1943) p. 603; aA***Fournier,*** De la possession des meubles en droit romain et de la règle "En fait de meubles

dem Vorliegen der im französischen Recht sonst so wesentlichen Gutgläubigkeit hier an Gewicht verliert, ja sogar bedeutungslos wird.[121]

En fait de meubles la possession vaut titre derogiert nach Ansicht der Anhänger der "Traditionstheorie" dem art. 1138 C. civ. in der Weise, daß für den gültigen Eigentumsübergang beweglicher Sachen deren materielle Übergabe im Verhältnis zu Dritten gefordert wird. Als Interpretationshilfe wird dafür auch art. 1583 C. civ. herangezogen. Wenn dort immer das Verhältnis *inter partes* angesprochen wird (*à l'égard du vendeur*), dann ist der Schluß *e contrario* zulässig, daß im Außenverhältnis der konsensuale Kaufvertrag ohne Sachübergabe noch nicht perfekt ist. Für seine Perfektion bedarf es demnach zwingend einer weiteren Formalität, bei beweglichen Sachen eben der Übergabe (*traditio*).[122]

Darüber hinaus gibt es außerdem Fälle, in denen zur Wirksamkeit des Eigentumsübergangs noch die Einhaltung besonderer Publizitätsvorschriften vorgeschrieben ist. Auch wenn es bei beweglichen Sachen keine generellen Publizitätserfordernisse gibt, so existieren doch auch einzelne

---

possession vaut titre" en droit français, Thèse (1876) p. 258 et s.; aA***Larroumet,*** Droit civil[2], Tome II (1988) p. 237 et s.; aA***Laurent,*** Principes de droit civil français[3], Tome 16 (1878) p. 428 et s.; aA***Ortlieb,*** De la collatio en droit romain / Des effets de la possession des meubles dans le droit français, ancien et moderne, Thèse (1871) p. 164 et s.; aA***Ortscheidt,*** La possession en droit civil français et allemand, Thèse (1977) p. 577 et s.; aA***Raynaud,*** De l'usucapion des meubles en droit romain et de la règle "En fait de meubles possession vaut titre" en droit français, Thèse (1873) p. 160 et s., 245 et s.; ***Renaud,*** dans: Rev. lég., 1845. 2. 81; ***Toullier,*** Le droit civil français suivant l'ordre du Code[5], Tome 4 (1839) p. 60 et s., Tome 6 p. 215 et s. bzw. Tome 7 p. 54 et s.; ***Toutain,*** Droit romain - De l'interdit utrubi / Droit français - De la possession des meubles, Thèse (1888) p. 220; aA***Saunier,*** De l'application de l'article 2279 dans les rapports entre auteur et ayant cause, Thèse (1907) p. 104; aA***Terré – Simler,*** Droit civil, Les biens[4] (1992) p. 251

121 ***Renaud,*** dans: Rev. lég., 1845. 2. 81

122 ***Abdel-Baki,*** Du rôle de la possession en matière mobilière, Thèse (1943) p. 345 et s.; ***Demante – Colmet de Santerre,*** Cours analytique de Code civil[2], Tome VII (1887) p. 6 et s.; aA***Duranton,*** Cours de droit français suivant le Code civil[4], Tome 8 (1844) p. 581 et s.; aA***Féréol Rivière,*** dans: Rev. lég., 1851. 3. 310; aA***Ferradou,*** Du rôle de la possession dans le droit privé français, Thèse (1928) p. 53; aA***Fournier,*** De la possession des meubles en droit romain et de la règle "En fait de meubles possession vaut titre" en droit français, Thèse (1876) p. 258; aA***Ortlieb,*** De la collatio en droit romain / Des effets de la possession des meubles dans le droit français, ancien et moderne, Thèse (1871) p. 164 et s.; aA***Patault,*** Introduction historique au droit des biens (1989) p. 291; aA***Raynaud,*** De l'usucapion des meubles en droit romain et de la règle "En fait de meubles possession vaut titre" en droit français, Thèse (1873) p. 160 et s., 245; ***Renaud,*** dans: Rev. lég., 1845. 2. 81; aA***Ripert – Boulanger,*** Traité de droit civil d'après le traité de Planiol, Tome II (1957) p. 995; ***Toullier,*** Le droit civil français suivant l'ordre du Code[5], Tome 6 (1839) p. 215 et s. bzw. Tome 7 (1839) p. 54

Gruppen von beweglichen Gütern, die einer besonderen Ordnung unterliegen und sich in der rechtlichen Behandlung den unbeweglichen Sachen ziemlich annähern. Solche beweglichen Sachen sind etwa See-, Fluß- und Luftschiffe.[123] Für diese wertvollen Güter sieht das Gesetz eine förmliche Registrierung vor, ab deren Vornahme das Rechtsgeschäft erst absolute Wirkung *erga omnes* erhält.[124] Kraftfahrzeuge fallen nicht unter die angesprochene Kategorie von beweglichen Sachen, sie unterliegen allerdings einer administrativrechtlichen Registrierung (*immatriculation*), welche aber keinen Einfluß auf die (absolute) Gültigkeit des Rechtstransfers hat.[125] Des weiteren ist die Einhaltung von publizitätsrechtlichen Formvorschriften bei Verkäufen oder Zessionen von Schuldforderungen sowie von Geschäftsanteilen Voraussetzung für eine gültige Eigentumsübertragung

---

123 Vor Herausnahme des Seerechts aus dem Code de commerce war dieses Recht im Handelsrechtskodex unter *Livre deuxième - Du commerce maritime* geregelt. Vgl. art. 531 C. civ., art. 195 C. com. novelliert durch loi n°67-5 du 3 janvier 1967, art. 10 sowie zur Frage der Publizität novelliert durch décret n°67-967 du 27 octobre 1967, art. 88 et s. für Seeschiffe (*des navires de mer*), décret n°56-1033 du 13 octobre 1956, art. 78 et s. für Flußschiffe (*des bateaux de rivière*) und C. aviat. civ. (décret n°67-333 du 30 mars 1967) für Luftschiffe (*des aéronefs*).

Ardilouze, La mutation en douane dans ses rapports avec les divers systèmes de transmission de la propriété mobilière et immobilière, Thèse (1931) p. 109 et s.; ***Bergel,*** Le droit des biens[2] (1990) p. 106; ***Carbonnier,*** Droit civil[13], Tome 3, Les Biens (1990) p. 88; ***Colin – Capitant,*** Traité de droit civil, Tome 1 (1953) p. 1075, 1092; ***Ferid – Sonnenberger,*** Das französische Zivilrecht, Band 2[2], (1986) 582; ***Lambert,*** Cours de droit civil, Droit du patrimoine (1971) p. 135; ***Larroumet,*** Droit civil[2], Tome II (1988) p. 587; ***Malaurie – Aynès,*** Cours de droit civil, Les biens - La publicité foncière (1992) p. 160; ***Terré – Simler,*** Droit civil, Les biens[4] (1992) p. 249 et s.; ***Zenati,*** Les biens (1988) p. 188

124 vgl. Bundesgesetz über die Seeschiffahrt unter Schweizer Flagge vom 24. September 1953, das einen Eigentumsübergang an eingetragenen Seeschiffen in der Schweiz nur durch Registereintragung vorsieht.

Ardilouze, La mutation en douane dans ses rapports avec les divers systèmes de transmission de la propriété mobilière et immobilière, Thèse (1931) p. 110 et s.; ***Atias,*** Droit civil, Les biens[2] (1991) p. 319; ***Bergel,*** Le droit des biens[2] (1990) p. 18; ***Carbonnier,*** Droit civil[13], Tome 3, Les Biens (1990) p. 88; ***Colin – Capitant,*** Traité de droit civil, Tome 1 (1953) p. 1075; ***Dupont Delestraint,*** Droit civil, Les biens[9] (1987) p. 72; ***Larroumet,*** Droit civil[2], Tome II (1988) p. 587 et s., 598 et s.; ***Malaurie – Aynès,*** Cours de droit civil, Les biens - La publicité foncière (1992) p. 160; ***Zenati,*** Les biens (1988) p. 147

125 vgl. Com., 15 décembre 1948, Bull. civ. II., n° 294, p. 1084; Lyon, 15 mars 1954, D. 1955. 460 = Gaz. Pal. 1954. 1. 309

Carbonnier, Droit civil[13], Tome 3, Les Biens (1990) p. 356 et s.; ***Larroumet,*** Droit civil[2], Tome II (1988) p. 598 et s.; ***Malaurie – Aynès,*** Cours de droit civil, Les biens - La publicité foncière (1992) p. 160; ***Terré – Simler,*** Droit civil, Les biens[4] (1992) p. 250

Dritten gegenüber.[126] Allgemein bleibt aber bei beweglichen Sachen der Besitz das nach außen gültige Zeichen einer Berechtigung. Der französische Gesetzgeber hat sich bei diesen Sachen mit dem Besitz für die einfachste Form eines Publizitätssystems entschieden. Eine Person, die eine bewegliche Sache erwerben will, muß sich daher nicht fragen, wer ist der Eigentümer, sondern nur, wer ist der Besitzer.[127]

9.6.4. ABSOLUTE WIRKUNG MIT VERTRAGSABSCHLUSS

Für *Ardilouze* unterscheiden die art. 711 und 1138 C. civ. in ihren Wirkungen nicht zwischen den Parteien und Dritten. Aufgrund fehlender positivrechtlicher Formvorschriften vermutet er daher die "bewußte Heimlichkeit der Übertragung beweglicher Sachen".[128] In seiner Dissertation versucht der Autor der verbreiteten juristischen Meinung entgegenzutreten, die der Notwendigkeit einer förmlichen Tradition für die Wirksamkeit einer eigentumsrechtlichen Übertragung beweglicher Sachen gegenüber Dritten das Wort redet. Dabei weiß er sich in bester Gesellschaft mit der Mehrheit der Autoren. Wesentlich ist hier vor allem, daß art. 1141 C. civ. bloß eine Anwendung der in art. 2279 C. civ. aufgestellten Maxime darstellt.[129] Man könnte auch sagen, daß die Situationen, die die beiden

---

[126] vgl. loi du 5 juillet 1884, art. 1690 C. civ. und art. 2075 C. civ. (loi du 17 mars 1909 bzw. loi n°80-525 du 12 juillet 1980)

Ardilouze, La mutation en douane dans ses rapports avec les divers systèmes de transmission de la propriété mobilière et immobilière, Thèse (1931) p. 110; ***Carbonnier,*** Droit civil[13], Tome 3, Les Biens (1990) p. 183; ***Colin – Capitant,*** Traité de droit civil, Tome 1 (1953) p. 1094; ***Dupont Delestraint,*** Droit civil, Les biens[9] (1987) p. 72; ***Zenati,*** Les biens (1988) p. 147

[127] ***Tournesac,*** Application pratique de la maxime "En fait de meubles possession vaut titre", Thèse (1913) p. 40

[128] ***Ardilouze,*** La mutation en douane dans ses rapports avec les divers systèmes de transmission de la propriété mobilière et immobilière, Thèse (1931) p. 105: *Le principe admis est celui de la clandestinité des transmissions mobilières.*; ***Beudant,*** Cours de droit civil français, Les contrats et les obligations (1906) p. 203 et s.; ***Colin – Capitant,*** Traité de droit civil, Tome 1 (1953) p. 1092: Die Autoren sind ebenfalls der Meinung, daß art. 1138 C. civ. durch die Anwendung des eigentumsübertragenden Aktes *erga omnes* die Gefahr der Heimlichkeit in sich birgt.

[129] ***Abdel-Baki,*** Du rôle de la possession en matière mobilière, Thèse (1943) p. 160, 195; ***Baudry-Lacantinerie – Tissier,*** Traité théorique et pratique de droit civil[3] (1905) p. 693; ***Bergel,*** Le droit des biens[2] (1990) p. 106; ***Beudant,*** Cours de droit civil français, La vente et le louage (1908) p. 109; ***Beudant,*** Cours de droit civil[2], Tome IV (1938) p. 712; ***Carbonnier,*** Droit civil[13], Tome 3, Les Biens (1990) p. 183, 361; ***Colin – Capitant,*** Traité de droit civil, Tome 1 (1953) p. 1093; ***Demante – Colmet de Santerre,*** Cours analytique de Code civil[2], Tome V (1883) p. 80; ***Demolombe,*** Cours de Code

Normen zu regeln beabsichtigen, ebenso ident sind wie die Lösungen. Der Erwerber bei art. 2279 C. civ. respektive der zweite Erwerber bei art. 1141 C. civ. erhält das Eigentum vom Nichteigentümer dann übertragen, wenn er über den tatsächlichen und gutgläubigen Besitz verfügt.[130] Der Besitz verschafft hier Eigentum, aus dem Vertrag heraus wäre das ja mangels der rechtlichen Qualität des Veräußerers unmöglich.[131]

Gegen die zuvor dargestellte Auslegung des art. 1141 C. civ. und die daraus gewonnene Schlußfolgerung, die absolute Wirkung des Vertragsabschlusses bedürfe noch eines weiteren Aktes, bringt *Ardilouze* im Einklang mit anderen Autoren das Argument vor, daß bei dieser eigenwilligen und zugleich folgenschweren Interpretation des art. 1141 C. civ. wohl nur der letzte Halbsatz übersehen worden sein konnte, der für den reelen Besitz und dessen damit verbundene Bevorzugung die unbedingte Gutgläubigkeit

---

Napoléon[3], Tome XXIV (1873) p. 483; ***Ferradou,*** Du rôle de la possession dans le droit privé français, Thèse (1928) p. 53; ***Fournier,*** De la possession des meubles en droit romain et de la règle "En fait de meubles possession vaut titre" en droit français, Thèse (1876) p. 259; ***Ghestin - Desché,*** Traité des contrats, La vente (1990) p. 603; ***Larroumet,*** Droit civil[2], Tome II (1988) p. 239, 601; ***Ledieu,*** De la règle en fait de meubles possession vaut titre, Thèse (1897) p. 64, 67; ***Marcadé,*** Explication théorique et pratique du Code Napoléon[5], Tome 4 (1852) p. 397; ***Ortlieb,*** De la collatio en droit romain / Des effets de la possession des meubles dans le droit français, ancien et moderne, Thèse (1871) p. 160; ***Ortscheidt,*** La possession en droit civil français et allemand, Thèse (1977) p. 579; ***Patault,*** Introduction historique au droit des biens (1989) p. 291; ***Planiol - Ripert,*** Traité pratique de droit civil français[2], Tome III (1952) p. 380 et s.; ***Raynaud,*** De l'usucapion des meubles en droit romain et de la règle "En fait de meubles possession vaut titre" en droit français, Thèse (1873) p. 161; ***Ripert - Boulanger,*** Traité de droit civil d'après le traité de Planiol, Tome II (1957) p. 980, 995; ***Terré - Simler,*** Droit civil, Les biens[4] (1992) p. 251; ***Toutain,*** Droit romain - De l'interdit utrubi / Droit français - De la possession des meubles, Thèse (1888) p. 220, 263; ***Vouin,*** La bonne foi, Thèse (1939) p. 315

130 ***Carbonnier,*** Droit civil[13], Tome 3, Les Biens (1990) p. 361; ***Ledieu,*** De la règle en fait de meubles possession vaut titre, Thèse (1897) p. 64; ***Marcadé,*** Explication théorique et pratique du Code Napoléon[5], Tome 4 (1852) p. 396 et s.; ***Ortlieb,*** De la collatio en droit romain / Des effets de la possession des meubles dans le droit français, ancien et moderne, Thèse (1871) p. 165; ***Planiol - Ripert,*** Traité pratique de droit civil français[2], Tome III (1952) p. 629 et s.; ***Ripert - Boulanger,*** Traité de droit civil d'après le traité de Planiol, Tome II (1957) p. 995; ***Saunier,*** De l'application de l'article 2279 dans les rapports entre auteur et ayant cause, Thèse (1907) p. 106

131 ***Bufnoir,*** Propriété et contrat (1900) p. 63; ***Demante - Colmet de Santerre,*** Cours analytique de Code civil[2], Tome V (1883) p. 78 et s.; ***Dupont Delestraint,*** Droit civil, Les biens[9] (1987) p. 71 et s.; ***Féréol Rivière,*** dans: Rev. lég., 1851. 3. 310; ***Ortlieb,*** De la collatio en droit romain / Des effets de la possession des meubles dans le droit français, ancien et moderne, Thèse (1871) p. 165; ***Planiol,*** Traité élémentaire de droit civil[6], Tome I (1911) p. 809 et s.

des Besitzenden reklamiert. Ist nämlich der zweite, reell besitzende Erwerber nicht gutgläubig, so wird der erste Erwerber als Eigentümer angesehen.[132] Dazu ist es erforderlich, die mangelnde Gutgläubigkeit des zweiten besitzenden Erwerbers nachzuweisen. Es muß dabei der Beweis dahingehend geführt werden, daß der zweite Erwerber im Zeitpunkt der Tradition selbst von der bereits erfolgten ersten Veräußerung Kenntnis hatte.[133]

Wenn daher der erste Erwerber nicht bloß auf die Geltendmachung schadenersatzrechtlicher Ansprüche beschränkt ist, sondern über einen Herausgabeanspruch im klassischen Sinn verfügt, dann ist nur eine einzige Schlußfolgerung möglich und zulässig: Der erste Erwerber ist bereits durch die Wirkungen der Willensübereinstimmung der Vertragsparteien - und zwar unabhängig von jeder materiellen Besitzverschaffung - rechtlich als Eigentümer gegenüber dem zweiten Erwerber und jedem Dritten anerkannt.[134] Bei Außerachtlassung des Faktors Gutgläubigkeit hieße das in der

---

[132] ***Abdel-Baki,*** Du rôle de la possession en matière mobilière, Thèse (1943) p. 347 et s; ***Ardilouze,*** La mutation en douane dans ses rapports avec les divers systèmes de transmission de la propriété mobilière et immobilière, Thèse (1931) p. 106; ***Baudry-Lacantinerie – Barde,*** Traité théorique et pratique de droit civil[3], Tome 1 (1906) p. 452; ***Beudant,*** Cours de droit civil français, Les contrats et les obligations (1906) p. 204; ***Bufnoir,*** Propriété et contrat (1900) p. 63; ***Dupont Delestraint,*** Droit civil, Les biens[9] (1987) p. 72; ***Foignet,*** Manuel élémentaire de droit civil, Tome I, dix-huitième édition par Émile Dupont (1943) p. 604; ***Fournier,*** De la possession des meubles en droit romain et de la règle "En fait de meubles possession vaut titre" en droit français, Thèse (1876) p. 259; ***Larroumet,*** Droit civil[2], Tome II (1988) p. 238 et s.; ***Marcadé,*** Explication théorique et pratique du Code Napoléon[5], Tome 4 (1852) p. 396 et s.; ***Ortlieb,*** De la collatio en droit romain / Des effets de la possession des meubles dans le droit français, ancien et moderne, Thèse (1871) p. 165 et s.; ***Ortscheidt,*** La possession en droit civil français et allemand, Thèse (1977) p. 578; ***Saunier,*** De l'application de l'article 2279 dans les rapports entre auteur et ayant cause, Thèse (1907) p. 104 et s.; ***Terré – Simler,*** Droit civil, Les biens[4] (1992) p. 251; ***Troplong,*** Le droit civil expliqué suivant l'ordre des articles du Code[5], Tome 1 (1856) p. 51 et s.

[133] ***Ardilouze,*** La mutation en douane dans ses rapports avec les divers systèmes de transmission de la propriété mobilière et immobilière, Thèse (1931) p. 108

[134] ***Abdel-Baki,*** Du rôle de la possession en matière mobilière, Thèse (1943) p. 347; ***Ardilouze,*** La mutation en douane dans ses rapports avec les divers systèmes de transmission de la propriété mobilière et immobilière, Thèse (1931) p. 108 et s.; ***Beudant,*** Cours de droit civil[2], Tome XI (1938) p. 113; ***Demante – Colmet de Santerre,*** Cours analytique de Code civil[2], Tome V (1883) p. 78 et s.; ***Fournier,*** De la possession des meubles en droit romain et de la règle "En fait de meubles possession vaut titre" en droit français, Thèse (1876) p. 259; ***Laurent,*** Principes de droit civil français[3], Tome 16 (1878) p. 430 et s.; ***Marcadé,*** Explication théorique et pratique du Code Napoléon[5], Tome 4 (1852) p. 396 et s.; ***Ortlieb,*** De la collatio en droit romain / Des effets de la possession des meubles dans le droit français, ancien et moderne, Thèse (1871) p. 165 et s.; ***Ortscheidt,*** La possession en droit civil français et allemand, Thèse (1977) p. 578

Konsequenz, daß die Übergabe einer beweglichen Sache zur Gültigkeit *erga omnes* notwendig wäre. Das würde dem Wortlaut von art. 1141 C. civ. wider sprechen und die Prüfung nach der Existenz der Gutgläubigkeit sinnlos machen.[135]

Resümierend heißt das, daß art. 1141 C. civ. nicht der Ausfluß eines Prinzips ist, das die Besitzverschaffung zur Bedingung einer im Verhältnis zu Dritten wirksamen Eigentumsübertragung beweglicher Sachen macht. Der zweite - besitzende und gutgläubige - Erwerber wird dem ersten Erwerber im Sinne des art. 1141 C. civ. nicht deswegen vorgezogen, weil der erste nicht durch bloße Willensübereinstimmung Eigentümer geworden ist, sondern weil dessen Herausgabeanspruch durch die Anwendung des art. 2279 C. civ. beseitigt wird, ganz so, wie auch im Falle der Veräußerung einer fremden Sache dem wirklichen Eigentümer der Herausgabeanspruch ex lege genommen ist.[136] Die Willensübereinstimmung der Parteien macht die Verpflichtung zur Lieferung der beweglichen Sache perfekt, die tatsächliche Besitzverschaffung ist nicht notwendig, damit der Gläubiger als Eigentümer angesehen wird. Es handelt sich bei diesem Recht nämlich nicht um ein Recht auf eine Sache (*droit à la chose, ius ad rem*), sondern

---

et s.; ***Planiol,*** Traité élémentaire de droit civil[6], Tome I (1911) p. 809 et s.; ***Ripert – Boulanger,*** Traité de droit civil d'après le traité de Planiol, Tome II (1957) p. 995 et s.; ***Terré – Simler,*** Droit civil, Les biens[4] (1992) p. 251; ***Troplong,*** Le droit civil expliqué suivant l'ordre des articles du Code[5], Tome 1 (1856) p. 51 et s.

135 ***Foignet,*** Manuel élémentaire de droit civil, Tome I, dix-huitième édition par Émile Dupont (1943) p. 604; ***Laurent,*** Principes de droit civil français[3], Tome 16 (1878) p. 430; ***Ortlieb,*** De la collatio en droit romain / Des effets de la possession des meubles dans le droit français, ancien et moderne, Thèse (1871) p. 166

136 ***Abdel-Baki,*** Du rôle de la possession en matière mobilière, Thèse (1943) p. 347; ***Ardilouze,*** La mutation en douane dans ses rapports avec les divers systèmes de transmission de la propriété mobilière et immobilière, Thèse (1931) p. 108; ***Beudant,*** Cours de droit civil français, Les contrats et les obligations (1906) p. 204; ***Colin – Capitant,*** Traité de droit civil, Tome 1 (1953) p. 1093; ***Féréol Rivière,*** dans: Rev. lég., 1851. 3. 310; ***Foignet,*** Manuel élémentaire de droit civil, Tome I, dix-huitième édition par Émile Dupont (1943) p. 604; ***Fournier,*** De la possession des meubles en droit romain et de la règle "En fait de meubles possession vaut titre" en droit français, Thèse (1876) p. 206; ***Larroumet,*** Droit civil[2], Tome II (1988) p. 239; ***Laurent,*** Principes de droit civil français[3], Tome 16 (1878) p. 430 et s.; ***Marcadé,*** Explication théorique et pratique du Code Napoléon[5], Tome 4 (1852) p. 397; ***Ortlieb,*** De la collatio en droit romain / Des effets de la possession des meubles dans le droit français, ancien et moderne, Thèse (1871) p. 165 et s.; ***Planiol – Ripert,*** Traité pratique de droit civil français[2], Tome III (1952) p. 630; ***Ripert – Boulanger,*** Traité de droit civil d'après le traité de Planiol, Tome II (1957) p. 995 et s.

um das Eigentumsrecht als Prototyp eines dinglichen Rechts (*droit de propriété, ius in re*).[137]

Einen weiteren Anhaltspunkt für diese Aussage - dazu noch mit direkterem Bezug - bietet der Wortlaut von art. 1138 C. civ., wo klar und ohne Einschränkungen festgelegt ist, daß das Eigentum ausschließlich *solo consensu* und ohne Differenzierung im Verhältnis zwischen den Parteien und Dritten übergeht. Auch kein anderer Artikel des Code civil fordert an irgendeiner Stelle zur Gültigkeit der vertraglichen Eigentumsübertragung gegenüber Dritten eine förmliche Übergabe (*traditio*).[138] Daher ist davon auszugehen, daß der historische Gesetzgeber eine solche Beschränkung des Handelsverkehrs a priori gar nicht wollte. Eine Ansicht, die bei Betrachtung der Argumentation für den weitreichenden art. 2279 C. civ. - größte Freiheit des Warenhandels von Hand zu Hand (*tradition* oder auch *remise corporelle de la chose de la main à la main*) - durchaus ihre historische und rechtliche Berechtigung hat.

Zum Verhältnis zwischen art. 1138 C. civ. und art. 2279 C. civ. ist festzuhalten, daß art. 2279 C. civ. - und in seinem Gefolge auch art. 1141 C. civ. als bloße Anwendung der Maxime aus art. 2279 C. civ. - überall dort Anwendung findet, wo es art. 1138 C. civ. nicht tut. Beide Artikel derogieren dem art. 1138 C. civ. eindeutig nicht.[139] Mit der eigentumübertragenden Wirkung des Vertrages *solo consensu* wird zumeist ein Auseinanderfallen zwischen Eigentum und Besitz erreicht oder doch zumindest begünstigt, wobei dieser geteilte Zustand zumeist für Dritte nicht erkennbar ist. Bei einem nochmaligen Verkauf durch den ursprünglichen,

---

[137] ***Abdel-Baki,*** Du rôle de la possession en matière mobilière, Thèse (1943) p. 347; ***Ardilouze,*** La mutation en douane dans ses rapports avec les divers systèmes de transmission de la propriété mobilière et immobilière, Thèse (1931) p. 109; ***Baudry-Lacantinerie – Barde,*** Traité théorique et pratique de droit civil[3], Tome 1 (1906) p. 461 et s.; ***Bouglé – Moysset,*** Oeuvres complètes de P.-J. Proudhon (1938) p. 24: *La propriété est un droit réel, ius in re, un droit inhérent à la chose.*; ***Colin – Capitant,*** Traité de droit civil, Tome 1 (1953) p. 1093 et s.; ***Monateri,*** dans: R.I.D.C., jan.-mars 1984, p. 7; aA***Siffrein,*** Oeuvres de Pothier, Tome 15 (1821) p. 58: Es entsteht bloß ein Recht auf die Sache (*ius ad rem*).; ***Toullier,*** Le droit civil français suivant l'ordre du Code[5], Tome 3 (1839) p. 54

[138] ***Beudant,*** Cours de droit civil français, Les contrats et les obligations (1906) p. 204; ***Beudant,*** Cours de droit civil[2], Tome IV (1938) p. 711 et s.; ***Foignet,*** Manuel élémentaire de droit civil, Tome I, dix-huitième édition par Émile Dupont (1943) p. 604; ***Pérochon,*** La réserve de propriété dans la vente de meubles corporels (1988) p. 9 et s.; ***Waelbroeck,*** Le transfert de la propriété dans la vente d'objets mobiliers corporels en droit comparé (1961) p. 76

[139] ***Beudant,*** Cours de droit civil français, Les contrats et les obligations (1906) p. 197, 204; ***Beudant,*** Cours de droit civil[2], Tome IV (1938) p. 712 et s.; ***Laurent,*** Principes de droit civil français[3], Tome 16 (1878) p. 428 et s.

besitzenden Eigentümer könnte dem Grundsatz *Nemo plus iuris transferre potest quam ipse habet* folgend der zweite Erwerber nie die Eigentümerstellung erlangen. Wegen der Sicherheit und Berechenbarkeit von Abläufen bei Rechtsgeschäften sowie aus Billigkeitsgründen wird demgemäß vom französischen Recht dem zweiten Erwerber, bei Erfüllung aller gesetzlichen Bedingungen, die Eigentümerstellung im Wege des gutgläubigen Erwerbs zuerkannt.[140]

---

[140] ***Margellos,*** La protection du vendeur à crédit d'objets mobiliers corporels à travers la clause de réserve de propriété (1989) p. 205 et s.; ***Waelbroeck,*** Le transfert de la propriété dans la vente d'objets mobiliers corporels en droit comparé (1961) p. 76 et s.

> [21]*Jesus antwortete ihm: "Willst du vollkommen sein, so geh hin, verkauf, was du hast, und gib es den Armen, und du wirst einen Schatz im Himmel haben; dann komm und folge mir nach!"* [22]*Als der junge Mann dieses Wort vernahm, ging er traurig davon; denn er besaß viele Güter.*
>
> Mt 19, 21-22

10. KAUF

10.1. DIE GESCHICHTLICHE ENTWICKLUNG

Im römischen Recht ist der Kauf zunächst nur eine Abwandlung des wesentlich älteren Tausches: Eine Sache wird gegen einen Preis getauscht.[1] Der Eigentumstransfer korrespondiert dabei mit der Hingabe des Preises, wobei es wesentlich ist, daß der Transfer durch einen formellen Akt[2] realisiert werden muß.[3] Schon zur Zeit der XII-Tafel-Gesetze entsteht aber der Kauf als Rechtsgeschäft.[4] In der klassischen Periode verwirklicht sich der Kauf durch bloße Austauschen von Versprechen, ohne Formerfordernisse, ohne sofortige Lieferung der Sache und ohne simultane Preiszahlung. Allerdings läßt ein solcher Vertrag auch ausschließlich die Verpflichtungen zu liefern bzw. zu zahlen entstehen. Zur vollkommenen Vertragserfüllung mit Eigentumstransfer ist letztlich die Übertragung der Sache unbedingt erforderlich.[5]

---

[1] ***Ghestin – Desché,*** Traité des contrats, La vente (1990) p. 11; ***Pérochon,*** La réserve de propriété dans la vente de meubles corporels (1988) p. 2 et s.

[2] Um eine schon vorgenommene Analyse nicht zu wiederholen, verweise ich hier bloß auf die Begriffe *res mancipi* und *res nec mancipi* bzw. *mancipatio*, *in iure cessio* und *traditio*.

[3] ***Ghestin,*** Les obligations, Le contrat (1980) p. 26; ***Ghestin – Desché,*** Traité des contrats, La vente (1990) p. 11; ***Pérochon,*** La réserve de propriété dans la vente de meubles corporels (1988) p. 3; ***Terré – Simler,*** Droit civil, Les biens[4] (1992) p. 244

[4] ***Ghestin – Desché,*** Traité des contrats, La vente (1990) p. 11; ***Pérochon,*** La réserve de propriété dans la vente de meubles corporels (1988) p. 3; ***Troplong,*** Le droit civil expliqué suivant l'ordre des articles du Code[5], Tome 1 (1856) p. 45 et s.

[5] ***Alter,*** L'obligation de délivrance dans la vente de meubles corporels (1972) p. 8, 10; ***Aubry – Rau,*** Droit civil français[7], Tome II (1961) p. 377; ***Beudant,*** Cours de droit civil[2], Tome IV (1938) p. 708; ***Ghestin – Desché,*** Traité des contrats, La vente (1990) p. 11; ***Pérochon,*** La réserve de propriété dans la vente de meubles corporels (1988) p. 3; ***Troplong,*** Le droit civil expliqué suivant l'ordre des articles du Code[5], Tome 1 (1856) p. 46 et s.

Für den in den Zwölf Tafeln erwähnten Kauf auf Kredit ist es, wenn auch später durch die Interpreten in dieser Form nicht ganz unumstritten, erforderlich, daß der gesamte Kaufpreis gezahlt wurde, um Eigentum übergehen zu lassen. Später war es sogar möglich, den Eigentumstransfer ausdrücklich durch Einfügung einer Klausel *pactum reservati dominii* bis zur vollständigen Kaufpreisleistung aufzuschieben.[6] Für den Barkauf als erste Stufe eines Kaufgeschäfts gibt es außerdem umfangreiche Untersuchungen, ob es sich dabei nicht um einen Vertrag handelt, der durch die Hingabe der Sache die Verpflichtung der Kaufpreiszahlung entstehen läßt, oder ob nicht die lateinische Bezeichnung für diesen Kauf - *emptio-venditio* - schon für sich alleine spricht, also hinter dem Kauf eigentlich zwei unterschiedliche aber doch parallele Verpflichtungen oder Versprechen bestehen.[7]

Wurde zunächst im alten französischen Recht noch die tatsächliche Übergabe der Sache für die Erfüllung der Bedingungen eines gültigen Rechtsgeschäfts in Frankreich verlangt, so ändert sich bereits im Laufe des 13. Jahrhunderts die Situation unter kanonischem Einfluß dahingehend, daß von nun an die bloße Willensübereinstimmung im Sinne der christlichen Morallehre und des Naturrechts für den Eigentumsübergang genügen soll.[8] Das alte französische Recht entwickelte daher die römischen Ideen einer zweiaktigen Eigentumsübertragung weiter, um sie durch Entfall der effektiven Übergabe der Sache praktikabler zu gestalten. Der Grund ist in der Anerkennung einer Vertragsklausel zu sehen, in der der Verkäufer erklärte, die Sache nunmehr für den Käufer zu besitzen. Die Konzeption dahinter ist eigentlich ein Besitzkonstitut (*constitutum possessorium*).[9] In der Konsequenz begnügte man sich daher mit einer fiktiven Übergabe, eine

---

6 ***Pérochon,*** La réserve de propriété dans la vente de meubles corporels (1988) p. 3

7 ***Alter,*** L'obligation de délivrance dans la vente de meubles corporels (1972) p. 8 et s.: Die Verpflichtung zu *vacuam possessionem tradere* entsteht.; ***Beudant,*** Cours de droit civil[2], Tome XI (1938) p. 9 et s., 13; ***Ghestin – Desché,*** Traité des contrats, La vente (1990) p. 12

8 ***Ghestin,*** Les obligations, Le contrat (1980) p. 28 et s.; ***Ghestin – Desché,*** Traité des contrats, La vente (1990) p. 13; ***Lepointe,*** Droit romain et ancien droit français, Droit des biens (1958) p. 99; ***Pérochon,*** La réserve de propriété dans la vente de meubles corporels (1988) p. 4

9 ***Alter,*** L'obligation de délivrance dans la vente de meubles corporels (1972) p. 11 et s.; ***Aubry – Rau,*** Droit civil français[7], Tome II (1961) p. 378; ***Bugnet,*** Oeuvres de Pothier, Tome 3 (1861) p. 129; ***Féréol Rivière,*** dans: Rev. lég., 1851. 3. 310; ***Ferradou,*** Du rôle de la possession dans le droit privé français, Thèse (1928) p. 51; ***Foignet,*** Manuel élémentaire de droit civil, Tome I, dix-huitième édition par Émile Dupont (1943) p. 599; ***Ghestin – Desché,*** Traité des contrats, La vente (1990) p. 13; ***Marcadé,*** Explication théorique et pratique du Code Napoléon[5], Tome 4 (1852) p. 390; ***Terré – Simler,*** Droit civil, Les biens[4] (1992) p. 244: Rechtlich hat sich an der Stellung des Veräußerers auch heute nichts geändert.

reelle wurde nach und nach entbehrlich.[10] Der nächste Schritt wurde im Sinne einer Erleichterung des Handelsverkehrs dadurch gesetzt, daß die Klausel des Besitzkonstituts perfektioniert wurde. In der neuen Vertragsklausel[11] war nur mehr die Erklärung des Verkäufers erforderlich, den Besitz selbst aufzugeben, um ihn dem Käufer einzuräumen. Die Übergabe der Sache, obgleich an sich noch unverzichtbares Element einer tatsächlich realisierten Eigentumsübertragung, fand durch den Einfluß des Naturrechts nur mehr durch einen bloß intellektuellen Akt in der Form einer standardisierten Vertragsklausel (Willensbekundung der Parteien oder Konsens genannt) statt.[12]

Anstatt ganz einfach zu sagen, daß die bloße Willensübereinstimmung für den Eigentumsübergang genügen soll, haben sich die Redakteure des Code civil laut *Marcadé* folgende Erklärungskette zu eigen gemacht: Die Vereinbarung etwas abzugeben (*convention de donner*) läßt eine Schuld (*obligation*) im Sinne des Obligationenrechts entstehen, die ihrerseits wieder die Verpflichtung mit sich bringt, die Sache zu übertragen (*livrer, faire la tradition*). Die Erfüllung dieser Verpflichtung, also in anderen Worten die Übergabe, läßt Eigentum übergehen, wobei die Übergabe keine reelle sein muß, weil ja die Willensübereinstimmung als solche bereits eine dieselben Wirkungen produzierende fiktive Übergabe beinhaltet. Schließlich ist es diese fiktive Übergabe, die den Eigentumsübergang in jenen Fällen bewirkt, in denen die Vereinbarung (der Vertrag) nicht unmmittelbar von der materiellen Übergabe der Sache begleitet ist.[13]

---

[10] ***Alter,*** L'obligation de délivrance dans la vente de meubles corporels (1972) p. 9; ***Bugnet,*** Oeuvres de Pothier, Tome 3 (1861) p. 129; ***Féréol Rivière,*** dans: Rev. lég., 1851. 3. 310; ***Ferradou,*** Du rôle de la possession dans le droit privé français, Thèse (1928) p. 51; ***Foignet,*** Manuel élémentaire de droit civil, Tome I, dix-huitième édition par Émile Dupont (1943) p. 600; ***Ghestin – Desché,*** Traité des contrats, La vente (1990) p. 13

[11] *Clause de dessaisine-saisine* oder auch *clause de devest-vest* genannt.

[12] ***Abdel-Baki,*** Du rôle de la possession en matière mobilière, Thèse (1943) p. 344 et s.; ***Bugnet,*** Oeuvres de Pothier, Tome 3 (1861) p. 129; ***Colin – Capitant,*** Traité de droit civil, Tome 1 (1953) p. 1088 et s.; ***Féréol Rivière,*** dans: Rev. lég., 1851. 3. 310; ***Ferradou,*** Du rôle de la possession dans le droit privé français, Thèse (1928) p. 51 et s.; ***Foignet,*** Manuel élémentaire de droit civil, Tome I, dix-huitième édition par Émile Dupont (1943) p. 600; ***Ghestin – Desché,*** Traité des contrats, La vente (1990) p. 13; ***Marcadé,*** Explication théorique et pratique du Code Napoléon[5], Tome 4 (1852) p. 390 et s.; ***Monateri,*** dans: R.I.D.C., jan.-mars 1984, p. 7

[13] ***Marcadé,*** Explication théorique et pratique du Code Napoléon[5], Tome 4 (1852) p. 393

10.2. DIE ALLGEMEINEN VERTRAGSBESTIMMUNGEN

Wie bei der Vollziehung und Umsetzung jedes Vertrages ist natürlich auch im Kauffalle der Staat omnipräsent. Das zeigt sich schon in der rechtlichen Selbstverständlichkeit, daß Verträge gemäß art. 1133 C. civ. nichtig sein können, wenn deren Rechtsgrund gegen Gesetze, gegen die guten Sitten (*boni mores*) oder die öffentliche Ordnung verstößt.[14] Jene Artikel, die sich im Text des Code civil unmittelbar vor den Bestimmungen über die Wirkungen schuldrechtlicher Verpflichtungen (art. 1134 et s. C. civ., *De l'effet des obligations*) wiederfinden, stehen im Kapitel *De la cause.*[15] Bereits seit dem Inkrafttreten des Code civil zerbrechen sich die Kommentatoren die Köpfe, um endgültig herauszufinden, was die Redakteure des Gesetzes unter dem Begriff *cause*[16], den jene in den Code civil aufgenommen haben, ohne ihn exakt zu definieren, tatsächlich verstanden haben.

Eine mögliche Interpretation ist, daß sich der Rechtsgrund mit dem Objekt vermischt. In einem bilateralen Vertrag wie dem Kaufvertrag bilden somit die Kaufsache und der Kaufpreis zum einen den Rechtsgrund und zum anderen auch das Objekt der vertraglichen Verpflichtungen.[17] Eine weitere Interpretationsmöglichkeit ist, bei synallagmatischen Verträgen die Verpflichtungen der Parteien wechselweise als Rechtsgrund zu erkennen. Für den Kaufvertrag im speziellen heißt das, daß der Preis die Replik auf die Lieferung der Sache darstellt und umgekehrt. Beide Verpflichtungen aus dem Vertrag bestehen parallel zueinander.[18] Im Falle von unilateralen Verträgen wie etwa Schenkungen, wo nur ein Teil zur Leistung ver-

---

14 art. 1133 C. civ.: La cause est illicite, quand elle est prohibée par la loi, quand elle est contraire aux bonnes moeurs ou à l'ordre public.

vgl. auch art. 1108 und 1304 C. civ. respektive art. 1658 et s. C. civ. für den Kaufvertrag

Chauffardet, Le problème de la perpétuité de la propriété, Etude de sociologie juridique et de droit positif, Thèse (1933) p. 152; ***Laurent,*** Principes de droit civil français[3], Tome 16 (1878) p. 144 et s.; ***Monateri,*** dans: R.I.D.C., jan.-mars 1984, p. 7

15 ***Duguit,*** Les transformations générales du droit privé depuis le Code Napoléon[2] (1920) p. 94

16 Die wörtliche Übersetzung für *cause* ist Ursache oder etwas spezieller Rechtsgrund. Die vorbereitenden Arbeiten für den Code civil geben auch keine abschließende Auskunft.

17 ***Duguit,*** Les transformations générales du droit privé depuis le Code Napoléon[2] (1920) p. 94

18 vgl. Req., 26 juin 1935, D.H. 1935. 414

Beudant, Cours de droit civil[2], Tome XI (1938) p. 108; ***Bufnoir,*** Propriété et contrat (1900) p. 530 et s.; ***Ghestin,*** Les obligations, Le contrat (1980) p. 531; ***Josserand,*** Les mobiles dans les actes juridiques du droit privé[2] (1984) p. 144; ***Monateri,*** dans: R.I.D.C., jan.-mars 1984, p. 7

pflichtet ist, während der andere ausschließlich über die Gläubigerstellung verfügt, ist der Rechtsgrund für das Engagement des einseitigen Schuldners in seiner freien Entscheidungsgewalt, in seinem alleinigen und freien Willen zu schenken, zu suchen. Dieser Wille heißt *animus donandi.*[19] Für diese interpretativen Erklärungen spricht auch eine Aussage von *Bigot-Préameneu*: "*La cause est dans l'intérêt réciproque des parties ou dans la bienfaisance de l'une d'elles.*"[20] Schließlich gibt es aber noch die lange Zeit vorherrschende Ansicht, daß ein Rechtsgrund mit dem Warum (Motiv) einer Verpflichtung ident ist. Der Rechtsgrund wird so mit jenem unmittelbaren Ziel (*le but visé*) gleichgesetzt, das sich die Partei, die sich verpflichtet, durch ihre Verpflichtung zu erreichen erwartet.[21] Diese Haltung ist wohl angesichts des bei jeder Person variierenden Motivs abzulehnen.

In Österreich herrscht - jedenfalls beim Zweipersonenverhältnis - das Prinzip des kausalen Verpflichtungsgeschäfts. Per definitionem ist ein Verpflichtungsgeschäft kausal, wenn daraus ein Zweck (*causa*) hervorgeht, der es wirtschaftlich erklärt. Ein abstraktes Verpflichtungsgeschäft - also ein Geschäft ohne ersichtlichen wirtschaftlichen Zweck als Grund der Verpflichtung - ist in Österreich ausschließlich in dreipersonalen Beziehungen wirksam, grundsätzlich sind diese Versprechen aber nach österreichischem Recht ungültig. In diesem Rahmen sei außerdem gleich erwähnt, daß in Österreich auch das Verfügungsgeschäft kausal ist, also vom Bestand des obligatorischen Verpflichtungsgeschäfts abhängt.[22]

Weshalb ist nun die eindeutige Erklärung und Abgrenzung des Begriffes *cause* in Frankreich von solcher Bedeutung? Weil art. 1131 C. civ. im Zusammenhang mit art. 1108 C. civ. gelesen und interpretiert werden muß. In art. 1108 C. civ. werden die Bedingungen genannt, die für die Gültigkeit einer Vereinbarung wesentlich sind: Zustimmung der verpflichteten Partei[23], Geschäftsfähigkeit, Vertragsgegenstand[24] und zulässiger

---

[19] ***Bufnoir,*** Propriété et contrat (1900) p. 531; ***Josserand,*** Les mobiles dans les actes juridiques du droit privé^2 (1984) p. 145: *La cause d'un acte de bienfaisance est toujours dans la bienfaisance même.*; ***Monateri,*** dans: R.I.D.C., jan.-mars 1984, p. 7

[20] ***Laurent,*** Principes de droit civil français^3, Tome 16 (1878) p. 148

[21] ***Bufnoir,*** Propriété et contrat (1900) p. 527 et s.: *Cur debitur?*; ***Ghestin,*** Les obligations, Le contrat (1980) p. 533 mit einem Zitat von *Capitant*; ***Josserand,*** Les mobiles dans les actes juridiques du droit privé^2 (1984) p. 146 et s.: Das Motiv ist der finale Rechtsgrund wie ihn etwa auch *Demolombe* beschreibt.; ***Laurent,*** Principes de droit civil français^3, Tome 16 (1878) p. 146 mit Zitaten von *Toullier* und *Demolombe*; ***Planiol – Ripert,*** Traité pratique de droit civil français^2, Tome VI (1952) p. 316 et s., 321 et s.

[22] ***Koziol – Welser,*** Grundriß des bürgerlichen Rechts^{10}, Band I (1995) 101 f

[23] ***Sacco,*** dans: R.I.D.C., oct.-déc. 1965, p. 827: Der Text in art. 1108 C. civ. bezieht sich ausschließlich auf die verpflichtete Partei. Die Nennung des Gläubigers fehlt und ist im Code civil interpretativ zu ergänzen. Der italienische Codice civile 1865 hat

Rechtsgrund.[25] Daran knüpft die Textierung in art. 1131 C. civ. an, wenn dort davon die Rede ist, daß eine Verpflichtung ohne Rechtsgrund, mit einem falschen oder unzulässigen Rechtsgrund keine rechtlichen Wirkungen auslösen kann.[26] Somit ist ein Vertrag ohne Rechtsgrund ein unvollständiger Vertrag, der nicht lebensfähig geboren wurde. Er bleibt vollkommen wirkungslos.[27] Die Schlußfolgerung daraus muß also - immer noch im Rahmen der Betrachtung des Begriffes *cause* - sein, daß für einen Vertragstyp der Rechtsgrund immer unverändert bleiben muß. Egal welche Motive etwa für einen Kaufvertrag ausschlaggebend sind oder unter welchen Umfeldbedingungen er abgeschlossen wird, die Verpflichtungen des Verkäufers finden ihren Rechtsgrund zwingend immer in jenen des Käufers und umgekehrt.[28]

Nach den Bestimmungen über den Rechtsgrund folgen jene über die Wirkungen der Verpflichtungen im allgemeinen. So legt auch art. 1134 C. civ. einige allgemeine Interpretationsgrundsätze für Verträge fest. Demnach darf ein Richter im Streitfall seinen Willen nicht an die Stelle des

---

diesen Fehler der französischen Gesetzgebung für Italien korrigiert und die zustimmende Annahme durch den Gläubiger positivrechtlich normiert.; ***Sacco,*** dans: Rivista di diritto civile, 1979 - n°4, p. 442

24 vgl. auch art. 1129 C. civ.: Il faut que l'obligation ait pour objet une chose au moins déterminée quant à son espèce.

Zimmermann, in: JBl 1998, 273

25 art. 1108 C. civ.: Quatre conditions sont essentielles pour la validité d'une convention: Le consentement de la partie qui s'oblige; Sa capacité de contracter; Un objet certain qui forme la matière de l'engagement; Une cause licite dans l'obligation.

Beudant, Cours de droit civil[2], Tome XI (1938) p. 108; ***Laurent,*** Principes de droit civil français[3], Tome 16 (1878) p. 145, 151 et s.: Für den Autor ist klargestellt, daß bei Erfüllung der ersten drei Bedingungen in art. 1108 C. civ. die vierte - nämlich der Rechtsgrund - für das rechtsgültige Zustandekommen eines Vetrages tatsächlich bedeutungslos ist.; ***Monateri,*** dans: R.I.D.C., jan.-mars 1984, p. 7; ***Planiol – Ripert,*** Traité pratique de droit civil français[2], Tome VI (1952) p. 316, 320 et s. mit einem Zitat von *Pothier*: *Tout engagement doit avoir une cause honnête.*; ***Terré – Simler,*** Droit civil, Les biens[4] (1992) p. 242; ***Zimmermann,*** in: JBl 1998, 273

26 art. 1131 C. civ.: L'obligation sans cause, ou sur une fausse cause, ou sur une cause illicite, ne peut avoir aucun effet.

Ewald, Naissance du Code civil, La raison du législateur (1989) p. 388; ***Ghestin,*** Les obligations, Le contrat (1980) p. 556; ***Laurent,*** Principes de droit civil français[3], Tome 16 (1878) p. 145; ***Monateri,*** dans: R.I.D.C., jan.-mars 1984, p. 7; ***Planiol – Ripert,*** Traité pratique de droit civil français[2], Tome VI (1952) p. 316

27 ***Ghestin,*** Les obligations, Le contrat (1980) p. 556 et s.: Ein Vertrag ohne Rechtsgrund ist somit absolut nichtig (*la nullité absolue du contrat*).; ***Laurent,*** Principes de droit civil français[3], Tome 16 (1878) p. 145; ***Monateri,*** dans: R.I.D.C., jan.-mars 1984, p. 7

28 ***Josserand,*** Les mobiles dans les actes juridiques du droit privé[2] (1984) p. 149 et s.

Willens der Vertragsparteien setzen, außerdem muß er den Vertrag so interpretieren, daß der ursprüngliche Wille der Parteien bestmöglich gewahrt bleibt. Dabei ist es unerheblich, wie der Vertrag letztendlich vollzogen wurde. Schließlich stellt art. 1134 C. civ. die Verträge auch unter das allgemeine Regime des Grundsatzes von Treu und Glauben.[29] Werden im Zweifelsfall die Vertragsbestimmungen gegen den Gläubiger und zugunsten des Schuldners interpretiert (art. 1162 C. civ.), so findet diese Regel beim Kauf keine Anwendung, weil dort zumeist der Verkäufer dem Käufer sein Recht aufzwingt: *Qui vend le pot, dit le mot.* Der Kaufvertrag wird daher gemäß art. 1602 C. civ. immer gegen den Verkäufer interpretiert, wobei diese Bestimmung als spezielle Norm für den Kauf dem art. 1162 C. civ. derogiert. [30]

10.3. DIE KAUFVERTRAGSBESTIMMUNGEN

Nach der Definition des Gesetzes gemäß art. 1582 C. civ. ist der Kaufvertrag eine Vereinbarung, derzufolge sich der eine zur Lieferung der Sache und der andere zur Preiszahlung verpflichtet: Willensübereinstimmung, Kaufsache und Kaufpreis als Elemente.[31] In der genannten Bestim-

---

[29] art. 1134 C. civ.: Les conventions légalement formées tiennent lieu de loi à ceux qui les ont faites. Elle ne peuvent être révoquées que de leur consentement mutuel, ou pour les causes que la loi autorise. Elles doivent être exécutées de bonne foi.

Atias, Le droit civil[2] (1985) p. 122 et s.; ***Ferid – Sonnenberger,*** Das französische Zivilrecht, Band 2[2], (1986) 574: Diese Norm ist die Magna Charta der Privatautonomie.; ***Ghestin,*** Les obligations, Le contrat (1980) p. 24; ***Terré – Simler,*** Droit civil, Les biens[4] (1992) p. 242

[30] art. 1162 C. civ.: Dans le doute, la convention s'interprète contre celui qui a stipulé et en faveur de celui qui a contracté l'obligation.

art. 1602 C. civ.: Le vendeur est tenu d'expliquer clairement ce à quoi il s'oblige. Tout pacte obscur ou ambigu s'interprète contre le vendeur.

Mazeaud, Leçons de droit civil[3], Tome III, 2e vol., Principaux contrats (1968) p. 31

[31] art. 1582 C. civ.: La vente est une convention par laquelle l'un s'oblige à livrer une chose, et l'autre à la payer.

Acollas, Manuel de droit civil[2], Tome 3 (1874) p. 233; ***Alter,*** L'obligation de délivrance dans la vente de meubles corporels (1972) p. 12 et s.; ***Atias,*** Le droit civil[2] (1985) p. 110 et s.; ***Beudant,*** Cours de droit civil[2], Tome XI (1938) p. 4; ***Bouillard,*** De la preuve de la propriété mobilière, Thèse (1900) p. 55; ***Bugnet,*** Oeuvres de Pothier, Tome 3 (1861) p. 1; ***Demante – Colmet de Santerre,*** Cours analytique de Code civil[2], Tome VII (1887) p. 2 et s.; ***Duranton,*** Cours de droit français suivant le Code civil[4], Tome 16 (1844) p. 7; ***Ebenroth,*** in: JBl 1986, 681: vgl. auch Art. 14 Abs. 1 Satz 2 UNK; ***Goré,*** dans: Rev. trim. dr. civ., 1947, p. 161; ***Massé – Vergé,*** Le droit civil français par K.-S. Zachariae, Tome 4 (1858) p. 263 et s.

mung ist von der Verpflichtung zur Eigentumsübertragung[32], vom Eigentumstransfer im engeren Sinn, nicht die Rede, obschon natürlich dem Kaufvertrag der Wille zur Übertragung des Eigentums (oder eines anderen Rechts je nach Vereinbarung) immanent ist. In Frankreich regelt das die nachfolgende Norm (vgl. art. 1583 C. civ.).[33] Für *Acollas* allerdings präsentiert sich art. 1582 C. civ. insgesamt eher wie eine Regel aus dem alten Rom, denn als eine dem modernen französischen Modell eines Kaufvertrags verpflichtete.[34]

Die Verpflichtungen, die sich aus art. 1582 C. civ. ergeben, bilden aber nur die Endpunkte einer Kaufvertragsentstehung. Davor gibt es ein einseitiges Versprechen des Verkäufers (*promesse unilatérale de vente*)[35], in dem er sich verpflichtet, eine bestimmte Sache zu einem bestimmten Preis an einen Interessenten zu verkaufen, der seinerseits später entscheiden kann, ob er die Sache tatsächlich kaufen will oder nicht. Das Versprechen ist deswegen zunächst nur einseitig, weil es im Ermessen des potentiellen Käufers steht, durch Annahme des Kaufanbots aus dem einseitigen Versprechen einen synallagmatischen Vertrag entstehen zu lassen. Dieser Vertrag wird Kaufvertrag genannt.[36] Das dahinterstehende synallagmatische Versprechen beinhaltet - nach Anbot und Annahme - den beiderseitigen Konsens darüber, eine bestimmte Sache zu einem bestimmten Preis zu verkaufen bzw. zu kaufen. Daher gilt dieses Versprechen als Kauf. Es ist eine Vereinbarung gemäß art. 1582 C. civ., wonach sich jeder zur Leistung seines Anteiles bindend verpflichtet.[37] Für den Fall der Verein-

---

[32] vgl. auch die Rechtsordnungen in Deutschland, England, Österreich und der Schweiz

[33] ***Beudant,*** Cours de droit civil français, La vente et le louage (1908) p. 108; ***Beudant,*** Cours de droit civil[2], Tome XI (1938) p. 4 et s.; ***Bugnet,*** Oeuvres de Pothier, Tome 3 (1861) p. 1; ***Duranton,*** Cours de droit français suivant le Code civil[4], Tome 8 (1844) p. 581; ***Goré,*** dans: Rev. trim. dr. civ., 1947, p. 161; ***Mazeaud,*** Leçons de droit civil[3], Tome III, 2e vol., Principaux contrats (1968) p. 142; ***Pérochon,*** La réserve de propriété dans la vente de meubles corporels (1988) p. 7; ***Waelbroeck,*** Le transfert de la propriété dans la vente d'objets mobiliers corporels en droit comparé (1961) p. 21

[34] ***Acollas,*** Manuel de droit civil[2], Tome 3 (1874) p. 230 et s.

[35] Auch der Abschluß eines Vorvertrages als stärkere Bindungsmöglichkeit wäre zu diesem Zeitpunkt bereits für beide Parteien denkbar.

Ghestin – Desché, Traité des contrats, La vente (1990) p. 67: Das Leasing (*crédit-bail*) im französischen Recht besteht außer aus dem bereits genannten einseitigen Versprechen noch aus einem Kauf einer Sache und aus deren nachfolgender Miete.

[36] ***Atias,*** Droit civil, Les biens[2] (1991) p. 195; ***Bugnet,*** Oeuvres de Pothier, Tome 3 (1861) p. 2 et s.; ***Massé – Vergé,*** Le droit civil français par K.-S. Zachariae, Tome 4 (1858) p. 264 et s.

[37] art. 1589 C. civ.: La promesse de vente vaut vente, lorsqu'il y a consentement réciproque des deux parties sur la chose et sur le prix.

barung eines Eigentumsvorbehalts steht eben dem Zahlungsversprechen auf der einen Seite nicht die unmittelbare Eigentumsverschaffung, sondern bloß die durch die vollständige Preiszahlung bedingte Eigentumsübertragung gegenüber.[38]

Bei einem Kaufvertrag kommt es wesentlich darauf an, die Hintergründe für das Engagement der Vertragsparteien zu erkennen. Der Grund für das Interesse des Verkäufers an dem Geschäft ist die Aussicht, irgendeine Sache gegen Geld auszutauschen, auf den Käufer trifft dieses Interesse - nur mit unterschiedlichen Vorzeichen - ebenfalls zu, er möchte sein Geld gegen die Sache, die man ihm liefert, austauschen. Hier handelt es sich somit regelmäßig um ein Geschäft, wo jemand eine Sache hingibt, um ein entsprechendes Äquivalent zu erhalten. Aus diesem Zusammenhang heraus ist es leicht erklärbar, daß ein Kauf im engeren Sinn nicht ohne Vereinbarung eines Preises existieren kann.[39] Der Preis muß dabei das Äquivalent für den Wert der verkauften Sache bilden, er muß also mit dem Wert der Sache übereinstimmen.[40] Der Preis muß deshalb zumindest bestimmbar sein. Wenn es überhaupt kein Gleichgewicht zwischen der Sache und dem Preis gibt, so fehlt dem Vertrag der Rechtsgrund (*un contrat sans cause*) oder der Vertrag beruht auf einem für eine Vertragserfüllung nicht ausreichenden Rechtsgrund. In diesem Fall besteht das Recht auf Einbringung einer Klage auf Aufhebung des Vertrages wegen Übervorteilung des Vertragspartners schon aus der Natur des Kaufvertrages selbst.[41]

---

vgl. Req., 26 juin 1935, D.H. 1935. 414; Civ. 1re, 26 novembre 1962, Bull. civ. I., n° 504, p. 429; Civ. 1re, 10 juin 1986, Bull. civ. I., n° 159, p. 159 = D. Somm. 1988. 14

Acollas, Manuel de droit civil[2], Tome 3 (1874) p. 237; ***Atias,*** Droit civil, Les biens[2] (1991) p. 195; ***Atias,*** Le droit civil[2] (1985) p. 111; ***Beudant,*** Cours de droit civil[2], Tome XI (1938) p. 17 et s.; ***Duranton,*** Cours de droit français suivant le Code civil[4], Tome 17 (1844) p. 545 et s.; ***Ghestin – Desché,*** Traité des contrats, La vente (1990) p. 665; ***Massé – Vergé,*** Le droit civil français par K.-S. Zachariae, Tome 4 (1858) p. 265 et s.: Übereinstimmung *de re et pretio.*; ***Mazeaud,*** Leçons de droit civil[3], Tome III, 2e vol., Principaux contrats (1968) p. 30

38 ***Margellos,*** La protection du vendeur à crédit d'objets mobiliers corporels à travers la clause de réserve de propriété (1989) p. 98

39 art. 1591 C. civ.: Le prix de la vente doit être déterminé et désigné par les parties.

Pérochon, La réserve de propriété dans la vente de meubles corporels (1988) p. 2; ***Zimmermann,*** in: JBl 1998, 273: Der Code civil kodifiziert in seinem art. 1591 C. civ. das Erfordernis eines *pretium certum* römischer Prägung.

40 ***Ewald,*** Naissance du Code civil, La raison du législateur (1989) p. 388; ***Massé – Vergé,*** Le droit civil français par K.-S. Zachariae, Tome 4 (1858) p. 270 et s.

41 ***Ewald,*** Naissance du Code civil, La raison du législateur (1989) p. 389; ***Planiol – Ripert,*** Traité pratique de droit civil français[2], Tome VI (1952) p. 323 et s.

Gibt es allgemein gültige Kriterien zur Feststellung eines Preises, der zur Geltendmachung des genannten Aufhebungsanspruches berechtigt, oder wird der entsprechende Wert jeweils im Einzelfall ermittelt? Zunächst spiegelt der Wert einer Sache nur deren vermuteten Nutzen wider. So nennt man denn auch jene Menge Geldes Preis (*prix*), die verglichen mit dem Wert des Kaufobjekts als äquivalent angesehen wird.[42] Dabei wird regelmäßig zwischen dem gerechtfertigten Preis (*le juste prix*) und dem vertraglich vereinbarten Preis (*le prix conventionnel*) unterschieden, da beide mitunter stark voneinander abweichen können. Der vereinbarte Preis existiert, wie der Name bereits unterstellt, ausschließlich aufgrund der darüber getroffenen Vereinbarung. Er kann nur das Ergebnis einer singulären Vertragsbeziehung sein, wobei sehr wahrscheinlich davon ausgegangen werden kann, daß es sich bei diesem Preis in aller Regel um das Resultat eines klassischen Kompromisses nach Abwägung der Für und Wider handelt. Diese Art der Preisfindung unterliegt dem freien Willen der Vertragspartner. Der gerechtfertigte Preis stellt hingegen nicht auf singuläre Betrachtungen aktueller Einzelfälle ab, sondern ist determiniert durch die gesamthafte Betrachtung vergleichbarer Fälle. Er ist das Resultat der allgemeinen (öffentlichen) Meinung.[43]

10.3.1. VERTRAGSPFLICHTEN

Vor der Erörterung der Vertragspflichten darf ich die vier wesentlichen Eigenschaften des Kaufvertrages zusammenfassen. Der Kaufvertrag ist ein entgeltlicher (*à titre onéreux*), synallagmatischer (*synallagmatique*), konsensualer (*consensuel*) und eigentumübertragender (*translatif de propriété*) Vertrag.[44] Die Pflichten des Verkäufers aus einem solchen Vertrag sind im Kapitel *Des obligations du vendeur* dargestellt. Im speziellen gilt es dabei die Hauptpflichten, die sich aus art. 1603 C. civ. ergeben, zu erfüllen.[45] Da der Eigentumsübergang in der Regel automatisch mit Vertragsabschluß verwirklicht wird, ist dieser keine Pflicht des Verkäufers.[46]

---

[42] ***Ewald,*** Naissance du Code civil, La raison du législateur (1989) p. 389

[43] ***Bucher,*** Obligationenrecht, Besonderer Teil[3] (1988) 54: In der Schweiz wird, ebenso wie in Deutschland, die Preisgerechtigkeit (*pretium iustum*) nicht gefordert.; ***Ewald,*** Naissance du Code civil, La raison du législateur (1989) p. 389

[44] ***Beudant,*** Cours de droit civil[2], Tome XI (1938) p. 111

[45] art. 1603 C. civ.: Il a deux obligations principales, celle de délivrer et celle de garantir la chose qu'il vend.

[46] ***Acollas,*** Manuel de droit civil[2], Tome 3 (1874) p. 234 et s.; ***Planiol – Ripert,*** Traité pratique de droit civil français[2], Tome X (1956) p. 74

Jedenfalls ist der Verkäufer aber zur Lieferung[47] der Kaufsache angehalten, die Bedingungen dafür werden in art. 1604 C. civ. definiert.[48] Diese Definition, für die bei *Domat*[49] Anleihe genommen wurde, stellt ganz klar fest, daß die einfache Besitzeinräumung nicht ausreicht, um der gesetzlichen Bestimmung und damit der Verpflichtung des Verkäufers Genüge zu tun. Die Sache muß dem Käufer vielmehr so übergeben werden, daß er die Profite, die aus ihr einem Eigentümer üblicherweise zukommen, auch effektiv zu erwirtschaften in der Lage ist.[50] Bis zum Zeitpunkt der *délivrance* ist der Verkäufer quasi als Ausfluß seiner Lieferpflicht dazu angehalten, die verkaufte Sache ordnungsgemäß zu pflegen und zu verwahren. Beide Pflichten lassen sich schon unmittelbar aus den allgemeinen Normen über Verträge (art. 1136 bzw. 1137 C. civ.) ableiten und werden im Rahmen des Kapitels über den Kaufvertrag im speziellen bloß näher präzisiert.[51]

---

[47] Wieder einmal unterscheidet sich die wörtliche Übersetzung der Begriffe *livraison* und *délivrance* von der rechtlich bedeutsamen. Mit *livraison* ist die Lieferung als materieller Akt im Sinn einer reellen Übergabe (*tradition réelle, remise matérielle*) gemeint, während *délivrance* ein juristischer Begriff in der Form eines Terminus technicus ist und der materiellen Lieferung gegenübergestellt wird. Von *délivrance* ist immer dann die Rede, wenn es sich etwa in der Aufzählung von art. 1606 C. civ. um die symbolische Übergabe (*tradition symbolique*) oder um jene durch übereinstimmenden Parteiwillen (*remise par consentement des parties*) handelt. Für Gattungssachen ist außerdem der Begriff der *individualisation* (Individualisierung der Sachen) von jenem der *délivrance* zu unterscheiden.

[48] art. 1604 C. civ.: La délivrance est le transport de la chose vendue en la puissance et possession de l'acheteur.

Alter, L'obligation de délivrance dans la vente de meubles corporels (1972) p. 12 et s.; ***Beudant,*** Cours de droit civil français, La vente et le louage (1908) p. 112 et s.; ***Beudant,*** Cours de droit civil², Tome XI (1938) p. 7 et s.; ***Mazeaud,*** Leçons de droit civil³, Tome III, 2ᵉ vol., Principaux contrats (1968) p. 177 et s.; ***Planiol – Ripert,*** Traité pratique de droit civil français², Tome X (1956) p. 74 et s.; ***Toullier,*** Le droit civil français suivant l'ordre du Code⁵, Tome 6 (1839) p. 212

[49] Domat hat der Definiton von *délivrance*, wie sie noch heute Verwendung findet, allerdings eine ganz andere Bedeutung zugesonnen, weil zu seiner Zeit *délivrance* unbedingt und zwingend notwendig war, um den Eigentumsübergang zu verwirklichen.

[50] ***Planiol – Ripert,*** Traité pratique de droit civil français², Tome X (1956) p. 74 et s.

[51] art. 1137 C. civ.: ... soumet celui qui en est chargé à y apporter tous les soins d'un bon père de famille.

Beudant, Cours de droit civil français, La vente et le louage (1908) p. 112; ***Beudant,*** Cours de droit civil², Tome XI (1938) p. 112 et s.; ***Demante – Colmet de Santerre,*** Cours analytique de Code civil², Tome V (1883) p. 66; ***Demogue,*** Traité des obligations en général, Tome VI (1931) p. 158 et s.; ***Demolombe,*** Cours de Code Napoléon³, Tome XXIV (1873) p. 392 et s.; ***Massé – Vergé,*** Le droit civil français par K.-S. Zachariae, Tome 3 (1857) p. 364; ***Mazeaud,*** Leçons de droit civil³, Tome III, 2ᵉ vol., Principaux contrats (1968) p. 177; ***Toullier,*** Le droit civil français suivant l'ordre du Code⁵, Tome 6 (1839) p. 212

Für bewegliche körperliche Sachen wird in art. 1606 C. civ. für die Frage der Lieferung daher weiter spezifiziert, daß dazu die reelle Übergabe (*tradition réelle*), die symbolische Übergabe etwa durch Schlüssel des Gebäudes, in dem sich die beweglichen Sachen befinden, oder aber der übereinstimmende Wille der Parteien für die Fälle, daß die Lieferung der Sachen im Zeitpunkt des Kaufes nicht möglich ist bzw. der Käufer die Sachen bereits basierend auf einem anderen Rechtsgrund in seiner Macht hat, notwendig ist.[52] Bezugnehmend auf den Ort der Übergabe ist auszuführen, daß die Übergabe der Sachen üblicherweise am Ort des Verkäufers, also in dessen Handelsgeschäft, stattfindet, bezogen auf die Zeit ist anzumerken, daß art. 1610 C. civ. den Parteien insoweit Freiheiten läßt, als die Übergabe innerhalb des vereinbarten Zeitraumes (*dans le temps convenu*) erfolgen muß, wobei ein diesbezügliches Schweigen eine sofortige Übergabe nach Perfektion des Kaufes nach sich zieht.[53] Die Freiheit der Vertragsparteien zur Regelung der Lieferfristen ist aber nicht grenzenlos, vielmehr ist sie im Falle eines Kaufgeschäfts zwischen einem Händler und einem Konsumenten bereits gesetzlich[54] eingeschränkt, um den Konsumenten vor einer wirtschaftlichen Knebelung durch Akzeptanz zu langer und mißbräuchlich geforderter Fristen zu schützen.[55] Schließlich steht auch

---

[52] art. 1606 C. civ.: La délivrance des effets mobiliers s'opère: Ou par la tradition réelle, - Ou par la remise des clefs des bâtiments qui les contiennent, - Ou même par le seul consentement des parties, si le transport ne peut pas s'en faire au moment de la vente, ou si l'acheteur les avait déjà en son pouvoir à un autre titre.; vgl. auch art. 1605 C. civ. für die Formalitäten bei Immobilien bzw. art. 1607 C. civ. für unkörperliche Rechte

Alter, L'obligation de délivrance dans la vente de meubles corporels (1972) p. 29 et s.: Die symbolische Übergabe der Sachen durch Schlüsselübergabe ist einer tatsächlichen Übergabe gleichzuhalten. Sie entspricht außerdem auch den Bedingungen, die art. 1141 C. civ. aufstellt. Die Willensübereinstimmung genügt außer in den genannten zwei Fällen auch noch beim Besitzkonstitut.; ***Atias,*** Droit civil, Les biens[2] (1991) p. 203; ***Aubry – Rau,*** Droit civil français[6], Tome V (1946) p. 48 et s.; ***Beudant,*** Cours de droit civil français, La vente et le louage (1908) p. 113; ***Duranton,*** Cours de droit français suivant le Code civil[4], Tome 16 (1844) p. 208; ***Ghestin – Desché,*** Traité des contrats, La vente (1990) p. 723 et s.; ***Mazeaud,*** Leçons de droit civil[3], Tome III, 2e vol., Principaux contrats (1968) p. 181; ***Toullier,*** Le droit civil français suivant l'ordre du Code[5], Tome 7 (1839) p. 60 et s.; ***Troplong,*** Le droit civil expliqué suivant l'ordre des articles du Code[5], Tome 1 (1856) p. 368 et s.

[53] ***Alter,*** L'obligation de délivrance dans la vente de meubles corporels (1972) p. 52, 55; ***Mazeaud,*** Leçons de droit civil[3], Tome III, 2e vol., Principaux contrats (1968) p. 179 et s.

[54] vgl. loi n° 78-23 du 10 janvier 1978 sur la protection et l'information des consommateurs de produits et de services bzw. décret n° 78-464 du 24 mars 1978 sur la protection et l'information des consommateurs de produits et de services

[55] vgl. Civ. 1re, 16 juillet 1987, Gaz. Pal. 1987. 2

noch der Weg zu den ordentlichen Gerichten offen, um allfällige Benachteiligungen aufzuzeigen und mittels Klage abzustellen.[56]

Für die reelle Übergabe der Sache ist es erforderlich, daß die Sache tatsächlich dem Käufer in die Hand gegeben wird. Die Übergabe der Sache an einen Transporteur ist dem gleichzuhalten.[57] Auch wenn der Code civil den Ausdruck der symbolischen Übergabe selbst nicht kennt, so ist damit dennoch die Übergabe der Schlüssel in dem oben beschriebenen Fall gemeint. Üblich ist die symbolische Übergabe weiters in den Formen des Konnossements oder des Indossaments. Die symbolische Übergabe ist in ihren besitzrechtlichen Wirkungen der reellen Übergabe gleichgestellt, eine Notwendigkeit, die sich schon aus art. 1141 C. civ. ergibt.[58] Die Übergabe durch übereinstimmenden Parteiwillen manifestiert sich - anders als die beiden ersten Übergabsarten - nicht durch einen äußerlichen Akt. Ihr Hauptanwendungsfall ist jener, wo eine Übergabe im engeren Sinn nicht möglich ist, etwa weil der bisherige Verwahrer einer Sache aufgrund eines Kaufgeschäfts nunmehr ihr Eigentümer sein soll (*interversion du titre*).[59]

Neben der Verpflichtung zur nunmehr dargestellten *délivrance* hat der Verkäufer die Verpflichtung der Gewährleistung für Rechts- und Sachmängel übernommen. Die Gewährleistung ist im Code civil beginnend mit art. 1625 leg. cit. geregelt.[60] Ist die Kaufsache zum ordentlichen Gebrauch untauglich, so kann der Käufer unter Nachweis der Mängel entweder Preisminderung oder Rückabwicklung des Geschäfts unter Kaufpreisrückzah-

---

[56] ***Ghestin – Desché,*** Traité des contrats, La vente (1990) p. 723

[57] ***Alter,*** L'obligation de délivrance dans la vente de meubles corporels (1972) p. 13; ***Aubry – Rau,*** Droit civil français[6], Tome V (1946) p. 48; ***Bugnet,*** Oeuvres de Pothier, Tome 3 (1861) p. 129; ***Ghestin – Desché,*** Traité des contrats, La vente (1990) p. 724; ***Goré,*** dans: D. chr. 1954. 175: Was ist dann allerdings mit dem Eigentumsrecht?

[58] ***Bugnet,*** Oeuvres de Pothier, Tome 3 (1861) p. 129; ***Ghestin – Desché,*** Traité des contrats, La vente (1990) p. 724 et s.; ***Goré,*** dans: Rev. trim. dr. civ., 1947, p. 161; ***Troplong,*** Le droit civil expliqué suivant l'ordre des articles du Code[5], Tome 1 (1856) p. 368 et s.

[59] ***Alter,*** L'obligation de délivrance dans la vente de meubles corporels (1972) p. 34; ***Aubry – Rau,*** Droit civil français[6], Tome V (1946) p. 49; ***Bugnet,*** Oeuvres de Pothier, Tome 3 (1861) p. 129; ***Ghestin – Desché,*** Traité des contrats, La vente (1990) p. 725

[60] art. 1625 C. civ.: La garantie que le vendeur doit à l'acquéreur, a deux objets: le premier est la possession paisible de la chose vendue; le second, les défauts cachés de cette chose ou les vices rédhibitoires.

Beudant, Cours de droit civil[2], Tome XI (1938) p. 137 et s.; ***Massé – Vergé,*** Le droit civil français par K.-S. Zachariae, Tome 4 (1858) p. 284; ***Mazeaud,*** Leçons de droit civil[3], Tome III, 2e vol., Principaux contrats (1968) p. 201 et s.: Der Autor kommt zur Ansicht, daß die Gewährleistungspflicht des Verkäufers keine Hauptpflicht ist, sondern bloß eine Nebenpflicht der Lieferpflicht (*l'accessoire de l'obligation de délivrance*) darstellt.

lung verlangen.[61] Das Recht des Erwerbers ist jedenfalls mit jenem des Veräußerers ident. Es kann nicht schwächer oder stärker, nicht weiter oder enger gefaßt sein. Das ergibt sich bereits aus dem lateinischen Grundsatz *Nemo plus iuris ad alium transferre potest, quam ipse habet* und ist etwa positivrechtlich in art. 2182 al. 2 C. civ. normiert.[62] Allerdings berechtigt der bloße Umstand, daß der Verkäufer nicht Eigentümer der Sache war, den Käufer nicht zur Geltendmachung irgendeiner Klage gegen den Verkäufer, solange dieser den Käufer in seinem ruhigen Besitz nicht stört. Der Verkäufer verpflichtet sich nämlich aus dem Kaufvertrag per se nur dazu, dem Käufer den Besitz an der Sache zu verschaffen und diesen gegen Angriffe anderer Personen zu schützen. Das ist seine Gewährleistungspflicht für Rechtsmängel gemäß art. 1626 C. civ. bei Geltendmachung eines Rechts durch einen Dritten (*la garantie en cas d'éviction*).[63]

In diesem Zusammenhang muß allerdings auch art. 1599 C. civ. Erwähnung finden, der vorsieht, daß der Verkauf einer Sache eines anderen nichtig ist.[64] Diese weder dem römischen noch dem älteren französischen Recht bekannte rigide Regelung ist deshalb in dieser Schärfe erforderlich, weil sich die Verfasser des Code civil gleichzeitig darauf geeinigt haben, daß der Kauf nicht bloß eine Verpflichtung zur Eigentumsübertragung auslöst, sondern unmittelbar Eigentum übertragen soll. Es erscheint somit logisch, den Verkauf einer Sache eines anderen für unfähig zu erklären, die genannten Wirkungen zu entfalten, und ihn gleichzeitig als nichtig zu bezeichnen.[65] Damit der Kaufvertrag auch wirklich sein Ziel des Eigentumstranfers erreichen kann, ist es daher - sieht man jetzt einmal vom gesamten

---

[61] vgl. art. 1641 und 1644 C. civ.
Atias, Droit civil, Les biens[2] (1991) p. 204

[62] art. 2182 al. 2 C. civ.: Le vendeur ne transmet à l'acquéreur que la propriété et les droits qu'il avait lui-même sur la chose vendue.
Atias, Droit civil, Les biens[2] (1991) p. 204; ***Piédelièvre***, Droit des biens (1977) p. 113

[63] art. 1626 C. civ.: Quoique lors de la vente il n'ait été fait aucune stipulation sur la garantie, le vendeur est obligé de droit à garantir l'acquéreur de l'éviction qu'il souffre dans la totalité ou partie de l'objet vendu, ou des charges prétendues sur cet objet, et non déclarées lors de la vente.
Beudant, Cours de droit civil[2], Tome XI (1938) p. 138 et s.; ***Bugnet***, Oeuvres de Pothier, Tome 3 (1861) p. 21 et s.; ***Mazeaud***, Leçons de droit civil[3], Tome III, 2e vol., Principaux contrats (1968) p. 201 et s.; ***Zimmermann***, in: JBl 1998, 273: Während das französische Recht vom Eviktionsprinzip ausgeht, haftet etwa der Verkäufer nach dem BGB für die Verschaffung lastenfreien Eigentums an dem verkauften Gegenstand.

[64] art. 1599 C. civ.: La vente de la chose d'autrui est nulle: elle peut donner lieu à des dommages-intérêts lorsque l'acheteur a ignoré que la chose fût à autrui.

[65] ***Mazeaud***, Leçons de droit civil[3], Tome III, 2e vol., Principaux contrats (1968) p. 71 et s.

Komplex des gutgläubigen Erwerbs ab[66] - erforderlich, daß der Verkäufer selbst Eigentümer der Sache zum Zeitpunkt des Geschäfts ist. Als Ergänzung der Gewährleistung für Rechtsmängel, und nur so sollte art. 1599 C. civ. der herrschenden Meinung folgend gelesen werden, gewährt diese Norm daher dem Käufer eine Art vorweggenommene Gewährleistungsklage (*action en garantie anticipée*), noch bevor er nämlich einen tatsächlichen rechtlichen Schaden erlitten hat.[67] Für den Fall, daß der Käufer vom Verkauf einer Sache eines anderen nichts wußte, gewährt ihm der Code civil einen deliktischen bzw. quasi-deliktischen Schadenersatzanspruch.[68]

Die Pflichten des Käufers aus dem Kaufvertrag sind im Kapitel *Des obligations de l'acheteur* dargestellt, seine Hauptpflicht im Sinne von art. 1650 C. civ. ist die der vereinbarungsgemäßen Preiszahlung.[69] Wenn im Kaufvertrag selbst nichts über die Preiszahlung geregelt ist, so muß der Käufer entsprechend der Regelung in art. 1651 C. civ. am Ort und zur Zeit der Lieferung zahlen.[70] Somit entspricht diese Vorgangsweise - *donnant donnant* - auch der österreichischen Tradition des Zug-um-Zug-Prinzips (*do, ut des*). Durch den synallagmatischen Charakter des Kaufvertrags ist etwa der Käufer durch Übereinstimmung der Willenserklärungen anläßlich des Vertragsabschlusses selbst dann zur wesentlichsten Pflichterfüllung in Form der Preiszahlung verhalten, wenn die Sache ihm nicht reel übergeben worden ist. Für die Perfektion des Kaufvertrages und damit der daraus ent-

---

[66] ***Beudant,*** Cours de droit civil², Tome IV (1938) p. 711 et s.: Wie würde sich denn hier der gutgläubige Erwerb in concreto abspielen? Ein Erwerb *a non domino* kann kein Eigentum übertragen, allerdings läßt er schuldrechtliche Verpflichtungen entstehen. So hat der Käufer im Kauf einen *titulus ad acquirendum*, wiewohl dieser ungeeignet ist, Eigentum zu übertragen, weil der Verkäufer diese Stellung nicht oder nicht mehr hat. Übergibt der Verkäufer die bewegliche Sache allerdings an den Käufer und ist diesem die mangelnde Eigentümerstellung des Verkäufers nicht bekannt, so erwirbt er Eigentum über die Regel *En fait de meubles possession vaut titre.*; ***Duranton,*** Cours de droit français suivant le Code civil⁴, Tome 16 (1844) p. 192; ***Mazeaud,*** Leçons de droit civil³, Tome III, 2ᵉ vol., Principaux contrats (1968) p. 77

[67] ***Bugnet,*** Oeuvres de Pothier, Tome 3 (1861) p. 1 et s.; ***Beudant,*** Cours de droit civil², Tome IV (1938) p. 711 et s.; ***Beudant,*** Cours de droit civil², Tome XI (1938) p. 65 et s.; ***Ghestin – Desché,*** Traité des contrats, La vente (1990) p. 669 et s.; ***Waelbroeck,*** Le transfert de la propriété dans la vente d'objets mobiliers corporels en droit comparé (1961) p. 22, 26

[68] ***Duranton,*** Cours de droit français suivant le Code civil⁴, Tome 16 (1844) p. 192 et s.; ***Mazeaud,*** Leçons de droit civil³, Tome III, 2ᵉ vol., Principaux contrats (1968) p. 76

[69] art. 1650 C. civ.: La principale obligation de l'acheteur est de payer le prix au jour et au lieu réglés par la vente.

Massé – Vergé, Le droit civil français par K.-S. Zachariae, Tome 4 (1858) p. 284

[70] art. 1651 C. civ.: S'il n'a rien été réglé à cet égard lors de la vente, l'acheteur doit payer au lieu et dans le temps où doit se faire la délivrance.

Pérochon, La réserve de propriété dans la vente de meubles corporels (1988) p. 78

springenden Rechte und Pflichten ist die reelle Übergabe nicht notwendig, ja selbst entbehrlich.[71] Kommt der Käufer seiner Preisleistungspflicht nicht nach, so kann der Verkäufer die Klage auf Auflösung des Kaufvertrages gemäß art. 1654 C. civ. einbringen. Ist der Verkäufer allerdings nach wie vor an der Preisleistung interessiert und ist im Gegenzug der Käufer trotz oder gerade wegen der Klage nunmehr gewillt, den Kaufpreis zu leisten, so kann trotz eingebrachter Klage unter den genannten Bedingungen immer noch schuldbefreiend gezahlt werden.[72] Ist der Vertrag hingegen einmal aufgelöst, so wird der Verkäufer so betrachtet, als wäre er immer Eigentümer geblieben, weswegen er sofort eine Klage auf Herausgabe der Sache veranlassen kann.[73] Die Möglichkeit der Einbringung einer Auflösungsklage ist bei synallagmatischen Verträgen in Frankreich ganz allgemein durch art. 1184 C. civ. möglich, der sie implizit auch für alle Fälle vorsieht, in denen eine der Parteien ihre eingegangenen Verpflichtungen überhaupt nicht erfüllt.[74] Die neben den *essentialia negotii* wohl wichtigste Nebenpflicht des Käufers ist seine Abnahmepflicht. Demgemäß ist er etwa bei beweglichen Sachen verpflichtet, sie in eigenen Gewahrsam zu nehmen.[75]

10.3.2. EIGENTUMSÜBERGANG

art. 1583 C. civ.: *Elle (la vente) est parfaite entre les parties, et la propriété est acquise de droit à l'acheteur à l'égard du vendeur, dès qu'on est convenu de la chose et du prix, quoique la chose n'ait pas encore été livrée ni le prix payé.*

Die abstrakteste Regelung eines Eigentumsüberganges ist jene, den Rechtstransfer bloß durch Konsens der Vertragsparteien - Kauf und Über-

---

[71] ***Bugnet,*** Oeuvres de Pothier, Tome 3 (1861) p. 123, 129; ***Margellos,*** La protection du vendeur à crédit d'objets mobiliers corporels à travers la clause de réserve de propriété (1989) p. 96

[72] art. 1654 C. civ.: Si l'acheteur ne paye pas le prix, le vendeur peut demander la résolution de la vente.

Beudant, Cours de droit civil^2, Tome XI (1938) p. 228 et s.; ***Margellos,*** La protection du vendeur à crédit d'objets mobiliers corporels à travers la clause de réserve de propriété (1989) p. 123 et s.

[73] ***Mestre,*** Des moyens employés par la pratique pour protéger le vendeur à tempérament de meubles corporels, Thèse (1936) p. 17

[74] art. 1184 C. civ.: La condition résolutoire est toujours sous-entendue dans les contrats synallagmatiques, pour le cas où l'une des deux parties ne satisfera point à son engagement.

Beudant, Cours de droit civil^2, Tome XI (1938) p. 228 et s.

[75] ***Ferid – Sonnenberger,*** Das französische Zivilrecht, Band 2^2, (1986) 158 f

eignung als eine Einheit - zuzulassen. Diesen Gedanken folgt auch der Code civil, der dadurch den Parteien größtmögliche Freiheit in der Gestaltung des Rechtsgeschäfts ohne Rücksicht auf die Einhaltung von Formerfordernissen einräumt.[76] Außer im französischen Zivilrecht ist diese Art der Eigentumsübergangsregelung, welche für viele aus der Bevölkerung gedanklich schwer nachvollziehbar ist, nur noch in Italien und Portugal zu finden, obwohl wesentlich mehr Staaten den Code civil als Vorbild nahmen.[77] Der Kaufvertrag im speziellen bringt außer den bei Verträgen allgemein üblichen Pflichten und Rechte - bei synallagmatischen Verträgen sind diese auf beide Parteien gleich verteilt - auch noch den spezifischen Effekt mit sich, den Rechtsübergang sofort zu bewirken.[78] Bei übereinstimmendem Parteiwillen bewirkt der Kaufvertrag daher im Regelfall den sofortigen Eigentumstransfer der verkauften Sache an den Käufer, ohne daß gefordert wird, daß es zur Gültigkeit des Kaufvertrages weiterer, wenn auch symbolischer, Formalitäten bedarf.[79] Im Moment des konsen-

---

[76] ***Atias,*** Droit civil, Les biens[2] (1991) p. 178; ***Ferid – Sonnenberger,*** Das französische Zivilrecht, Band 2[2], (1986) 54; ***Ourliac – Gazzaniga,*** Histoire du droit privé français de l'An mil au Code civil (1985) p. 241; ***Pérochon,*** La réserve de propriété dans la vente de meubles corporels (1988) p. 1; ***Terré – Simler,*** Droit civil, Les biens[4] (1992) p. 244; ***Troplong,*** Le droit civil expliqué suivant l'ordre des articles du Code[5], Tome 1 (1856) p. 47 et s.: *La volonté est moins dominée par la tyrannie des solennités extérieures.*

[77] ***Bucher,*** Obligationenrecht, Besonderer Teil[3] (1988) 56

[78] ***Acollas,*** Manuel de droit civil[2], Tome 3 (1874) p. 234 et s.; ***Baudry-Lacantinerie – Barde,*** Traité théorique et pratique de droit civil[3], Tome 1 (1906) p. 461 et s: *Ius in re.*; ***Beudant,*** Cours de droit civil[2], Tome XI (1938) p. 12 et s.; ***Bufnoir,*** Propriété et contrat (1900) p. 6; ***Duranton,*** Cours de droit français suivant le Code civil[4], Tome 10 (1844) p. 412: Die Bestimmung unterscheidet dabei nicht zwischen beweglichen und unbeweglichen Sachen.; ***Ghestin – Desché,*** Traité des contrats, La vente (1990) p. 588; ***Mazeaud,*** Leçons de droit civil[3], Tome III, 2e vol., Principaux contrats (1968) p. 142; ***Planiol – Ripert,*** Traité pratique de droit civil français[2], Tome III (1952) p. 626 et s.; ***Terré – Simler,*** Droit civil, Les biens[4] (1992) p. 244; ***Troplong,*** Le droit civil expliqué suivant l'ordre des articles du Code[5], Tome 1 (1856) p. 50: Der Kaufvertrag bringt somit nicht nur das einfache *ius ad rem*, sondern auch das *ius in re* hervor.; ***Zimmermann,*** in: JBl 1998, 273

[79] ***Alter,*** L'obligation de délivrance dans la vente de meubles corporels (1972) p. 13; ***Atias,*** Droit civil, Les biens[2] (1991) p. 178 et s.; ***Baudry-Lacantinerie – Barde,*** Traité théorique et pratique de droit civil[3], Tome 1 (1906) p. 415; ***Duranton,*** Cours de droit français suivant le Code civil[4], Tome 8 (1844) p. 581; ***Foignet,*** Manuel élémentaire de droit civil, Tome I, dix-huitième édition par Émile Dupont (1943) p. 602; ***Ghestin – Desché,*** Traité des contrats, La vente (1990) p. 588 et s.; aA***Renaud,*** dans: Rev. lég., 1845. 2. 81: Durch die konsequente Beibehaltung der Forderung nach einer reellen Besitzverschaffung zur Gültigkeit des Eigentumsüberganges ist der Autor im Falle des Kaufvertrages gezwungen, den Wortlaut des art. 1583 C. civ. mit einem redaktionellen Versehen zu erklären.; ***Spellenberg,*** in: ZfRV 1994, 105; ***Terré – Simler,*** Droit civil,

sualen Vertragsabschlusses verliert der Verkäufer das Eigentum an der Kaufsache, Eigentum, das in demselben Moment vom Käufer erworben wird.[80] Ab diesem Zeitpunkt kann der Erwerber über die Sache mit der Freiheit eines Eigentümers verfügen.[81] Der Eigentumsübergang als unmittelbare Wirkung des Kaufvertrages ist heute herrschende Meinung, davor wurde allerdings auch überlegt, ob der Kaufvertrag zunächst nicht für eine logische Sekunde eine Verpflichtung zur Übereignung begründen würde. Tatsache ist aber, daß in Frankreich von einer Identifikation der verpflichtenden und übertragenden Wirkungen des auf Übereignung gerichteten Vertrages gesprochen werden kann.[82]

Für den Eigentumsübergang ipso iure muß dabei weder der Preis bezahlt noch die Lieferung der Kaufsache erfolgt sein.[83] Die Einschränkung des sofortigen Eigentumstransfers auf den Regelfall ist deshalb notwendig,

---

Les biens[4] (1992) p. 244; ***Troplong,*** Le droit civil expliqué suivant l'ordre des articles du Code[5], Tome 1 (1856) p. 47

80 ***Alter,*** L'obligation de délivrance dans la vente de meubles corporels (1972) p. 13 et s.; ***Ghestin - Desché,*** Traité des contrats, La vente (1990) p. 589; ***Marcadé,*** Explication théorique et pratique du Code Napoléon[5], Tome 3 (1852) p. 3; ***Mazeaud,*** Leçons de droit civil[3], Tome III, 2e vol., Principaux contrats (1968) p. 142; ***Ourliac - Gazzaniga,*** Histoire du droit privé français de l'An mil au Code civil (1985) p. 241; ***Planiol,*** Traité élémentaire de droit civil[6], Tome I (1911) p. 808; ***Terré - Simler,*** Droit civil, Les biens[4] (1992) p. 244; ***Troplong,*** Le droit civil expliqué suivant l'ordre des articles du Code[5], Tome 1 (1856) p. 47; ***Waelbroeck,*** Le transfert de la propriété dans la vente d'objets mobiliers corporels en droit comparé (1961) p. 76

81 ***Atias,*** Droit civil, Les biens[2] (1991) p. 198; ***Foignet,*** Manuel élémentaire de droit civil, Tome I, dix-huitième édition par Émile Dupont (1943) p. 602

82 ***Pérochon,*** La réserve de propriété dans la vente de meubles corporels (1988) p. 7; ***Spellenberg,*** in: ZfRV 1994, 105

83 ***Alter,*** L'obligation de délivrance dans la vente de meubles corporels (1972) p. 14; ***Atias,*** Droit civil, Les biens[2] (1991) p. 178; ***Bergel,*** Le droit des biens[2] (1990) p. 105; ***Carbonnier,*** Droit civil[13], Tome 3, Les Biens (1990) p. 180: Anders das römische Recht, das für einen gültigen Eigentumstransfer die Leistung des Kaufpreises beim Kreditkauf voraussetzte.; ***Crosio,*** Le contrat de vente en droit commercial (1989) p. 115; ***Marcadé,*** Explication théorique et pratique du Code Napoléon[5], Tome 3 (1852) p. 3; ***Patault,*** Introduction historique au droit des biens (1989) p. 290 et s.: Im alten französischen Recht wurde im Handelsverkehr zumindest im Rahmen des Kreditkaufs schon noch die Zahlung des Kaufpreises gefordert. Die Ursprünge für diese Regelung und damit für die Zulassung des dinglichen Herausgabeanspruchs des Verkäufers, der zwar die Sache geliefert, aber keine Gegenleistung dafür erhalten hat, liegen im römischen Recht. Aber auch bei den germanischen Kaufleuten war diese Regel bekannt und beliebt.; ***Terré - Simler,*** Droit civil, Les biens[4] (1992) p. 244; ***Troplong,*** Le droit civil expliqué suivant l'ordre des articles du Code[5], Tome 1 (1856) p. 47

weil dafür eine Kaufsache[84] als Vertragsgegenstand erforderlich ist, die bereits existiert und außerdem hinreichend determiniert ist. Sollte es sich bei der dem Kaufvertrag zugrundeliegenden Sache um eine zukünftige Sache oder um eine Gattungsache handeln, dann wird der Eigentumsübergang erst in jenem Moment bewirkt, in dem die Sache fertiggestellt respektive hinreichend individualisiert ist.[85] Das ergibt sich für den Eigentumsübergang aus Lehre und Rechtsprechung, da art. 1585 C. civ. an sich ausschließlich vom Gefahrenübergang (im engeren Sinn) spricht. Im übrigen kann der Vertrag aber auch vorsehen, daß der Eigentumsübergang erst zu einem späteren Zeitpunkt - mit der verzögerten Lieferung der Sache, mit der Kaufpreiszahlung oder auch erst bei Erfüllung einer sonstigen Formalität als aufschiebender Bedingung[86] - realisiert werden soll. Entgegen der landläufigen Meinung ist nämlich der sofortige Eigentumsübergang dem Kaufvertrag in Frankreich nicht systemimmanent. Die "Geburtsstunde" des

---

[84] ***Bouillard,*** De la preuve de la propriété mobilière, Thèse (1900) p. 76: Im Prinzip ist jede Sache als Kaufobjekt geeignet. Als Ausnahmen kommen nur vom Gesetz verbotene in Frage.

[85] art. 1585 C. civ.: Lorsque des marchandises ne sont pas vendues en bloc, mais au poids, au compte ou à la mesure, la vente n'est point parfaite, en ce sens que les choses vendues sont aux risques du vendeur jusqu'à ce qu'elles soient pesées, comptées ou mesurées.

Atias, Droit civil, Les biens[2] (1991) p. 179: Für Immobilien vergleiche dazu auch art. 1601-2 bzw. 1601-3 C. civ. (loi n° 67-3 du 3 janvier 1967 und loi n° 67-547 du 7 juillet 1967).; ***Bergel,*** Le droit des biens[2] (1990) p. 20 et s., 105; ***Beudant,*** Cours de droit civil[2], Tome XI (1938) p. 14 et s.; ***Bufnoir,*** Propriété et contrat (1900) p. 6; ***Foignet,*** Manuel élémentaire de droit civil, Tome I, dix-huitième édition par Émile Dupont (1943) p. 602; ***Goré,*** dans: D. chr. 1954. 175; ***Goré,*** dans: Rev. trim. dr. civ., 1947, p. 161; ***Lambert,*** Cours de droit civil, Droit du patrimoine (1971) p. 73, 130; ***Malaurie – Aynès,*** Cours de droit civil, Les biens - La publicité foncière (1992) p. 50: Die Individualisierung kann auch durch Übergabe der Sache an einen Transporteur bewirkt werden.; ***Mazeaud,*** Leçons de droit civil[3], Tome III, 2e vol., Principaux contrats (1968) p. 144 et s.; ***Planiol – Ripert,*** Traité pratique de droit civil français[2], Tome X (1956) p. 75: Für den Zeitpunkt der Individualisierung wird auf die *délivrance* abgestellt.; ***Troplong,*** Le droit civil expliqué suivant l'ordre des articles du Code[5], Tome 1 (1856) p. 58 et s.; ***Waelbroeck,*** Le transfert de la propriété dans la vente d'objets mobiliers corporels en droit comparé (1961) p. 22 et s., 26: Im Gegensatz dazu wird beim Kauf in Bausch und Bogen davon ausgegangen, daß die vereinbarte Gesamtheit übertragen wird, selbst wenn die einzelnen Elemente nicht individualisiert sind (und deren Individualisierung auch nicht notwendig ist).

[86] ***Beudant,*** Cours de droit civil[2], Tome XI (1938) p. 15; ***Demante – Colmet de Santerre,*** Cours analytique de Code civil[2], Tome VII (1887) p. 7; ***Mazeaud,*** Leçons de droit civil[3], Tome III, 2e vol., Principaux contrats (1968) p. 156 et s.; ***Troplong,*** Le droit civil expliqué suivant l'ordre des articles du Code[5], Tome 1 (1856) p. 59: Kaufverträge ganz allgemein können sowohl unter einer resolutiven als auch suspensiven Bedingung abgeschlossen werden.

Rechts, also die translative Funktion des Kaufvertrages, kann von den Parteien zeitlich beliebig verschoben werden.[87] Somit kann - auch von der Judikatur gedeckt - der Bestimmung in art. 1583 C. civ. durch individuelle Parteienvereinbarung derogiert werden, die Regelung des Eigentumsüberganges ist kein allgemeiner Rechtsgrundsatz.[88]

In diesem Zusammenhang von einer gewissen dogmatischen Bedeutung sind die Fälle des Diebstahls in Selbstbedienungsläden. Kann es sein, daß auch hier der Kaufvertrag mit der Herausnahme der Ware aus dem Regal rechtsgültig geschlossen wird? Trifft das nämlich zu, dann wäre ein Ladendiebstahl in Frankreich in der dargestellten Form nicht zu ahnden. Dabei kann doch nur übersehen worden sein, daß ein gültiger Kaufvertrag mangels Einigung der Parteien über Preis und Ware gar nicht zustandegekommen ist, also die elementarsten Voraussetzungen für einen Kaufvertrag und damit einen Eigentumsübergang fehlen. Da jedenfalls bei einem Diebstahl eine Einigung über den Preis quasi schon begrifflich denkunmöglich ist, kann Eigentum - aus einem nicht vorhandenen Kaufvertrag - nicht übertragen werden. Der Ladendiebstahl ist somit rechtlich zu verfolgen.[89]

---

[87] ***Alter,*** L'obligation de délivrance dans la vente de meubles corporels (1972) p. 17; ***Atias,*** Droit civil, Les biens[2] (1991) p. 180, 198; ***Bergel,*** Le droit des biens[2] (1990) p. 105; ***Beudant,*** Cours de droit civil français, La vente et le louage (1908) p. 108; ***Beudant,*** Cours de droit civil[2], Tome XI (1938) p. 15; ***Bufnoir,*** Propriété et contrat (1900) p. 46 et s., 53; ***Carbonnier,*** Droit civil[13], Tome 3, Les Biens (1990) p. 180 et s.: Eine automatische Verquickung von Eigentumsübergang und Kaufpreiszahlung - wie sie das römische Recht vorgesehen hat - ist beim Kreditkauf im Anwendungsbereich des Code civil ausgeschlossen. Es bedarf zwingend einer vertraglichen Vereinbarung.; ***Foignet,*** Manuel élémentaire de droit civil, Tome I, dix-huitième édition par Émile Dupont (1943) p. 602; ***Ghestin – Desché,*** Traité des contrats, La vente (1990) p. 590, 723: Die einzige Beschränkung liegt im Begriff einer "vernünftigen Frist" (*délai raisonnable*), zusätzlich geschützt durch eine richterliche Überprüfungsmöglichkeit hauptsächlich zur Verhinderung einer wirtschaftlichen Knebelung der Konsumenten.; ***Goré,*** dans: Rev. trim. dr. civ., 1947, p. 161; ***Malaurie – Aynès,*** Cours de droit civil, Les biens - La publicité foncière (1992) p. 50; ***Mazeaud,*** Leçons de droit civil[3], Tome III, 2e vol., Principaux contrats (1968) p. 156; ***Planiol,*** Traité élémentaire de droit civil[6], Tome I (1911) p. 808 et s.; ***Planiol – Ripert,*** Traité pratique de droit civil français[2], Tome III (1952) p. 628 et s.; ***Waelbroeck,*** Le transfert de la propriété dans la vente d'objets mobiliers corporels en droit comparé (1961) p. 20, 26 et s.

[88] vgl. Req., 26 juin 1935, D.H. 1935. 414; Civ. 1re, 24 janvier 1984, Bull. civ. I., n° 31, p. 24; Com., 18 avril 1989, Bull. civ. IV., n° 128 = D. Somm. 1991. 41, note Pérochon

Ferid – Sonnenberger, Das französische Zivilrecht, Band 2[2], (1986) 59; ***Planiol – Ripert,*** Traité pratique de droit civil français[2], Tome III (1952) p. 628 et s.; ***Spellenberg,*** in: ZfRV 1994, 105

[89] ***Ferid – Sonnenberger,*** Das französische Zivilrecht, Band 2[2], (1986) 54; ***Waelbroeck,*** Le transfert de la propriété dans la vente d'objets mobiliers corporels en droit comparé (1961) p. 20, 26 et s.: Die Judikatur erkennt die Aufschiebung des Eigentumsüber-

Die Regel, wie sie sich in art. 1583 C. civ. textlich wiederfindet, basiert auf einer sehr hochentwickelten Konzeption des Eigentumsrechts insgesamt. Sie beruht im wesentlichen auf der Unterscheidung zwischen dem Recht als solchem und der Sache, die diesem Recht zugrundeliegt, auf der Differenzierung zwischen der Übertragung des Eigentumsrechts (*transmission du droit de propriété*) und der Übertragung oder besser der Übergabe der Sache (*livraison de la chose*). Was tatsächlich durch die bloße Willensübereinstimmung bewirkt wird, ist die Übertragung des Eigentumsrechts. Die Verpflichtung zur Übergabe der Sache bleibt hingegen bis zu ihrer Erfüllung durch den Verkäufer davon unberührt bestehen.[90] Im Zeitraum zwischen Willensübereinstimmung und Lieferung (bzw. reeller Übergabe) der beweglichen Sache besitzt der Verkäufer nach Verlust seines *animus domini* nur mehr *corpore alieno*, weswegen er in weiterer Folge über die Sache auch nur mehr in seiner Eigenschaft als Inhaber (*simple détenteur*) verfügen kann.[91]

10.3.3. GEFAHRENTRAGUNG

Bei jedem Kauf beweglicher Sachen kann es passieren, daß die verkaufte Sache noch vor der Lieferung an den Käufer untergeht oder daß etwa der Verkäufer zum Beispiel wegen eines Exportverbotes oder wegen einer anderen behördlichen Maßnahme nicht mehr in der Lage ist, den Vertrag zu erfüllen. Wer muß seine Vertragspflichten in welcher Form dennoch erfüllen? Bekommt der Käufer eine andere Ware als Ersatz? Muß der Käufer dennoch den Preis bezahlen? Je nachdem, wie die Lösung aussieht, spricht man dann davon, daß entweder der Verkäufer oder der Käufer das Risiko trägt bzw. anders formuliert, die Bürde der Gefahrtragung übernimmt. Hier gilt es für den Käufer jenen Zeitpunkt festzustellen und abzugrenzen, von welchem an er das Risiko trägt, den Preis für die Sache zahlen zu müssen ohne einen nachhaltigen Nutzen aus dem Geschäft zu haben. Für den Verkäufer ist es in diesem Zusammenhang wesentlich zu

---

ganges regelmäßig dann als stillschweigend vereinbart, wenn der vermeintliche Käufer mit der unbezahlten Ware flieht. Hinter dem Kauf steht hier implizit die Annahme, Eigentum erst nach Preiszahlung übergehen lassen zu wollen.

[90] ***Alter,*** L'obligation de délivrance dans la vente de meubles corporels (1972) p. 14; ***Ghestin – Desché,*** Traité des contrats, La vente (1990) p. 590; ***Goré,*** dans: Rev. trim. dr. civ., 1947, p. 161; ***Mazeaud,*** Leçons de droit civil[3], Tome III, 2e vol., Principaux contrats (1968) p. 142

[91] ***Alter,*** L'obligation de délivrance dans la vente de meubles corporels (1972) p. 14; ***Mazeaud,*** Leçons de droit civil[3], Tome III, 2e vol., Principaux contrats (1968) p. 177

wissen, ab wann und unter welchen Bedingungen er von seiner Leistungsverpflichtung befreit ist. Die Beantwortung dieser Fragen erfolgt gemäß den allgemeinen Regeln über den Vertrag (etwa Unmöglichkeit). Als möglicher Anknüpfungspunkt für den Moment des Gefahrenüberganges kommt ganz allgemein entweder die Individualisierung (*l'individualisation*)[92] einer Sache oder deren Lieferung (*la délivrance*) an den Käufer in Frage. Das französische Recht entscheidet sich für die erste Lösungsvariante und betrachtet den Gefahrenübergang als Wirkung des Eigentumsüberganges selbst.[93] Der Lösung mit der Individualisierung als Moment des Gefahrenüberganges schließen sich etwa auch noch Italien, Belgien, Luxemburg oder Holland an, während Deutschland auf den Moment der Lieferung abstellt. Die Verquickung von Eigentums- und Gefahrübertragung findet sich in allen genannten Rechtsordnungen[94] außer in der holländischen und deutschen wieder.[95]

Der zufällige Untergang einer bereits individualisierten und verkauften Sache ist wirtschaftlich vom Erwerber zu tragen, da er mit Abschluß des konsensualen Kaufvertrages Eigentum erworben und damit die Gefahrentragung übernommen hat. Die Gefahr geht mit dem Eigentum über: *res perit domino*.[96] Diesbezüglich äußert sich auch *Bigot-Préameneu*: *Si*

---

[92] Die Gefahrtragung geht in aller Regel bereits mit Vertragsabschluß über, nur für den Fall einer noch unbestimmten Sache ist tatsächlich der Zeitpunkt der Individualisierung für den Transfer der Risken ausschlaggebend.

[93] ***Alter,*** L'obligation de délivrance dans la vente de meubles corporels (1972) p. 14; ***Beudant,*** Cours de droit civil[2], Tome XI (1938) p. 114; ***Marcadé,*** Explication théorique et pratique du Code Napoléon[5], Tome 4 (1852) p. 411 et s.; ***Margellos,*** La protection du vendeur à crédit d'objets mobiliers corporels à travers la clause de réserve de propriété (1989) p. 107; ***Mazeaud,*** Leçons de droit civil[3], Tome III, 2e vol., Principaux contrats (1968) p. 143; ***Spellenberg,*** in: ZfRV 1994, 105; ***Waelbroeck,*** Le transfert de la propriété dans la vente d'objets mobiliers corporels en droit comparé (1961) p. 50, 71

[94] ***Margellos,*** La protection du vendeur à crédit d'objets mobiliers corporels à travers la clause de réserve de propriété (1989) p. 107: Auch im englischen Recht geht die Gefahr mit Übergang des Eigentums über, durch Vereinbarung zwischen den Parteien kann aber der Übergang des Eigentums und der Gefahren getrennt erfolgen.

[95] ***Margellos,*** La protection du vendeur à crédit d'objets mobiliers corporels à travers la clause de réserve de propriété (1989) p. 107 et s.: In Holland gilt der aus dem römischen Recht stammende Grundsatz: *periculum est emptoris*. Diese Regel wurde auch in der Schweiz übernommen.; ***Waelbroeck,*** Le transfert de la propriété dans la vente d'objets mobiliers corporels en droit comparé (1961) p. 50, 71 et s.

[96] ***Acollas,*** Manuel de droit civil[2], Tome 3 (1874) p. 236; ***Atias,*** Droit civil, Les biens[2] (1991) p. 176, 198; aA***Baudry-Lacantinerie – Barde,*** Traité théorique et pratique de droit civil[3], Tome 1 (1906) p. 457, 460 et s.: Der Gefahrenübergang ist keine Konsequenz des Eigentumsüberganges.; ***Bergel,*** Le droit des biens[2] (1990) p. 21; ***Beudant,*** Cours de droit civil français, Les contrats et les obligations (1906) p. 240 et s.; ***Beudant,*** Cours de droit civil français, La vente et le louage (1908) p. 111; ***Ghestin*** –

donc la chose périt par force majeure ou par cas fortuit depuis l'époque où elle a dû être livrée, la perte est pour le créancier suivant la règle "res perit domino". Auf dieser Aussage aufbauend meint etwa *Laurent*, daß die Regel auf *res perit creditori* geändert werden müßte.[97] Dadurch ist er als Eigentümer respektive als Gläubiger der Lieferung der Kaufsache bei deren Zerstörung nicht von der Zahlung des Kaufpreises befreit, mag ihm die Sache übergeben worden sein oder nicht. Er trägt die Gegenleistungsgefahr.[98] Anders verhält es sich bei Gattungssachen, deren zufälliger Untergang den Verkäufer nicht von seiner generellen Lieferungsverpflichtung befreit. Er muß weiterhin leisten, es sei denn, die gesamte Gattung einer Sache ist untergegangen oder Teile der Gattung wurden bereits ausreichend abgegrenzt und damit hinlänglich individualisiert.[99] Der zufällige Untergang ist allerdings anders zu behandeln als der schuldhafte Verlust oder Untergang der Sache. In diesen Fällen ist auch in Übereinstimmung mit der Judikatur klargestellt, daß denjenigen die Tragung der rechtlichen und faktischen Konsequenzen - Erbringung der noch offenen Leistung aus dem Vertrag bzw. Schadenersatzleistungen - trifft, der sich eine zum Ver-

---

Desché, Traité des contrats, La vente (1990) p. 590, 628; ***Goré,*** dans: Rev. trim. dr. civ., 1947, p. 161; ***Lambert,*** Cours de droit civil, Droit du patrimoine (1971) p. 73, 130; ***Malaurie – Aynès,*** Cours de droit civil, Les biens - La publicité foncière (1992) p. 50; ***Margellos,*** La protection du vendeur à crédit d'objets mobiliers corporels à travers la clause de réserve de propriété (1989) p. 107; ***Mazeaud,*** Leçons de droit civil[3], Tome III, 2e vol., Principaux contrats (1968) p. 143; ***Waelbroeck,*** Le transfert de la propriété dans la vente d'objets mobiliers corporels en droit comparé (1961) p. 50 et s., 55: Das entspricht auch dem Konzept des Codice civile in Italien.; ***Zenati,*** Les biens (1988) p. 145

[97] ***Laurent,*** Principes de droit civil français[3], Tome 16 (1878) p. 268 et s.

[98] vgl. Civ. 1re, 19 novembre 1991, Bull. civ. I., n° 325, p. 211

Atias, Droit civil, Les biens[2] (1991) p. 176; ***Baudry-Lacantinerie – Barde,*** Traité théorique et pratique de droit civil[3], Tome 1 (1906) p. 458; ***Beudant,*** Cours de droit civil français, Les contrats et les obligations (1906) p. 241; ***Ferid – Sonnenberger,*** Das französische Zivilrecht, Band 2[2], (1986) 60; ***Goré,*** dans: Rev. trim. dr. civ., 1947, p. 161; ***Laurent,*** Principes de droit civil français[3], Tome 16 (1878) p. 266; ***Waelbroeck,*** Le transfert de la propriété dans la vente d'objets mobiliers corporels en droit comparé (1961) p. 49 et s.; ***Zenati,*** Les biens (1988) p. 145

[99] ***Bergel,*** Le droit des biens[2] (1990) p. 21; ***Beudant,*** Cours de droit civil[2], Tome XI (1938) p. 115 et s.; ***Demante – Colmet de Santerre,*** Cours analytique de Code civil[2], Tome VII (1887) p. 7; ***Goré,*** dans: D. chr. 1954. 175; ***Goré,*** dans: Rev. trim. dr. civ., 1947, p. 161; ***Lambert,*** Cours de droit civil, Droit du patrimoine (1971) p. 73, 130; ***Laurent,*** Principes de droit civil français[3], Tome 16 (1878) p. 270 et s.; ***Malaurie – Aynès,*** Cours de droit civil, Les biens - La publicité foncière (1992) p. 50; ***Mazeaud,*** Leçons de droit civil[3], Tome III, 2e vol., Principaux contrats (1968) p. 145 et s.; ***Waelbroeck,*** Le transfert de la propriété dans la vente d'objets mobiliers corporels en droit comparé (1961) p. 49

lust oder Untergang der Sache führende Schuld vorhalten lassen muß.[100] Hinsichtlich der Gefahr einer beidseitigen Vertragserfüllung trotz des Vorliegens eines nichtigen Vertrages äußert sich die Judikatur dahingehend, daß in einem solchen Fall die Parteien rechtlich in den Zustand zu versetzen sind, in dem sie sich vor der vermeintlich korrekten Vertragserfüllung befunden haben.[101] Ist der Schuldner mit seiner Leistungserfüllung in Verzug, so trägt er auch das Risiko des zufälligen Untergangs der Sache.[102]

Die allgemeine Regel *res perit domino* im Sinne von art. 1138 C. civ. steht der individuellen Parteienvereinbarung genauso wie die Bestimmung des exakten Zeitpunkts des Eigentumsüberganges jederzeit offen. Sie kann vertraglich abbedungen werden.[103] Vereinbarungsgemäß kann daher die Gefahrtragung weiterhin beim besitzenden Verkäufer verbleiben, obschon der Käufer bereits *solo consensu* Eigentum erworben hat. Die Vereinbarung muß mit beidseitiger ausdrücklicher Zustimmung[104] geschlossen werden, der bloße Hinweis auf der Rückseite des Bestellscheins, vielleicht

---

[100] vgl. Com., 16 décembre 1975, Bull. civ. IV., n° 308, p. 256
Baudry-Lacantinerie – Barde, Traité théorique et pratique de droit civil[3], Tome 1 (1906) p. 464; ***Demogue,*** Traité des obligations en général, Tome VI (1931) p. 318 et s.; ***Duranton,*** Cours de droit français suivant le Code civil[4], Tome 16 (1844) p. 25; ***Ghestin – Desché,*** Traité des contrats, La vente (1990) p. 591; ***Goré,*** dans: Rev. trim. dr. civ., 1947, p. 161; ***Laurent,*** Principes de droit civil français[3], Tome 16 (1878) p. 266; ***Marcadé,*** Explication théorique et pratique du Code Napoléon[5], Tome 4 (1852) p. 412; ***Spellenberg,*** in: ZfRV 1994, 105; ***Toullier,*** Le droit civil français suivant l'ordre du Code[5], Tome 6 (1839) p. 213

[101] vgl. Civ. 1re, 2 juin 1987, Bull. civ. I., n° 183, p. 137
Ghestin – Desché, Traité des contrats, La vente (1990) p. 592

[102] ***Baudry-Lacantinerie – Barde,*** Traité théorique et pratique de droit civil[3], Tome 1 (1906) p. 464; ***Duranton,*** Cours de droit français suivant le Code civil[4], Tome 16 (1844) p. 25; ***Laurent,*** Principes de droit civil français[3], Tome 16 (1878) p. 267 mit Verweis auf art. 1302 C. civ.

[103] ***Alter,*** L'obligation de délivrance dans la vente de meubles corporels (1972) p. 17; ***Baudry-Lacantinerie – Barde,*** Traité théorique et pratique de droit civil[3], Tome 1 (1906) p. 458 et s., 464; ***Beudant,*** Cours de droit civil français, Les contrats et les obligations (1906) p. 241; ***Duranton,*** Cours de droit français suivant le Code civil[4], Tome 16 (1844) p. 25; ***Goré,*** dans: D. chr. 1954. 175; ***Goré,*** dans: Rev. trim. dr. civ., 1947, p. 161; ***Malaurie – Aynès,*** Cours de droit civil, Les biens - La publicité foncière (1992) p. 50; ***Margellos,*** La protection du vendeur à crédit d'objets mobiliers corporels à travers la clause de réserve de propriété (1989) p. 109; ***Pérochon,*** La réserve de propriété dans la vente de meubles corporels (1988) p. 11 et s.; ***Waelbroeck,*** Le transfert de la propriété dans la vente d'objets mobiliers corporels en droit comparé (1961) p. 51

[104] ***Goré,*** dans: D. chr. 1954. 175: Der Autor könnte sich auch eine Interpretation der Norm vorstellen, nach der selbst die einseitige Festlegung zulässig wäre.; ***Pérochon,*** La réserve de propriété dans la vente de meubles corporels (1988) p. 168 et s., 189 et s.

sogar noch leicht "versteckt" unter anderen Dispositionen, wird von der Judikatur nicht anerkannt.[105] Verschiedentlich werden auch Vereinbarungen über die Risken und deren Tragung mit solchen über den Zeitpunkt des Eigentumübergangs junktimiert, weswegen die Rechtsprechung oftmalig eine diesbezügliche Verquickung der Abreden vermutet und zuläßt.[106] Der Verbleib der Gefahrtragung beim Verkäufer wird jedenfalls bei Sachen, die über weitere Strecken transportiert werden müssen, gerne vereinbart, obschon art. 100 C. com. - vorbehaltlich einer anderslautenden ausdrücklichen Vereinbarung - festlegt, daß die Sache mit Verlassen der Geschäftsräume des Verkäufers auf Gefahr desjenigen reist, dem die Sache zusteht: dem Empfänger.[107] Damit ergänzt diese Bestimmung die rechtlichen Gestaltungsmöglichkeiten für jene Fälle, in denen der Verkäufer bloß dazu verhalten ist, den Eigentumsübergang zu einem der Lieferung der Kaufsache nachfolgenden Zeitpunkt zu bewerkstelligen, immer vor dem Hintergrund, daß üblicherweise die Zeitpunkte der Eigentumsübertragung und der Gefahrtragung zusammenfallen. Mit dem Verlassen der geschäftlichen Sphäre des Verkäufers würde die Gefahrtragung auf den Empfänger übergehen, außer es wurde etwas anderes explizit vereinbart. Der in jedem Fall letztmögliche Zeitpunkt des Übergangs der Risken ist aber die endgültige Lieferung (*livraison*).[108]

---

[105] vgl. Civ. 1re, 3 mai 1979, Bull. civ. I., p. 103

Ghestin – Desché, Traité des contrats, La vente (1990) p. 628 et s., 658 et s.; ***Goré,*** dans: D. chr. 1954. 175 mit einer kritischen Betrachtung; ***Pérochon,*** La réserve de propriété dans la vente de meubles corporels (1988) p. 168 et s.

[106] ***Baudry-Lacantinerie – Barde,*** Traité théorique et pratique de droit civil[3], Tome 1 (1906) p. 459; ***Ghestin – Desché,*** Traité des contrats, La vente (1990) p. 628; ***Goré,*** dans: D. chr. 1954. 175; ***Waelbroeck,*** Le transfert de la propriété dans la vente d'objets mobiliers corporels en droit comparé (1961) p. 51: Das ist etwa auch beim Kauf unter Eigentumsvorbehalt der Fall.

[107] art. 100 C. com.: La marchandise sortie du magasin du vendeur ou de l'expéditeur voyage, s'il n'y a convention contraire, aux risques et périls de celui à qui elle appartient.

Beudant, Cours de droit civil français, Les contrats et les obligations (1906) p. 241; ***Beudant,*** Cours de droit civil français, La vente et le louage (1908) p. 111 et s.; ***Beudant,*** Cours de droit civil[2], Tome XI (1938) p. 118; ***Mazeaud,*** Leçons de droit civil[3], Tome III, 2e vol., Principaux contrats (1968) p. 143; ***Waelbroeck,*** Le transfert de la propriété dans la vente d'objets mobiliers corporels en droit comparé (1961) p. 52

[108] vgl. Civ. 8 juin 1904, D. 1904. 455; Com., 19 octobre 1982, Bull. civ. IV., n° 321, p. 270

Alter, L'obligation de délivrance dans la vente de meubles corporels (1972) p. 17 et s.; ***Baudry-Lacantinerie – Barde,*** Traité théorique et pratique de droit civil[3], Tome 1 (1906) p. 459 et s.; ***Beudant,*** Cours de droit civil[2], Tome XI (1938) p. 118 et s.; ***Duranton,*** Cours de droit français suivant le Code civil[4], Tome 16 (1844) p. 25; ***Ghestin – Desché,*** Traité des contrats, La vente (1990) p. 629, 658 et s.; ***Goré,*** dans: D.

10.4. DIE DOPPELVERÄUSSERUNG BEWEGLICHER SACHEN

Bigot-Préameneu ist uns bereits wegen seiner rechtlichen Begründung für art. 2279 C. civ. ein Begriff. In einem weiteren Fragment hinterläßt er die Motive für die in einem Konnex stehende Textierung von art. 1141 C. civ.: *A l'égard des choses mobilières, quoique, respectivement aux parties, le transport de la propriété s'opère à l'époque où la livraison doit se faire, cependant on a dû considérer l'intérêt d'un tiers dont le titre serait postérieur en date, mais qui, ayant acquis de bonne foi, aurait été mis en possession réelle. La bonne foi de cet acquéreur, la nécessité de maintenir la circulation libre des objets mobiliers, la difficulté de les suivre et de les reconnaître dans la main de tiers possesseurs, ont dû faire donner la préférence à celui qui est en possession, quoiqu'il y ait un titre antérieur au sien.*[109]

Die Theorie von *Bourjon* scheint vollinhaltlich durch die Aussagen von *Bigot-Préameneu* bestätigt zu werden. Die soeben zitierte Regel fand daher ohne weitere inhaltliche Diskussionen Eingang in den Code civil von 1804.[110] Somit lautet art. 1141 C. civ.: *Si la chose qu'on s'est obligé de donner ou de livrer à deux personnes successivement, est purement mobilière, celle des deux qui en a été mise en possession réelle est préférée et en demeure propriétaire, encore que son titre soit postérieur en date, pourvu toutefois que la possession soit de bonne foi.*

Die Kernaussage von art. 1141 C. civ. ist simpel. Das Eigentum wird jenem zuerkannt, der als erster gutgläubig in den reellen[111] Besitz eingetreten ist, und zwar unabhängig davon, ob er vom Eigentümer oder vom

---

chr. 1954. 175; ***Malaurie – Aynès,*** Cours de droit civil, Les biens - La publicité foncière (1992) p. 50; ***Waelbroeck,*** Le transfert de la propriété dans la vente d'objets mobiliers corporels en droit comparé (1961) p. 52: Im Handelsverkehr wird üblicherweise mit INCOTERMS (Klauseln wie f.o.b. oder c.i.f.) der Transfer der Gefahrtragung bewirkt, ohne damit die Lieferung per definitionem vorwegzunehmen.

109 ***Baudry-Lacantinerie – Barde,*** Traité théorique et pratique de droit civil[3], Tome 1 (1906) p. 449; ***Laurent,*** Principes de droit civil français[3], Tome 16 (1878) p. 431 et s.; ***Ledieu,*** De la règle en fait de meubles possession vaut titre, Thèse (1897) p. 66

110 ***Ledieu,*** De la règle en fait de meubles possession vaut titre, Thèse (1897) p. 40

111 vgl. Lyon, 9 avril 1851, S. 1853. 2. 1 = D. 1855. 2. 6

Baudry-Lacantinerie – Barde, Traité théorique et pratique de droit civil[3], Tome 1 (1906) p. 450: Reeller Besitz ist hier im Sinne von art. 1606 C. civ. zu verstehen.; ***Demolombe,*** Cours de Code Napoléon[3], Tome XXIV (1873) p. 474; ***Troplong,*** Le droit civil expliqué suivant l'ordre des articles du Code[5], Tome 1 (1856) p. 370 et s.: Der Autor ist der Ansicht, daß hier das Wort *réelle* nicht wörtlich zu nehmen ist, sondern bloß als Gegensatz zum Ausdruck *feinte* gesehen werden muß. Diese Meinung hat keine weitere Anerkennung gefunden.

Nichteigentümer erworben hat.[112] Da art. 1141 C. civ. nur der Ausfluß der Maxime aus art. 2279 C. civ. ist, unterliegt seine Anwendung denselben Bedingungen. Zum einen bedeutet das, daß von seinem Schutz nur körperliche bewegliche Sachen und Inhaberwertpapiere umfaßt sind,[113] zum anderen bedeutet das aber auch, daß Gutgläubigkeit für die Anwendung von art. 1141 C. civ. eine unbedingte Voraussetzung darstellt.[114] Wenn art. 1141 C. civ. von *en demeure propriétaire* spricht, dann heißt das bloß, der zweite, tatsächlich besitzende Erwerber *bleibt Eigentümer*. Er muß es also schon gewesen sein, rechtlich nur durch die Wohltat des art. 2279 C. civ. zu erklären. Der erste Erwerber erwirbt Eigentum aus dem Vertrag heraus. Wenn der treulose Verkäufer die bewegliche Sache noch einmal verkauft, so kann er zwingend nicht mehr über sein Eigentum verfügen, der zweite Erwerber erwirbt somit im klassischen Sinn *a non domino*. Der gut-

---

[112] ***Acollas,*** Manuel de droit civil[2], Tome 2 (1874) p. 791 et s.; ***Atias,*** Droit civil, Les biens[2] (1991) p. 180, 201 et s.; ***Baudry-Lacantinerie – Barde,*** Traité théorique et pratique de droit civil[3], Tome 1 (1906) p. 449 et s.; ***Beudant,*** Cours de droit civil français, La vente et le louage (1908) p. 109; ***Colin – Capitant,*** Traité de droit civil, Tome 1 (1953) p. 1093; ***Cornu,*** Droit civil, Introduction-Les personnes-Les biens[2] (1985) p. 640 et s.; ***Demogue,*** Traité des obligations en général, Tome VI (1931) p. 114; ***Demolombe,*** Cours de Code Napoléon[3], Tome XXIV (1873) p. 464; ***Ghestin – Desché,*** Traité des contrats, La vente (1990) p. 603; ***Guigue,*** Droit civil, Les biens (1977) p. 102; ***Larroumet,*** Droit civil[2], Tome II (1988) p. 237; ***Mazeaud,*** Leçons de droit civil[7], Tome II, 2e vol., Biens: Droit de propriété et ses démembrements (1989) p. 329 et s.; ***Toutain,*** Droit romain - De l'interdit utrubi / Droit français - De la possession des meubles, Thèse (1888) p. 220 et s.; ***Troplong,*** Le droit civil expliqué suivant l'ordre des articles du Code[5], Tome 1 (1856) p. 47: Im alten Rom wurde bei einer Doppelveräußerung ebenfalls derjenige bevorzugt, der als erster über den Besitz verfügt hat.

[113] ***Baudry-Lacantinerie – Barde,*** Traité théorique et pratique de droit civil[3], Tome 1 (1906) p. 455; ***Colin – Capitant,*** Traité de droit civil, Tome 1 (1953) p. 1093 et s.: Unabhängig davon kommt art. 1141 C. civ. nicht nur bei zwei behaupteten Eigentumsrechten, sondern auch bei allen sonstigen dinglichen Rechten zur Anwendung. Im übrigen gilt das zu den Bedingungen des art. 2279 C. civ. Gesagte in Analogie.; ***Duranton,*** Cours de droit français suivant le Code civil[4], Tome 12 (1844) p. 191; ***Toutain,*** Droit romain - De l'interdit utrubi / Droit français - De la possession des meubles, Thèse (1888) p. 220 et s.

[114] ***Abdel-Baki,*** Du rôle de la possession en matière mobilière, Thèse (1943) p. 228, 247: Das Erfordernis der Gutgläubigkeit ist bereits aus art. 2279 C. civ. interpretativ abzuleiten, art. 1141 C. civ. verlangt sie ja ohnedies ausdrücklich.; ***Acollas,*** Manuel de droit civil[2], Tome 2 (1874) p. 792; ***Beudant,*** Cours de droit civil français, La vente et le louage (1908) p. 109; ***Demogue,*** Traité des obligations en général, Tome VI (1931) p. 114; ***Demolombe,*** Cours de Code Napoléon[3], Tome XXIV (1873) p. 469; ***Ghestin – Desché,*** Traité des contrats, La vente (1990) p. 603; ***Laurent,*** Principes de droit civil français[3], Tome 16 (1878) p. 432 et s.; ***Ledieu,*** De la règle en fait de meubles possession vaut titre, Thèse (1897) p. 67; ***Troplong,*** Le droit civil expliqué suivant l'ordre des articles du Code[5], Tome 1 (1856) p. 50 et s.

gläubige Besitz verschafft dem zweiten Erwerber über die Regel nach art. 2279 C. civ. Eigentum.[115] Es herrscht Einigkeit darüber, daß die Gutgläubigkeit jedenfalls bloß am Beginn des Besitzes vorliegen muß.[116]

Der zweite Erwerber kann sich auf art. 1141 C. civ. stützen, der Gutgläubigkeit dahingehend verlangt, daß er bei Abschluß des Geschäftes über die bewegliche Sache zu Recht glauben durfte und konnte, dieses Rechtsgeschäft mit dem tatsächlichen Eigentümer abzuschließen. Die Gutgläubigkeit des zweiten Erwerbers billigt somit dem Veräußerer (*tradens*) eine rechtliche Qualität (Eigentümerstellung) zu, über die er in der Realität durch das erste Rechtsgeschäft nicht mehr verfügt. Der zweite Erwerber darf jedenfalls nicht mit jemandem Geschäfte machen, von dem er wissen muß, daß dieser - durch ein bereits gültig abgeschlossenes Rechtsgeschäft mit einem anderen Erwerber - nicht mehr über die rechtlich qualifizierte Stellung eines Eigentümers verfügt. Es kommt zum Verlust des guten Glaubens bei Kenntnis der ersten Veräußerung.[117] Wie weit diese Kenntnis reicht - also ob sie bloß relativ gegenüber demjenigen gilt, von dem ein Recht erworben werden soll, oder ob sie absolut und damit *erga omnes* Gültigkeit besitzt - und gegenüber welchen Personen sie den Ausschluß eines gutgläubigen Erwerbs über art. 2279 C. civ. bewirkt, ist in der Literatur über die französische Rechtsordnung umstritten. Insgesamt wird aber die absolute Wirkung bei rechtsdogmatischer Betrachtung der Verhältnisse leicht präferiert.[118]

An anderer Stelle wurde bereits die absolute und damit gegenüber jedermann effektive Wirkung der vertraglichen Eigentumsübertragung hinlänglich besprochen. Hier im Falle der Doppelveräußerung ist aber noch zu klären, was im Konkursfall des Schuldners oder Veräußerers passiert bzw. welche rechtlichen Konsequenzen sich daraus ergeben können. Dazu ein

---

[115] ***Abdel-Baki,*** Du rôle de la possession en matière mobilière, Thèse (1943) p. 160 et s., 227 et s.; ***Beudant,*** Cours de droit civil français, La vente et le louage (1908) p. 109 et s.; ***Demolombe,*** Cours de Code Napoléon[3], Tome XXIV (1873) p. 466 et s.; ***Duranton,*** Cours de droit français suivant le Code civil[4], Tome 4 (1844) p. 179; ***Foignet,*** Manuel élémentaire de droit civil, Tome I, dix-huitième édition par Émile Dupont (1943) p. 604; ***Laurent,*** Principes de droit civil français[3], Tome 16 (1878) p. 433 et s.; ***Troplong,*** Le droit civil expliqué suivant l'ordre des articles du Code[5], Tome 1 (1856) p. 51 et s.

[116] ***Laurent,*** Principes de droit civil français[3], Tome 16 (1878) p. 434

[117] ***Abdel-Baki,*** Du rôle de la possession en matière mobilière, Thèse (1943) p. 247; ***Atias,*** Droit civil, Les biens[2] (1991) p. 202: Für die Veröffentlichung des Kaufes einer Immobilie beim Hypothekenregisteramt wird dieser gute Glaube ebenfalls gefordert.; ***Duranton,*** Cours de droit français suivant le Code civil[4], Tome 18 (1844) p. 44; ***Ghestin – Desché,*** Traité des contrats, La vente (1990) p. 603; ***Ledieu,*** De la règle en fait de meubles possession vaut titre, Thèse (1897) p. 67; ***Mazeaud,*** Leçons de droit civil[7], Tome II, 2e vol., Biens: Droit de propriété et ses démembrements (1989) p. 330

[118] ***Abdel-Baki,*** Du rôle de la possession en matière mobilière, Thèse (1943) p. 250 et s.

kleines Beispiel: Stellen wir uns gedanklich den Fall vor, daß eine bewegliche Sache hintereinander an Primus und Secundus verkauft wird. Beide haben den vollen Kaufpreis bezahlt, keiner von beiden ist aber im tatsächlichen Besitz der Sache. Wenn die Besitzverschaffung unbedingte Voraussetzung für die Eigentumsübertragung im Kauffall ist, dann sind Primus und Secundus im Konkursverfahren wie alle anderen Gläubiger mit relativen Rechten zu behandeln. Für den Fall allerdings, daß das Eigentum *solo consensu* übergeht, so ist für die Frage, wer Eigentümer durch Willensübereinstimmung geworden ist, demjenigen der Vorzug zu geben, der über den zeitlich früheren Kaufvertrag verfügt. Dieser hat dann im Konkurs des Veräußerers die Rechte eines Eigentümers, also den dinglichen Herausgabeanspruch. Ist Secundus hinsichtlich seines Erwerbs nicht gutgläubig, so ist das sachenrechtliche Ergebnis dennoch mit der vorgenannten Lösung ident.[119]

Die (eigentums)rechtlichen Konsequenzen einer Doppelveräußerung, wie sie der Code civil vorsieht, wären in vielen anderen Staaten undenkbar.[120] Österreich zählt durch Übernahme des verpflichtenden zweiaktigen Rechtsgeschäfts aus dem römischen Recht[121] ebenfalls zu diesen Ländern. Solange nämlich der Verkäufer im Besitz der Sache bleibt, sie also trotz Kaufvertragsabschluß noch nicht in irgendeiner Form dem ersten Erwerber übergeben hat, solange bleibt er auch Eigentümer der beweglichen Sache. Ein möglicher weiterer Verkauf an einen zweiten Erwerber hat demnach zur Folge, daß der zweite Erwerber mit dem tatsächlichen Eigentümer kontrahiert. Der erste Erwerber hat nur einen schuldrechtlichen Anspruch auf Eigentumsübertragung, bei Nichterfüllung dieses Anpruches durch den Eigentümer verbleibt nur ein schadenersatzrechtlicher Anspruch. Der zweite Erwerber muß aber auch hier nicht gutgläubig sein, weil er sich für den Eigentumserwerb nicht auf eine Bestimmung des gutgläubigen Erwerbs (der Grenzfall ist die Verletzung fremder Forderungsrechte) beziehen muß. Er wird Eigentümer durch die vollständige Erfüllung des schuld- und sachenrechtlichen Geschäfts.

---

119 ***Foignet,*** Manuel élémentaire de droit civil, Tome I, dix-huitième édition par Émile Dupont (1943) p. 604 et s.; ***Mazeaud,*** Leçons de droit civil[7], Tome II, 2e vol., Biens: Droit de propriété et ses démembrements (1989) p. 332 et s.

120 ***Waelbroeck,*** Le transfert de la propriété dans la vente d'objets mobiliers corporels en droit comparé (1961) p. 77: Der Autor nennt als Beispiele auch noch Deutschland und Holland. Weitere wären etwa auch Spanien, die Schweiz und einige südamerikanische Staaten.

121 ***Aubry – Rau,*** Droit civil français[7], Tome II (1961) p. 377

10.5. DIE SPEZIELLEN KAUFVERTRÄGE

10.5.1. RATEN- UND KREDITKAUF

Ab einem gewissen Grad an industrieller Prosperität taucht der Raten- bzw. Kreditkauf (*achat et vente à tempérament, achat et vente à credit*) als Möglichkeit wirtschaftlicher Verfügungsmacht unweigerlich auf, mehr noch, er zwingt sich quasi auf, soll die weitere ökonomische Entwicklung ermöglicht werden.[122] Er erlaubt, unmittelbar Besitz an der gekauften Sache zu erhalten, ohne dabei gezwungen zu sein, sofort den vollen Kaufpreis leisten zu müssen. Ein amüsantes Zitat eines Amerikaners bringt die Vorteile des Ratenkaufs exakt auf den Punkt: "Ersparnisse erlauben es, ein Haus zu kaufen, um dort zu sterben; der Ratenkauf erlaubt es, ein Haus zu kaufen, um dort bereits zu leben".[123] Der durch Ratengeschäfte der Wirtschaft zufließende Kredit gewährleistet einen weiteren Aufschwung durch bestmögliche Allokation der Ressourcen einschließlich des Kapitals und schafft damit außerdem neuen Reichtum.

Mitte der 50-er Jahre erfreute sich der Raten- bzw. Kreditkauf, der sich durch den Umstand auszeichnet, daß der Preis in mehreren Tranchen zahlbar ist, von denen außer der ersten die übrigen regelmäßig nach der Lieferung der Sache erfolgen, in Frankreich einer solchen Beliebtheit, daß der Gesetzgeber zum Schutz des einzelnen Käufers und wohl auch zum Schutz der gesamten (Volks-)Wirtschaft einschreiten mußte, um für das Ratengeschäft einige Mindesterfordernisse zu formulieren, deren Einhaltung bei sonstiger Nichtigkeit des Vertrages unbedingt gefordert wurde.[124] Für die Verkäufer birgt der Teilzahlungsverkauf - wie jedes andere Geschäft mit einer Kreditkomponente auch - die Gefahr der Insolvenz des Käufers. Dessen eingedenk und nicht zuletzt wegen des Umstandes, daß bei einer nicht ausreichenden Sicherung der Ansprüche des Verkäufers dieser die Sachen niemals im Wege eines Ratengeschäftes abgeben würde, somit der Käufer nicht profitieren könnte, weil sich niemand für die Abwicklung dieser Art der Geschäfte finden würde, hat der Gesetzgeber

---

[122] In Österreich ist der Ratenkauf zumindest teilweise im Konsumentenschutzgesetz geregelt, in Deutschland übernimmt das Verbraucherkreditgesetz aus dem Jahr 1991 diese Funktion.

[123] ***Mestre,*** Des moyens employés par la pratique pour protéger le vendeur à tempérament de meubles corporels, Thèse (1936) p. 15

[124] vgl. décret n°55-585 du 20 mai 1955 und décret d'application n°56-775 du 4 août 1956

Mazeaud, Leçons de droit civil³, Tome III, 2ᵉ vol., Principaux contrats (1968) p. 163; ***Planiol – Ripert,*** Traité pratique de droit civil français², Tome X (1956) p. 256 et s.

bereits sehr früh versucht, einen entsprechenden Ausgleich zwischen den unterschiedlichen Interessen von Käufer und Verkäufer herzustellen.[125]

Wirtschaftlich gesehen ist das Ratengeschäft zunächst ein Kredit[126] und erst später - nach Zahlung des gesamten Preises - ein Kauf. Vom juristischen Standpunkt aus gesehen ist das Ratengeschäft von Beginn an ein Kauf, der Erwerber wird Eigentümer, obwohl der Kaufpreis noch nicht zur Gänze geleistet wurde. Der Code civil hat daher versucht, mit einigen Anordnungen das Schutzinteresse des Verkäufers zu berücksichtigen. Zunächst ist hier das Zurückbehaltungsrecht des Verkäufers für den Fall der Nichtzahlung des Kaufpreises gemäß art. 1612 C. civ. zu erwähnen.[127] Bereits dargestellt wurde im Rahmen der Pflichten des Käufers die Möglichkeit des Verkäufers, den Vertrag wegen Nichtzahlung des Kaufpreises gemäß art. 1654 C. civ. aufzulösen (sog. Rücktrittsrecht). Schließlich gewährt art. 2102, 4° C. civ. ein beschränktes Mobilienvorzugsrecht, weil es ungerecht wäre, die eigentlich vom Verkäufer stammende Sache in Konkurrenz zu den anderen Gläubigern treten zu lassen. Der Verkäufer soll bevorzugt befriedigt werden. Abschließend stellt derselbe Artikel die Basis für einen besonderen Herausgabeanspruch bei Mobilien innerhalb von 8 Tagen ab Lieferung dar.[128] Nachdem der Verkäufer im Fall eines Ratenzahlungsgeschäfts einer späteren Preiszahlung zugestimmt hat, kann er den Gesetzestexten folgend allerdings nur mehr das Recht auf Vertragsauflösung und das Recht auf bevorzugte Befriedigung in Anspruch nehmen. Die anderen Rechte bleiben ihm nämlich wegen der Fristigkeit der Preiszahlung versagt.[129]

---

[125] ***Mestre,*** Des moyens employés par la pratique pour protéger le vendeur à tempérament de meubles corporels, Thèse (1936) p. 16 et s.

[126] ***du Pontavice,*** Intérêt et limites de la clause de réserve de propriété depuis la loi du 12 mai 1980 (1982) p. 2: Auch der Kauf unter Eigentumsvorbehalt ist wirtschaftlich gesehen zunächst nichts anderes als ein Lieferantenkredit.

[127] art. 1612 C. civ.: Le vendeur n'est pas tenu de délivrer la chose, si l'acheteur n'en paye pas le prix, et que le vendeur ne lui ait pas accordé un délai pour le payement.

Pérochon, La réserve de propriété dans la vente de meubles corporels (1988) p. 78

[128] art. 2102 C. civ.: Les créances privilégiées sur certains meubles sont:

4° Le prix d'effets mobiliers non payés, s'ils sont encore en la possession du débiteur, soit qu'il ait acheté à terme ou sans terme; Si la vente a été faite sans terme, le vendeur peut même revendiquer ces effets tant qu'ils sont en la possession de l'acheteur, et en empêcher la revente, pourvu que la revendication soit faite dans la huitaine de la livraison et que les effets se trouvent dans le même état dans lequel cette livraison a été faite; ...

Pérochon, La réserve de propriété dans la vente de meubles corporels (1988) p. 78

[129] ***Mestre,*** Des moyens employés par la pratique pour protéger le vendeur à tempérament de meubles corporels, Thèse (1936) p. 17 et s.

10.5.1.1. VERLUST DER RECHTE

Aber selbst bei jenen Rechten, die dem Verkäufer zur Inanspruchnahme immer verbleiben, gibt es eine Vielzahl von Unsicherheiten. Die beiden wesentlichsten dabei sind die Insolvenz des Käufers und der Weiterverkauf der Sache an einen zweiten Erwerber. Hier bilden nämlich die verkauften Waren in den Augen von Gläubigern Elemente der Zahlungsfähigkeit dieser Personen. Die Sachen würden somit eine eigentlich nicht vorhandene Masse zur Befriedigung der Ansprüche vortäuschen. Der Gesetzgeber wollte die durch den Anschein genährte Hoffnung der Gläubiger nicht durch eine unerwartete Manifestierung von Verkäuferrechten enttäuschen, weswegen art. 550 C. com. festlegte, daß der Verkäufer ab dem Zeitpunkt des Eintritts der Waren in das Geschäft des Käufers das beschränkte Mobilienvorzugsrecht im Konkurs des Käufers nicht mehr geltend machen kann. Obwohl der Code civil über den Verlust der Klage auf Vertragsauflösung schweigt, ist dieser dennoch als gegeben anzunehmen. Wurde diesbezüglich zunächst noch mit einem *argumumentum e contrario* unter Verweis auf art. 576 C. com. argumentiert, so wurde die Unterdrückung der Klage auf Vertragsauflösung später als logische Konsequenz des art. 550 C. com. erklärt, der ja den Verlust des beschränkten Mobilienvorzugsrecht eindeutig regelt. Die zuvor dargestellten Rechte gelten daher alle nicht im Konkurs.[130] Das ist aber seit den wesentlichen gesetzlichen Novellierungen der Jahre 1967, 1980 bzw. 1985 - in der dargestellten Form jedenfalls - Rechtsgeschichte.

Neben dem Konkurs stellt, wie bereist erwähnt, der Weiterverkauf der Sachen an einen gutgläubigen Erwerber naturgemäß eine große Gefahr für einen Verkäufer, der noch nicht bezahlt wurde, dar. Ist nämlich der Erwerber gutgläubig, so kann er die Klage des ursprünglichen Eigentümers auf Herausgabe der Sache mit Verweis auf art. 2279 C. civ. abschmettern. Dem Verkäufer bleibt zwar noch eine persönliche Klage gegen seinen Ver-

---

[130] vgl. art. 550 und 576 C. com. vor der Novellierung, art. 61 de la loi 1967 bzw. art. 116 de la loi 1985

Beudant, Cours de droit civil², Tome XI (1938) p. 123; ***Colin – Capitant,*** Traité de droit civil, Tome 1 (1953) p. 1091; ***Margellos,*** La protection du vendeur à crédit d'objets mobiliers corporels à travers la clause de réserve de propriété (1989) p. 126 et s.; ***Mestre,*** Des moyens employés par la pratique pour protéger le vendeur à tempérament de meubles corporels, Thèse (1936) p. 18 et s.; ***Pédamon,*** Considérations comparatives sur la loi du 12 mai 1980 (1981) p. 209; ***Pérochon,*** La réserve de propriété dans la vente de meubles corporels (1988) p. 15 et s.; ***Sacco,*** dans: Rivista di diritto civile, 1979 - n°4, p. 442; ***Spellenberg,*** in: ZfRV 1994, 105; ***Toutain,*** Droit romain - De l'interdit utrubi / Droit français - De la possession des meubles, Thèse (1888) p. 223

tragspartner, allerdings meist ohne Realisierungsaussichten, weil sie wahrscheinlich an der Insolvenz des Untreuen scheitern wird. Auch das Strafrecht steht ihm nicht zur Seite, da art. 408 C. pén. die Verträge, die einen Vertrauensmißbrauch im strafrechtlichen Sinn (Untreue) begründen können, taxativ aufzählt. Der Kaufvertrag ist nicht darunter.[131]

10.5.1.2. ÜBERLEGUNGEN ZUR ANSPRUCHSSICHERUNG

Um dem Einwand, warum habe man sich denn nicht einfach überlegt, eine Art Hypothek für bewegliche Sachen zu ermöglichen, gleich zu Beginn zu begegnen, sei auf art. 2119 C. civ. verwiesen, der die Zulassung einer Hypothek bei beweglichen Sachen unabhängig von den faktischen Problemen dabei ausdrücklich ausschließt. Nur Immobilien - und einige ausgewählte bewegliche Sachen mit hohem Wert[132] - sind Hypotheken zugänglich, art. 2218 C. civ. legt dafür die Details fest.[133] Eine erste Idee zur Anspruchssicherung mit entsprechender Umsetzungsqualität war, den Kaufvertrag mit einem Mietvertrag zu kombinieren. Die Franzosen nannten dies einen Mietkauf (*location-vente*). Darin wurde vereinbart, daß der Erwerber bei Leistung der monatlichen Zahlungen, die als Miete bezeichnet wurden, nach vollständiger Preiszahlung Eigentümer der Sache wurde. Die Miete wurde somit nur dann zum Kauf, wenn alle monatlichen Zahlungen eingegangen waren und in Summe dem vereinbarten Kaufpreis entsprochen haben. Als Vermieter konnten die vermeintlichen Verkäufer so ihre Ansprüche im Konkurs geltend machen, im Fall des Weiterverkaufs an einen Dritten machte sich der Mieter des Vertrauensmißbrauches im Sinne des Strafrechts schuldig.[134] Für alle komplexen Probleme hatte man

---

[131] ***Ghestin - Desché,*** Traité des contrats, La vente (1990) p. 667 et s.; ***Margellos,*** La protection du vendeur à crédit d'objets mobiliers corporels à travers la clause de réserve de propriété (1989) p. 115; ***Mestre,*** Des moyens employés par la pratique pour protéger le vendeur à tempérament de meubles corporels, Thèse (1936) p. 20 et s.

[132] ***Ferid - Sonnenberger,*** Das französische Zivilrecht, Band 2^2, (1986) 698 f: Hypotheken an See-, Fluß- und Luftschiffen sind möglich. Sie bedürfen eines schriftlichen Bestellungsaktes und zur Drittwirksamkeit der Registereintragung.

[133] art. 2119 C. civ.: Les meubles n'ont pas de suite par hypothèque.

art. 2118 C. civ.: Sont seuls susceptibles d'hypothèques: 1° Les biens immobiliers qui sont dans le commerce, et leurs accessoires réputés immeubles; 2° L'usufruit des mêmes biens et accessoires pendant le temps de sa durée.

Bufnoir, Propriété et contrat (1900) p. 387; ***Ledieu,*** De la règle en fait de meubles possession vaut titre, Thèse (1897) p. 43 et s.; ***Mestre,*** Des moyens employés par la pratique pour protéger le vendeur à tempérament de meubles corporels, Thèse (1936) p. 22

[134] vgl. dazu im römischen Recht Kapitel 3.3.4.

scheinbar eine Lösung gefunden, scheinbar deswegen, weil die Judikatur die Ernsthaftigkeit solcher "Zwillingsverträge" nur schwer anerkannte.

Weitere Überlegungen der Verkäufer zum Schutz ihrer Rechte und Ansprüche gründen sich auf die Bedingungen ganz allgemein und auf deren Qualifikation im speziellen. Bei der vollständigen Kaufpreisleistung als aufschiebende Bedingung des Kaufvertrages bleibt der Verkäufer Eigentümer bis zur Bedingungserfüllung, weil bis zu diesem Zeitpunkt die Geburtsstunde des Vertrages verzögert wird. Der Vertrag wurde nicht geschlossen, das Eigentum ist daher auch nicht übergegangen. Bei der Konstruktion einer auflösenden Bedingung führt die Nichtzahlung des Kaufpreises zur Auflösung des Vertrages, der Verkäufer wird so betrachtet, als sei er immer Eigentümer geblieben, obwohl er dies zwischenzeitlich eigentlich nicht mehr war. Tatsächlich wurde diese Verfallsklausel (*pacte commissoire*) nur als zusätzliches Sicherungsinstrument gemeinsam mit anderen verwendet.[135] Die zeitlich schließlich letzte aller Überlegungen zur Anspruchssicherung war zugleich auch die beständigste und hat zur Vereinbarung einer besonderen Klausel geführt: der Eigentumsvorbehaltsklausel (*clause de réserve de propriété*).

10.5.2. KAUF UNTER EIGENTUMSVORBEHALT

In der geschichtlichen Entwicklung dem klassichen Ratengeschäft zeitlich nachgelagert ist der Kauf unter Eigentumsvorbehalt, bei dem der Verkäufer zur Sicherung seiner Ansprüche bei Zahlungsunfähigkeit des Käufers die Vereinbarung einer Eigentumsvorbehaltsklausel als Vertragsbestandteil fordert.[136] Beim Eigentumsvorbehalt behält der Verkäufer das Eigentum an der Kaufsache, die sofort übergeben werden kann, bis zur vollständigen Preiszahlung. So erfüllt der Eigentumsvorbehalt die Funktionen eines Sicherungsrechtes: *pactum reservati dominii donec pretium*

Ferid – Sonnenberger, Das französische Zivilrecht, Band 2^2, (1986) 156 ff; ***Mestre,*** Des moyens employés par la pratique pour protéger le vendeur à tempérament de meubles corporels, Thèse (1936) p. 26 et s.

[135] ***Mestre,*** Des moyens employés par la pratique pour protéger le vendeur à tempérament de meubles corporels, Thèse (1936) p. 99, 123 et s.

[136] ***Crosio,*** Le contrat de vente en droit commercial (1989) p. 115; ***Mestre,*** Des moyens employés par la pratique pour protéger le vendeur à tempérament de meubles corporels, Thèse (1936) p. 151: Der Kauf unter Eigentumsvorbehalt hat seine Wurzeln in Kaufverträgen über Kraftfahrzeuge.

solvatur.[137] Obwohl nach art. 1583 C. civ. das Eigentum durch Abschluß des Vertrages übergeht, ohne daß es weiterer Formalitäten bedarf, muß klar sein, daß diese Norm - wie bereits gezeigt wurde - nicht unabdingbar ist. Sie ist nicht Bestandteil einer grundlegenden Sittenanschauung und daher der Interpretation durch die Vertragspartner zugänglich, die Vertragspartner können ihr vor dem Hintergrund des Primats der Vertrags- und Willensfreiheit derogieren und somit dem Kaufvertrag seine translative Funktion - unter Verzicht auf die Reziprozität der Leistungen im Sinne eines Zug-um-Zug-Prinzips - nehmen. Das stellt auch schon ein Erkenntnis des Gerichtshofes in Colmar aus dem Jahr 1927 eindeutig fest.[138] Auch bei Vereinbarung eines Eigentumsvorbehalts bleibt der Charakter des Eigentums als zeitlich unbegrenztes Recht ohne dogmatische Änderungen bestehen, die Sache fällt ganz einfach in Abhängigkeit der Erfüllung einer Bedingung bloß (wieder) in den Machtbereich eines anderen.[139] In Ländern, wo der Eigentumsübergang kausal ist, ist für den Fall der Nichtzahlung des Kaufpreises ein einfaches Procedere vorgesehen. Die Auflösung des Vertrages wegen Nichtzahlung bedeutet, daß die Eigentümerstellung des Verkäufers so betrachtet wird, als hätte sich an ihr nie etwas verändert (Wirkung *ex tunc*).[140]

Die rechtliche Qualifikation der im Wege einer Eigentumsvorbehaltsklausel vereinbarten Bedingungen gibt Anlaß, die drei gedanklichen Hauptrichtungen mit den jeweiligen Lösungsvorschlägen darzustellen. Zunächst gibt es den Ansatz, der von einer aufschiebenden Bedingung ausgeht. Dabei wird die definitive Vertragswerdung, also der Kaufvertrag als solcher, bis zu Kaufpreiszahlung aufgeschoben.[141] Bei einer anderen Theorie wird davon ausgegangen, daß es sich bei der Eigentumsvorbehalts-

---

[137] ***Margellos,*** La protection du vendeur à crédit d'objets mobiliers corporels à travers la clause de réserve de propriété (1989) p. 2; ***Pérochon,*** La réserve de propriété dans la vente de meubles corporels (1988) p. 13 et s.

[138] Colmar, 26 janvier 1927, D.H. 1927. 266

Margellos, La protection du vendeur à crédit d'objets mobiliers corporels à travers la clause de réserve de propriété (1989) p. 97; ***Mestre,*** Des moyens employés par la pratique pour protéger le vendeur à tempérament de meubles corporels, Thèse (1936) p. 153 et s.; ***Pérochon,*** La réserve de propriété dans la vente de meubles corporels (1988) p. 14; ***Spellenberg,*** in: ZfRV 1994, 105

[139] ***Lambert,*** Cours de droit civil, Droit du patrimoine (1971) p. 111 et s.

[140] ***Waelbroeck,*** Le transfert de la propriété dans la vente d'objets mobiliers corporels en droit comparé (1961) p. 108: Der Eigentumsübergang ist etwa in Belgien, Frankreich, Luxemburg, Holland, Italien und natürlich auch in Österreich kausal.

[141] ***Ferid – Sonnenberger,*** Das französische Zivilrecht, Band 2^2, (1986) 152; ***Spellenberg,*** in: ZfRV 1994, 105: Diese Theorie übersieht, daß bei einem Vertrag, der als ganzer unter aufschiebender Bedingung steht, auch die Zahlungsverpflichtung des Käufers fehlen würde.

klausel inhaltlich um eine auflösende Bedingung handelt, die im Fall der Nichtleistung des Kaufpreises zur rückwirkenden Vernichtung des Vertrages führt.[142] Schließlich gibt es noch die wohl herrschende Meinung, daß die Vorbehaltsklausel eine aufschiebende Bedingung darstellt, die ihrerseits nur den Eigentumsübergang bis zur Zahlung des vollständigen Kaufpreises beeinflußt.[143] Dabei bleibt der Käufer bis zur Preiszahlung bloßer Inhaber (*détenteur*), damit Fremdbesitzer und zur sorgfältigen Behandlung der Sache verpflichtet.[144] Manche Autoren gehen schließlich vom Begriff der Bedingung (*condition*) vollkommen weg und sehen dafür den Begriff der Befristung (*terme*) als eher relevant an.[145]

---

[142] vgl. mit einer kritischen Äußerung zum Modell einer auflösenden Bedingung: ***Pérochon,*** La réserve de propriété dans la vente de meubles corporels (1988) p. 37, 56 et s.: *Il n'y a donc pas "réserve" de la propriété, mais transfert puis retransfert du droit, aller-retour qui a pour résultat de nier l'esprit de la clause.*

[143] ***Ferid – Sonnenberger,*** Das französische Zivilrecht, Band 2², (1986) 152; ***Ghestin – Desché,*** Traité des contrats, La vente (1990) p. 654 et s.; ***Mazeaud,*** Leçons de droit civil³, Tome III, 2ᵉ vol., Principaux contrats (1968) p. 164; ***Mestre,*** Des moyens employés par la pratique pour protéger le vendeur à tempérament de meubles corporels, Thèse (1936) p. 149, 152 et s.; ***Pérochon,*** La réserve de propriété dans la vente de meubles corporels (1988) p. 35 et s.; ***Planiol – Ripert,*** Traité pratique de droit civil français², Tome X (1956) p. 257; ***Robine,*** La clause de réserve de propriété depuis la loi du 12 mai 1980 (1990) p. 13; ***Soinne,*** dans: Gaz. Pal. Doctrine 1985. 287; ***Spellenberg,*** in: ZfRV 1994, 105

[144] vgl. Com., 19 octobre 1982, Bull. civ. IV., n° 321 = I.R. 1983. 482 = Rev. trim. dr. civ., 1984, p. 515

Alt-Maes, dans: Rev. trim. dr. civ., 1987, p. 21 mit einem Zitat aus Crim., 30 mai 1958, D. 1958. 513 = J.C.P. 1958, II., n° 10809, note Chavannes: *La détention n'est pas accompagnée de remise de possession.*; ***Ferid – Sonnenberger,*** Das französische Zivilrecht, Band 2², (1986) 153; ***Margellos,*** La protection du vendeur à crédit d'objets mobiliers corporels à travers la clause de réserve de propriété (1989) p. 102 et s.; ***Mestre,*** Des moyens employés par la pratique pour protéger le vendeur à tempérament de meubles corporels, Thèse (1936) p. 149: In diesem Fall würde sich der Eigentumsvorbehaltskäufer bei einer Veruntreuung der Sache etwa durch Weiterverkauf des Vertrauensmißbrauches schuldig machen.; ***Pérochon,*** La réserve de propriété dans la vente de meubles corporels (1988) p. 91; ***du Pontavice,*** Intérêt et limites de la clause de réserve de propriété depuis la loi du 12 mai 1980 (1982) p. 10; ***Spellenberg,*** in: ZfRV 1994, 105: Der Käufer haftet nur bei Verschulden für Untergang und Beschädigung.

[145] vgl. Civ. 1ᵉʳ, 21 juillet 1965, Bull. civ. I., n° 496; Civ. 3ᵉ, 7 novembre 1969, Bull. civ. III., n° 772; Civ. 3ᵉ, 4 décembre 1985, Bull. civ. III., n° 162

art. 1185 C. civ.: Le terme diffère de la condition, en ce qu'il ne suspend point l'engagement, dont il retarde seulement l'exécution.

Ferid – Sonnenberger, Das französische Zivilrecht, Band 2², (1986) 152; ***Ghestin – Desché,*** Traité des contrats, La vente (1990) p. 655; ***Pérochon,*** La réserve de propriété dans la vente de meubles corporels (1988) p. 52 et s., 70 et s.; ***du Pontavice,*** Intérêt et limites de la clause de réserve de propriété depuis la loi du 12 mai 1980 (1982) p. 9; ***Robine,*** La clause de réserve de propriété depuis la loi du 12 mai 1980 (1990) p. 13

Auf die Unterschiede in der rechtlichen Behandlung der Fälle in Abhängigkeit davon, ob man der Theorie einer auflösenden oder aufschiebenden Bedingung anhängt, soll hier nur in den unbedingt zum Verständnis notwendigen Grundzügen eingegangen werden, weil eine vertiefte Auseinandersetzung mit hauptsächlich schuldrechtlichen Problemen den Rahmen der Betrachtungen sprengen würde. Wenn die Klausel auflösend wirkt, dann erwirbt der Käufer sofort Eigentum, für den Fall der Nichtzahlung wird der Verkäufer wieder Eigentümer: Transfer und Rücktransfer. Auszuschließen ist diese Konstellation nur durch die rückwirkende Auflösung des Vertrages, da dann der Verkäufer in Wirklichkeit immer Eigentümer geblieben ist. Ist die Klausel bloß aufschiebend, so ist klar, daß das Eigentum bis zur Preiszahlung beim Verkäufer verbleibt. In diesem Fall verbleibt neben dem Eigentum gemäß der Regel *res perit domino* natürlich auch die Gefahrtragung beim Verkäufer. Dieses Ergebnis ist schon durch die Interpretation von art. 1182 C. civ. und einen *e contarario*-Schluß vorgegeben. Im Fall einer aufschiebenden Bedingung verbleibt das Eigentum und damit das Risiko beim Verkäufer, im Falle der auflösenden Bedingung daher *e contrario* beim Käufer.[146] Wie bei der Risikotragung allgemein, so gilt auch hier im speziellen, daß die Frage des Gefahrenübergangs einer Parteienvereinbarung offensteht.

Ist im Falle der Geltendmachung des Herausgabeanspruchs durch den Eigentümer der gesamte Vertrag betroffen, so setzt dieser Vorgang allen aus dem Vertrag entstandenen juristischen Beziehungen ein Ende. Hat der Vertrag hingegen seine rechtlichen Wirkungen, mit Ausnahme des Eigentumsübergangs, bereits entfaltet, so muß für die Vertragsauflösung ein entsprechender Mechanismus vorgesehen werden. Das könnte zum einen eine Auflösungsklage oder zum anderen eine ausdrückliche Vertragsauflösungsklausel sein. Wie werden allerdings die bereits geleisteten (Teil)-Zahlungen in einem solchen Fall rechtlich behandelt? Sie müßten entweder zurückgestellt werden oder, wenn der Vertrag dies vorsieht, könnten sie - im Sinne des Schadenersatzrechts - etwa als eine Art Vertragsstrafe beim Verkäufer verbleiben, wobei der Käufer nach französischem Recht gleichzeitig

---

[146] vgl. Req., 8 janvier 1906, D.P. 1906. 1. 262; Metz, 29 octobre 1980, D. 1981. 138, note Guyon; Com., 19 octobre 1982, Bull. civ. IV., n° 321, p. 270 = I.R. 1983. 482

Ghestin - Desché, Traité des contrats, La vente (1990) p. 657; ***Margellos,*** La protection du vendeur à crédit d'objets mobiliers corporels à travers la clause de réserve de propriété (1989) p. 108; ***Mazeaud,*** Leçons de droit civil³, Tome III, 2ᵉ vol., Principaux contrats (1968) p. 164; ***Mestre,*** Des moyens employés par la pratique pour protéger le vendeur à tempérament de meubles corporels, Thèse (1936) p. 154; ***Spellenberg,*** in: ZfRV 1994, 105

die Möglichkeit hat, eine richterliche Überprüfung der Angemessenheit der Höhe zu fordern.[147]

Die dargestellten Meinungsverschiedenheiten unter den Gelehrten setzten sich naturgemäß in einer inhomogenen Rechtsprechung fort. Teils als aufschiebende, teils als auflösende Bedingung gesehen, einmal den gesamten Vertrag, einmal nur den Eigentumsübergang betreffend - die ganze Palette an Meinungen fand sich im Spektrum der Rechtsprechung wieder. Schließlich hat sich die Meinung durchgesetzt, daß bloß der Eigentumsübergang von der Eigentumsvorbehaltsklausel betroffen ist, und alles andere eine zu weit gehende Interpretation des Willens der Parteien darstellt, die sich ja eigentlich nur gegen die Nichterfüllung einer Vertragspflicht absichern wollten.[148] Diese Meinung hat sich dann auch in einem Erkenntnis der handelsrechtlichen Abteilung des *Cour de cassation* manifestiert. Demnach ist die Eigentumsvorbehaltsklausel eindeutig eine den Eigentumsübergang hindernde Bedingung des Kaufvertrages.[149] Das Gesetz vom 12. Mai 1980[150], das bloß die Artikel 59, 65 und 66 des Gesetzes vom 13. Juli 1967[151] novelliert hat, hat in Abänderung des art. 65 des Gesetzes aus 1967 diese Ansicht durch eine textliche Ergänzung auch in positives Recht gegossen: *Peuvent être revendiquées, ... ainsi que les marchandises vendues avec une clause suspendant le transfert de propriété au paiement*

---

[147] ***Ghestin – Desché,*** Traité des contrats, La vente (1990) p. 664 et s.; ***Margellos,*** La protection du vendeur à crédit d'objets mobiliers corporels à travers la clause de réserve de propriété (1989) p. 126 et s.; ***Mazeaud,*** Leçons de droit civil^3, Tome III, 2e vol., Principaux contrats (1968) p. 164 et s.

[148] ***Ghestin – Desché,*** Traité des contrats, La vente (1990) p. 664 et s.; ***Margellos,*** La protection du vendeur à crédit d'objets mobiliers corporels à travers la clause de réserve de propriété (1989) p. 101; ***Mazeaud,*** Leçons de droit civil^3, Tome III, 2e vol., Principaux contrats (1968) p. 164 et s.; ***Robine,*** La clause de réserve de propriété depuis la loi du 12 mai 1980 (1990) p. 13 et s.

[149] vgl. Com., 20 novembre 1979, Bull. civ. IV., n° 300, p. 237 = I.R. 1980. 571 = J.C.P. 1981, II., n° 19615, note Ghestin

Ghestin – Desché, Traité des contrats, La vente (1990) p. 656; ***Mestre,*** Des moyens employés par la pratique pour protéger le vendeur à tempérament de meubles corporels, Thèse (1936) p. 149; ***Robine,*** La clause de réserve de propriété depuis la loi du 12 mai 1980 (1990) p. 13; ***Spellenberg,*** in: ZfRV 1994, 105

[150] loi n° 80-335 du 12 mai 1980 relative au effets des clauses de réserve de propriété dans les contrats de vente

Pédamon, Considérations comparatives sur la loi du 12 mai 1980 (1981) p. 210; ***du Pontavice,*** Intérêt et limites de la clause de réserve de propriété depuis la loi du 12 mai 1980 (1982) p. 2: Das Gesetz wurde in Frankreich nach dem Senator *François Dubanchet*, der ein Verfechter des Eigentumsvorbehalts war, benannt.

[151] loi n° 67-563 du 13 juillet 1967 relative au règlement judiciaire et à la liquidation des biens

intégral du prix.[152] Seit Inkrafttreten des Gesetzes aus 1980 läßt sich die Eigentumsvorbehaltsklausel außerdem der Konkursmasse entgegenhalten, ein Umstand, der im französischen Recht mit dem Begriff *opposabilité* bezeichnet wird und der zur Aussonderung der Kaufsache aus der Konkursmasse berechtigt.[153]

10.6. DIE KONKURSFESTIGKEIT IN FRANKREICH

Im Zusammenhang mit einer Eigentumsvorbehaltsklausel stellt sich ganz allgemein die Frage, ob andere als gesetzlich explizit geregelte Arten sonstiger dinglicher Rechte geschaffen werden können. Konkret hat sich diese Frage eben beim Eigentumsvorbehalt gestellt: Kann die Vereinbarung eines Eigentumsvorbehalts dem Käufer einer Ware den Gebrauch dieser Sache wirksam übertragen und gleichzeitig die Verfügung darüber etwa durch Veräußerung wirksam untersagen?[154] Kann sich das vorbehaltene Eigentum rechtlich gesehen einem klassischen Sicherungsrecht annähern, das als akzessorisches Recht der Kaufpreisforderung - etwa bei einer Übertragung derselben an eine Bank - im Sinne von art. 1250 n°1 C. civ. dem rechtlichen Schicksal der Forderung folgt?[155] Nach der neueren Rechtsprechung darf dies als gesichert angesehen werden[156], obwohl es sonst nach eingehender Diskussion in Frankreich generell festzustehen scheint, daß die vertragliche Schaffung neuer Arten von dinglichen Rechten ausgeschlossen ist.[157] Der Eigentumsvorbehalt in Frankreich ist

---

[152] ***Spellenberg,*** in: ZfRV 1994, 105: Im wesentlichen findet sich dieser Text mit bloß kleinen Adaptierungen auch im art. 121 II L. 1985, vor einigen Jahren novelliert durch loi n° 94-475 du 10 juin 1994 (Prévention et traitement des difficultés des entreprises).

[153] ***du Pontavice,*** Intérêt et limites de la clause de réserve de propriété depuis la loi du 12 mai 1980 (1982) p. 1 et s.; ***Spellenberg,*** in: ZfRV 1994, 105

[154] ***Ghestin – Desché,*** Traité des contrats, La vente (1990) p. 593; ***Spellenberg,*** in: ZfRV 1994, 105: Es scheint systemkonform zu sein, den Besitz gleich, das Eigentum aber tatsächlich erst gegen Zahlung zu übergeben. Der Verkäufer könnte ja bei Nichtzahlung durch Rücktritt vom Vertrag den Eigentumsübergang wieder beseitigen.

[155] ***Ghestin – Desché,*** Traité des contrats, La vente (1990) p. 593; ***Pérochon,*** La réserve de propriété dans la vente de meubles corporels (1988) p. 125 et s.; ***Soinne,*** dans: Gaz. Pal. Doctrine 1985. 287; ***Spellenberg,*** in: ZfRV 1994, 105

[156] vgl. v.a. Cass. com., 15 mars 1988, D. 1988. 330

Pérochon, La réserve de propriété dans la vente de meubles corporels (1988) p. 115 et s., 129 et s., 136 et s., 305

[157] ***Ferid – Sonnenberger,*** Das französische Zivilrecht, Band 2^2, (1986) 153 f; ***Ghestin – Desché,*** Traité des contrats, La vente (1990) p. 671; ***Soinne,*** dans: Gaz. Pal. Doctrine 1985. 287; ***Waelbroeck,*** Le transfert de la propriété dans la vente d'objets mobiliers corporels en droit comparé (1961) p. 16, 167: Deswegen blieb unter anderem auch die Sicherungsübereignung (*la cession à titre de sûreté*) in Frankreich unbekannt.

wirtschaftlich gesehen zutreffend als Sicherungsrecht mit der Besonderheit qualifiziert, daß er ein wirtschaftlich privilegiertes und konkursfestes Sicherungsrecht ohne Besitz ist, obwohl sonst etwa die Verpfändung einer beweglichen Sache an sich die Übergabe des Besitzes an den Pfandgläubiger unbedingt verlangt.[158]

10.6.1. VOR DEM JAHR 1980

Der *Cour de cassation* hat bereits in einer Entscheidung aus 1895[159] festgestellt, daß Klauseln über den Eigentumsvorbehalt im Falle des Konkurses des Käufers, das heißt des Schuldners des Kaufpreises, dessen Gläubigern gegenüber nicht gültig sind.[160] Der Anschein spielt hier eine Rolle. Der Gläubiger konnte nämlich bei Gesamtbetrachtung des Vermögens seines Schuldners davon ausgehen, daß alle beim Schuldner existierenden Sachen tatsächlich diesem gehören und damit seinem Zugriff letztendlich zugänglich sind.[161] Die Eigentumsvorbehaltsklauseln als solche sind primär gültig. Sind sie allerdings im Konkursfall des Schuldners durch den offenbar vermittelten Anschein, die Sachen befänden sich im Vermögen des Schuldners, in ihrer Wirkung gehemmt? Einige hängen dieser Ansicht mit der Begründung an, daß Eigentumsvorbehaltsklauseln gegenüber Dritten über keinerlei Publizität verfügen, Dritte also bei Betrachtung der gesamten beim Schuldner erkennbaren Werte die Geschäfte

---

158 art. 2071 C. civ.: Le nantissement est un contrat par lequel un débiteur remet une chose à son créancier pour sûreté de la dette.

vgl. Civ., 18 mai 1898, D.P. 1900. 1. 481; Civ., 22 mai 1966, Bull. civ. I., n° 201; Com., 5 février 1979, I.R. 1980. 55, note Vasseur

Spellenberg, in: ZfRV 1994, 105

159 Req., 17 juillet 1895, D.P. 1896. 1. 57, note M. Thaller = S. 1899. I. 250

160 ***Beudant,*** Cours de droit civil², Tome XI (1938) p. 124; ***Ghestin – Desché,*** Traité des contrats, La vente (1990) p. 604; ***Margellos,*** La protection du vendeur à crédit d'objets mobiliers corporels à travers la clause de réserve de propriété (1989) p. 263; ***Mazeaud,*** Leçons de droit civil³, Tome III, 2ᵉ vol., Principaux contrats (1968) p. 165; ***Mestre,*** Des moyens employés par la pratique pour protéger le vendeur à tempérament de meubles corporels, Thèse (1936) p. 149; ***du Pontavice,*** Intérêt et limites de la clause de réserve de propriété depuis la loi du 12 mai 1980 (1982) p. 6; ***Vouin,*** La bonne foi, Thèse (1939) p. 417

161 vgl. Civ., 28 mars 1934, D.P. 1934. 1. 151, note Vendamme = D.H. 1934. 249; Civ., 22 octobre 1934, D.H. 1934. 569; Civ., 3 mars 1935, S. 1935. 1. 227

Ghestin – Desché, Traité des contrats, La vente (1990) p. 603; ***Mestre,*** Des moyens employés par la pratique pour protéger le vendeur à tempérament de meubles corporels, Thèse (1936) p. 19; ***du Pontavice,*** Intérêt et limites de la clause de réserve de propriété depuis la loi du 12 mai 1980 (1982) p. 12; ***Soinne,*** dans: Gaz. Pal. Doctrine 1985. 287; ***Spellenberg,*** in: ZfRV 1994, 105; ***Vouin,*** La bonne foi, Thèse (1939) p. 418

abgeschlossen haben. Diesen Umstand habe der Verkäufer als jener, der den offenkundigen Anschein begründet hat, zu vertreten: Begriff der scheinbaren Kreditwürdigkeit.[162] Die Unmöglichkeit der Geltendmachung des Herausgabeanpruchs des Eigentumsvorbehaltsverkäufers im Konkursfall seines Schuldners hat sich zu dieser Zeit - wie bereits beim Ratengeschäft erwähnt - aus art. 550 iVm 576 C. com. ergeben.[163] Diese Normen haben die heikle Frage endgültig geregelt, wobei art. 550 C. com. die Geltendmachung des Herausgabeanspruchs durch den Verkäufer ausdrücklich verboten hat.[164] Die Judikatur hat in ihrer ständigen Rechtsprechung seit 1934 am Vorrang der *par conditio creditorum* festgehalten und dem Eigentumsvorbehalt die Konkursfestigkeit versagt. Der Verkäufer konnte seine Waren nicht vindizieren (aussondern), sie fielen deswegen in die allgemeine Masse, weil sie offensichtlich Teil der Zahlungsfähigkeit des Vorbehaltskäufers geworden sind. Der Verkäufer hat dem Käufer mit der Warenlieferung vor der Kaufpreiszahlung sozusagen einen Kredit eingeräumt. Somit entfaltet der Eigentumsvorbehalt bis zum Jahr 1980 Drittwirkung nur, solange der Besitz noch oder wieder beim Verkäufer ist.[165]

---

[162] ***Beudant,*** Cours de droit civil², Tome XI (1938) p. 124; ***Ghestin – Desché,*** Traité des contrats, La vente (1990) p. 603; ***du Pontavice,*** Intérêt et limites de la clause de réserve de propriété depuis la loi du 12 mai 1980 (1982) p. 11; ***Soinne,*** dans: Gaz. Pal. Doctrine 1985. 287; ***Vouin,*** La bonne foi, Thèse (1939) p. 418 et s.; ***Waelbroeck,*** Le transfert de la propriété dans la vente d'objets mobiliers corporels en droit comparé (1961) p. 161

[163] Die Artikel 438 bis 583 und 604 bis 614 des *Code de commerce* wurden aufgehoben und durch das *décret n° 55-583 du 20 mai 1955* ersetzt. Die *ordonnance n° 58-1299 du 23 décembre 1958* hat die Normen der Verordnung zunächst wieder in den *Code de commerce* integriert, anschließend wurden sie wiederum durch *loi n° 67-563 du 13 juillet 1967* ersetzt. Schließlich wurden die diesbezüglichen Regeln durch *loi n° 85-98 du 25 janvier 1985* außer Kraft gesetzt.

[164] ***Crosio,*** Le contrat de vente en droit commercial (1989) p. 115; ***Mestre,*** Des moyens employés par la pratique pour protéger le vendeur à tempérament de meubles corporels, Thèse (1936) p. 19; ***Vouin,*** La bonne foi, Thèse (1939) p. 420

[165] vgl. Civ., 28 mars 1934, D.P. 1934. 1. 151, note Vendamme = D.H. 1934. 249 = S. 1935. 1. 337, note Esmein: Die Vereinbarung eines Eigentumsvorbehalts führt nicht zum Wechsel des Status eines Chirographargläubigers zum Eigentümer.; Civ., 22 octobre 1934, D.H. 1934. 569

Margellos, La protection du vendeur à crédit d'objets mobiliers corporels à travers la clause de réserve de propriété (1989) p. 263 et s.; ***Pédamon,*** Considérations comparatives sur la loi du 12 mai 1980 (1981) p. 209; ***Pérochon,*** La réserve de propriété dans la vente de meubles corporels (1988) p. 16 et s.; ***Sacco,*** dans: Rivista di diritto civile, 1979 - n°4, p. 442; ***Spellenberg,*** in: ZfRV 1994, 105

10.6.2. NACH DEM JAHR 1980

Der Gesetzestext - eigentlich das Gesetz aus 1967 in der Fassung der Novelle aus 1980 - ist in der Beschreibung der Eigentumsvorbehaltsklausel simpel und klar verständlich: *Une clause suspendant le transfert de propriété au paiement intégral du prix.*[166] Der Wille der Vertragsparteien ist daher seit 1980 ausreichend, um den Anspruch des noch nicht bezahlten Verkäufers gegenüber der Konkursmasse und damit gegenüber den anderen Gläubigern durchzusetzen: *La clause de réserve de propriété simple rend le droit opposable à la masse des créanciers.*[167] Damit wird in diesem Bereich dem Parteiwillen eine besonders große Bedeutung zugemessen. Gleichzeitig wurde vom Gesetzgeber aber quasi als Mäßigung bereits 1980 festgestellt, daß nur die Vereinbarung einfacher Eigentumsvorbehaltsklauseln (*des clauses simples*) eingewendet werden könnte, um ein bevorzugtes Recht gegenüber den anderen Gläubigern des Schuldners zugestanden zu erhalten.[168] Der Verkäufer, der noch nicht bezahlt wurde, kann gemäß art. 59 des Gesetzes aus 1967 in der Fassung 1980 binnen 4 Monaten nach Veröffentlichung des Urteils über die Einleitung eines gerichtlichen Vergleichs- oder Konkursverfahrens seine Waren aussondern, wenn sie sich im Sinne des art. 65 leg. cit. noch *in natura* beim Käufer befinden. Im Falle des vorherigen Weiterverkaufs ist für den Verkäufer gemäß art. 66 leg. cit. die Surrogation des Kaufpreisanspruchs aus dem Weiterverkauf vorgesehen (*subrogation réelle* als eine Art gesetzlicher Forderungsübergang), solange der Dritte noch nicht an den Weiterverkäufer in bar, durch Wertpapiere oder durch Verrechnung im Kontokorrent bezahlt hat.[169] Insofern kann sogar von einem gesetzlich verlängerten

---

[166] Das Gesetz aus 1985 hat in seinem art. 121 bloß die Formulierung geändert, ohne inhaltlich tatsächlich relevante Neuerungen zu bringen: *Une clause subordonnant le transfert de propriété au paiement intégral du prix.*

vgl. auch die entsprechende Judikatur: Com., 19 octobre 1982, Bull. civ. IV., n° 321, p. 270; Com., 11 juin 1985, Bull. civ. IV., n° 190, p. 159

[167] ***Crosio,*** Le contrat de vente en droit commercial (1989) p. 116; ***Ghestin – Desché,*** Traité des contrats, La vente (1990) p. 670 et s.; ***Margellos,*** La protection du vendeur à crédit d'objets mobiliers corporels à travers la clause de réserve de propriété (1989) p. 210; ***Pérochon,*** La réserve de propriété dans la vente de meubles corporels (1988) p. 20 et s.; ***du Pontavice,*** Intérêt et limites de la clause de réserve de propriété depuis la loi du 12 mai 1980 (1982) p. 1 et s., 7; ***Soinne,*** dans: Gaz. Pal. Doctrine 1985. 287

[168] ***Ghestin – Desché,*** Traité des contrats, La vente (1990) p. 670 et s.; ***Soinne,*** dans: Gaz. Pal. Doctrine 1985. 287; ***Spellenberg,*** in: ZfRV 1994, 105

[169] vgl. Com., 8 mars 1988, Bull. civ. IV., n° 99, p. 69 = Rev. trim. dr. civ., 1989, p. 348; Com., 20 juin 1989, D. 1989. 431, note Pérochon = D. Somm. 1990. 235 = Rev. trim. dr. civ., 1990, p. 121; Com., 11 décembre 1990, Bull. civ. IV., n° 322

Eigentumsvorbehalt gesprochen werden, wenn auch sonst klar ist, daß alle sonstigen Erweiterungen und Verlängerungen des Eigentumsvorbehalts in Frankreich nicht konkursfest sind.[170] Für die Surrogation des Kaufpreisanspruchs aus dem Weiterverkauf ist es erforderlich, daß der zweite Käufer kraft guten Glaubens erworben hat, widrigenfalls der Vorbehaltsverkäufer beim Dritten - auch wenn er schon bezahlt haben sollte - unmittelbar vindizieren könnte.[171]

Trotz dieser Randbedingungen haben die Initiatoren des Gesetzes mit der Konkursfestigkeit die Hoffnung verbunden, die Zahl der Konkurse in Frankreich drastisch reduzieren zu können. Kreditierende Verkäufer würden ruhiger als bisher zuwarten, voreilige Zwangsmaßnahmen würden so unterbleiben. Diese Hoffnung wurde jedoch nicht erfüllt, im Gegenteil, es ist sogar noch zu einem Anstieg der Konkurse gekommen. Wie bei allen Vergleichen so spielt auch hier die Definition vergleichbarer Tatbestände eine große Rolle. Trotz aller möglichen Unschärfen ist allerdings - etwa bei einem deutsch-französischen Vegleich - festzuhalten, daß die Konkurshäufigkeit in Frankreich rund viermal höher ist als in Deutschland. Ein wesentlicher Grund dafür liegt in der extrem niedrigen Eigenkapitalausstattung (Unterkapitalisierung) französischer Unternehmen, bei denen eine Eigenkapitalquote von bloß 5-10% tatsächlich keine Seltenheit ist.[172]

Die Vereinbarung einer Eigentumsvorbehaltsklausel führt bei Verträgen nach 1980 im Ergebnis dazu, daß der Herausgabeanspruch des Verkäufers nunmehr im Konkurs des Käufers rechtlich anerkannt wird (Aussonderung), weil der Käufer bis zur vollen Leistung des Kaufpreises bloß als Inhaber anzusehen ist.[173] Der Herausgabeanspruch des Verkäufers erstreckt sich entweder auf die Sache *in natura* oder auf den die Sache erset-

---

Die Forderung aus dem Weiterverkauf muß noch zumindest zum Zeitpunkt der Verfahrenseröffnung offen sein, wurde bereits vorher an den Vorbehaltskäufer bezahlt, so hat der Vorbehaltsverkäufer nur eine Konkursforderung in Höhe des ausstehenden Kaufpreises.

[170] ***Ghestin – Desché,*** Traité des contrats, La vente (1990) p. 604; ***du Pontavice,*** Intérêt et limites de la clause de réserve de propriété depuis la loi du 12 mai 1980 (1982) p. 7 et s., 60; ***Spellenberg,*** in: ZfRV 1994, 105

[171] ***Spellenberg,*** in: ZfRV 1994, 105

[172] ***Spellenberg,*** in: ZfRV 1994, 105

[173] ***Ghestin – Desché,*** Traité des contrats, La vente (1990) p. 604, 670 et s., 712; ***Margellos,*** La protection du vendeur à crédit d'objets mobiliers corporels à travers la clause de réserve de propriété (1989) p. 102 et s.; ***du Pontavice,*** Intérêt et limites de la clause de réserve de propriété depuis la loi du 12 mai 1980 (1982) p. 10; ***Soinne,*** dans: Gaz. Pal. Doctrine 1985. 287

zenden Kaufpreisanspruch.[174] Der Eigentumsvorbehalt muß des weiteren, damit er gegenüber den übrigen Gläubigern voll gültig (*opposable*) ist, spätestens bei Lieferung der Sache - und zwar zwingend schriftlich bei sonstiger Ungültigkeit gegenüber Dritten[175] - gemäß art. 65 des Gesetzes aus 1967 in der Fassung 1980 bzw. gemäß art. 121 al. 2 L. 1985 vereinbart werden.[176] Auf den Bestand des Eigentumsvorbehalts zwischen den Parteien hat das Erfordernis der Schriftlichkeit keinen Einfluß, da für die Vereinbarung des Eigentumsvorbehalts keine expliziten Publizitätsvorschriften existieren.[177] Dabei gibt es auch Entscheidungen, die etwa die Beifügung der Unterschrift zum Eigentumsvorbehalt selbst für überzogen halten.[178] Wird der Vorbehalt später eingefügt, so wird eine nachträgliche

---

[174] ***Crosio,*** Le contrat de vente en droit commercial (1989) p. 121 et s.; ***Ghestin – Desché,*** Traité des contrats, La vente (1990) p. 604; ***Pérochon,*** La réserve de propriété dans la vente de meubles corporels (1988) p. 218 et s.; ***du Pontavice,*** Intérêt et limites de la clause de réserve de propriété depuis la loi du 12 mai 1980 (1982) p. 7 et s., 60; ***Spellenberg,*** in: ZfRV 1994, 105

[175] ***Pérochon,*** La réserve de propriété dans la vente de meubles corporels (1988) p. 159 et s.: Das Formerfordernis wird als *forme complémentaire* bezeichnet, weil nur unter seiner Einhaltung die Konkursfestigkeit gegeben ist.

[176] vgl. loi du 12 mai 1980, non modifiée par la loi du 25 janvier 1985 sur le redressement des entreprises en difficulté et la liquidation judiciaire

art. 121 al. 2 L. 1985: ... convenue entre les parties dans un écrit établi, au plus tard, au moment de la livraison.

vgl. Paris, 2 octobre 1987, Gaz. Pal. 1988. 199; Com., 16 octobre 1990, Bull. civ. IV., n° 239, p. 165

Crosio, Le contrat de vente en droit commercial (1989) p. 116 et s.; ***Dupont Delestraint,*** Droit civil, Les biens^{9} (1987) p. 70; ***Ferid – Sonnenberger,*** Das französische Zivilrecht, Band 2^{2}, (1986) 153; ***Margellos,*** La protection du vendeur à crédit d'objets mobiliers corporels à travers la clause de réserve de propriété (1989) p. 78, 87; ***Pérochon,*** La réserve de propriété dans la vente de meubles corporels (1988) p. 159; ***du Pontavice,*** Intérêt et limites de la clause de réserve de propriété depuis la loi du 12 mai 1980 (1982) p. 8; ***Robine,*** La clause de réserve de propriété depuis la loi du 12 mai 1980 (1990) p. 21 et s., 43 et s., 139 et s.; ***Spellenberg,*** in: ZfRV 1994, 105; ***Zenati,*** Les biens (1988) p. 158

[177] ***Malaurie – Aynès,*** Cours de droit civil, Les biens - La publicité foncière (1992) p. 161; ***Margellos,*** La protection du vendeur à crédit d'objets mobiliers corporels à travers la clause de réserve de propriété (1989) p. 87, 90: Der Versuch, solche durchzusetzen, ist gescheitert, geblieben ist aber die korrespondierende, gesonderte Darstellung in den Bilanzen der Beteiligten gemäß dem Gesetz aus 1980.; ***Mestre,*** Des moyens employés par la pratique pour protéger le vendeur à tempérament de meubles corporels, Thèse (1936) p. 154; ***Pérochon,*** La réserve de propriété dans la vente de meubles corporels (1988) p. 159

[178] vgl. Com., 19 février 1985, Bull. civ. IV., n° 68, p. 59 = J.C.P. 1985, IV., p. 161 = I.R. 1986. 169

Pérochon, La réserve de propriété dans la vente de meubles corporels (1988) p. 163 et s.

vertragsändernde Vereinbarung notwendig. Während etwa *Spellenberg* der Ansicht ist, daß dazu die Zustimmung seitens des Käufers nicht schriftlich erfolgen muß - sohin sogar seine konkludente Zustimmung genügt -, so meinen *Margellos* oder *Pérochon* kategorisch, daß eine nachträgliche Vereinbarung jedweder Sinnhaftigkeit entbehrt, da der Käufer ja bereits durch einen unbedingten Vertrag Eigentümer der Sache geworden ist.[179] Der zweiten Meinung ist kommentarlos beizutreten. Ist somit in Frankreich zunächst bei Lieferung der Sache eine ausdrückliche (schriftliche) Zustimmung zur Vereinbarung eines Eigentumsvorbehalts erforderlich, so gelten etwa Eigentumsvorbehaltsklauseln im deutschen Recht bereits dann als gültig vereinbart, wenn die andere Partei dieser vertraglichen Besonderheit ausdrücklich oder auch stillschweigend zugestimmt hat.[180]

Ergänzend zur Schriftlichkeit hält art. 3 L. 1980 noch fest, daß Waren, die einem Eigentumsvorbehalt unterliegen, in der Bilanz des Erwerbers gesondert anzuführen sind; *mutatis mutandis* gilt das auch für die Bilanz des Veräußerers. Dieser Ausweis des Eigentumsvorbehalts kann allerdings nicht als eine Form der Publizität angesehen werden, die einem Dritten bei Einschau in die Bücher verbieten würde, die in Rede stehenden Sachen gutgläubig zu erwerben. Zum einen sind die bilanziellen Darstellungen dafür nicht detailliert genug, zum anderen erfolgt die Veröffentlichung der Bilanz erst Monate nach dem Ende des Geschäftsjahres als bloß stichtagsbezogene Momentaufnahme. Entwicklungen danach würden nicht berücksichtigt werden, somit kann und darf sich der Erwerber bei Darlegung seiner Rechte nicht auf den Inhalt von Bilanzen beziehen.[181]

10.6.3. INSOLVENZGESETZ AUS 1985[182]

Es ist unbestritten, daß die Gesetzesnovelle 1980 die einschneidenden Veränderungen in der Behandlung des Eigentumsvorbehalts im Konkursfall des Käufers in Frankreich gebracht hat. Dennoch erscheinen einige zu-

---

179 ***Margellos,*** La protection du vendeur à crédit d'objets mobiliers corporels à travers la clause de réserve de propriété (1989) p. 83; ***Pérochon,*** La réserve de propriété dans la vente de meubles corporels (1988) p. 179, 185 et s.; ***Spellenberg,*** in: ZfRV 1994, 105

180 ***Margellos,*** La protection du vendeur à crédit d'objets mobiliers corporels à travers la clause de réserve de propriété (1989) p. 75

181 ***Margellos,*** La protection du vendeur à crédit d'objets mobiliers corporels à travers la clause de réserve de propriété (1989) p. 210 et s.; ***Pérochon,*** La réserve de propriété dans la vente de meubles corporels (1988) p. 21 et s.

182 loi n° 85-98 du 25 janvier 1985, relative au redressement et à la liquidation judiciaires des entreprises, en vigueur depuis le 1er janvier 1986; décr. n° 85-1387 et décr. n° 85-1388 du 27 décembre 1985

sammenfassende Bemerkungen zum Gesetz aus 1985, das namentlich die Sanierung von Unternehmen begünstigen will, doch sinnvoll. Das Sanierungsverfahren wird durch Richterspruch eröffnet. In einer ersten Beobachtungsphase wird geprüft, ob das Unternehmen saniert werden kann, ob es unter Erhaltung seines Bestandes veräußert wird oder ob es liquidiert werden muß. Dabei hindert die Verfahrenseröffnung die individuelle Durchsetzung von Zahlungsansprüchen. Nach Ablauf der Beobachtungsphase wird entweder ein Sanierungsplan mit Zahlungsfristen akzeptiert oder das Unternehmen im Ganzen verkauft, wobei der erzielte Kaufpreis zur Befriedigung der Gläubiger verwendet wird.[183]

Um schließlich von den zivilrechtlichen Vorteilen der Vindikation im Sinne des art. 121 L. 1985 profitieren zu können, muß der zugrundeliegende Vertrag unbedingt ein Kaufvertrag gemäß art. 1582 et s. C. civ. sein.[184] Die Regelung, wie sie sich bereits im Gesetz aus 1980 gefunden hat, steht im Gesetz aus 1985 in den art. 121 und 122 mit einer einzigen unbedeutenden Änderung: Die Frist für die gerichtliche Geltendmachung der Aussonderung hat sich gemäß art. 115 L. 1985 von 4 auf 3 Monate nach der Verkündung des Urteils über die Eröffnung des gerichtlich zugelassenen Sanierungsverfahrens verkürzt.[185] Dennoch nennt *Pérochon* den Eigentumsvorbehaltsverkäufer besonders privilegiert (*super-privilégié*).[186]

10.6.4. GESETZ AUS 1994[187]

Als letztes Glied in der positivrechtlichen Kette soll schließlich auch noch das Gesetz "zur Vorbeugung und Bewältigung der Schwierigkeiten von Unternehmen" aus dem Jahr 1994 Erwähnung finden, das mit Verordnung vom 21. Oktober 1994 am Tag darauf in Kraft getreten ist, wiewohl

---

[183] ***Spellenberg,*** in: ZfRV 1994, 105

[184] vgl. Paris, 6 janvier 1995, D. Somm. 1996. 217; Caen, 16 mars 1995, D. Somm. 1996. 220; Rouen, 8 juin 1995, RJDA 1996, n° 131

Robine, La clause de réserve de propriété depuis la loi du 12 mai 1980 (1990) p. 9

[185] vgl. Com., 13 février 1990, Bull. civ. IV., n° 41 = D. Somm. 1991. 42, note Pérochon

Ferid – Sonnenberger, Das französische Zivilrecht, Band 2^2, (1986) 155; ***Pérochon,*** La réserve de propriété dans la vente de meubles corporels (1988) p. 23; ***Spellenberg,*** in: ZfRV 1994, 105

[186] ***Pérochon,*** La réserve de propriété dans la vente de meubles corporels (1988) p. 23

[187] loi n° 94-475 du 10 juin 1994, relative à la prévention et au traitement des difficultés des entreprises, en vigueur depuis le 21 octobre 1994

Art. 13 der Verordnung décr. n° 94-910 du 21 octobre 1994 wurde am 22. Oktober 1994 im J.O. (Amtsblatt der französischen Regierung) veröffentlicht und hatte die sofortige Inkraftsetzung des Gesetzes aus 1994 zum Inhalt.

ursprünglich an einen wesentlich früheren Zeitpunkt gedacht gewesen war. Die Artikel 11 bis 29, 32 bis 89 sowie 92 und 97-I des Gesetzes aus 1994 bringen Änderungen hinsichtlich der meisten Bestimmungen des Insolvenzgesetzes aus 1985. Hier sollen allerdings kursorisch nur jene gesetzlichen Modifikationen explizit genannt werden, die auch für die bisherigen Betrachtungen zur Konkursfestigkeit des Eigentumsvorbehalts von Bedeutung sind. Beginnen möchte ich dabei mit art. 115 L. 1985 idF L. 1994, der sich von seinem Vorgänger neben der Wortwahl - Veröffentlichung statt Verkündung - nur dadurch unterscheidet, daß außer dem Zeitpunkt der Eröffnung des gerichtlich zugelassenen Sanierungsverfahrens auch jener der Eröffnung des unverzüglichen Konkursverfahrens für die Beurteilung des Kriteriums der 3-Monatsfrist[188] für den Herausgabeanspruch relevant ist.

Der Inhalt des art.121 L. 1985 idF L. 1994 hat sich hingegen in einem doch bedeutenden Ausmaß verändert. Für die rechtsgültige Vereinbarung einer Eigentumsvorbehaltsklausel genügt es seither, daß diese - bei Beibehaltung der Forderung nach ihrer Schriftlichkeit - in einem Text genannt wird, der die Handelsbeziehungen zwischen den Parteien ganz allgemein regelt. Untechnisch kann hier auch von "Allgemeinen Geschäftsbedingungen" gesprochen werden. Eine weitere Veränderung bringt unmittelbar an diese Phrasierung anschließend eine Novelle aus 1996[189], die bestimmt, daß, sollten die Parteien nicht etwas anderes ausdrücklich und schriftlich vereinbart haben, die Eigentumsvorbehaltsklausel dem Käufer und anderen Gläubigern entgegengehalten werden kann. Die Rückforderung *in natura* kann seit 1994 ergänzend zur bestehenden Bestimmung nun auch bei in anderen beweglichen Sachen eingebauten beweglichen Sachen erfolgen, sofern dies ohne Schaden für die einzelnen Sachen möglich ist. Außerdem besteht ein Rückforderungsanspruch bei verbrauchbaren Sachen, wenn beim Käufer noch Waren gleicher Art und gleicher Qualität vorliegen. Der Text und damit der Inhalt des art.122 L. 1985 idF L. 1994 wurde nur den Modifikationen in art. 121 leg. cit. angepaßt, um beide Normen wieder stimmig zueinander zu gestalten.

---

[188] Die Frist ist eine Ausschlußfrist (*délai préfix*), dennoch ist sie aber mit dem 1. Zusatzprotokoll zur Konvention zum Schutze der Menschenrechte und Grundfreiheiten kompatibel.

[189] loi n° 96-588 du 1er juillet 1996, relative à la loyauté et équilibre des relations commerciales

10.7. DIE SITUATION DRITTER BEI GELIEFERTEN UND NOCH NICHT BEZAHLTEN WAREN

Aus den allgemeinen Erläuterungen zum Eigentumsvorbehalt war bereits der eigentliche Sinn dieser Vereinbarung zu erkennen. Im Ergebnis bedeutet eine solche Vertragsklausel, daß der Käufer, der den Kaufpreis noch nicht vollständig geleistet hat, weder Eigentümer noch Besitzer ist. Er ist bloß Inhaber (*détenteur*).[190] Im Gegenzug bleibt der Verkäufer Eigentümer und damit kann er, *pendente conditione*, unter der Beachtung seines vertraglichen Verhältnisses mit dem Käufer über sein Eigentumsrecht verfügen.[191] Welche Akte im Bezug auf die Sache kann daher der Käufer setzen und wie wirken sie sich aus? Die Besonderheit des Käufers in dieser Situation ist, daß er als Inhaber mit dem Eigentümer, seinem Verkäufer, durch einen Vertrag verbunden ist, der allerdings die Befugnisse des Käufers vor der Preiszahlung nicht konkret regelt. Der Käufer hat allerdings ein Anwartschaftsrecht (*droit d'expectative*), das er übertragen kann. Der Dritte kann dabei aber nur genau jenes bedingte Recht erwerben, über das der Käufer auch verfügt.[192]

Dennoch scheint ein Vakuum zwischen der faktischen und rechtlichen Macht des Käufers vor dem Hintergrund eines gutgläubigen Erwerbs gegeben zu sein, auch wenn der Käufer vor der vollständigen Preiszahlung theoretisch in seiner Verfügungsmacht stark eingeschränkt ist. Ein etwaiger Verstoß dagegen ist aber in der Praxis kaum zu sanktionieren. Selbst wenn Schadenersatzansprüche zugestanden werden, so ist deren Durchsetzung nur sinnvoll, wenn der Käufer nach dem Rechtsverstoß noch zahlungsfähig (*in bonis*) ist. Die Wirksamkeit ist bei Annahme normaler

---

[190] ***Alt-Maes,*** dans: Rev. trim. dr. civ., 1987, p. 21 mit einem Zitat aus Crim., 30 mai 1958, D. 1958. 513 = J.C.P. 1958, II., n° 10809, note Chavannes: *La détention n'est pas accompagnée de remise de possession.*; ***Ghestin – Desché,*** Traité des contrats, La vente (1990) p. 667, 712; ***Margellos,*** La protection du vendeur à crédit d'objets mobiliers corporels à travers la clause de réserve de propriété (1989) p. 102 et s.; ***Mestre,*** Des moyens employés par la pratique pour protéger le vendeur à tempérament de meubles corporels, Thèse (1936) p. 149; ***Pérochon,*** La réserve de propriété dans la vente de meubles corporels (1988) p. 91; ***du Pontavice,*** Intérêt et limites de la clause de réserve de propriété depuis la loi du 12 mai 1980 (1982) p. 10, 64 et s.; ***Robine,*** La clause de réserve de propriété depuis la loi du 12 mai 1980 (1990) p. 19

[191] ***Margellos,*** La protection du vendeur à crédit d'objets mobiliers corporels à travers la clause de réserve de propriété (1989) p. 102

[192] vgl. Civ., 20 juin 1973, Bull. civ. III., n° 433: Ein Recht, das aufschiebend bedingt ist, ist einer Übertragung zugänglich. Der Erwerber kann allerdings nur ein Recht erhalten, das denselben Bedingungen wie jenes des Veräußerers unterliegt.

Margellos, La protection du vendeur à crédit d'objets mobiliers corporels à travers la clause de réserve de propriété (1989) p. 104 et s.

wirtschaftlicher Zustände und Zwänge also als gering einzuschätzen.[193] Strafrechtlich kann gegen den vermeintlich treulosen Käufer - anders als etwa in Deutschland, wo er sich bei einem Weiterverkauf des Delikts der Unterschlagung schuldig macht[194] - auch nichts ausgerichtet werden, weil der Kaufvertrag nicht unter jenen Verträgen aufscheint, die ein Strafverfahren wegen Untreue (*abus de confiance*) gemäß art. 408 C. pén. in Gang setzen, und weil der Vorbehaltskäufer, selbst wenn er die Sache ohne Zustimmung des Verkäufers weitergibt, sich nicht des strafrechtlichen Delikts des Diebstahls schuldig macht.[195]

In der Praxis ist es daher oft sehr schwierig, den Käufer von einer wie auch immer gearteten Verwendung der gelieferten, aber noch nicht bezahlten Waren abzuhalten. Das umsomehr, als es sich sogar in der überwiegenden Mehrheit um sogenannte Ausrüstungsgegenstände (*matériel d'équipement*) handelt, die - nach einiger Diskussion innerhalb der Rechtsprechung nunmehr klargestellt - auch dem Eigentumsvorbehalt zugänglich sind.[196] Unter dem Begriff *marchandises* im Sinne des Gesetzes aus 1980 sind nämlich alle Mobilien gemeint: Handelswaren und Produktionsmittel.[197] Könnte der Käufer die unter Eigentumsvorbehalt stehenden Mobilien nicht (weiter-)verwenden, welchen Sinn hätte denn dann die Lieferung der Sachen noch für den Käufer?

Auf der anderen Seite sind natürlich auch die Gefahren für den Verkäufer sehr groß. Was passiert beispielsweise, wenn die Sachen ins Lager

---

[193] ***Ghestin – Desché,*** Traité des contrats, La vente (1990) p. 667 et s.; ***Mestre,*** Des moyens employés par la pratique pour protéger le vendeur à tempérament de meubles corporels, Thèse (1936) p. 20 et s.; ***Pérochon,*** La réserve de propriété dans la vente de meubles corporels (1988) p. 301; ***du Pontavice,*** Intérêt et limites de la clause de réserve de propriété depuis la loi du 12 mai 1980 (1982) p. 64 et s.

[194] ***Margellos,*** La protection du vendeur à crédit d'objets mobiliers corporels à travers la clause de réserve de propriété (1989) p. 115

[195] vgl. Crim., 18 octobre 1934, Gaz. Pal. 1934. 2. 675; Crim., 4 décembre 1936, Gaz. Pal. 1937. 1. 136

Alt-Maes, dans: Rev. trim. dr. civ., 1987, p. 21; ***Ghestin – Desché,*** Traité des contrats, La vente (1990) p. 667 et s.; ***Margellos,*** La protection du vendeur à crédit d'objets mobiliers corporels à travers la clause de réserve de propriété (1989) p. 115; ***Mazeaud,*** Leçons de droit civil[3], Tome III, 2e vol., Principaux contrats (1968) p. 172 et s. mit dem Zitat eines ausnahmsweise widersprechenden Erkenntnisses; ***Mestre,*** Des moyens employés par la pratique pour protéger le vendeur à tempérament de meubles corporels, Thèse (1936) p. 20 et s.; ***Planiol – Ripert,*** Traité pratique de droit civil français[2], Tome X (1956) p. 257

[196] vgl. Aix-en-Provence, 3 février 1984, Gaz. Pal. 1986. 1. 30; Com., 13 mars 1985, Gaz. Pal. 1985. 2. 266; Paris, 17 janvier 1986, Gaz. Pal. 1986. 1. 136

Robine, La clause de réserve de propriété depuis la loi du 12 mai 1980 (1990) p. 16 et s.

[197] ***Spellenberg,*** in: ZfRV 1994, 105

des Käufers oder gar in unbewegliche sowie andere bewegliche Sachen integriert bzw. zu den beiden letzten verarbeitet werden? Der Versuch, auch in Frankreich einen verlängerten, das heißt über den Verarbeitungszeitpunkt verkaufter Waren hinausgehenden Eigentumsvorbehalt (*la réserve de propriété prolongée*) bei der Gesetzwerdung 1980 durchzusetzen und zuzulassen, ist trotz einiger konkreter Vorschläge im Senat mit dem Hinweis auf die Beschränkung des legistischen Projekts auf einfache Eigentumsvorbehaltsklauseln (*la clause de réserve de propriété simple*) gescheitert.[198] Zwischen den Parteien ist natürlich die Vereinbarung eines verlängerten Eigentumsvorbehalts für den Fall der Verarbeitung der Sache voll gültig[199], einzig die durch das Gesetz aus 1980 gewährte Konkursfestigkeit bleibt dem Verkäufer dann versagt.[200]

Selbst wenn der Erwerber einer unter Eigentumsvorbehalt stehenden Sache bloßer Inhaber ist, so kann er die Sache in der Praxis dennoch an einen Dritten weiterverkaufen. Die Idee hinter dem 1980 in Kraft getretenen Gesetz war nämlich keinesfalls, das Spiel wirtschaftlicher Beziehungskreise durch das generelle Verbot eines Weiterverkaufs von ausdrücklich zum Weiterverkauf bestimmten Waren vollkommen zu blockieren.[201] Wenn ein gutgläubiger Dritter keine Kenntnis von der gültig zwischen den Vertragsparteien vereinbarten Eigentumsvorbehaltsklausel hat, dann erwirbt er trotz dieser Klausel gemäß art. 2279 C. civ. gutgläubig (Vermutung nach art. 2268 C. civ.) Eigentum vom Nichteigentümer. Die allgemeinen rechtlichen Voraussetzungen für einen Eigentumerwerb über art. 2279 C. civ. müssen natürlich erfüllt sein. Damit wird der Dritte aufgrund einer un-

---

[198] ***Crosio,*** Le contrat de vente en droit commercial (1989) p. 128; ***Ferid – Sonnenberger,*** Das französische Zivilrecht, Band 2^2, (1986) 154 f; ***Ghestin – Desché,*** Traité des contrats, La vente (1990) p. 668; ***Margellos,*** La protection du vendeur à crédit d'objets mobiliers corporels à travers la clause de réserve de propriété (1989) p. 180: Es sind auch Versuche zur Durchsetzung eines nachgeschalteten oder weitergeleiteten Eigentumsvorbehalts gescheitert.; ***du Pontavice,*** Intérêt et limites de la clause de réserve de propriété depuis la loi du 12 mai 1980 (1982) p. 66, 75 et s.; ***Soinne,*** dans: Gaz. Pal. Doctrine 1985. 287; ***Spellenberg,*** in: ZfRV 1994, 105

[199] In Österreich würde sich die Verarbeitung von unter Eigentumsvorbehalt stehenden Sachen nach der Vereinbarung zwischen Verkäufer und Käufer richten. In Ermangelung einer solchen würde die Verarbeitung die Rechtsfolgen des § 415 ABGB auslösen, der entsprechend dem Verhältnis zwischen dem Wert der verarbeiteten Sache und dem Wert der Arbeit die Entstehung von Miteigentum vorsieht.

[200] ***du Pontavice,*** Intérêt et limites de la clause de réserve de propriété depuis la loi du 12 mai 1980 (1982) p. 75; ***Spellenberg,*** in: ZfRV 1994, 105

[201] vgl. Com., 1er octobre 1985, Bull. civ. IV., n° 224, p. 187
Ghestin – Desché, Traité des contrats, La vente (1990) p. 669; ***Pérochon,*** La réserve de propriété dans la vente de meubles corporels (1988) p. 93

widerleglichen Vermutung Eigentümer, eine Stellung, die jeden Herausgabeanspruch wirksam verhindert.[202]

Dem im Lichte des art. 2279 C. civ. sehr schwachen Einwand, daß nach der Bestimmung des art. 1599 C. civ. der Verkauf einer Sache eines anderen nichtig ist, kann entgegengehalten werden, daß diese Norm zum einen eine bloß relative Nichtigkeit[203] festlegt, deren Geltendmachung alleine dem Käufer - also dem Dritten - obliegt, und daß zum anderen das praktische Anwendungsgebiet dieser Bestimmung darin zu sehen ist, daß sie dem Käufer eine vorweggenommene Gewährleistungsklage zugesteht, noch bevor er nämlich einen tatsächlichen rechtlichen Schaden erlitten hat.[204] Art. 1599 C. civ. hat im übrigen nur jene Kaufverträge zum Regelungsinhalt, die den sofortigen Eigentumstransfer bewirken sollen. Beim Kauf unter Eigentumsvorbehalt haben aber die Parteien vereinbart, den Eigentumsübergang zeitlich unter Beachtung der Erfüllung einer Bedingung zu verschieben, wodurch der Vertrag nur nichtig werden könnte, wenn der Veräußerer zu diesem Zeitpunkt nicht über die entsprechende rechtliche Qualifikation verfügen würde.[205]

Es liegt in der Natur der Sache, daß der Verkäufer, der Gefahr läuft, seiner Sache - ohne einschneidende Sanktionsmöglichkeiten als Trumpf in der Hand zu haben - verlustig zu werden, sich überlegt, wie er denn sein Eigentum besser als durch die Vereinbarung eines Eigentumvorbehalts

---

[202] vgl. Civ. 1er, 13 février 1980, D. 1980. 491, note A. Robert; Com., 1er octobre 1985, Bull. civ. IV., n° 224, p. 187; Paris, 2 octobre 1987, Gaz. Pal. 1988. 199; Com., 14 novembre 1989, D. Somm. 1991. 43 = Bull. civ. IV., n° 290; Com., 11 mai 1993, Bull. civ. IV., n° 184 = I.R. 1993. 145; Com., 5 mars 1996, I.R. 1996. 100

Ghestin – Desché, Traité des contrats, La vente (1990) p. 604 et s., 669; ***Margellos,*** La protection du vendeur à crédit d'objets mobiliers corporels à travers la clause de réserve de propriété (1989) p. 156, 181; ***du Pontavice,*** Intérêt et limites de la clause de réserve de propriété depuis la loi du 12 mai 1980 (1982) p. 97 et s.

[203] vgl. Civ. 1re, 6 juillet 1886, D. 1887. 25; Civ. 3e, 16 avril 1973, Bull. civ. III., n° 303; Paris, 2 octobre 1987, Gaz. Pal. 1988. 199

Beudant, Cours de droit civil[2], Tome XI (1938) p. 66 et s., 70 et s.; ***Laurent,*** Principes de droit civil français[3], Tome 32 (1878) p. 434; ***Margellos,*** La protection du vendeur à crédit d'objets mobiliers corporels à travers la clause de réserve de propriété (1989) p. 180, 208 et s.; ***Mazeaud,*** Leçons de droit civil[3], Tome III, 2e vol., Principaux contrats (1968) p. 75; ***du Pontavice,*** Intérêt et limites de la clause de réserve de propriété depuis la loi du 12 mai 1980 (1982) p. 98

[204] ***Bugnet,*** Oeuvres de Pothier, Tome 3 (1861) p. 1 et s.; ***Beudant,*** Cours de droit civil[2], Tome IV (1938) p. 711 et s.; ***Beudant,*** Cours de droit civil[2], Tome XI (1938) p. 70: *action en garantie exercée par anticipation*; ***Ghestin – Desché,*** Traité des contrats, La vente (1990) p. 669 et s.; ***Waelbroeck,*** Le transfert de la propriété dans la vente d'objets mobiliers corporels en droit comparé (1961) p. 22, 26

[205] ***Margellos,*** La protection du vendeur à crédit d'objets mobiliers corporels à travers la clause de réserve de propriété (1989) p. 180 et s.

schützen könnte, ohne damit gleich die wirtschaftlichen Kreisläufe in ihren Grundfesten zu erschüttern. Wollte er das nämlich, dann gibt es sicher rechtliche Möglichkeiten, ihn optimal abzusichern und zu schützen. Zugleich wäre er aber auch aus dem flexiblen wirtschaftlichen Leben ausgeschlossen. Ansätze und Ideen gibt es genug, deren Wirksamkeit und Sinnhaftigkeit seien vorerst dahingestellt. Oftmalig findet man eine Vereinbarung, wonach der Käufer gemäß einem Verwahrungsvertrag die gelieferte Sache vor der vollständigen Kaufpreisleistung erhält. Für den Verkäufer hat diese Vereinbarung den Vorteil der strafrechtlichen Sanktionsandrohung der Untreue, deren sich der Käufer bei einer Weitergabe der Sache schuldig machen würde.[206] Ob eine solche Pönalisierung des Strafrechts wirklich günstig ist, darf zu Recht bezweifelt werden. Bei strikter Anwendung ist die zivil- und handelsrechtliche Geschäftstätigkeit paralysiert, bei zurückhaltender Inanspruchnahme der strafrechtlichen Sanktionen werden diese zahnlos und damit zur bloßen Staffage degradiert. Was bleibt, ist daher, wie so oft im Rechtsbereich, eine schwierige Gratwanderung.

Um nach dem bisher Gesagten den Verkäufer in seinen Rechten dennoch effektiv und besser zu schützen sowie den individuellen Einfallsreichtum und damit Rechtsunsicherheiten ganz allgemein hintanzuhalten, hat die Rechtsprechung in Anlehnung an das deutsche Recht folgende Überlegungen entwickelt. Aus der Kombination von art. 2279 C. civ. und art. 122 des Gesetzes aus 1994 folgt, daß der Eigentumsvorbehaltsverkäufer zwar nicht die Sache selbst beim Dritten vindizieren kann, aber den Preis sehr wohl, wenn dabei zwei Kriterien erfüllt werden.[207] Zum einen darf der Preis vom Dritten noch nicht vollständig bezahlt worden sein, eine Bedingung, die unmittelbar aus den obzitierten Artikeln zu schließen ist, zum anderen muß die Ware am Tag des gerichtlich zugelassenen Sanierungsverfahrens (*à la date du jugement ouvrant la procédure de redressement judiciaire*) noch *in natura* vorliegen.[208]

---

206 ***Ghestin – Desché,*** Traité des contrats, La vente (1990) p. 670

207 vgl. Com., 1er octobre 1985, Bull. civ. IV., n° 224, p. 187; Com., 19 mai 1987, Bull. civ. IV., n° 120, p. 91; Com., 8 mars 1988, J.C.P. 1988, n° 17428

Ferid – Sonnenberger, Das französische Zivilrecht, Band 2^2, (1986) 155 ff; ***Robine,*** La clause de réserve de propriété depuis la loi du 12 mai 1980 (1990) p. 119 et s., 148

208 vgl. Com., 9 juillet 1979, Bull. civ. IV., n° 230, p. 186 und als Erkenntnis nach 1985 Com., 7 juin 1988, Gaz. Pal. 1988. 13

Ghestin – Desché, Traité des contrats, La vente (1990) p. 668, 712; ***Pérochon,*** La réserve de propriété dans la vente de meubles corporels (1988) p. 218 et s.; ***du Pontavice,*** Intérêt et limites de la clause de réserve de propriété depuis la loi du 12 mai 1980 (1982) p. 97 et s.; ***Robine,*** La clause de réserve de propriété depuis la loi du 12 mai 1980 (1990) p. 121 et s.; ***Soinne,*** dans: Gaz. Pal. Doctrine 1985. 287

10.8. DIE INTERNATIONALE KONKURSFESTIGKEIT

In einer Entscheidung aus 1991[209] hat der französische *Cour de Cassation* festgestellt, daß sich die zitierte Konkursfestigkeit nach der *lex concursus* richten würde. Diese Aussage findet auch ihre Deckung im Abkommen zwischen der Republik Österreich und der französischen Republik über die gerichtliche Zuständigkeit, die Anerkennung und die Vollstreckung von Entscheidungen auf dem Gebiet des Insolvenzrechts (BGBl. 237/1980).[210] Art. 15 dieses Abkommens sieht nämlich vor, daß "sich die besonderen Vorrechte an beweglichen Vermögensgegenständen, vor allem der Eigentumsvorbehalt, und ihre Rangordnung nach dem Recht des Staates richten, auf dessen Gebiet sich diese Vermögensgegenstände zum Zeitpunkt der Eröffnung des Insolvenzverfahrens befinden". Damit fallen allerdings im Eigentumsbereich die Anwendungen der Rechtsordnungen auseinander, da das internationale Sachenrecht für die Beurteilung der Übereignung das Recht des Ortes beruft, an dem die Übereignung vollzogen wird, während eben die Frage der Konkursfestigkeit im Rahmen der *lex concursus* zu beantworten und lösen ist.[211]

---

[209] Civ. 1re, 8 janvier 1991, Bull. civ. I., n° 9 = D. 1991. 276, note Rémery

[210] Weitere Vereinbarungen bestehen zwischen folgenden Ländern: *Belgien* - Abkommen zwischen der Republik Österreich und dem Königreich Belgien über Konkurs, Ausgleich und Zahlungsaufschub samt Zusatzprotokoll (BGBl. 385/1975), *Bundesrepublik Deutschland* - Vertrag zwischen der Republik Österreich und der Bundesrepublik Deutschland auf dem Gebiet des Konkurs- und Ausgleichs-(Vergleichs-)rechts (BGBl. 233/1985), *Italien* - Abkommen zwischen der Republik Österreich und der Italienischen Republik über Konkurs und Ausgleich (BGBl. 44/1990)

[211] ***Spellenberg,*** in: ZfRV 1994, 105

On dirait que le législateur, succombant sous le poids de son oeuvre immense, soupire après l'instant d'arriver au port.

Troplong

11. RECHTSVERGLEICH

11.1. DIE INTERPRETATIONSANSÄTZE

Der französische Jurist ist der einzige, der kompetent ist, "sein" Recht zu interpretieren. Der nicht-französische Jurist kann, wenn er es für notwendig hält und es ihm gefällt, dem französischen Recht eine neue Bedeutung zusinnen, gleichsam verleihen. Nach *Sacco* wird die Interpretation als der Vorgang definiert, der alle praktischen Regeln aus Gesetzen gleichsam "herausschält".[1] Nachdem für einen Rechtsvergleich - für den es optimalerweise notwendig wäre, daß es für jeden einzelnen (Rechts-)Begriff eine eindeutige und perfekte Übersetzung in jeder Sprache gibt, widrigenfalls es nämlich zu sprachlichen Unschärfen und Asymmetrien kommen kann[2] - ein gewisses Maß an Interpretationsgefühl notwendig ist, wird im folgenden der Versuch unternommen werden, nur die wirklich wesentlichen Merkmale der verschiedenen Rechtsordnungen "herauszuschälen" und anschließend zu vergleichen.

Die Juristen jener Länder, die einmal die römische Tradition der Rechtslehre übernommen und anschließend nicht wieder verworfen haben, bedienen sich bei der Interpretation des positiven Rechts großteils der Deduktion. Sie rechtfertigen dabei jede praktische Lösung, indem sie sie von einem abstrakten und allgemein anerkannten Prinzip ableiten. Während eine rechtliche Definition in Frankreich nicht mehr als eine Richtschnur oder eine Orientierungshilfe darstellt, so können aus denselben Definitionen in Italien, Deutschland oder auch Österreich wahrhaftige Dogmen werden. Dadurch wird es schwieriger, Ausnahmen davon zuzulassen, ohne die Grundlagen gleich ganz zu leugnen oder gar zu zerstören. Nur ein tiefgehender Vergleich der verschiedenen Rechtssysteme sichert daher, daß Beurteilungen und Wertungen der einzelnen Rechtssätze auf zumindest großflächig abgestimmten Ansichten und nicht bloß auf Einzelmeinungen basieren. Dabei können sich auch Homogenitäten, Symmetrien oder auch diametral entgegengesetzte Ansichten herauskristallisieren. Bei allen Über-

---

[1] ***Sacco***, Un cryptotype en droit français: La remise abstraite?, dans: Études offertes à René Rodière (1981) p. 273

[2] ***Sacco***, dans: Rivista di diritto civile, 1979 - n°4, p. 442

legungen zur Unterschiedlichkeit der einzelnen Rechtssysteme etwa in den Fragen des Zeitpunktes und der Modalitäten bzw. Bedingungen eines Eigentumsüberganges gilt es für *Waelbroeck* zu bedenken, daß diese Fragen vielfach der freien Parteienvereinbarung, gesetzlich einschränkenden Regelungen[3] oder den Forderungen des Handels nach Rechtssicherheit - Stichwort gutgläubiger Erwerb vom Nichteigentümer - unterliegen, was in Summe dazu führt, daß sich die nationalen Rechtssysteme etwa in ihren Forderungen nach dem Zeitpunkt des Eigentumsübergangs nicht mehr so sehr voneinander unterscheiden.[4]

11.2. DIE EINZELNEN RECHTSWIRKUNGEN

Wann ist ein Vertrag allgemein respektive ein Kaufvertrag im speziellen gültig abgeschlossen? Wann wird der Eigentumsübergang effektiv bewirkt? Welche Auswirkungen zeitigt eine allfällige Nichtigkeit des Grundgeschäfts? Prinzipiell sind dazu drei Varianten von Kombinationen denkbar und geeignet, die einem Vertrag scheinbar immanenten juristischen Effekte hervorzubringen. Je nach nationaler Rechtsordnung können Konsens und Vertragserfüllung, Konsens und Publizität (bei beweglichen Sachen im Sinne von Übergabe) oder Konsens, Vertragserfüllung und Publizität gemeinsam erforderlich sein.[5] Bei einem Rechtsvergleich zwischen Frankreich, Italien und Deutschland gelangt etwa *Negri* - vor diesem Hintergrund - zur abschließenden Auffassung, daß es mangels ausreichender konkreter (gesetzlicher) Aussagen in Wirklichkeit keine profunde und eindeutige Klärung der Frage nach den juristischen Effekten aus einem (Kauf-)Vertrag in Frankreich gibt.[6]

Für *Waelbroeck* unterscheiden sich die zu untersuchenden Grundsysteme im wesentlichen durch den Zeitpunkt des tatsächlichen Eigentumsüberganges, der entweder bereits mit dem Vertragsabschluß als solchem[7] oder erst mit jenem der Übergabe zusammenfällt. Dabei steht es

---

[3] In Frankreich etwa kann ein Eigentumsübergang bei Gattungssachen trotz aller Übereinstimmung der Willenserklärungen zwischen Verkäufer und Käufer nur dann wirksam werden, wenn die Sachen hinreichend individualisiert sind, was in aller Regel mit der Lieferung zeitlich zusammenfallen wird.

[4] ***Sacco,*** dans: R.I.D.C., oct.-déc. 1965, p. 827; ***Waelbroeck,*** Le transfert de la propriété dans la vente d'objets mobiliers corporels en droit comparé (1961) p. 46

[5] ***Monateri,*** dans: R.I.D.C., jan.-mars 1984, p. 7; ***Negri,*** dans: R.I.D.C., avr.-juin 1983, p. 353

[6] ***Negri,*** dans: R.I.D.C., avr.-juin 1983, p. 353

[7] ***Waelbroeck,*** Le transfert de la propriété dans la vente d'objets mobiliers corporels en droit comparé (1961) p. 19: Der Autor nennt dieses System wegen der großen Reichweite zweier übereinstimmender Willenserklärungen ganz allgemein *système idéaliste*.

für ihn jedenfalls fest, daß in den Ländern wie etwa Belgien, Italien, Luxemburg oder auch Frankreich die bloße Vereinbarung (der Vertrag) genügt, um einmal zumindest prinzipiell alle eigentumsrechtlichen Wirkungen eintreten zu lassen. Im Gegensatz dazu ist es in Ländern wie Holland, Deutschland oder auch Österreich zur Erreichung desselben Zieles, nämlich des Eigentumsübergangs, unbedingt notwendig, die Übergabe[8] - alleine oder noch ergänzend - zu fordern.[9] Der Erwerber in Frankreich wird also sofort Eigentümer der beweglichen Sache, noch bevor er Besitz von ihr ergriffen hat. Der Veräußerer hat dabei zeitgleich aufgehört, ein Eigentumsrecht an der Sache zu haben. Behält er sie dennoch in seinem Gewahrsam, dann rechtlich gesehen nur mehr als bloßer Inhaber. Dieses System hat allerdings - Stichwort Rechtssicherheit - auch den vermeintlichen Nachteil, daß das Eigentum selbst gegenüber Dritten mit Vertragsabschluß übergeht, ohne daß allerdings nach außen eine Modifikation in der Ausübung des Besitzes zu erkennen sein muß.[10]

Die Frage nach dem tatsächlichen Zeitpunkt des Eigentumsübergangs ist aber auch *mutatis mutandis* für die Rückübertragung als Folge einer Vertragsauflösung oder -annullierung von großer Bedeutung, zumal es bei einem Eigentumsübergang als sofortiger Wirkung eines Kaufvertrages etwa erforderlich wäre, das erworbene Eigentum an den Veräußerer - und zwar in Frankreich mit der Wirkung *ex tunc* - rückzuübertragen. Der Erwerber wird behandelt, als sei er niemals Eigentümer der Sache gewesen. Wenn daher davon die Rede ist, daß der Eigentumsübergang im französischen Recht kausal ist, dann ist damit gemeint, daß seine Gültigkeit von jener des Vertrages (in dieser Arbeit regelmäßig des Kaufvertrages) abhängt, der ihm als Rechtsgrund (*causa*) dient. Hier anerkennt eine eindeutige Mehrheit der europäischen Rechtssysteme die kausale Natur des Eigentumstransfers, wohingegen Deutschland - fast in einer Außenseiterposition - das abstrakte Grundgeschäft zum Dogma erhebt. Eine Vertrags-

---

8 vgl. *délivrance* für Frankreich bzw. *overgave* für Holland

9 ***Koziol – Welser***, Grundriß des bürgerlichen Rechts[10], Band I (1995) 101 f; ***Sacco***, dans: Rivista di diritto civile, 1979 - n°4, p. 442: Im angloamerikanischen Recht herrscht Wahlfreiheit der Rechtsunterworfenen zwischen den Systemen.; ***Waelbroeck***, Le transfert de la propriété dans la vente d'objets mobiliers corporels en droit comparé (1961) p. 15, 76 et s., 165 et s.: Es ist ein dingliches Erfüllungsgeschäft (in Holland *zakelijke overeenkomst*) zu fordern. Eine materielle Übergabe im engeren Sinn ist nicht zwingend erforderlich, es genügt etwa auch ein Besitzkonstitut oder eine *traditio brevi manu*.

10 ***Waelbroeck***, Le transfert de la propriété dans la vente d'objets mobiliers corporels en droit comparé (1961) p. 19 et s., 166: In den Fällen der *traditio brevi manu* (art. 1606 C. civ.) bzw. des *constitutum possessorium* (Besitzkonstitut) wechseln die Positionen des Besitzers und des Eigentümers ohne Außenwirkungen zu zeitigen.

auflösung in Deutschland hat daher keinen Einfluß auf den Eigentumsübergang als solchen, sondern berechtigt den Verkäufer bloß zur Einbringung einer persönlichen Klage auf Rückgabe der Sache.[11] Zur Frage der Gefahrentragung kann festgehalten werden, daß prinzipiell zwei Systeme in Europa auszumachen sind: Jenes, das den Gefahrenübergang an den Eigentumstransfer knüpft, und jenes, das die beiden Ereignisse als unabhängig voneinander erkennt.[12]

In Deutschland wird die dem Charakter nach abstrakte Übergabe für einen gültigen Eigentumserwerb an Fahrnissen gefordert.[13] *Sacco* in Übereinstimmung mit einem italienischen Kollegen fragt sich, ob nicht auch in Frankreich eine Eigentumsübertragungsart existiert, die der Übergabe des deutschen Rechts entspricht. Der französichen Lehre gefällt es, den Eigentumsübergang *solo consensu* feierlich zu proklamieren, meint *Sacco* und hakt mit seiner Kritik genau hier ein. Der Code civil setzt die Rechtsbegriffe Vertrag und Vereinbarung gleich (*contrat = consentement*), zeitgleich wird aber auch noch Willensübereinstimmung und Grundgeschäft mit Verweis auf art. 1101 bzw. 1108 C. civ. zwingend gefordert (*contrat = consentement + cause*). Mit Hilfe einer Synekdoche kommt *Sacco* schließlich durchaus im Einklang mit französischen Autoren zum folgenden Modellvorschlag: Für einen gültigen Eigentumsübergang bedarf es einer Willensübereinstimmung gerechtfertigt durch eine *causa* (*l'accord de volontés justifié par une cause = volonté + cause licite*). Diese Formel stellt er der deutschen bzw. österreichischen Lösung, nämlich Willensübereinstimmung plus Tradition (*volonté + remise*), gegenüber. Im französischen Recht ist somit klar, daß es für einen gültigen Eigentumstransfer der Willensübereinstimmung gestützt auf ein erlaubtes Grundgeschäft bedarf.[14]

Ergänzend möchte ich hier eine Aussage von *Piédelièvre* Ende der 80-Jahre wiederholen, um zu zeigen, daß es auch in Frankreich selbst nicht immer leicht ist, den Konsumenten die doch schwierige Konstruktion des sofortigen Eigentumsüberganges in Frankreich zu erklären. Seiner Meinung nach ist nämlich die Eigentumsübertragung kraft Vertrag und

---

[11] ***Koziol – Welser,*** Grundriß des bürgerlichen Rechts[10], Band I (1995) 101 f; ***Monateri,*** dans: R.I.D.C., jan.-mars 1984, p. 7; ***Waelbroeck,*** Le transfert de la propriété dans la vente d'objets mobiliers corporels en droit comparé (1961) p. 20 et s., 46 et s.

[12] ***Sacco,*** dans: Rivista di diritto civile, 1979 - n°4, p. 442

[13] ***Koziol – Welser,*** Grundriß des bürgerlichen Rechts[10], Band I (1995) 102; ***Monateri,*** dans: R.I.D.C., jan.-mars 1984, p. 7; ***Negri,*** dans: R.I.D.C., avr.-juin 1983, p. 353; ***Sacco,*** dans: Rivista di diritto civile, 1979 - n°4, p. 442: Das ist eine Ansicht, die auf *Savigny* zurückgeht.; ***Sacco,*** Un cryptotype en droit français: La remise abstraite?, dans: Études offertes à René Rodière (1981) p. 277, 283 et s.

[14] ***Monateri,*** dans: R.I.D.C., jan.-mars 1984, p. 7; ***Sacco,*** Un cryptotype en droit français: La remise abstraite?, dans: Études offertes à René Rodière (1981) p. 274 et s.

solo consensu keinesfalls bis in alle Köpfe gedrungen. Viele meinen - aus einem natürlichen Rechtsempfinden heraus -, daß es bei einer so wichtigen Angelegenheit wie dem Eigentumsübergang etwas mehr bedürfe als des Austausches simpler Willenserklärungen. Als Indiz wertet der Autor auch die Tatsache, daß das internationale Privatrecht für die Frage der anzuwendenden Rechtsordnung und Rechtsnorm immer zwischen dem Recht für den Titel (Grundgeschäft) und jenem für den Vorgang der eigentlichen Übertragung (Übergabe) unterscheidet.[15]

Der gutgläubige Erwerb ist schon bisher ein zentrales Thema dieser Arbeit gewesen, ihm wird daher auch beim Rechtsvergleich ausgewählter Länder die notwendige Aufmerksamkeit geschenkt werden. Selbst wenn über die Bedingungen, die den Schutz eines gutgläubigen Besitzes zum Ergebnis haben, in Europa unterschiedliche Auffassungen bestehen, so ist allen Rechtsordnungen doch eines gemein: Eigentumserwerb ohne Einschränkungen. Für die Frage der Behandlung gestohlener oder verlorener Sachen gibt es sehr differenzierte Ansichten über die Definition und die Ausdehnung dieser Begriffe selbst, über die Zeitdauer, innerhalb welcher ein Herausgabeanspruch des Eigentümers anerkannt wird, über die Entschädigungspflicht bei einem mit verstärktem guten Glauben ausgestatteten Erwerb sowie schließlich über den Umstand, ob für diese Sachen ein gutgläubiger Erwerb nicht überhaupt ausgeschlossen und daher bloß der Weg einer Ersitzung beweglicher Sachen zugelassen wird.[16]

11.3. DER RECHTSVERGLEICH AUSGEWÄHLTER LÄNDER[17]

11.3.1. SCHWEIZ

11.3.1.1. KAUFVERTRAG

Die allgemeinen Bestimmungen des Kaufes als Rechtsgeschäft in der Schweiz sind in art. 184-186 OR geregelt, der Fahrniskauf im speziellen

---

[15] ***Piédelièvre,*** Droit des biens (1977) p. 121

[16] ***Waelbroeck,*** Le transfert de la propriété dans la vente d'objets mobiliers corporels en droit comparé (1961) p. 76, 104 et s.: In Frankreich genügt ebenso wie in Belgien oder Luxemburg der reelle gutgläubige Besitz einer Sache, um vom Schutz des Gesetzes profitieren zu können. In Österreich, Deutschland und Italien genügt dieser Besitz alleine noch nicht, in Holland ist gar die Erfüllung von insgesamt fünf Bedingungen gefordert.

[17] ***Zimmermann,*** in: JBl 1998, 273: Der Rechtsvergleich ist deshalb so interessant, weil etwa der Code civil, das ABGB oder auch - wenn auch etwas eingeschränkter - das BGB in Zuschnitt und Anspruch universalistisch waren. Nationale Prägungen dürften demnach nicht auffallen.

ist in art. 187-215 OR normiert. Der Kaufvertrag verlangt in der Schweiz als *essentialia negotii* einen Konsens über Preis und Kaufgegenstand. Dabei ist der Verkäufer verpflichtet, den Kaufgegenstand zu übergeben und an diesem Eigentum zu verschaffen: Sach- und Rechtsverschaffungspflicht.[18] Darüber hinaus treffen den Verkäufer natürlich noch einige hier im Detail unerwähnt bleibende Nebenpflichten. Der Verkäufer hat aber jedenfalls dafür Sorge zu tragen, daß dem Käufer die Verfügungsmacht, also der Besitz, verschafft wird. Dafür ist die Tradition im Sinne des art. 922 ZGB notwendig.[19] Die derivative Besitzübertragung dient naturgemäß vor allem der Übertragung eines dinglichen Rechts, insbesondere des Eigentumsrechts. Die Übergabe des Besitzes kann auch durch einen Besitzvertrag (vgl. auch § 854 Abs. 2 BGB) - etwas, das sowohl dem französischen als auch dem österreichischen Recht vollkommen fremd ist - oder mit Hilfe der sogenannten Besitzübertragungssurrogate (für die Besitzanweisung, das Besitzkonstitut oder auch die *traditio brevi manu* vgl. art. 717 respektive 924 ZGB) erfolgen. Der Käufer hat als Hauptpflicht des abgeschlossenen Kaufvertrages jedenfalls die Zahlung des Kaufpreises gemäß art. 211 Abs. 1 OR übernommen[20], daneben gilt es natürlich auch für ihn, einige hier keine Erwähnung findenden Nebenpflichten aus dem Kaufvertrag zu erfüllen.[21]

Die Gefahrentragung und deren Überwälzung regelt art. 185 OR.[22] Sozusagen als Generalklausel ist im Abs. 1 festgehalten, daß Nutzen und

---

18 art. 184 OR: *(1)* Durch den Kaufvertrag verpflichtet sich der Verkäufer, dem Käufer den Kaufgegenstand zu übergeben und ihm das Eigentum daran zu verschaffen, und der Käufer, dem Verkäufer den Kaufpreis zu bezahlen.

(2) Sofern nicht Vereinbarung oder Übung entgegenstehen, sind Verkäufer und Käufer verpflichtet, ihre Leistungen gleichzeitig - Zug um Zug - zu erfüllen.

19 art. 922 ZGB: *(1)* Der Besitz wird übertragen durch die Übergabe der Sache selbst oder der Mittel, die dem Empfänger die Gewalt über die Sache verschaffen.

(2) Die Übergabe ist vollzogen, sobald sich der Empfänger mit Willen des bisherigen Besitzers in der Lage befindet, die Gewalt über die Sache auszuüben.

20 art. 211 OR: *(1)* Der Käufer ist verpflichtet, den Preis nach den Bestimmungen des Vertrages zu bezahlen und die gekaufte Sache, sofern sie ihm von dem Verkäufer ordnungsgemäss angeboten wird, anzunehmen.

21 ***Bucher,*** Obligationenrecht, Besonderer Teil[3] (1988) 53 ff, 64 ff, 72 ff: In der Literatur ist vor allem die Nebenpflicht zur Abnahme des Kaufgegenstandes heftig umstritten.; ***Keller – Siehr,*** Kaufrecht - Kaufrecht des OR und Wiener UN-Kaufrecht (1995) 15 ff; ***Sacco,*** dans: Rivista di diritto civile, 1979 - n°4, p. 442

22 art. 185 OR: *(1)* Sofern nicht besondere Verhältnisse oder Verabredungen eine Ausnahme begründen, gehen Nutzen und Gefahr der Sache mit dem Abschlusse des Vertrages auf den Erwerber über.

(2) Ist die veräusserte Sache nur der Gattung nach bestimmt, so muss sie überdies ausgeschieden und, wenn sie versendet werden soll, zur Versendung abgegeben sein.

Gefahr der Sache mit Vertragsabschluß auf den Erwerber übergehen: *periculum est emptoris.* Bei Gattungssachen gibt es wie in den anderen verglichenen Rechtsordnungen besondere Gefahrübergangsregelungen (vgl. Abs. 2 leg. cit.), für Verträge mit aufschiebender Wirkung findet sich im Abs. 3 die spezielle Regel wieder, wonach Nutzen und Gefahr der Sache mit dem Eintritt der Bedingung auf den Erwerber übergehen.[23] Dabei akzeptiert das Schweizer Recht die Asymmetrie zwischen dem Zeitpunkt des Eigentums- und des Gefahrenüberganges (*casum sentit creditior*).[24]

11.3.1.2. EIGENTUMSERWERB AN MOBILIEN

Für den Eigentumserwerb an Mobilien bedarf es in der Schweizer Rechtsordnung der Tradition auf den Käufer, die entsprechenden gesetzlichen Regelungen hiefür finden sich in art. 714 Abs. 1 ZGB[25] bzw. im bereits genannten art. 922 ZGB wieder.[26] Die Besitzübertragung (Tradition) bedeutet in diesem Zusammenhang prinzipiell Eigenbesitz. Außer dieser Voraussetzung, die als einzige eine gesetzliche Deckung findet, haben Lehre und Rechtsprechung noch zwei weitere entwickelt, deren Anwendung heute außer Streit stehen und die kumulativ vorliegen müssen, um einen Eigentumserwerb an Mobilien wirksam werden zu lassen. Dabei handelt es sich zum einen um den gültigen Erwerbstitel und zum anderen um den dinglichen Vertrag. Für den gültigen Erwerbstitel hängt die Schweizer Lehre dem Kausalitätsprinzip[27] an, sollte daher das Grundgeschäft nicht wirksam zustandegekommen sein, so hat auch keine Eigentumsübertragung stattgefunden. Die Mängel des Grundgeschäfts wirken *ex tunc*, der Veräusserer kann somit die Sache gemäß art. 641 Abs. 2 ZGB als Eigentümer vindizieren. In Erfüllung des Verpflichtungsgeschäftes bringt der dingliche Vertrag in der Schweiz den Willen zum Ausdruck, zur Eigen-

---

(3) Bei Verträgen, die über eine aufschiebende Bedingung abgeschlossen sind, gehen Nutzen und Gefahr der veräusserten Sache erst mit dem Eintritte der Bedingung auf den Erwerber über.

23 ***Keller – Siehr,*** Kaufrecht - Kaufrecht des OR und Wiener UN-Kaufrecht (1995) 25 ff

24 ***Margellos,*** La protection du vendeur à crédit d'objets mobiliers corporels à travers la clause de réserve de propriété (1989) p. 111; ***Sacco,*** dans: Rivista di diritto civile, 1979 - n°4, p. 442

25 art. 714 ZGB: *(1)* Zur Übertragung des Fahrniseigentums bedarf es des Überganges des Besitzes auf den Erwerber.

26 Ein Eigentumsvorbehalt muß vor der Besitzübertragung - in der Regel formlos (Ausnahmen: Abzahlungsverträge und Konsumkreditverträge) - zwischen den Parteien vereinbart werden.

27 vgl. für Österreich §§ 380 und 424 ABGB

tumsübertragung *hic et nunc* bereit zu sein. Dabei ist aus der Praxis heraus leicht erklärbar, daß der dingliche Vertrag zeitlich oft mit dem Verpflichtungsgeschäft zusammenfällt.[28]

11.3.1.3. GUTGLÄUBIGER MOBILIENERWERB

In der Schweiz gilt zunächst einmal der Grundsatz *Nemo plus iuris ad alium transferre potest quam ipse habet*. Parallel dazu gibt es aber natürlich auch dort positivrechtliche Normen, wonach - unter restriktiven Rahmenbedingungen - der gutgläubige Mobilienerwerb *a non domino* möglich ist. Die für bewegliche Sachen wesentliche Bestimmung, nämlich art. 714 Abs. 2 ZGB[29], verweist zur Beurteilung, ob es zu einem gutgläubigen Erwerb an Mobilien gekommen ist, explizit auf die "Besitzesregeln", die ihrerseits wiederum in den art. 933 bis 935 ZGB ihren Niederschlag gefunden haben. Dabei erinnern die Inhalte dieser zuletzt genannten Normen stark an die während der gesamten Arbeit sehr ausführlich behandelten art. 2279 bzw. 2280 C. civ., wodurch deren prinzipielle rechtliche Sinnhaftigkeit eine weitere Bestätigung erfährt.

Keine Rückforderung seitens des eigentlichen Eigentümers gibt es jedenfalls bei anvertrauten Sachen (vgl. art. 933 ZGB) sowie bei Geld und Inhaberwertpapieren (vgl. art. 935 ZGB). Eine weitaus differenziertere Vorgangsweise normiert art. 934 ZGB. In seinem Abs. 1 wird dem Eigentümer die auf 5 Jahre befristete[30] Rückforderungsmöglichkeit eingeräumt, soweit es sich bei den herausverlangten Sachen um sog. "abhanden gekommene Sachen" handelt. Unter diese Katgorie sind jedenfalls gestohlene, verlorene oder sonst wider seinen Willen abhanden gekommene Sachen zu subsumieren. In seinem Abs. 2 sieht art. 934 ZGB in vollkommener Har-

---

[28] art. 641 ZGB: *(2)* Er (der Eigentümer) hat das Recht, sie von jedem, der sie ihm vorenthält, herauszuverlangen und jede ungerechtfertigte Einwirkung abzuwehren.

Bucher, Obligationenrecht, Besonderer Teil[3] (1988) 72 ff; ***Keller – Siehr***, Kaufrecht - Kaufrecht des OR und Wiener UN-Kaufrecht (1995) 16; ***Tuor – Schnyder – Schmid***, Das Schweizerische Zivilgesetzbuch[11] (1995) 745 ff; ***Winkler***, Die Rechtsvermutungen aus dem Besitz, Dissertation (1969) 42

[29] art. 714 ZGB: *(2)* Wer in gutem Glauben eine bewegliche Sache zu Eigentum übertragen erhält, wird, auch wenn der Veräusserer zur Eigentumsübertragung nicht befugt ist, deren Eigentümer, sobald er nach den Besitzesregeln im Besitze der Sache geschützt ist.

[30] In Frankreich gilt für diese Kategorie von Sachen eine 3-Jahresfrist, in Deutschland ist die Ersitzung innerhalb von 10 Jahren möglich. In Österreich ist in den Fällen 1 und 2 des § 367 ABGB ein gutgläubiger Erwerb auch an diesen Sachen möglich, im Fall 3 ist ein Erwerb hingegen gänzlich ausgeschlossen. In Österreich sind somit hier keine Fristen zu beachten.

monie mit art. 2280 C. civ. vor, daß bei Sachen, die in einer öffentlichen Versteigerung, auf einem Markt oder bei einem Kaufmann, der mit Waren der gleichen Art handelt, erworben wurden, der Rückforderungsanspruch nur gegen Vergütung des vom gutgläubigen Erwerber bezahlten Preises möglich ist. Abweichend von seinem französischen Zwillingsbruder normiert allerdings art. 934 ZGB in Übereinstimmung mit der Schweizer Lehre und Judikatur, daß dieser Vergütungsanspruch nicht nur für den ersten gutgläubigen Empfänger, sondern ausdrücklich auch für jeden späteren gilt.[31]

11.3.1.4. EIGENTUMSVORBEHALT

In der Schweiz hat der Eigentumsvorbehalt eine durchaus große Bedeutung, wiewohl das Gesetz den Eigentumsvorbehalt nur lückenhaft regelt und es somit Lehre und Rechtsprechung vorbehalten war, diesen Begriff mit Leben zu erfüllen. Der Eigentumsvorbehalt vermittelt ein Aussonderungsrecht bei Dritten mit der Einschränkung, daß er gemäß art. 715 ZGB zuvor am Wohnort des Erwerbers in das vom Betreibungsbeamten zu führende öffentliche Register mit Publizitätswirkung (Eigentumsvorbehaltsregister) eingetragen wurde.[32] Dann ist der Verkäufer nach Aushändigung der Sache bis zur Bezahlung des Kaufpreises selbständiger, mittelbarer Besitzer, der Käufer hingegen unselbständiger und unmittelbarer. Durch die Eintragung des Eigentumsvorbehalts soll publik gemacht werden, daß der Besitzer einer bestimmten Sache nicht auch deren Eigentümer ist. Der Schein des Eigentums, der durch den Besitz erweckt wird, soll zerstört werden. In welchem Verhältnis stehen aber dann art. 930 ZGB, der die Eigentumsvermutung aus dem Besitz normiert, und art. 715

---

[31] ***Bucher,*** Obligationenrecht, Besonderer Teil[3] (1988) 76 f; ***Keller – Siehr,*** Kaufrecht - Kaufrecht des OR und Wiener UN-Kaufrecht (1995) 16; ***Tuor – Schnyder – Schmid,*** Das Schweizerische Zivilgesetzbuch[11] (1995) 746 f

[32] art. 715 ZGB: *(1)* Der Vorbehalt des Eigentums an einer dem Erwerber übertragenen beweglichen Sache ist nur dann wirksam, wenn er an dessen jeweiligem Wohnort in einem vom Betreibungsbeamten zu führenden öffentlichen Register eingetragen ist.

(2) Beim Viehhandel ist jeder Eigentumsvorbehalt ausgeschlossen.

Crosio, Le contrat de vente en droit commercial (1989) p. 127: Ähnlich formalistisch und mit denselben Rechtswirkungen ist der Eigentumsvorbehalt in Belgien geregelt.; ***Margellos,*** La protection du vendeur à crédit d'objets mobiliers corporels à travers la clause de réserve de propriété (1989) p. 92: Die Forderung nach einer Eintragung schmälert die Attraktivität des Eigentumsvorbehalts in der Schweiz.; ***Winkler,*** Die Rechtsvermutungen aus dem Besitz, Dissertation (1969) 39 f: Im allgemeinen werden diese Eintragungen als Beweismittel angesehen, die vollen Beweis erbringen und deren Inhalt bis zum Beweis der Unrichtigkeit als wahr gilt.

ZGB, der besagt, daß der Eintrag in ein spezielles Register die Vermutung begründet, daß der als Erwerber der Sache eingetragene Besitzer nicht Eigentümer ist? Geht art. 715 ZGB als *lex specialis* vor? Aufgrund des Überwiegens des rechtgeschäftlichen Eigentumserwerbs im Verhältnis zu anderen Erwerbsarten scheint es gerechtfertigt zu sein, die Besitzesvermutung als durch die Vermutung aus dem Eintrag beseitigt anzusehen und dem eingetragenen Besitzer die Beweislast für einen anderen Erwerb aufzuerlegen.[33]

Im Fall der Nichteintragung des Eigentumsvorbehalts geht Eigentum über, das Gesetz mißt hier der Übergabe eine von den Parteien nicht gewollte Rechtswirkung bei. Wenn der gesamte Kaufvertrag unter der Bedingung der Kaufpreiszahlung geschlossen wurde, dann geht Eigentum nicht vor Eintritt der Bedingung über. Wurde der Eigentumsvorbehalt tatsächlich nicht in das öffentliche Register eingetragen, so bleibt dem Verkäufer gemäß art. 214 Abs. 3 OR[34] nur mehr die Geltendmachung des bei sonstigem Verlust ausdrücklich zu vereinbarenden Rücktrittsvorbehalts. Der Rücktrittsvorbehalt bewirkt nur, daß der Kauf resolutiv bedingt ist, der Eigentumsübergang ist nicht aufgeschoben. Der Eigentumsvorbehalt hingegen hat das primäre Ziel, den Eigentumsübergang bis zur Kaufpreiszahlung suspensiv bedingt aufzuschieben.[35] Der Eigentumsvorbehalt geht mit der Tilgung des (Rest-)Kaufpreises, dem Verzicht des Veräusserers und der darauf gestützten Löschung der Eintragung oder dem Erwerb des Eigentums durch einen Dritten (Gutglaubensschutz) unter.

11.3.2. DEUTSCHLAND

11.3.2.1. KAUFVERTRAG

Für den Abschluß eines in der Regel formfreien Kaufvertrages ist ein Angebot und eine Annahme gemäß den allgemeinen Regeln der §§ 145 ff BGB erforderlich, wobei sich die Willenseinigung auf den Austausch einer bestimmten oder bestimmbaren Ware gegen Entgelt beziehen muß. Die Pflichten des Verkäufers ergeben sich aus den §§ 433-438 BGB[36], der

---

[33] ***Winkler,*** Die Rechtsvermutungen aus dem Besitz, Dissertation (1969) 40 f

[34] art. 214 OR: *(3)* Ist der Kaufgegenstand vor der Zahlung in den Besitz des Käufers übergegangen, so kann der Verkäufer nur dann wegen Verzuges des Käufers von dem Vertrage zurücktreten und die übergebene Sache zurückfordern, wenn er sich dieses Recht ausdrücklich vorbehalten hat.

[35] ***Tuor – Schnyder – Schmid,*** Das Schweizerische Zivilgesetzbuch[11] (1995) 747 ff

[36] § 433 BGB: [1]Durch den Kaufvertrag wird der Verkäufer einer Sache verpflichtet, dem Käufer die Sache zu übergeben und das Eigentum an der Sache zu verschaffen. ...

Verkäufer muß dabei dem Käufer wenigstens die tatsächliche und rechtliche Verfügungsmacht (Besitz gemäß § 854 BGB und lastenfreies Eigentum gemäß §§ 929 ff BGB) verschaffen. Die Nebenpflichten aus einem Kaufvertrag sind gesetzlich nur rudimentär geregelt[37] und daher von der jeweiligen Vertragsgestaltung abhängig. Sie reichen von der Obhuts- über die Auskunfts- bis zur Kostentragungspflicht. Der Käufer ist im Gegenzug jedenfalls zur Zahlung des Kaufpreises und zur Abnahme der gekauften Ware verpflichtet, Nebenpflichten wie Kostenersätze[38] können auf gesetzlichen Normen oder auch auf Vertragsklauseln basieren.[39] Der Kaufvertrag alleine ist nicht geeignet, Eigentum direkt übergehen zu lassen. Er produziert allerdings die Verpflichtung, Eigentum durch Übereignung zu übertragen.[40]

Der Gefahrenübergang vom Verkäufer auf den Käufer ist gemäß § 446 BGB[41] bis zur Besitzübergabe respektive gemäß § 447 BGB bis zur Übergabe an den Transporteur beim Versendungskauf aufgeschoben.[42] Hier gilt der Grundsatz, daß ein Gefahrenübergang - zumindest vor vollständiger Erfüllung des Vertrages - die Besitzverschaffung unbedingt verlangt. Die Gefahren gehen unabhängig davon über, ob damit auch der Eigentumstransfer verbunden ist. Für den Beispielsfall des Eigentumsvorbehalts be-

---

[II]Der Käufer ist verpflichtet, dem Verkäufer den vereinbarten Kaufpreis zu zahlen und die gekaufte Sache abzunehmen.

Es gibt daneben noch Sonderbestimmungen für den Handelskauf, für Haustürgeschäfte oder auch für kreditierte und drittfinanzierte Kaufverträge nach dem Verbraucherkreditgesetz.

37 vgl. etwa § 444 BGB

38 vgl. etwa § 448 BGB

39 ***Esser – Weyers,*** Schuldrecht, Band II[8] (1998) 10 ff, 91 f; ***Schlechtriem,*** Schuldrecht, Besonderer Teil[4] (1995) 4 ff, 15 ff; ***Wörlen,*** Grundzüge des Privatrechts, Band I[3] (1993) 149

40 ***Monateri,*** dans: R.I.D.C., jan.-mars 1984, p. 7; ***Sacco,*** dans: Rivista di diritto civile, 1979-n°4, p. 442; ***Schlechtriem,*** Schuldrecht, Besonderer Teil[4] (1995) 6; ***Zimmermann,*** in: JBl 1998, 273

41 Das Hauptanwendungsgebiet von § 446 BGB sind jene Fälle, in denen ausnahmsweise die Übergabe der Sache noch nicht nach § 929 BGB zum Eigentumserwerb des Käufers und damit zur vollen Erfüllung geführt hat.

§ 446 BGB: [I]Mit der Übergabe der verkauften Sache geht die Gefahr des zufälligen Unterganges und einer zufälligen Verschlechterung auf den Käufer über. Von der Übergabe an gebühren dem Käufer die Nutzungen und trägt er die Lasten der Sache.

42 ***Esser – Weyers,*** Schuldrecht, Band II[8] (1998) 96 ff; ***Margellos,*** La protection du vendeur à crédit d'objets mobiliers corporels à travers la clause de réserve de propriété (1989) p. 112 et s.; ***Monateri,*** dans: R.I.D.C., jan.-mars 1984, p. 7; ***Sacco,*** dans: Rivista di diritto civile, 1979 - n°4, p. 442; ***Schlechtriem,*** Schuldrecht, Besonderer Teil[4] (1995) 27 ff; ***Spellenberg,*** in: ZfRV 1994, 105

deutet dies, daß der Vorbehaltskäufer mit Übernahme der Waren verhalten ist, beim zufälligen Untergang derselben dennoch den Kaufpreis zu leisten. Ihn trifft also die Preisgefahr.[43] Im Fall des Versendungskaufs trifft den Käufer die Transportgefahr. Er trägt das Risiko, daß die Sache beschädigt oder überhaupt nicht geliefert wird.[44]

11.3.2.2. EIGENTUMSERWERB AN MOBILIEN

In Deutschland ist die Notwendigkeit der Übergabe für den Eigentumserwerb rechtlich einwandfrei belegt und abgesichert. Die Übergabe ist im Verhältnis zum Grundgeschäft - anders als in Frankreich oder auch in Österreich[45] - von diesem unabhängig, sie ist abstrakt: abstrakte Tradition.[46] Eine Vertragsauflösung in Deutschland hat daher keinen Einfluß auf den Eigentumsübergang als solchen, sondern berechtigt den Verkäufer bloß zur Einbringung einer persönlichen Klage auf Rückgabe der Sache.[47] Die Aufgabe des *titulus* in Deutschland ist auf die Lehre von *Savigny* zurückzuführen.[48] Hingegen spielt der Besitz ähnlich wie in Frankreich eine ganz zentrale Rolle beim Eigentumsübergang beweglicher Sachen. Daneben führt die Eigentumsvermutung in § 1006 BGB[49] zur Beweislastumkehr zugunsten des Besitzers, der Besitz verleiht einen Rechtsschein (Legitimationswirkung), bildet weiters die Grundlage für den gutgläubigen

---

[43] ***Esser – Weyers,*** Schuldrecht, Band II[8] (1998) 96 f; ***Margellos,*** La protection du vendeur à crédit d'objets mobiliers corporels à travers la clause de réserve de propriété (1989) p. 113; ***Schlechtriem,*** Schuldrecht, Besonderer Teil[4] (1995) 27

[44] ***Esser – Weyers,*** Schuldrecht, Band II[8] (1998) 99; ***Schlechtriem,*** Schuldrecht, Besonderer Teil[4] (1995) 28

[45] Wenn das sachenrechtliche Verfügungsgeschäft vom aufrechten Bestand des schuldrechtlichen Verpflichtungsgeschäftes abhängig ist, so spricht man von einer kausalen Übergabe.

[46] ***Bollenberger,*** in: ÖJZ 1996, 851; ***Koziol – Welser,*** Grundriß des bürgerlichen Rechts[10], Band I (1995) 102; ***Koziol – Welser,*** Grundriß des bürgerlichen Rechts[10], Band II (1996) 63; ***Mona-teri,*** dans: R.I.D.C., jan.-mars 1984, p. 7; ***Negri,*** dans: R.I.D.C., avr.-juin 1983, p. 353; ***Sacco,*** dans: Rivista di diritto civile, 1979 - n°4, p. 442; ***Sacco,*** Un cryptotype en droit français: La remise abstraite?, dans: Études offertes à René Rodière (1981) p. 277, 283 et s.; ***Schlechtriem,*** Schuldrecht, Besonderer Teil[4] (1995) 7; ***Schwab – Prütting,*** Sachenrecht[25] (1994) 156 f; ***Wörlen,*** Grundzüge des Privatrechts, Band I[3] (1993) 151 ff; ***Zimmermann,*** in: JBl 1998, 273

[47] ***Koziol – Welser,*** Grundriß des bürgerlichen Rechts[10], Band I (1995) 102; ***Monateri,*** dans: R.I.D.C., jan.-mars 1984, p. 7; ***Waelbroeck,*** Le transfert de la propriété dans la vente d'objets mobiliers corporels en droit comparé (1961) p. 20 et s., 46 et s.

[48] ***Monateri,*** dans: R.I.D.C., jan.-mars 1984, p. 7

[49] § 1006 BGB: 'Zugunsten des Besitzers einer beweglichen Sache wird vermutet, daß er Eigentümer der Sache sei. Dies gilt ...

Erwerb vom Nichtberechtigten und gewährt den Besitzschutz gemäß den §§ 858-864 BGB.[50] Fallen Besitz und Eigentum auseinander, so verfügt der Eigentümer gegen den Besitzer über die *rei vindicatio* (Herausgabeanspruch gemäß § 985 BGB).[51]

Die Normalform der Übereignung einer beweglichen Sache ist die Übergabe (Wechsel des unmittelbaren Besitzes) bei Einigkeit über den Eigentumstransfer (§ 929 Satz 1 BGB). Die Einigung heißt dinglicher Vertrag.[52] Das Gesetz spricht - offenbar weil es sich um eine besondere Art des "Einigseins" handelt - eben von Einigung und nicht von Vertrag.[53] Für die nach § 929 Satz 1 BGB notwendige Besitzverschaffung ist entweder ein Realakt oder ein Besitzvertrag gemäß § 854 BGB notwendig.[54] Sollen die Übergabesurrogate gemäß §§ 929-931 BGB zur Erfüllung der Eigentumsverschaffungspflicht aus dem Kaufvertrag zur Anwendung kommen, dann ist der Vertrag entsprechend zu modifizieren, da das Gesetz - den Normalfall vor Augen - zur Übergabe verpflichtet.[55] Als Übergabesurrogate kommen die Übergabe durch bloße Einigung (*traditio brevi manu*) gemäß § 929 Satz 2 BGB, das Besitzkonstitut gemäß § 930 BGB sowie die Übereignung durch Abtretung des (obligatorischen) Herausgabeanspruchs gegen jeden Dritten auf Besitzverschaffung gemäß § 931 BGB in Betracht.[56]

---

[50] ***Schwab – Prütting,*** Sachenrecht[25] (1994) 23

[51] § 985 BGB: Der Eigentümer kann von dem Besitzer die Herausgabe der Sache verlangen.

Schwab – Prütting, Sachenrecht[25] (1994) 223

[52] ***Esser – Weyers,*** Schuldrecht, Band II[8] (1998) 15; ***Schwab – Prütting,*** Sachenrecht[25] (1994) 157 f; ***Wörlen,*** Grundzüge des Privatrechts, Band I[3] (1993) 150

[53] ***Schwab – Prütting,*** Sachenrecht[25] (1994) 15

[54] § 854 BGB: [I]Der Besitz einer Sache wird durch die Erlangung der tatsächlichen Gewalt über die Sache erworben.

[II]Die Einigung des bisherigen Besitzers und des Erwerbers genügt zum Erwerbe, wenn der Erwerber in der Lage ist, die Gewalt über die Sache auszuüben.

Sacco, dans: Rivista di diritto civile, 1979 - n°4, p. 442; ***Schwab – Prütting,*** Sachenrecht[25] (1994) 159

[55] ***Schlechtriem,*** Schuldrecht, Besonderer Teil[4] (1995) 7 f

[56] § 929 BGB: Zur Übertragung des Eigentums an einer beweglichen Sache ist erforderlich, daß der Eigentümer die Sache dem Erwerber übergibt und beide darüber einig sind, daß das Eigentum übergehen soll. Ist der Erwerber im Besitze der Sache, so genügt die Einigung über den Übergang des Eigentums.

§ 930 BGB: Ist der Eigentümer im Besitze der Sache, so kann die Übergabe dadurch ersetzt werden, daß zwischen ihm und dem Erwerber ein Rechtsverhältnis vereinbart wird, vermöge dessen der Erwerber den mittelbaren Besitz erlangt.

§ 931 BGB: Ist ein Dritter im Besitze der Sache, so kann die Übergabe dadurch ersetzt werden, daß der Eigentümer dem Erwerber den Anspruch auf Herausgabe der Sache abtritt.

11.3.2.3. GUTGLÄUBIGER MOBILIENERWERB

In Deutschland ist der Erwerb *a non domino* in den §§ 932-935 BGB geregelt, unmittelbar nach den Bestimmungen zum Erwerb *a domino* und im Kapitel über den Eigentumsübergang. Der gutgläubige Erwerb fordert als derivative Erwerbsart - außer natürlich die Gutgläubigkeit des Erwerbers - einen Eigentumstransfer ganz so, wie ihn auch ein Erwerb vom Berechtigten verlangt. Dabei darf nur ein einziger Unterschied bestehen: Der Veräußerer ist nicht der wirkliche Eigentümer. Anders als das französische Recht, das sich für den Erwerb *a non domino* mit dem reellen Besitz und dem guten Glauben zufrieden gibt, verlangt also das deutsche Recht die Besitzverschaffung an der Sache im Rahmen eines regulären Eigentumstransfers.[57] Anders als das österreichische Recht verlangen die deutschen Gutglaubensvorschriften keinen entgeltlichen Erwerb.[58]

Der gute Glaube, der bis zum Beweis des Gegenteils vermutet wird, bedeutet (Umkehrschluß zu § 932 Abs. 2 BGB[59]), daß der Erwerber an das Eigentum des Veräußerers glauben muß. Bei Einigung und Übergabe muß der gute Glaube im Moment des späteren Aktes vorliegen, bei der Übergabe durch bloße Einigung zu eben diesem Zeitpunkt und schließlich bei der Abtretung des Herausgabeanspruchs im Fall des mittelbaren Besitzes zum Zeitpunkt der Abtretung respektive im Fall des nicht mittelbaren Besitzes im Moment der Besitzerlangung. Allgemein gilt der Grundsatz *Mala fides superveniens non nocet.*[60] Der gutgläubige Erwerb ist nach § 935 BGB bei gestohlenen, verlorengegangenen oder sonst abhanden gekommenen Sachen ausgeschlossen, außer es handelt sich um Geld, Inhaberwertpapiere oder um Sachen, die im Wege einer öffentlichen Versteigerung veräußert werden.[61]

Sacco, dans: Rivista di diritto civile, 1979 - n°4, p. 442; ***Schwab – Prütting,*** Sachenrecht[25] (1994) 158 ff

[57] ***Margellos,*** La protection du vendeur à crédit d'objets mobiliers corporels à travers la clause de réserve de propriété (1989) p. 216; ***Schwab – Prütting,*** Sachenrecht[25] (1994) 184 f, 192 f

[58] ***Bollenberger,*** in: ÖJZ 1996, 851

[59] § 932 BGB: [I]Durch eine nach § 929 erfolgte Veräußerung wird der Erwerber auch dann Eigentümer, wenn die Sache nicht dem Veräußerer gehört, es sei denn, daß er zu der Zeit, zu der er nach diesen Vorschriften das Eigentum erwerben würde, nicht in gutem Glauben ist. In dem Falle des § 929 Satz 2 gilt dies jedoch nur dann, wenn der Erwerber den Besitz von dem Veräußerer erlangt hatte.

[II]Der Erwerber ist nicht in gutem Glauben, wenn ihm bekannt oder infolge grober Fahrlässigkeit unbekannt ist, daß die Sache nicht dem Veräußerer gehört.

[60] ***Schwab – Prütting,*** Sachenrecht[25] (1994) 185 ff

[61] ***Schwab – Prütting,*** Sachenrecht[25] (1994) 189 ff

11.3.2.4. EIGENTUMSVORBEHALT

Beim Kauf unter Eigentumsvorbehalt, wie ihn § 455 BGB[62] versteht, überträgt der Verkäufer den Besitz an der Sache, nicht aber das Eigentum. Die Übertragung desselben wird bis zur vollständigen Preiszahlung aufgeschoben, der Käufer verfügt bis zu diesem Zeitpunkt über ein Anwartschaftsrecht[63] als Vorstufe zum Vollrecht Eigentum. Das sind die sachenrechtlichen Wirkungen des Eigentumsvorbehalts.[64] Die schuldrechtliche Bedeutung des Eigentumsvorbehalts zeigt sich beim im Zweifel vereinbarten Rücktrittsrecht (widerlegbare Vermutung) im Rahmen der Festlegung des Rechts.[65] Beim Eigentumsvorbehalt ist der Kauf unbedingt, die Übereignung aber bedingt, wobei die Übergabe als Realakt unbedingt und die dingliche Einigung bedingt ist.[66] Dies zeigt sich auch in der Möglichkeit, einen Eigentumsvorbehalt auch noch nach dem Kaufvertragsabschlußdatum gültig vereinbaren zu können (nachträglicher Eigentumsvorbehalt). Der Eigentumsübergang setzt nämlich den übereinstimmenden Willen der Beteiligten im Zeitpunkt der Übergabe voraus. Will also der Verkäufer einen Eigentumsvorbehalt vereinbaren, so kann er das noch spätestens bis zu diesem Termin tun, wobei sein Wunsch dann als Vorschlag zur Vertragsmodifikation gesehen wird. Dabei muß der Eigentumsvorbehalt, anders als es § 455 BGB vielleicht vermuten lassen würde, ausdrücklich zwischen den Vertragsparteien vereinbart sein.[67]

---

[62] § 455 BGB: [I]Hat sich der Verkäufer einer beweglichen Sache das Eigentum bis zur Zahlung des Kaufpreises vorbehalten, so ist im Zweifel anzunehmen, daß die Übertragung des Eigentums unter der aufschiebenden Bedingung vollständiger Zahlung des Kaufpreises erfolgt und daß der Verkäufer zum Rücktritte von dem Vertrage berechtigt ist, wenn der Käufer mit der Zahlung in Verzug kommt.

(Novelle zu § 455 BGB durch Anfügung eines neuen Absatzes, in Kraft ab 1. 1. 1999): [II]Die Vereinbarung eines Eigentumsvorbehalts ist nichtig, soweit der Eigentumsübergang davon abhängig gemacht wird, daß der Käufer Forderungen eines Dritten, insbesondere eines mit dem Verkäufer verbundenen Unternehmens, erfüllt.

[63] ***Schwab – Prütting,*** Sachenrecht[25] (1994) 167: Das Anwartschaftsrecht ist im Vergleich zum Eigentum kein *aliud*, sondern ein *minus*. Es ist aber ein subjektives, dingliches Recht.

[64] ***Crosio,*** Le contrat de vente en droit commercial (1989) p. 126; ***Esser – Weyers,*** Schuldrecht, Band II[8] (1998) 100 ff: Verkäufer und Käufer haben beim Konkurs Dritter ein Aussonderungsrecht.; ***Schlechtriem,*** Schuldrecht, Besonderer Teil[4] (1995) 6, 69 f; ***Schwab – Prütting,*** Sachenrecht[25] (1994) 167 f: Im Konkurs des Vorbehaltskäufers hat der Vorbehaltsverkäufer, wenn er wegen Leistungsverzugs vom Vertrag zurückgetreten ist, einen Aussonderungsanspruch.

[65] ***Schlechtriem,*** Schuldrecht, Besonderer Teil[4] (1995) 71 f

[66] ***Schwab – Prütting,*** Sachenrecht[25] (1994) 158, 165; ***Spellenberg,*** in: ZfRV 1994, 105

[67] ***Esser – Weyers,*** Schuldrecht, Band II[8] (1998) 101; ***Margellos,*** La protection du vendeur à crédit d´objets mobiliers corporels à travers la clause de réserve de propriété

Neben dem einfachen Eigentumsvorbehalt[68] gibt es - insbesondere bei Waren, die zum Umschlag oder zur Verarbeitung bestimmt sind, den nicht im Gesetz geregelten sogenannten verlängerten Eigentumsvorbehalt. Der Verkäufer erhält so - anstelle der Vorbehaltssache - durch eine vorweggenommene Sicherungszession die Kundenforderungen des Käufers aus dem Weiterverkauf als Sicherheit abgetreten.[69] Die Zulässigkeit eines erweiterten Eigentumsvorbehalts - Sicherung nicht nur des Kaufpreisanspruchs, sondern auch anderer Forderungen aus einer Geschäftsverbindung - in der Form eines Kontokorrentvorbehalts (sichert die Saldoforderung aus laufender Rechnung) oder auch eines Konzernvorbehalts (sichert die Forderungen eines ganzen Konzerns) gegenüber Letztverbrauchern in allgemeinen Geschäftsbedingungen wird allerdigs zumindest angezweifelt, bei Handelskäufen ist er durchaus üblich.[70] Der Eigentumsvorbehalt erlischt definitiv bei Eintritt der Bedingung, Unwirksamwerden des Kausalgeschäfts, dem Verzicht des Verkäufers auf den Vorbehalt, der Weiterveräußerung der Ware durch den Vorbehaltskäufer mit Zustimmung des Verkäufers, dem gutgläubigen Erwerb und schließlich auch grundsätzlich bei allen Formen der Verarbeitung, Verbindung oder Vermischung der unter Eigentumsvorbehalt gekauften Waren.[71]

11.3.3. ÖSTERREICH

11.3.3.1. KAUFVERTRAG

Die Bestimmungen über den Kaufvertrag befinden sich in den §§ 1053 ff ABGB. Dabei werden die Essentialia dieses Geschäfts schon aus der Textierung des § 1053 ABGB klar: *Durch den Kaufvertrag wird eine Sache um eine bestimmte Summe Geldes einem andern überlassen.* Somit ist der Konsens (Anbot und Annahme) über Kaufsache und Kaufpreis - Einigung über Ware und Preis - unbedingte Voraussetzung für diese

---

(1989) p. 83 et s.; ***Schlechtriem,*** Schuldrecht, Besonderer Teil[4] (1995) 72: Die Vereinbarung eines einfachen Eigentumsvorbehalts kann auch in Allgemeinen Geschäftsbedingungen erfolgen.

[68] Weitere Formen des Eigentumsvorbehalts sind der weitergeleitete und nachgeschaltete Eigentumsvorbehalt.

[69] ***Crosio,*** Le contrat de vente en droit commercial (1989) p. 126; ***Esser – Weyers,*** Schuldrecht, Band II[8] (1998) 103; ***Schlechtriem,*** Schuldrecht, Besonderer Teil[4] (1995) 70; ***Schwab – Prütting,*** Sachenrecht[25] (1994) 171

[70] ***Esser – Weyers,*** Schuldrecht, Band II[8] (1998) 103; ***Schlechtriem,*** Schuldrecht, Besonderer Teil[4] (1995) 70; ***Schwab – Prütting,*** Sachenrecht[25] (1994) 176

[71] ***Schwab – Prütting,*** Sachenrecht[25] (1994) 169

Art eines Verpflichtungsgeschäfts ohne grundsätzlichen Formzwang. Der Käufer erwirbt durch den Titel Kaufvertrag ein Forderungsrecht auf Übereignung, dafür selbst ist aber die Übergabe der Kaufsache gemäß § 1053 ABGB - in welcher Form auch immer - notwendig. Der Kaufpreis muß bestimmt sein und in barem Geld bestehen, eine zu enge Auslegung ist dabei aber zu vermeiden (vgl. § 1054 ABGB).[72]

Die Pflichten des Verkäufers sind die Übereignung und Übergabe[73] der Kaufsache sowie deren Verwahrung bis zu diesem Zeitpunkt (vgl. § 1061 ABGB), der Käufer ist gemäß § 1062 ABGB im wesentlichen zur Übernahme der Ware und zur Zahlung des Kaufpreises verpflichtet. Daneben sind auf beiden Seiten verschiedene Nebenpflichten denkbar, als Beispiel soll hier etwa die Auskunftspflicht dienen. Der Gesetzestext der Bestimmung § 1063 ABGB macht deutlich, daß der Käufer mit Übergabe der Kaufsache auch das Eigentum an ihr erwirbt, selbst wenn er den Kaufpreis nicht sofort zahlt. Beim Kreditgeschäft werden die Parteien allerdings regelmäßig vereinbaren, daß das Eigentum am Kaufgegenstand erst mit vollständiger Zahlung des Kaufpreises übergehen soll, bis zu diesem Zeitpunkt soll das Eigentum beim Verkäufer verbleiben (sog. Eigentumsvorbehalt). Somit bleibt auch das Zug-um-Zug-Prinzip[74] in diesem Fall weitestgehend gewahrt.[75]

Der Gefahrenübergang und damit die Tragung des wirtschaftlichen Risikos eines zufälligen und von den Parteien nicht zu vertretenden Untergangs der Sache findet gemäß § 1048 ABGB eine Zäsur in der Übergabe. Wurde keine anderslautende Vereinbarung getroffen, so trägt bis zum genannten Zeitpunkt der Verkäufer die Preisgefahr, danach der Käufer.[76] Die Nennung besonderer Vorschriften etwa für die Regelung des Verzugs[77] - auf welcher Seite auch immer - soll im Rahmen dieser Arbeit unterbleiben. Insgesamt beruht die Regelung des Gefahrenübergangs ganz allgemein aber auf dem Gedanken, daß derjenige das wirtschaftliche Risiko tragen sollte, der infolge der tatsächlichen Innehabung den Nutzen aus der Sache hat.[78]

---

[72] ***Koziol – Welser,*** Grundriß des bürgerlichen Rechts[10], Band I (1995) 324 ff

[73] vgl. § 1047 ABGB: Tauschende sind verpflichtet, die vertauschten Sachen ... zum freien Besitz zu übergeben und zu übernehmen.

[74] Das Zug-um-Zug-Prinzip in Österreich gemäß § 1052 ABGB entspricht jenem in Deutschland nach § 320 BGB.

[75] ***Koziol – Welser,*** Grundriß des bürgerlichen Rechts[10], Band I (1995) 326 ff

[76] ***Koziol – Welser,*** Grundriß des bürgerlichen Rechts[10], Band I (1995) 328; ***Sacco,*** dans: Rivista di diritto civile, 1979 - n°4, p. 442

[77] vgl. dazu §§ 918 ff, 1334 und 1419 ABGB

[78] ***Koziol – Welser,*** Grundriß des bürgerlichen Rechts[10], Band I (1995) 328 ff

11.3.3.2. EIGENTUMSERWERB AN MOBILIEN

In Österreich herrscht - wie bereits an anderer Stelle dargestellt - das Prinzip des kausalen Verpflichtungsgeschäfts. Gleichzeitig ist aber in Österreich auch das Verfügungsgeschäft kausal, da es in seiner Wirksamkeit *per definitionem* vom aufrechten Bestand eines Titels abhängt, der es im Sinne eines Rechtsgrundes tatsächlich rechtfertigt. So ist für eine Eigentumsübertragung neben einem Titel, wie ihn § 380 ABGB verlangt, auch ein Verfügungsgeschäft, wie es die §§ 425 ff ABGB ("rechtliche Übergabe und Übernahme") in näherer Ausführung vorsehen, erforderlich. Dem *ius commune* entsprechend hat somit Österreich in § 380 ABGB die Zweiaktigkeit der Eigentumsübertragung übernommen: *titulus* und *modus*. Dabei rechtfertigt eben der Titel (*titulus*) die Übergabe, die Erwerbungsart (*modus*) wieder hängt vom Bestand des (obligatorischen) Grundgeschäftes (*causa*) ab und ist somit kausal.[79] Der *modus* manifestiert sich zunächst in einem äußeren Vorgang (beim Erwerb beweglicher Sachen besteht die Übergabe grundsätzlich in der Besitzeinräumung), daneben ist aber für den zweiseitigen Erwerb auch die Einigung der Parteien, daß das Eigentum übergehen soll (dingliche Einigung oder auch dinglicher Vertrag genannt), unbedingt erforderlich. Dabei kann die Übergabe - außer in Form der tatsächlichen Besitzeinräumung - auch durch Besitzauftragung (*constitutum possessorium*) im Sinne von § 428 1. Halbsatz ABGB, durch Besitzauflassung (*traditio brevi manu*) gemäß § 428 2. Halbsatz ABGB oder durch Besitzanweisung (Analogieschluß aus § 428 ABGB bzw. Anwendungsfall von § 427 ABGB) erfolgen.[80]

Wenn der Verkäufer die bewegliche Sache ein zweites Mal veräußert, so erwirbt gemäß § 430 ABGB an dieser Sache derjenige Eigentum, dem die Sache als erstem übergeben wurde. Insofern unterscheidet sich das französische Recht nicht. In Österreich spielt allerdings bei der Doppelveräußerung die zeitliche Reihenfolge der Titelgeschäfte keine Rolle, einzig der Zeitpunkt des Verfügungsgeschäfts zählt. Das ist aber auch konsequent und logisch, ist doch der Verkäufer in Österreich trotz der ersten Veräußerung durch Rechtsgeschäft Eigentümer geblieben und daher imstande, über sein Vollrecht zu verfügen.[81]

---

[79] ***Bollenberger,*** in: ÖJZ 1996, 851; ***Koziol – Welser,*** Grundriß des bürgerlichen Rechts[10], Band I (1995) 102; ***Koziol – Welser,*** Grundriß des bürgerlichen Rechts[10], Band II (1996) 62 f, 77; ***Sacco,*** dans: Rivista di diritto civile, 1979 - n°4, p. 442

[80] ***Sacco,*** dans: Rivista di diritto civile, 1979 - n°4, p. 442

[81] ***Koziol – Welser,*** Grundriß des bürgerlichen Rechts[10], Band II (1996) 76; ***Sacco,*** dans: Rivista di diritto civile, 1979 - n°4, p. 442

11.3.3.3. GUTGLÄUBIGER MOBILIENERWERB

Wie in anderen Rechtsordnungen auch, so gilt auch in der österreichischen der Grundsatz *Nemo plus iuris transferre potest quam ipse habet* (positivrechtlich verankert in § 442 ABGB).[82] Auch für den österreichischen Gesetzgeber ergab sich, wie bereits im französischen Recht ausführlich dargestellt, die Frage, welche Interessen - jene des Rechtsinhabers oder des Erwerbers - höher einzuschätzen und daher relativ schützenswerter wären. Die berechtigten Interessen eines ordnungsgemäßen Geschäftsverkehrs haben auch in Österreich zum (eingeschränkten) Schutz gutgläubiger Erwerber geführt, der Rechtsinhaber muß es sich demnach hier gefallen lassen, unter bestimmten Umständen sein Recht zugunsten eines anderen zu verlieren.

So schützt § 367 ABGB den redlichen Erwerber einer beweglichen Sache. Die Redlichkeit muß bei Abschluß des Grundgeschäfts bis zur Übergabe vorliegen, redlich ist, wer den Veräußerer aus wahrscheinlichen Gründen[83] für den tatsächlichen Eigentümer halten konnte und die gebotenen Nachforschungen nicht unterlassen hat. Weiters muß für den gutgläubigen Erwerb vom Nichtberechtigten ein objektiv gültiges und entgeltliches Titelgeschäft sowie einer der speziellen Anwendungsfälle des § 367 ABGB vorliegen: Erwerb in einer öffentlichen Versteigerung, von einem zur Veräußerung befugten Gewerbsmann[84] oder von einem Vertrauensmann. In den beiden ersten Fällen ist ein gutgläubiger Erwerb sogar an gestohlenen, verlorenen oder sonst abhanden gekommenen Sachen möglich, im dritten Fall, nämlich beim gutgläubigen Erwerb vom Vertrauensmann, wird hingegen die freiwillige Machtaufgabe des Eigentümers vorausgesetzt.[85] Bei der Weiterveräußerung einer unter Eigentumsvorbehalt verkauften Sachen durch den Vorbehaltskäufer verliert der Eigentümer sein

---

[82] ***Bollenberger***, in: ÖJZ 1995, 641

[83] Die hL geht bei der Interpretation von § 368 ABGB davon aus, daß bereits leichte Fahrlässigkeit schadet, während andere meinen, erst grobe Fahrlässigkeit oder gar erst positive Kenntnis würden zum Ausschluß der Redlichkeit berechtigen. Im Handelsrecht ist durch die Gutglaubensvorschrift in § 366 HGB eindeutig klargestellt, daß dem Erwerber erst grobe Fahrlässigkeit schadet.

[84] Der Gewerbsmann muß zum Verkehr mit Sachen wie der veräußerten befugt sein (Maßstab ist die Gewerbebefugnis).

[85] ***Bollenberger***, in: ÖJZ 1995, 641; ***Koziol*** – ***Welser***, Grundriß des bürgerlichen Rechts[10], Band II (1996) 80 ff

Der Vollständigkeit halber seien hier noch die übrigen Bestimmungen für einen Gutglaubenserwerb in Österreich erwähnt: § 366 HGB (Veräußerer muß Kaufmann sein und die Veräußerung muß zwingend im Betrieb seines Handelsgewerbes erfolgen), § 371 ABGB (Sonderbestimmung für Geld sowie Inhaber- und Orderpaiere) und § 824 ABGB (Erwerb vom Scheinerben).

Recht dann, wenn er diesen explizit zur Weiterveräußerung ermächtigt hat (Verfügungsermächtigung) oder der zweite Käufer unter den bereits bekannten Bedingungen gutgläubig erwirbt.[86]

Erwähnenswert erscheint hier eine literarische Auseinandersetzung aus der jüngsten Vergangenheit über die Frage, welche Bedeutung beim gutgläubigen Erwerb der Zahlung des Kaufpreises beizumessen ist. Dazu soll das folgende Beispiel als Grundlage dienen: Ein Kreditkäufer C erwirbt ein Vorbehaltsgut vom Verkäufer B, der es seinerseits vom Eigentümer A unter Eigentumsvorbehalt erworben hat. Redlichkeit des C vorausgesetzt, kommt bei einer Weiterveräußerung durch B der gutgläubige Erwerb vom Nichtberechtigten in Betracht. Im Widerspruch zur herrschenden Lehre[87] wird nun die Ansicht vertreten, bei C müsse Gutgläubigkeit bis zur vollständigen Zahlung des Kaufpreises an B vorliegen, weil das Begriffspaar "gegen Entgelt" im Sinne des § 367 ABGB bedeutet, daß das Entgelt bereits geleistet sein muß. Bis zur vollständigen Zahlung würde es zwischen A und C zu einer Miteigentumskonstruktion im Verhältnis der geleisteten Zahlungen und des Wertes der Sache kommen.[88] Im Gesetz finden sich für die vorgeschlagenen Rechtsfolgen des § 415 ABGB (Problem eines subjektiven Preises gegenüber einem objektiven Sachwert) und für den Schutz des gutgläubigen Erwerbers nur nach Maßgabe der erfolgten Zahlung allerdings keine Anhaltspunkte, schon *Zeiller* hatte den Erwerb gegen Entgelt als auf einem entgeltlichen Kausalgeschäft beruhend verstanden. Der gutgläubige Erwerb vom Nichtberechtigten nach § 367 ABGB setzt demnach tatsächlich bloß die Entgeltlichkeit des Erwerbsgeschäfts im engeren Sinn - nicht aber die Zahlung des Entgelts - voraus.[89] Diese Ansicht entspricht schließlich auch der hL in Österreich.

11.3.3.4. EIGENTUMSVORBEHALT

Der Vereinbarung eines Eigentumsvorbehalts liegt ein - wenn auch durch § 1063 ABGB unzulänglich definierter - Kreditkauf zugrunde, der wiederum den Austausch der Leistungen nicht Zug um Zug vorsieht, sondern die Sachleistung vor dem Kaufpreis fällig werden läßt. Ähnlich wie im französischen Recht würde der Verkäufer bei Übergabe der Sache unter gleichzeitiger Preisstundung in analoger Anwendung des Art 8/21 EVHGB das allgemeine Rücktrittsrecht vom Vertrag gemäß § 918 ABGB auch

---

[86] ***Bollenberger,*** in: ÖJZ 1995, 641

[87] Die hL geht davon aus, daß der Erwerber bloß bei Übergabe der Sache gutgläubig sein muß, um Eigentum oder doch zumindest eine Antwartschaft zu erwerben.

[88] ***Bollenberger,*** in: ÖJZ 1995, 641; ***Bollenberger,*** in: ÖJZ 1996, 851

[89] ***Holzner,*** in: ÖJZ 1996, 372; ***Holzner,*** in: ÖJZ 1997, 499

außerhalb des handelsrechtlichen Kreditkaufes verlieren, allerdings wird für Österreich angenommen - und keine Norm widerspricht dieser Möglichkeit ausdrücklich -, daß bei Vereinbarung eines Eigentumsvorbehalts ein Rücktrittsrecht nahezu immer vertraglich ausbedungen wird.[90] In Österreich erfreut sich der Eigentumsvorbehalt[91] als Mittel der Kreditsicherung größter Beliebtheit. Der Eigentumsübergang wird durch die Aufnahme eines Eigentumsvorbehalts in den Kaufvertrag bis zur vollständigen Preiszahlung aufgeschoben, die Bedingung bezieht sich dabei auf das Verfügungsgeschäft. Auch wenn es dem Käufer aus dem aufschiebend bedingten Eigentum an einem dinglichen Recht mangelt, so erwirbt er ganz unzweifelhaft ein "Anwartschaftsrecht"[92]. Der Käufer erlangt mit der Übergabe der Sache die Position eines Rechtsbesitzers und darüber hinaus den dadurch gewährten possessorischen Schutz gegenüber jedermann.[93]

Der Eigentumsvorbehalt muß spätestens mit Lieferung der Sachen ausdrücklich vereinbart werden. In Österreich werden mehrere Arten und Ausgestaltungen des Eigentumsvorbehalts unterschieden. Beim bereits dargestellten einfachen Eigentumsvorbehalt behält sich der Verkäufer das Eigentum an der Sache bis zur vollständigen Kaufpreiszahlung durch den Käufer vor. Sieht der Vertrag zwischen dem Käufer und dem weiteren Abnehmer die Aufrechterhaltung des Eigentums des Veräußerers ausdrücklich vor, dann spricht man von einem weitergeleiteten Eigentumsvorbehalt. Im Gegensatz dazu wird der Eigentumsvorbehalt dann nachgeschaltet genannt, wenn sich der Vorbehaltskäufer "sein" Eigentum gegenüber einem Dritten vorbehält. Hier bestehen interessanterweise zwei Eigentumsvorbehalte und zwei Anwartschaften, die bei Kaufpreiszahlung - je nachdem, wer schneller zahlt - in dem einen oder anderen Fall in Eigentum übergehen. Beim verlängerten Eigentumsvorbehalt, der den Verkäufer vor einem Weiterverkauf der Sache schützen soll, werden die Forderungen des Vorbehaltskäufers gegenüber Dritten aus einer allfälligen Weiterveräußerung dem Verkäufer im voraus abgetreten. Die Vorausabtretung wird in aller Regel mit der Veräußerungsermächtigung an den Käufer verbunden. Beim erweiterten Eigentumsvorbehalt schließlich behält sich der Verkäufer das Eigentum am Kaufgegenstand bis zur Erfüllung aller unabhängig vom Kauf bestehenden Forderungen aus der Geschäftsverbindung mit dem

---

90 ***Koziol – Welser***, Grundriß des bürgerlichen Rechts[10], Band I (1995) 333 f

91 Der Eigentumsvorbehalt ist in Österreich - wie in anderen Rechtsordnungen auch - nicht explizit und gesondert gesetzlich geregelt. Anhaltspunkte können aber derzeit in § 297a ABGB und § 24 Abs 1 Z 9 KSchG gefunden werden.

92 ***Bollenberger***, in: ÖJZ 1995, 641: Das Anwartschaftsrecht kann gutgläubig erworben werden, es ist außerdem vom Berechtigten unter Einhaltung der Lehre von Titel und Modus übertragbar.

93 ***Koziol – Welser***, Grundriß des bürgerlichen Rechts[10], Band II (1996) 151 ff, 157 f

Käufer vor. Die Erweiterung des Eigentumsvorbehalts ist allerdings unwirksam.[94]

Der dingliche Vertrag ist mit dem obligatorischen Vertrag nicht zuletzt im Sinne der Kausalität verschmolzen. Der Eigentumsübergang - und in aller Regel auch der Gefahrenübergang - erfolgt aber erst mit der nachfolgenden Besitzübergabe, somit ist der Eigentumsübergang zeitlich vom Kaufvertrag getrennt. Da allerdings beim Eigentumsvorbehalt die Besitzübergabe in der Praxis sehr rasch erfolgt, wird deutlich, daß der aufschiebend bedingte dingliche Vertrag das entscheidende Beurteilungskriterium darstellt.[95] Vor diesem Hintergrund ist die Frage zu sehen, ob und inwieweit ein Eigentumsvorbehalt einseitig auch noch bei Übergabe der Sache im Sinne des § 425 ABGB rechtswirksam erklärt werden kann. Die ältere Lehre und Rechtsprechung in Österreich haben die Übergabe als selbständigen dinglichen Vertrag qualifiziert, mit der logischen Konsequenz, daß die Erklärung eines Eigentumsvorbehaltes zu diesem Zeitpunkt als Modifikation des ursprünglichen Vertrages rechtswirksam möglich war. Die moderne Lehre geht allerdings nunmehr davon aus, daß das Verfügungsgeschäft zeitlich mit dem Verpflichtungsgeschäft zusammenfällt und die Übergabe bloß einen Realakt darstellt. Ein einseitig erklärter Eigentumsvorbehalt - etwa durch die Unterzeichnung einer in einem Lieferschein[96] enthaltenen Klausel - kann somit keine Rechtswirksamkeit erlangen. Dazu äußert sich der OGH, wenn er meint, daß "die Übergabe nur ein Realakt sei, der auf einer Einigung über den Eigentumsübergang beruhen muß, die jedoch in aller Regel nicht erst bei der Übergabe, sondern bereits unselbständig - sozusagen als sachenrechtlicher Teil der Kaufvertragseinigung - zustandekommt".[97] Somit enthält die Kaufvereinbarung selbst die dingliche Einigung, durch die Übergabe die Übereignung zu bewirken.[98]

Jedenfalls unbestritten ist, daß der vor Lieferung der Sachen schriftlich vereinbarte Eigentumsvorbehalt im Konkurs des Käufers zur Aussonderung der Sachen berechtigt, als Voraussetzung dafür müssen die Waren

---

[94] ***Bollenberger,*** in: ÖJZ 1995, 641; ***Koziol – Welser,*** Grundriß des bürgerlichen Rechts[10], Band II (1996) 157 ff

[95] ***Koziol – Welser,*** Grundriß des bürgerlichen Rechts[10], Band II (1996) 151 f; ***Spellenberg,*** in: ZfRV 1994, 105

[96] Rechnungen und Lieferscheine sind schon ihrer kaufmännischen Funktion nach nicht geeignet, Anbote eines Vertragspartners auf Änderung eines bereits geschlossenen Vertrages aufzunehmen.

[97] vgl. OGH 11. 2. 1997, 5 Ob 18/97a

[98] noch kritisch: ***Hoyer,*** in: Wbl 1995, 181; ***Koziol – Welser,*** Grundriß des bürgerlichen Rechts[10], Band II (1996) 63, 75, 151 f; ***Schaschl,*** in: RdW 1997, 261; ***Wilhelm,*** in: ecolex 1997, 424

allerings noch *in natura* vorliegen respektive ganz oder zumindest teilweise unbezahlt sein. Der Vorbehaltseigentümer kann je nach Verfahrensart - in Frage kommen explizit Exekution, Konkurs oder Ausgleich - mit der Exszindierungsklage (§ 37 EO) vorgehen oder im Insolvenzverfahren die Aussonderung (§ 44 KO, § 11 AO) verlangen.[99]

EXKURS: ANGLOAMERIKANISCHES RECHT

Im englischen Recht ist es den Parteien zur autonomen Bestimmung anheimgegeben, welche Charakteristik der Kauf aufweisen respektive welche Wirkungen er entfalten soll. Zur besseren Unterscheidung wird jener Kauf *sale* genannt, der im Sinne des Gesetzes über den Warenkauf (*Sales of Goods Act 1893*) Eigentum unmittelbar mit Vertragsabschluß übergehen läßt, während von *agreement to sell* regelmäßig dann die Rede ist, wenn der Kaufvertrag bloß obligatorische Wirkungen entwickelt.[100] In ähnlicher Weise regelt das amerikanische Recht den Eigentumsübergang an beweglichen Sachen im Sinne des *Uniform Commercial Code 1952*, der die Normen des *Uniform Sales Act* aus 1906 inkorporiert hat. Der Kaufvertrag überträgt in aller Regel das Eigentum. Für beide Rechtssysteme gilt weiters, daß auch die *delivery* (im Sinne der Übergabe, *modus*) - mit dem Willen Eigentum übertragen zu wollen - für diesen Zweck ausreichend ist: Eigentum geht über. Somit haben die Rechtsunterworfenen bei beweglichen Sachen die Wahl zwischen dem Eigentumstransfer basierend auf dem Vertrag alleine (vgl. Frankreich) oder basierend einzig auf der Übergabe (vgl. Deutschland). Daher sind *titulus* und *modus* - in der Sprache des *ius commune* - alternativ notwendig, wobei jeder der beiden für sich selbst auch genügt, um Eigentum an beweglichen Sachen zu übertragen.[101]

Für die Gefahrtragung im englischen Recht gilt der Grundsatz, daß gemäß sect. 20 SGA mit dem Eigentumstransfer auch der Übergang der Gefahrtragung verbunden ist, unabhängig davon, ob die Kaufsache bereits geliefert (übergeben) wurde oder nicht. Die Parteien können aber vereinbaren, den Gefahrenübergang vom Eigentum zu trennen. In jedem Land, so auch in Großbritannien, gibt es Regelungen für den gutgläubigen Erwerb, selbst wenn hier die Formel *Nemo plus ad alium transferre potest quam ipse habet* in *nemo dat quod non habet* abgewandelt wurde. Das englische Recht spricht sich zwar generell für die Bevorzugung des Eigentümers und

---

[99] ***Koziol – Welser,*** Grundriß des bürgerlichen Rechts[10], Band I (1995) 327; ***Koziol – Welser,*** Grundriß des bürgerlichen Rechts[10], Band II (1996) 152 f

[100] ***Bucher,*** Obligationenrecht, Besonderer Teil[3] (1988) 56; ***Wörlen,*** Grundzüge des Privatrechts, Band I[3] (1993) 148 f

[101] ***Sacco,*** dans: Rivista di diritto civile, 1979 - n°4, p. 442

damit für die Aufrechterhatlung seiner Rechte aus, in einigen - wenn auch beschränkten, allerdings sehr bedeutenden - Fällen wird der gutgläubige Erwerber ausdrücklich geschützt.[102]

In Großbritannien ist die Zulässigkeit der Vereinbarung eines Eigentumsvorbehalts (*the reservation of the right of disposal*) durch die Rechtsprechung sichergestellt. Damit der Eigentumsvorbehalt aber auch konkursfest ist, muß er wie in Frankreich spätestens bei Lieferung der Sache - und zwar zwingend schriftlich bei sonstiger Ungültigkeit - vereinbart werden, Publizitätsvorschriften[103] existieren trotz einiger Diskussionen darüber nicht. Der Käufer, so verlangt es die englische Rechtsprechung, muß dem Eigentumsvorbehalt ausdrücklich zugestimmt haben. Er muß ihn durch Abgabe einer Willenserklärung angenommen haben.[104] Der Verkäufer kann für den Fall, daß der Käufer die unter Eigentumsvorbehalt abgegebenen Sachen weiterverkauft hat, die die Sachen ersetzende Summe Geldes vom Käufer herausverlangen. Er hat somit auch gegenüber anderen Gläubigern ein bevorzugtes Befriedigungsrecht, das sich etwa auch darin zeigt, daß er sogar jene Sachen vom Käufer herausverlangen kann, die dieser mit dem Erfolg aus dem Weiterverkauf der unter Eigentumsvorbehalt stehenden Sachen erworben hat, solange es dem Verkäufer gelingt, diese quasi neuen Sachen eindeutig als Teile des erzielten Ergebnisses des Weiterverkaufs zu identifizieren.[105]

In den Vereinigten Staaten von Amerika gibt es dem Eigentumsvorbehalt ähnelnd nur ein einziges Instrument zur Sicherung der Ansprüche eines Verkäufers. Die Amerikaner nennen es *Security Interest.* In der rechtlichen Ausgestaltung am ehesten einem akzessorischen, dinglichen (Sicherungs-)Recht kontinentaler Prägung vergleichbar, wird es durch die öffentliche Eintragung (*notice filing*) gemäß art. 9 Uniform Commercial Code gemeinsam mit einer Finanzierungserklärung auch Dritten gegenüber voll gültig.[106] Somit ähnelt das *Security Interest* einer Mobiliarhypothek,

---

[102] ***Margellos,*** La protection du vendeur à crédit d'objets mobiliers corporels à travers la clause de réserve de propriété (1989) p. 107 et s., 206 et s.

[103] ***Margellos,*** La protection du vendeur à crédit d'objets mobiliers corporels à travers la clause de réserve de propriété (1989) p. 90 et s.: Empfohlen wurde eine Regelung, die art. 9 Uniform Commercial Code entsprechen sollte.

[104] ***Crosio,*** Le contrat de vente en droit commercial (1989) p. 128; ***Margellos,*** La protection du vendeur à crédit d'objets mobiliers corporels à travers la clause de réserve de propriété (1989) p. 80, 83 et s.: Zumindest muß für den Partner die Möglichkeit zur Kenntnisnahme der besonderen Vertragsbestimmung bestehen.

[105] ***Crosio,*** Le contrat de vente en droit commercial (1989) p. 128

[106] ***Margellos,*** La protection du vendeur à crédit d'objets mobiliers corporels à travers la clause de réserve de propriété (1989) p. 91; ***du Pontavice,*** Intérêt et limites de la clause de réserve de propriété depuis la loi du 12 mai 1980 (1982) p. 3 et s.

wie sie im Frankreich des Mittelalters bekannt war. Das *Security Interest* wird automatisch mit der Sache übertragen und gewährt eine bevorzugte Behandlung im Konkursverfahren des Käufers. Der Verkäufer der Sache behält sich als Gläubiger des Kaufpreises nicht das Eigentum an der Sache, das bereits mit Willensübereinstimmung in Entsprechung des *common law* übergegangen ist, sondern bloß ein Bündel an bevorzugten Rechten.[107]

11.4. DAS INTERNATIONALE KAUFRECHT

11.4.1. HAAGER ÜBEREINKOMMEN

Am 1. Juli 1964 wurde das Haager Übereinkommen zur Einführung eines *Einheitlichen Gesetzes über den internationalen Kauf beweglicher körperlicher Sachen (Uniform Law on the International Sale of Goods)* geschlossen.[108] Sein Anwendungsgebiet sind ausschließlich internationale Kaufverträge, beide Vertragsparteien müssen ihren Sitz in Staaten haben, die das Übereinkommen ratifiziert haben. Das Haager Vertragswerk verweist für die Anwendung im wesentlichen auf das Recht des Verkäufers, dieser Verweis steht allerdings einer anderslautenden Parteienvereinbarung nicht entgegen.[109] Parallel dazu ist es - 1964 und ebenfalls in Den Haag - zu einem weiteren Gesetz mit vermeintlich grenzüberschreitender Bedeutung gekommen, nämlich zum *Einheitlichen Gesetz über den Abschluß von Kaufverträgen beweglicher körperlicher Sachen.*[110]

11.4.2. UN-KAUFRECHT

Die Initiativen zur Einrichtung von UNCITRAL haben bereits 1967 mit der Einsetzung einer Arbeitsgruppe durch die Generalversammlung der

---

[107] ***du Pontavice,*** Intérêt et limites de la clause de réserve de propriété depuis la loi du 12 mai 1980 (1982) p. 3 et s.

[108] ***Ebenroth,*** in: JBl 1986, 681: Einer der Teilnehmerstaaten war die Bundesrepublik Deutschland.; ***Karollus,*** in: JBl 1993, 23: Die Staatengemeinschaft einschließlich Österreich hat das Haager Kaufrecht mehrheitlich abgelehnt, es konnte bloß ein Mitgliederstand von 9 Staaten erreicht werden, darunter noch zwei Staaten mit der anwendungsfeindlichen *opting-in*-Lösung.; ***Margellos,*** La protection du vendeur à crédit d'objets mobiliers corporels à travers la clause de réserve de propriété (1989) p. 99 et s.; ***Schlechtriem,*** Schuldrecht, Besonderer Teil[4] (1995) 3, 81

[109] ***Bucher,*** Obligationenrecht, Besonderer Teil[3] (1988) 57

[110] ***Loewe,*** Internationales Kaufrecht (1989) 13; ***Margellos,*** La protection du vendeur à crédit d'objets mobiliers corporels à travers la clause de réserve de propriété (1989) p. 100; ***Schlechtriem,*** Schuldrecht, Besonderer Teil[4] (1995) 3, 82

Vereinten Nationen begonnen, die UNCITRAL-Abschlußkonferenz hat dann schließlich am 11. April 1980 in Wien stattgefunden. Das dabei beschlossene UN-Kaufrecht[111] (*Übereinkommen der Vereinten Nationen über Verträge über den Internationalen Warenkauf*, UNK) beruht im wesentlichen auf den sog. Haager Kaufgesetzen. Diese völkerrechtlichen Übereinkommen und den diesen Übereinkommen jeweils im Anhang beigefügten einheitlichen Gesetze über den grenzüberschreitenden Kauf beweglicher Sachen und den Kaufabschluß bilden die gedankliche Grundlage für das UN-Kaufrecht.[112] Das UN-Kaufrecht ist für insgesamt 11 Staaten - darunter auch Frankreich - bereits am 1. Jänner 1988 in Kraft getreten, Österreich hat die Ratifikationsurkunde am 29. Dezember 1987 beim Generalsekretär der Vereinten Nationen mit dem Inkraftsetzungszeitpunkt 1. Jänner 1989 gemäß Art. 99 Abs. 2 UNK hinterlegt (BGBl 1988/96). Die Bundesrepublik Deutschland hat sich diesem Abkommen mit Wirkung vom 1. Jänner 1991, die Schweiz erst mit Wirkung vom 1. März 1991 angeschlossen, im Jahr 1997 gehörten ihm bereits mehr als 40 Staaten (darunter alle Nachbarstaaten Österreichs bis auf Liechtenstein) an.[113]

Das UN-Kaufrecht ist zwar eine Synthese der weltweit verschiedenen Rechtsauffassungen, es geht aber mit den Grundprinzipien des österreichischen Rechts durchaus konform.[114] Das UNK als objektives Recht geht dem (nationalstaatlichen) Internationalen Privatrecht (IPR) - das sind nationale Kollisionsnormen - vor, es handelt sich beim UNK also um ein materielles Sonderrecht für internationale Kaufverträge.[115] Es kommt gemäß Art. 1 Abs. 1 UNK immer dann zur Anwendung, wenn Parteien mit Niederlassungen in verschiedenen Staaten in eine Rechtsbeziehung treten,

---

111 Wohl zur Unterstreichung der Bedeutung wurde das UN-Kaufrecht in einer Urschrift in arabischer, chinesischer, englischer, französischer, russischer und spanischer Sprache, wobei jeder Wortlaut gleichermaßen verbindlich ist, verfaßt.

112 ***Ebenroth,*** in: JBl 1986, 681; ***Esser – Weyers,*** Schuldrecht, Band II[8] (1998) 115; ***Schlechtriem,*** in: RdW 1989, 41; ***Schlechtriem,*** Schuldrecht, Besonderer Teil[4] (1995) 81 f

113 Belgien, Griechenland, Lettland, Litauen, Mongolei, Polen, Singapur und Usbekistan waren die letzten Beitrittsstaaten. In manchen der genannten Länder tritt das UN-Kaufrecht erst 1999 in Kraft. Für ein vollständiges Verzeichnis der davor beigetretenen Staaten siehe Ofner in JAP 1990/91, 113, 1991/92, 60 und 1994/95, 201.

114 vgl. ***Karollus,*** in: RdW 1991, 319 für erste Gerichtsentscheidungen zum UN-Kaufrecht

115 ***Bucher,*** Obligationenrecht, Besonderer Teil[3] (1988) 57; ***Czernich,*** in: WBl 1997, 230: Das UN-Kaufrecht ist Bestandteil der österreichischen Rechtsordnung und geht als *lex specialis* dem ABGB/HGB vor.; ***Ebenroth,*** in: JBl 1986, 681: Soweit das UN-Kaufrecht zur Anwendung kommt, wären das nationale Kollisionsrecht und das nationale materielle Recht nicht mehr anwendbar.; ***Karollus,*** in: JBl 1993, 23; ***Keller – Siehr,*** Kaufrecht - Kaufrecht des OR und Wiener UN-Kaufrecht (1995) 155

sofern diese Staaten Vertragsstaaten sind oder die maßgeblichen IPR-Normen auf das Recht eines Vertragsstaates verweisen.[116] Daneben besteht natürlich - als Ausfluß der Parteiautonomie - gemäß Art. 6 leg. cit. eine freie Rechtswahlbefugnis. Die Ausgestaltung als dispositives Recht ist schon deshalb notwendig, weil einige sehr wesentliche, aber gerade in Europa stark differierende Rechtsgebiete gemäß Art. 4 leg. cit. von der Regelungskompetenz explizit ausgenommen sind. Ein solches Rechtsgebiet ist etwa der Eigentumsübergang.[117]

Gemäß Art. 1 Abs. 3 leg. cit. wird bei Anwendung des Übereinkommens weder berücksichtigt, welche Staatsangehörigkeit die Parteien haben, noch, ob sie Kaufleute oder Nichtkaufleute sind oder ob der Vertrag handelsrechtlicher oder zivilrechtlicher Art ist. Eine Ausnahme dazu bildet nur der Konsumentenkauf im engeren Sinn gemäß Art. 2 lit. a UNK.[118] Nach österreichischem IPR (§ 35 IPRG) ist im Bereich der schuldrechtlichen Verträge für das anwendbare Recht zunächst die Parteienvereinbarung maßgebend. Haben die Parteien daher das Recht eines Staates vereinbart, der Mitgliedsstaat des Übereinkommens ist, so haben sie in aller Regel - der Richter müßte im Einzelfall den Parteiwillen erforschen - auch die Normen des Übereinkommens vereinbart. Wenn daher österreichisches Recht vereinbart wurde, so wurde es UNCITRAL ebenfalls. Fehlt die Bezeichnung des anzuwendenden Rechts überhaupt, so greift gemäß § 36 IPRG das Recht jenes Staates, in dem derjenige, dessen versprochene Leistung nicht in Geld besteht, seine Niederlassung (gewöhnlichen Aufenthalt) hat. Beim Kaufvertrag besteht diese Leistung in der Regel in der Lieferung von Waren, die Rechtsbeziehung richtet sich somit nach dem Recht des Staates des Verkäufers. Dazu ein Beispiel: An einem Kaufvertrag nach dem 1.1.1989 sind ein französischer Verkäufer und ein österreichischer Käufer beteiligt. Nach Art. 1 Abs. 1 lit a gilt das UNK. Wird

---

[116] ***Bucher,*** Obligationenrecht, Besonderer Teil[3] (1988) 57; ***Ebenroth,*** in: JBl 1986, 681; ***Karollus,*** in: JBl 1993, 23; ***Loewe,*** Internationales Kaufrecht (1989) 17, 19 ff; ***Schlechtriem,*** Schuldrecht, Besonderer Teil[4] (1995) 3

[117] Art. 4 UNK: Dieses Übereinkommen regelt ausschließlich den Abschluß des Kaufvertrages und die aus ihm erwachsenden Rechte und Pflichten des Verkäufers und des Käufers. Soweit in diesem Übereinkommen nicht ausdrücklich etwas anderes bestimmt ist, betrifft es insbesondere nicht *a)* die Gültigkeit des Vertrages oder einzelner Vertragsbestimmungen oder die Gültigkeit von Bräuchen *b)* die Wirkungen, die der Vertrag auf das Eigentum an der verkauften Ware haben kann.

Ebenroth, in: JBl 1986, 681; ***Karollus,*** in: JBl 1993, 23; ***Loewe,*** Internationales Kaufrecht (1989) 29 ff; ***Margellos,*** La protection du vendeur à crédit d´objets mobiliers corporels à travers la clause de réserve de propriété (1989) p. 113 et s.; ***Rudolf,*** in: ecolex 1992, 847: Das UNK beschränkt sich bei der Regelung auf den äußeren Konsens.; ***Stern,*** in: RdW 1989, 14

[118] ***Loewe,*** Internationales Kaufrecht (1989) 19, 26

dieses ohne Rechtswahl abbedungen, so gilt vor einem österreichischen Gericht nach § 36 IPRG französisches Recht. Wird die Anwendung des österreichischen Rechts vereinbart, so gilt dieses.[119] Im übrigen ist Österreich keinem der auf den Kauf anzuwendenden vier kollisionsrechtlichen Übereinkommen beigetreten.

Welche Rechtsgebiete werden nun durch das UN-Kaufrecht geregelt? Zunächst regeln die Art. 14-24 UNK den Vertragsschluß durch Offerte und Annahme, also zwei abgrenzbare Willenserklärungen der Parteien. Nach Art. 14 Abs. 1 Satz 2 leg. cit. muß die Ware bezeichnet und der Preis festgesetzt sein.[120] Im Kapitel II werden die Pflichten des Verkäufers normiert (Art. 30 ff UNK), die inhaltlich den Bestimmungen der §§ 1047, 1061 ABGB enstprechen. Dazu zählen insbesondere die Verpflichtungen, die Ware zu liefern, die sie betreffenden Dokumente zu übergeben sowie das Eigentum an der Ware zu übertragen. Im Kapitel III werden schließlich in den Art. 53 ff UNK die Pflichten des Käufers genannt, wobei die beiden Grundpflichten mit jenen in § 1062 ABGB korrespondieren. Demnach ist der Käufer nach Maßgabe des Vertrages und des Übereinkommens jedenfalls verpflichtet, den Kaufpreis zu zahlen und die Ware anzunehmen.[121]

Im UNK ist zweifellos mit großer Bedeutung für die Kaufgeschäfte die Frage des Gefahrenüberganges in den Art. 66-70 UNK normiert. Die Gefahr des zufälligen Unterganges und damit die Preisgefahr trägt ab dem Zeitpunkt der faktischen Sachübergabe der Käufer, es sei denn, daß der Untergang oder die Beschädigung der Ware auf eine Handlung oder Unterlassung des Verkäufers zurückzuführen ist. Diese Handlung oder Unterlassung muß nicht schuldhaft sein. Erfordert der Kaufvertrag eine Beförderung der Ware, so gilt als Sondernorm für den Versendungskauf, daß die Gefahr auf den Käufer übergeht, sobald die Ware gemäß dem Kaufvertrag

---

[119] § 35 IPRG Abs. 1 (Auszug): Schuldverhältnisse sind nach dem Recht zu beurteilen, das die Parteien ausdrücklich oder schlüssig bestimmen.

§ 36 IPRG (Auszug): Gegenseitige Verträge, nach denen die eine Partei der anderen zumindest überwiegend Geld schuldet, sind nach dem Recht des Staates zu beurteilen, in dem die andere Partei ihren gewöhnlichen Aufenthalt hat.

Czernich, in: WBl 1997, 230: Wurde keine gegenteilige Rechtswahl getroffen, bedeutet dies, daß jeder Kaufvertrag, den ein österreichischer Exporteur abschließt, dem UN-Kaufrecht unterliegt.; ***Ebenroth***, in: JBl 1986, 681: Anknüpfungsleiter: 1) ausdrücklicher Parteiwille, 2) stillschweigender Parteiwille und 3) Sitz derjenigen Partei, welche die sog. vertragscharakteristische Leistung zu erbringen hat.; ***Karollus***, in: JBl 1993, 23; ***Loewe***, Internationales Kaufrecht (1989) 24 ff; ***Stern***, in: RdW 1989, 14

[120] ***Ebenroth***, in: JBl 1986, 681: Der Widerspruch zwischen Art. 14 Abs. 1 Satz 2 UNK und Art. 55 UNK (Vertrag ohne Bestimmung oder Bestimmbarkeit des Preises) erklärt sich aus den Wünschen skandinavischer Länder. Es läßt sich argumentieren, daß Art. 55 leg. cit eine Sondervorschrift darstellt.; ***Stern***, in: RdW 1989, 14

[121] ***Ebenroth***, in: JBl 1986, 681; ***Loewe***, Internationales Kaufrecht (1989) 51 ff, 75 ff

dem ersten Beförderer zur Übermittlung an den Käufer übergeben wird. Dabei zählt nur die tatsächliche körperliche Übergabe. Beim Kauf einer in Beförderung befindlichen Ware (*res in transitu*) gilt als Kompromiß zwischen Industrie- und Entwicklungsländern Art. 68 UNK.[122] Insgesamt ergibt sich daraus eine weitgehende Übereinstimmung mit den Gefahrtragungsvorschriften im internationalen Handelsverkehr.[123] Weiters normiert das UNK im Sinne von Art. 11 bzw. 29 Abs. 2 leg. cit. die Formfreiheit[124] des Kaufvertrages, im Vergleich zum österreichischen Recht ist allerdings die eigenhändige Unterschrift für die Schriftform nicht erforderlich, Telegramm und Fernschreiber sind daher zulässige Medien. Die Parteien können aber - wie im österreichischen Recht gemäß § 884 ABGB auch - die Einhaltung einer bestimmten Form ausdrücklich vereinbaren.[125]

---

[122] ***Bucher,*** Obligationenrecht, Besonderer Teil[3] (1988) 140 ff; ***Ebenroth,*** in: JBl 1986, 681; ***Keller – Siehr,*** Kaufrecht - Kaufrecht des OR und Wiener UN-Kaufrecht (1995) 210 ff; ***Loewe,*** Internationales Kaufrecht (1989) 84 ff; ***Margellos,*** La protection du vendeur à crédit d'objets mobiliers corporels à travers la clause de réserve de propriété (1989) p. 113 et s.; ***Schlechtriem,*** Schuldrecht, Besonderer Teil[4] (1995) 28 ff

[123] vgl. insbesondere INCOTERMS

[124] vgl. §§ 883 ff ABGB

[125] ***Ebenroth,*** in: JBl 1986, 681; ***Loewe,*** Internationales Kaufrecht (1989) 36 ff; ***Rudolf,*** in: ecolex 1992, 847; ***Stern,*** in: RdW 1989, 14

Scire leges non hoc est verba earum tenere sed vim ac potestam.

Cels. D. 1.3.17

12. RESÜMEE

"Die Gesetze zu verstehen bedeutet nicht, ihren Wortlaut zu erkennen, sondern ihren Sinn und ihre Tragweite."[1] Dieses den Digesten entnommene Sprichwort macht deutlich, daß sich ein Jurist nicht mit dem bloßen Verstehen des Rechts zufriedengeben kann. Er ist vielmehr verhalten, stets hinter die Kulissen zu blicken und nach dem Verborgenen zu suchen, um die Normen in ihrer gesamthaften Bedeutung zu erfassen. Nur so wird er dem hohen Anpruch des Rechts gerecht. Mit den vorstehenden Seiten meiner Arbeit habe ich versucht, diesen Anspruch ganz persönlich zu erfüllen. *De gustibus non est disputandum.* Über Geschmack läßt sich nicht nur hier, sondern ganz allgemein auch dann nicht streiten, wenn es um die Wertung von Rechtssystemen geht. Im folgenden werde ich daher aus meiner Sicht als neutraler Doctorandus die in der Arbeit dargestellten spezifischen Fragen des französischen Eigentumsrechts kurz resümieren.

Das französische Eigentumsrecht hat für bestimmte bewegliche körperliche Sachen in art. 2279 C. civ. ein besonderes Regime geschaffen. Bei Erfüllung der in dieser Norm implizit geforderten Bedingungen gewährt das Recht einem Besitzer in Abhängigkeit davon, wer sein Vertragspartner war, gewisse rechtliche Wohltaten. Insbesondere im Fall des Erwerbs *a non domino* entfaltet die spezielle Norm ihre ganze rechtliche Wirkung und läßt den Besitzer nur über seinen Besitz kraft Gesetz Eigentümer werden. Ausschließlich in den Ausnahmesituationen des Diebstahls oder des Verlusts der Sache billigt der französische Gesetzgeber den dinglichen Herausgabeanspruch des ursprünglichen Eigentümers gemäß art. 2280 C. civ. innerhalb der doch verhältnismäßig kurzen Frist von drei Jahren. Sonst fordert die Sicherheit des Handels, den gutgläubigen Besitzer - mit dem nach außen auch für Dritte erkennbaren Besitz der Sache - dem tatsächlich berechtigten Eigentümer vorzuziehen. Beim Erwerb *a domino* bedarf es für die Eigentumsverschaffung nicht der ausdrücklichen gesetzlichen Hilfe. Dennoch bleibt art. 2279 C. civ. auch hier - als zentrale Bestimmung des französischen Rechts - nicht funktionslos. Die Norm übernimmt es nämlich, in der Praxis vor allem bei (Hand-)Schenkungen, die Existenz eines gültigen und für einen Eigentumstransfer geeigneten Titels bis zum Beweis des Gegenteils vermuten zu lassen.

---

1 ***Lieberwirth***, Lateinische Fachausdrücke im Recht^{2} (1988) 268

Einen weiteren wesentlichen Gegenstand der Untersuchungen bildeten die Bestimmungen in art. 1138, 1141 bzw. 2279 C. civ., hier vor allem deren mögliche Kongruenz oder Konkurrenz. Ist nunmehr eine reelle Sachübergabe in Frankreich erforderlich, wenn ein konsensuales Rechtsgeschäft auch absolute Wirkungen zeitigen soll? Die Mehrheit der Autoren und auch die Rechtsprechung verneinen diese Frage, dieser Ansicht ist wohl ohne Einschränkung beizutreten. Nur ein fragwürdiger interpretativer Kunstgriff erlaubt es nämlich, der reellen Übergabe einer Sache für diesen Fall das Wort zu reden. Das französische Eigentumsrecht geht, anders als das österreichische, davon aus, daß es im Falle eines Rechtsgeschäfts alleine durch den Konsens der Vertragsparteien zum Eigentumstransfer kommt. Die spezifische Kaufvertragsbestimmung in art. 1583 C. civ. entspricht in ihrer Textierung dem art. 1138 C. civ. vollinhaltlich. Hier wird, alles andere wäre nicht systemkonform und würde auch der Argumentation für die rechtliche Begründung von art. 2279 C. civ. widersprechen, nicht die Zweiaktigkeit in der Form von *titulus* und *modus* gefordert. In Frankreich genügt, das ist jedenfalls sichergestellt, der Konsens der Parteien, um Eigentum übergehen zu lassen. In jenen Fällen, die von art. 1138 C. civ. nicht umfaßt sind, kommen einem gutgläubigen Besitzer die Wohltaten in art. 1141 respektive 2279 C. civ. zu Hilfe. Beide Artikel derogieren aber dem art. 1138 C. civ. nicht.

Bleibt schließlich noch die interessante Auseinandersetzung um die Konkursfestigkeit von Eigentumsvorbehaltsvereinbarungen in Kaufverträgen. Spätestens seit der Novelle des Gesetzes aus 1967 im Jahr 1980 steht eindeutig fest, daß der unbezahlte Eigentumsvorbehaltsverkäufer einen Aussonderungsanspruch hat, wenn die Sachen noch in natura beim Käufer vorliegen. Ist das nicht der Fall, so ist für den Eigentumsvorbehaltskäufer zumindest die Surrogation des Kaufpreissanspruchs aus dem Weiterverkauf der Sachen vorgesehen, solange der Dritte noch nicht in bar, durch Wertpapiere oder durch Verrechnung im Kontokorrent bezahlt hat.

Si tacuisses, philosophus mansisses.

Boëthius, Consolatio philosophiae 2, 17

LITERATURVERZEICHNIS

TEIL I. - RÖMISCHES RECHT

ABDEL-BAKI, Abdel-Fattah
Du rôle de la possession en matière mobilière, Thèse, Paris, 1943

COSTE-FLORET, Paul
La nature juridique du droit de propriété d'après le Code civil et depuis le Code civil, Thèse Montpellier, Paris, 1935

DUMONT, François
Manuel de droit romain, Tome 1, Paris, 1947

EHRHARDT, Arnold
Iusta causa traditionis. Eine Untersuchung über den Erwerb des Eigentums nach römischem Recht, Berlin, 1930

GIFFARD, A. E.
Droit romain et ancien droit français, Les obligations, quatrième édition par R. Villers, Paris, 1976

GIRARD, Paul Frédéric
Manuel élémentaire de droit romain, Paris, 1896

HAUSMANINGER, Herbert - SELB, Walter
Römisches Privatrecht, 7. Auflage, Wien-Köln-Weimar, 1994

HAZEWINKEL-SURINGA, Derkje
Mancipatio en traditio. Bijdrage tot de kennis van de eigendoms-overdracht in het Romeinsche recht, Alphen aan den Rijn, 1931

JANSSE, Lucien
La propriété, Le régime des biens dans les civilisations occidentales, Paris, 1958

KASER, Max
Das Römische Privatrecht, 1. Band, München, 1955 bzw. 2. Auflage, München, 1971

KASER, Max
Das Römische Privatrecht, 2. Band, München, 1959 bzw. 2. Auflage, München, 1975

KASER, Max
Der römische Eigentumsbegriff, in: Deutsche Landesreferate zum VI. Internationalen Kongreß für Rechtsvergleichung in Hainburg, Berlin, 1962

KASER, Max
Eigentum und Besitz im Älteren Römischen Recht, 2. Auflage, Köln-Graz, 1956
KRÄNZLEIN, Arnold
Eigentum und Besitz im griechischen Recht des 5. und 4. Jahrhunderts vor Christus, Berlin, 1963
LANGE, Heinrich
Das kausale Element im Tatbestand der klassischen Eigentumstradition, Leipzig, 1930
LEPOINTE, Gabriel
Droit romain et ancien droit français, Droit des biens, Paris, 1958
LEVY, Ernst
West Roman vulgar law, The law of property, Philadelphia, 1951
MAYER-MALY, Theo
Römisches Privatrecht, Wien-New York, 1991
MICHEL, Emile-Alphonse-Marie
Histoire de la propriété, Thèse, Caen, 1884
OURLIAC, Paul - de MALAFOSSE, J.
Histoire du droit privé, Tome II., Les biens, Paris, 1961
SOHM, Rudoph
Institutionen, Geschichte und System des römischen Privatrechts, 17. Auflage, Berlin, 1949
VILLEY, Michel
Le droit romain, huitième édition, Paris 1987
WATSON, Alan
The law of property in the later Roman Republic, Oxford, 1968
WIEACKER, Franz
Vom römischen Recht, 2. Auflage, Stuttgart, 1961
WOLFF, Hans Julius
SZ 81, 1964, 333 ff

TEIL II. - FRANZÖSISCHES RECHT UND RECHTSVERGLEICH

ABDEL-BAKI, Abdel-Fattah
Du rôle de la possession en matière mobilière, Thèse, Paris, 1943
ACOLLAS, Émile
Manuel de droit civil, Commentaire philosophique et critique du Code Napoléon, deuxième édition, Tome 2 et 3, Paris, 1874

ADAM, Henri
De l'influence de la maxime "Res mobilis, res vilis" sur le Code civil, Thèse, Paris, 1901
ADAMOVICH, Ludwig K. – FUNK, Bernd-Christian
Österreichisches Verfassungsrecht, 3. Auflage, Wien–New-York, 1985
ADAMOVICH, Ludwig K. – FUNK, Bernd-Christian
Allgemeines Verwaltungsrecht, 3. Auflage, Wien–New-York, 1987
ALT-MAES, François
Une évolution vers l'abstraction: De nouvelles applications de la détention, dans: Rev. trim. dr. civ. 1987, p. 21
ALTER, Michel
L'obligation de délivrance dans la vente de meubles corporels, Paris, 1972
ARDANT, Philippe
Les textes sur les droits de l'homme, Paris, 1990
ARDILOUZE, Andrée
La mutation en douane dans ses rapports avec les divers systèmes de transmission de la propriété mobilière et immobilière, Thèse, Bordeaux, 1931
ATIAS, Christian
Droit civil, Les biens, deuxième édition, Paris, 1991
ATIAS, Christian
Le droit civil, deuxième édition, Paris, 1985
ATTALI, Jacques
Au propre et au figuré. Une histoire de la propriété, Paris, 1988
AUBRY, C. – RAU, C.
Cours de droit civil français, sixième édition, Tome II, Paris, 1935
AUBRY, C. – RAU, C.
Droit civil français, sixième édition, Tome V, Paris, 1946
AUBRY, C. – RAU, C.
Droit civil français, septième édition, Tome II, Paris, 1961
BATIFFOL, Henri
La propriété privée, Fascicule I, Institut des hautes études internationales, Paris, 1967/68
BAUDRY-LACANTINERIE, G. – TISSIER, A.
Traité théorique et pratique de droit civil, troisième édition, De la Prescription, Paris, 1905

BAUDRY-LACANTINERIE, G. – CHAUVEAU, M.
Traité théorique et pratique de droit civil, troisième édition, Tome 6, Des Biens, Paris, 1905

BAUDRY-LACANTINERIE, G. – BARDE, L.
Traité théorique et pratique de droit civil, troisième édition, Tome 1, Des Obligations, Paris, 1906

BERGEL, Jean-Louis
Le droit des biens, deuxième édition, Paris, 1990

BERTHU, Georges – LEPAGE, Henri
La propriété c'est l'envol ... vers la prospérité, Paris, 1986

BEUDANT, Ch.
Cours de droit civil français, Les contrats et les obligations, Paris, 1906

BEUDANT, Ch.
Cours de droit civil français, La vente et le louage, Paris, 1908

BEUDANT, Ch.
Cours de droit civil français, seconde édition, Tome IV et XI, Paris, 1938

BOLLENBERGER, Raimund
Veräußerung von Vorbehaltsgut, in: ÖJZ 1995, 641

BOLLENBERGER, Raimund
Gutglaubenserwerb nach Maßgabe der Zahlung - Anhaltspunkte in der Rechtsordnung, in: ÖJZ 1996, 851

BOUGLÉ, C. – MOYSSET, H.
Oeuvres complètes de P.-J. Proudhon, Paris, 1938

BOUILLARD, M.
De la preuve de la propriété mobilière, Thèse, Paris, 1900

BUCHER, Eugen
Obligationenrecht, Besonderer Teil, 3. Auflage, Zürich, 1988

BUFNOIR, C.
Propriété et contrat, Paris, 1900

BUGNET
Oeuvres de Pothier, annotées par M. Bugnet, Tome 3, Paris, 1861

BUGNET
Oeuvres de Pothier, annotées par M. Bugnet, Tome 9, Paris, 1861

CARBONNIER, Jean
Droit civil, treizième édition, Tome 3, Les Biens, Paris, 1990

CARBONNIER, Jean
Flexible droit, Pour une sociologie du droit sans rigueur, sixième édition, Paris, 1988
CATALA, Pierre
Exposé de synthèse, dans: L´évolution contemporaine du droit des biens, Troisièmes Journées Renée Savatier (Poitiers, 4 et 5 octobre 1990), Paris, 1991
CHALLAYE, Félicien
Histoire de la propriété, sixième édition, Paris, 1967
CHAUFFARDET, Marcel
Le problème de la perpétuité de la propriété, Etude de sociologie juridique et de droit positif, Thèse Aix-en-Provence, Paris, 1933
COLIN, Ambroise – CAPITANT, Henri
Traité de droit civil, Tome 1, Paris, 1953
CORNU, Gérard
Droit civil, Introduction-Les personnes-Les biens, deuxième édition, Paris, 1985
COSTE-FLORET, Paul
La nature juridique du droit de propriété d´après le Code civil et depuis le Code civil, Thèse Montpellier, Paris, 1935
CROSIO, Alain
Le contrat de vente en droit commercial, Paris, 1989
CZERNICH, Dietmar
UN-Kaufrecht: Gestaltungsmöglichkeiten in der Vertragspraxis durch nachträgliche Rechtswahl, in: WBl 1997, 230
DABIN, Jean
Une nouvelle définition du droit réel, dans: Rev. trim. dr. civ. 1962, p. 20
DEMANTE, A.-M. – COLMET DE SANTERRE, E.
Cours analytique de Code civil, deuxième édition, Tome V, Paris, 1883
DEMANTE, A.-M. – COLMET DE SANTERRE, E.
Cours analytique de Code civil, Tome VIII, Paris, 1884
DEMANTE, A.-M. – COLMET DE SANTERRE, E.
Cours analytique de Code civil, deuxième édition, Tome VII, Paris, 1887
DEMANTE, A.-M. – COLMET DE SANTERRE, E.
Cours analytique de Code civil, troisième édition, Tome II, Paris, 1896

DEMOGUE, René
Traité des obligations en général, Tome VI, Paris, 1931
DEMOLOMBE, C.
Cours de Code Napoléon, Tome XXIV, Traité des contrats ou des obligations conventionnelles en général, Tome 1, troisième édition, Paris, 1873
DEMOLOMBE, C.
Cours de Code Napoléon, Tome IX, Traité de la distinction des biens, de la propriété, de l'usufruit, de l'usage et de l'habitation, Tome 1, cinquième édition, Paris, 1876
DESQUEYRAT, A.
La propriété, Ce qu'elle est, ce qu'elle doit être, Paris,1939
DUGUIT, Léon
Les transformations générales du droit privé depuis le Code Napoléon, deuxième édition, Paris, 1920
DUHAMEL, Olivier
La Constitution française, Paris, 1992
DUPONT DELESTRAINT, Pierre
Droit civil, Les biens, neuvième édition, Paris, 1987
DURANTON, M.
Cours de droit français suivant le Code civil, quatrième édition, Tome 1, 4, 6, 8, 10, 12, 13, 15, 16 bis 21, Paris, 1844
EBENROTH, Carsten Thomas
Internationale Vertragsgestaltung im Spannungsverhältnis zwischen ABGB, IPR-Gesetz und UN-Kaufrecht, in: JBl 1986, 681
ESSER, Josef – WEYERS, Hans-Leo
Schuldrecht, Band II, Besonderer Teil, Teilband 1 - Verträge, 8. Auflage, Heidelberg, 1998
EWALD, François
Naissance du Code civil, La raison du législateur, Paris, 1989
FENET, P. A.
Recueil complet des travaux préparatoires du Code civil, Tome 2, 4, 5, 11, 13, 14, 15, Paris, 1836
FÉRÉOL RIVIÈRE, H.
Quelle est l'influence de l'art 2279 sur le principe de la transmission de la propriété des meubles par l'effet des conventions?, dans: Rev. lég., 1851. 3. 310
FERID, Murad – SONNENBERGER, Hans Jürgen
Das französische Zivilrecht, Band 2 - Schuldrecht, Die einzelnen Schuldverhältnisse, Sachenrecht, 2. Auflage, Heidelberg, 1986

FERRADOU, François
Du rôle de la possession dans le droit privé français, Thèse, Bordeaux, 1928
FOIGNET, René
Manuel élémentaire de droit civil, Tome I, dix-huitième édition par Émile Dupont, Paris, 1943
FOURNIER, André
De la possession des meubles en droit romain et de la règle "En fait de meubles possession vaut titre" en droit français, Thèse, Paris, 1876
FRÉBAULT, Jean
Un droit inviolable et sacré, La propriété, Paris, 1991
FROMONT, Michel
Le droit de propriété et la constitution en Allemagne et en France, dans: L'interventionnisme économique de la puissance publique, Tome I, Études en l'honneur du Doyen Georges Péquignot, Montpellier, 1984
GHESTIN, Jacques
Traité de droit civil, Les obligations, Le contrat, Paris, 1980
GHESTIN, Jacques – DESCHÉ, Bernard
Traité des contrats, La vente, Paris, 1990
GHESTIN, Jacques – GOUBEAUX, Gilles
Traité de droit civil, Introduction générale, deuxième édition, Paris, 1982
GINOSSAR, S.
Droit réel, propriété et créance. Elaboration d'un système rationnel des droits patrimoniaux, Paris, 1960
GINOSSAR, S.
Pour une meilleure définition du droit réel et du droit personnel, dans: Rev. trim. dr. civ. 1962, p. 573
GONNARD, René
La propriété dans la doctrine et dans l'histoire, Paris, 1943
GORÉ, François
Le moment du transfert de propriété dans les ventes à livrer, dans: Rev. trim. dr. civ., 1947, p. 161
GORÉ, François
Le transfert de la propriété dans les ventes de choses de genre, dans: D. chr., 1954, p. 175
GUIGUE, Jean
Droit civil, Les biens, Paris, 1977

HALPÉRIN, Jean-Louis
L'impossible Code civil, Paris, 1992
HOLZNER, Christian
Gutglaubenserwerb nur nach Maßgabe der Zahlung?, in: ÖJZ 1996, 372
HOLZNER, Christian
Umdenken beim Gutglaubenserwerb?, in: ÖJZ 1997, 499
HOYER, Hans
Einseitig erklärter Eigentumsvorbehalt?, in: WBl 1995, 181
IMBERT, Jean
Histoire du droit privé, septième édition, Paris, 1992
JANSSE, Lucien
La propriété, Le régime des biens dans les civilisations occidentales, Paris, 1958
JESTAZ, Philippe
Prescription et possession en droit français des biens, dans: D. chr., 1984, p. 27
JOSSERAND, Louis
Les mobiles dans les actes juridiques du droit privé, deuxième édition, Paris, 1984
KAROLLUS, Martin
UN-Kaufrecht: Erste Gerichtsentscheidungen, in: RdW 1991, 319
KAROLLUS, Martin
UN-Kaufrecht: Hinweise für die Vertragspraxis, in: JBl 1993, 23
KELLER, Max – SIEHR, Kurt
Kaufrecht - Kaufrecht des OR und Wiener UN-Kaufrecht, 3. Auflage, Zürich, 1995
KOUBI, Geneviève
Propriété & Révolution, Actes du Colloque de Toulouse 12-14 octobre 1989, Paris - Toulouse, 1990
KOZIOL, Helmut – WELSER, Rudolf
Grundriß des bürgerlichen Rechts, Band 1 - Allgemeiner Teil und Schuldrecht, 10. Auflage, Wien, 1995
KOZIOL, Helmut – WELSER, Rudolf
Grundriß des bürgerlichen Rechts, Band 2 - Sachenrecht, Familienrecht, Erbrecht, 10. Auflage, Wien, 1996
de LANVERSIN, Jacques
La propriété. Une nouvelle règle du jeu?, Paris, 1975

LAMBERT, Guy
Cours de droit civil, Droit du patrimoine, Sainte-Ruffine, 1971
LAROMBIÈRE, L.
Théorie et pratique des obligations, Tome II, III et V, Paris, 1857
LARROUMET, Christian
Droit civil, Tome II, deuxième édition, Paris, 1988
LAURENT, F.
Principes de droit civil français, Tome 6, 8, 15, 16, 17, 32, troisième édition, Bruxelles - Paris, 1878
LEDIEU, Henri
De la règle en fait de meubles possession vaut titre, Thèse, Paris, 1897
LEPAGE, Henri
Pourquoi la propriété, Paris, 1985
LEPOINTE, Gabriel
Droit romain et ancien droit français, Droit des biens, Paris, 1958
LOEWE, Roland
Internationales Kaufrecht, Wien, 1989
MALAURIE, Philippe – AYNÈS, Laurent
Cours de droit civil, Les biens - La publicité foncière, deuxième édition, Paris, 1992
MARCADÉ, V.
Explication théorique et pratique du Code Napoléon, cinquième édition, Tome 2, 3 et 4, Paris, 1852
MARGELLOS, Theophile M.
La protection du vendeur à crédit d'objets mobiliers corporels à travers la clause de réserve de propriété, Étude de droit comparé, Paris, 1989
MARTIN, Raymond
De l'usage des droits et particulièrement du droit de propriété, dans: Rev. trim. dr. civ. 1962, p. 20
MASSÉ, G. – VERGÉ, Ch.
Le droit civil français par K.-S. Zachariae, Tome 1, Paris, 1854
MASSÉ, G. – VERGÉ, Ch.
Le droit civil français par K.-S. Zachariae, Tome 2, Paris, 1855
MASSÉ, G. – VERGÉ, Ch.
Le droit civil français par K.-S. Zachariae, Tome 3, Paris, 1857
MASSÉ, G. – VERGÉ, Ch.
Le droit civil français par K.-S. Zachariae, Tome 4, Paris, 1858

MASSÉ, G. – VERGÉ, Ch.
Le droit civil français par K.-S. Zachariae, Tome 5, Paris, 1860
MAZEAUD, Jean
Leçons de droit civil, troisième édition, Tome III, 2e vol., Principaux contrats, Paris, 1968
MAZEAUD, Jean
Leçons de droit civil, septième édition, Tome II, 2e vol., Biens: Droit de propriété et ses démembrements, Paris, 1989
MESTRE, Jean-Louis
Le Conseil constitutionnel, la liberté d'entreprendre et la propriété, dans: D. chr., 1984, p. 1
MESTRE, Léon
Des moyens employés par la pratique pour protéger le vendeur à tempérament de meubles corporels, Thèse, Montpellier, 1936
MONATERI, Pier Giuseppe
La définition dans le droit des obligations en France et en Allemagne, dans: R.I.D.C., janvier-mars 1984, p. 7
MORIN, Gaston
Le droit privé français au milieu du XXe siècle, Tome II, Etudes offertes à Georges Ripert, Le sens de l'évolution contemporaine du droit de propriété, Paris, 1950
MORIN, Gaston
La révolte des faits contre le Code, Paris, 1920
MULLER, Michèle
L'acquereur de bonne foi d'un meuble. Vers un nouvel equilibre entre ses droits et ceux du propriétaire injustement dépouillé, dans: Rev. trim. dr. civ., 1989, p. 697
MULTZER, Hubert
La propriété sans le vol, Paris, 1945
NEGRI, Alba
Déclaration de volonté et acte d'exécution dans la théorie de l'acte juridique (Droits français et italien), dans: R.I.D.C., avril-juin 1983, p. 353
NGUYEN THANH NHA, J.
Droit civil, Les biens, Paris, 1992
NORY, Jean
Le droit de propriété et l'intérêt général, Thèse, Lille, 1923
ORTLIEB, Jules
De la collatio en droit romain / Des effets de la possession des meubles dans le droit français, ancien et moderne, Thèse, Nancy, 1871

ORTSCHEIDT, Pierre
La possession en droit civil français et allemand, Thèse Strasbourg, Grenoble, 1977
OURLIAC, Paul – de MALAFOSSE, J.
Histoire du droit privé, Tome II, Les biens, Paris, 1961
OURLIAC, Paul – GAZZANIGA, Jean-Louis
Histoire du droit privé français de l'An mil au Code civil, Paris, 1985
PATAULT, Anne-Marie
Introduction historique au droit des biens, Paris, 1989
PÉDAMON, Michel
Considérations comparatives sur la loi du 12 mai 1980, dans: Études offertes à René Rodière, Paris, 1981
PÉROCHON, Françoise
La réserve de propriété dans la vente de meubles corporels, Paris, 1988
PIÉDELIÈVRE, Alain
Droit des biens, Paris–New-York–Barcelone–Milan, 1977
PLANIOL, Marcel
Traité élémentaire de droit civil, sixième édition, Tome I, Paris, 1911
PLANIOL, Marcel – RIPERT, Georges
Traité pratique de droit civil français, deuxième édition, Tome III, Les Biens, Paris, 1952
PLANIOL, Marcel – RIPERT, Georges
Traité pratique de droit civil français, deuxième édition, Tome VI, Obligations, Paris, 1952
PLANIOL, Marcel – RIPERT, Georges
Traité pratique de droit civil français, deuxième édition, Tome X, Contrats civils, Paris, 1956
du PONTAVICE, Emmanuel
Intérêt et limites de la clause de réserve de propriété depuis la loi du 12 mai 1980, Paris, 1982
RENAUD
L'art 2279 du Code Napoléon interpreté par ses origines germaniques, dans: Rev. lég., 1845. 1. 371, traduction Chauffour
RENAUD
L'art 2279 du Code Napoléon interpreté par ses origines germaniques (Deuxième article), dans: Rev. lég., 1845. 2. 81, traduction Chauffour

RAYNAUD, Marie-Joseph-Barthélemy
De l'usucapion des meubles en droit romain et de la règle "En fait de meubles possession vaut titre" en droit français, Thèse, Paris, 1873
RIPERT, Georges
Les forces créatrices du droit, Paris, 1955
RIPERT, Georges – BOULANGER, Jean
Traité de droit civil d'après le traité de Planiol, Tome II, Paris, 1957
ROBINE, Eric
La clause de réserve de propriété depuis la loi du 12 mai 1980, Bilan de dix années de jurisprudence, Paris, 1990
ROMIEU, Georges
La propriété, Ses rapports avec l'État, la société et l'individu, Thèse Montpellier, Paris, 1923
RUDOLF, Claudia
Vertragsrecht: Österreichisches Recht/UN-Kaufrecht, in: ecolex 1989, 847
SACCO, Rodolfo
Définitions savantes et droit appliqué dans les systèmes romanistes, dans: R.I.D.C., oct.-déc. 1965, p. 827
SACCO, Rodolfo
Le transfert de la propriété des choses mobilières déterminées par acte entre vifs en droit comparé, dans: Rivista di diritto civile, 1979 - n°4, p. 442
SACCO, Rodolfo
Un cryptotype en droit français: La remise abstraite?, dans: Études offertes à René Rodière, Paris, 1981
SAINT GERMÈS, Joseph-Jean-Vivien
De l'influence de la valeur des meubles sur le Code civil français, les lois qui l'ont complété et la jurisprudence, Thèse, Alger, 1926
SALLERON, Louis
Diffuser la propriété, Paris, 1964
SAUNIER, Louis
De l'application de l'article 2279 dans les rapports entre autuer et ayant cause, Thèse, Paris, 1907
SCHASCHL, Tatjana
Eigentumsvorbehalt kraft Lieferschein, in: RdW 1997, 261

SCHLECHTRIEM, Peter
Erfahrungen mit den Haager Kaufgesetzen - Folgerungen für das Wiener UN-Kaufrecht, in: RdW 1989, 41
SCHLECHTRIEM, Peter
Schuldrecht, Besonderer Teil, 4. Auflage, Tübingen, 1995
SCHWAB, Karl Heinz – PRÜTTING, Hanns
Sachenrecht, 25. Auflage, München, 1994
SERMET, Laurent
La convention européenne des Droits de l'homme et le droit de propriété, Strasbourg, 1990
SIFFREIN
Oeuvres de Pothier, nouvelle édition publiée par M. Siffrein, Tome 15, Paris, 1821
SIFFREIN
Oeuvres de Pothier, nouvelle édition publiée par M. Siffrein, Tome 16, Paris, 1822
SIFFREIN
Oeuvres de Pothier, nouvelle édition publiée par M. Siffrein, Tome 17, Paris, 1822
SOINNE, Bernard
La transmission de la réserve de propriété, Gaz. Pal. Doctrine 1985, p. 287
SPELLENBERG, Ulrich
Eigentumsvorbehalt in Frankreich, in: ZfRV 1994, 105
STERN, Elisabeth
UN-Kaufrecht in Kraft: Internationaler Warenkauf - neue Rechtslage ab 1.1.1989, in: RdW 1989, 14
SUDRE, Frédéric
La protection du droit de propriété par la Cour européenne des droits de l'homme, dans: D. chr., 1988, p. 71
TERRÉ, François – SIMLER, Philippe
Droit civil, Les biens, quattrième édition, Paris, 1992
TOULLIER, C.-B.-M.
Le droit civil français suivant l'ordre du Code, cinquième édition, Tome 1, 3, 4, 6, 7, 10, Paris, 1839
TOURNESAC, Louis
Application pratique de la maxime "En fait de meubles possession vaut titre" (Étude de la jurisprudence relative à l'article 2279 du Code civil), Thèse, Paris, 1913

TOUTAIN, Laurent
Droit romain - De l'interdit utrubi / Droit français - De la possession des meubles, Thèse, Caen, 1888
TROPLONG, M.
Le droit civil expliqué suivant l'ordre des articles du Code, Tome 1, cinquième édition, Paris, 1856
TUOR, Peter – SCHNYDER, Bernhard – SCHMID, Jörg
Das Schweizerische Zivilgesetzbuch, 11. Auflage, Zürich, 1995
VACHET, André
L'idéologie libérale, L'individu et sa propriété, Paris, 1970
VAREILLES-SOMMIÈRES
La définition et la notion juridique de la propriété, dans: Rev. trim. dr. civ. 1905, p. 443
VOUIN, Robert
La bonne foi, Thèse Bordeaux, Paris, 1939
WAELBROECK, Michel
Le transfert de la propriété dans la vente d'objets mobiliers corporels en droit comparé, Bruxelles, 1961
WALTER, Robert – MAYER, Heinz
Grundriß des österreichischen Bundesverfassungsrechts, 6. Auflage, Wien, 1988
WEBER, Stefan
Der Markt als rechtliche Institution, in: JBl 1994, 792
WEILL, Alex – TERRÉ, François – SIMLER, Philippe
Droit civil, Les biens, troisième édition, Paris, 1985
WILHELM, Georg
Eigentumsvorbehalt durch "Fakturenvemerk" unwirksam, in: ecolex 1997, 424
WINKLER, Robert
Die Rechtsvermutungen aus dem Besitz, Dissertation, Zürich, 1969
WÖRLEN, Rainer
Grundzüge des Privatrechts, Band I, 3. Auflage, Köln–Berlin–Bonn–München, 1993
ZENATI, Frédéric
Les biens, Paris, 1988
ZENATI, Frédéric
Le droit des biens dans l'oeuvre du Doyen Savatier, dans: L'évolution contemporaine du droit des biens, Troisièmes Journées Renée Savatier (Poitiers, 4 et 5 octobre 1990), Paris, 1991

ZIMMERMANN, Reinhard
Savignys Vermächtnis - Rechtsgeschichte, Rechtsvergleichung und die Begründung einer Europäischen Rechtswissenschaft, in: JBl 1998, 273

Salzburger Studien zum Europäischen Privatrecht

Herausgegeben von J. Michael Rainer

1 Marc Herzog: Die Haftung des Gastwirts für eingebrachte Sachen des Gasts nach §§ 701 - 703 des Deutschen Bürgerlichen Gesetzbuchs. 1999.

2 Andreas Reinhart: Familienplanungsschaden. Wrongful birth, wrongful life, wrongful conception, wrongful pregnancy. Eine rechtsvergleichende Untersuchung anhand des deutschen und des anglo-amerikanischen Rechts. 1999.

3 Markus Frank: Untersuchungen zu den *Politika* des Aristoteles. 1999.

4 Stefan Josef Schermaier: Der Gemeinschaftsrechtliche Staatshaftungsanspruch. Entwicklung, Perspektiven und Auswirkungen auf das österreichische Recht. 1999.

5 Carmen Windhaber: Reiserecht in Österreich, Deutschland und Kanada. 2000.

6 Korbinian Dietl: Unfallhaftung beim Expeditions- und Trekkingbergsteigen. Zugleich ein Beitrag zum Reiserecht für den Bereich der Bergreisen sowie zum Sporthaftungsrecht für den Bereich des Bergsports. 2000.

7 Erich Jeroscheg: Eigentum an beweglichen Sachen. Französisches Recht und Rechtsvergleich. 2000.

Printed by
CPI books GmbH, Leck

FSC
www.fsc.org
MIX
Papier | Fördert gute Waldnutzung
FSC® C083411

Kolibri 360 GmbH
Ferdinand-Jühlke-Straße 7
99095 Erfurt, Deutschland
produktsicherheit@kolibri360.de